osteuropa

75. JAHRGANG / HEFT 1–3 / 2025

Gespiegelte Wirklichkeit

Osteuropa und Öffentlichkeit im Wandel

Karten und Graphiken

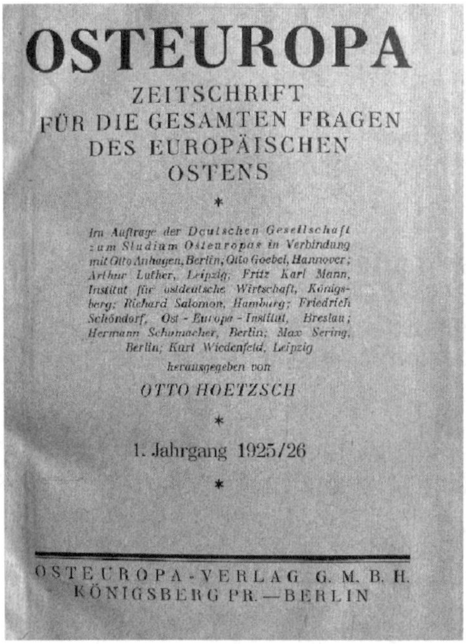

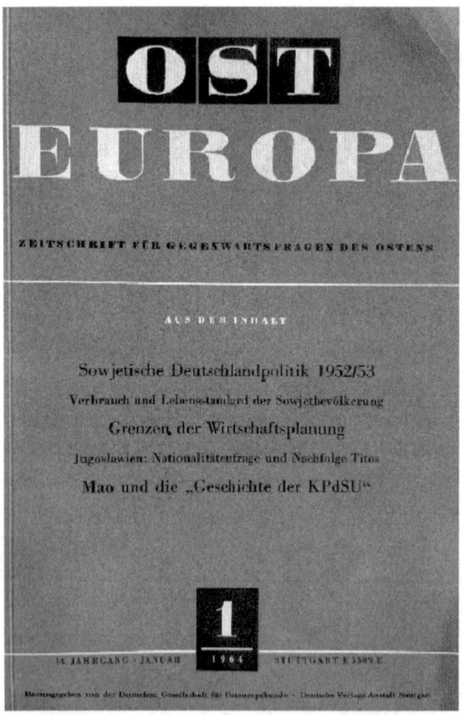

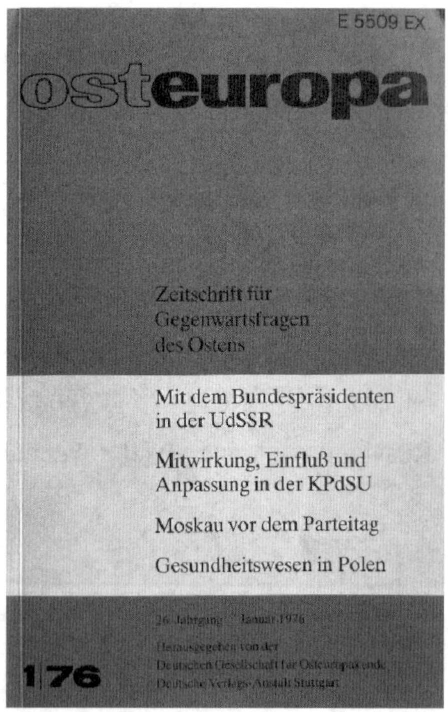

OSTEUROPA-Cover im Wandel: 1925 – 1935 – 1953 – 1976

Barometer

Im Jahr 2025 begeht die Zeitschrift OSTEUROPA den 100. Jahrestag ihrer Gründung. Diese Tatsache hat keinen großen Nachrichtenwert. Manche würden sagen: OSTEUROPA ist ein Nischenprodukt. Der breiten Öffentlichkeit ist sie unbekannt, also ist sie nicht relevant genug, damit dieses Jubiläum Aufmerksamkeit erfährt. Zeitschriften kommen und gehen, einige blicken auf eine lange Tradition zurück, andere werden eingestellt, bevor sie eine entwickeln . . .

Doch ganz so einfach ist es nicht. Denn OSTEUROPA ist mehr als eine Zeitschrift. Sie ist wie ein Barometer, an dem sich der Luftdruck über Europa und damit die politische Wetterlage zwischen Ost und West ablesen lässt. Aus der Taufe gehoben wurde sie in Berlin, Mitte der 1920er Jahre, als in der Kunst, dem Handwerk und der Architektur das Bauhaus stilbildend war. Bauhaus-Elemente, die sich spiegeln, mitunter sogar mehrfach, prägen das Titelbild. Denn die Wirklichkeit im Osten Europas zu spiegeln, Entwicklungen einzuordnen und zu erklären, ist die raison d'être der Zeitschrift.

In OSTEUROPA spiegelt sich gleichzeitig jedoch auch, wie die Deutschen in dem an Brüchen so reichen 20. Jahrhundert auf den Osten Europas blickten: Als OSTEUROPA gegründet wurde, bewegte sich die Zeitschrift im Kraftfeld einer auf Russland ausgerichteten Ostorientierung. Das illustriert Otto Hoetzschs Einführung zum Start der Zeitschrift – in heute irritierender Weise, wie Gerd Koenen darlegt. Nach dem Ersten Weltkrieg und dem Versailler Vertrag ging es den deutschen Eliten um die Abgrenzung vom Westen. Niemand wäre damals auf die Idee gekommen, eine analoge Zeitschrift namens „Westeuropa" zu gründen. Eine solche gibt es übrigens bis heute nicht.

Dem „Geist von Rapallo", der Kooperation Deutschlands mit der Sowjetunion, sagten die Nationalsozialisten den Kampf an. OSTEUROPA konnte dennoch bis 1939 erscheinen. Nach dem Zweiten Weltkrieg und unter den Bedingungen der deutschen Teilung nahm die Zeitschrift 1951 in der Bundesrepublik ihr Erscheinen wieder auf. Antikommunismus war in den folgenden Jahrzehnten die Geschäftsgrundlage. Heute wird die Zeitschrift in Berlin, am „Ostbahnhof Osteuropas" (Karl Schlögel), produziert. In diesem Jahrhundert bewegte sich das Verhältnis der Deutschen zu ihren Nachbarn im Osten zwischen Neugier und Entfremdung, Furcht und Faszination, Hass und Vernichtung, Kooperation und Konfrontation, Freundschaft und Feindschaft.

100 Jahre OSTEUROPA sind kein Anlass zu feiern. Und der vorliegende Band ist keine Festschrift. Festschriften sind eine ehrwürdige akademische Tradition, um einem Jubilar Ehre zu erweisen. Doch sie haben eine Schwäche. Festschriften werden überreicht – aber nicht gelesen. Das sollte einer Zeitschrift nicht passieren. Denn eine Zeitschrift und ein Text sind nur dann in der Welt, wenn sie zur Kenntnis genommen werden, Leserinnen und Leser finden, rezipiert und kritisiert werden, Anregungen zur weiteren gedanklichen Auseinandersetzung oder sogar Anstoß zum gemeinsamen Handeln geben. Das ist die Funktion von Öffentlichkeit.

Der 100. Jahrestag von OSTEUROPA bietet allerdings Anlass, in drei Bereichen das Verhältnis von Osteuropa und Öffentlichkeit zu analysieren. Der erste ist ein kritischer Blick auf die Geschichte und Gegenwart der Zeitschrift. Seit ihrer Gründung bewegt sich OSTEUROPA an der Grenze zwischen Wissenschaft, Journalismus und Politik. Das ist ein Balanceakt. Jens Bisky und Cord Aschenbrenner als Beobachter von außen machen sich Gedanken, ob er funktioniert, und Mitglieder der Redaktion blicken von innen auf die Vergangenheit, die Konstruktionspläne der Gegenwart und den künftigen Reformbedarf. Noch steht OSTEUROPA quer zum herrschenden Trend der Fragmentierung und Parzellierung der Öffentlichkeit. Interdisziplinarität bleibt fester Bestandteil des OSTEUROPA-Gens.

Der zweite Bereich ist der Frage gewidmet, wie „der Osten" in den deutschen Horizont kommt und wie aus Informationen Wissen wird. Welche Themen kommen an, welches Erkenntnisinteresse steht hinter der Beschäftigung mit Geschichte, Politik, Literatur oder Musik Osteuropas? Eine Pionierfunktion zur Vermittlung von Informationen aus anderen Ländern haben Korrespondenten. Sie registrieren als erste politische und kulturelle Trends vor Ort, sie sollen durch verlässliche Informationen Öffentlichkeit herstellen. Doch das ist nicht so einfach. Christian Neefs Portrait der drei „Korrespondenten-Promis" Paul Scheffer, Hermann Pörzgen und Gerd Ruge sowie Markus Ackerets Schilderungen aus dem Moskau von heute veranschaulichen, wie politische Rücksichtnahme, Restriktionen, Einschüchterung und Selbstzensur die Arbeit an der Aufklärung beeinträchtigen.

Gleichzeitig zeigen die Rezeptionsanalysen in diesem Bereich, wie stark die historische Osteuropaforschung und die deutsche Aufnahme von Literatur und Musik aus dem Osten Europas von der politischen Großwetterlage bestimmt sind. So spiegeln sich die politischen Brüche des Jahrhunderts 1:1 in der deutsch-deutschen Rezeption sowjetischer Musik. Und das literarische Osteuropa, das lange Zeit *terra incognita* war, wurde über die besondere Gewaltgeschichte der Region sowie die Verarbeitung der existenziellen Gewalterfahrung im Holocaust oder im Gulag geprägt.

En passant zollen wir auf diesem Wege auch einigen jener Personen Anerkennung, die mit ihrem Wirken viel für die Osterweiterung des deutschen Horizonts und für die publizistische Qualität von OSTEUROPA getan haben und nicht zufällig unter den Autoren dieses Bandes sind: den Historikern Karl Schlögel, Dietrich Beyrau und Gerd Koenen, der Lektorin Katharina Raabe, dem Slavisten Ulrich Schmid, der Musikwissenschaftlerin Dorothea Redepenning und dem Ökonomen Roland Götz. Danke!

Im dritten Bereich nehmen wir den Wandel der Medienlandschaft, der Öffentlichkeit und der Gesellschaft in den Kernländern Osteuropas, in Russland, der Ukraine und Belarus in Zeiten von Diktatur und Krieg unter die Lupe. Während es in der Ukraine allen kriegsbedingten Einschränkungen zum Trotz nach wie vor einen relativen Medienpluralismus gibt, sind die Medien in Belarus und Russland weitgehend gleichgeschaltet, Freiräume für Öffentlichkeit und Gesellschaft zerschlagen. Damit wächst die politische und gesellschaftliche Bedeutung des Journalismus, der Publizistik und des Verlagswesens im Exil. Sie sind das Surrogat der öffentlichen Sphäre und Pfeiler der Gegenöffentlichkeit. Und gleichzeitig sind auch sie Barometer zur Prognose der politischen Großwetterlage.

Berlin, im März 2025 *Manfred Sapper, Felix Eick, Aurelia Ohlendorf*

Gerd Koenen

Der fatale Nexus

Deutschland und Russland 1925–2025

Bei ihrer Gründung 1925 bewegte sich die Zeitschrift OSTEUROPA im Kraftfeld einer auf Russland ausgerichteten Ostorientierung. Dem entsprach die Erwartung der Bolschewiki, mithilfe des technischen und industriellen Potenzials Deutschlands einen Staatssozialismus in Russland errichten und in einer Kombination mit den deutschen Revisionsbestrebungen das „Versailler Weltsystem" aushebeln zu können. Von entscheidender Bedeutung für die Weltbilder und mentalen Prägungen in Russland bleibt die katastrophale Konfrontation im Zweiten Weltkrieg, die die Erinnerungen an die Opfer des Großen Terrors wie an das Zusammenspiel nach dem Hitler-Stalin-Pakt 1939 neu kodierte. Dabei hätte es einen Großen Vaterländischen Krieg ohne Hitlers Vernichtungskrieg kaum gegeben, und die Rote Armee hätte schwerlich bis an die Elbe vorstoßen können. Erst dadurch konnte Stalin sich zu der welthistorischen Höhe erheben, auf der er nach 1945 stand, und das neuartige, überdimensionierte Sowjetimperium errichten. Putins revisionistische Politik nährt sich aus den mentalen Reflexen dieses Siegs. Mit dem Krieg gegen die Ukraine, der dem vereinten Europa gilt, reißt er Russland aus seinen kulturgeschichtlichen Verankerungen heraus und zerstört bewusst das Maß an Normalität, das es seit 1989 gegeben hat.

Aus heutiger Sicht wirkt es erstaunlich und befremdlich, mit welcher Selbstverständlichkeit Otto Hoetzsch im Jahr 1925 den Einführungstext der Zeitschrift OSTEUROPA unter den Titel „Deutschland und Russland" stellte – während alle übrigen Länder Ostmitteleuropas als „Randstaaten" firmierten. Das eben erst neu begründete „Sowjet-Russland" galt ihm als eine verwandelte Wiederherstellung des alten Russischen Reiches, auch wenn es die „Wirtschaftsform des Kommunismus" angenommen hatte, so wie auch die Weimarer Republik für ihn noch immer eine von den Versailler Siegern gewaltsam gehemmte und zurückgestutzte Verwandlungsform des früheren Preußisch-Deutschen Reiches war. Im beiderseitigen Bemühen, wieder „wirtschaftlich und politisch ein Faktor in der Welt zu werden", seien Deutschland und Russland „als Genossen im Leid" nun erst recht „von Natur und Schicksal zu gegenseitiger Ergänzung bestimmt".[1]

Gerd Koenen (1944), Dr. phil., Historiker, Publizist, Frankfurt/Main
Von ihm erschien in OSTEUROPA u.a.: Reaktionäre Revisionisten. Russland und China in der Ära Putin und Xi, in: OE, 7–9/2023, 47–74. – Russland gründlich entzaubert Vom Ende eines deutschen Komplexes, in: OE, 1–3/2022, S. 19–32. – Im Zirkel der Geschichte. Gedächtnisverlust und Kampf um die Erinnerung, in: OE, 11–12/2017, S. 45–52. – Der Kommunismus in seinem Zeitalter. Versuch einer historischen Verortung, in: OE, 5–6/2013, 9–38.

1 Otto Hoetzsch: Deutschland und Russland. Ein Wort zur Einführung, in: OSTEUROPA, 1/1925, S. 1–8, dokumentiert in diesem Band, S. 89–95.

OSTEUROPA, 75. Jg., 1–3/2025, S. 7–34 **doi: 10.35998/oe-2025-001**

Damit bewegte Hoetzsch sich in einem breiten Kraftfeld einer auf Russland ausgerichteten deutschen Ostorientierung.[2] Diese Tendenzen liefen in den unterschiedlichsten oder gegensätzlichsten Ausprägungen auf den Gedanken hinaus, dass der Schlüssel zum Ausbruch aus der bedrängten Lage des Reichs im Weltkrieg (wo im Westen kein Durchkommen war) und vollends nach dem „Versailler Diktat" der Siegermächte von 1919, in einem weiten kontinentalen Osten liege; und dass diese Ostorientierung eine wie auch immer ausgestaltete Kombination mit Russland, dem alten wie dem neuen, dem weißen oder roten erfordern werde. Sentimentalische Vorstellungen deutsch-russischer Geistesverwandtschaften, Beschwörungen familiärer Verbindungen oder historischer Waffenbrüderschaften, Fantasien einer wirtschaftlichen „Durchdringung" und „Erschließung" des russischen Raums mit deutscher Technik, Kapitalkraft und Organisationsgeist mischten sich mit revisionistischen oder revanchistischen Überlegungen, wie das besiegte Reich die „Fesseln von Versailles" sprengen und einen neuen Aufstieg zur Weltmacht bewerkstelligen könne. Die Gegenseite dessen war eine tiefgehende Entfremdung von einem „Westen", dem Deutschland selbst doch eben noch zugehört hatte, von dem es sich 1914 aber grundlos angegriffen und 1919 politisch gedemütigt, territorial beschnitten, wirtschaftlich gefesselt und kulturell überformt fühlte.

Dieses Bild wäre allerdings unvollständig ohne den Blick auf die komplementären Tendenzen auf Seiten der bolschewistischen Machthaber. Schon die wenig geheimnisvollen, in ihren Umrissen klar rekonstruierbaren Verbindungen zwischen Lenins Zürcher Hausstaat und der deutschen Reichsleitung hatten seit 1915 eine strategische Handlungslinie und Kräftekonstellation eröffnet, die für beide Seiten dann potenziell entscheidend wurde: für das Deutsche Reich, um sich nach dem Ausbruch der demokratischen Februarrevolution in Russland 1917 durch die Förderung der defätistischen Tendenzen in der russischen Armee mit Hilfe der Leninisten eine letzte Chance auf einen Sieg im Westen zu eröffnen; und für die Leninisten, um sich inmitten eines Strudels von Soldatenmeutereien, Arbeiterstreiks und agrarischen Unruhen über die Trümmer der Provisorischen Republik hinweg an die Macht zu katapultieren – wie es ihnen im Oktober/November auch tatsächlich gelang. Mit dem gegen alle internen und externen Widerstände durchgesetzten Sonderfrieden von Brest im Februar 1918 konnte Lenin seine Position einer kaum legitimierten Alleinherrschaft im entbrennenden Bürgerkrieg entscheidend absichern, während die deutschen Armeen im Westen in letzte, mörderische Schlachten zogen.

Über dieses realpolitische Kalkül hinaus hatte der Gründer und Führer der Bolschewiki in einer Verbindung mit Deutschland und seinen organisierten technischen, industriellen und wissenschaftlichen Potentialen von Beginn an auch den Schlüssel zur Errichtung eines Staatssozialismus in Russland gesehen, der es ermöglichen könnte, alle menschlichen und materiellen Ressourcen des rückständigen Landes unter der Führung seiner Partei diktatorisch zu erfassen und zu mobilisieren. Von dieser Basis aus konnte es ihm und seiner Partei dann auch tatsächlich gelingen, mit einer neu aufgestellten, terroristisch disziplinierten Massenarmee die abgefallenen und sich demokratisch reorganisierenden Länder des alten Reichs, die unabhängig von der politischen Couleur ihrer Führungen als Agenturen der westlichen Mächte denunziert wurden, Zug um Zug zurückzuerobern und

[2] Das habe ich in einem weiten Spektrum der deutschen Kultur, Öffentlichkeit und Politik für die Zeit von 1900 bis 1945, insbesondere für die Weltkriegs- und Nachkriegsjahre, ausgelotet. Gerd Koenen: Der Russland-Komplex. Die Deutschen und der Osten (1900–1945). München 2005; aktualisierte Neuauflage München 2023.

dem Moskauer Zentrum wieder anzuschließen. Und schließlich sollte die Verbindung mit dem geschlagenen Deutschen Reich es sogar ermöglichen, den von den westlichen Siegern in den Pariser Friedensverträgen errichteten „Cordon Sanitaire" neu zugeschnittener Staaten in Ostmitteleuropa zu durchbrechen, um auch dort die Bildung von Sowjetrepubliken zu fördern und so eine gemeinsame Grenze mit dem ebenfalls in national- und sozialrevolutionärer Gärung befindlichen Deutschland wiederherzustellen. Diesem Ziel diente vor allem der konzentrierte militärische Vorstoß „über den Leichnam Weißpolens hinweg nach Westen", der im Sommer 1920 vor Warschau dann aber eklatant scheiterte.[3] Noch weiter griff die Kombination weltrevolutionärer und „revisionistischer" Politik nach der Gründung und Konsolidierung der UdSSR 1922, die als ein universell erweiterbares Staatswesen neuen Typs konzipiert war. Wieder firmierte das geschlagene Deutschland, und wäre es unter bürgerlichen Regierungen, als ein durch die Verträge von Rapallo 1922 und Berlin 1926 vertraglich gebundener, stiller Partner im Kampf gegen die vom westlichen Imperialismus dominierte „Versailler Weltordnung". Das war eine Moskauer Globalpolitik mit weitem Radius, die eine geheime militärische und waffentechnische Zusammenarbeit zwischen Reichswehr und Roter Armee ebenso einschloss wie die Rolle Berlins als externer Hauptschaltstelle der Kommunistischen Internationale und ihrer weltweiten subversiven Verbindungen. Last not least konnte unter Moskauer Patronat auch eine Kommunistische Partei Deutschlands (KPD) aufgezogen und instruiert werden, die ihrerseits versuchte, national- und sozialrevolutionäre Politiken in militanten Formen zu kombinieren.

Die imaginäre Weltachse Moskau-Berlin

Wenn es so etwas wie einen lang wirkenden und letztlich fatalen „Nexus" zwischen den Entwicklungen beider Reiche während, zwischen und nach den beiden Weltkriegen gibt, dann lag er für die Weimarer Republik darin, dass die illusionäre Vorstellung einer „Ostorientierung" ihren führenden Politikern immer wieder Möglichkeiten einer Politik der „freien Hand" oder „Balance" suggerierte, die als vorläufiges Surrogat der beschädigten Weltmachtträume diente und das mit Reparationen und Auflagen belastete, aber „im Felde ungeschlagene" Deutschland in einem Zustand steriler Selbstisolation und Hysterie fixierte. Zugleich lieferte die Grunderfahrung des Weltkriegs, dass im Westen kein Durchkommen war, während der weite Osten in unbestimmter Gärung und „offen" zu liegen schien, das Grundmuster aller radikalen Selbsterfindungen und neuen Weltmachtprospekte. Diese reichten von den KPD-Fantasien eines „Sowjetdeutschland" an der Seite „Sowjetrusslands" bis hin zu den Fieberträumen einer nationalrevolutionären oder völkisch-antisemitischen Rechten, die mal im Bündnis mit einem demnächst zu erwartenden „weißen Russland", mal aber gerade durch eine Verständigung mit dem bestehenden, politisch-militärisch mobilisierten „Sowjetrussland" hofften, das Joch des internationalen, vielfach als „jüdisch" identifizierten Finanzkapitalismus der Londoner City oder der Wall Street abzuschütteln und im Osten auch die Ressourcen und Rückendeckungen zu finden, um erneut in die Weltarena zu treten.

[3] Diese Formulierung findet sich im Tagesbefehl des kommandierenden Generals Tuchačevskij vom 2. Juli 1920 „Nach Westen!", mit dem der Angriff auf Polen eröffnet wurde. In: Norman Davies: White Eagle. Red Star 1919–1921, London 1983, S. 145.

Verengt man den Fokus auf Hitlers NSDAP,[4] so koexistierten bis 1926 beide Tendenzen nebeneinander, einmal in der konservativen Version des baltischen Halb-„Russen“ Rosenberg und einmal in der rheinisch-antikapitalistischen Version der Strasser-Brüder und Goebbels’. Beide Flügel sahen in einer Verbindung mit Russland (einem weißen oder roten) den Schlüssel eines deutschen Wiederaufstiegs zur Weltmacht. Es war erst Hitler, der nach seiner Rückkehr aus der Festungshaft 1926 diese Perspektive diametral umkehrte und den verschiedenen Varianten einer „Ostorientierung“ in der eigenen Partei und in der Gesellschaft eine schroffe, kriegerische „Ostpolitik“ entgegensetzte, die den „ewigen Germanenzug nach Süden“ wieder nach Osten zurücklenken würde. Wenn es sich darum handele, dem deutschen Volk „den ihm gebührenden Grund und Boden“ zu gewinnen, so müsse der Blick sich vor allem „auf Russland und die ihm untertanen Randstaaten“ richten. Einen Schein von Realitätstüchtigkeit gewann dieser abenteuerlich anmutende Strategiewechsel – von dem der junge Goebbels sich anfangs „wie geschlagen“ fühlte –[5] allein durch die Prämisse, dass das neue sowjet-russische Staatswesen in Moskau „vom internationalen Judentum“ gänzlich beherrscht werde und dem Zerfall geweiht sei, nachdem alle staatsbildenden arisch-indogermanischen Rassenkerne dort ausgelöscht worden seien.[6] Auch das ließ allerdings noch sehr unterschiedliche Optionen offen. Der Erwerb von deutschem „Lebensraum im Osten“ musste keineswegs die Form eines Kreuzzugs gegen die „jüdischen Bolschewisten“ in Moskau selbst annehmen, sondern konnte in der Tradition der alten „Dekompositions“-Pläne des Weltkriegs und des frühen NSDAP-Programms von 1921 weiterhin in erster Linie auf den Ländergürtel vom Baltikum über Polen bis zur Ukraine zielen, und von dort bis zum Kaukasus. Dazu kam, dass mit der Ausbootung der „Trotzkisten“ und der „linken Opposition“ (den Hauptexponenten eines „jüdischen Bolschewismus“) und mit dem Übergang zur Kollektivierung und Industrialisierung unter der Ägide Stalins die Physiognomie des Moskauer Sowjetregimes sich noch einmal gravierend veränderte. In seinem „Mythos des 20. Jahrhunderts“ von 1931 stellte Rosenberg eher das „mongolide“ Gesicht des Bolschewismus heraus, was die hypothetische Option eröffnete, ein rotes Moskowien von seinen westlichen Peripherien zurückzudrängen und nach Asien zu verweisen, wo es durchaus seinen Platz finden mochte.[7]
Die sowjetische Führung ihrerseits sah im Aufstieg und der Machtübernahme Hitlers ungeachtet der Verfolgung der KPD-Kader nach 1933 keinen Grund, die Beziehungen abzubrechen oder sich selbst für unmittelbar bedroht zu erklären. Auch der Kurswechsel der Komintern zum „Antifaschismus“ und zu einer Strategie der „Volksfront“ 1935 zielte nicht speziell auf Deutschland oder Italien (mit dem die Beziehungen anhaltend gut waren), sondern ging von der Annahme aus, dass in Zeiten des krisengeschüttelten Kapitalismus und Imperialismus die bürgerlichen Klassenregime überall von den demokratischen Formen zu faschistischen Diktaturen übergingen. Gleichzeitig eröffnete das Ringen zwischen den „alten“, westlich-kolonialen und den „neuen“, faschistischen

---

[4] Zu diesem Zusammenhang die Kapitel IV.1 „Vom Bündnis zum Lebensraum“ und IV.2 „Hitlers Russland“, in: Koenen, Russland-Komplex [Fn. 2], S. 387–435.

[5] Die Tagebücher von Joseph Goebbels. Sämtliche Fragmente. Hg. von Elke Fröhlich, Bd. 1 (1924–1930). München 1987, Eintrag vom 15. Februar 1926, S. 161f.

[6] Hitler entfaltete seine neuen Ostraumpläne öffentlich erst in: Mein Kampf. München 1926, 2. Band, 14. Kapitel: Ostorientierung oder Ostpolitik, S. 317ff. – Dazu: Hitler, Mein Kampf. Eine kritische Edition. Hg. von Christian Hartmann u.a. im Auftrag des Instituts für Zeitgeschichte. München, Berlin 2016, S. 1625–1691.

[7] Alfred Rosenberg: Der Mythos des 20. Jahrhunderts. München 1930, S. 113, 642ff.

Mächten um die Neuaufteilung der Märkte, Rohstoffquellen usw. der sowjetischen Politik erweiterte Spielräume und lief, wie Stalin hellsichtig erkannte, auf einen erneuten inner-imperialistischen Weltkrieg hinaus, in dem die UdSSR ihre Seite wählen und im entscheidenden Moment dann selbst auftreten werde, um das ganze kapitalistisch-imperialistische Weltsystem zum Einsturz zu bringen.[8]

Insofern handelte es sich, als Stalin sich 1939 für ein Halb-Bündnis mit Hitler-Deutschland entschied, um eine Entscheidung gegen jede Politik einer „kollektiven Sicherheit" im Bündnis mit den westlichen Mächten und mit ihren Verbündeten in Ostmitteleuropa. Mit einer solchen Abwehrfront hätten die offen zutage liegenden Kriegspläne Hitler-Deutschlands durchaus noch wirksam durchkreuzt werden können. Stattdessen schwenkte das Stalin-Regime wieder auf die frühere Linie einer konzertierten deutsch-sowjetischen Revisions- und Weltpolitik ein. Der Angriff auf Polen im September 1939, erst von deutscher, dann von sowjetischer Seite, wurde durch den im Anschluss geschlossenen deutsch-sowjetischen „Grenz- und Freundschaftsvertrag" zu einer Aufteilung und Neugliederung der gesamten Länder- und Staatenwelt Ostmitteleuropas ausgeweitet. Für das Hitler ausgelieferte Restpolen und die zerschlagene Tschechoslowakei bekam Stalin die östlichen (moldawischen) Landesteile Rumäniens, die baltischen Republiken und (implizit) Finnland zugesprochen, verbunden mit der parallel organisierten physischen oder sozialen Vernichtung des Großteils der alten und neuen Eliten dieser Länder.

Unterzeichnung des Deutsch-Sowjetischen Freundschaftsvertrages 1939: Stalin lacht im Hintergrund, Reichsminister des Auswärtigen Joachim von Ribbentrop unterzeichnet, der sowjetische Außenminister Vjačeslav Molotov steht (links). Quelle: Wikimedia

[8] In dieser Weise hatte Stalin die Grundzüge einer sowjetischen Außenpolitik erstmals 1925 nach der Wendung zum „Sozialismus in einem Land" skizziert: Rede auf der Plenartagung des ZK der KPR (B), 19. Januar 1925, In: J.W. Stalin: Werke, Bd. 7 (1925). Berlin 1952, S. 9–13.

Wie fatal diese lose koordinierten deutsch-sowjetischen Kriegs- und Besatzungspolitiken waren, enthüllte sich vollends, als im November 1940 die deutsch-sowjetischen Verhandlungen in Berlin über eine Aufteilung des britischen Empire (das keineswegs geschlagen war und zunehmend Rückendeckung aus den USA erhielt) und über einen noch weitergehenden „Viererpakt“ mit Italien und Japan scheiterten. Hitler entschied sich stattdessen in einem neuen Akt des Vabanque für die vollständige Besetzung des Balkans (ein Hauptzankapfel der Verhandlungen) und den Frontalangriff auf die Sowjetunion, um auf der Basis eines nochmals drastisch erweiterten „Lebensraums im Osten“ von der Ukraine bis zu den Energiequellen Bakus den früher oder später fälligen Entscheidungskrieg gegen die sich abzeichnende anglo-amerikanische Mächtekonstellation wagen zu können.
Entkleidet man Stalins Weltkriegspolitik ihres „weltrevolutionären“ Flairs und ihres vorgeblichen antifaschistisch-defensiven Charakters, so erfüllte sie alle Kriterien einer „brinkmanship“, eines Operierens am Rande des Abgrunds, das dem seines Komplizen Hitler nur wenig nachstand und zugleich von dessen Wahnwitz kalt zu profitieren hoffte. Wie Stalin seinem Komintern-Chef Georgi Dimitroff im September 1939 ins Notizbuch diktierte, hoffte er, die Angriffsenergien des deutschen Imperialismus ein zweites Mal für die Zwecke einer Schwächung des (westlichen) Weltimperialismus ausnutzen zu können und von einer intensivierten Verbindung mit Deutschland über die wiederhergestellten alten Grenzlinien und „wiedergewonnenen Gebiete“ hinweg sowohl geopolitisch wie kriegswirtschaftlich und technologisch profitieren zu können.[9]
Nur diese (enttäuschte) Erwartung kann erklären, warum Stalin sich im Juni 1941 trotz seines notorischen Misstrauens nach allen Seiten durch den „treubrüchigen Überfall“ Hitlers derart überrumpeln ließ und sein Land der ganzen Wucht des nationalsozialistischen Vernichtungskriegs auslieferte. Dieser total geführte Rassenkrieg und die Irrealität des Hitler'schen Projekts der Errichtung eines arisch-germanischen Rassenimperiums von kontinentalem Format waren es dann allerdings, die dem von Stalin proklamierten Großen Vaterländischen Krieg seine elementare Selbstbehauptungsenergie verliehen. Dieser Krieg katapultierte ihn schließlich trotz aller fatalen Fehlkalkulationen und Verbrechen am eigenen Volk auf die weltpolitische Höhe, auf der er als ruhmreicher Hauptsieger im Weltkrieg 1945 zu stehen schien.
So wurde das von ihm begründete und in Jalta abgesegnete sowjetische „Weltlager“, das die UdSSR zu einem Mega-Imperium eigenen, neuen Typs erhob, nirgends anders als auf der verbrannten Erde und in der Asche des Hitler'schen Lebensraumkriegs im Osten begründet – und hätte auch anders schwerlich begründet werden können. Das war dann allerdings auch ein entscheidender Grund dafür, warum es so chronisch von unauflösbaren Widersprüchen zerrissen blieb und nach einer langen Kette demokratischer und nationaler Revolten 1989 so sang- und klanglos wieder auseinanderbrach.

Der sakralisierte Mythos: Sieg im Weltkrieg

Am 9. Mai 2025 wird Vladimir Putin auf dem Roten Platz die Parade zum 80. Jahrestag des Sieges im Großen Vaterländischen Krieg abnehmen, diesmal auch mit Veteranen und Helden von der ukrainischen Front, wo Russland seit Februar 2022 – oder schon seit März 2014 – einen „Kampf gegen den Faschismus“ wiederaufgenommen hat, der

[9] Georgi Dimitroff: Tagebücher. Hg. von Bernhard B. Bayerlein. Berlin 2000, S. 281.

bis zum Sieg fortgesetzt werden soll. Folgt man den zentralen Narrativen Putins und seiner Ideologen, ist das eine alte Konstellation in neuem Gewand: Denn auch 1941 habe sich ja schon „halb Europa“ am Versuch Hitlers beteiligt, Russland zu zerschlagen – weshalb es damals notwendig wurde, bis nach Berlin und weiter zur Elbe zu marschieren, um die Kultur und die Menschheit zu retten. Der freiwillige Rückzug von diesen 1945 mit Blut erkämpften Positionen und die deutsche Wiedervereinigung 1990 seien Russland aber nicht nur nicht gedankt worden, sondern wortbrüchig für den Aufbau von NATO-Basen in Osteuropa ausgenutzt worden. Als besonders willige Instrumente dieses Versuchs einer immer weiteren Zurückdrängung und Schwächung Russlands habe sich eine von westlichen Instrukteuren 2014 implantierte Kiewer „Nazi-Junta“, gestützt auf einen degenerierten, in den Traditionen der ukrainischen Kollaborateure („Bandera-Leute“) erzogenen Teil der Bewohner des künstlichen Gebildes namens Ukraine einspannen lassen, des historischen Klein- und Neurusslands.[10] Dafür würden diese pervertierten Landsleute es sich nun gefallen lassen müssen, dass sie einer radikalen „Demilitarisierung“ und „Entnazifizierung“ unterworfen werden, bis sie sich wieder daran erinnern, dass sie mit den Großrussen seit tausend Jahren „Ein Volk“ bilden . . .

Dabei fiel schon in den ersten Erklärungen zur Notwendigkeit dieses als „Spezialoperation“ deklarierten Kriegs der obsessive Gebrauch von Weltkriegs-Reminiszenzen und Begriffen aus dem Nazi-Vokabular auf: so wenn Putin in seiner Rede zur Begründung der Invasion von einem „Blitzkrieg“ (auf Deutsch) sprach, den die Kiewer Putschisten mit Hilfe des „kollektiven Westens“ vorbereitet hätten, oder von Laboren für „Giftgase“, „Biowaffen“ und „schmutzige Atombomben“, mit dem Ziel, „einen Genozid am russischen Volk“ zu verüben.[11] Auf einer Pressekonferenz Mitte Januar 2023 verstieg sich Außenminister Lavrov sogar zu der Behauptung:

> Sie führen einen Krieg gegen unser Land mit der gleichen Aufgabe – der „Endlösung“ der russischen Frage . . . So, wie Hitler eine „Endlösung“ der jüdischen Frage wollte, sagen westliche Politiker jetzt ganz klar, dass Russland eine strategische Niederlage erleiden muss.[12]

Dies alles sollte in projektiver Umkehrung dazu dienen, einen eigenen „Blitzkrieg“ zu starten (der allerdings eklatant fehlschlug), den Einsatz chemischer oder nuklearer Waffen offensiv anzudrohen oder vorab zu legitimieren und eine „endgültige Lösung der ukrainischen Frage“ durch eine gewaltsame „Entukrainisierung“ zu erzwingen.

So megaloman und autodestruktiv diese Ziele sind, die bei einem Sieg und einer Zerstückelung der Ukraine gar nicht stehen bleiben können, sondern Moldau, Litauen, Estland und andere Länder ins Auge fassen müssen: Russland ist unter einem unangefochten herrschenden Präsidenten, der sein politisches Schicksal und historisches Vermächtnis an diesen Sieg gebunden und die Finanzmittel und ökonomischen Potentiale seines Landes dafür weitgehend auf Kriegswirtschaft umgestellt hat, fürs erste erstaunlich weit gekommen, trotz eklatanter militärischer Rückschläge und monströser Menschenverluste.

---

[10] Diese Thesen finden sich in immer neuen Variationen in den Texten und Reden von Vladimir Putin: Über die historische Einheit der Russen und der Ukrainer, in: OSTEUROPA, 7/2021, S. 51–66. – Ders.: „Wir erkennen die Volksrepubliken an.“ Rede vom 21.2.2022, in: OSTEUROPA, 1–3/2022, S. 119–135. – Ders.: „Unser Vorgehen dient der Selbstverteidigung“. Rede vom 24.2.2022, in: OSTEUROPA, 1–3/2022, S. 141–148.

[11] Vom Blitzkrieg spricht Putin in: Putin, Wir erkennen die Volksrepubliken an [Fn. 10], S. 134.

[12] Deutsche Welle, 18.1.2023.

Wenn also am 9. Mai 2025, zum 80. Jahrestag des epochalen Sieges im Großen Vaterländischen Krieg, Soldaten im historischen Kostüm und mit moderner Militärtechnik, Panzern und nuklearen Interkontinentalraketen über den Roten Platz in Moskau marschieren und die Eroberungen an der ukrainischen Westfront als die Fortsetzung eines langen, gerechten „Kampfes gegen den Faschismus" gefeiert werden – und wenn dann Staatschefs der BRICS-Staaten, angeführt vom geheimen Hauptverbündeten Xi Jinping, vielleicht flankiert vom neuen Großlieferanten von Munition und Menschenmaterial Kim Jong-un, vom Präsidenten des Iran und von Sympathisanten aus der EU wie Orbán und Fico sich als Kronzeugen dieser zynischen historischen Verfälschung hergeben –, dann wird es um das einstige Mutterland des realen Nazismus und Lebensraumkriegs, um Deutschland kaum noch gehen. Im Gegenteil, deutsche (Un-)Patrioten von der AfD oder dem BSW, die schon am 9. Mai 2022 gleich nach der Invasion bereit waren, in der Botschaft Unter den Linden in Berlin auf den Sieg der russischen Waffen im Kampf gegen westliche Globalisten und Kriegstreiber anzustoßen, werden besonders herzlich willkommen geheißen werden.

Über all dem ist der reale, deutsche Lebensraumkrieg von einst zu einem weitgehend verwischten Phantom-Ereignis geworden, zu einem kollektiven Phantasma zweideutigster Art, hüben wie drüben. Darin spielen die Ukrainer, auch aus der Sicht vieler Nachfahren der arisch-germanischen Herrenmenschen von einst, die Rolle der willigen Kollaborateure, während aller Respekt Russland als dem letzten, unbezwingbaren Bollwerk gilt, an dem Hitlers Armeen sich die Zähne ausgebissen haben. Aber auch ein Präsident Trump kann als Vorleistung für einen weltpolitischen Deal mit Putin einen Satz hinwerfen wie: „Wir dürfen nie vergessen, dass Russland uns geholfen hat, den Zweiten Weltkrieg zu gewinnen."[13] Und selbst ein hochgeschätzter amerikanischer Moskau-Korrespondent konnte vor Jahren noch hinschreiben, was man sonst nur als Routinephrasen deutscher Politiker hört: „Russland verlor in diesem Krieg geschätzte 26 Millionen Menschen, mehr als irgendein anderes Land der Welt."[14]

Besser kann man einem Vladimir Putin nicht nach dem Munde reden, wenn er die monströsen, kaum noch genau feststellbaren Kriegsverluste aller Völker der Sowjetunion seinem neuen Russland exklusiv aufs weltpolitisch-moralische Habenkonto schreiben möchte. Dass es nach Polen und neben Belarus gerade auch die Ukraine war, die die erste Wucht des deutschen Angriffskriegs und die Hauptlast der deutschen Okkupation zu tragen hatte, dass Millionen ukrainischer und anderer nicht-russischer Rotarmisten Seite an Seite mit ihren aus dem tiefen Russland, aus Zentralasien und Sibirien herangeführten Kameraden in den katastrophalen Rückzugsschlachten und epischen Vormärschen der Roten Armee gefallen oder in den deutschen Gefangenen- und Zwangsarbeitslagern umgekommen sind – das muss ein friedliebender deutscher Bundesbürger ja genauso wenig wissen wie ein ignoranter westlicher Politiker oder ein fanatischer Unterstützer des putinistischen Kriegs gegen die „ukrainischen Faschisten".

Deshalb firmiert die durch Strafgesetze gegen jede Hinterfragung geschützte, in einer Flut musealer, bildlicher, filmischer und literarischer Erzählungen revitalisierte und kodifizierte Geschichte vom Großen Vaterländischen Krieg heute als der ultimative Existenzbeweis eines Widerstands- und Opferwillens, durch den das ewige Russland sich abermals wie ein Phönix aus der Asche zu neuer Weltgeltung erhoben habe. Diesen sakralisierten

---

[13] Zit. nach Friedrich Schmidt: Die Ukraine ist nicht genug. FAZ, 24.1.2025.

[14] So der langjährige Korrespondent der New York Times in Moskau, Neil MacFaraqhar, in seinem Vorbericht über die Moskauer Siegesparade. A Parade Hailing Russia's World War II Dead and Marching Further From the West. New York Times, 7.5.2015.

Mythos hat Putin sich mit eigener Hand buchstäblich auf den Leib geschrieben, als er zum 70. Jahrestag des Sieges 2015 einen Text für die Zeitschrift *Russkij Pioner* verfasste, der auch in die deutsche und internationale Presse gestreut wurde.[15]

Seinen kurzen Bericht über die Kriegserfahrungen seines (tatsächlichen oder angeblichen) Vaters hat er unter den betont lakonischen und zugleich erzieherischen Titel gestellt: „Das Leben ist eine einfache und grausame Sache." Diese Erzählung beginnt mit der freiwilligen Meldung des Leningrader Matrosen und Metallarbeiters Vladimir Putin (Senior) zu den NKVD-Kommandos, die hinter den Linien der Aggressoren Brücken und Gleise sprengen. Ihre Gruppe wird durch Dörfler verraten und in einen Hinterhalt gelockt, in dem fast alle umkommen, während der Vater angeschossen überlebt, obwohl SS und Schäferhunde ihm auf den Fersen sind, untergetaucht in einem eiskalten Sumpfloch und durch ein Schilfrohr atmend.

Ein aus dem Nebel aufgetauchter früherer Nachbar bringt ihn unter pausenlosem Beschuss über den zufrierenden Fluss ins Lazarett. Dort rettet der Rekonvaleszent seine Frau und seinen Erstgeborenen vor dem Hungertod, indem er ihnen heimlich bei Besuchen seine Ration zusteckt, um den Preis eigener Hungerkrämpfe. Nach seiner Entlassung wird er erneut an die Front geschickt, wieder an den gefährlichsten Punkt, einen Brückenkopf – und wird von einer Granate abermals schwer verwundet. Wieder kommt er ins Lazarett; und als er endlich mit Splittern im Bein nachhause humpelt, da sieht er, wie der leblose Körper seiner Frau aus dem Haus getragen wird, obwohl sie noch atmet. Mit erhobener Krücke zwingt er die Träger, sie in die eiskalte Wohnung zurückzubringen, wo er sie zum Leben erweckt. Das Kind aber wird ihnen weggenommen und stirbt in irgendeinem fernen Heim an einer Krankheit, ohne dass die Eltern informiert werden. So waren die Zeiten. Aber siehe, sechs Jahre nach dem Krieg, wird dem schwer geprüften, älteren Paar unverhofft noch ein weiterer Sohn geboren: Er selbst – Vladimir Vladimirovič Putin. Das Wunder seiner späten Geburt entspringt somit dem Wunder des Überlebens seiner Eltern, das sich wiederum nur dem einzigartigen Heroismus des großen russischen Volkes verdankt. Fünf Brüder seines Vaters sind gefallen, ebenso viele Verwandte seiner Mutter, und so war es in fast allen Familien. Und doch, betont Putin, habe es eines niemals gegeben: Hass auf die Deutschen. Der Anführer des NKVD-Trupps seines Vaters sei selbst ein deutscher Antifaschist gewesen. Und seine Mutter, eine warmherzige, echtrussische Frau, habe ihm immer wieder eingeschärft, dass die deutschen Soldaten nur zum Kriegsdienst gepresste „fleißige Arbeiter, wie wir auch", gewesen seien, und die wahren Anstifter „die Faschisten", die es noch immer draußen im Westen gebe. Im Bewusstsein dessen habe er sich als Jurastudent zum KGB gemeldet, also (wie sein Vater 1941) zu den „Spezialeinheiten", die auf beiden Seiten der Frontlinien operieren. Für künftige Verwendungen hat er gut Deutsch gelernt – nur dass er leider auf einem langweiligen Abschiebeposten in Dresden landete . . .[16]

---

[15] Wladimir Putin: Das Leben ist eine einfache und grausame Sache. FAZ, 9.5.2015. Das Original Žizn' takaja prostaja štuka i žestokaja. Russkij Pioner, 30.4.2015.

[16] Eine weniger ausgeschmückte Version der Geschichte des Vaters und seiner eigenen Geschichte findet sich in: Natalija Geworkjan, Andrei Kolesnikow, Natalja Timakowa: Aus erster Hand. Gespräche mit Wladimir Putin. München 2000. – Dass Dresden nur ein unbedeutender Abschiebeposten des KGB gewesen sei, bezweifelt Catherine Belton: Putins Netz: Wie sich der KGB Russland zurückholte und dann den Westen ins Auge fasste. Hamburg 2022. Belton zufolge war Dresden ein Knotenpunkt für die Unterlaufung der westlichen Sanktionen und den Aufbau internationaler Geschäftsbeziehungen mithilfe der Verbindungen des SED-Devisenbeschaffers Alexander Schalck-Golodkowski und anderer Stasi- und HVA-Abteilungen.

Was an dieser märchenhaften Legende authentisch ist, angefangen mit der Frage, ob es sich um seine leiblichen Eltern gehandelt hat oder nicht um ferne Verwandte und Pflegeeltern, wagt man angesichts einer solchen Leidensgeschichte kaum zu fragen. Alle Informationen über Putins Herkunft und Jugend stammen von ihm selbst oder bewegen sich im Nebel eifriger Lobhudeleien oder unbeweisbarer Enthüllungen.[17]

Das gibt ihm jede Freiheit, sich – wie seine neuen Verbündeten aus der Kim-Dynastie in Nordkorea es schon seit Jahrzehnten tun – eine Biographie zu erfinden, in der die Schicksale und der Charakter des Landes sich insgesamt widerspiegeln sollen, während Zeichen und Wunder ihn als einen aus der Mitte des russischen Volkes aufgestiegenen „Mann der Vorsehung" ausweisen. Die naheliegendere Referenz wäre freilich Iosif Vissarionovič Džugašvili, der sich ebenfalls als „Stalin" (russisch: „der Stählerne") neu erfunden hatte und dessen sparsame Hinweise auf seine kaukasische Herkunft und frühen Jahre als orthodoxer Seminarist und bolschewistischer Untergrundkader seine Ruhmredner und Gefolgsleute nur zu umso gewagteren Ausmalungen anspornten. Auch der lässig-lakonische, fast distanzierte Ton Putins erinnert am ehesten an die berühmte Bescheidenheit und das tonlose Antipathos Stalins, der es den andern überließ, aus seinen knappen Hinweisen oder Feststellungen die richtigen Schlussfolgerungen zu ziehen.

Das pervertierte Gedenken

An jenem 70. „Tag des Sieges" vor zehn Jahren, an dem auch seine Erzählung erschien, hat Vladimir Putin, nachdem er die Siegesparade auf dem Roten Platz mit ihrer zum Gesamtkunstwerk entwickelten Mischung ballettöser Vorbeimärsche, schwül trauervoller oder grell triumphaler Musik, ohrenbetäubender Überflüge und Demonstrationen schweren Geräts abgenommen hatte, sich angeblich einer spontanen Eingebung folgend, mit einem Bild seines Vaters, das zufällig zur Hand war, selbst an die Spitze des anschließenden Marsches des „Untersterblichen Regiments" gesetzt.

Dieses Ritual, das 2012 in Perm und anderen Provinzstädten als zivilgesellschaftliche Initiative entstanden war,[18] entsprach offenkundig einem breiten, verstärkt wieder aufsteigenden Bedürfnis der Nachgeborenen, nicht nur der Millionen Toten dieser Kriegs- und Schreckenszeiten, sondern auch der mittlerweile verstorbenen, oft schwer versehrt Überlebenden zu gedenken, ihrer eigenen Eltern und Großeltern also, die der sowjetische Staat (auch das könnte in familiärer Erinnerung geblieben sein) über die ersten ein, zwei Jahrzehnte nach dem Weltkrieg schmählich vernachlässigt hatte – ganz anders, als die Ordensbrüste der Partei- und Militärveteranen auf den Tribünen der Breževn-Zeit es suggerierten.[19]

---

[17] Alle Unterlagen über ein Kleinkind namens Vladimir im Hause einer Vera Putina, die sich als seine Mutter bezeichnete und noch 2015 hochbetagt in einem georgischen Dorf gelebt hat, wurden von unbekannten Geheimdienstlern beschlagnahmt, die auch alle Dorfbewohner vergatterten, nachdem die Story den Weg in die internationale Presse gefunden hatte. Nachforschende russische Journalisten waren durch Absturz oder Mord schon früh ausgeschaltet worden oder panisch außer Landes geflüchtet. Steffen Dobbert: Vera Putinas verlorener Sohn. Die Zeit, 7.5.2015.

[18] Julie Fedor: Russlands „Unsterbliches Regiment". Der Staat, die Gesellschaft und die Mobilisierung der Toten, in: OSTEUROPA, 5/2017, S. 61–85.

[19] Wie die Masse der einfachen Rotarmisten in einer ihrem Selbstopfer kaum angemessenen Weise nicht etwa geehrt, geschweige entschädigt, sondern als psychisch lädierte oder physisch verstümmelte Menschen vielfach aussortiert und an den Rand gedrängt worden sind, schildert

Die erste, von Putin wieder eingeführte Militärparade 2005 zum 60. Jahrestag des Sieges über NS-Deutschland. Quelle: Wikimedia

Russlands Präsident Vladimir Putin mit dem Militärbild seines Vaters am 9. Mai 2015 an der Spitze des Moskauer Marschs des „Unsterblichen Regiments". Quelle: kremlin.ru

---

Irina Scherbakowa: Die Hände meines Vaters. Eine russische Familiengeschichte. München 2017, Kap, 3: Der Krieg meines Vaters, S. 97–166.

Indem Putin von der Tribüne ins Volk herabstieg und sich an die Spitze setzte, hat er dieses anrührende und vieldeutige Ritual, in dem Trauer und Stolz zusammenflossen, auf wirkungsvolle Weise verstaatlicht, militarisiert und in seine persönliche Legende eingefügt. Drei Jahre später, vor seiner Wiederwahl im Jahr 2018, sollen es bereits mehr als eine halbe Million Menschen gewesen sein, die sich in den zentralen „Marsch des Untersterblichen Regiments" in Moskau einreihten. Und ihnen voran gingen Seite an Seite mit Vladimir Putin der israelische Ministerpräsident Benjamin Netanjahu und Aleksandar Vučić, der Präsident Serbiens, die damit der weltbefreienden Mission der sowjetischen Armeen von 1945 eine gesteigerte Glaubwürdigkeit verliehen.[20]

Natürlich hatten zu den jährlichen Feiern des 9. Mai, des *Tags des Sieges,* der 1948 von Stalin abgeschafft und 1965 von Brežnev wieder eingeführt wurde, auch in sowjetischer Zeit schon neben militärischen Aufmärschen, denen dekorierte Veteranen beiwohnten oder sich anschlossen, „Lehrstunden der Tapferkeit" in den Schulen gehört. Und gleichzeitig waren jene monumentalen Denkmäler und Nekropolen in Volgograd (ehemals Stalingrad) wie in Leningrad und anderen „Heldenstädten" des Imperiums wie Kiew, Minsk oder Sevastopol' errichtet worden, in denen alle Leiden und Opfer der Einzelnen gleichsam eingeschreint, aber auch zum Schweigen gebracht waren.[21]

Aber in der kurzen Ära Gorbačevs und vollends in den 1990er Jahren, nach dem Zerfall der Sowjetunion, waren auch die Erzählungen über die Millionen Terroropfer und Gulag-Häftlinge, die Kriegsgefangenen und Zwangsarbeiter (Männer und Frauen), von denen das Regime sich losgesagt hatte, aber auch die Exekutionen, Misshandlungen und Vergewaltigungen in den Reihen der Roten Armee aus den weitgehend beschwiegenen familiären Überlieferungen aufgestiegen und an die Öffentlichkeit gedrungen, oft verbunden mit quälenden Fragen über die Kriegsführung: Wie waren die ungeheuerlichen Zahlen der Gefallenen und der zivilen Toten zu erklären, die im Übrigen mit wachsendem Abstand vom Krieg immer höher angesetzt wurden, bis zu jener kaum noch fassbaren und hinterfragbaren Endzahl von 26, 27, 28 Millionen? Warum konnte die sowjetische Regierung und ihre auf dem Papier sehr starke und gut gerüstete Armee am 21. Juni 1941 trotz aller Warnungen und genauen Informationen dermaßen überrumpelt werden? Warum war diese Armee nicht konsequent auf Verteidigung, eher auf Angriff eingestellt und entsprechend bewaffnet? Warum waren Leningrad und teilweise sogar Stalingrad nicht rechtzeitig evakuiert worden, anders als Moskau? Wie schlüsseln sich die immensen Menschenverluste überhaupt auf: Wie viele waren auch im Krieg noch Opfer des inneren Terrors, der Erschießungen und der Deportationen ganzer, angeblicher Verrätervölker wie der Tataren, Tschetschenen, Opfer von massenhafter Zwangsarbeit und direkter Aushungerung? Und wie hing das mit den Abermillionen Opfern der terroristischen „Säuberungen" und sozialen Entwurzelungen zusammen, die das Regime im Jahrzehnt vor dem Krieg schon in paranoidem Verfolgungswahn seinen Völkern abgefordert hatte und die nun als Ingenieure, Wissenschaftler, Administratoren, als Offiziere wie als Soldaten

---

[20] Zur angeblich „spontanen Entscheidung" Putins 2015 und zu den Siegesmärschen 2018. <www.n-tv.de, 9.5.2018>.

[21] Eine knappe Zusammenfassung der Geschichte des 9. Mai als „Tag des Sieges" bietet: Jochen Hellbeck: Das zerklüftete Gedenken. FAZ, 4.5.2015. – Kluften der Erinnerung. Russland und Deutschland 60 Jahre nach dem Krieg. Berlin 2005 [= OSTEUROPA, 4–6/2005], hier vor allem Lev Gudkov: Die Fesseln des Sieges. Russlands Identität als Erinnerung an den Krieg, S. 56–73, und Boris Dubin: Goldene Zeiten des Krieges. Erinnerung als Sehnsucht nach der Brežnev-Zeit, ebd., S. 219–234.

im Krieg wie im Frieden fehlten? Das alles waren quälende, erdrückende, fast unerträgliche Fragen, die die Kriegsführung und den triumphalen Sieg selbst in Frage stellten, und damit den letzten Haltepunkt jedes positiven historischen Selbstbewusstseins. Deshalb wurde in der Ära Putins mit der Wiedereinführung der Sowjethymne, der Wiederaufnahme der Militärparaden im Jahr 2005 und der Fusion alter und neuer Embleme (hier Hammer und Sichel und Rote Fahnen, dort das pseudo-zaristische „Georgsbändchen“) die Weltkriegserinnerung zugleich russifiziert und resowjetisiert.

Es ist weder von außen noch von innen sicher abzuschätzen, in welcher Weise alle diese offiziellen Erzählungen und Rituale und die verborgenen, vielleicht irgendwann einmal ausgesprochenen und dann wieder versiegelten, familiären, lokalen, regionalen, nationalen und kollektiven Erinnerungen einander überlagert und vermischt haben.[22] Schon in den 2000er Jahren gab es in Volgograd wie in anderen „Heldenstädten“ Bewegungen von *kopateli*, Ausgräbern, die auf den Schlachtfeldern Überreste von Soldaten beider Seiten ausgruben, mitsamt ihren Ausrüstungen, Abzeichen oder Uniformen, die restauriert wurden. Diese Funde wurden getauscht und gehandelt oder sammelten sich wie z.B. in Volgograd im Requisitenlager des kriegshistorischen Klubs *Pechotinec* (Infanterist), der die Jugendlichen bei jährlichen Reenactments von Schlachtszenen mit echten Armeefahrzeugen auf ihre Abstammung als „Söhne Stalingrads“ einschwor.[23]

In derselben Ausgabe, der ich diesen Bericht entnommen habe, wird auch über Forschungen berichtet, die Schüler in einem kleinen Ort im Gebiet Voronež im Rahmen eines von *Memorial* ausgeschriebenen Schülerwettbewerbs in den regionalen Archiven angestellt haben, um die Namen der im Großen Terror erschossenen Dorfbewohner zu ermitteln. Und auch die Arbeit von Hunderten von Lehrerinnen und Lehrern in ganz Russland wird gewürdigt, die trotz wachsender Anfeindungen bereit waren, mit ihren Schulklassen zusammen solche Forschungen anzustellen.[24] Auch das 2020 in Moskau erschienene Buch von Nikolaj Epplée *Die unbequeme Vergangenheit* berichtet von einem in den 2010er Jahren eher wieder gewachsenen Bedürfnis nach Vergegenwärtigung der eigenen, realen Geschichte. So haben einige der von *Memorial* initiierten Aktionen wie der Schülerwettbewerb oder die „Rückgabe der Namen“ trotz aller Schikanen in diesen Jahren eher wieder weitere Kreise gezogen, und die Menschenschlangen, die am Gedenkstein für die Opfer

---

22 Noch immer instruktiv für das Labyrinth der familiären und kollektiven Gedächtnisse während der Stalinära und danach ist Orlando Figes: Die Flüsterer. Leben in Stalins Russland. Berlin 2008. – Vgl. auch Catherine Merridale: Steinerne Welt. Leiden und Sterben in Russland, München 2001. Merridale behauptet, dass die sowjetische Art des Gedenkens teilweise durchaus funktioniert habe. Bei ihren Interviews in den 1990er Jahre registrierte sie, dass die Überlebenden des Terrors wie des Krieges ohne Tränen über ihre schrecklichen Erfahrungen berichteten und selbst wenn sie über die Rituale der Vergangenheit lachten, auf die Art und Weise, durch einen aufgesetzten Kollektivstolz und forcierten Optimismus über alle persönlichen und kollektiven Verluste hinwegzusehen, mit einer gewissen Nostalgie zurückschauten. Und wenngleich der beschworene Gemeinschaftsgeist eher Wunsch als Wirklichkeit war, habe der „Totalitarismus . . . bis zu einem gewissen Grade funktioniert“, nicht zuletzt, weil er sich mit älteren Formen und Ritualen des Betrauerns amalgamiert habe. Vgl. S. 446.

23 Rebekka Blume: Stalingrad reloaded. Kriegs-„Rekonstruktionen“ in Wolgograd, in: kultura. Russland-Kulturanalysen, 1/2008, S. 14–16.

24 Ebd., „Die Geheimnisse der Akte P-19389“ sowie Irina Scherbakowa, „Archivpädagogik“ gegen Mythologisierung, ebd., S. 9–13.

der Repressionen vor der Lubjanka die Namen ihrer toten Angehörigen verlesen wollten, sind von Jahr zu Jahr immer länger geworden.[25]

Das Regime hat angesichts dieser Stimmungen zunächst laviert. So hat es durch die Eröffnung einer „Mauer der Trauer" auf dem Moskauer Sacharov-Prospekt 2017, im hundertsten Jahr nach der Oktoberrevolution von 1917, der Opfer der bolschewistischen Repressionen insgesamt gedacht und den von den Bolschewiki entfesselten Bürgerkrieg gegen die „weißen" Verteidiger des großen Russland als einen tragischen Bruderkrieg ins Zentrum gerückt, der sich im Großen Terror der Stalin-Zeit nur fortgesetzt habe. Zugleich hat Putin – nicht zuletzt mithilfe des Patriarchats – die in den lokalen und familiären Nachforschungen und Ritualen zum Ausdruck kommenden Bedürfnisse der Menschen in zynischer Weise für seine eigenen innen- und außenpolitischen Ziele zu nutzen gesucht, wie eben durch die zur obskuranten Ahnen- und Heldenbeschwörung verkommenen Märsche des „Unsterblichen Regiments" oder durch in religiöse Märtyrerhaine verwandelte Gedenkstätten. Eben deshalb mussten alle selbständigen gesellschaftlichen Initiativen ausgeschaltet werden, die sich mit diesen Fragen beschäftigten, was das Verbot von *Memorial* am Vorabend des Angriffskriegs gegen die Ukraine endgültig und für alle sichtbar demonstrierte.[26]

Im Dokumentarfilm von Dmitrij Bogoljubov „Jelnja – Stadt des Ruhmes" (2019) bekommt man eine Vorstellung von der Art und Weise, in der es dem Regime Putins womöglich gelingt, Hunderttausende in die 2016 durch präsidialen Erlass gegründete *Junarmija* (Jugendarmee) mobilisierte Kinder und Jugendlichen in pseudovaterländische Spinnenwebwelten zu verwickeln und mental zu konditionieren. Wir sehen darin die Jugend eines herabgewirtschafteten Monostädtchens nahe Smolensk, Mädchen wie Jungen, wie Komparsen in einer unendlichen Reihe düsterer Inszenierungen agieren, deren Hauptakteure Lehrerinnen und Popen, pensionierte Offiziere und Stadtobere sind. Jelnja war der Ort einer ersten, siegreichen, aber letztlich vergeblichen Schlacht der Roten Armee gegen die im Sommer 1941 auf Moskau vorrückenden deutschen Armeen, die auf Weisung Hitlers dann jedoch zunächst nach Norden (Leningrad) und nach Süden (Stalingrad) abschwenkten. Knochen, Abzeichen, Uniformreste von 40 000 Toten beider Seiten liegen hier in den Wäldern und werden seit einigen Jahren in einer obsessiven Grabungsbewegung gesammelt und in feierlichen Ritualen in Massengräbern beigesetzt. „Die braune Pest hat ihr Gesicht nicht versteckt – aber die neue, schwarze Pest aus Europa und Amerika tut es und ist deshalb noch gefährlicher!", erklären die Redner, und die Kinder schwören laut, dieser drohenden Epidemie zu widerstehen, und singen im Chor alte und neue Kampflieder. Eine Frau, vielleicht eine Lehrerin, trägt ein selbstverfasstes Gedicht vor, das von Barbaren handelt, „die das Blut unserer Kinder trinken". Eine Mutter, die ihren Sohn im Afghanistan-Krieg als Helden der Sowjetunion verloren hat, psalmodiert zum Gedenken an die Gefallenen aller Kriege: „Euer Leben ist mit Sinn erfüllt!" Und dann ziehen die Jungen und Mädchen, von Militärinstrukteuren begleitet, zurück in die Schule, wo sie lernen, wie man Gewehre zerlegt und sich auf den Gaskrieg vorbereitet.

---

25 Nikolaj Epple: Neudobnoe prošloe: pamjat' o gosudarstvennych prestuplenijach v Rossii i drugich stranach. Moskva 2020. – Dt. Nikolai Epplée: Die unbequeme Vergangenheit. Vom Umgang mit Staatsverbrechen in Russland und anderswo. Berlin 2023.

26 Ulrich Schmid: Anatomie einer Diskreditierung. Russlands Staatsmedien und Memorial, in: OSTEUROPA, 8–9/2021, S. 225–240.

Perfekte Urenkelin der Helden des Großen Vaterländischen Kriegs: Maša im staatlichen Fernsehen. Quelle: YouTube: Screenshot YouTube „Jelnja – Stadt des Ruhms Doku"

Eine der Hauptfiguren des Films, der zuzuschauen man kaum aushält, ist die vielleicht 14-jährige Maša, ein sehr braves, sicher auch ganz schlaues Mädchen, die in einer fast professionellen Weise und unter steter Anleitung ihrer Mutter wie die ideelle Gesamt-Urenkelin der Helden des Großen Vaterländischen Kriegs agiert und ihrem Präsidenten als ihrem schützenden Übervater innige Liebeserklärungen macht und Schwüre ablegt, die dann doch schon etwas nordkoreanisch klingen. Aber dann ist da auch Sergej, ein Waldläufer und Arbeitsloser, der seit Jahren auf eigene Rechnung in den Wäldern ringsum nach Orden und Militaria, Knochen und Überresten sucht. Über den frisch ausgegrabenen Schädel eines Rotarmisten, der „noch gute Zähne" hatte und deshalb ganz jung gewesen sein musste, sagt er zum Filmemacher gewandt, wie in einem Shakespeare-Epilog: „Dafür haben die nicht gekämpft, damit wir so leben." Und bricht unvermutet in Tränen aus.[27]

Und dabei erinnert er plötzlich an Jurij Dmitriev, der als Aktivist von *Memorial* in einer ähnlich obsessiven Weise über 20 Jahre in den karelischen Wäldern nach den Überresten der im Großen Terror erschossenen, in Massengräbern verscharrten Häftlinge gesucht und geholfen hat, ihnen an der Massenhinrichtungsstätte in Sandormoch improvisierte oder dauerhafte Denkmäler zu setzen – darunter 2015 auch eines für die Gruppe ukrainischer Dichter, die hier in einer Nacht des Jahres 1938 erschossen wurden.[28] Das war vermutlich der letzte Stein des Anstoßes, um Dmitriev 2016 unter der Anklage des Kindesmissbrauchs gegen alle Evidenzen und Aussagen – auch der angeblich missbrauchten Tochter, die heute für ihren Vater kämpft – hinter Gitter zu setzen: eine Anklage, die man ohne Tiefenanalytik „sprechend" finden kann.[29]

---

[27] Nach meiner Mitschrift des Films von „Jelnja – Stadt des Ruhms", von Dmitrij Bogoljubov (2019). <www.youtube.com/watch?v=mg_jZjVyN6I>.

[28] Irina Flige: Sandormokh. Le Livre noir d'un lieu de mémoire. Paris 2021. – Sergej Lebedev: Wenn die Gräber sprechen. Sandormoch. Gedenkort kolonialer Gewalt, in: OE, 6–8/2022, S. 117–134.

[29] Sergej Lebedev: Das Zeugnis der Toten. Jurij Dmitriev. Wanderer im Archipel, in: OSTEUROPA, 9–10/2017, S. 3–16. – Der Prozess gegen Jurij Dmitriev ist dokumentiert in: OSTEUROPA, 12/2019, S. 71–75, <https://zeitschrift-osteuropa.de/hefte/2019/12/der-fall-jurij-dmitriev/>.

Denkmal im karelischen Sandormoch, das im Jahr 2015 für die Gruppe ukrainischer Dichter, die hier in einer Nacht des Jahres 1938 erschossen wurden, gesetzt wurde. Foto: Sergej Lebedev (2017)[30]

[30] Ebd.

Die schwierige Selbstfindung Russlands

Freilich, wer sich in die Tiefen und Untiefen der konfligierenden nationalen „Erinnerungskulturen“, „kulturellen Gedächtnisse“ oder „Geschichtspolitiken“ begibt und dabei auf „Traditionen“ oder gar „Nationalcharaktere“ rekurriert, bewegt sich auf wenig gesichertem, oft schlüpfrigem Gelände. Dagegen haben „Mentalitäten“ – jedenfalls als geschichtswissenschaftliche Kategorie – den Vorzug, dass sie sich deutlicher auf objektivierbare, materielle und langfristig wirkende Faktoren rückbeziehen lassen und sozialpsychologische Entwicklungen besser integrieren können.

Ein solch unhintergehbares materielles und psychisches Faktum war und ist im Fall Russlands der jähe Verlust einer Weltmachtposition als historischer Kern eines Supra-Staatswesens, wie es die UdSSR bis 1989 bzw. 1991 gewesen ist. Dieser Zusammenbruch, so heißt es heute vielfach, habe in der nominellen Staatsnation der Russen einen Schrecken erzeugen müssen, der von vielen westlichen Beobachtern halb kritisch, halb verständnisvoll als „imperialer Phantomschmerz“ bezeichnet wird und der Putins Politik der historischen Revanche jetzt mittrage. Dagegen sieht eine in der Ukraine, den baltischen Republiken oder Polen gepflegte, neuerdings mit „postkolonialem“ Vokabular westlicher Provenienz aktualisierte Sichtweise darin vor allem das ungebrochene Erbe eines auf Landraub und kulturelle Gleichschaltung angelegten großrussischen Imperialismus und Kolonialismus – einer Politik, in der die jeweiligen Kremlherrscher sich mit der Masse ihres Russenvolkes von jeher einig gewesen seien.

Beide Versionen beruhen auf einer fragwürdigen Identifizierung der Sowjetunion mit Russland, die der Putins und seiner Propagandisten genau entspricht. Übergangen wird dabei, was für ein eigentümliches und präzedenzloses Gebilde schon die frühe leninistische Sowjetunion war. Und das gilt vollends für das nach dem Sieg im Zweiten Weltkrieg unter der Ägide Stalins errichtete sowjetische Mega-Imperium mit seinem Gürtel von osteuropäischen Vasallenstaaten und seinem Umfeld von Bruderparteien, verbündeten Nationalbewegungen und assoziierten Bruderstaaten auf allen Kontinenten. Aber auch die UdSSR als Staatswesen im Engeren überschritt nach 1945 die historischen Grenzen eines noch so weit ausgedehnten „Russland“.[31]

Putins 2005 in den Raum gestellter Superlativ, dass die Auflösung der Sowjetunion die „größte geopolitische Katastrophe des 20. Jahrhunderts“[32] gewesen sei, ist in diesem Sinne nicht einmal vollkommen falsch, zumal sie den ebenfalls epochal zu nennenden Zusammenbruch des 300-jährigen Zarentums im Februar/März 1917 mit umfasst. Nur dass der Zusammenbruch der UdSSR als Kern eines um sie gescharten „Weltlagers“ noch erstaunlicher oder (je nach Perspektive) noch demütigender war als der von 1917, weil er statt im Krieg in einer Periode weltpolitischer Entspannung und Abrüstung stattfand und das Gepräge einer Kettenreaktion vergleichsweise friedlich-ziviler demokratischer Revolutionen trug, wie man sie so kaum jemals gesehen hat.

---

[31] Dazu Gerd Koenen: Der Kommunismus in seinem Zeitalter. Versuch einer historischen Verortung, in: OSTEUROPA, 5–6/2013, S. 9–38.

[32] Dass die amtliche englische Übersetzung aus Putins Superlativ „krušenie Sovetskogo Sojuza bylo krupnejšej geopolitičeskoj katastrofoj veka“ ein bloßes „major geopolitical disaster“ machte, zeigt, dass diese Formulierung auf das Publikum in Russland zielte und man sich der internationalen Problematik bewusst war. Poslanie Federal'nomu sobraniju Rossijskoj Federacii. Moskva 25.4.2005, <http://kremlin.ru/events/president/transcripts/22931.

Hier kommt noch eine nächste Komplikation ins Spiel: Denn der endgültige Zusammenbruch der UdSSR 1991 erfolgte ja in Wirklichkeit weniger durch Aufstände in der Peripherie, sondern gerade auch vom Moskauer Zentrum her, als Michail Gorbačev, der letzte Generalsekretär der KPdSU und Präsident der auseinanderdriftenden Union, durch eine Gruppe von Putschisten aus dem eigenen Apparat arrestiert wurde, deren Putsch aber auf einen von Russlands Präsident Boris El'cin geführten Widerstand traf und kläglich scheiterte. Zuvor war schon Gorbačevs Versuch, die auseinanderstrebenden Republiken per Referendum durch eine neue Unionsverfassung wieder föderativ zu verbinden, nicht nur in Riga oder in Kiew, sondern auch in Moskau auf starken Widerspruch gestoßen. Eben diese Protestwelle hatte El'cin als den ersten demokratisch gewählten Präsidenten Russlands ins Amt getragen. Mit dieser Autorität trat er dann nicht nur den Putschisten entgegen, sondern drängte gleich darauf auch den zurückgekehrten Gorbačev, der keinerlei Basis mehr hatte, widerstandslos aus dem Amt. An Silvester 1991 wurde die Sowjetfahne über dem Kreml eingeholt und durch die russländische Trikolore ersetzt. Das war das gänzlich unfeierliche Ende der UdSSR.

Zuvor hatte El'cin mit den über Nacht zu nationalen Führern mutierten Parteichefs der Ukraine und Belarus ohne lange Verhandlungen, fast im Handstreich, einen bindenden Vertrag über die friedlich-schiedliche Auflösung auch der drei slawischen Kernstaaten der Union geschlossen – und sie damit vollends aufgelöst. Die so entstandene „Russländische Föderation" mit frei gewählter Regierung, frisch etablierten Außengrenzen und ab 1993 mit einer neuen Verfassung war de facto ein fast ebenso neues Staatswesen wie die übrigen unabhängig gewordenen Ex-Sowjetrepubliken. Im Unterschied zu ihnen hatte sie aber zu sowjetischen Zeiten in der herrschenden KPdSU – dem eigentlichen Machtzentrum also – keine eigene politische Repräsentanz besessen. Vielmehr war ihr Funktionärskorps mit dem der zentralen Moskauer Partei- und Machtapparaturen in Personalunion verschmolzen. Das bedeutete Dominanz und Schwäche zugleich. Die ethnischen Russen, die weniger als die Hälfte der Sowjetbürger ausmachten, sahen sich – verstärkt in den 1980er Jahren – einerseits einem wachsenden Widerstand gegen das Übergewicht russischer Funktionäre und gegen die weitere „Russifizierung" des Gesamtstaats in Kultur und Verwaltung ausgesetzt. Andererseits litten sie – eben wegen der Verschmelzung mit dem gesamtstaatlichen Überbau – an einem ausgeprägten Mangel an einem genuin russischen Nationalbewusstsein und waren schon in der El'cin-Periode auf einer ebenso fieberhaften wie erfolglosen Suche nach einer „russischen Idee". Und Putins westlich gebildete Spin-Doktoren der ersten Jahre, so der umtriebige Gleb Pavlovskij, sprachen explizit davon, dass Russland sich überhaupt erst einmal wieder „selbst erfinden" müsse.[33]

Dass die Russländische Föderation sich im Akt ihrer Konstitution auch zur Rechtsnachfolgerin der UdSSR erklärte, war nicht nur in Gestalt der überdimensionierten bürokratischen (und korrupten) Zentralapparate eine schwere Hypothek und ein totes Gewicht, sondern diese Erklärung musste die ideologische und emotionale Verwirrung, die bald an die Stelle des demokratischen Gründerstolzes trat, nur noch steigern. Die Übernahme des Sitzes der UdSSR im Sicherheitsrat der Vereinten Nationen, der die

---

[33] So in einem Interview von 2006, hier zit. nach Vjačeslav Morozov: Humiliation or Sacrifice? The Loss of Empire in the Construction of Russia's Alternative Europa. Paper presented at the World International Studies Conference, Ljubljana, Slovenia, 23.–26. July 2008.

westlichen Mitglieder aus sehr egoistischen Motiven zugestimmt hatten, um eine grundlegende Reform der UNO zu vermeiden, tat ein Übriges, um das Selbstbild des neuen Russland zu vernebeln, bevor es sich hätte herauskristallisieren können.

Dieser Mangel hatte und hat noch tiefere historische Wurzeln. So hatten die hauptstädtischen Macht- und Besitzeliten im Zarenreich ebenso wie in der frühen Sowjetunion einen ausgeprägt multi- oder supranationalen Charakter getragen (bis 1917 mit einem starken deutschen, bis 1939/40 auch jüdischen Anteil), während die Russen als nominelles Staatsvolk kaum viel mehr als die passive, ursprünglich bäuerlich-leibeigene, dann gewaltsam entwurzelte und proletarisierte Basis des Imperiums gebildet hatten.[34] Und das war auch dann noch der Fall, als Stalin, umgeben von einer kaukasischen Kamarilla im Kreml und im Geheimdienst, das Gros der nichtrussischen Partei- und Staatseliten aus den Jahren der Revolution und des Bürgerkriegs sowie der Kollektivierungs- und Industrialisierungsschlachten fast vollständig ausrottete oder aussortierte und zum ersten Mal in großer Zahl russische Bauernsöhne in die höheren Gesellschaftssphären der Sowjetunion hatte nachrücken lassen. Und auch wenn er 1943 im Großen Vaterländischen Krieg „Russland, das große" per neuer Hymne zum Fels ernannte, auf dem die Sowjetunion gebaut sei, und die Russen in seinem Siegestoast im Mai 1945 als das hervorragendste aller Sowjetvölker bezeichnete und in patriarchaler Familienaufstellung zu ihrem älteren Bruder erhob, dann hinderte ihn das keineswegs, alle Ansätze eines großrussischen Selbstbewusstseins in der eigenen Partei (wie etwa in der „Leningrader Affäre" von 1950) sofort wieder terroristisch zu unterdrücken, so wie alle anderen nationalen Selbstfindungsversuche und kulturellen Autonomiebestrebungen auch. Die ideologische Russomanie der späten Stalinjahre, die in den (latent antisemitischen) Kampagnen gegen „Kosmopoliten" oder „Zionisten" als Kontrastfolie eingesetzt wurde, war kaum weniger authentisch als die entsprechenden Versuche der kommunistischen Vasallenparteien in Osteuropa, ihre „Volkskunst", „Volksmusik" und sorgsam ausgewählten „nationalen Traditionen" zu pflegen. Noch Chruščev und Brežnev waren ihrer soziokulturellen Herkunft nach, wie Lenin und Stalin, Geschöpfe des multinationalen Imperiums. Gorbačev und El'cin waren die ersten, rein russischen Bauernsöhne im Kreml.

Die verstellte Trauer

Wenn alle diese Sequenzen historischer Umbrüche und Gestaltveränderungen als solche schon jedes nachvollziehende historische Verstehen strapazieren, das der professionellen Historiker kaum weniger als das historischer Laien, so hat die kombinierte Geschichte des alten zaristischen Großreichs wie des jüngeren sowjetischen Mega-Imperiums nicht nur ein realgeschichtliches Vakuum und ein komplementäres Vakuum gesicherter Selbstbilder hinterlassen, sondern zugleich auch einen Überfluss hypertropher ideologischer Selbstbeauftragungen. Das alles zusammen muss nicht nur ein gesteigertes und legitimes

[34] Zur Rolle der jüdischen Kader in der frühen Sowjetunion und zu ihrer schrittweisen Eliminierung in den Säuberungen der 1930er Jahre wie in den Antikosmopoliten-Verfolgungen der Nachkriegsjahre Yuri Slezkine: Das jüdische Jahrhundert. Göttingen 2006, hier Kapitel 3 und 4, S. 121–359. – Zur prominenten Rolle jüdischer Kader in der Kommunistischen Internationale (Komintern): Gerd Koenen: Stichwort „Komintern", in: Dan Diner (Hg.): Enzyklopädie jüdischer Geschichte und Kultur. Stuttgart 2014.

Bedürfnis nach historischer Selbstvergewisserung erzeugen, sondern fast unvermeidlich Verschwörungserzählungen anziehen, die das Unfassbare fassbar machen sollen.
Zu all diesen Verunsicherungen kommt, dass Russland trotz gewisser Stabilisierungserfolge in den 2000er Jahren als Flächen- und Binnenstaat von den Strömen eines überwiegend maritim abgewickelten Weltverkehrs und Wettbewerbs immer weiter abgehängt worden und weltwirtschaftlich zurückgefallen ist. Und wenn es seit den 2010er Jahren nun einen forciert militaristischen Habitus als atomare Luft- und Weltmacht pflegt, mit dem es sich im Club der ökonomisch und technologisch immer weiter davonziehenden Weltmächten USA und China zu behaupten hofft, dann schafft auch das einen erhöhten Bedarf an ideologischer Konditionierung. Auch deshalb ist der Kampf gegen einen „historischen Nihilismus" Chefsache geworden. Putin hat sich, auch darin Stalin folgend, zum ersten Historiker des Landes aufgeschwungen, der zu jedem weltpolitischen Schachzug umfängliche historische Begründungen beisteuert, die ab da verbindlich sind.
Mit all dem lässt sich nicht überspielen, dass das Erbe der langen, mehrstufigen Katastrophengeschichte des 20. Jahrhunderts in Gestalt eines dramatischen demographischen Rückgangs, eines aus sowjetischer Zeit überkommenen Mangels an wissenschaftlicher Welt- und Selbstkenntnis, einer extensiven Verwüstung der natürlichen Lebensgrundlagen und der komplementären sozialen Verödung auf Russland als Staat und Gesellschaft zurückschlägt. In einer kaum klar rekonstruierbaren, aber empirisch feststellbaren Art und Weise hat die lange, traumatische Geschichte von Willkür und Gewalt sich in die Physis und die sozialen Texturen wie in die Psyche der ehemaligen Sowjetbürger aller Nationalitäten eingeschrieben.[35] Und die tragischen Einzel- und Kollektivschicksale, die darin eingelagert waren, trafen keineswegs nur die durch Terror und Hungersnot besonders schwer getroffenen Ukrainer, oder die Litauer oder die Kasachen, sondern sehr wohl auch große Teile der Kernbevölkerung Russlands, die all das vom Bürgerkrieg bis in die Stalinzeit hinein ebenso gekannt haben.
Schrecken und Misshandlungen solcher Art, die ein Staat seinen eigenen Bürgerinnen und Bürgern angetan hat, sind psychisch aber ungleich schwerer zu integrieren als solche, die fremde Invasoren wie zuletzt die deutschen Herrenmenschen ihnen angetan haben. Aber sie sind auch schwieriger zu „bewältigen" als die Verbrechen, die unsere Eltern und Großeltern in nationalsozialistischer Zeit an Millionen zu Fremden, Feinden, „Entarteten" oder „Untermenschen" erklärten Bürgern ihres eigenen Landes und fremder Länder verübt haben. Solche Massenverbrechen können, wie die Bundesrepublik es exemplarisch vorführt, in einer ritualisierten „Erinnerungskultur" eingekapselt werden, mit der man sich mehr oder weniger arrangieren kann, und je mehr sie sich auf einen mythisierten „Holocaust" eingrenzt, umso besser. Dagegen hat Alexander Etkind in seinen Betrachtungen über das „Warped Mourning", über das verstellte, verzerrte, deformierte Trauern in der nachsowjetischen Welt, in der viele der Ermordeten unbegraben geblieben und zu Untoten in einer von weißen Flecken oder düsteren Geheimnissen durchzogenen Geschichtslandschaft geworden sind, nicht zuletzt auch mit Blick auf die deutsche Selbstdiagnose über die „Unfähigkeit zu trauern", festgestellt:

[35] Man denke beim Begriff „Trauma" vielleicht eher zunächst an den medizinischen Begriff eines „traumatisierten Gewebes" als an die heute allzu geläufige psychologische Diagnose.

> Beim Holocaust ging es um die Auslöschung der Anderen. Der sowjetische Terror war selbstzerstörerisch. Das hat die Entfaltung dreier wichtiger Kräfte erschwert, die die Welt nach einer Katastrophe neu strukturieren: das kognitive Bestreben, aus einer Katastrophe zu lernen, das emotionale Bedürfnis, um die Opfer zu trauern; und der aktive Wunsch, Gerechtigkeit herzustellen.[36]

In dieser Hinsicht schafft es auch kaum Erleichterung und schon gar keine Klarheit, im Gegenteil, wenn die Täter, die im Namen des Sowjetregimes einst Mord und Verwüstung säten, ihrerseits nun als „Fremde“ identifiziert werden, als Juden, Polen oder Letten, wie es nach 1989 eine aufschießende völkische Rechte in Russland vielfach getan hat, oder auch als „Moskali“ (Moskowiter) wie in der heutigen Ukraine. In der sowjetischen Gewaltgeschichte gibt es wegen ihrer universalistischen Selbstberufungen etwas spezifisch Unerträgliches, Inkommensurables, jedem konventionellen Verstehen sich Verweigerndes, das allerdings zum Signum eines totalitären Massenterrors gehört, wie ihn insbesondere kommunistische Regime an ihren Bürgern und selbst an ihren eigenen, noch so ergebenen Kadern im Laufe des 20. Jahrhundert geübt haben.

Insofern hatte es im Juni 1941 fast etwas Erleichterndes und Befreiendes, als sich über alle Schichten der sowjetischen Schreckenserfahrungen der Horror des deutschen Lebensraums- und Vernichtungskriegs legte und sie überlagerte oder sogar verdrängte, oder mehr noch: ihnen (nach der Logik der Sinnstiftung des Sinnlosen) eine retrospektive Ratio unterlegten, die sie überhaupt nicht hatten. Man findet diesen psychischen Reflex selbst in einem einst verbotenen Buch wie Boris Pasternaks *Doktor Schiwago*. In dessen Epilog begegnen die Freunde Schiwagos (der schon vor langer Zeit an Erschöpfung und Enttäuschung gestorben ist), Dudurov und Gordon, sich noch einmal am Vorabend der großen Panzerschlacht am Kursker Bogen im Sommer 1943. Lara, die Geliebte Schiwagos, ist als namenlose Nummer in „einem der zahllosen Konzentrationslager des Nordens“ umgekommen, in denen auch Gordon als „Volksfeind“ Jahre gesessen hat und von wo aus er nun in eins der Bewährungsbataillone an die vorderste Frontlinie geschickt worden ist. Dudurov dagegen hat in dieser Zeit eine steile Karriere gemacht, aber sinniert nun (während Gordon schweigend-billigend zuhört) in zugleich ketzerischer und rationalisierender Weise über alles nach, was mit dem Land und mit ihnen geschehen ist:

> Erstaunlich. Nicht nur für dich als Lagersträfling, sondern für das ganze Leben der dreißiger Jahre, selbst in Freiheit, selbst wenn es einem als Universitätslehrer gar nicht schlecht ging, mit Büchern, Geld und Komfort, selbst da kam der Krieg wie ein reinigender Sturm, wie ein frischer Windstoß, wie ein Wehen der Erlösung. [...] Um den Mißerfolg zu bemänteln, mußten sie den Menschen mit allen Abschreckungsmitteln das Denken und Urteilen abgewöhnen und sie zwingen, Nichtvorhandenes zu sehen und dem Augenschein Zuwiderlaufendes zu behaupten. Daher die beispiellose Grausamkeit der Jeshow-Zeit, die Verkündung der Verfassung, die gar nicht angewendet werden sollte, und die Einführung von Wahlen, die überhaupt nicht auf dem Wahlprinzip beruhten.
>
> Als der Krieg ausbrach, waren seine realen Entsetzlichkeiten, seine realen Gefahren und seine realen Todesdrohungen geradezu ein Segen, verglichen

[36] Alexander Etkind: Warped Mourning. Stories of the Undead in the Land of the Unburied. Stanford 2013, S. 8f.

> mit der unmenschlichen Herrschaft von Ausgedachtem, sie brachten Erleichterung, denn sie schränkten die Zauberkraft des toten Buchstabens ein.
> Die Menschen, nicht nur wie du in den Zwangsarbeitslagern, sondern alle, im Hinterland und an der Front, atmeten freier, mit voller Brust, und warfen sich berauscht, mit dem Gefühl wahren Glücks in den Schmelztiegel des tödlichen und rettenden Kampfes.[37]

Zwei voneinander lernende Systeme

Dieser hier in dichterischer Nacherfindung aufgemachte, psychologische Nexus lässt sich sogar noch sehr viel direkter fassen. Denn die militärgeschichtlich beispiellosen Anfangsverluste an Menschen und Material konnte die Sowjetunion Stalins nur deshalb überleben, weil sie sich je länger, desto stärker einem Versklavungs- und Vernichtungskrieg ausgeliefert sah, der in seiner mörderischen Radikalität kaum historische Vorbilder hatte. Den Soldaten der Roten Armee wie dem Land als Ganzem blieb kaum etwas anderes übrig als der nackte Kampf ums Überleben.

Dabei gab es nach den Erfahrungen der Kollektivierung, des Großen Hungers und des Großen Terrors nicht wenige, und es hätten sich noch viel mehr finden können, die bereit gewesen wären, sich notfalls auch mit fremder Hilfe von diesem Regime zu befreien, das sie mit immer neuen Wellen von Terror, Enteignung, Arbeitszwang und allseitiger Kontrolle überzogen hatte. Und dazu zählten keineswegs nur ukrainische Nationalisten wie der mittlerweile in eine propagandistische Überfigur verwandelte Stepan Bandera, dessen Unabhängigkeitswünsche von den Nazis ja sofort radikal frustriert wurden und den sie sicherheitshalber ins Lager setzten, so wie es die sowjetischen Behörden vorher auch getan hatten. Dazu zählten ebenso Erzrussen wie der fähige und hochdekorierte General der Roten Armee, Andrej Vlasov, der sich vergeblich als Verbündeter angeboten hatte und nur am Ende, als schon alles verloren war, unter der Aufsicht der SS noch eine 120 000 Mann starke „Russische Befreiungsarmee“ (Russkaja Osvoboditel’naja Armija) aufstellen und in den Kampf führen konnte.

Hitlers „Lebensraum“-Politik verfolgte eben vollkommen andere Ziele als die Fassade vom „antibolschewistischen Kreuzzug“ suggerierte. Er brauchte allenfalls Hilfswillige („Hiwis“) für die Wehrmacht, die SS, die Polizei und die Nachschubapparate, von denen immerhin ungefähr eine Million rekrutiert und verheizt wurden, und sonst nur gefügige Verwalter oder Bürokräfte, bäuerliche Heloten und industrielle Sklavenarbeiter.

So war es erst die deutsche Kriegs- und Besatzungspolitik, die Stalins eilends proklamiertem Großen Vaterländischen Krieg eine neue Glaubwürdigkeit und elementare Kraft verlieh, die er von sich aus womöglich nicht gehabt hätte. Die fast völlig vernichtete, ein zweites Mal aus dem Boden gestampfte und mit amerikanischen und eigenen Waffen neu ausgerüstete Rote Armee musste Auge in Auge, Brust an Brust von ihrem Feind lernen, dem sie im Winter 1941 vor Moskau und Leningrad erstmals standhielt. Und nach „Stalingrad“, wo Hitler im Winter 1942/43 eine symbolische Entscheidung bewusst gesucht hatte, konnte sie die Invasoren in gewaltigen, ohne Rücksicht auf eigene oder

---

[37] Boris Pasternak: Doktor Schiwago. Aus dem Russischen von Thomas Reschke. Berlin-Weimar 1992, S. 694–695.

fremde Verluste vorgetragenen Offensiven Zug um Zug zurückwerfen und schließlich bis in den Führerbunker nach Berlin verfolgen.

Diesen weltpolitischen Triumph hatte der frischgebackene „Generalissimus" Stalin, der sich mit seiner einfachen weißen Litewka auf den Gemälden und Gruppenfotos umso markanter von den bunten Ordensbrüsten seiner Marschälle und Generäle abhob, in letzter Instanz dem Heroismus seiner Millionen Fußsoldaten aller Nationalitäten zu verdanken, die sich – halb irreführend und halb richtig – in der mythisch-tellurischen Gestalt des „Ivan" in die Weltgeschichte eingeschrieben haben. Und dabei mussten sie nach Regeln kämpfen wie keine andere Armee der Welt vor ihnen. Die blutjungen wie die älteren Soldaten, die in diese endlosen Schlachten hineingeworfen wurden, hatten sich mit Haut und Haaren und ein für alle Mal dieser Militärmaschinerie auszuliefern. Es gab für sie keine Fronturlaube und kaum Rotationen. Dagegen versuchte die deutsche Wehrmacht bis kurz vor Toresschluss und mit erstaunlichem logistischem Aufwand, ihren Offizieren und dekorierten Soldaten kurze Urlaube hinter der Front oder sogar im fernen Zuhause zu sichern. Das war die realistische Anerkennung eines Tatbestands, der von Militärpsychologen der US-Armee eben zu dieser Zeit wissenschaftlich beschrieben wurde: Soldaten, die mehr als ein Jahr in ununterbrochenem Fronteinsatz sind, brechen psychisch und physisch zusammen, und die meisten weit früher.[38]

Die einfachen Rotarmisten mussten dagegen in eine endlos währende, mörderische Schlacht ziehen, aus der sie zurückkamen oder nicht. Ein großer Teil fand sofort den Tod. Andere überlebten nicht einmal ein Jahr ohne schwere Verletzung.[39] Nicht nur taktische Rückzüge wurden von den Sperrbataillonen des NKVD unter der Losung „Kein Schritt zurück!" mit standrechtlichen Erschießungen verhindert oder nachträglich geahndet – mit fatalen Folgen für die Manövrierfähigkeit der militärischen Einheiten, die sich so der Einschließung durch die motorisierten deutschen Einheiten nicht entziehen konnten. Alles in allem sind mehr als zehn Millionen sowjetische Soldaten und Partisanen in diesem Krieg gefallen – das Dreifache der deutschen Verluste. Wer gefangen genommen wurde, galt als Verräter, und die Regierung machte keinen Versuch, sie auch nur durch das Rote Kreuz registrieren und inspizieren zu lassen; im Gegenteil, sie sagte sich von ihnen los, so wie Stalin sich selbst von seinem ältesten Sohn demonstrativ losgesagt hatte. Auch das trug mit dazu bei, dass von den 5,7 Millionen in deutsche Gefangenschaft geratenen Rotarmisten etwa 3,3 Millionen entweder direkt ermordet oder durch Hunger, Krankheit und Überarbeitung ums Leben gebracht wurden.[40]

Man ermisst aus all dem, in welchem Zustand eines psychischen Deliriums und einer moralischen Entfesselung diese sowjetischen Soldaten sich befunden haben müssen, als sie 1945 nach endlosen Schlachten und hunderten Kilometern durch verbrannte Dörfer und Städte deutschen Boden betraten, wo alles noch vergleichsweise geordnet und intakt wirkte – und wo sie von ihren Offizieren, einem archaischen Brauch, vielleicht aber auch einer abgründigeren Psychologie der Unterwerfung und Demütigung folgend, carte

---

[38] John Keegan: Die Schlacht. Azincourt 1415 – Waterloo 1815 – Somme 1916. München 1981, S. 392f.

[39] Auf 84 Prozent der 34,5 Millionen mobilisierten Männer und Frauen hat Richard Overy die Verluste durch Tod (allein 6,2 Millionen), Verwundung, Gefangenschaft, Krankheit, Erfrierungen usw. geschätzt. Es war das Mehrfache der Kriegsverluste auf deutscher Seite. Richard Overy: Russlands Krieg. 1941–1945. Reinbek 2003.

[40] Christian Streit: Keine Kameraden. Die Wehrmacht und die sowjetischen Kriegsgefangenen. Stuttgart 1978.

blanche für Plünderungen, Vergewaltigungen und Racheakte jeder Art erhielten.[41] Letztlich wurde der totale Krieg Hitlers durch einen „noch totaler", noch verlustreicher, noch bedingungsloser geführten Krieg Stalins übertrumpft. Und dabei lernten beide Regime und Armeen ständig aneinander. Aber so war es auch schon in der Zeit ihres stillen Bündnisses von 1939 bis 1941 gewesen, als die Politik der Besatzung und „Umvolkung" im deutschen Generalgouvernement wie in den sowjetisch besetzten Gebieten Ostpolens in ihrer Kombination ethnischer, sozialer und ideologischer Selektionen sich in vielem ähnelte.
Über die Bewunderung, die die deutschen „Blitzkriege" zu Kriegsbeginn in Moskau auf sich zogen – in eklatantem Unterschied zu den schwerfällig vorgetragenen, verlustreichen Schlachten der sowjetischen Invasionstruppen in Finnland im Winter 1939/40 –, ist oft berichtet worden.[42] Ähnliches gilt für den Neid, den Hitler in seinen kreisenden Monologen und Tischgesprächen vor seinen Sekretären und Militärs gegenüber Stalin bekundete, den er wiederholt als „genialen" und dabei „rein nationalen Führer" bezeichnete, der mit dem „jüdischen Kulturbolschewismus" und Weltrevolutionärstum rechtzeitig und mit eiserner Faust aufgeräumt und aus der „slawischen Kaninchenfamilie" so einen ernstzunehmenden Machtstaat geformt habe. Mit seinem „großen Aufräumen in der Generalität" habe er sich einen revolutionären Offiziersnachwuchs herangezogen, wie er ihm (Hitler) gerade fehle.[43]

„Dem stärkeren Ostvolk gehört jetzt die Zukunft"

Als das so ziemlich letzte Wort Hitlers hat sein Rüstungsminister Albert Speer in seinen Memoiren den Satz überliefert: „Dem stärkeren Ostvolk gehört jetzt die Zukunft."[44] Dieser Satz (ob er so gesagt worden ist oder nicht) enthält eine – letztlich allerdings nur temporäre

---

[41] Einen besonders eindrücklichen Erlebnisbericht darüber, wie die Soldaten der Roten Armee, als sie in Ostpreußen erstmals deutschen Boden betraten, moralisch dekompensierten und auch durch Befehle kaum daran zu hindern waren, zu rauben, zu brandschatzen und zu vergewaltigen, liefert Lev Kopelev im dritten Band seiner autobiographischen Aufzeichnungen. Kopelev war als Propagandaoffizier in vorderster Linie dabei und wurde wegen seiner Versuche, gegen Plünderer und Vergewaltiger einzuschreiten und Meldungen an die Vorgesetzten zu machen, als „deutscher Agent" erst aus der Partei ausgeschlossen, dann wegen Untergrabung der Kampfmoral verhaftet, verurteilt und ins Lager verschickt. Lew Kopelew: Aufbewahren für alle Zeit! Hamburg 1976. München 1979, hier S. 59–206.

[42] So Wolfgang Leonhard in seinem autobiographischen Bericht: Die Revolution entlässt ihre Kinder. München 1982, S. 72f. Demnach schwärmte nach dem Abschluss des Grenz- und Freundschaftsvertrags vom September 1939 der Dichter Erich Weinert, dass nun „vielleicht . . . mit der Möglichkeit einer noch weitergehenden Zusammenarbeit der Sowjetunion mit Deutschland zu rechnen" sei. Nicht anders äußerte sich der KPD-Vorsitzende Wilhelm Pieck, der einen direkten Draht zur sowjetischen Führung besaß.

[43] Von Stalin als dem Liquidator des internationalen Bolschewismus und nationalen Führer Russlands hatte Hitler schon in einem Brief an Mussolini vom März 1940 geschrieben, der diese Auffassung schon länger vertrat. Zit. nach Alexander Nekrich: Pariahs, Partners, Predators. New York 1997, S. 157. In seinen Tischgesprächen nannte Hitler Stalin sogar einen der größten lebenden Menschen. Eine Zusammenstellung der zahlreichen einschlägigen Zitate aus Henry Picker: Hitlers Tischgespräche (1951), Frankfurt/Main, Berlin 1989, sowie aus einer Reihe anderer Aufzeichnungen in: Russland-Komplex [Fn. 3], S. 427ff.

[44] Albert Speer: Erinnerungen. Frankfurt/Main, Berlin 1969, S. 446. Diese von Speer zehn Tage nach seinem letzten Gespräch mit Hitler am 18. März aufgezeichnete Äußerung wird im Wortlaut bezweifelt, nicht aber ihrem Tenor nach. Ian Kershaw: Hitler 1936–1945. Stuttgart 2000, S. 1013, Anm. 159.

– Wahrheit. Ohne Hitlers wahnwitzigen Lebensraumkrieg im Osten hätten die Armeen Stalins schwerlich jemals bis Berlin und bis an die Elbe vorstoßen können. Und ohne den von Hitler entfesselten Weltkrieg hätte Stalin sich – erst als Komplize, dann als Gegner – niemals zu der welthistorischen Höhe erheben können, auf der er nach 1945 und zu Lebzeiten stand; und mit ihm sein völlig neuartiges, freilich von Grund auf überdimensioniertes und letztlich anachronistisches Mega-Imperium.

Aber ohne diesen deutschen Eroberungs-, Versklavungs- und Vernichtungskrieg, dessen vernichtende Wucht und Last zwischen 1938 und 1942 zuerst die Tschechen, dann die Polen, dann die Belarussen, die Balten und die Ukrainer, und als erste und überall die Juden traf, hätte auch keiner der 1919 wiederhergestellten oder neu errichteten souveränen Staaten erwarten können oder müssen, für ein halbes Jahrhundert in den Status eines sowjetischen Vasallen herabzusinken. Tatsächlich war es zuerst der Hitler-Stalin-Pakt von 1939 gewesen, durch den diese Länder mit einem fetten, von Stalin und Ribbentrop beglaubigten Strich quer durch die Landkarte des östlichen Europas aufgeteilt, neu zugeschnitten und ihrer Souveränität beraubt worden waren, bevor sie nach dem Juni 1941 zuerst von den deutschen und im Gegenzug 1944/45 dann von den sowjetischen Armeen überrollt und verheert, politisch gleichgeschaltet und „ethnisch gesäubert" wurden. Und das galt für die Länder, die eine wirksame Résistance aufgebaut hatten, wie vor allem Polen, nicht anders als für jene Länder in Südosteuropa wie Ungarn, die Slowakei, Rumänien und Bulgarien, die 1941 in Hitlers „Großer Armee" mitmarschiert waren, bevor sie 1944 (als sie abfallen wollten) erst von den deutschen und anschließend dann von sowjetischen Truppen besetzt worden waren.

Die Rede von den „zwei totalitären Diktaturen", die sich auf diesem Terrain teils ergänzt und teils überlagert hätten, ist aber noch allzu stumpf angesichts des Elementaren der jeweiligen Praktiken und Formen einer physischen und psychischen Überwältigung, Unterwerfung und Zurichtung. Und das betrifft nicht nur die zweimal oder dreimal Okkupierten, die Balten, die Polen oder die Ukrainer, die nach ihrer nationalstaatlichen Rekonstitution in den 1990er Jahren den Gedanken noch kaum haben zulassen können, dass es für Teile ihrer Bevölkerungen ein Bündel sehr profaner Motive, sehr verständlicher Rücksichten, sehr gravierender Erfahrungen oder auch sehr tief verwurzelter Ressentiments (zum Beispiel gegen Juden) gegeben haben könnte, die nicht wenige von ihnen zur passiven oder aktiven Kollaboration mit der deutschen Besatzung verführt haben, welche ihre scheinbar exklusiven Rassenkriterien im Zuge ihrer „Umvolkungen" denn auch durchaus flexibel anwandte. Ein Pole, der seinen Sohn in die Wehrmacht schickte, konnte selbst ins Herrenvolk aufsteigen. Noch weniger können sie jedoch den Gedanken zulassen, dass sie, die 1945 „Befreiten" (mit oder ohne Anführungsstriche) in den 40 Jahren danach en masse in die neu etablierten und auf Dauer gestellten sowjetisierten Staats- oder Bildungsapparaturen eintraten, und das nicht nur aus nacktem Zwang, blankem Opportunismus oder gar ideologischer Überzeugung, sondern aus einer Mixtur aller möglichen höheren oder weniger hohen Motive – zumal angesichts geopolitischer Gegebenheiten, die sie lange Zeit kaum beeinflussen konnten.

Die Frage nach den mentalen Prägungen betrifft in gesteigerter Weise aber schließlich auch die beiden jeweiligen Hauptakteure, hier die Deutschen (Ost und West, und nicht zu vergessen: die Österreicher, die Sudetendeutschen usw.) und andererseits die Russen, die aus Stalins Mund zu den Hauptsiegern des Weltkriegs erklärt worden waren.

Links: „From Russia with Hate", von Russland mit Hass, steht in kleiner Schrift über „Stalingrad". Die Jahreszahlen 1942 und 1943 markieren die Wende im „Großen Vaterländischen Krieg", aus „Mutter Heimat" ist unter Putin „Mutter Russland" geworden. Im Werbetext der Website dieses Modelabels „Mother Russia" heißt es über den Scharfschützen, der Kerben in sein Gewehr schnitzt: „Ein leuchtendes Beispiel des Mannesmuts unserer Soldaten! Kennt die Geschichte! Tragt Mother Russia!" – Rechts: „Birkenkreuz", in einer alten deutschen Schrift. Der Text dazu lautet: „Entsetzliche Bilder des Krieges. Die Leichen der Nazis liegen in den Straßengräben: Die Faschisten zogen sich so hastig zurück, dass sie keine Zeit hatten, alle Toten zu begraben. Krähen kreisen über Haufen lebloser Körper, die willkürlich verstreut sind. Früher roch es hier nach Apfelbäumen, jetzt nach Leichen. Ein frisch ausgehobenes Grab, die Erde feucht. Über dem Grab ein Birkenkreuz – ein Birkenkreuz, das auf alle wartet, die in unser Land einfallen."

Darüber, wie in der Ära Putins das Nebeneinander und Gegeneinander in der Weltkriegsphase mit dem nationalsozialistischen Deutschland mental verarbeitet worden ist, haben wir zuvor schon gesprochen – nämlich fast exakt in der Art, in der Hitler seine totale Niederlage konzedierte: „Dem stärkeren Ostvolk gehört jetzt die Zukunft."

In postmoderner, popkultureller Verfremdung findet diese am deutschen Vorbild geschulte Krieger-Mentalität sich zum Beispiel auf T-Shirts einer Firma namens „Mother Russia". Im Zeichen des aktuellen Kriegs gegen die Ukraine findet man hier dieselben Muster einer projektiven Umkehrung, die uns auch in den Reden Putins und seiner Ministranten vom „Blitzkrieg" (auf Deutsch) und der „Endlösung" begegnet sind.

Und dasselbe gilt auch für die Manier, in der uns die als kühle Realpolitiker auftretenden Geostrategen Putins wie der glatzköpfige und weltgewandte Sergej Karaganov den Zerfall Europas in balkanisierte, von inneren Differenzen zerrissene und auf den Moskauer Weltmachtpol ausgerichtete Kleinstaaten als ein unentrinnbares und durch unsere moralische Dekadenz und postnationale Kraftlosigkeit vollkommen verdientes Kulturschicksal ankündigen, dem man notfalls mit ein paar atomaren Präventivschlägen nachhelfen könnte – was Putin dann lächelnd als etwas übereifrig zurückweisen kann, ohne es prinzipiell auszuschließen.[45]

Was die Deutschen im engeren Sinne betrifft, wäre zunächst tatsächlich zwischen Ost und West zu unterscheiden. Dabei fehlen mir für die auf dem Boden der ehemaligen DDR Lebenden und Aufgewachsenen die Zugänge, die einen so rätselhaften Satz wie den des konservativen sächsischen Ministerpräsidenten Kretschmer aufschlüsseln könnten, wonach „die Ostdeutschen nun einmal ein anderes Verhältnis zu Russland" hätten, das es ihnen verbiete, die um ihre Existenz kämpfende Ukraine mit Waffenlieferungen zu unterstützen. Untergründig sind die Unterschiede vielleicht aber gar nicht so groß. Der „Schwur von Buchenwald" nach der Befreiung im April 1945 „Nie wieder Faschismus, nie wieder Krieg" (eine zynische propagandistische Nacherfindung der SED),[46] ist auf verschiedenen Wegen auch in das westdeutsche politische Vokabular eingeflossen, ergänzt um die Formel „Nie wieder Auschwitz". Hier wie dort hat diese universelle „Lehre aus unserer Geschichte" als komfortable Ausrede gedient, sich – wie schon in den mörderischen Jugoslawienkriegen der 1990er Jahre – möglichst herauszuhalten.

„Wieder Krieg in Europa? Nicht in unserem Namen!" hieß eine noch im Dezember 2014, ein halbes Jahr nach der Blitz-Annexion der Krim und der Eröffnung des blutigen Zermürbungskriegs im Donbass durch Russland, eine Allparteien-Koalition emeritierter Amtsträger, flankiert von Dutzenden prominenter Künstler und Intellektueller.[47] In diesem Aufruf wurde allen Ernstes suggeriert, die NATO und die USA unter Führung Präsident Obamas seien dabei, Russland wieder „aus Europa hinaus(zu)drängen", was stets „blutig gescheitert" sei, wie das „größenwahnsinnige Hitler-Deutschland" der Welt ein- für allemal bewiesen habe. Diese wohl von Helmut Kohls ehemaligem Kanzleramtsleiter und Ostbeauftragten Horst Teltschik verfasste, vom Ex-Präsidenten Roman Herzog unterstützte, von den damals bereits hochbetagten Altkanzlern Helmut Schmidt und Helmut Kohl womöglich stillschweigend gebilligte Position kam demnach noch ganz aus der Mitte des deutschen politischen und wirtschaftlichen Establishments. Und mittendrin schwamm wie ein Fisch im trüben Wasser Gerhard Schröder, der als ein „ausländischer Agent" (um die putinistische Strafgesetzgebung zu zitieren) gerade dabei war, die Verträge für *Nord Stream* 2 unterschriftsreif zu machen, insoweit noch ganz auf

---

45 Serge Schmemann: Why Russia thinks it cannot lose the war in Ukraine. Interview with Sergey Karaganov. New York Times, 19.7.2022. Zur Diskussion im Valdaj-Klub im Juni 2024 vgl. Karaganovs eigenen Bericht im Gespräch mit einer Webzeitung <ukrainia.ru>, die unter dem unglaublichen Titel stand: Die nukleare Eskalation mag eine Büchse der Pandora öffnen, aber sie wird die Welt auch vom 500-jährigen Joch des Westens befreien: <https://karaganov.ru/en/sergei-karaganov-nuclear-escalation-may-open-pandora-s-box-but-it-will-also-free-the-world-from-the-500-year-long-western-yoke/>.

46 Ines Geipel: Umkämpfte Zone. Mein Bruder, der Osten und der Hass. Stuttgart 2019 – Im authentischen, in mehreren Sprachen verlesenen Schwur der eben von amerikanischen Truppen befreiten, zum Appell angetretenen Überlebenden des KZ Buchenwald vom 19. April 1945 hatte es geheißen: „Wir werden den Kampf erst aufgeben, wenn der letzte Schuldige vom Gericht aller Nationen verurteilt ist. Die endgültige Zerschmetterung des Nazismus ist unsere Losung. Der Aufbau einer neuen Welt des Friedens und der Freiheit ist unser Ideal." Verbunden war das mit einem feierlichen Dank an die alliierten Armeen, die „uns und der Welt die Freiheit erkämpft" haben. Die Formel „Nie wieder Krieg!" kam begreiflicherweise darin nicht vor, und der „Nazismus" wurde noch sehr eindeutig bei seinem richtigen Namen genannt.

47 Wieder Krieg in Europa? Nicht in unserem Namen. 5.12.2014.

Linie der offiziellen deutschen Russlandpolitik einer „Annäherung durch Verflechtung", der auch Kanzlerin Merkel und ihr Außenminister Steinmeier trotz Krim und Krieg damals unbeirrt weiter folgten.
Zwar ist die Regierung Scholz im Februar 2022 gerade rechtzeitig noch über diesen langen Schatten gesprungen; aber sie hat sich inmitten ihrer laut verkündeten „Zeitenwende" immer wieder Wochen und Monate Zeit genommen, um von Fall zu Fall zu überlegen, wie man Putin nicht zu sehr vergrätzt und die vermeintlich privilegierten Gesprächskanäle nach Moskau weiter offenhalten könnte. Sehr gut möglich, dass diese deutsche, allerdings auch amerikanische oder französische Politik einer wohlkalkulierten Halbherzigkeit für die Ukraine nicht nur letal (in Kriegstoten gemessen) war und ist, sondern dass sie sich bei einem früher oder später notwendigen Waffenstillstand oder Präliminarfrieden als ein politisches Versagen von historischer Dimension erweisen wird. Wenn, dann sind es die (hoffentlich) letzten Nachwehen eines historischen „Nexus", der sich auf politisch meist fragwürdige oder sogar fatale Weise über zwei Weltkriege und zwei Nachkriegszeiten hinweg immer wieder geltend gemacht hat.
Darüber sollen und dürfen die kulturgeschichtlich hoch produktiven und menschlich großartigen Seiten dieser deutsch-russischen Beziehungsgeschichte nicht vergessen werden, im Gegenteil: Der Krieg gegen die Ukraine, der ganz Europa gilt, markiert einen historischen Abbruch, dessen Tiefe und Dauer noch kaum zu ermessen ist. Jenes Maß an Normalität des Reisens und des Austauschs, das sich nach 1989 und der Aufhebung der Teilung Europas auch mit dem neuen Russland als einem der Nachfolgestaaten des verflossenen Sowjetimperiums wieder ergeben hatte, ist jäh zerbrochen. Viele, fast alle, die man in diesen drei Jahrzehnten getroffen und gesprochen hatte und die das verkörpert haben, was einen an diesem Land so interessiert und gefesselt hat, sind erzwungenermaßen oder aus freien Stücken fortgegangen und leben jetzt in Berlin oder sonst wo in der Welt. Und mit denen, die geblieben sind, ist ein offenes und freies Gespräch fürs erste kaum noch möglich, aus Gründen einer beiderseitigen Rücksichtnahme – vielleicht aber auch einer realen Entfremdung oder frischen Verfeindung.
Russland, so scheint es heute Mitte Februar 2025, hat sich als Staat und als Gemeinwesen abermals aus seinen wichtigsten kulturellen, vielfach westlich geprägten Verankerungen gelöst und damit auch aus allen Verbindungen, die nach 1989/90 mühsam neu geknüpft worden sind. Es stürzt sich in eine Art „nordkoreanische Nacht", die nicht mehr nur, wie ich vor zwei Jahren noch dachte, eine bloße Metapher ist, sondern die nun auch die Form einer menschenverachtenden Kriegsallianz und „Annäherung durch Verflechtung" mit dem totalitärsten aller bestehenden Staatswesen, dem Schattenreich Kims III., angenommen hat. Über diese jüngsten Entwicklungen, die vorerst irreversibel erscheinen und die durch einen großen weltpolitischen „Deal" zwischen Trump und Putin, wie immer er am Ende aussieht, eher noch verstärkt werden dürften, lässt sich bei aller Kritik gegenüber den fragwürdigen deutsch-russischen Affinitäten vergangener oder selbst heutiger Zeiten nur im Ton einer geschichtlichen Trauer sprechen.[48]

Schlagwörter:
Deutsch-Russländische Beziehungen, Revisionismus, Bolschewiki, Nationalsozialismus, Hitler-Stalin-Pakt, Zweiter Weltkrieg, Putin, Ukraine-Krieg

---

[48] „Abschied von Moskau" heißt auch der Epilog meiner Essay-Sammlung „Im Widerschein des Krieges. Nachdenken über Russland". München 2023.

Christian Neef

Balanceakt Berichterstattung

Paul Scheffer, Hermann Pörzgen, Gerd Ruge in Moskau

Die Sowjetführung sah es als Teil ihrer Politik an, die Berichterstattung ausländischer Korrespondenten zu kontrollieren. Wer als Korrespondent nach Moskau kam, geriet schnell ins Spannungsfeld zwischen politischer Rücksichtnahme und objektiver Betrachtung der Wirklichkeit. Paul Scheffer, Hermann Pörzgen und Gerd Ruge, die über Jahrzehnte das deutsche Russland-Bild und die öffentliche Meinung über die Sowjetunion mitprägten, hatten trotz aller Kenntnisse und Zugänge mit Restriktionen und blinden Flecken zu kämpfen. Jeder gestand später Irrtümer und eine gewisse Hilflosigkeit bei der Bewertung Russlands ein. Aufgabe der Korrespondenten war und ist: Sie sollen aufklären über das, was passiert. Selbstzensur und Gesinnungsjournalismus schaden der Arbeit an der Aufklärung.

Als der damals 59-jährige Gerd Ruge, über lange Jahre hinweg „eine der Säulen des öffentlich-rechtlichen Fernsehens in Deutschland“[1] und „im deutschen Rundfunk unbestritten die Nummer eins“[2], 1987 zum dritten Mal als Korrespondent nach Moskau kam, hielt er vor Kollegen und sowjetischen Gästen eine kleine, sehr nachdenkliche Rede. Sie begann mit einer Rückschau auf das Jahr 1956, in dem Ruge das erste Mal in der Hauptstadt der UdSSR akkreditiert worden war, als erster ständiger Korrespondent aus der Bundesrepublik Deutschland. Über den Deutschen, so Ruge, hätte damals noch die schreckliche Erinnerung an das gehangen,

> was unsere Leute unter Hitler Ihrem Land angetan hatten. Und über den Russen, die ich traf, hing der Schatten Stalins, der erst drei Jahre tot war. Da war es schwer für uns, über die Wirklichkeit des sowjetischen Lebens zu sprechen.[3]

Christian Neef (1952), Dr. rer. pol., Journalist, von 1983 bis 1990 Moskau-Korrespondent des Rundfunks der DDR, von 1991–1996 und 2014–2017 des SPIEGEL, Hamburg, von 2003 bis 2012 stellvertretender Ressortleiter Ausland beim SPIEGEL

Von Christian Neef erschien in OSTEUROPA: Binsen nach Tula. Fehldiagnosen zur Russlandberichterstattung, in: OE, 1/2012, S. 101–108.

Der vorliegende Beitrag ist eine Vorstudie für eine Biographie über Gerd Ruge, die 2026 bei *Propyläen* erscheinen wird.

1 Interview mit Klaus Bednarz am 26.10.2005, in: Stefanie Walter: Solange die Füße tragen. Diplomarbeit, Anhang, Katholische Universität Eichstätt-Ingolstadt 2006.

2 Fritz Pleitgen, in: Happy Birthday, Gerd Ruge! Zum 75. Geb. einer Reporterlegende. ARD, 9.8.2003.

3 Gerd Ruge: Rede zum Antritt des dritten Korrespondenteneinsatzes in Moskau 1987, undatiert. Diese sowie alle im Folgenden zitierten Quellen von Gerd Ruge stammen, wenn nicht anders angegeben, aus seinem Nachlass in der Staatsbibliothek zu Berlin, der dort gerade erschlossen wird. Staatsbibliothek zu Berlin – Preußischer Kulturbesitz, Abteilung Handschriften und Historische Drucke, Referat Nachlässe und Autographen, Nachlass 631: „Gerd-Ruge-Archiv“.

OSTEUROPA, 75. Jg., 1–3/2025, S. 35–52 **doi: 10.35998/oe-2025-002**

Dann kam er auf die offizielle Zensur zu sprechen, die damals jeder Korrespondentenbericht vor seiner Übermittlung in die Heimat durchlaufen musste. Ruge verschwieg aber auch die *innere* Zensur nicht. Er meinte damit die Erinnerung an die Verbrechen des Zweiten Weltkriegs,

> die es den Deutschen schwer machte, lebendige russische Menschen mit ihren Schwierigkeiten darzustellen. Das, so schien uns, würde alte Vorurteile beleben, und so neigten wir dazu, die Sowjetunion besser darzustellen, als sie war – glatter, erfolgreicher und letztlich unmenschlicher.[4]

Das war ein bemerkenswertes Eingeständnis.
Journalismus ist die Herstellung von Öffentlichkeit durch verlässliche Informationen. Was aber sind „verlässliche" Informationen? Kann Journalismus Mitgestalter von Außenpolitik sein und das internationale Verständnis fördern helfen? Sollte er das überhaupt? Oder ist das eine falsche Maxime? Und inwiefern wäre er dann noch objektiv? Ruge haben diese Fragen umgetrieben, auch die Überlegung, wie gut ein Korrespondent überhaupt in der Lage sein kann, die Wirklichkeit in anderen Ländern adäquat abzubilden.
Er hat darüber nachgedacht, was ein Journalist wollen und wie viel er schreiben darf, um eine bestimmte Wirkung zu erzielen – umso mehr, wenn er im Ausland arbeitet. Und wie sehr die Arbeitsbedingungen in einem Land wie der Sowjetunion bzw. Russland die Berichterstattung eines Korrespondenten beeinflussen, in einem Land also, dessen Führung es über Jahrzehnte hinweg als Bestandteil seiner Staatspolitik ansah (und heute wieder ansieht), ausländische Journalisten zu beeinflussen, ihnen den Zugang zu Informationen zu erschweren, sie zu täuschen, einzuschüchtern und zu bedrohen – kurzum, sie zum Wohlverhalten gegenüber dem Gastland zu zwingen.
„Schreiben, was ist", hat *Spiegel*-Gründer Rudolf Augstein einst gefordert. Im Falle Russlands ließ sich diese Formel selten verwirklichen. Wer als Korrespondent nach Moskau kam, geriet sehr schnell in das Spannungsfeld zwischen politischer Rücksichtnahme und objektiver Betrachtung der Wirklichkeit, auch wenn die Umstände für die Berichterstattung in den einzelnen Jahrzehnten des vorigen Jahrhunderts unterschiedlich waren.
An drei herausragenden journalistischen Figuren soll das verdeutlicht werden, an Männern verschiedener Generationen: Paul Scheffer, Hermann Pörzgen und Gerd Ruge. Der erste, Scheffer, Jahrgang 1883, steht für die Berichterstattung aus der Sowjetunion der 1920er Jahre, der zweite, Pörzgen, Jahrgang 1905, für die Arbeit eines Korrespondenten in den 1930er und 1940er Jahren, obwohl er auch später noch lange in Moskau tätig war. Am Beispiel des dritten – Ruge –, Jahrgang 1928, lassen sich die Besonderheiten der Berichterstattung in den 1950er Jahren aufzeigen. Das Wirken Scheffers, Pörzgens und Ruges zu vergleichen, ist deswegen reizvoll, weil diese drei mit ganz unterschiedlichen persönlichen Voraussetzungen ihre Arbeit als Moskau-Korrespondent antraten und ganz verschieden auf das deutsche Publikum und dessen Bild von der Sowjetunion einwirkten.

---

[4] Ebd.

Der gescheiterte Vermittler

Paul Scheffer kam 1921 für das linksliberale *Berliner Tageblatt* nach Moskau. Er wurde zum Pionier der seriösen Russland-Berichterstattung – für den Journalismus also etwa das, was Otto Hoetzsch, der Begründer der modernen Russlandkunde und Gründer der Zeitschrift OSTEUROPA für die Wissenschaft war. Acht Jahre bevor Scheffer nach Moskau kam, hatte Hoetzsch ein vernichtendes Urteil über das in Deutschland verbreitete Russlandbild gefällt. In einer Denkschrift für das Auswärtige Amt vom Februar 1913 befand er

> Vom Wesen des grossen Umbildungsprozesses der russischen Gegenwart weiss unsere öffentliche Meinung auch der tiefer Gebildeten heute im grossen und ganzen nichts.

Er hatte auch einen der Schuldigen dafür ausgemacht:

> Die öffentliche Meinung im allgemeinen ist nur darauf hinzuweisen, dass die Berichterstattung der deutschen Zeitungen über Russland mit ganz verschwindenden Ausnahmen sachlich so schlecht ist wie über kein anderes fremdes Land und ausserdem, ebenfalls mit geringen Ausnahmen so tendenziös, dass sie das Urteil eher verfälscht.[5]

Mit Scheffer änderte sich das. Der kam im Herbst 1921 in eine tödlich gelähmte Stadt. Nach den Jahren des Bürgerkriegs und des Kriegskommunismus trug Moskau die Spuren des Verfalls: Die Kirchen im Kreml waren mit schweren Schlössern zugesperrt, viele Häuser nur noch Ruinen und die gerade wiedereröffneten Geschäfte „bis zur Parodie kärglich mit Waren versehen".[6] International war Sowjet-Russland vier Jahre nach dem Umsturz der Bolschewiki isoliert, ähnlich wie Deutschland.

Einen Anhänger des Kommunismus konnte man den Abgesandten des *Berliner Tageblatts* nicht nennen. Er entstammte einer gutbürgerlichen Familie: Sein Vater war konservativer Landrat und Reichstagsabgeordneter gewesen, seine Mutter Tochter des Düsseldorfer Privatbankiers Christian Gottfried Trinkaus. Aber der ebenso hochgebildete wie polyglotte Scheffer kam in das Land der Sowjets mit Sympathie. Er versuchte, sich in die Lage der neuen bolschewistischen Führung hineinzuversetzen:

> Diese Männer wollen durch ihre persönliche Energie und Konzentration ... die Brücke zwischen der Zurückgebliebenheit des Landes und den zivilisatorischen und wirtschaftlichen Notwendigkeiten schlagen, von denen seine Zukunft abhängt. Wir fällen damit noch kein Urteil darüber, wie sie es tun.[7]

Urteile in dieser Frage waren damals sowieso eine heikle Sache. Scheffer konstatierte, dass

---

5 Denkschrift von Otto Hoetzsch zwecks Gründung einer Deutschen Gesellschaft zum Studium Russlands. Politisches Archiv des Auswärtigen Amtes, Abt. IA, Deutschland 131. Das Verhältnis Deutschlands zu Russland, Bd. 34, Bl. 109–130, wiederabgedruckt in: Zeit im Spiegel. Das Jahrhundert der Osteuropaforschung. Berlin 2013 [= OSTEUROPA, 2–3/2013], S. 309–316, hier 309.

6 Paul Scheffer: In Moskau. Berliner Tageblatt 20.11.1921, Morgen-Ausgabe.

7 Paul Scheffer: Die neue Elite. Berliner Tageblatt, 11.12.1921, Morgen-Ausgabe.

> Abneigungen und Zuneigungen, Wunschvorstellungen oder einfach Bequemlichkeit, die krampfhaft nur das Bekannte bemerken will, eine geradezu erstaunliche Rolle in den Anschauungen über das Sowjetgebilde[8]

spielen würden. Das tun sie bekanntlich bis heute. Bei Scheffer handelte es sich eher um Zuneigung, und die führte ihm fortan die Feder. Das hatte auch mit seinen Kontakten bis hinein in die offizielle Außenpolitik der Weimarer Republik zu tun. Der studierte Philosoph Scheffer war vor dem Krieg Praktikant in der Deutschen Botschaft in London gewesen und 1915 beim Informationsdienst der Deutschen Gesandtschaft in Den Haag in Stellung gegangen. Dort hatte er Legationsrat Ago von Maltzan kennengelernt, den späteren Leiter der Ostabteilung im Auswärtigen Amt und wohl konsequentesten Befürworter einer Verständigung mit Sowjetrussland. Auch mit Moritz Schlesinger, dem stellvertretenden Leiter der Reichszentralstelle für Kriegs- und Zivilgefangene, der seit Beginn der 1920er Jahre energisch die Intensivierung des deutsch-sowjetischen Handels betrieb – später direkt im Auswärtigen Amt –, kam er früh in Kontakt.

1919 begann Scheffers Korrespondententätigkeit für den *Verlag Rudolf Mosse*. Zuerst war er in Den Haag eingesetzt, bevor man ihn zwei Jahre später nach Moskau schickte, wo es zu der Zeit noch kaum ständige Korrespondenten gab. Von Maltzans und Schlesingers Einfluss mögen dazu beigetragen haben, dass Scheffer mit einem klaren politischen Programm in die sowjetische Hauptstadt kam. Er sah seine Aufgabe darin, Mittler zwischen Moskau und Berlin zu sein und arbeitete eng mit dem deutschen Botschafter Urich von Brockdorff-Rantzau zusammen, der im Verhältnis beider Völker eine „Schicksalsgemeinschaft" sah. Zugleich wollte Scheffer gegen „den hirnverbrannten Negativismus" ankämpfen, „der in Berlin gegen Rußland herrscht".[9] So vermischten sich bei ihm von Anfang an Journalismus und Politik, was Scheffer nie wirklich bestritten hat, auch wenn der Korrespondent nach seiner Meinung „der Öffentlichkeit in einem anderen Sinne als der Diplomat" diene.[10]

Die Publizistin Margret Boveri – später selbst Journalistin beim *Berliner Tageblatt* – schrieb vier Jahrzehnte später:

> Scheffer wurde der erste deutsche Journalist, der den deutsch-sowjetischen Gegensatz ebenso wie die naturgegebene deutsch-sowjetische Affinität öffentlich bewußt gemacht hat.[11]

In dem Bestreben, an einer Annäherung zwischen Moskau und Berlin mitzuwirken, übersah oder verdrängte er allerdings, was sich in jenen Jahren bereits andeutete und was er nur neun Jahre später resignierend zugeben musste: „die fundamentale Feindlichkeit dieser Diktatur gegen unsere bürgerliche Welt".[12]

Seine Berichte aus dem Zentrum der Weltrevolution jedoch waren brillant. Sie erschienen oft gleich auf der ersten Seite, richteten sich aber nicht selten an einen

---

8 Paul Scheffer: Sieben Jahre Sowjetunion. Leipzig 1930, S. 414.

9 Undatierter Brief Paul Scheffers an Generalkonsul Moritz Schlesinger, in: Paul Scheffer: Augenzeuge im Staate Lenins. Ein Korrespondent berichtet aus Moskau. 1921–1930. München 1972, S. 15.

10 Ebd., S. 27.

11 Margret Boveri, Vorwort, in: Scheffer, Augenzeuge [Fn. 9], S. 9.

12 Scheffer, Sieben Jahre Sowjetunion [Fn. 8].

engen Kreis politischer Entscheider. Gleich nach seinem Eintreffen in Moskau analysierte er in langen Abhandlungen die politischen Parteien und ihr Verhältnis zum Bürgertum, den Aufbau der Kommunistischen Partei und die Lage der Bauern. Er reiste durchs Land und lieferte Berichte von mitunter literarischer Eleganz. Er schilderte das Leben der einfachen Leute, die Beisetzung eines Patriarchen, die Sexualmoral der Komsomolzen, aber er berichtete auch von Konstantin Stanislavskijs Reform des Theaters und von den Tolstoj-Feiern im Jahr 1928. Die meisten der Sowjetführer lernte Scheffer persönlich kennen. Er beschrieb „Radeks odysseischen Geist, der mit allen politischen Strömungen der Welt ringt", „Tschitscherins asketisch nach innen gerichtetes Temperament", „Litwinows schlaues Verhändlertum" und Trockijs „starken, von Natur militärisch gerichteten, aber sehr breiten Willen".[13] Trockij verabschiedete er 1928 sogar in die Verbannung nach Alma-Ata.

Scheffer war nicht der Mann, der von oben herab urteilte. Er gab verschiedene Standpunkte wieder und versuchte, unparteiisch zu bleiben, etwa als er im November 1922 die Jubiläumsfeier auf dem Roten Platz schilderte:

> Welche Abers und Wenns können etwas an der extremen Wahrheit ändern, daß hier ein neuer Sinn sozialen Zusammenlebens Fleisch geworden ist, unverträglich mit der übrigen Welt . . .[14]

Da war fast Empathie herauszulesen.

Den Vertrag von Rapallo 1922 verstand er als eine Lebensnotwendigkeit. Zwei Jahre später schrieb er:

> Nachdem Rußland mit Geduld seinen Weg durch furchtbare Jahre gegangen ist, hat seine Regierung sich nicht nur nach innen, sondern auch nach außen in den Besitz aller Rechte eines normalen Staatswesens gebracht.[15]

Das sahen damals nicht alle Deutschen so.

Seine Artikel erschienen dem normalen Leser manchmal rätselhaft. Und in der Tat enthielten sie oft versteckte Botschaften an die Politiker in Berlin.

Dass sich Scheffer sehr wohl auch als Diplomat verstand, zeigte sich einmal mehr 1927. Da machte er sich um das Ende der gegenseitigen Blockademaßnahmen zwischen der Sowjetunion und der Schweiz verdient. Die Verstimmungen zwischen beiden Ländern waren im Mai 1923 entstanden, als ein Attentäter während internationaler Verhandlungen in Lausanne drei sowjetische Diplomaten niederschoss, darunter Moskaus Vertreter in Italien, Vaclav Vorovskij (1871–1923). Vorovskij starb bei dem Anschlag. Der Mörder, der seine Angehörigen während der Oktoberrevolution verloren hatte, wurde später von einem Schweizer Gericht freigesprochen. Der Vorgang führte zum Abbruch der diplomatischen Beziehungen durch die Sowjetunion. Scheffer war es, der im Frühjahr 1927 die Initiative ergriff, den Konflikt zwischen beiden Ländern zu entschärfen und die Rückkehr einer sowjetischen Verhandlungsdelegation in die Schweiz einfädelte: Aus Moskau kommend teilte er in Berlin dem Schwiegersohn

---

13 Paul Scheffer: In Sowjetrußland, II., Berliner Tageblatt, 4.12.1921, Morgen-Ausgabe.

14 Paul Scheffer: Das Jubiläum der Sowjetrepublik, Berliner Tageblatt, 19.11.1922, Morgen-Ausgabe.

15 Paul Scheffer: Sowjetrußlands Außenpolitik, Berliner Tageblatt, 26.2.1924, Morgen-Ausgabe.

eines früheren Schweizer Bundesrates vertraulich mit, dass die Sowjetunion gesprächsbereit sei. Über ihn gelangte die Kunde nach Bern.
Als sich nur wenige Wochen später das Verhältnis zwischen London und Moskau verschlechterte – die britische Regierung hatte die Londoner Vertretung der *All Russian Co-operative Society Arcos* wegen Spionagevorwürfen durchsuchen lassen, woraufhin die diplomatischen Beziehungen auch zwischen diesen beiden Ländern abgebrochen wurden –, beschwor er seinen Vertrauten Moritz Schlesinger in mehreren Briefen:

> Ich halte mich für . . . verpflichtet, darauf hinzuweisen, daß der englisch-russische Gegensatz ganz systematisch ansteigt . . . Wir müssen die Russen . . . so hoffähig machen wie möglich, weil dann ein Krieg gegen sie mehr Widerstand findet . . .

Und kurz darauf:

> Wir müssen versuchen, Einfluß auf die Russen . . . zu gewinnen, und so den Leuten zeigen, daß die Lage ernst ist und zu ihrer völligen Vereinsamung führen kann.[16]

Für den Journalisten und Herausgeber der Zeitschrift *Die Weltbühne* Carl v. Ossietzky war Scheffer ein Russophiler, auch wenn er ihn später sehr kritisch sah. Er habe, so schrieb Ossietzky 1930,

> die Sowjets in Deutschland erst gesellschaftsfähig gemacht, er hat einer objektiven Beurteilung der Männer im Kreml das Wort geredet . . . Das ist viel mehr, als ein Journalist sonst tut, dessen Aufgabe einfach ist, zu beobachten und zu berichten. [17]

Scheffer gab im Rückblick zu, dass er seine Zeitungsberichte aus der Sowjetunion „mit Reserve, ja mit notgedrungener Aussparung wichtiger Dinge und vieles bloß andeutend, abgefaßt" habe.[18] Das hatte mit seinen außenpolitischen Absichten, aber auch mit der Position seines eher westlich orientierten, fast schon sowjetfeindlichen Chefredakteurs Theodor Wolff zu tun, der nicht alles von ihm druckte. Am 23. April 1925 etwa schrieb Schlesinger an Scheffer:

> Theodor Wolff bedauert, daß er nicht alle Ihre Artikel bringen kann, umso mehr [die] Richtung sich oft mit Bedürfnissen außenpolitischer Einstellung seiner Ansicht nach nicht deckt.[19]

Scheffer berichte oft „einseitig", so Wolff. Aber natürlich waren Aussparungen vor allem der Zensur durch die Sowjetbehörden geschuldet. Was im Ausland veröffentlicht wurde, lasen von Anfang an die Auslandsabteilung des Geheimdienstes *Tscheka*, die Komintern und das Außenkommissariat mit. Das beeinträchtigte die Berichterstattung gravierend, so dass, wie Scheffer es formulierte, die Korrespondenten

[16] Paul Scheffer, Briefe an Generalkonsul Moritz Schlesinger v. 20. Mai und 4. Juni 1927, in: Margret Boveri: Wir lügen alle. Olten 1965, S. 147f.
[17] Carl v. Ossietzky: Herr Paul Scheffer, in: Die Weltbühne, 18. März 1930.
[18] Scheffer, Sieben Jahre Sowjetunion [Fn. 8], S. 414.
[19] Boveri, Vorwort, in: Scheffer, Augenzeuge [Fn. 9], S. 15.

> lernten, die Wahrheit halb, dreiviertel und in noch feineren Brüchen zu sagen, oder sie dermaßen kunstvoll zu verschweigen, daß sie dem aufmerksameren Leser dennoch zugeleitet wurde.[20]

Ab 1927 spiegeln die Artikel für das *Berliner Tageblatt* Scheffers politische Enttäuschung darüber wider, dass seine programmatischen Ziele nicht wirklich zu erreichen waren. Auch journalistisch gab er wegen der zunehmenden Verhaftungen und Exekutionen und wegen des gewaltsamen Vorgehens gegen die Bauern seine Rücksicht auf die Empfindlichkeiten des Gastlandes auf. Beeinflusst hat ihn dabei nicht zuletzt seine Ehe mit der ehemaligen Fürstin Natal'ja Petrovna Volkonskaja. Über sie kam er in Kontakt zum früheren russischen Adel, dessen Angehörige – sofern sie noch nicht verhaftet oder erschossen waren – in jenen Jahren ums Überleben kämpften.

Von nun an versuchte Scheffer gar nicht mehr, der objektive journalistische Beobachter zu sein, sondern warnte vor den expansiven Absichten der Sowjetführung und vor der Belastung für die deutsch-sowjetischen Beziehungen durch den weltrevolutionären Kurs Moskaus. Auch die Gewaltpolitik der Sowjets stieß ihn ab.

Die Zäsur kam für Scheffer wohl mit dem Šachty-Prozess 1928, dem ersten großen Schauprozess gegen sowjetische und ausländische Spezialisten, darunter drei Deutsche, der mit elf Todesurteilen endete. Für die sowjetische Seite wiederum machten Scheffers scharfe Artikel über die gewaltsame Kollektivierung der Landwirtschaft das Maß voll. Schon 1928 hatte der sowjetische Botschafter Nikolaj Krestinskij ihn zur Persona non grata erklärt, was noch einmal korrigiert werden konnte. Doch nach einem Urlaubsaufenthalt verweigerten ihm die sowjetischen Behörden im November 1929 endgültig die Wiedereinreise.

Von da an wandelte sich Paul Scheffer zu einem Gegner des Moskauer Regimes. Ernüchtert stellte er nun auch seine journalistischen Verdienste in der UdSSR in Frage und behauptete: „Ich habe bezüglich Sowjetrussland immer, jedenfalls zu lange, falsch gelegen.“ [21]

Scheffers Moskauer Jahre beweisen eines: Wer als Journalist in die Innenpolitik seines Gastlandes einzugreifen versucht, ist in seinem eigentlichen Beruf nur bedingt glaubwürdig. Dass Scheffer ausgerechnet im Sommer 1933, nach der Machtergreifung Hitlers, den Posten des Chefredakteurs beim *Berliner Tageblatt* übernahm, hat ebenfalls mit mangelnder Glaubwürdigkeit zu tun. Seine Kollegin, die Schriftstellerin Gabriele Tergit, langjährige Gerichtsreporterin des Blattes, attestierte ihm deswegen später einen „Mangel an allen moralischen Prinzipien, aber auch Gehirnschwäche“.[22] Aber das steht auf einem anderen Blatt.

---

[20] Ebd., S. 417.

[21] Boveri, Vorwort, in: Scheffer, Augenzeuge [Fn. 9], S. 48.

[22] Gabriele Tergit: Etwas Seltenes überhaupt. Erinnerungen. Frankfurt/Main 2018, S. 170.

Generation Krieg

Sechs Jahre nach Scheffers Hinauswurf aus der Sowjetunion, im Sommer 1935, reiste der damals 30-jährige Hermann Pörzgen nach Moskau – im Auftrag der *Frankfurter Zeitung*, dem Pendant zum liberalen *Berliner Tageblatt.* Beide Blätter zehrten zu der Zeit noch von ihrem früheren Ruf, waren in Wirklichkeit aber durch die Nazis inzwischen gleichgeschaltet.

Frucht seiner ersten Reise in die Sowjetunion war ein Reportageband, in dem er seine Erlebnisse in Moskau, Leningrad, bei den Donkosaken und den Wolgadeutschen beschrieb, sich „erschöpfender Deutungen“ aber enthielt, möglicherweise aus Vorsicht.[23] Aber die Texte sprachen trotzdem für sich. Pörzgen schilderte die Vertreibung der Bauern aus ihren Dörfern, die Erdrosselung der Kirche und die Verwüstung der Gräber auf den Aristokratenfriedhöfen ebenso wie die Praktiken der Sowjetpropaganda, wegen der die unwissende „Sowjetjugend in unbedenklicher Gegnerschaft zur übrigen Welt“ heranwachse.[24]

Zwei Jahre später kam Pörzgen als Korrespondent nach Moskau zurück – ausgerechnet 1937. Einen seiner ersten Artikel für die *Frankfurter Zeitung* widmete er Marschall Tuchačevskij, dem „roten Napoleon“, den Stalin wegen angeblicher Spionage für die Deutschen gerade hatte hinrichten lassen. Es war die Zeit der Großen Säuberungen. Stalin fühlte sich vom kapitalistischen Klassenfeind umzingelt. Auch die Beziehungen zu Deutschland schienen angespannt, wenngleich Moskau hinter den Kulissen Kontakt mit Berlin suchte.

Ein Mann wie Scheffer hätte das möglicherweise auch jetzt noch zu befördern versucht. Pörzgen aber hatte dazu – wenn er es denn gewollt hätte – gar keine Chance mehr: Die deutsche Auslandsberichterstattung unterlag längst den Weisungen des NS-Propagandaministeriums. Zusätzlich zur sowjetischen Kontrolle durchliefen Pörzgens Texte also noch eine deutsche Überprüfung: In der Heimatredaktion saßen eigene Zensoren und redigierten die Berichte der Korrespondenten. Die diktierten von Oktober 1939 an ihre Meldungen und Artikel direkt den Stenographen im Berliner Büro, „dessen Mitglieder sie am Stand der Weisungen prüften, notfalls das Placet des Auswärtigen Amtes einholten und die Texte über den Ticker nach Frankfurt gaben“.[25] Aber Pörzgen hatte inzwischen auch sein inneres Koordinatensystem nach den Gegebenheiten im Dritten Reich ausgerichtet, seit dem 1. Dezember 1938 war er Mitglied der NSDAP. Seine Berichte aus Moskau spiegeln also nur noch einen Teil der sowjetischen Wirklichkeit wider. Das muss man im Kopf haben, wenn man Pörzgens Berichte liest oder vielmehr nach jenen Artikeln sucht, die man in jenen Jahren von ihm erwartet hätte, die er aber gar nicht schrieb – etwa über das gewaltsame Vorgehen Moskaus gegen die baltischen Staaten nach Unterzeichnung des Hitler-Stalin-Pakts oder über die Blamage der Roten Armee im 1940 entfesselten Krieg gegen Finnland.

Pörzgen nutzte die Eröffnung des Moskau-Wolga-Kanals, um einen Einblick in die Mechanismen des Gulag zu geben, meldete die Verhaftung zehn- bis zwölfjähriger

---

[23] Hermann Pörzgen: Ein Land ohne Gott. Frankfurt/Main 1936, S. 5.

[24] Ebd., S. 149.

[25] Günter Gillesen: Auf verlorenem Posten. Die Frankfurter Zeitung im Dritten Reich. Berlin 1986, S. 415.

Kinder als „trotzkistische Terroristen“ und die Machtübernahme Lavrentij Berijas im November 1938 beim sowjetischen Geheimdienst NKVD – der rote Totalitarismus kam Goebbels für seine Propagandazwecke offenbar recht, obwohl der braune nicht viel anders war. Pörzgens Berichte über den dritten großen Moskauer Schauprozess 1938 jedenfalls sind von ungewöhnlichem Umfang und erstaunlich detailliert. Der Leser kann die Aussagen des früheren Berliner Botschafters Nikolaj Krestinskij ebenso ausführlich verfolgen wie die beeindruckenden letzten Worte Nikolaj Bucharins.[26] Pörzgens Artikel liegen noch heute im Archiv des Geheimdienstes FSB, der sie von NKVD und KGB übernommen hat, was belegt, wie aufmerksam die Sowjetführung die Berichterstattung der ausländischen Korrespondenten verfolgte, vor allem die der deutschen – jedenfalls bis zum Hitler-Stalin-Pakt 1939. Der hinterließ auch in Pörzgens Berichterstattung unübersehbare Spuren. Immerhin schaffte er es – gewollt oder ungewollt –, am 29. August 1939 in einem Bericht die Hintergründe des Moskauer Kurswechsels anzudeuten: dass die Westmächte sich gegen einen sowjetischen Einmarsch in Polen gewandt hätten. Hitler dagegen musste dies Stalin zugestanden haben, so konnte man bei einigem Scharfsinn aus der Meldung schlussfolgern – der Einmarsch der Roten Armee begann dann auch 19 Tage später.[27] In Berlin hatte es bis dahin die Weisung gegeben, die Bedeutung des Pakts für Polen nicht zu behandeln.[28] Fortan verschwand auch bei Pörzgen die Kritik am Stalin-Regime und machte ganzseitigen freundlichen Dokumentationen über den „Erdteil Sowjetunion“ und dessen politische Geographie, Industrie und Bedeutung als Handelspartner Platz. Goebbels Weisungen wurden von der *Frankfurter Zeitung* peinlichst befolgt. Als Moskau Ende November 1940 den Winterkrieg gegen Finnland begann, ignorierte das Blatt diesen, hatte die deutsche Presse doch strikte Anweisung, sich zu diesem Krieg nicht zu äußern und mit keinem Wort etwas über das sowjetische Vorgehen zu sagen.[29] Pörzgen erwähnte die Kämpfe in seinen Berichten nicht, nur einmal versteckt in einer Analyse zu den Reformen in der Sowjetarmee. Selbst die Nachricht vom Friedensschluss im März 1941 findet man bei ihm nicht: Die Berichterstattung aus der UdSSR war endgültig zu einem Instrument der deutschen Propaganda geworden. Pörzgen scheint sich damit abgefunden zu haben, er schrieb später sogar für Goebbels Vorzeigeblatt *Das Reich*. Obwohl sich diese Wochenzeitung an die bürgerliche Intelligenz richtete, herrschte selbst dort ein judenfeindlicher Grundton. Auch Pörzgen fühlte sich nun verpflichtet, hinsichtlich der einstigen Ablösung Čičerins im Juli 1930 als Außenkommissar auf das Jüdisch-Bolschewistische hinzuweisen:

> An seine Stelle trat sein jüdischer Gehilfe Litwinow, ein Mann, der . . . außerdem, wie man weiß, mit einer englischen Jüdin verheiratet ist.[30]

---

26 Unfreiwillige Geständnisse. Frankfurter Zeitung, Zweites Morgenblatt, 3.3.1938. 18 Todesurteile in Moskau, Montag-Morgenblatt, 14.3.1938.

27 Hermann Pörzgen: Die unüberwindlichen Meinungsverschiedenheiten. Frankfurter Zeitung, 29.8.1939, Abendblatt-Erstes Morgenblatt.

28 Weisungen des Propagandaministeriums, Sammlung Fritz Sänger, in: Gillesen, Auf verlorenem Posten [Fn. 25], S. 405.

29 Ebd., S. 421.

30 Hans Dieter Müller: Hoch über Grab und Gram und Tod und Qual. „Das Reich“ – Porträt einer deutschen Wochenzeitung, in: Der Spiegel, 34/1964, S. 48.

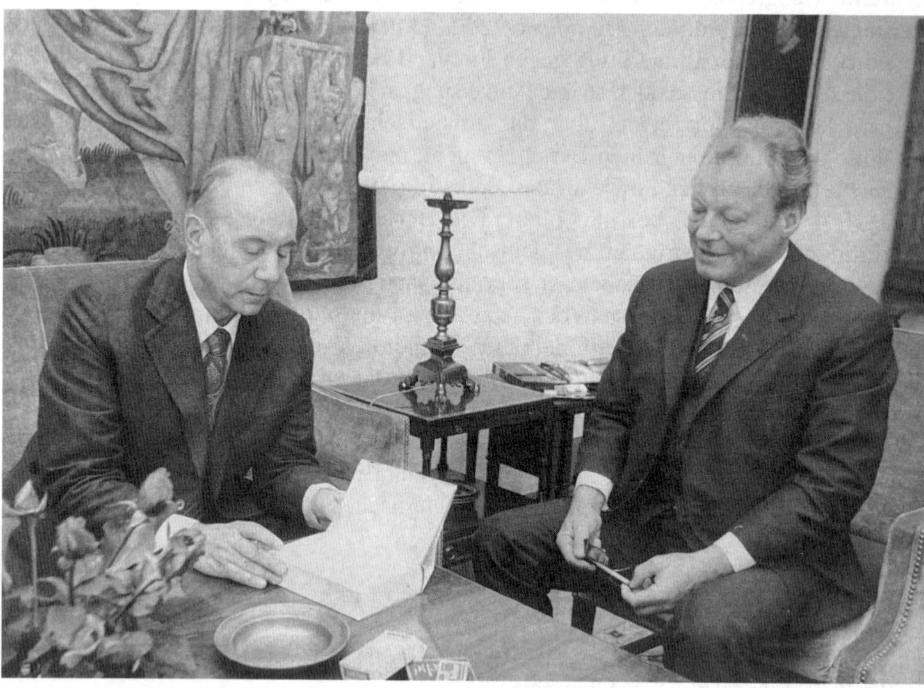

Hermann Pörzgen, Ende der 1950er Jahre in Moskau (oben) und mit Bundeskanzler Willy Brandt (unten)

© Pörzgen

Als Hitler im Juni 1941 den Krieg gegen die Sowjetunion befahl, wurde Pörzgen mit den Angehörigen der deutschen Botschaft interniert und zusammen mit ihnen ausgetauscht. Die nächsten Jahre verbrachte er als Presseattaché des Auswärtigen Amts in Marokko, Vichy und Sofia.

Seine Vergangenheit in der Sowjetunion holte ihn im September 1944 ein, als Sowjettruppen Bulgarien besetzten: Pörzgen wurde festgenommen. Wenige Wochen später war er wieder in Moskau, diesmal in der Lubjanka – in den Händen der Spionageabwehr SMERŠ. Der Vorwurf: Spionage.

Man kann den Verhörprotokollen von damals schwerlich trauen. Den Papieren nach räumte er bei den Befragungen ein, einige seiner Artikel hätten „antisowjetischen Charakter" getragen, doch in der Mehrzahl der Fälle hätten sie erst in Berlin einen „verleumderischen Charakter" erhalten. Die Nachrichten über die Sowjetunion seien zudem von deutschen Korrespondenten in Riga und Warschau verfälscht und dann auf einer Art Börse verkauft worden.[31]

Der Geheimdienst aber wollte mehr, er wollte Pörzgen der Wühlarbeit unter den Sowjetdeutschen und der Zusammenarbeit mit deutschen Militärs und Hitlers Abwehr überführen. Pörzgen stritt das alles in den Verhören ab. Aber die Analyse seiner Artikel aus den Jahren 1937 bis 1941 durch die Staatssicherheit – allesamt wurden als verleumderisch und die Führer der Partei und der sowjetischen Regierung diskreditierend gewertet – reichte auch so für eine Verurteilung: 1948 wurde Pörzgen zu 15 Jahren Haft durch das Sondertribunal des Ministeriums für Staatssicherheit nach Paragraph 58,6 des Strafgesetzbuches der RSFSR verurteilt – wegen „konterrevolutionärer Tätigkeit" und „Spionage".[32]

Die nächsten sieben Jahre verbrachte er im Zentralgefängnis von Vladimir, zeitweise gemeinsam mit den beiden Wehrmachtsgenerälen Friedrich Paulus und Helmuth Weidling sowie mit Stalins jüngstem Sohn Vasilij. In seinen Gnadengesuchen an den Minister für Staatssicherheit, den Innenminister und den stellvertretenden Regierungschef Berija versprach er, sich „niemals mit irgendeiner gegen die UdSSR gerichteten Tätigkeit" zu befassen, sondern „mit allen Kräften für die Sache des Friedens, der Demokratie und der Freundschaft mit der Sowjetunion" zu wirken.[33] Das alles half nichts, Pörzgen kam erst mit den letzten zurückgehaltenen Kriegsgefangenen frei, die Konrad Adenauer 1955 auslöste.

Dass er trotzdem am Ende des darauffolgenden Jahres wieder in Moskau war, ein kleines Wegstück nur von seinem früheren Gefängnis entfernt und erneut als Korrespondent – für die Nachfolgerin seines früheren Blattes, die *Frankfurter Allgemeine Zeitung* –, das mochten damals selbst jene nicht glauben, die wie er ein leidenschaftliches Interesse an allem Russischen hatten. Ab Dezember 1956 berichtete Pörzgen als vorerst einziger deutscher Zeitungskorrespondent fast täglich aus Moskau für die FAZ, und das durchgehend noch einmal 20 Jahre lang.

---

[31] Zentralarchiv FSB, R-38873, Bl. 20–29, in: Vasilij S. Christoforov (red.): Tajny diplomatii Tret'ego Rejcha: germanskie diplomaty, rukovoditeli zarubežnych voennych missij, vonnye i policejskie attaše v sovetskom plenu. Dokumenty iz sledstvennych del 1944–1955. Moskva 2011, S. 399.

[32] Zentralarchiv FSB, R-38873, Bl. 77, in: Christoforov, Tajny [Fn. 31], S. 403.

[33] Zentralarchiv FSB, R-38873, Bl. 138–138ob., Christoforov, Tajny [Fn. 31], S. 417.

Neben dem US-Amerikaner Henry Shapiro, der 1933 in Moskau ankam und ab 1937 für die Agentur UPI gearbeitet hatte, war Pörzgen nun der dienstälteste Korrespondent vor Ort. „Die Berichterstattung aus Moskau (hat) etwas Faszinierendes“, bekannte er in einem seiner Bücher über die Sowjetunion, mit denen er dem deutschen Lesepublikum eine „Zustandsbeschreibung des riesigen Erdteils UdSSR“ gab, so, „wie er sich aus der Sicht eines unvoreingenommenen westlichen Beobachters . . . darstellt“.[34] Mit seinen Texten prägte Pörzgen über Jahre das Sowjetunion-Bild in der Bundesrepublik wesentlich mit und begleitete später aufgeschlossen auch die sozialliberale Entspannungspolitik. Dabei musste er manchen Strauß mit der Redaktion seiner konservativ ausgerichteten Zeitung ausfechten, die aber genau wusste, was sie an ihm hatte: „Hermann Pörzgen mit an vorderster Stelle ist es zuzuschreiben, daß die westliche Welt im Lauf der Jahrzehnte gelernt hat, die Gruppierung der Parteiführer bei einer Maiparade auf dem Roten Platz . . . als politischen Erkenntnisstoff ersten Ranges zu werten.“[35] Das Blatt gab später auch zu, wie hartnäckig Pörzgen einen ständigen Kampf gegen das Wort „Rußland“ als Namen für die Sowjetunion geführt habe, wenn seine Texte in Frankfurt redigiert wurden. „Nicht neutral, aber objektiv, heißt die Maxime über Pörzgens Berichterstattung“, so einer der Herausgeber der *Frankfurter Allgemeinen Zeitung* 1975.[36]

Dabei waren die Schwierigkeiten journalistischer Arbeit in der Sowjetunion nicht geringer geworden. Pörzgen aber blieb sachlich, würdigte die „achtungsvolle Behandlung“ der Pressevertreter in Moskau und räumte ein, dass selbst die Zensur „nicht kleinlich“ gehandhabt werde.[37] Er war jetzt Realist. Selbst bei seiner Berichterstattung über Dissidenten wie Aleksandr Solženicyn, Andrej Sacharov oder Lev Kopelev folgte er nicht dem im Westen verbreiteten Narrativ, dass diese Männer „die Bahn des unheimlichen Himmelskörpers Sowjetunion zu ändern vermöchten“.[38] Die Einschätzung der sowjetischen Botschaft in Bonn vom April 1957, Pörzgen betreibe in seinen Artikeln weiterhin „eine beharrliche, bisweilen maskierte Propagierung jeder Art von Feindschaft zur UdSSR“[39] war aus sowjetischer Sicht vielleicht dem Zeitgeist geschuldet, aber Unsinn. Ein Jahr vor seiner geplanten Rückkehr in die Heimat, am 3. Dezember 1976, starb Pörzgen. In Moskau.

Bote des Neuanfangs

Ein paar Monate bevor Hermann Pörzgen 1956 nach Moskau zurückkehrte, war Gerd Ruge in die sowjetische Hauptstadt gekommen – als erster ständiger Korrespondent deutscher Rundfunkanstalten nach dem Krieg. 27 Jahre war er alt. Er hatte nichts mit der belasteten Vergangenheit zu tun, wie viele jener Korrespondenten, die ihm nach Moskau folgten: Pörzgen also, Heinz Lathe für die *Ruhr-Nachrichten* oder Bernd Nielsen-Stokkeby für die *Deutsche Presse-Agentur* – Männer, die alle in sowjetischer Kriegsgefangenschaft gewesen waren. Zur Wehrmacht war Ruge erst im Februar 1945

[34] Hermann Pörzgen: 100mal Sowjetunion. München 1972, S. 9, 10.

[35] Hermann Pörzgen: Korrespondent in Moskau. Information und Zensur im Sowjetreich. FAZ 13.4.1957, Bilder und Zeiten Nr. 88.

[36] „Russisches hat ihn seit je fasziniert“. FAZ, 7.5.1975, S. 12.

[37] Ebd.

[38] In Moskau gelebt, gelitten, gestorben. Zum Tode von Hermann Pörzgen. FAZ, 4.12.1976.

[39] Zentralarchiv FSB, R-38873, Bl. 166–170, in: Christoforov, Tajny [Fn. 31], S. 419ff.

einberufen worden. Insofern war er ein völlig unbeschriebenes Blatt in der Riege der Auslandskorrespondenten der unmittelbaren Nachkriegszeit, die der Publizist Hans-Georg von Studnitz 1953 etwas pauschal als „Journalisten mit mangelnder Erfahrung, eklatanten Bildungslücken oder zwiespältiger Vergangenheit" beschrieb.[40]

Auf Ruge traf nichts davon zu, auch wenn er nur das Kriegsabitur hatte und eine Dolmetscherschule und die Rundfunkschule des NWDR absolviert hatte. Er war gebildet, neugierig und interessiert und nach Reisen durch Jugoslawien und Indochina 1955 beim historischen Adenauer-Besuch in Moskau dabei gewesen. Ihn reizte das schwierige, im Grunde fremde Land, von dem er ahnte, dass das, was dort passieren sollte, für die Zukunft Europas und Deutschlands mitentscheidend sein werde. Mit einem sowjetischen Visum ausgestattet, fuhr er im Sommer 1956 für den Westdeutschen Rundfunk nach Moskau, ohne Vertrag und mit 10 000 Mark in der Tasche.

„So etwas an journalistischer Erregung wie 1956 in Moskau habe ich später bloß noch einmal erfahren" – in Amerika nach der Ermordung von Präsident Kennedy, erzählte Ruge später.[41] Doch bei seiner Arbeit als Korrespondent begann er bei null: Lange Zeit wohnte er für täglich 27 Rubel im Zimmer 556 des Hotels Metropol, zwei Etagen über den Zimmern der Deutschen Botschaft. Viele Regionen, ja ganze Republiken des Landes durfte er nicht betreten und seine Texte erst dann aus dem Haupttelegrafenamt nach Köln durchgeben, wenn sie mit dem Stempel des „Bevollmächtigten von *Glavlit*", der mächtigen Zensurbehörde, versehen waren.

Gerd Ruge im Jahr 1957 kurz nach seiner Ankunft in Moskau.
Quelle: bpk / Staatsbibliothek zu Berlin / Fredeke Ruge

[40] Hans-Georg von Studnitz: Der Auslandskorrespondent, in: Außenpolitik, 4/1953, S. 660.
[41] Ruge: Rede zum Antritt seines dritten Korrespondenteneinsatzes in Moskau 1987.

Viele Passagen seiner Manuskripte sind heute wegen der dicken Bleistiftstriche des Zensors unlesbar – etwa als er im Juni 1956 über die Unruhen in Polen berichtete, im August 1957 über die Schwierigkeiten bei der Repatriierung von Deutschrussen oder im Dezember 1958, als der Generalsekretär der KPdSU Nikita Chruščev den abgelösten Ministerpräsidenten Nikolaj Bulganin offen zum Mitglied einer parteifeindlichen Gruppe erklärte.[42]
Im Gegensatz zu Scheffer 35 Jahre zuvor war Ruge mit keinem politischen Programm gekommen. Er hat auch später nie extreme politische Meinungen vertreten. Wohl auch deswegen wirkte seine Berichterstattung in den folgenden Jahren so glaubwürdig. Ruges Credo war, zu zeigen, was passiert und sich „moralischer Forderungen oder Meinungen" zu enthalten.[43] Trotzdem geriet er schnell in Konflikt mit seinen Gastgebern, die im Frühjahr 1957 die *Komsomol'skaja Pravda* vorschickten, um ihm (und Hermann Pörzgen) eine tendenziöse Berichterstattung vorzuwerfen, weil er „vorsätzlich die sowjetische Wirklichkeit" verzerre.[44] Solche Anklagen waren in Moskau, das voller Vorurteile und Misstrauen gegenüber Westlern war, noch immer schnell zur Hand, die Zeiten einer unzensierten Berichterstattung und Kommentierung, wie sie sowjetischen Korrespondenten in der Bundesrepublik Deutschland und in der DDR längst gestattet waren, lagen damals noch in der Ferne. Allerdings steckte in diesem Fall die sowjetische Botschaft in Bonn dahinter, die die Artikel der Moskauer Korrespondenten genau verfolgte.
In Deutschland dagegen schätzte man Ruges unaufgeregte Art der Berichterstattung, ja selbst seine Eingeständnisse, die Vorgänge innerhalb der sowjetischen Führung nicht immer ganz zu verstehen. Nach nicht mal einem Jahr in Moskau lobte ihn die *Neue Rhein-Zeitung* bereits als einen „der hoffnungsvollsten jüngeren deutschen Journalisten": „Seine Berichterstattung aus Moskau hat die Hoffnungen nicht getrogen, die man in dieses Talent gesetzt hatte."[45]
Aus Ruges Briefen und Berichten lässt sich herauslesen, wie unzugänglich ihm und seinen Moskauer Kollegen damals die sowjetische Gesellschaft erschien. Auch deswegen war es für ihn ein Wendepunkt, als er Autoren wie Evgenij Evtušenko und Andrej Voznesenskij und damit ein „anderes, geistiges Russland" [46] kennenlernte: „Mit einem Male wußte ich, was für Menschen es in Moskau gab . . .".[47] Vor allem die Begegnungen mit Boris Pasternak bedeuteten für ihn eine Wende. Seine Manuskripte in Sachen *Doktor Živago* und seine ausführlichen Pasternak-Porträts sind Lehrbeispiele für ausgewogenen Journalismus. Während der Dichter in Deutschland mitunter zum sowjetischen Widerständler erklärt wurde, wies Ruge darauf hin, dass Pasternak kein ideologisches Pamphlet geschrieben habe, kein verbitterter Mann sei und „seinem Land und Staat trotz aller innerer Vorbehalte loyal ergeben".[48] Er verkörpere zwar das „andere" Russland, so Ruge, aber sein Umfeld sei keineswegs ein Widerstandskreis.

---

[42] Gerd Ruge, Manuskripte, Nachlass Gerd Ruge.
[43] Interview mit Gerd Ruge, Bayerischer Rundfunk, 30.6.1998.
[44] Auch nach einer schriftlichen Entgegnung Ruges bestand die Zeitung auf ihrer Sicht. Brief der Komsomol'skaja Pravda an Gerd Ruge, 20.6.1957, Nachlass Gerd Ruge.
[45] Gerd Ruge und Peter von Zahn: Ost-West am runden Tisch. Neue Rhein-Zeitung, 5.4.1957.
[46] Gerd Ruge: Das andere Rußland, Manuskript 17.12.1957, Nachlass Gerd Ruge.
[47] Gerd Ruge: Rede zum Antritt seines dritten Korrespondenteneinsatzes in Moskau 1987.
[48] Gerd Ruge: Das andere Rußland [Fn. 46].

Trotzdem führte die Živago-Affäre dazu, dass Ruge ab 1959 – so wie 1929 einst Scheffer und 1958 fast auch Pörzgen – keine Einreisegenehmigung mehr in die Sowjetunion bekam.

Doktor Živago war das Lebenswerk des Dichters Boris Pasternak, der es als Lyriker zu großem Ruhm in der Sowjetunion gebracht hatte und nun eine ganze Epoche der Geschichte Russlands in Prosa beschrieb, wobei er den Umsturz der Bolschewiki 1917 kritisch beurteilte. Die sowjetische Führung brachte nicht den Mut auf, das Werk zu veröffentlichen, sie hielt es für antisowjetisch. Als das Manuskript nach Italien gelangte und von dort aus seinen Weg durch die ganze Welt nahm, wurde Pasternak als Verräter gebrandmarkt. Nachdem ihm im Oktober 1958 zudem noch der Nobelpreis verliehen worden war, begann in der Heimat des Dichters eine regelrechte Treibjagd auf ihn. Der Roman wurde zu einem niederträchtigen Machwerk erklärt und sein Autor als „Judas" verunglimpft, als Werkzeug der bürgerlichen Propaganda. KGB-Chef Vladimir Semičastnyj nannte ihn ein „räudiges Schaf", während die Parteizeitung *Pravda* schrieb, Pasternak sei „in unserem vom Aufbaupathos einer lichten kommunistischen Gesellschaft erfüllten Land nichts anderes . . . als Unkraut".[49] So angegriffen verzichtete Pasternak auf den Nobelpreis, wurde aber trotzdem völlig isoliert, fast wäre ihm die sowjetische Staatsbürgerschaft entzogen worden.

Ruge hatte den Schriftsteller im Dezember 1957 kennengelernt. In einer Sendung für den WDR bekannte er:

> Die fünf Stunden, die ich bei Boris Pasternak verlebte, gehören zu den größten Erlebnissen, die ich in der Sowjetunion hatte.[50]

Er beließ es nicht bei dieser ersten Begegnung, sondern stellte für den Dichter den Kontakt zum New Yorker Verleger Kurt Wolff her, der dann die Erstausgabe des *Živago* in Amerika herausbrachte. Obwohl über Pasternak ein Kontaktverbot mit Ausländern verhängt worden war, brachte Ruge weitere Texte von ihm am Zoll vorbei in den Westen und umgekehrt dann zum Korrekturlesen nach Moskau. Auch an der heimlichen Übergabe westlicher Honorare an Pasternaks Geliebte Olga Ivinskaja – nach ihrem Vorbild gestaltete Pasternak die „Lara", die Heldin des *Živago*-Romans – beteiligte er sich. Als Ivinskaja kurz nach Pasternaks Tod festgenommen und zu acht Jahren Haft verurteilt wurde, befasste sich Radio Moskau mit dem angeblichen Schmuggel der Tantiemen an sie (der keiner war, weil das ausländische Geld erst in Moskau legal in Rubel umgetauscht worden war). Dabei fand auch Gerd Ruge mit den von ihm überbrachten Summen Erwähnung. Insofern überrascht es nicht, dass Ruge nach einem Deutschland-Besuch Anfang 1959 nicht wieder in die Sowjetunion einreisen durfte.

Die *Živago*-Affäre diente vielen im Westen als Munition im Kalten Krieg und beförderte nicht gerade den nötigen kühlen Blick auf den Sowjetstaat. Interessanterweise hat Ruge 1958 das wiederholt, was Otto Hoetzsch sinngemäß schon 1913 und später auch Paul Scheffer beklagt hatten. Anlässlich des bevorstehenden bundesdeutschen Botschafterwechsels in der Sowjetunion schrieb er 1958:

---

[49] Olga Iwinskaja: Lara. Meine Zeit mit Pasternak. Hamburg 1978, S. 275.

[50] Gerd Ruge: Manuskript, 17.12.1957.

> Das sowjetische Deutschlandbild leidet unter unglaublichen Entstellungen, ebenso wie die deutsche Vorstellung von der Sowjetunion voller Fehler ist.[51]

Er warnte vor einer „Über-Simplifizierung" wie der „gefährlichen" Unterscheidung der sowjetischen Führer „nach Stalinisten und Liberalen"[52] und bekannte den Hörern 1957 offen:

> Die einzelnen Phasen der Entwicklung kennen auch wir nicht, und da die Details fehlen, entsteht in unserer Berichterstattung notgedrungen ein Bild aus grossen und groben Strichen, das nicht viel mehr als einen Umriss geben kann.[53]

So viel Selbstzweifel wird man in unserer heutigen außenpolitischen Berichterstattung selten finden, obwohl die Vorgänge in Russlands Führung noch intransparenter geworden sind.

Noch deutlicher wurde Ruge in einem Vortrag, den er 1959 im Kölner Gürzenich hielt, nach seiner Rückkehr aus Moskau. Die Analyse, die der gerade 30-Jährige damals präsentierte, war so anschaulich wie weitsichtig. Viele seiner Bemerkungen haben ihre Gültigkeit behalten.[54] Eingangs zitierte er die gängige Meinung damaliger Moskau-Besucher: „Kann ja alles nicht wahr sein, was wir über die Sowjet-Union gelesen haben, es ist ja alles ganz anders, als man es uns darstellt" – um zu zeigen, wie im Westen jahrelang an einem Propagandabild gearbeitet wurde, das so längst nicht mehr zutraf.

„In Wahrheit ist eine Sowjet-Union weder so schön, wie die Sowjets glauben, noch ist sie so schwarz, wie die westliche Propaganda sie zeitweilig gemalt hat." Und weiter:

> Das Bild der Armut und der Not dort, das . . . man immer noch in der westlichen Propaganda, wie ich glaube, gefährlicherweise ausnutzt, wird jedenfalls in den nächsten Jahren verschwinden.

Damit wies Ruge auch auf die Tatsache hin, dass das Sowjetunion-Bild vor allem im Inland bestimmt werde, nicht unbedingt von den Korrespondenten vor Ort. Das trifft zum großen Teil auch heute noch zu, fast 70 Jahre später.

Er hat das in den folgenden Jahren immer wieder zum Thema gemacht. Die Geschichte zwischen den Russen und den Deutschen sei „geprägt von geringer Kenntnis und großen Illusionen", schrieb er 2008[55] und machte deutlich, dass er emotionale Einstellungen oder Projektionen wie die unergründliche „russische Seele" oder ein Wunschdenken, dass gerade Russen und Deutsche sich sehr nahe stünden – heute vor allem unter Ostdeutschen wieder ein gängiges Narrativ –, fehl am Platze seien. Er mahnte Sachlichkeit an, Politik sei etwas rational Bestimmtes. Mit Blick auf die Journalisten bemerkte er:

---

51 Gerd Ruge: Manuskript, 27.2.1958.
52 Gerd Ruge: Manuskript, 28.11.1956.
53 Gerd Ruge: Manuskript, 26.11.1957.
54 Gerd Ruge: So lebt der Sowjetmensch, Vortrag vom 1.6.1959 im Kölner Gürzenich, in: Neue Oekonomie, 6/1959.
55 Gerd Ruge: Russland. München 2008, S. 11.

> Es gibt welche, die sich unbedingt einmischen wollen ... sie sollten nicht versuchen, den Leser oder Zuschauer mit festgelegten ideologischen Formeln oder Konzepten zu überrollen.[56]

Der Zufall wollte es, dass Ruge sich auch mit dem Russland-Korrespondenten Paul Scheffer befasste. 1972 war das, als Scheffers Artikel aus der Sowjetunion als Buch erschien. Die Zeit des erbitterten Kampfes um die Ostverträge war gerade vorbei. Damals hatten Journalisten wie Gerhard Löwenthal, der langjährige Moderator des *ZDF-Magazins*, geglaubt, diesen Prozess mit der Veröffentlichung von Geheimdokumenten, Aufrufen zum Widerstand oder Denunziationen beeinflussen zu können. Löwenthal hatte 1970 geheime Protokollnotizen aus den Verhandlungen zum Moskauer Vertrag veröffentlicht, um den „Ausverkauf deutscher Interessen" anzuprangern und Willy Brandts Moskau-Unterhändler Egon Bahr der Täuschung der deutschen Öffentlichkeit zu überführen. Als der *Spiegel* 1971 eine Serie über die Arbeit des BND begann, beschaffte sich Löwenthal noch vor der Drucklegung das gesamte Material und brachte es dem Generalbundesanwalt in seine Wohnung, in der Hoffnung auf eine Strafverfolgung der „linken journalistischen Mafia", die die neue Ostpolitik von SPD und FDP unterstütze.[57] Ruges Sender wiederum, der WDR, hatte eigens neue Korrespondenten nach Moskau entsandt, die die Vorgehensweise der neuen Ostpolitik mittragen sollten.[58] „Professionelle Selbstdisqualifizierung" warf Ruge all jenen vor, die Politik nicht nur erläutern und glaubhaft machen wollten, sondern sie in bestimmte Bahnen zu lenken versuchten.

Auch der ansonsten faszinierende Berichterstatter Scheffer sei „in den seltensten Fällen ... Beobachter aus der Distanz" gewesen, stellte Ruge nach der Lektüre seiner Texte fest, „in der Mehrzahl war er Mitspieler ...". Ruge bezeichnete das als „ausserordentlich problematisch".[59]

Er selbst ist solchen Versuchungen aus dem Wege gegangen. Tendenziös wie mitunter bei Scheffer oder beim frühen Pörzgen war seine Berichterstattung nie. Dass er den Alltag in Moskau und die Gastfreundschaft der Russen manchmal recht enthusiastisch beschrieb, hatte – siehe sein Eingeständnis von 1987 – mit dem historischen Bezugsrahmen zu tun, in dem Ruge damals wirkte.

Zusammengerechnet 40 Jahre lang haben Scheffer, Pörzgen und Ruge aus Moskau berichtet. Für alle drei war es der Höhepunkt ihrer journalistischen Laufbahn. Ganz zu erfassen vermochten aber auch sie das Land nicht. Jeder von ihnen gestand später Irrtümer und eine gewisse Hilflosigkeit bei der Bewertung Russlands ein, das auch langjährige Beobachter wie sie immer wieder aufs Neue zu enttäuschen verstand. So bekannte Ruge 2013, dass Putins Verhalten „sehr viel diktatorischer geworden (sei), als ich das in den ersten Jahren erwartet hätte".[60]

Scheffer, Pörzgen und Ruge haben jedoch ein paar grundsätzliche Erkenntnisse hinterlassen: etwa dass das Russlandbild leider zum größeren Teil im Heimatland bestimmt

---

56 Interview mit Gerd Ruge am 29.11.2005, in: Walter, Solange die Füße tragen [Fn. 1].

57 Gerhard Löwenthal: Ich bin geblieben. Erinnerungen. München, Berlin 1987, S. 315, 343.

58 Julia Metger: Jenseits der Berichterstattung: Die Moskau-Korrespondenten als politische Akteure im Ost-West-Konflikt, in: Zeitschrift für Geschichtswissenschaft, 5/2014, S. 437–448.

59 Gerd Ruge, Manuskript 14.5.1972.

60 „Alles aus, alles geplatzt". SPIEGEL -Gespräch mit Gerd Ruge, in: Der Spiegel, 30/2013, S. 122.

und mitunter durch die eigenen, oft nicht besonders sachkundigen Redaktionen verfälscht wird. Selbst Scheffer machte während der Weimarer Republik diese Erfahrung, obwohl Deutschland damals den Kontakt zur Sowjetführung suchte. Er musste seinen Chefredakteur Theodor Wolff immer wieder aufs Neue davon überzeugen, dass er eine besondere Stellung in Moskau und eigene Informationsquellen habe, die in Berlin leider wenig zur Kenntnis genommen, geschweige denn berücksichtigt würden. Im Falle Pörzgens wurde später ganz offensichtlich, dass nicht die Vorgänge in der UdSSR der eigentliche Gegenstand der Berichterstattung aus Moskau waren, sondern deren Interpretation durch die nationalsozialistische Führung.

Selbst heute, unter ganz anderen politischen Vorzeichen, wird Moskau-Korrespondenten mitunter von zu Hause nahegelegt, wie sie aus ihrem Gastland berichten sollen, statt ihrer größeren Nähe zu Russland und ihrem tieferen Einblick in die politischen Vorgänge dort zu vertrauen. Denn vor dem Hintergrund einer oft moralisierenden deutschen Außenpolitik erliegen die großen Medien der Versuchung, Russland allzu sehr durch die Brille der heimischen Wertepolitik zu sehen. Das führte in den letzten Jahren zu einer Überschätzung der Oppositionsbewegung in Russland – beginnend mit dem Auftreten der Pussy-Riot-Gruppe 2011 bis zur Bewertung des politischen Einflusses von Aleksej Naval'nyj. Relativierende Kommentare von Moskauer Korrespondenten oder etwa Gespräche mit Anhängern des Putin-Regimes, aus denen man etwas über den gefährlich anwachsenden Nationalismus in Russland und damit Erhellendes über das andere, dominierende Lager hätte erfahren können, wurden von den Heimatredaktionen nur noch ungern gedruckt – viele der großen Medien befürchteten, damit von der vorherrschenden Meinung abzuweichen. Die Folge davon ist, dass viele Deutsche heute nicht verstehen, warum die übergroße Mehrheit der Bevölkerung Russland Putins Krieg gegen die Ukraine mitträgt.[61] Oder anders gesagt: Das Russland-Bild vieler Deutschen entspricht nicht mehr der Realität, woran die Medien mitschuldig sind.

Journalismus muss aufklären, im besten Sinne des Wortes. Die Außenpolitik beeinflussen kann er nur marginal – diese Erkenntnis ist wichtig in Zeiten wie heute, da der Gesinnungs- oder Haltungsjournalismus zurückzukehren scheint. Auch Selbstzensur ist in schwierigen Zeiten der Berichterstattung keine Lösung. Durch Wohlverhalten gegenüber Russlands Führung die eigenen Korrespondenten sichern zu können, ist ein Irrglaube.[62] Aber das ist ein anderes Thema.

Schlagwörter:
Sowjetunion, Journalismus, Korrespondenten, Paul Scheffer, Hermann Pörzgen, Gerd Ruge

---

[61] Lev Gudkov: Der „Führer der Nation". Putin und das Kollektivbewusstsein in Russland, in: OSTEUROPA, 5–6/2023, S. 23–71.

[62] Als Hermann Pörzgen 1958 die Wiedereinreise in die UdSSR verweigert werden sollte, war es nur seiner Beharrlichkeit zuzuschreiben, dass die entsprechenden Verhandlungen zwischen Bonn und Moskau nicht zugunsten einer Kompromisslösung, nämlich der Entsendung eines anderen „FAZ"-Korrespondenten, aufgegeben wurden. Die Drohung, in diesem Fall auch dem *Pravda*-Korrespondenten die Einreise nach Bonn zu verweigern, wirkte. Metger, Jenseits der Berichterstattung [Fn. 58].

„Über manche Themen schreibe ich nicht mehr“

Korrespondent Markus Ackeret über die Arbeit in Moskau

Markus Ackeret, Korrespondent der *Neuen Zürcher Zeitung,* vergleicht die Arbeitsbedingungen in Peking und Moskau, spricht über das Verhältnis zwischen eigenem Anspruch und der Wirklichkeit, die in Russland in Zeiten des Krieges, wachsender Restriktionen, Einschüchterung sowie Angst bei potenziellen Gesprächspartnern gekennzeichnet ist. Er zeigt Wege auf, der Gefahr der Selbstzensur zu entgehen, und konstatiert, dass es in Russland de facto keine Innenpolitik mehr gibt. Der Krieg verengt den Blick, die Komplexität und Heterogenität der Gesellschaft wird weniger wahrgenommen. Diese tickt anders, als in der Schweiz und Deutschland erwartet wird.

Osteuropa: *Herr Ackeret, Sie sind seit zwei Jahrzehnten Auslandskorrespondent der Neuen Zürcher Zeitung. Sie waren von 2006 bis 2011 in Russland, bis Ende 2014 in China und sind seit 2018 wieder in Russland. Was unterscheidet die Arbeit in Peking und Moskau?*

Markus Ackeret: Russland kannte ich, hatte osteuropäische Geschichte und russische Literatur studiert, Russisch gelernt. In China fing ich bei null an. Ich musste mich mit der Sprache, der Mentalität der Chinesen, ihrer Kultur vertraut machen. Bis zum Schluss konnte ich nicht so gut Chinesisch, dass ich selbständig ein Interview hätte führen können. Um zu verstehen, was in einem Land passiert, ist es wichtig, sich in der Gesellschaft zu bewegen, in den Alltag der Menschen einzutauchen, Stimmungen aufzunehmen. Das war für mich in China viel schwieriger als in Russland.

Osteuropa: *Wie waren die Arbeitsbedingungen?*

Ackeret: Schwierig. Während das Internet in Russland damals noch weitgehend frei war, gab es in China schon die Great Firewall, Websites waren blockiert, das Netz verlangsamt. Zugang zu Behörden bekam ich so gut wie nie. An den Universitäten oder in Think Tanks gab es manchmal jemanden, der bereit war, mit mir zu sprechen. Aber wenn ich mit jemandem auf der Straße ins Gespräch kommen wollte, war sofort ein Polizist da. Als Europäer fällt man sofort auf. Selbst zu einem harmlosen Thema wollten die Leute nichts sagen. Sie hatten Angst. Und wir wurden überwacht. Es kam vor, dass vereinbarte Interviews nicht zustande kamen. Interviewpartner hatten Zeichen bekommen, dass sie sich nicht mit mir treffen sollten. Oder wir bekamen einen Anruf: „Diesen Termin machen Sie nicht!“

Markus Ackeret (1978) M.A., Osteuropahistoriker und Journalist, Korrespondent der *Neuen Zürcher Zeitung*, Moskau
Ackeret trat 2006 in die Auslandsredaktion der NZZ ein, war von Dezember 2006 bis Januar 2011 Korrespondent in Moskau, danach bis Ende 2014 in Peking, von Januar 2015 bis Ende 2017 in Berlin. Seit Januar 2018 berichtet er wieder aus Moskau.

Osteuropa: *Wer rief da an?*

Ackeret: Die Polizei. Wir wurden wohl abgehört. Die Polizei wusste alles und hatte auch bei der Akkreditierung das letzte Wort. Für die Akkreditierung der Korrespondenten ist das Außenministerium zuständig. Man bekam damals die Akkreditierung immer bis zum Jahresende. Dann musste man sie erneuern lassen. Und man braucht ein Visum. Um dieses zu erhalten, musste man ein persönliches Gespräch mit der Polizei führen. Sie entscheidet, ob man bleiben darf oder nicht. China war eine verschlossene Diktatur . . .

Osteuropa: *Und Russland vergleichsweise offen.*

Ackeret: Damals schon. Wir Korrespondenten bekamen Infos, Hintergrundgespräche mit hohen Beamten und Politikern, etwa mit Dmitrij Medvedev. Er war stellvertretender Ministerpräsident und recht zugänglich, nicht dieser Hardliner von heute.

Osteuropa: *Seit 2018 berichten Sie wieder aus Russland. Sind die Arbeitsbedingungen „chinesischer" geworden?*

Ackeret: Ja, in den letzten drei, vier Jahren fühle ich mich zunehmend an China erinnert.

Osteuropa: *Inwiefern?*

Ackeret: Das beginnt mit der Akkreditierung. Die Bedingungen sind verschärft worden. Das war früher ein Routineakt, man wurde vom Außenministerium für ein Jahr akkreditiert, dann war das Visum Formsache. Seit März 2022, kurz nach der Invasion in der Ukraine, werden westliche Korrespondenten nur noch für drei Monate akkreditiert und bekommen auch nur ein dreimonatiges Visum. Wir stehen jetzt permanent auf dem Prüfstand. Dann hat sich das Bild eingetrübt, das die Leute von uns Korrespondenten haben. Einen gewissen Argwohn gab es immer, in der Provinz seltener als in Moskau. Die Leute dort freuten sich, dass jemand kommt und sich für ihre Probleme interessiert. Heute haben viele Angst, sich mit uns zu treffen. Sie fürchten Repressalien. Und die antiwestliche Propaganda, die das Putin-Regime seit Jahren schürt, bleibt nicht ohne Folgen. Die Stimmung gegenüber Ausländern, besonders westlichen Journalisten, hat sich erheblich verschlechtert.

Osteuropa: *Auch für Sie aus der neutralen Schweiz?*

Ackeret: Im Alltag merkt kein Mensch, dass ich Schweizer bin. Und politisch hat Russland auch die Schweiz zu einem „unfreundlichen Land" erklärt.

Osteuropa: *Aber Sie können noch durch Russland reisen. Oder gilt die sowjetische Praxis wieder, dass sich Korrespondenten ohne Genehmigung und Begleitung nicht im Land bewegen dürfen?*

Ackeret: Nein, so weit ist es nicht. Wir können grundsätzlich reisen. Es gibt allerdings immer mehr Einschränkungen. Seit Sommer 2024 dürfen wir de facto nicht mehr in die Gebiete Brjansk, Kursk und Belgorod . . .

Osteuropa: *Also an die Grenze zur Ukraine, wegen des Kriegs.*

Ackeret: Dort herrscht ein spezielles Anti-Terror-Regime. Um sich vor Ort einen Eindruck zu verschaffen, braucht man eine besondere Akkreditierung. Das hat direkt mit dem Krieg zu tun. Seit etwa zwanzig Jahren werden aber auch immer mehr Gebiete in Russland, selbst wenn sie keine Außengrenze haben, dem Grenzregime unterstellt. Immer braucht man eine besondere Bewilligung. Wenn man nicht aufpasst und versehentlich reinfährt, kann das erhebliche Folgen haben.

OSTEUROPA: *Für alle Journalisten oder nur für ausländische?*

Ackeret: Grundsätzlich für alle. Aber wenn ich als Ausländer gegen Akkreditierungsregeln verstoße, kann ich mit einer administrativen Strafe belegt werden. Mit zwei Verurteilungen droht die Ausweisung. Unter den heutigen Umständen muss ich sehr genau überlegen, wohin ich fahre. Ist in der Stadt ein Rüstungsunternehmen? Welche Wirtschaftsstruktur hat die Region? Gibt es da viele geschlossene Städte?

OSTEUROPA: *Gibt es wie zu Sowjetzeiten wieder „geschlossene Städte"?*

Ackeret: Manche Städte haben diesen Status nie verloren. Städte mit Militäranlagen, Atomforschung, Anreicherungsanlagen, Werken zum Bau nuklearer Sprengkörper. Diese Städte gehören zu *Rosatom*, *Roskosmos* oder zum Verteidigungsministerium. Das ist ein eigener Kosmos.

OSTEUROPA: *Gibt es eine offizielle Liste, welche Städte geschlossen sind?*

Ackeret: Es zirkulieren Listen im Internet, aber man wird nicht offiziell darüber informiert. Das muss ich selbst herausfinden.

OSTEUROPA: *Hat die Verhaftung des Kollegen vom Wall Street Journal, Evan Gershkovich, im März 2023 wegen des Vorwurfs der Spionage Sie eingeschüchtert?*

Ackeret: Ja, eindeutig. Die faktische Einführung der Zensur kurz nach Kriegsbeginn hat alle Russland-Korrespondenten verunsichert. Wir wussten nicht, was wir noch schreiben dürfen. Und die Festnahme von Gershkovich löste bei allen Sorge aus. Etliche Kollegen haben das Land verlassen, schreiben nun von Riga oder gar Berlin aus, andere berichten nur noch über gewisse Themen.

OSTEUROPA: *Die einen nennen es Vorsicht, die anderen Selbstzensur.*

Ackeret: Das ist ein Drahtseilakt. Ich war eine Woche vor Gershkovichs Festnahme auch in Nižnyj Tagil. Da darf man hin, das ist keine geschlossene Stadt. Dort befindet sich das größte Panzerwerk der Welt, *Uralvagonzavod.* Heute überlegt sich jeder Korrespondent dreimal, ob er da hinfährt oder nicht, um nicht in eine unangenehme Situation zu kommen. Davon habe ich genug erlebt.

OSTEUROPA: *Was ist passiert?*

Ackeret: Auch da ging es um Einschüchterung. Ich hatte im Februar 2023 in Ekaterinburg ein Treffen mit dem örtlichen Vertreter der Menschenrechtsorganisation *Memorial* vereinbart. Als ich zu seinem Büro kam, warteten angebliche „Lokaljournalisten" mit laufenden Kameras, stellten uns Fragen, bedrängten und verfolgten uns über mehrere Straßenzüge hinweg. Die Aufnahmen wurden auf YouTube und Telegram veröffentlicht – mit meiner privaten Telefonnummer und der Aufforderung, mich anzurufen und mir zu sagen, dass ich ein Spion sei und das Land verlassen solle.

Ein Jahr später gab es in Perm' eine ähnliche Situation. Die war insgesamt harmlos. Aber man fängt an zu grübeln, was diese vermeintlichen Journalisten alles wissen, was man darf und was man lieber sein lässt.

OSTEUROPA: *Das ist ein wichtiger Unterschied zu Ihrer ersten Zeit in Moskau.*

Ackeret: Absolut. Heute muss ich mir nicht nur Gedanken über die Arbeit und meine Sicherheit machen, sondern auch über die Sicherheit meiner Gesprächspartner, die allein dadurch, dass ich sie treffe, in Gefahr geraten könnten.

OSTEUROPA: *Es gibt Themen, die sind für russische Journalisten tabu: Putins Privatleben, seine Familie, die Opfer des Krieges und ihr Leid. Fassen Sie als Korrespondent manche Themen aus Vorsicht ebenfalls nicht an?*

Ackeret: Das ist für uns weniger problematisch als für Kollegen aus Russland. Aber oft ist es sehr schwierig, an die Leute heranzukommen. Sie wollen sich nicht mit einem ausländischen Journalisten treffen, gerade wenn es um individuelles Leiden wegen des Krieges geht. Was nicht gerne gesehen wird, ist eine kritische Auseinandersetzung mit Putin als „Chefhistoriker". Ich habe mich in einem Artikel mit der bizarren Inszenierung auseinandergesetzt, als der Präsident des Verfassungsgerichts, Valerij Zor'kin, Präsident Putin eine historische Karte präsentierte, auf der angeblich die Ukraine nicht existiere – als Beweis dafür, dass die Ukraine ein künstliches Geschöpf sei und keine Existenzberechtigung habe. Ich habe diese Farce und Putins Geschichtsverständnis hinterfragt . . . und wurde ins Außenministerium einbestellt.

OSTEUROPA: *Immerhin liest das Außenministerium die NZZ!*

Ackeret: Russlands Botschaft in Bern wertet die NZZ aus. Das ehrt uns. Dann schickt sie Berichte nach Moskau. Und ich wurde von der Presseabteilung des Außenministeriums vorgeladen, die für unsere Akkreditierung zuständig ist. Deren stellvertretender Leiter warf mir „Beleidigung des Präsidenten" vor. Mehr nicht. Anders sieht es für meinen Kollegen Ivo Mijnssen aus, der für die NZZ aus Kiew berichtet. Ihm warfen Russlands Behörden vor, er rechtfertige Terrorismus. Das ist in Russland ein Straftatbestand. Sein Vergehen? Er hat über die besetzten Gebiete in der Ukraine und den Widerstand gegen die Besatzungsmacht geschrieben.

OSTEUROPA: *Wieder ist das Ziel Einschüchterung. Führt das zu Selbstzensur?*

Ackeret: Nicht zwangsläufig. Das Problem existiert, aber wir in der NZZ haben es so gelöst, dass ich über manche Themen, bei denen Selbstzensur drohen könnte, nicht mehr schreibe. Die Kriegsberichterstattung etwa hat Andreas Rüesch in der Redaktion in Zürich übernommen.

OSTEUROPA: *Und über die gesellschaftlichen Aspekte des Krieges?*

Ackeret: Die nehme ich in den Blick. Ich schreibe Dinge, die eigentlich formal unter die Zensurgesetze fallen könnten. So benutze ich das Wort „Krieg", obwohl es in Russland unter Strafe steht, den Begriff statt „militärische Spezialoperation" in der Ukraine zu verwenden, ich widme mich der Rekrutierung der Soldaten oder der Frage, wie der Krieg enden könnte. Aber über die Kämpfe im Gebiet Kursk schreibe ich nicht.

OSTEUROPA: *Ist durch den Krieg das Interesse an Analysen und Reportagen aus Russland gewachsen? Fordert die Redaktion mehr Stoff?*

Ackeret: Nein, an der Redaktionspolitik hat sich nichts geändert. Die NZZ hatte immer sehr intensiv aus Russland und der Sowjetunion berichtet. Aber das Leserinteresse ist natürlich gestiegen. Das ist allerdings ein zweischneidiges Schwert. Denn damit geht auch eine Verengung des Blicks einher. Der Krieg überlagert alles. Es ist schwierig, andere Themen unterzubringen.

OSTEUROPA: *Der Krieg ist also auch für die Berichterstattung der Russland-Korrespondenten ein großer Vereinfacher. Er verstärkt den Tunnelblick auf die Hauptstadt.*

Ackeret: Ja, erstens ist die Zahl der Korrespondenten stark zurückgegangen und zweitens reisen die, die noch da sind, viel weniger in die Regionen, weil es so schwierig geworden ist, Gesprächspartner vor Ort zu finden, oder es Sicherheitsbedenken gibt. Selbst in Moskau sind manche Erwartungen der Redaktion schwer zu erfüllen.

OSTEUROPA: *Inwiefern?*

Ackeret: Die Redaktion wollte im Sommer 2024 eine Reportage über die Stimmung in Moskau. Die Idee war, dass ich Leute auf der Straße ansprechen und sie nach dem Krieg fragen sollte: Wie schätzen sie die Lage ein? Zu welchen Bedingungen wäre ein Waffenstillstand denkbar? Das ist unmöglich. Kein Passant lässt sich mehr auf so ein Gespräch ein.

OSTEUROPA: *Wo sind weiße Flecken der Berichterstattung?*

Ackeret: Mich beschäftigt, wie diese Gesellschaft tickt. Sie reagiert oft anders, als wir es in der Schweiz und in Deutschland erwarten. Warum ist das so? Ich würde gerne erfahren, wie es Rückkehrern aus dem Krieg geht. Wie werden sie aufgenommen, erfahren sie gesellschaftliche Anerkennung? Oder wie geht es Hinterbliebenen?
Die Realität ist viel komplexer, als wir sie wahrnehmen. Als Korrespondent möchte ich das fassbar machen. Um die Stimmung in der Bevölkerung zu verstehen, brauche ich Alltagssituationen, Wortwechsel, Reaktionen. Ich würde das anekdotische Evidenzen nennen. Aus ihnen wird kein ganzer Text, aber sie fließen in die Berichterstattung ein. Das ist der Mehrwert unserer Arbeit vor Ort.

OSTEUROPA: *Das ist der Anspruch. Aber können Sie den einlösen?*

Ackeret: Grundsätzlich ist es schwierig, einem so großen, vielfältigen Land gerecht zu werden. Und dann bin ich noch für Belarus, den Kaukasus und Zentralasien zuständig. Aber wenn's brennt, bin ich vor Ort. In den letzten Monaten war ich wegen der Wahlen und der Proteste oft in Georgien, davor regelmäßig in Armenien. Die Nachrichtenlage ist dynamischer als in Russland.

OSTEUROPA: *Und das sagen Sie in Zeiten des Krieges?*

Ackeret: Ja, überspitzt formuliert gibt es in Russland keine Innenpolitik mehr. Die Opposition ist ausgeschaltet, es fehlen Debatten. Ein Ringen um die beste politische Ordnung findet in der Öffentlichkeit nicht mehr statt. Aber das ist der Kern des Politischen.

Osteuropa: *Dann weichen Sie auf andere Länder aus und berichten von dort mehr?*

Ackeret: Nein. Das hat einerseits damit zu tun, dass ich es trotz aller Schwierigkeiten wichtig finde, dass die noch in Russland tätigen Korrespondenten auch tatsächlich aus diesem Land berichten. Es gibt aber andererseits auch eine Grundtendenz in der Medienwelt: die Konzentration auf wenige Themen. Ich empfinde das als Verarmung. Früher habe ich häufiger detailliert über Zentralasien berichtet. Heute ist es schwieriger, Geschichten von dort ins Blatt zu bekommen. Eine Hürde sind die niedrigeren Klickzahlen in der Online-Version.

Osteuropa: *Wird jeder Ihrer Texte zuerst online publiziert?*

Ackeret: Wir schreiben in ein Redaktionssystem, das de facto unser Online-System ist. Ich stelle meine Texte weitgehend fertig mit Links, Teasern, Schlagworten und Vorschlägen für die Titel. Das wird dann bearbeitet und freigeschaltet. Die Druckversion der Texte ist mitunter kürzer als die Online-Version.

Osteuropa: *Wenn Sie eine Reportage schreiben, wie viele Zeichen sind das?*

Ackeret: Etwa 10 000, eine halbseitige Analyse hat 5000 bis 5300, ein Aufmacher 6000 bis 6500 Zeichen.

Osteuropa: *Wie viele derartige Texte schreiben Sie pro Woche?*

Ackeret: Das ist unterschiedlich, im Durchschnitt sind es wahrscheinlich drei dieser 6500-Zeichen-„Stücke“, wie wir Journalisten sagen. Dazu kommen dann kleinere Stücke.

Osteuropa: *Ihre Arbeitsbedingungen haben sich nicht nur aus politischen Gründen in Russland erheblich verändert, sondern auch wegen des Strukturwandels der Öffentlichkeit.*

Ackeret: Das stimmt. Das Tempo hat sich beschleunigt, die Arbeit hat sich verdichtet, weil wir nun Tätigkeiten alleine machen, die einst arbeitsteilig organisiert waren, und der Zeitdruck ist größer geworden. Als ich als Korrespondent anfing, mussten die Texte bis 18:00 Uhr in Zürich sein. Heute muss ich schon mal bis 12:00 Uhr liefern, damit das aktuelle Ereignis vom Morgen abgedeckt ist. Ich muss schneller ein sicheres Urteil fällen, ohne dass die Faktentreue und die Qualität der Texte unter dem Zeitdruck leiden. Routine schadet da nicht.

Osteuropa: *Die NZZ erscheint seit 245 Jahren. Dagegen mutet Osteuropa mit 100 Jahren wie ein Greenhorn an. Was würden Sie uns ins Stammbuch schreiben, damit die Zeitschrift neben der Tradition auch eine Zukunftsperspektive hat?*

Ackeret: Bei allem technologischen Wandel und der veränderten Aufmerksamkeitsökonomie: Halten Sie an ihren Grundsätzen fest. Setzen Sie auf Tiefe und Substanz. Verteidigen Sie ihre thematische Eigenständigkeit und die hohen Standards. Das A und O ist die Qualität. Die zählt!

Das Gespräch führte Manfred Sapper, Berlin

Schlagwörter:
Russland, Journalismus, Neue Zürcher Zeitung, Auslandskorrespondent, Pressefreiheit

Cord Aschenbrenner

Gedanken eines lesenden Journalisten

OSTEUROPA – „Mehr sein als scheinen"

Was ist das? Eine Zeitschrift, die auf Buchdruckpapier erscheint und deren Ausgaben „Hefte" zu nennen, blankes Understatement ist, Titelbilder, die rätselhafterweise den Saturnmond Minas zeigen und auf Russlands Umlaufbahn anspielen, Themen, die selbst einem gelassenen Leser die gelöste Stimmung rauben, ein protestantisch strenges Layout, kein Edutainment, kein Zeitgeist, dafür aber luzide Artikel, empirische Fakten, Verständlichkeit. Den Machern geht es um das Eigentliche: Sie wollen aufklären und Orientierung im weiten Raum Osteuropas bieten. Das muss es sein: OSTEUROPA.

„Die machen jedes Mal ein saugutes Heft.
Und jedes Mal ist es zu dick."
Eine ehemalige Abonnentin

Was Kurzes, ruhig subjektiv, lautet die Bitte der Redaktion. Da fangen die Schwierigkeiten schon an. Denn: Was ist kurz? Für einen Tageszeitungsjournalisten sind 3000 Zeichen kurz, für die Kollegin bei der Wochenzeitung ist vielleicht das Doppelte nicht viel, für einen Redakteur von OSTEUROPA aber sind 10 000 Zeichen so gut wie nichts bzw. vermutlich das, was man schnell noch mal am Ende eines Arbeitstages, so zwischen 17:00 und 18:30 Uhr zu Papier bringt. Womit dann vielleicht das erste Viertel eines Beitrags von einigermaßen durchschnittlicher Länge in OSTEUROPA geschrieben wäre. Den allerdings nur in seltenen Fällen die Redaktionsmitglieder selbst verfassen – bei OSTEUROPA lässt man eher schreiben.

So auch in diesem Fall. Was Kurzes also zum Heft als solchem, womit wir zwanglos schon beim nächsten Problem wären, eines, das jede OSTEUROPA-Leserin, jeder Leser kennt. Eine Ausgabe, und sei es die Nr. 4/2024 mit dem Titel „Russlands Umlaufbahn. Repression, Mord, Krieg", die mit 176 Seiten schlank geraten ist, als Heft zu bezeichnen, hat sich im Verlauf der letzten Jahrzehnte ausweislich einer Zeile ganz oben im Inhaltsverzeichnis eingebürgert. Es war aber von Anfang an ein Understatement reinsten Wassers. Kann man ein Heft vom Umfang eines Buches, das zudem – verräterischerweise, lässt sich hinzufügen – auf Buchdruckpapier erscheint, noch als „Heft" bezeichnen? Messen wir doch nach und dann möge jeder für sich selbst entscheiden, was er da in der Hand hält. Die erwähnte Nummer 4/2024 ist 1,3 cm dick, sie hat wie alle anderen eine Breite von 16 cm und ist 24 cm hoch. Man möchte sie gerade noch als Heft durchgehen lassen. Die

Cord Aschenbrenner (1959), Historiker und Journalist. SZ-Autor, schreibt auch für die NZZ und Spiegel Geschichte. Demnächst erscheint: Der Raub. Enteignung und Vertreibung der jüdischen Geschäftsleute am Neuen Wall in Hamburg. Hamburg 2025. Autor von: Das evangelische Pfarrhaus. 300 Jahre Glaube, Geist und Macht. Eine Familiengeschichte. München 2015.

OSTEUROPA, 75. Jg., 1–3/2025, S. 59–63 **doi: 10.35998/oe-2025-004**

vorletzte Ausgabe von 2024 „Fließbild. Politik und Gesellschaft in Zentralasien“ (man sieht, Osteuropa ist ein dehnbarer Begriff) hingegen hat natürlich das gleiche Format, ist aber acht Millimeter dicker. Und erst das Gewicht! 633 Gramm bringt sie auf die belastbare Briefwaage des Verfassers, enthält allerdings auch gleich drei Hefte. Das Einzelheft 4 über „Russlands Umlaufbahn“ ist um fast die Hälfte leichter: 335 Gramm! Aber selbst diese 300 Gramm Unterschied machen dieses fast anschmiegsame Leichtgewicht, auf dem – ein wenig rätselhaft – eine Aufnahme des Saturnmondes Mimas zu sehen ist (weil die russische Welt um dieses lebensfeindliche Gestirn und nicht um die Sonne kreist, wie die Redaktion herausgefunden hat?), noch nicht zur angenehmen Lektüre. Weder die Zahl von nur 176 Seiten noch die Themen, darunter ein ganzer Block über die Verfolgung, den Tod und das Begräbnis von Aleksej Naval'nyj, sind geeignet, um einen langen Sonntagnachmittag in gelöster Stimmung herumzubringen.

Das ist natürlich auch nicht der Anspruch der Redaktion. Um Unterhaltung im üblichen Sinne für eine gebildete Leserschaft ging es so gut wie noch nie. Wenn man mal absieht von gelegentlich auftauchenden präzisen Hochglanzkarten wie in der Zentralasienausgabe, die die Länder der Region physisch und politisch zeigen, ihre Bevölkerungsdichte, die Bodenschätze, die Verteilung von Kraftwerken. Das ist schon eher sonntagnachmittagstauglich. Und unterhaltsam können einzelne Beiträge auch sein, in dem Sinne, dass man bitter lacht über die Verirrungen politischen Denkens im Kreml oder es einen leise schaudert, etwa wie in einem familientauglichen Horrorfilm, angesichts dessen, was man dort für Denken hält – man lese nur die Reden des Amateurhistorikers Putin, die von OSTEUROPA immer wieder dokumentiert wurden.

Aber auch richtig fesselnd kann ein Artikel in OSTEUROPA sein. So wie der 1985 erschienene Text eines jungen deutschen Finnougristen, der sich mit der verblüffenden und zudem recht überzeugenden These des im Westen fast unbekannten Historikers, Ethnologen und Schriftstellers Lennart Meri auseinandersetzte, das mythische Ultima Thule habe seinen Ort in Estland gehabt – das 1985 noch eine kleine, bald zunehmend ungebärdige Sowjetrepublik war. Dort erscheinende Bücher wie diejenigen Meris zu Ultima Thule wurden in Westeuropa nicht rezipiert, allenfalls in Finnland. Immerhin wurde ihr Autor indes über den Umweg OSTEUROPA bekannt.

Meri, ein polyglotter Tausendsassa, wurde nur wenige Jahre später Staatspräsident des nun wieder demokratischen Staates Estland. Als Meri am 24. Februar 1994 beim alljährlichen Hamburger Matthiae-Mahl im Rathaus der Hansestadt als Ehrengast die Festrede hielt, kam er auf Russland zu sprechen, dem er vorwarf, es strebe wieder, wie seit alters her die Vorherrschaft im Ostseeraum an. Der ebenfalls geladene Vizebürgermeister von Hamburgs Partnerstadt St. Petersburg erhob sich darauf wutschnaubend und verließ den Saal. Der Mann stand damals noch am Anfang seiner Karriere, er hieß Vladimir Putin. Diese anekdotische Episode findet sich zwar nicht in OSTEUROPA, aber wenn man in alten Jahrgängen blättert, fällt auf, wie lange die Redaktion das System Putin schon scharf beobachtet, dokumentiert und einordnet; niemand kann sagen, man habe all das, was kam, nicht kommen sehen.

Auffällig ist auch, wie wichtig die Redaktion die kleinen Nationen und Ethnien im Windschatten und innerhalb des Imperiums immer schon genommen hat – und dies bis heute tut. Wo sonst außerhalb winziger Journals liest man etwas über die bedrohte finnougrische Sprache Udmurtisch und die Republik Udmurtien dort hinten, weit in

Russland? Wo anders fände man einen 20-seitigen grundlegenden Artikel über das Vielvölkerreich Russland nebst einer Liste weiterführender Literatur?
Der Erwerb von profundem Wissen über Unbekanntes, ein stillschweigendes Angebot, das in jeder Ausgabe von OSTEUROPA für jeden mitgeliefert wird, kann natürlich auch unterhaltsam sein, wenn auch sicher nicht im Sinne eines modernen „Edutainment". Aber vielleicht in dem Sinne, dass man als durchschnittlicher Leser mit einer gewissen Neugierde auf die Vielfalt des Lebens oder auf, wie es im Impressum heißt, die „Analyse von Politik, Wirtschaft, Gesellschaft, Kultur und Zeitgeschichte in Osteuropa, Ostmitteleuropa und Südosteuropa" sehr viel geboten bekommt, fast alles. Zwar fehlt in dieser Aufzählung der Begriff „Recht"; gleichwohl gibt es gerade dazu immer wieder luzide Artikel.
Allerdings, und das dürfte die Sache wohl für manche erschweren, kommt die ganze Vielfalt, metaphorisch gesprochen, im härenen Gewand daher. Übertriebenen gestalterischen Aufwand betreibt die Redaktion jedenfalls weder mit dem Cover noch im Inneren der Hefte. Wem der Vergleich mit der Schlichtheit eines Büßerhemds zu weit geht, könnte auch, was das Äußere der nunmehr hundert Jahre alten Zeitschrift OSTEUROPA betrifft, eine Analogie zu den Jacketts einer ehemaligen Bundeskanzlerin ziehen: wenig modisch, aber hin und wieder überraschend farbig, offenbar bewährt und zu jedem Anlass passend. Der Schnitt? Leicht variiert immer derselbe. Und der Stoff? Selbstverständlich von gleichbleibender Bequemlichkeit und Qualität.
Man muss kein Experte für Damenmode, aber auch keine professionelle Exegetin sein, um dies alles, leicht modifiziert, auf das ehrwürdige Qualitätsblatt OSTEUROPA übertragen zu können. Dann geht es um die Beschaffenheit und Lesbarkeit der Texte, um ihre Länge und Struktur, um den Stil. Um die äußere Anmutung. Und natürlich, keinesfalls zu vergessen: die Knöpfe. Beziehungsweise die auffällige wissenschaftliche Transliteration von Eigennamen aus dem kyrillischen Alphabet, eine Besonderheit. Hier endet die Vergleichbarkeit mit dem erwähnten Kleidungsstück, denn nach eigenwillig geformten Knöpfen sucht man dort doch vergeblich.
Bei der Jacke einer einstigen Spitzenpolitikerin ist ziemlich klar, worum es sich handelt. Aber was ist OSTEUROPA? Eine wissenschaftliche Fachzeitschrift? Ein Special Interest-Magazin für Osteuropafreaks? Etwa eine Art Kulturzeitschrift? Um solchen Zuordnungen zu entgehen, hat die Redaktion schon vor Jahrzehnten den vielsagenden Begriff der „interdisziplinären Monatszeitschrift" ersonnen. Das klingt für manchen vielleicht anstrengend. Wenn man es aber gerade gut findet, dass das Interdisziplinäre erst einmal vor allem diszipliniert wirkt (jedenfalls nicht so verlockend wie etwa das Magazin der *New York Times* – um mal einen etwas unfairen Vergleich zu ziehen), einem die protestantisch-karge Optik von OSTEUROPA also geradezu gelegen kommt – dann zählt man wohl zur Kernleserschaft. Zu jenen also, die jeder neuen Ausgabe gespannt entgegensehen, vielleicht sogar -fiebern. Die Redaktion tut dafür aber auch das Ihre.
Schon bei etwas mehr als nur bloßem Durchblättern von OSTEUROPA fällt auf, dass man dort offenbar großen Wert auf Verständlichkeit legt. Zwar erliegt die Sprache manchmal den spröden Verlockungen des Wissenschaftsjargons. Aber dafür gibt es eine ganze Reihe prägnant schreibender deutsch- und anderssprachiger Autorinnen und Autoren, deren Ausdrucksvermögen vermutlich nur von ihrer fachlichen Qualität noch übertroffen wird. Zwar gibt es auch solche, in deren wissenschaftlicher Prosa eine gewisse postsowjetische Schwere mitschwingt, allen Bemühungen der deutschen Übersetzung zum

Trotz. Aber selbst in diesen Texten ist der erkennbare Wille der Redaktion zum roten Faden nicht zu übersehen. Genauso wie in den aussagekräftigen Titeln und Überschriften und in oft lakonischen, manchmal witzigen Bildunterschriften eine intern offenbar gern gesehene Lust an sprachlicher Gestaltung aufblitzt. Die wiederum auch die Leserschaft erfreuen dürfte.

Manchmal erlaubt man sich Wortspiele. So bei Heft 9/10 aus dem Jahr 2022, das sich mit den deutsch-polnischen Beziehungen befasst. Der Titel lautet „Ächtungserfolg", der Untertitel „Deutsch-polnische Konfliktgemeinschaft". Gäbe es OSTEUROPA am Kiosk zu kaufen, wären polnische Passanten wohl stehengeblieben. Denn als sprechende Illustration des Misstrauensverhältnisses zwischen Polen und Deutschland zu Zeiten der PiS-Regierung dient das Faksimile einer Warnung nahe eines Gullideckels in der Warschauer Kanalisation im Zweiten Weltkrieg: „Uwaga Niemcy!" („Achtung Deutsche!") Ein Cover für Intellektuelle, das schon, aber nicht nur. Und ein Glücksgriff dazu.

Hintergründiger Witz taucht unversehens auch in Heft 1–2/2023 auf. Dort findet man ein Schwarzweiß-Foto Putins mit dem aserbaidschanischen Staatspräsidenten Ilham Alijew aus dem Februar 2022, aufgenommen wenige Tage vor dem Angriff Russlands auf die Ukraine. Es zeigt die beiden Staatenlenker an dem langen Tisch, an dem Putin aus Angst vor Ansteckung damals seine Besucher platzieren ließ. Die Bildunterschrift lautet „Tischgesellen", die Assoziation „Spießgesellen" liegt nahe, keinesfalls unpassend angesichts Alijews Wirken. Oder Heft 5/2024, das in einem Artikel über Methoden der Wahlbeeinflussung in Georgien durch die Regierungspartei „Georgischer Traum" ein Foto des modernistischen Palasts von Parteigründer Ivanishvili in Tbilisi zeigt. Die spöttische Unterzeile heißt: „Ein Traum". Dieselbe Ausgabe hat eines der ungewöhnlichsten Cover aller OSTEUROPA-Hefte. Es zeigt einen Ausschnitt aus dem 1802 entstandenen Gemälde „Nachtmahr" des Schweizer Malers Johann Heinrich Füssli. Diese düstere Darstellung eines Albtraums – ein pelziges Wesen hockt auf dem Brustkorb einer wie ohnmächtig daliegenden jungen Frau im weißen Gewand, ein Pferd mit leeren Augäpfeln stiert blicklos auf die Szene – gibt auch dem Heft seinen Titel: „Nachtmahr. Analysen aus Russland und dem Südkaukasus".

Die Überschrift des Editorials entspricht dem: „Bad News". Es setzt sich mit der öffentlichen Aufmerksamkeit im Westen angesichts des fortdauernden Kriegsgrauens in der Ukraine und der sich zuspitzenden Lage im Südkaukasus auseinander, fordert Empathie für die Opfer von Ungerechtigkeit, Gewalt und Krieg und schließt wuchtig: „Denn die Anerkennung der Wahrheit ist ein grundlegender Beitrag zur Selbstaufklärung." Wie ja auch zur Aufklärung überhaupt. Der Wille dazu, das Erkenntnisinteresse, davon darf man ausgehen, bildet selbstverständlich den Hauptantrieb der Redaktion. Die Editorials der beiden verantwortlichen Redakteure sind üblicherweise geschliffen formuliert, scheuen vor Zuspitzungen nicht zurück, manchmal aber auch nicht vor gleichzeitig so banalen wie auch ermutigenden Was-wäre-wenn-Vorhersagen. Beispielsweise im letzten Satz der Einleitung zu Heft 1–3/2024, „Bodenprobe": „Doch wenn der oberste Machtzirkel in Moskau kollabiert, beginnt eine neue Zeitrechnung. Dies wird auch wieder die Stunde nationaler Bewegungen sein." Eine Chance also für die Udmurten?

Zeitschriften-Editorials, meist nichts anderes als Vorworte, sind oft genug der Ort größter Nüchternheit, man könnte auch sagen: Langeweile, die bei der Zusammenfassung des Heftinhalts offenbar fast unvermeidlich die Verfasser befällt. Bei OSTEUROPA ist es anders. Hier hat diese journalistische Gattung fast immer etwas Energiegeladenes, manchmal fast Drängendes; die Lektüre katapultiert Leserinnen und Leser gleichsam ins Heft hinein. Das Editorial hebt das Wichtigste noch einmal hervor, unterstreicht manche Kernaussagen, füllt Lücken, die womöglich geblieben sind, klärt die Haltung der Redaktion zum Leitthema der Ausgabe. Manchmal weist es mit ein paar Sätzen über das Heft hinaus. Im Oktober 2021, ein paar Monate vor dem russischen Großangriff auf die Ukraine heißt es in Heft 7: „Revisionismus, Drohungen und Einschüchterung. Das ist der außenpolitische Geist der Zeit in Moskau. Er spiegelt die Verhärtung in der Innenpolitik." Ihrerseits spiegeln diese Sätze das Denken der Redaktion über den aggressiven Moskauer Imperialismus, lange bevor sich dieses Denken in Deutschland durchsetzte. „Was ihr den Geist der Zeiten heißt, Das ist im Grund der Herren eigner Geist, In dem die Zeiten sich bespiegeln." So steht es in Goethes „Faust". Dem Zeitgeist voraus sein, das könnte man sich als Arbeitsmotto bei OSTEUROPA vorstellen.

Was macht diese Zeitschrift nun aus? Gerade als etwas unbeständiger Leser steht man vor dieser Frage. Warum greift man doch immer wieder zu OSTEUROPA? Auch dann, wenn man nicht gerade etwas über die Geheimdienste Russlands oder den südukrainischen Kachovka-Stausee wissen muss. Den Artikel dazu wenige Monate zuvor bestellt und gerade im Heft gehabt zu haben, als die russischen Besatzer die Staumauer sprengten, ist nicht nur unbedingt notwendiges Journalisten- und Blattmacherglück (ohne das auch eine Zeitschrift dieser Art nicht funktionieren kann), sondern hat natürlich vor allem mit einem tiefgehenden Wissen über die Region, also mit Sachverstand und Detailkenntnis zu tun. Schon vor Jahren schrieb Karl Schlögel, OSTEUROPA sei „ein Beispiel für Vielfalt, Facettenreichtum und Treffsicherheit in der Wahl der Themen". Natürlich stimmt das nach wie vor. Die damit einhergehende Schmucklosigkeit hat Schlögel nicht erwähnt. Aber vermutlich ist sie – gemäß der alten preußischen Devise „Mehr sein als scheinen" – die Voraussetzung dafür, dass das Eigentliche, nämlich Orientierung zu geben im weiten Raum Osteuropas, in jeder Ausgabe die Hauptrolle spielt.

Schlagwörter:
Journalismus, Wissenschaft, Zeitschriften, Leser, Redaktion

Manfred Sapper

Im Geist der Zeit und gegen den Strich

OSTEUROPA 1925–2025: eine Geschichte

Zeitschriften sind Momentaufnahmen der Zeit. In der Geschichte der Zeitschrift Osteuropa, die in der Weimarer Republik gegründet wurde, in der NS-Diktatur bis 1939 erscheinen konnte, während der deutschen Teilung ein typisches Medium der Bundesrepublik war und heute in Berlin produziert wird, spiegeln sich zwei historische Prozesse: Der eine betrifft die deutsche Haltung zum Osten Europas. Diese bewegt sich zwischen Neugier und Entfremdung, Freundschaft und Feindschaft, Kooperation und Konfrontation. Der andere ist die Entwicklung in den Gesellschaften und Staaten im Osten Europas. OSTEUROPA begleitet und analysiert aus unterschiedlichen Perspektiven diese Gesellschaften. Die Zeitschrift begreift Politik und Kultur nicht als Gegensatz, sondern in ihrem Zusammenhang. Publizistisch steht sie quer zum herrschenden Trend der Spezialisierung und Fragmentierung der Öffentlichkeit.

1925 begann im Berliner Bezirk Neukölln der Bau der Hufeisensiedlung. Heute gehört sie zum UNESCO-Weltkulturerbe. Die herausragende Qualität des Baus von Bruno Taut sicherte ihren Bestand. Die Fassade ist neu gestrichen, die Haustechnik moderner als damals. Aber die Grundstruktur und der Schnitt der Wohnungen sind unverändert. Und doch ist alles anders. Der Architekt ist längst verstorben, Mieter kamen und gingen. Wenn es keinen Hausverwalter gibt, der bei einem Umzug nach dem Rechten schaut, bleibt schnell Gerümpel zurück. Und manchmal muss noch eine Leiche im Keller geborgen werden. Doch es gibt eine Tradition, die Gemeinsamkeit schafft: der Name, das Selbstverständnis und die Anerkennung von außen: „Oh, Sie wohnen in der Hufeisensiedlung."

Ähnlich verhält es sich mit OSTEUROPA. Architekt war der Osteuropahistoriker, deutschnationale Politiker und Reichstagsabgeordnete Otto Hoetzsch (1876–1946), ein begnadeter Wissenschaftsmanager avant la lettre. Bereits 1913 hatte er die *Deutsche Gesellschaft zum Studium Russlands* gegründet.[1] 1918 wurde diese zur *Deutschen Gesellschaft zum Studium Osteuropas* (DGSO), und mit ihr im Rücken hob er die Zeitschrift aus der Taufe. Erstaunlicherweise gehört OSTEUROPA heute nicht zum UNESCO-Weltkulturerbe. Mindestens fünf Generationen von Redakteuren und Autoren kamen

---

Manfred Sapper (1962), Dr. phil., seit 2002 Chefredakteur von OSTEUROPA

[1] Karl Schlögel: Von der Vergeblichkeit eines Professorenlebens. Otto Hoetzsch und die deutsche Russlandkunde, in: OSTEUROPA (OE), 12/2005, S. 5–28. – Grundlegend: Gerd Voigt: Otto Hoetzsch, 1876–1946. Wissenschaft und Politik im Leben eines deutschen Historikers. Berlin 1978. Uwe Liszkowski: Osteuropaforschung und Politik. Ein Beitrag zum historisch-politischen Denken und Wirken von Otto Hoetzsch, 2. Bde. Berlin 1988.

OSTEUROPA, 75. Jg., 1–3/2025, S. 65–86 **doi: 10.35998/oe-2025-005**

und gingen. Heute ist alles anders als damals. Und doch gibt es eine Tradition, die Gemeinsamkeit schafft.[2]

OSTEUROPA und der Geist von Rapallo

Die erste Ausgabe erschien im Oktober 1925 in Berlin. Sie atmete den Geist von Rapallo: Die beiden Außenseiter der internationalen Ordnung nach dem Ersten Weltkrieg, Deutschland und Sowjetrussland, nahmen allen ideologischen Differenzen zum Trotz diplomatische Beziehungen auf und vereinbarten, wirtschaftlich und politisch (und im Geheimen auch militärisch) zusammenzuarbeiten. Liest man Hoetzschs Geleitwort zu der „Zeitschrift für die gesamten Fragen des europäischen Ostens", das wir in dieser Ausgabe dokumentieren, wird deutlich, dass OSTEUROPA diese Zusammenarbeit publizistisch begleiten sollte.[3] In der Tat war die Zeitschrift stark russo- und sowjetzentrisch. Polen und die baltischen Staaten wurden als sogenannte „Randstaaten" eher unter ferner liefen behandelt. Eine enge Fachzeitschrift für Politik oder Wirtschaft war sie nie. Sie sollte eine Verbindung schaffen zwischen Wissenschaft und Politik, zwischen Erkenntnis und Interesse, Aufklärung und Handeln. Vom ersten Jahrgang an bot OSTEUROPA eine Vielfalt an Zugängen: Rechtswissenschaftliche Abhandlungen über die deutsch-russischen Verträge standen neben Studien über die sowjetische Nationalitätenpolitik oder die jüdische Agrarkolonisation in der Sowjetunion. Julij Eichenwald (Ajchenval'd) interpretierte Dostoevskij, Elias Hurwicz besprach Literatur über den Bolschewismus. Mehrere Aufsätze sind dem – modern gesprochen – Strukturwandel der Öffentlichkeit in Sowjetrussland gewidmet, der Presselandschaft, der Zensurbehörde *Glavlit* sowie der „russischen Presse im Auslande". Wie aktuell! Die Zeitschrift war von Anfang an das, wofür sich Jahrzehnte später der Begriff „interdisziplinär" einbürgern sollte. Und zum Autorenstamm gehörten Intellektuelle aus dem deutsch-

Architekt der OSTEUROPA: Otto Hoetzsch

[2] Zur Geschichte der Zeitschrift gibt es bereits: Spiegel der Zeit. 1925–2005. OSTEUROPA: Tradition, Brüche und Perspektive. Berlin 2005 [= OE, 12/2005], und zum 100. Jahrestag der Gründung der *Deutschen Gesellschaft für Osteuropakunde* den komplementären Band: Zeit im Spiegel. Das Jahrhundert der Osteuropaforschung. Berlin 2013 [= OE, 2–3/2013].

[3] Otto Hoetzsch: Deutschland und Rußland. Ein Wort zur Einführung, in: OSTEUROPA, 1/1925, 1–8, hier dokumentiert auf S. 87–92. Zum politischen Klima und dem Hintergrund der deutschen Ostorientierung: Gerd Koenen: Der Russland-Komplex. Die Deutschen und der Osten (1900–1945). München 2023 [¹2005] sowie Gerd Koenen: Der fatale Nexus, in diesem Band S. 7–34.

russisch-jüdischen Milieu mit „Migrationshintergrund“ aus dem Zarenreich und dem revolutionären Russland.[4]

Mit der Machtergreifung der Nationalsozialisten, die sich den Kampf gegen die liberale Demokratie und den „jüdischen Bolschewismus“ auf die Fahnen geschrieben hatten, änderte sich die Lage gravierend. Ab 1933 balancierte die Redaktion auf einem schmalen Grat zwischen vorauseilender Unterwerfung, Schließung und Gleichschaltung. Die Nationalsozialisten denunzierten Otto Hoetzsch als Mann der „Novemberrepublik“ und als „Kulturbolschewist“. Sie entzogen ihm seinen Lehrstuhl an der Friedrich-Wilhelms-Universität zu Berlin (heute: Humboldt-Universität). Aus der Redaktion und der Osteuropagesellschaft zog Hoetzsch sich resigniert in die innere Emigration zurück. Die DGSO wurde „als ein Hort und Sammelbecken aller jüdisch-freimaurerisch-liberalistischen Sowjetfreunde und Salonbolschewisten“ angegriffen.[5] Der talentierte Klaus Mehnert (1906–1984), der aus einer moskaudeutschen Familie stammte, bei Hoetzsch promoviert und im Juni 1931 bereits als 25-Jähriger die Leitung der Osteuropagesellschaft und der Zeitschrift übernommen hatte, verließ 1934 das Land. Er, der sich im *Tat*-Kreis und dem nationalbolschewistischen Umfeld von Gregor Strasser bewegt hatte, erkannte die Zeichen der Zeit. Sein Nachfolger als Leiter der Redaktion, Werner Markert (1905–1965), der nach dem Zweiten Weltkrieg als Osteuropahistoriker an der Universität Tübingen maßgeblich die deutsche Osteuropaforschung prägen sollte, versuchte es mit Anbiederung an die neuen Machthaber. Sein Vortrag „Das Studium Osteuropas als wissenschaftliche und politische Aufgabe“, der im April 1934 auch in der Zeitschrift publiziert wurde, war durchsetzt mit NS-Vokabular, Liebedienerei vor „Dr. Frick“, „dem Führer“ und „Dr. Goebbels“. Er schloss mit den Worten

> Der Weg nach Osten heißt auch in der Wissenschaft Kampf. Kampf auf Vorposten um Neuland. Wir haben die Kleinarbeit zu leisten für den Ausbau des Weges, den der Führer uns vorgezeichnet hat. Das ist heute die wissenschaftliche und politische Aufgabe des Osteuropastudiums.[6]

Nicht nur mit Blick auf diesen Text fällte Jahrzehnte später der Tübinger Historiker Dietrich Beyrau in einer biographischen Skizze über Markert das Urteil, dass dessen Annäherung an das Regime

> zu Positionen führen konnte, die sich von denen der NS-Ostexperten kaum noch unterschieden. Während des Krieges ließ er sich auf ein Verständnis von Geschichte und Osteuropa-Expertise ein, das die Eroberungen in Osteuropa und die nationalsozialistische Politik der Ausbeutung und Vernichtung legitimierte.[7]

---

[4] Zur Geschichte OSTEUROPAS von 1925 bis 1939 mit einer gründlichen Inhaltsanalyse siehe die Analyse der langjährigen OSTEUROPA-Redakteurin Jutta Unser: OSTEUROPA. Biographie einer Zeitschrift, in: OE, 8–9/1975, S. 555–602.

[5] Gabriele Camphausen: Die wissenschaftliche historische Rußlandforschung im Dritten Reich 1933–1945. Frankfurt/Main 1990, S. 29f.

[6] Werner Markert: Das Studium Osteuropas als wissenschaftliche und politische Aufgabe, in: OE, 1933/1934, S. 395–401.

[7] Dietrich Beyrau: Ein unauffälliges Drama. Die Zeitschrift OSTEUROPA im Nationalsozialismus, in: OE, 12/2005, S. 57–67, hier S. 58.

OSTEUROPA durfte weiterhin erscheinen. Mit dem Überfall der Wehrmacht auf Polen war es damit aber vorbei. Ob die Einstellung der Zeitschrift 1939 freiwillig oder erzwungenermaßen erfolgte, ist ungeklärt, aber auch völlig irrelevant gegenüber dem Schicksal einiger fester, freier Mitarbeiter der Redaktion. Die Hoetzsch-Schüler Abraham Heller, Michail Gorlin, Raisa Bloch und Wolfgang Leppmann wurden im Holocaust umgebracht.[8]

Der Neuanfang

Sechs Jahre nach dem Zusammenbruch des „Dritten Reichs" nahm OSTEUROPA im Oktober 1951 ihr Erscheinen wieder auf – in anderer Gestalt, an anderem Ort, mit einer neuen Redaktion. Klaus Mehnert war aus seinem Exil und einer kurzen Internierung nach Stuttgart zurückgekehrt und begann sofort, das alte Netzwerk wieder zu knüpfen.[9] Maßgeblich auf seine und Werner Markerts Initiative war dort 1949 die Osteuropagesellschaft, nun als *Deutsche Gesellschaft für Osteuropakunde* neu gegründet worden. Erster Präsident der DGO wurde der von einer persönlichen Verwicklung in den Nationalsozialismus unbelastete Hermann Dietrich (1879–1954), der als Mitglied der liberalen *Deutschen Demokratischen Partei* zwischen 1928 und 1932 Minister in verschiedenen Kabinetten gewesen war.
Sein Geleitwort für die neue Folge von OSTEUROPA verdient Beachtung. Da heißt es:

> Noch nie in der modernen Geschichte hat die Welt so wenig von den Vorgängen in Osteuropa und insbesondere von Russland gewusst wie heute. Noch nie war es dringender nötig, viel darüber zu wissen. Infolge seiner geographischen Lage und seiner engen Verbindung mit der Welt der Slawen hat sich das deutsche Volk ernster und intensiver als irgendein anderes um die Erkenntnis Osteuropas und seiner Völker bemüht.[10]

Das war, vorsichtig formuliert, eine kühne Behauptung. Denn das deutsche Volk hatte sich ab 1939 nicht auf den Weg gemacht, um die Slawen „ernster und intensiver" zu studieren, sondern um sie zu unterwerfen, auszubeuten, zu Heloten zu machen. Dort, wo sie dem von den Nationalsozialisten rassenbiologisch, weltanschaulich und ideologisch begründeten Ziel, „Lebensraum im Osten" für das „germanische Herrenvolk" zu schaffen, im Wege standen, wurden sie ermordet, so wie nahezu die gesamte jüdische Bevölkerung. Dass an der intellektuellen Vorbereitung dieser Politik „Ostforscher" bereits in den 1920er und frühen 1930er Jahren mitgewirkt hatten, mit ihrer „Volkstums-" und „Kulturbodenforschung" deutschen Hegemonieansprüchen über Ostmittel- und Osteuropa den Weg bereitet hatten und etliche dieser Akademiker nach 1939 sogar aktiv an

---

[8] Ray Brandon: Politische Einstellung: Jude. Wolfgang J. Leppmann (1902–1943), in: OE, 12/2005, S. 87–99. – Felix Eick: Erfolg und Grenzen des Erinnerns. Stolperstein für Wolfgang Leppmann, in: OE, 6/2018, S. 127–134. – Zu Michail Gorlin und Raisa Bloch: Pamjati ušedšich. Vospominanija Evgenija Kannak o poėtach Michaile Gorline i Raise Bloch, in: Michail Parchomovskij (Hg.): Evrei v kul'ture russkogo zarubež'ja, Bd. 1, 1919–1939gg. Jerusalem 1992, S. 242–263.

[9] Paul Schröck: „Spez für russische Fragen". Klaus Mehnerts Aufstieg als Osteuropa-Experte, in: OE, 6–7/2024, S. 205–218.

[10] Hermann Dietrich: Geleitwort, in: OSTEUROPA, 1/1951, S. 1.

der NS-Vernichtungspolitik beteiligt waren, ist Stand der Forschung.[11] Konsens ist heute auch, dass der Vernichtungskrieg nicht erst mit dem Überfall auf die Sowjetunion ab Juni 1941 begonnen hat, wie es 1963 als erster Ernst Nolte formulierte, sondern die Kriegsführung und die Besatzungspraxis in Polen vom ersten Tag an genozidalen Charakter hatten.[12]

Den Zweiten Weltkrieg erwähnt Dietrich nur an einer Stelle:

> Der Zweite Weltkrieg und seine Folgen, insbesondere der Verlust der deutschen Ostgebiete mit ihren Hochschulen und Bibliotheken und die politische Entwicklung in der Sowjetzone Deutschlands haben der deutschen Ostforschung schwere Verluste zugefügt. In der jüngsten Zeit aber hat sie sich wieder aus den Trümmern hervorgearbeitet.

Beide Aussagen sind in ihrer Bedeutung nicht zu unterschätzen. Sie sind repräsentativ für den damaligen deutschen Umgang mit der Kriegserfahrung, der Verstrickung in und der Verantwortung für die NS-Verbrechen sowie für den Gefühlshaushalt der jungen Bundesrepublik. Die Praxis der Gewalt war so monströs, die Gewalterfahrung so frisch, dass sie nicht einmal in Ansätzen verstanden werden konnte. Es dominierten Beschweigen, Verdrängung und Selbstmitleid. Dietrichs Geleitwort, das ihm wahrscheinlich Klaus Mehnert in die Feder diktiert hatte, ist in dieser Hinsicht Ausdruck des Geists der Zeit. Die Staaten Osteuropas waren die „Bloodlands" (Timothy Synder). Hier überlagerten sich Weltkriege, Bürgerkriege, Grenzkriege, Massaker, Genozide, Lager, Massenerschießungen und Vertreibungen. Doch zwei Themenfelder kamen zunächst in OSTEUROPA nicht vor. Das erste ist das Themenfeld „Zweiter Weltkrieg, deutsche

Klaus Mehnert übernahm im Juni 1931 als 25-Jähriger die Leitung der Osteuropagesellschaft und der Zeitschrift

---

[11] Michael Burleigh: Germany Turns Eastwards. A Study of Ostforschung in the Third Reich. Cambridge 1988. – Götz Aly, Susanne Heim: Vordenker der Vernichtung. Auschwitz und die deutschen Pläne für eine neue europäische Ordnung. Hamburg 1991. – Willi Oberkrome: Volksgeschichte. Göttingen 1993. – Ingo Haar: Historiker im Nationalsozialismus. Deutsche Geschichtswissenschaft und der „Volkstumskampf" im Osten. Göttingen 2002.

[12] Jochen Böhler: Auftakt zum Vernichtungskrieg. Die Wehrmacht in Polen 1939. Frankfurt 2006. Die deutsche Kriegsführung bezeichnete Nolte als „ungeheuerlichste[n] Eroberungs-, Versklavungs- und Vernichtungskrieg [. . .], den die moderne Geschichte kennt." Ernst Nolte: Der Faschismus in seiner Epoche. Action française, Italienischer Faschismus, Nationalsozialismus, München 1995, S. 436 [[1]1963]. Den Hinweis auf die Erstnennung verdanke ich Jochen Böhler, dem Direktor des Wiener Wiesenthal-Instituts für Holocaust-Studien.

Kriegsverbrechen, Besatzungspraxis". Wenn in OSTEUROPA der Krieg erwähnt wurde, dann als Folie, auf der zeithistorische Probleme wie die Westverschiebung Polens oder die völkerrechtliche Anerkennung der Oder-Neiße-Grenze erörtert wurden. Aber als eigenständiges zeithistorisches Thema findet eine Auseinandersetzung mit dem Krieg nicht statt. Es gibt eine Ausnahme. In einer Darstellung der 22-bändigen Dokumentation des Schicksals der zehn Millionen deutschen Kriegsgefangenen des Zweiten Weltkrieges wechselt der Historiker Manfred Hellmann die Perspektive und schreibt zu den sowjetischen Kriegsgefangenen:

> In den Kriegsgefangenenlagern und in den besetzten Gebieten herrschte ein bis dahin von Deutschen niemals praktizierter Terror, dem im ersten Kriegswinter 1941/42 über zwei Millionen Sowjetsoldaten zum Opfer fielen.[13]

Ansonsten bestand die kommunikative Praxis aus Schweigen. Im Kern dauert es bis 1989, ehe Themen wie der Hitler-Stalin-Pakt und das „Unternehmen Barbarossa" auf den Seiten von OSTEUROPA gründlich behandelt werden.

Das zweite beschwiegene Themenfeld ist der Holocaust. In OSTEUROPA finden sich einige Analysen über neue Formen des Antisemitismus, etwa zu den Ärzteprozessen im Spätstalinismus, zur antizionistischen Kampagne in Polen 1968 oder zur jüdischen Emigration. Aber es sollte bis zum Jahr 2002 dauern, ehe in OSTEUROPA der erste eigenständige Aufsatz über den Holocaust publiziert wurde, in diesem Falle über die Vernichtung der Juden in Litauen.[14] Auch das war der Geist der Zeit. In den Standardwerken zur Geschichte der Sowjetunion sah es nicht anders aus: Günther Stökl erwähnt in seiner „Russischen Geschichte" die Ermordung der Juden auf sowjetischem Territorium mit keinem Wort. Und Georg von Rauch handelt das Wüten der Einsatztruppen auf zehn Zeilen ab.[15]

Noch eine dritte Formulierung aus Hermann Dietrichs Geleitwort von 1951 verdient Beachtung, weil sie den Kurs von OSTEUROPA auf Jahrzehnte festlegte. Ziel der Zeitschrift sei die „zuverlässige Unterrichtung" der Leser über die Vorgänge in dem „heute von Moskau beherrschten" Raum, der durch die „Ausweitung der Sphäre des Kommunismus nach Asien" gewachsen sei. Dietrich schloss mit den Worten:

> Objektiv, aber nicht neutral – das ist die Leitlinie, die sich die Zeitschrift für ihre Arbeit gesetzt hat; objektiv, das heißt unter sorgfältiger und verantwortungsbewusster Verwendung allen erreichbaren Materials, aber nicht neutral, das

---

13 Manfred Hellmann: Deutsche Kriegsgefangene des Zweiten Weltkriegs in Osteuropa, in: OE, 5/1977, S. 413–426, hier S. 413.

14 Joachim Tauber: „Juden, Eure Geschichte auf litauischem Boden ist zu Ende!" Litauen und der Holocaust im Jahr 1941, in: OE, 9–10/2002, S. 1346–1369. Ein Jahr zuvor hatte der Polen-Korrespondent der *Süddeutschen Zeitung*, Thomas Urban, die kritische polnische Rezeption von Tomasz Grosz' *Nachbarn* über die Ermordung der Juden von Jedwabne dargestellt.

15 Günther Stökl: Russische Geschichte von den Anfängen bis zur Gegenwart. Stuttgart 1962. – Georg von Rauch: Geschichte des bolschewistischen Russland. Wiesbaden 1955, ab der 5. Auflage u.d.T. Geschichte der Sowjetunion. Stuttgart 1969. Diesen Hinweis auf Stökl und von Rauch verdanke ich Dietrich Beyrau: Angst und Neugier. Die Sowjetunion in der historischen Forschung während des Kalten Krieges, in: OE, 2–3/2013, S. 211–235, hier S. 221.

heißt mit der Klarheit der Stellungnahme, die heute von jedermann und auch von uns Deutschen gefordert wird.

Zeitgenossen verstanden diese aus heutiger Sicht leicht kryptische Ansage sofort. Verlangt war eine dezidiert antikommunistische Grundhaltung. Und mit den bahnbrechenden Arbeiten von Carl Joachim Friedrich & Zbigniew Brzezinski sowie Hannah Arendt Mitte der 1950er Jahre wurde für die Redaktion und das Gros der Autoren das Totalitarismuskonzept zur akademisch-publizistischen Geschäftsgrundlage.[16] Es postuliert die strukturelle Gemeinsamkeit des Sowjetkommunismus und des Nationalsozialismus. Mit diesem Modell konnte man nicht nur den Stalinismus erklären, sondern für viele Angehörige der in den Nationalsozialismus und Krieg verstrickten Generation hatte das Konzept einen erfreulichen Nebeneffekt, dass es zu ihrer politischen Entlastung beitrug. Auf diese Weise wurde häufig die individuelle NS-Belastung zugunsten der Betonung der sowjetischen Bedrohung verdrängt.[17]

Antikommunismus, Totalitarismus und der Zugriff auf breites empirisches Material bestimmten in unterschiedlicher Intensität und Dauer das Koordinatensystem der Zeitschrift. Das hatte einerseits für die „Generation Mehnert" eine integrative Funktion und verschaffte der Zeitschrift ein klares Profil. Zusätzlich wurde dieses durch Klaus Mehnerts überragende publizistische Präsenz geschärft. Mehnert leitete OSTEUROPA von 1951 bis Mitte 1975.[18] Er war ein Medienstar, von 1949 bis 1954 Chefredakteur der auflagenstärksten Wochenzeitung *Christ und Welt*. Er kommentierte nahezu wöchentlich im Radio, später auch im Fernsehen Ereignisse der internationalen Politik. Sein populärstes Buch *Der Sowjetmensch* (1958) verkaufte sich mehr als eine halbe Million Mal.[19]

Andererseits hatte die antikommunistische Grundhaltung von DGO und OSTEUROPA auch eine ausgrenzende Wirkung. Wissenschaftler unterschiedlicher Disziplinen, die den Totalitarismusansatz nicht teilten, die kommunistischen Systeme neutral als Gegenstand vergleichender Forschung behandelten oder gar die sozioökonomischen Entwicklungen im Osten Europas mit Sympathie begleiteten, galten für OSTEUROPA und die Osteuropagesellschaft lange Zeit nicht als satisfaktionsfähig. Fachliche Kompetenz und intellektuelle Brillanz änderten daran nichts. Wenige Beispiele mögen genügen. Für den herausragenden Politikwissenschaftler Klaus von Beyme (1934–2021), einen theoretischen Kopf, der im Alter von 30 Jahren bereits verantwortlicher Redakteur für Politik, Theorie und Soziologie der bis heute grandiosen vergleichenden Enzyklopädie „Sowjetsystem und demokratische Gesellschaft" war und in seinem Arbeitsleben 50 Monographien verfasste, darunter *Politische Soziologie im zaristischen Russland* (1965), *Ökonomie und Politik im Sozialismus. Ein Vergleich der Entwicklung in den sozialistischen Ländern* (1975), *Die Sowjetunion in der Weltpolitik* (1983) war in der Zeitschrift bis 1998 kein Platz.

---

16 Hannah Arendt: Elemente und Ursprünge totaler Herrschaft. Frankfurt/Main 1955. – Carl C. Friedrich, Zbigniew Brzezinski: Totalitarian Dictatorship and Autocracy. Cambridge/Mass 1956.

17 Corinna R. Unger: „Objektiv, aber nicht neutral". Zur Entwicklung der Ostforschung nach 1945, in: OE, 12/2005, S. 113–131, hier S. 123/124.

18 Zur Redaktion gehörten außerdem Horst Günther, Alexander Steininger, Jutta Unser und Karl-Eugen Wädekin. Nach Mehnert übernahm Alexander Steininger die Leitung der Redaktion.

19 Klaus Mehnert: Der Sowjetmensch. Stuttgart 1958. – Ulrich Schmid: Wie bolschewistisch ist der „Sowjetmensch"? Klaus Mehnert erkundet die russische Mentalität, in: Zeithistorische Forschungen, 4/2007, S. 466–471.

Der Historiker Dietrich Geyer (1928–2023), der die Osteuropäische Geschichte als Disziplin wie kein zweiter grundlegend reformierte, Methoden der Sozialgeschichte einführte, „Wirtschaft" und „Gesellschaft" in den Mittelpunkt des Erkenntnisinteresses rückte und Pionierarbeiten zur russischen Ideengeschichte, dem Russischen Imperialismus und der Russischen Revolution vorlegte, begriff OSTEUROPA nicht als seine Bühne, sondern gründete mit Kollegen das Periodikum *Geschichte und Gesellschaft* – sehr zum Nachteil von OSTEUROPA, denn damit hielt nicht nur er, sondern auch die starke Kohorte seiner Schüler wie Dietrich Beyrau, Bernd Bonwetsch, Wolfgang Eichwede, Manfred Hildermeier oder Rudolf Jaworski jahrzehntelang Distanz zur Zeitschrift.[20]
Und eine prominente Figur wie Richard Löwenthal (1908–1991), der als überzeugter Sozialist im Widerstand gegen die NS-Diktatur aktiv gewesen war, nach seinem Exil nach Berlin zurückkehrte und an der FU Politikwissenschaft lehrte, als Public Intellectual die politische Debatte in der Bundesrepublik beeinflusste und gerade in der Ostpolitik das Ohr Willy Brandts hatte, war von 1951 bis zu seinem Tode 1991 gerade zwei Mal als Autor in OSTEUROPA präsent.[21] Der Befund ist eindeutig: Die Bandbreite der bundesdeutschen Osteuropaforschung repräsentierte die Zeitschrift nicht.

Leistungsbilanz

OSTEUROPA leistete dennoch Beträchtliches. Produziert wurde sie zunächst in Stuttgart und erschien zweimonatlich, seit 1957 monatlich. Dieser Rhythmus war unter den akademischen Zeitschriften der Area Studies weltweit eine Ausnahme.[22] Als Klaus Mehnert auf eine Professur für Politikwissenschaft an die RWTH Aachen berufen wurde, verlegte auch die Redaktion 1961 ihren Sitz dorthin. Es entbehrt nicht einer gewissen Ironie, dass die „Zeitschrift für alle Fragen des europäischen Ostens" von nun an vier Jahrzehnte lang in der westlichsten Stadt der Bundesrepublik Deutschland produziert wurde. Die einzige Beziehung, die das karolingische Zentrum bis dahin zu Osteuropa gehabt hatte, bestand darin, dass Aachen eine Station auf der *Via regia* war, die von Brügge kommend über Frankfurt, Eisenach, Görlitz nach Radom und Lublin führte, wo sich der Handelsweg gabelte und der eine Strang über Lemberg nach Kiew führte und der andere nach Nordosten schwenkte und Vilnius, Smolensk und Moskau ansteuerte.
OSTEUROPA begleitete detailliert die Entwicklungen der kommunistischen Welt. Der globale Aufstieg kommunistischer Regime nach 1945 spiegelte sich in der Zeitschrift. Sie hatte nun einen viel breiteren Osteuropa-Begriff als in der Zwischenkriegszeit. Pointiert formuliert lag Osteuropa dort, wo Kommunismus herrschte.

---

[20] Eine Ausnahme ist der Aufsatz von Dietrich Geyer „Lenin und China", in: OE, 9/1965, S. 577–586. Auch der komparativ arbeitende Osteuropahistoriker, origineller Geist und Generalist Gottfried Schramm (1929–2017) oder der Sozialhistoriker Richard Lorenz (*1934) tauchten nie in OSTEUROPA auf.

[21] Der erste Aufsatz ist ein Beitrag zur Debatte „Nach Chruščev": Richard Löwenthal: Fortschritt und Reaktion in der Innenpolitik, in: OE, 11/1964, S. 795–804, der zweite: Gorbatschow und die Zukunft der Sowjetunion, in: OE, 7–8/1988, S. 515–522.

[22] Mehr noch: Mit dem Aufstieg der Sowjetunion zur Weltmacht und dem Sputnik-Schock gründete Osteuropa zusätzlich drei Tochterzeitschriften: OSTEUROPA-Recht (1955 lfd.), OSTEUROPA-Wirtschaft (1956–2011) sowie OSTEUROPA-Naturwissenschaft (1956–1971).

Natürlich stand die Sowjetunion im Vordergrund, aber auch die Entwicklung in Ostmitteleuropa, vor allem in Polen, Ungarn und der Tschechoslowakei, fand kontinuierlich in Form von Analysen, Dokumentationen, Chroniken und Portraits wichtiger Figuren Aufmerksamkeit. Nach der Ausrufung der Volksrepublik China 1949 widmete OSTEUROPA etliche Analysen auch China und dem sowjetisch-chinesischen Verhältnis. Dazu kamen Texte über die „Abweichler" Rumänien, Jugoslawien und Albanien. Und bis in die 1980er Jahre hinein fanden sich auch Beiträge über die kommunistischen „Volksparteien" in Westeuropa, etwa „Die KPF zwischen de Gaulle und Cohn-Bendit" (1968) oder die Frage, wie die KPF und die italienischen Kommunisten (PCI) auf die Niederschlagung des Prager Frühlings im August 1968 reagierten. Das war eine wichtige Frage, doch die Antworten konnten die Tragweite des Ereignisses noch nicht erfassen. Heute wissen wir, dass nicht nur die Idee eines „Sozialismus mit menschlichem Antlitz" von den sowjetischen Panzern zermalmt wurde, sondern in Prag 1968 der erste Nagel in den Sarg des Kommunismus in Europa getrieben wurde. Allerdings mussten noch zwei Jahrzehnte ins Land gehen, ehe der Sarg zu Grabe getragen werden konnte.

Bis dahin dominierte in der Zeitschrift die minutiöse Analyse jedes ideologischen, machtpolitischen und personellen Winkelzugs der Kommunistischen Parteien, allen voran der KPdSU. Die Zeitschrift nahm das ideologische Selbstbild der Kommunistischen Partei als Avantgarde und Zentrum der Macht ernst und analysierte – in Übereinstimmung mit den Prämissen der Totalitarismustheorie – die Parteiführung, die Parteitage, die Ideologie, den Generalsekretär, die Mitglieder des Politbüros, den Gewaltapparat und hier insbesondere die Armee. Und natürlich genossen die Planwirtschaft und die kollektivierte Landwirtschaft, durch die sich die kommunistischen Gesellschaften fundamental von den liberalen unterschieden, größte Aufmerksamkeit.[23]

OSTEUROPA war auch in dieser Phase ein Spiegel der Zeit. Sie bot monatlich eine aktuelle Chronik der laufenden Ereignisse. Das war in der damaligen Medienlandschaft einzigartig. Dieser chronologische Zugang prägte das Genre der Texte bis in die Spätphase der kommunistischen Herrschaft in der zweiten Hälfte der 1980er Jahre. Es dominierten kleinteilige, deskriptive, faktologische Texte. Der Grandseigneur dieses Genres war Boris Meissner (1915–2003). Als Kind von Baltendeutschen im russischen Pskov/Pleskau geboren und aufgewachsen, studierte er Volkswirtschaft und Jura im heutigen Estland und beherrschte muttersprachlich Russisch und Estnisch. Von 1940 bis 1945 war er in der Wehrmacht im Einsatz, als Offizier der Heeresgruppe Nord, wohl in der Abwehr-Abteilung des Oberkommandos der 18. Armee, die unter anderem an der Leningrader Blockade beteiligt war.[24] Nach Kriegsgefangenschaft und einer Tätigkeit an der Hamburger Forschungsstelle für Völkerrecht wechselte er 1953 in den Auswärtigen Dienst, leitete dort das Sowjetunion-Referat, war an der Deutschen Botschaft in Moskau tätig und betreute 1955 Bundeskanzler Konrad Adenauer auf dessen Sowjetunion-Reise.[25] 1959

[23] Siehe dazu den Rückblick von Roland Götz in diesem Band, S. 295–312.

[24] Eine Meissner-Biographie ist ein Desiderat. Die vorliegenden Informationen basieren auf den Angaben des Göttinger Arbeitskreises, den er von 1965 bis 2000 leitete, und der Antwort der Bundesregierung auf die Kleine Anfrage der Abgeordneten Ulla Jelpe und der Gruppe der PDS, Drucksache 13/7101 vom 25.2.1997.

[25] Adenauer hatte sich bereits in der Weimarer Republik für Osteuropa interessiert. Als Oberbürgermeister von Köln war er im Mai 1929 an die Spitze der Landesgruppe Rheinland der *Deutschen Gesellschaft zum Studium Osteuropas* getreten.

ging er zurück in die Wissenschaft, zunächst nach Kiel, dann als Ordinarius an die Universität zu Köln, wo er 1964 das Institut für Ostrecht gründete und bis 1988 leitete.[26] Als Grenzgänger zwischen Wissenschaft und Politik verstand es Meissner virtuos, die Interessen beider Seiten zu bedienen. Er genoss das Vertrauen aller christdemokratischen Bundeskanzler von Adenauer bis zu Helmut Kohl.

Als vor dem Bundesverfassungsgericht das KPD-Verbot anhängig war und es Ministerialbeamten und Presse auffiel, wie wenig substanzielle Kenntnisse in der Bundesrepublik über den Kommunismus und die Sowjetunion existierten, lenkte Meissner als Vertreter des Auswärtigen Amtes die Diskussion hin zur Gründung eines Bundesinstituts für die Erforschung des Marxismus-Leninismus (Institut für Sowjetologie), das 1961 in Köln seine Arbeit aufnahm, später als Bundesinstitut für ostwissenschaftliche und internationale Studien (BIOst) firmierte.[27] Damit waren die Weichen für den kontinuierlichen Aufbau von Expertise über Ostmittel- und Osteuropa gestellt. Davon profitierte auch OSTEUROPA, denn Experten aus dem BIOst unterschiedlicher Generationen gehörten von nun an zu den Stammautoren der Zeitschrift – einige sind es bis heute.[28]

Meissners Œuvre besteht aus über 90 Büchern, die meisten davon Monographien. Dazu kommen Hunderte Aufsätze, Studien, Gutachten, Miszellen. Allein in OSTEUROPA publizierte er von 1951 bis 1994 91 Studien.[29] Die meisten Beiträge aus Meissners Feder sind keine völkerrechtlichen Abhandlungen, sondern gründliche Analysen an der Schnittstelle zwischen Journalismus, Gegenwartsdiagnostik und Zeitgeschichte. Diese Texte vermitteln Information und Wissen – und das unter Verarbeitung internationaler Literatur. Das war bei Meissner vor allem russischsprachige Primärliteratur, was in Wissenschaft und Publizistik damals keineswegs die Norm war, denn russischsprachiges Material war bis in die 1980er Jahre keineswegs leicht zugänglich. Doch die Lektüre seiner Texte – das sei ohne jede Geringschätzung gesagt – ist relativ dröge.[30]

Aber seine Artikel sind das im Offsetdruck fixierte Wissen ihrer Zeit. Wer sich heute zeithistorisch mit der Chruščev-, der Brežnev-Periode oder dem Wandel des Institutionensystems in der Gorbačev-Periode beschäftigen will, kommt an Meissner nicht vorbei.

---

[26] Das Institut existiert bis heute. Nach Meissners Emeritierung stand es bis 2002 unter der Leitung von Georg Brunner (1936–2002). Mit der Berufung von Angelika Nußberger 2002 wurde es in Institut für osteuropäisches Recht und Rechtsvergleichung umbenannt, 2021 der neu gegründeten Akademie für europäischen Menschenrechtsschutz angegliedert.

[27] Heinz Brahm: Drehscheibe der Osteuropaforschung. Das Bundesinstitut für ostwissenschaftliche und internationale Studien, in: OSTEUROPA, 12/2005, S. 163–175.

[28] So Arnold Buchholz (*1921), Helmut Dahm (*1925), Hans-Hermann Höhmann (*1933), Gerhard Wettig (*1934), Heinz Brahm (*1935), Gerhard Simon (*1937), Heinz Timmermann (*1938), Eberhard Schneider (*1941), Roland Götz (*1943), Uwe Halbach (*1949), Hans-Henning Schröder (*1949) und Kai-Olaf Lang (*1967).

[29] Dazu kommen in der Zeitschrift unzählige Texte für die Chronik, Dokumentationen und Portraits. Er ist mit Abstand der produktivste Autor der Zeitschrift.

[30] Wer es überprüfen mag, vergleiche Meissners Texte von 1966 „Die KPdSU zwischen Reaktion und Fortschritt“, in: OE, 7–8/1966, S. 416–437 sowie Parteiführung und Parteiorganisation“, in: OE, 7–8/1966, S. 438–461 sowie Die soziale Struktur der KPdSU, in: ebd. 594 zum einen mit seiner eigenen Arbeit „Die Breshnew-Doktrin“ in: OE, 9/1969, S. 621–641, zum anderen mit dem luziden, bis heute intellektuell herausfordernden Text von Dietrich Geyer: „Gesellschaft“ als staatliche Veranstaltung. Bemerkungen zur Sozialgeschichte der russischen Staatsverwaltung im 18. Jahrhundert, in: Jahrbücher für die Geschichte Osteuropas, 1/1966, S. 21–50.

Mit ähnlich faktenbasierten Texten begleitete die Zeitschrift die Entwicklung in Ostmitteleuropa – allen voran in Polen und der Tschechoslowakei.

Ein Thema, bei dem OSTEUROPA über Jahrzehnte gegen den Zeitgeist agierte und letztlich richtig lag, ist die nationale Frage. Sie galt in der kommunistischen Welt ideologisch als überwunden, im Westen in Zeiten der Fahrt aufnehmenden europäischen Integration und der wachsenden internationalen Verflechtungen als rückwärtsgewandt und anachronistisch. Dass OSTEUROPA hier eine andere Position bezog, hatte mehrere Ursachen. Erstens wussten all die Mehnerts, Meissners oder Anweilers[31] aufgrund ihrer Herkunft aus multinationalen Imperien um die Kraft des Nationalismus, zweitens waren sie als Zeitzeugen der sowjetischen Annexion des Baltikums sensibilisiert für die Bedeutung des Rechts auf nationale Selbstbestimmung, und drittens hielten sie an der deutschen Einheit in Zeiten der Teilung fest, weshalb sie einen affirmativen Nationsbegriff vertraten.

Publizistisch-analytisch hatte das für die Zeitschrift die Folge, dass sie zum einen immer wieder das sowjetische ideologische Konstrukt der *slijananie* (Verschmelzung) auf den Prüfstand stellte. Danach sollten unter den Bedingungen der kommunistischen Vergesellschaftung alle Nationalitäten und Nationen in einem Sowjetvolk aufgehen. Keine Ethnie war zu klein, um ihr nicht doch einen Artikel in OSTEUROPA zu widmen.[32]

Die Peripherie des Imperiums fand besonderes Interesse: sei es die Lage im Baltikum, sei es die im Südkaukasus. Anfang der 1960er Jahre publizierte Hélène Carrère d'Encausse in OSTEUROPA die Ergebnisse ihrer Untersuchung über die Alphabetisierung, Sozialisierung und Sowjetisierung der Bevölkerung in Zentralasien und im Südkaukasus. Ihre Antwort auf die Frage, ob dies zur Entstehung eines „sowjetischen Nationsbewusstseins" führe, fiel negativ aus. Carrère d'Encausse war weltweit die erste Sowjetologin, die auf der Basis ihrer empirischen Untersuchungen bereits 1978 prognostizierte, dass die Sowjetunion aufgrund ihrer Unfähigkeit, die nationale Frage zu lösen, auf einen Zusammenbruch zusteuere.[33] Zahlreiche Aufsätze zur sowjetischen Nationalitätenpolitik u.a. von Gerhard Simon ab den späten 1970er Jahren und Uwe Halbach ab Mitte der 1980er Jahre erhärteten diesen Befund.[34] Tatsächlich sollte die sowjetische Führung unter Michail Gorbačev daran scheitern, das Spannungsverhältnis zwischen Demokratisierung und Nationalismus aufzulösen.

---

[31] Oskar Anweiler (1925–2021) war im habsburgischen Stanislau (heute Ivano Frankivs'k) aufgewachsen. Der promovierte Historiker habilitierte sich in Pädagogik und wurde an der Ruhr-Universität Bochum Professor für vergleichende Bildungsforschung. Er war mehrere Jahre Präsident des Internationalen Komitees für Sowjet- und Osteuropastudien (ICSEES). „Mein Rätebuch kursierte als Raubdruck" Mit Oskar Anweiler auf einer tour d'horizon, in: OE, 12/2005, S. 49–56.

[32] Exemplarisch: Antti Inkinen: Die Ingermanländer. Schicksal eines Volkssplitters unter sowjetrussischer Herrschaft, in: OE, 10/1965, S. 695–699.

[33] Hélène Carrère d'Encausse: Risse im Roten Imperium. Das Nationalitätenproblem in der Sowjetunion. Wien, München1979. Zuerst L'Empire eclate. La revolte des Nations en U.R.R.S. Paris 1978.

[34] Exemplarisch: Gerhard Simon: Nationalitätenpolitik: Immobilismus verdeckt ungelöste Probleme, in: OE, 8–9/1976, S. 672–680. Gerhard Simon legte dann auch eine detaillierte Studie zur sowjetischen Nationalitätenpolitik vor, bis heute das Standardwerk: Nationalismus und Nationalitätenpolitik in der Sowjetunion: von der totalitären Diktatur zur nachstalinschen Gesellschaft. Baden-Baden 1986. – Uwe Halbach: Sowjetische Nationalitätenproblematik. Zu ihrer Rezeption in der sowjetischen Öffentlichkeit, in OE, 4/1988, S. 267–280.

Zum anderen untersuchte OSTEUROPA systematisch die nationale Frage in Ostmitteleuropa, das „Nationalbewusstsein" in den „sozialistischen Bruderstaaten", das Spannungsverhältnis zwischen den nationalen Wirtschaftsinteressen und den Verpflichtungen im Rahmen der sozialistischen Arbeitsteilung im Rat für gegenseitige Wirtschaftshilfe (RGW) sowie nationale Ausprägungen im Kulturleben. Vor allem Polen rückte in den Vordergrund. Hunderte Texte sind dem polnischen Ringen um Autonomie und Freiheit gewidmet. Die intensivste Berichterstattung fällt natürlich zusammen mit der Entstehung der Gewerkschaftsbewegung *Solidarność* 1980 und der Verhängung des Kriegsrechts in Polen. Doch bereits in den Jahrzehnten zuvor beleuchten Autoren die Lösung polnischer Schriftsteller vom Sozialistischen Realismus, schlagen die Brücke vom Widerstand 1939 in die 1950er Jahre, sie analysieren die Hintergründe des Posener Aufstands im Juni 1956, portraitieren den Kardinalprimas Stefan Wyszyński und die Rolle der Kirche im Staatssozialismus, der 1966 durch den „Offenen Brief" der beiden jungen Sozialisten Jacek Kuroń (1934–2004) und Karol Modzelewski (1937–2019) frontal angegriffen wurde. An ihrer 95-seitigen Fundamentalkritik des autoritären bürokratischen Regimes hätte Karl Marx, so der OSTEUROPA-Autor Helmut Wagner, seine helle Freude gehabt, weil sie in Marxscher Manier den Nachweis führen, dass der Zusammenbruch des Systems beschlossene Sache sei. Sie sollten Recht behalten.[35] Vor Kuroń & Modzelewski hatten bereits die großen marxistischen Renegaten Leszek Kołakowski (1927–2009) und Milovan Djilas (1911–1995) die Aufmerksamkeit der Zeitschrift genossen.
Selbstverständlich analysierte OSTEUROPA Aleksandr Solženicyns *Ein Tag im Leben des Ivan Denisovič* (1962) und seine kulturpolitischen Folgen, begleitete den Prozess gegen die Schriftsteller Andrej Sinjavskij (1925–1997) und Julij Daniėl' (1925–1988) und richtete von da an ihr Augenmerk auf die nonkonformistische literarische Intelligenz in der Sowjetunion.
Je intensiver OSTEUROPA aber die nationale Frage in der Sowjetunion, das Ringen der Ostmitteleuropäer um nationalstaatliche Handlungsspielräume sowie dissidentisches Denken unter die Lupe nahm, desto deutlicher traten die Risse im sozialistischen Lager hervor. Desto schwieriger wurde es auch, diese Erkenntnisse vom gesellschaftlichen Wandel und der Entstehung von Gegenöffentlichkeit mit den Prämissen des Totalitarismuskonzepts in Einklang zu bringen, die von der totalen Kontrolle von Politik und Wirtschaft durch die kommunistische Führung und von der Homogenität der Gesellschaft ausging.
Mitte der 1960er Jahre wurde das Konzept sang- und klanglos fallen gelassen, weil es immer weniger auf die Sowjetunion nach Stalin und das sozialistische Lager anwendbar war. Politikwissenschaftler sprachen nun von „Polyzentrismus" statt „Monozentrismus", in Bezug auf die kommunistische Weltbewegung tauchte gar der Begriff „Pluralismus" auf, Pädagogen wie Anweiler forderten für die Analyse des Bildungswesens die „nationale Differenzierung", und die Ökonomen loteten mit Blick auf Ungarn und die ČSSR die Chancen und Grenzen neuer Wirtschaftsmodelle aus. Unterfüttert wurden diese Neuorientierung durch drei Dutzend Studien des Deutschbalten René Ahlberg (1930–1995), des einzigen Soziologen in der Bundesrepublik, der an der FU Berlin einen Lehrstuhl für Soziologie mit einer Osteuropa-Denomination innehatte. Er vermittelte Einblicke in den Wandel der Sozialstruktur der Sowjetunion, den Aufstieg der „Angestellten",

---

[35] Helmut Wagner: Mit den Waffen von Karl Marx. Junge Polen wider den Monopolsozialismus in: OE, 8–9/1968, S. 628–643.

analysierte das Sozialmilieu der Wissenschaft, entlarvte den Mythos von der sozialen Gleichheit im Sozialismus und stellte Ansätze von empirischer Sozialforschung und Öffentlicher Meinungsforschung vor, obwohl die Soziologie als Disziplin in der Sowjetunion nach wie vor verboten war und einer der führenden Köpfe des Fachs, Jurij Levada (1930–2006), Anfang der 1970er Jahre aus der institutionalisierten Wissenschaft verdrängt und kriminalisiert wurde.[36]

Die Veränderungen in der Sowjetunion, vor allem die unter Gorbačev, leugnete niemand, doch wie sie zu interpretieren seien, ob als graduelle Reform oder als struktureller Wandel, darüber herrschte noch im März 1989 auf einer erweiterten OSTEUROPA-Redaktionskonferenz Uneinigkeit.[37] Dass drei Monate später mit den ersten halbfreien Wahlen in Polen ein Dominoeffekt ausgelöst werden sollte, der ein kommunistisches System nach dem anderen umfallen ließ, wagte keiner zu prognostizieren. Die Implosion der Sowjetunion lag außerhalb jeder Vorstellungskraft. Nahezu hilflos blickten die alten Herren der Generation Meissner auf die über sie einbrechende Materialflut aus Europas Osten, auf den Datenstrom zur desaströsen Lage der Wirtschaft, auf die wie Pilze aus dem Boden schießenden Zeitungen und Druckschriften der nationalen Bewegungen im Baltikum, in Georgien und der Ukraine. Und während sie sich fragten, wie sie all das bewältigen sollten, gaben die Jüngeren die Antwort. Sie fuhren einfach hin und begannen zu arbeiten.

Aufbruch, Abbruch, Desorientierung

Die Zäsur von 1989/1991 veränderte das Selbstverständnis und den Charakter der Zeitschrift grundlegend. Das Totalitarismuskonzept war Jahrzehnte zuvor verabschiedet worden, nun war der Antikommunismus passé. Damit war die „Gegnerforschung“ oder „Feindforschung“ obsolet. Und die Planwirtschaft war auch Geschichte. An die Stelle der Konfrontation rückte der Ausbau der Kooperation, und die Idee des „Gemeinsamen europäischen Hauses“, die Gorbačev im Zuge des *Neuen Denkens* stark gemacht hatte, schien Gestalt anzunehmen. Die „Charta von Paris für ein neues Europa“ der KSZE vom November 1990 war Ausdruck davon. Nun war der gesamte Bezugsraum der Zeitschrift in Bewegung, die vermeintliche Homogenität Osteuropas löste sich endgültig auf.

Gleichzeitig setzte unter den Autorinnen und Autoren sowie in der Redaktion ein Generationswechsel ein. Die „Gorbačev-Boomer“, im Kern Angehörige der Jahrgänge 1958 bis 1970, die fasziniert waren von der intellektuellen Herausforderung, mit der Dynamik des Aufbruchs in der Sowjetunion und in Ostmitteleuropa Schritt zu halten, profitierten als erste vom Wegfall der Reisebeschränkungen, der Öffnung der Archive, den neuen, schier unbegrenzten Möglichkeiten der Forschung vor Ort. Diese Generation brachte Fragestellungen und Methoden der Mutterdisziplinen, etwa aus der Wirtschaftswissenschaft oder der vergleichenden Politikwissenschaft, in die Osteuropastudien als Regionalwissenschaft ein, sie analysierte Gründe und Abgründe der Privatisierung,

[36] In informellen Seminaren legte er den Keim für die spätere Gründung des Levada-Zentrums, von dessen Arbeit die internationale Russlandforschung und die Medien bis heute profitieren. Aleksej Levinson: Das „Phänomen L.“. Zum ersten Todestag von Jurij Levada, in: OE, 10/2007, S. 95–102.

[37] Arnold Buchholz: Die Polarisierung in der Osteuropaforschung in: OE, 7/1989, S. 649–651. – Helmut König: Gespräch über die Osteuropaforschung, in: ebd., S. 670–75.

Pfadabhängigkeiten, den Systemwechsel, die Transformation der Gesellschaft, widmete sich der staatlichen Institutionenordnung des Zentralismus und des Föderalismus oder wandte sich der Zeitgeschichte der unabhängigen Nationalstaaten Ukraine, Belarus, Litauen, Armenien oder Kasachstan zu.[38]

1995 trat aus eben dieser jüngeren Generation der Osteuropahistoriker Stefan Creuzberger in die Redaktion ein und trug maßgeblich dazu bei, das zeithistorische Profil der Zeitschrift zu schärfen. So stellte OSTEUROPA das von Stéphane Courtois und Nicolas Werth herausgegebene *Schwarzbuch des Kommunismus* zur Diskussion. Das Heft mit Beiträgen u.a. von Dan Diner, Terry Martin, Manfred Hildermeier und Susanne Schattenberg ist bis heute lesenswert.[39] Erhebliches Aufsehen erregte die Debatte über die Zukunft der Osteuropaforschung im Allgemeinen und die der Osteuropäischen Geschichte als Disziplin im Besonderen.[40] Auch das Genre der publizierten Beiträge änderte sich. Deskriptive, faktologische Manuskripte wurden seltener, analytische Studien mit einem theoretisch geleiteten Erkenntnisinteresse, präziser Begriffsbildung und der Verarbeitung breiten Primärmaterials rückten in den Vordergrund – dank BIOst-Experten wie Hans-Henning Schröder, Roland Götz und Uwe Halbach sowie profilierten Köpfen der „Gorbačev-Boomer“ wie Andreas Heinemann-Grüder, Rainer Lindner, Angelika Nußberger, Astrid Sahm und Ulrich Schmid.

Gleichzeitig setzten in den 1990er und frühen 2000er Jahren, in der Phase der „neuen Unübersichtlichkeit“ in Ostmittel- und Osteuropa, Prozesse ein, die nicht nur den Charakter von OSTEUROPA beeinflussten, sondern die gesamte Publikationslandschaft und Öffentlichkeit veränderten, in der sich in Deutschland die politische Meinungsbildung über die Entwicklungen im Osten Europas vollzog: Sie lassen sich mit den Schlagworten Pluralisierung, „Konsolidierung“, Digitalisierung, Internationalisierung und Fragmentierung fassen.

- *Pluralisierung*. Neue Zeitschriften versuchten, dem Umbruch im Osten Europas auf der Spur zu bleiben: Das Institut für die Wissenschaft vom Menschen (Wien) hob 1990 die halbjährlich erscheinende Revue *Transit* mit dem Ziel aus der Taufe, ein Medium der europäischen Selbstverständigung über das Zusammenwachsen des Kontinents herauszugeben. Aus dem abgewickelten akademischen Milieu der Internationalen Beziehungen und der Diplomatie der DDR entstand die Zeitschrift *WeltTrends*, und im Umfeld des Goethe-Instituts wurde *Kafka. Zeitschrift für Mitteleuropa* aus der Taufe gehoben, an der Katholischen Universität in Eichstätt das *Forum für osteuropäische Ideen und Zeitgeschichte*. Diese neuen Periodika blickten auf die widersprüchlichen Ergebnisse der Transformation, brachten neue Stimmen in die deutschsprachige Öffentlichkeit, beförderten einerseits eine mediale Ausdifferenzierung von Milieus und andererseits die Diffusion von Aufmerksamkeit.[41]

---

[38] Exemplarisch seien die Ökonomen Dirk Holtbrügge und Peter Kirkow, die Historiker Jörg Baberowski, Klaus Gestwa und die Politologen Astrid Sahm und Timm Beichelt genannt.

[39] Unterdrückung, Gewalt und Terror im Sowjetsystem. OSTEUROPA 6/2000.

[40] Stefan Creuzberger u.a. (Hg.): Wohin steuert die Osteuropaforschung? Köln 2000.

[41] *Transit* stellte 2017 mit der 50. Ausgabe ihr Erscheinen ein. *Kafka* gab nach der 16. Ausgabe 2005 ihr Aus bekannt. 2020 stellte die Vierteljahreszeitschrift *Europäische Rundschau*, die der Exil-Ungar Paul Lendvai seit 1973 verantwortet hatte, ihr Erscheinen ein.

- „*Konsolidierung*". Gleichzeitig glaubten Politiker im Bund und in den Ländern, dass nach dem Ende des Ost-West-Konflikts die akademische Beschäftigung mit Osteuropa überflüssig sei und sich hier Geld einsparen ließe. Etliche einschlägige Universitätslehrstühle wurden abgeschafft. Zum 31. Dezember 2000 wurde das Bundesinstitut für ostwissenschaftliche und internationale Studien geschlossen.[42] Hinter dem euphemistischen Terminus „Konsolidierung" stand die Logik von Rechnungsprüfern. Und ihr Denken führte zu fatalen strategischen Fehlern! Denn mit diesen „Einsparungen" brach institutionell gepflegte und von Generation zu Generation weitergegebene Expertise in Schlüsselfeldern der internationalen Politik weg. Bis heute ist dieser Verlust nicht ausgeglichen, denn es dauert Jahre und Jahrzehnte, institutionelles Wissen wieder aufzubauen. Für OSTEUROPA als Medium zwischen Wissenschaft und Öffentlichkeit bedeutete das, dass es für etliche Themen der Außen- und Sicherheitspolitik, der Wirtschaft immer weniger potenzielle Autoren aus Universitäten und außeruniversitären Forschungseinrichtungen gab.
- *Digitalisierung*. Die massive Verdichtung von Kommunikation zwischen Ost und West, die Überwindung von Raum und Zeit, der Zugang zu Archivalien, Informationen und Wissensbeständen aller Art verdanken sich zu einem wesentlichen Teil der digitalen Revolution. Der gesamte postkommunistische Raum wurde binnen kurzem in die globalen Kommunikationsströme eingebunden. Seither ist es leichter geworden, potenzielle Autorinnen und Autoren selbst in den entlegensten Winkeln der Welt zu identifizieren, Manuskripte zu akquirieren und Texte in die Bearbeitung zu integrieren.[43]
- *Internationalisierung*. Die erleichterte Kommunikation durch Digitalisierung und Vernetzung hatte u.a. zur Folge, dass der Autorenkreis von Osteuropa internationaler wurde. Von 1925 bis 1939 publizierten wenige Emigranten in der Zeitschrift, von 1951 bis 1991 stammte die überwältigende Mehrheit der Autoren aus Deutschland. 1975 waren gerade einmal 8,3 Prozent aller Aufsätze in OSTEUROPA Übersetzungen, 2002 waren es 21Prozent und seit 2020 stammt so gut wie jeder zweite Aufsatz in OSTEUROPA aus einer internationalen Feder.
- *Fragmentierung*. Die Digitalisierung bringt einerseits Entgrenzung und größere Reichweite, befördert andererseits aber Fragmentierung und Parzellierung. Dies gilt auch für die Öffentlichkeit mit Bezug auf Osteuropa. Dieser Trend speist sich unter anderem aus der Spezialisierung des Erkenntnisinteresses insbesondere im akademischen Betrieb. Das schlug sich zunächst in der Gründung von Policy Papers, Newslettern und Analysen nieder, die sich nach Ländern oder Themen unterscheiden und kostenlos zugänglich sind. Dieser Trend zu kleineren kommunikativen Räumen wird verstärkt durch die Blogosphäre und die Herausbildung von Echokammern in sozialen Medien.[44]

---

[42] Manfred Sapper: Niedergang und Neuanfang. Die Krise der deutschen Russlandexpertise, in: OE, 6–8/2012, S. 505–520.

[43] Das gilt etwa für Ivan Panikarov aus dem 2000-Seelen-Nest Jogodnoe im Gebiet Magadan, der ein privates Museum zum Gedenken an die Opfer von Kolyma aufgebaut hat. Im vordigitalen Zeitalter wäre es nahezu ausgeschlossen gewesen, ihn zu entdecken und als Autor für den OSTEUROPA-Band Das Lager schreiben. Varlam Šalamov und die Aufarbeitung des Gulag. OE 6/2007, zu gewinnen.

[44] Ein Beispiel sind die Länder-Analysen. Im Oktober 2003 gingen die Russland-Analysen online. Die Verantwortlichen von der Forschungsstelle Osteuropa, Bremen, und der DGO, Heiko Pleines

Ein Unikat am Puls der Zeit

Für OSTEUROPA bedeutete das Jahr 2003 eine doppelte Zäsur. Die Aachener Epoche ging zu Ende, die Zeitschrift kehrte an den Ort ihrer Gründung zurück. Dieser Schritt war überfällig, denn auch im Föderalismus der Bundesrepublik spielt die Musik am Regierungssitz. Berlin ist das Drehkreuz der Politik, natürlich auch der für Osteuropa besonders wichtigen Außen-, Europa- und Sicherheitspolitik. Berlin war und ist der „Ostbahnhof Europas".[45] Hier leben und arbeiten Hunderttausende Menschen nicht nur aus Polen, das direkt vor der Tür liegt, sondern aus dem gesamten Osten Europas. Die Metropole an der Spree bietet Tausenden kulturellen, literarischen, gesellschaftlichen oder politischen Milieus Raum, in denen Ideen zirkulieren, sich Ost und West begegnen, Gegenwartsdiagnostik betrieben wird und Zukunftsszenarien entworfen werden. Berlin ist kein virtueller, sondern ein realer Resonanzraum zwischen operativer Politik und Gesellschaft, hier gibt es durchaus eine Öffentlichkeit, in der im idealtypischen Sinne Deliberation stattfindet: Ratschlag und Meinungsbildung über die res publica, über richtige Wege und falsche, gute und schlechte Politik. An dieser Suche nach Orientierung in Zeiten der Desorientierung wirkt ein polyphoner Chor aus Intellektuellen, Think Tanks, Lobbyisten, Parteien, ausländischen Kulturinstituten, politischen Stiftungen, Literaturhäusern, NGOs und Medien mit. OSTEUROPA und die *Deutsche Gesellschaft für Osteuropakunde* sind zwei dieser Stimmen.

Mit der Rückkehr nach Berlin war auch ein Generationswechsel in der Redaktion verbunden.[46] Die neue Redaktion änderte den Charakter von OSTEUROPA. Zum einen reduzierte sie die publizistische Konzentration auf Russland. Doch dank der Einbindung herausragender Autoren aus dem Land wie Boris Dubin und Lev Gudkov ging das nicht zulasten der Qualität und der Präzision der Gegenwartsdiagnostik. Im Gegenteil: Die Zeitschrift OSTEUROPA war seit dem Amtsantritt von Vladimir Putin eine aufmerksame Chronistin der systematischen Einschränkung des gesellschaftlichen Pluralismus, der Zerstörung von Räumen der Autonomie, der Errichtung und Konsolidierung einer autoritären Ordnung. Keine Station auf dem Weg zur Herausbildung der Putinschen Diktatur blieb von OSTEUROPA unberücksichtigt. Wer in der deutschen Politik und Öffentlichkeit hätte wissen wollen, was sich in Russland ereignet, hätte es auf den Seiten von OSTEUROPA

---

und Hans-Henning Schröder, warfen die Frage auf, ob „der Ausbau von Marktwirtschaft, die Demokratisierung des Systems und die Entfaltung der Zivilgesellschaft" auch künftig vorankomme. Die Analysen sollten „das Wissen, über das die Forschung in reichem Maße verfügt, für Politik und Öffentlichkeit verfügbar machen." 2006 folgten die Ukraine-Analysen und Polen-Analysen, 2008 Zentralasien-Analysen. Seit 2011 gibt es auch Belarus-Analysen.

45 So der gelungene Titel von Karl Schlögel: Berlin. Ostbahnhof Europas. Russen und Deutsche in ihrem Jahrhundert. Berlin 1998. Als aktualisierte und erweiterte Neuauflage unter dem Titel: Das Russische Berlin. Eine Hauptstadt im Jahrhundert der Extreme. Berlin 2019.

46 Seit 2003 besteht die Redaktion aus den Politikwissenschaftlern Manfred Sapper und Volker Weichsel, der Slawistin Margrit Breuer sowie der Übersetzerin Olga Radetzkaja, der Slawistin Andrea Huterer und der Kartographin Silke Dutzmann als Feste Freie. Dazu kommt das Art-Team Fiedler & Gilster. Aktuell ersetzen Aurelia Ohlendorf und Felix Eick Volker Weichsel, der sich ein „Ich-bin-dann-mal-weg-Sabbatical" in den Anden verdient hat.

seit 2002 en détail erfahren können.[47] Gleichzeitig gewannen Polen, die Ukraine und die anderen postsowjetischen Staaten in der Berichterstattung und Analyse von OSTEUROPA an Gewicht. Heute ist fast die Hälfte aller Aufsätze der Analyse von Politik, Kultur und Gesellschaft in Polen und der Ukraine gewidmet.

Zum anderen verließ OSTEUROPA die traditionelle Linie einer akademischen Zeitschrift. Normalerweise publizieren Zeitschriften in einer Ausgabe Beiträge verschiedener Autoren zu verschieden Themen. Diese „offenen Hefte“ gibt es nach wie vor. Doch monothematische Ausgaben, die die Redaktion konzipiert und kuratiert, sind in den Vordergrund getreten. Sie bieten mehr Raum für empirische Substanz, Differenziertheit und analytische Reflexion. Die Aussagekraft dieser Bände hat eine höhere „Halbwertzeit“ als die eines offenen Hefts. Und wenn ein solcher Band zur rechten Zeit erscheint, in der gerade ein öffentlicher Bedarf an Information und Orientierung existiert, werden monothematische Ausgaben leichter und breiter zur Kenntnis genommen als ein übliches Periodikum. Denn aufgrund der Gesetze der Aufmerksamkeitsökonomie verpuffen einzelne Beiträge in Kulturzeitschriften oder Periodika für Gegenwartsdiagnostik sehr leicht – unabhängig von der Qualität des jeweiligen Textes. OSTEUROPA setzt daher immer stärker auf monothematische Bände. Diese sind so umfangreich, dass einzelne Bände mehrere Hefte umfassen und unterdessen durchschnittlich sechs bis acht Ausgaben pro Jahr erscheinen. Obwohl nominell weiterhin eine Monatszeitschrift, hat sich dadurch der tatsächliche Erscheinungsrhythmus verändert.[48]

OSTEUROPA ist ein Unikat. Die Zeitschrift steht quer zum herrschenden Trend der Spezialisierung der akademischen Disziplinen sowie der Fragmentierung und Parzellierung des kommunikativen Raums. In gewisser Weise hält OSTEUROPA als Zeitschrift für Area Studies an der Humboldtschen „Idee der Universität“, als der *universitas litterarum*, der Gesamtheit der Wissenschaften fest, die in Lehre und Forschung der meisten Universitäten heute nur noch eine historische Referenz ist. OSTEUROPA folgt dagegen diesem Wissenschaftsverständnis in ihrer Publikationspraxis. Danach verspricht ein ganzheitlicher, multiperspektivischer und interdisziplinärer Zugang zu einer Fragestellung mehr Erkenntnisse und bessere Aufklärung als ein monoperspektivischer, engführender disziplinärer Ansatz. Das sei an einigen Beispielen illustriert.

Wer verstehen will, was es bedeutete, von einer totalitäreren Ordnung wie dem Stalinismus in Angst und Schrecken versetzt zu werden oder unter Antisemitismus zu leiden, dem schlägt OSTEUROPA mit einer eigenen Ausgabe vor – und zwar lange bevor es so etwas wie „Emotionsgeschichte“ als Subdisziplin der Geschichtswissenschaften gibt –, nicht nur historische Darstellungen über den Stalinismus oder Antisemitismus in Russland und der Sowjetunion zu konsultieren, sondern einfach das Œuvre von Dmitrij Šostakovič zu hören, der wie kein zweiter der „Angst“ oder dem „jüdischen Thema“ musikalisch Ausdruck verlieh.[49]

---

[47] Um sich davon zu vergewissern, genügt es, die Beiträge von Lev Gudkov in OSTEUROPA seit 2005 zu lesen: <https://zeitschrift-osteuropa.de/autoren/lev-gudkov/> oder: Lev Gudkov: Wahres Denken. Analysen, Diagnosen, Interventionen. Berlin 2017.

[48] Eine Normheft von OSTEUROPA ist auf 144 Seiten angelegt. Der Band „Machtmosaik Zentralasien. Traditionen, Restriktionen, Aspirationen“ (OE, 8–9/2007) hat 648 Seiten, „Impulse für Europa. Tradition und Moderne der Juden“ (OE, 8–10/2008) 552 Seiten und „Grenzland. Konflikt und Kooperation im Südkaukasus“ (OE, 7–10/2015) 672 Seiten.

[49] Dmitrij Šostakovič: Grauen und Grandezza des 20. Jahrhunderts. OE, 8/2006, hier S. 61–74: Bernd Feuchtner: Lieder der Nacht, Nächte der Angst. Angst in der Musik von Dmitrij Šostakovič

Und wenn es um die Arktis geht, ist für OSTEUROPA selbstverständlich, völker- und seerechtliche Abhandlungen neben literarische und literaturwissenschaftliche Beiträge, klima- und sicherheitspolitische und energiewirtschaftliche Analysen neben Untersuchungen zur Lage der indigenen Völker zu stellen. Das Ergebnis: „Dieses Heft ist der beste umfassende Band über die Arktis in deutscher Sprache und einer der besten Bände über die Arktis allgemein."[50] Das ist nicht der einzige OSTEUROPA-Band, der zu einem Standardwerk geworden ist. De facto gelingt es OSTEUROPA immer wieder, Bände zu produzieren, die zu Referenzwerken werden. Sie müssen dazu mit anderen Periodika und Monographien – in jeweils verschiedenen Disziplinen, *scientific communities* und Teilöffentlichkeiten – konkurrenzfähig sein.

OSTEUROPA begreift das Politische und das Kulturelle nicht als Gegensatz, sondern in seiner Beziehung. Ein für diesen Zugang repräsentativer Band, der von allen deutschsprachigen Feuilletons rezipiert wurde, zwei Auflagen erfuhr und dazu beitrug, den deutschen Horizont über die existenzielle Erfahrung des Lebens im Lager, die literarische Verarbeitung und historiographische Aufarbeitung des Gulag zu erweitern, ist „Das Lager schreiben. Varlam Šalamov und die Aufarbeitung des Gulag" (OE, 6/2007).[51]

Von nicht zu unterschätzender Bedeutung für das Selbstverständnis und die Stellung der Zeitschrift in der Öffentlichkeit ist es, sich jenseits ausgetretener Pfade zu bewegen, Neuland zu erschließen, Brücken zwischen unterschiedlichen Milieus zu schlagen, zum Beispiel zwischen Judaika, Musikwissenschaften und osteuropäischer Zeitgeschichte. „Die Macht der Musik. Mieczysław Weinberg: Eine Chronik in Tönen" (OE, 7/2010) war die erste systematische deutschsprachige Publikation über diesen polnisch-jüdischen Sowjetkomponisten. Dieser Band gab Multiplikatoren wie Musikredaktionen im Hörfunk, Feuilletons der Printmedien, Orchesterbüros und der akademischen Welt Stoff und Anregung, sich weiter mit Weinberg zu beschäftigen. Mit derartigen Heften und Bänden trägt die Zeitschrift zur Osterweiterung des deutschen Horizonts bei.

Voraussetzung dafür ist, dass die OSTEUROPA-Ausgaben inhaltlich und sprachlich so angelegt sind, dass sie jeder interessierte Mensch lesen und verstehen kann. Das bedeutet, dass die Sprache von OSTEUROPA klar und frei von Jargon sein muss. Und in Themen- und Länderheften wird die Komplexität zugänglich und anschaulich gemacht – etwa durch Karten und Illustrationen.[52]

Ein grundlegendes Ziel der Zeitschrift ist es, Neugier für die Entwicklungen im Osten Europas zu wecken, die Wahrnehmung zu schärfen, weiße Flecken zu füllen und Kenntnisse zu vertiefen, die in der deutschen Öffentlichkeit nur rudimentär vorhanden sind. Dieses Streben zieht sich wie ein roter Faden durch die editorische Praxis. Bereits 2004 widmete sich OSTEUROPA beispielsweise dem Holodomor in der Ukraine, jener vorsätzlich vom Stalinschen Regime verursachten Hungerkatastrophe Anfang der 1930er Jahre.[53]

---

sowie Andreas Wehrmeyer: „Mir scheint, ich bin ein Jude. Zum „Jüdischen" im Werk von Šostakovič, ebd., S. 75–91.

[50] Nikolas Sellheim: Book Review. Logbuch Arktis. Der Raum, die Interessen, das Recht. Osteuropa 2–3/2011, in: Polar Record, 4/2011.

[51] Siehe dazu Katharina Raabe: Eine Welt im Schatten, in diesem Band, S. 229–262.

[52] Aurelia Ohlendorf: Denkhilfen. Karten in Osteuropa, in diesem Band, S. 115–124.

[53] Vernichtung durch Hunger. Der Holodomor in der Ukraine und der UdSSR. Berlin 2004 [= OE, 12/2004].

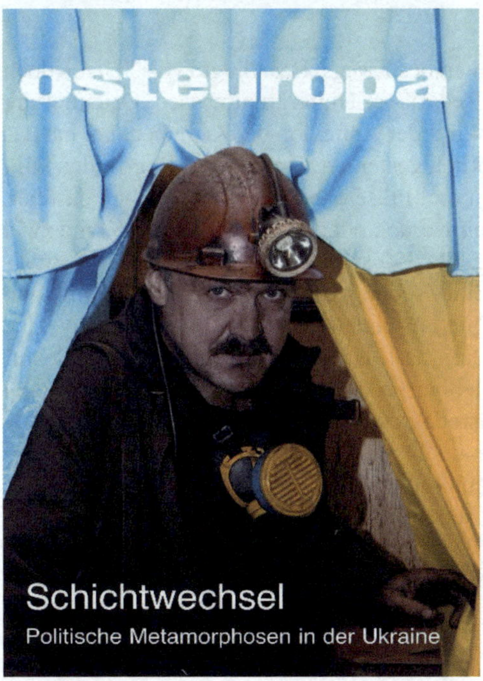

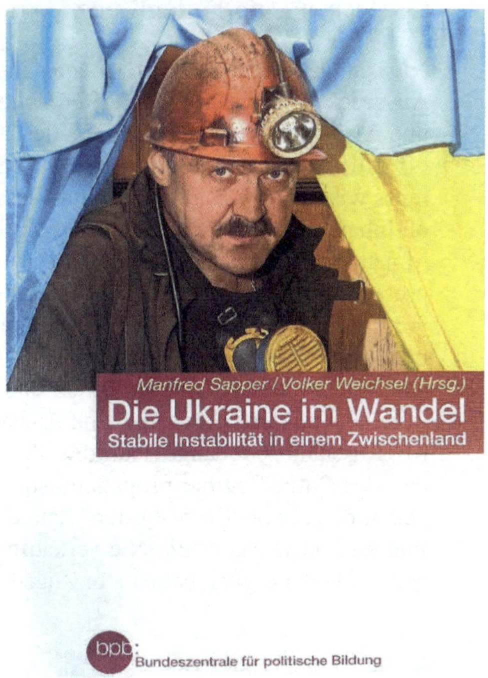

Osteuropa-Ausgaben als Lizenzausgaben der Bundeszentrale für politische Bildung

Die Zeitschrift rückt regelmäßig einzelne Länder wie Polen, die Ukraine, Ungarn, Belarus, Rumänien, aber auch den Nachbarn Tschechien, der oft im Windschatten der deutschen Aufmerksamkeit liegt, mit Länderheften in den Blickpunkt der Öffentlichkeit. Dass diese Bände einen Bedarf decken, zeigt sich am Verkauf – mehrere Länderhefte zur Ukraine und Polen sind vergriffen – oder daran, dass das OSTEUROPA-Handbuch „Machtmosaik Zentralasien" über die bis dahin weitgehend in der Öffentlichkeit ignorierte Region zwischen China und Russland, und die Länderhefte Ukraine und Tschechien von der *Bundeszentrale für politische Bildung* als Lizenzausgaben übernommen wurden. Das steigert die Reichweite der Hefte und die Präsenz der Autoren erheblich. So gelingt der Transfer von Wissen aus der akademischen Welt in die Öffentlichkeit. In dieser Hinsicht verliert die Frage nach dem Charakter der Zeitschrift, ob sie denn ein wissenschaftliches oder ein publizistisches Medium sei, an Relevanz. Wer gerne in Schubladen denkt, hat mit OSTEUROPA ein Problem. Wissenschaftlern ist sie zu journalistisch, Journalisten ist sie zu akademisch und Politikern und Diplomaten ist sie zu wenig operativ. Die Zeitschrift sitzt zwischen allen Stühlen. Doch dort sitzt sie bequem. Denn diese Position verschafft Freiheit von Konformitätsdruck und bietet Handlungschancen. Voraussetzung ist, sich die geltende Rationalität hinter den Ansprüchen und Erwartungen der jeweiligen Teilöffentlichkeit bewusst zu machen und die Hefte dann so anzulegen, dass eine maximale Schnittmenge der Interessen dieser Teilöffentlichkeiten befriedigt wird. Die eigentliche Kernfragen lauten: Ist ein Thema relevant, stimmt die Qualität des Hefts und liegt es dann vor, wenn es benötigt wird?

OSTEUROPA im Fadenkreuz

Nie war OSTEUROPA erfolgreicher als in Zeiten des Kriegs. Das klingt zynisch, ist jedoch Ausdruck eines wachsenden öffentlichen Bedarfs an Hintergrundwissen, Orientierung und Aufklärung. Russlands Krieg, der 2014 mit der Annexion der Krim begann, hat das öffentliche Interesse an der Zeitschrift merklich gesteigert. Doch wer Gehör finden will, muss wissen: Zeit zählt! Aktualität, Tempo und Präsenz bestimmen erheblich darüber, ob Inhalte in der Öffentlichkeit aufgegriffen werden oder ob sie verpuffen. Keine zwei Monate nach der Annexion lag der substanzielle 350-seitige OSTEUROPA-Band „Zerreißprobe" über den Euromajdan, Russlands Einmischung, die Intervention und Annexion vor.[54] Das ist die Stärke einer Zeitschrift: Sie ist schneller und flexibler als ein Verlag und kann zugleich die Dynamik und das Prozesshafte einer Entwicklung besser kontextualisieren und analysieren, als es der schnelllebige Tagesjournalismus seinen in der Regel exzellenten Korrespondenten und Auslandsredakteuren gestattet.

Mit Russlands Großangriff auf die Ukraine am 24. Februar 2022 weitete sich der Krieg, den das Putin-Regime propagandistisch nunmehr als Verteidigungskrieg Russlands gegen den „kollektiven Westen" darstellt, dramatisch aus. Gleichzeitig explodierte das Interesse an OSTEUROPA: Nie verkaufte die Zeitschrift mehr Hefte und Texte, egal ob gedruckt oder digital, hatte mehr Zugriffe auf ihre Website, auf der die Redaktion sofort

[54] Zerreißprobe. Ukraine: Konflikt, Krise, Krieg. OE, 5–6/2014. Diese Ausgabe war binnen kurzer Zeit vergriffen.

unter „Russlands Krieg gegen die Ukraine“ Hintergrundinfos, Schlüsseldokumente und eine Chronik des Kriegsgeschehens bereitstellte.[55]

Doch OSTEUROPA geriet selbst ins Fadenkreuz der Diktatur, wurde zum Gegenstand des hybriden Krieges Russlands gegen Europa. Das ist ein Teil der Radikalisierung des Putinismus. Zuerst wurden ab dem Jahr 2012 russische Autorinnen und Autoren von OSTEUROPA, NGOs wie die Menschenrechtsorganisation *Memorial* oder das Meinungsforschungsinstitut Levada-Zentrum diskreditiert und schikaniert, indem sie zu „ausländischen Agenten“ erklärt wurden. Das sollte sie einschüchtern und mundtot machen. Etliche Autoren ließen sich nicht beirren und schrieben weiter für OSTEUROPA. Im März 2024 wurde die *Deutsche Gesellschaft für Osteuropakunde* und damit auch OSTEUROPA in Russland zu einer „unerwünschten Organisation“ erklärt, Ende Juli 2024 sogar zur „extremistischen Organisation“. Der DGO wird vorgeworfen, Teil einer „Antirussländischen separatistischen Bewegung“ zu sein, die das Ziel habe, „die multinationale Einheit und territoriale Unversehrtheit Russlands zu zerstören.“ Das Justizministerium veröffentlichte eine Liste mit 55 Organisationen, die zu dieser Bewegung gehörten. Dass die DGO auf dieser Liste gelandet ist, dürfte mit dem OSTEUROPA-Band „Bodenprobe“ zu tun haben, der die Frage behandelt, welche Rückwirkungen Russlands Krieg gegen die Ukraine auf die Kohäsion der Russländischen Föderation hat.[56]

Niemand hatte je von dieser Bewegung gehört. Kein Wunder, denn es gibt sie nicht. Es handelt sich um eine Erfindung, eine Geheimdienstoperation, um die Fabrikation von Feinden, ganz in der Tradition des Stalinismus, um den eigenen Machtapparat zu konsolidieren und die Repressionsorgane zu mobilisieren. Wer nun als russländischer Staatsbürger ein Manuskript für OSTEUROPA verfasst, begeht nach russländischem Recht eine Straftat und kann mit mehrjähriger Haft belegt werden. Gleiches droht all jenen, die sich auf den Seiten von OSTEUROPA für die wissenschaftliche Analyse von Geschichte und Gegenwart Russlands engagiert und Forschungsprojekte betrieben haben und zum Teil auf jahrzehntelange akademische Kooperation zurückblicken können. Wenn sie nun in Russland einreisen, droht ihnen die Verhaftung wegen Mitgliedschaft in oder Unterstützung einer „extremistischen Organisation“. Es gilt in besonderem Maße, was das Auswärtige Amt seit längerem festhält: „Von Reisen in die Russländische Föderation wird dringend abgeraten.“

Zur selben Zeit wurde auch bekannt, dass die Redaktion OSTEUROPA und die DGO Opfer eines Hacking-Angriffs aus Russland wurden, bei dem Hunderttausende Mails kopiert und abgeschöpft wurden.[57]

Das alles hat eine neue Qualität. Nie in der Geschichte von OSTEUROPA hat es eine ähnliche Situation gegeben. In der Frühphase der Herrschaft der Bolschewiki waren Korrespondenten wie Paul Scheffer oder der Gründer von OSTEUROPA Otto Hoetzsch in der Sowjetunion willkommen.[58] OSTEUROPA diente der Analyse des Anderen. Im Spätstalinismus konnte ein Mann wie Klaus Mehnert die Sowjetunion bereisen. In den

---

[55] <https://zeitschrift-osteuropa.de/blog/themenschwerpunkt/fokus-krieg-in-der-ukraine/>.

[56] Bodenprobe. Krieg, Staat und die Völker Russlands. OE, 1–3/2024.

[57] Dazu: Russlands Krieg gegen die Ukraine. Manfred Sapper zu den Auswirkungen auf die Zeitschrift OSTEUROPA. Bundesstiftung Aufarbeitung, 4. November 2024. <www.youtube.com/watch?v=JVJl2ZK0lqY>.

[58] Christian Neef: Balanceakt Berichterstattung. Paul Scheffer, Hermann Pörzgen, Gerd Ruge, in diesem Band, S. 35–52.

vier Jahrzehnten danach, während der Koexistenz antagonistischer Systeme, war OSTEUROPA ein Forum der Gegneranalyse. Seit 1989/1991 betrieb OSTEUROPA gegenüber den Gesellschaften Ostmitteleuropas und Osteuropas „Freundanalyse“. Heute führt das Putin-Regime nicht nur Krieg gegen die Ukraine und unabhängiges Denken im eigenen Land, sondern gegen die Idee der Freiheit, der Souveränität und der Selbstbestimmung in ganz Europa. In diesem Zusammenhang haben Russlands Behörden die DGO und OSTEUROPA zum Feind erklärt. Diese Feinderklärung gilt nicht der Osteuropagesellschaft und der Zeitschrift per se. Dazu ist OSTEUROPA zu marginal, zu irrelevant. Die Feinderklärung erfolgte pars pro toto, sie ist ein Angriff auf die Grundprinzipien der offenen Gesellschaft und der liberalen Ordnung, auf die Meinungsfreiheit, die Pressefreiheit und die Wissenschaftsfreiheit. Zeitschriften sind Momentaufnahmen des Geists der Zeit. Nun ist OSTEUROPA in einer Periode, in der es gilt, die Prinzipien der offenen Gesellschaft durch Aufklärung über die Absichten und Praktiken der Feinde der offenen Gesellschaft zu verteidigen.

Schlagwörter:
Zeitschrift OSTEUROPA, Osteuropaforschung, Deutsche Gesellschaft für Osteuropakunde, Antikommunismus, Totalitarismuskonzept, Journalismus, Medien

Otto Hoetzsch

Deutschland und Rußland

Ein Wort zur Einführung

I.

Eine Zeitschrift für die Gesamtfragen des europäischen Ostens, insonderheit Rußlands, ins Leben zu rufen, gehörte zu den ersten Programmpunkten der „Deutschen Gesellschaft zum Studium Osteuropas", als diese 1913 in das Leben trat. Aber erst jetzt ist es möglich geworden, mit ihr hervorzutreten. Die Notwendigkeit eines solchen Organs braucht heute so wenig begründet zu werden wie vor 12 Jahren. An vielen Stellen wird das Interesse an Rußland, am europäischen Osten, am gesamten Slawentum betätigt. Aber es fehlt bisher eine Stelle der Konzentration und Verarbeitung des gesamten Stoffes, der Versuche, auf der Grundlage wissenschaftlich-exakter Arbeit ein Bild des gegenwärtigen Standes im europäischen Osten zu geben, unabhängig von jedem politischen oder gar parteipolitischen Standpunkte, von jedem wirtschaftlichen oder wirtschaftspolitischen Interesse. Methode und Anlage dieser Zeitschrift sollen wissenschaftlich sein, aber ihr Ziel ist praktisch: der Erkenntnis und Beurteilung der Gegenwart im europäischen Osten soll sie dienen.

Natürlich steht Rußland im Mittelpunkt dieser Arbeit, das Rußland im Umfang des Kaiserreiches, wie es 1914 bestand. Die Probleme der Randstaaten sollen daher ebenso ihre Stelle finden, wie die Verbindung Rußlands mit den Problemen Asiens. Sibirien wird ebenso wie Turkestan und der Kaukasus in den Kreis der Arbeit gehören. Darüber hinaus auch Südosteuropa, namentlich die dortigen Teile der slawischen Welt herein zu ziehen, liegt in unserem Wunsche. Doch können die Versuche zunächst mehr nur sporadisch sein. Erst mit dem fortschreitenden Ausbau der Zeitschrift wird es möglich sein, Osten und Südosten Europas hier einheitlich und zusammengefaßt zu behandeln.

II.

Aus dem Chaos, in das das Russische Reich mit Krieg und Revolution stürzte, hebt sich heute eine neue Staatenordnung heraus. Wir haben vor uns die Randstaaten: Finnland, Estland, Litauen, Lettland, Polen, die es gilt, nach ihrer Wirtschaftsordnung, ihrer sozialen Struktur, ihrer politischen Stellung, ihrer Kulturbedeutung ebenso zu studieren, wie nach ihrer Verbindung mit Europa und Rußland, ihrem Brückencharakter zwischen beiden.

Otto Hoetzsch (1876–1946), Professor für Osteuropäische Geschichte an der Friedrich-Wilhelms-Universität, Berlin
Der vorliegende Text erschien in OSTEUROPA, 1/1925, S. 1–8.

 doi: 10.35998/oe-2025-006

Wir haben vor uns Sowjet-Rußland. In der Staatsform einer Föderation, eines Bundesstaates verschiedenartiger Glieder, in der Wirtschaftsform des Kommunismus, in der Verbindung von kommunistischer Wirtschaftsordnung und Herrschaft der „Werktätigen" über den Staat bemüht sich Sowjetrußland wieder in steigendem Maß wirtschaftlich und politisch ein Faktor in der Welt zu werden. Nach der wirtschaftlichen und politischen, nach der nationalen wie besonders auch der kulturlichen Seite heißt es, dieses Staatswesen genau zu studieren. Was ich in einer Denkschrift zur Begründung unserer Gesellschaft 1913 schrieb, gilt heute im allgemeinen und im besonderen für die Verhältnisse des jetzigen Rußlands erst recht: „wie sich auch die Beziehungen zwischen Deutschland und Rußland in den nächsten Jahrzehnten gestalten, darüber ist kein Zweifel, daß das Urteil über die Leistungsfähigkeit und Zukunft Rußlands begründeter und sicherer werden muß und daß sowohl die wirtschaftlichen Beziehungen, wie die Wissenschaft daraus nur Vorteile ziehen können."

Wir haben schließlich die russische Emigration, eine Auswanderung, freiwillig und unfreiwillig, nach Europa in einem Ausmaße, wie noch nie eine Emigration es gehabt hat. Und diese Emigration umfaßt in Berlin, Prag, Paris, Belgrad und anderen Stellen, wie ein Blick etwa in die „Minerva", das Jahrbuch der gelehrten Welt für 1925, zeigt, gerade lebendigste geistige Kräfte des früheren Rußlands, die in einer Fülle von Zeitungen und Zeitschriften, Büchern und Vorträgen die Tradition fortzuführen, die Verbindung mit Europa festzuhalten und den Weg für eine andere Zukunft zu eröffnen sich bemühen.

III.

Wie diese Zukunft sich gestaltet oder nach dem Wunsch dieser oder jener Richtung gestaltet werden soll, darüber hat diese Zeitschrift sich nicht zu äußern. Sie handelt von der Gegenwart und ihren geschichtlichen Voraussetzungen. Es ist dabei nicht notwendig, des längeren über die Beziehungen zwischen Deutschland und Rußland zu sprechen. Beide Völker sind Genossen im Leid. Beide sind in wirtschaftlichem und politischem Interesse mit einander verbunden. Namentlich in der wirtschaftlichen Zusammenarbeit sind und bleiben sie trotz aller Schwierigkeiten, die der Kriegsausgang, die neuen Grenzen und Staatenbildungen, die auf beiden Seiten grundsätzlich verschiedene Organisation und Regelung des Handelsverkehrs mit sich gebracht haben, von Natur und Schicksal zu gegenseitiger Ergänzung bestimmt. Welche praktischen Gegenwartsaufgaben sich daraus ergeben und von Politik und Wirtschaft Lösung verlangen, darüber zu sprechen ist gleichfalls nicht unseres Amtes. Aber die Grundlagen zum Urteil über diese Beziehungen soll die Zeitschrift in Zusammenfassung der Arbeit aller daran Interessierten liefern.

Jedoch der Mensch lebt nicht von Brot allein, und die Beziehungen von Staaten und Völkern sind nicht mit den Bilanzziffern der gegenseitigen Einfuhr und Ausfuhr oder den diplomatischen und Vertragsbeziehungen jeglicher Art erschöpft. Sie sind und sollen auch sein geistiger Natur. Welches ist so das Verhältnis und die Stellung von Rußland zu Europa und damit zu Deutschland? Ist in dem Meer von Blut und Tränen, das sich mit Krieg und Revolution über Rußland ergossen hat, überhaupt von geistigen Dingen zu reden eine Möglichkeit? Zeigt sich in der revolutionären Entwicklung dieses Rußlands nicht überhaupt eine besondere Stellung auch geistig zu Europa, vielleicht gegen Europa, zwischen Europa und Asien?

In seinem Buch „New Russia" (1922) sagt P.N. Miljukow, der bekannte Historiker und Führer der Kadetten, der seit dem Sturz des Kerenski-Regimes auch in der Emigration lebt:

„Wir sind Europäer, aber wir sind auch Asiaten. Einige ausländische Gelehrte und manche russischen Patrioten nennen uns „Eurasier". Wir gehören so zu beiden Kontinenten." Man spricht bei den russischen Emigranten von der „Dämmerung Europas" (so z.B. das Buch: „Sumerki Ewropy" von G. Landau, Berlin 1923, das wohl einer Übersetzung ins Deutsche wert wäre) und stellt dem die jugendliche Kraft Rußlands in seiner besonderen Stellung gegenüber, – Gedankengänge, mit denen geschichtsphilosophische Anregungen vom „Untergang des Abendlandes" aus Rußland eine von diesem versinkenden und verfaulten Abendland abgesetzte selbständige Stellung wahren wollen, Anklänge an alte slawophile Denkweise in moderner Form und unter den erschütternden Eindrücken des Weltkrieges. Ich habe eben jene sogenannten „Eurasier" im Auge, die man am besten aus der ins Deutsche übersetzten Broschüre des Fürsten N.S. Trubetzkoy: „Europa und die Menschheit" (durch ein Vorwort von mir 1923 ergänzt, im Drei-Masken-Verlag München erschienen) und den Sammlungen „Auszug nach dem Osten" (Ischod K. Vostoku, Sofia 1921) und: „Na putjach" (Moskau und Berlin 1922) kennen lernt. Da wird die alte Auseinandersetzung zwischen den Westlern und den Slawophilen wieder aufgenommen, das kulturphilosophische Problem des Sinnes der russischen Geschichte und der russischen Kultur erneut gestellt, damit man wisse, wofür man gegen den Bolschewismus kämpft. Man lehnt die Gleichstellung von Europa und der Menschheit ab, stellt die Europäisierung Rußlands, die die innere nationale Einheit zerreiße, als Übel hin, und sucht die Sonderheit der russischen Kultur, den eigenen russischen Kulturtypus herauszuarbeiten in entscheidender Wendung gegen das Romano-Germanentum, in Rückwendung nach dem Osten, auf einen Bund mit Asien als etwas Neues, das freilich nur geahnt und noch nicht klar ergriffen wird.

Schwerlich ist es möglich, Rußland so bewußt z w i s c h e n Europa und Asien zu stellen. Rußland kann ja mit aller Abkehr von Europa, sei es auf dem Wege dieses Eurasiertums, sei es auf dem Wege eines Asien zugewandten weltrevolutionären Bolschewismus, aus Europa gar nicht heraus. Mit ihm ist es verbunden durch die Gemeinsamkeit der indogermanischen Rasse, die übernommene Zivilisationseinrichtung, die Europäisierung, die doch auf keinen Fall völlig wieder rückgängig gemacht werden kann. Das geographisch zwischen Europa und Asien liegende Rußland gehört trotz aller Übergangserscheinungen sehr viel stärker zu Europa als zu Asien!

In solchen Auseinandersetzungen, die sich hüben und drüben, in der Emigration, wie unter dem Sowjetregime, verfolgen lassen, ringt Rußland um den eigenen selbständigen Kulturtypus. Wir denken an die Fortwirkungen der „Bibel des Panslawismus", an Danilewskijs „Rußland und Europa" (in verkürzter Übersetzung herausgegeben von K. Noetzel 1920) als eine Untersuchung über die kulturellen und politischen Beziehungen der slawischen zur germanisch-romanischen Welt. Dies Buch ist ganz gewiß vielmehr Propagandaschrift als wissenschaftliche Untersuchung. Aber seine Wirkungen waren in der Vergangenheit, in der Entwickelung des Panslawismus, groß und die es beherrschende Auffassungsweise bleibt lebendig, wenn heute um die geistige Konzeption eines neuen Slawen- oder Russentums gekämpft wird.

Daß diese losgelöst vom geistigen Leben Europas gefunden werden könnte, ist nicht wahrscheinlich. Wieweit die Verbindung mit Ideen ans Asien befruchtend wirken kann, steht dahin. Im ganzen handelt es sich in diesem geistigen Ringen, wenn wir mit Dostojewski aus einer bekannten Stelle seiner politischen Artikel sprechen, um das „n e u e W o r t, das der wieder vereinigte Osten der Menschheit bringen soll". Oder wenn wir eine

Formel von Herder (aus dem 16. Buch der „Ideen zur Philosophie der Geschichte der Menschheit" nehmen) „um den eigenen Ton", in dem das Slawentum, das Russentum – lassen wir vorerst auch die weiteren Fragen nach geistiger und anderer Beziehung des einen zu den anderen Teilen beiseite – im Konzert der Menschheit reden sollen und wollen.

IV.

Wer diesen Problemen nachgeht, wird der Frage nach Religion, Religiosität, Frömmigkeit und Kirche in Rußland nicht aus dem Wege gehen können. Der flüchtige Beschauer, der gewöhnlich nur nach den Wirkungen des kommunistischen Wirtschaftssystems oder der bolschewistischen Regierungsmethode sieht, merkt wenig davon, ob das religiöse-kirchliche Leben im heutigen Rußland noch vorhanden oder nicht längst in Elend und Terror erstickt sei. Die Kirche wird verfolgt oder beargwöhnt, ihre Bestrebungen nach selbständiger Ordnung ihrer Organisation und ihrer Angelegenheiten sind mühselig und schüchtern. Wieweit innerlich starkes religiöses Leben in den Resten der vom Staat gelösten und dabei mit ihm gestürzten russischen Kirche noch pulsiert, das bleibt auch für den eindringenden Beobachter unsicher.

Es gibt ein Buch darüber von einem amerikanischen Bischof, Cook: „Religion in Russia unter the Sowjets" (New York 1924), in deutscher Sprache eigentlich nur das Werk des Breslauer Professors Haase: „Die religiöse Psyche des russischen Volkes" (Leipzig und Berlin 1921. Auch desselben Verfassers: „Russische Kirche und Sozialismus", ebenda 1922 sei genannt). Gerade diesen Fragen wird unsere Zeitschrift besondere Aufmerksamkeit zuwenden. Aber schon in dieser ersten Orientierung wird erlaubt sein, hervorzuheben, daß die elementaren Kräfte der russischen Seele und Religiosität auch durch das Elend und die Leiden dieser Jahre nicht unterdrückt sind und daß die mächtigen Begriffe von Leid und Mitleid und Allheit und Erlösung, als Quelle von Kraft und Zuversicht, nicht tot sind. Es wird erlaubt sein, den geistvollen Aufsatz des Professors Eichenwald, mit dem diese Arbeit unserer Zeitschrift im ersten Heft eröffnet wird, über Dostojewski ein wenig zu ergänzen durch die Worte eben Dostojewskis selbst. Wir denken an sein Wort aus den „Dämonen": „Ich glaube an Rußland, ich glaube an seine orthodoxe Lehre, ich glaube an Christi Körper, ich glaube, daß eine neue Wiederkunft in Rußland sich vollziehen wird." Da fragt Stawrogin: „Aber an Gott, an Gott?" „Ich glaube an Gott!" Wir denken an die Sätze aus den „Gebrüdern Karamasow", aus den Gesprächen des Starez Ssosima: „Du arbeitest für das Ganze, Du schaffst für das Kommende. Lohn suche Du nie, denn ohnehin ist dein Lohn hier auf Erden groß. Sei immer ein Weiser und Begeisterter. Benetze die Erde mit Deinen Tränen der Freude und liebe diese Tränen, und halte Deine Begeisterung hoch, denn sie ist ein Geschenk Gottes, das nicht vielen verliehen wird, sondern nur den Auserwählten." Wir denken an die Stelle im gleichen Werke, als Aljoscha vom Sarge des Starez weggehend in die Frühlingsnacht hinaustritt, erschüttert durch das Erlebnis: „In dieser Stunde hat jemand meine Seele heimgesucht", und an seinen Entschluß, „gehorsam den Worten seines verstorbenen Starez in der Welt zu leben." Wir denken schließlich an Dostojewskis Ruf: „Gott wird siegen", und seinen Glauben an Rußlands Weltmission, daß es das Gottesträgervolk sei.

Wir fügen zu diesen Formeln dichterisch-philosophischer Ekstase die Erinnerung an den eigentlich russischen und darum größten russischen Philosophen Wladimir Ssolowjow (1853–1900) (in Deutsch bei Eugen Diederichs: Ausgewählte Werke). Wir streifen die wertvolle Sammlung von H. Ehrenherg: „Östliches Christentum" (München s.a.), die u.a.

von Tschaadajew und Leontjew einiges bringt, die Tschaadajew-Übersetzung von Hurwicz und die Kirejewskis von Hoerschelmann (beide im Drei-Masken-Verlag). Und wir erweitern diesen Hinweis in die religiös-philosophische Welt auf das ganze Slawentum mit dem Blick auf das Werk des tschechischen Theologen Kopal: „Das Slawentum und der deutsche Geist, Probleme einer Weltkultur auf Grundlage des religiösen Idealismus", (Jena 1914). Mit diesen sehr flüchtigen Strichen ist ein Gebiet umrissen, das kein ernster Beobachter russischen und slawischen Lehens übersehen darf. Und mit diesem Blick in die Tiefen der russischen Seele sei eben die Frage verbunden, was in diesen geistig-religiösen Kämpfen die Beziehungen zwischen Rußland und Deutschland bedeuten können, ja sollen.

V.

Die Berührung und Auseinandersetzung mit dem slawischen, östlichen Geiste wird auch im Kampf um Weltanschauung und Religion, in den geistigen Erschütterungen, in die wir geraten sind, stark sein müssen, Berührung und Auseinandersetzung eben mit den religiösen Kräften der russischen Seele, mit dem, was die größten Werke der Dichter russischer Erde bestimmt, was durch bestimmte Erscheinungen der polnischen Literatur geht, was im Denken und Dichten der Serben und Slowenen arbeitet und schließlich sich bei den Tschechen auch emporringt.

Zu dieser Berührung bringt Deutschland Erbe und Gut mit in seiner strengen wissenschaftlichen Methode, seinem klassischen, ethischen Idealismus. „Es führt keine Brücke von Dostojewski zu Kant" noch höre ich dieses Wort aus dem Munde des verstorbenen Ernst Troeltsch. Mir scheint so das Problem immer falsch gestellt. Die Frage ist, ob eine Brücke führe von Ssolowjow hin zu Kant. Wir können nur eben erst die Wege ahnen in diese Fernen, die Tore leise öffnen, die dazu führen, aber die Aufgabe müssen wir erkennen, und wir spüren darin eine Weltmission unseres Volkes und vielleicht auch Mittel, die wund gewordene Seele unseres Volkes zu heilen.

Und von der anderen Seite zitieren wir für diesen Zusammenhang Worte, die der Volkskommissar für Volksaufklärung, Lunatscharski, 1923 bei der Eröffnung der Ausstellung des „Deutschen Buches" in Moskau sprach: „Wir müssen lernen und lernen beim Westen. Wir stellen nicht eine russische proletarische Kultur der westeuropäischen Kultur gegenüber. Unter den Ländern des Westens aber, deren kulturelle Überlieferungen uns tief teuer bleiben, stellen wir die deutsche Kultur an die erste Stelle, aus Gründen allgemeinen Charakters und aus Gründen des gegenwärtigen historischen Momentes. Und im Bereich der schönen Literatur steht das deutsche Volk unserm Herzen näher als irgendein anderes."

VI.

Im ganzen: Dieser Boden verlangt beackert zu werden. Er verlangt umfassendes und eindringendes Studium, nicht nur im theoretischen und wissenschaftlichen Interesse, sondern auch im praktischen Interesse der Zukunft unseres eigenen Volkes.

Schon als wir die „Deutsche Gesellschaft zum Studium Osteuropas" 1913 begründeten, wiesen wir auf die bekannte und umfassende Arbeit hin, die aus wissenschaftlichen und politischen Motiven für das Studium Rußlands in England und Frankreich getan wurde, eine Reihe von Unternehmungen, denen Deutschland damals so gut wie nichts entgegengesetzt hatte. Heute ist bei den anderen die Arbeit darum gleichfalls in lebendigem Gang. Wir verzeichnen hier nur für Frankreich das „Institut d'Etudes Slaves" und die Zeitschrift: „Le Monde Slave", für England die von Sir Bernard Parcs, Seton-Watson u.a.

geleitete „School of Slavonic Studies in the University of London, King's College“ mit ihrer Zeitschrift „The Slavonic Review“, für Italien das „Istituto per l'Europa Orientale“ in Rom mit seiner Monatsschrift:·„L'Europa Orientale“. Auch Nord-Amerika hat diese Aufgabe erkannt und pflegt sie. (S. u.a. die Übersicht: „Slavonic Studies in America“, in Nr. 8, Bd. III der „Slavonic Review“ und über den Bestand an Einrichtungen, Lektoraten usw. die den Heften derselben Zeitschrift vorgeheftete Gesamtübersicht).

Wir können auch heute, obwohl das Wort bis zum Überdruß wiederholt wird, Deutschlands Zukunft liege im Osten, nicht sagen, daß die Studieneinrichtungen, die umfassend und vorurteilsfrei diese Arbeit ermöglichen, in den Ländern deutscher Zunge übermäßig zahlreich seien. Wir haben in Berlin das „Seminar für Osteuropäische Geschichte und Landeskunde“ und die bezüglichen Einrichtungen des „Orientalischen Seminars“ mit den Professuren an Universität und Seminar. Wir haben in Hamburg die gleiche Einrichtung. Wir haben das „Osteuropa-Institut“ in Breslau und unsere Gesellschaft, und nennen das „Institut für Ostdeutsche Wirtschaft“ in Königsberg, mit dem wir in Arbeitsgemeinschaft verbunden sind, als Forschungsinstitut der Nachbarschaft hinzu. Wir haben das „Institut für Osteuropa und den Orient“ in Wien. Aber wir sind weit entfernt davon, für diese Studien wichtiger, für die Wissenschaft und die Praxis gleich wichtiger Probleme die organisch zusammengefaßte Einheit schon zu haben, die etwa der Denkschrift über die Reform des Seminars für Orientalische Sprachen aus der Feder des heutigen preußischen Kultusministers Dr. Becker vorschwebt, mit ihrer durchdachten und weitgreifenden Gliederung in Kulturkreise, deren Organisationsgedanken die gleiche kulturgeschichtliche Auffassung zugrunde liegt, wie diesen Ausführungen zur Arbeit unserer Zeitschrift.

Hier ist nicht von diesen Problemen im besonderen zu sprechen, dem Sprachstudium, der Staatenkunde, der geistigen Welt, dem Verhältnis von Geschichte und Landeskunde und Sprachwissenschaft und Sprachenerlernung, den spezifisch methodologischen Problemen, die keineswegs bereits vollkommen durchdacht sind, geschweige denn eine praktisch irgendwie ausreichende Auswirkung erfahren haben. Man täusche sich nicht darüber, daß die Dinge so liegen, wie ich auf Grund jahrelanger Beobachtung und Arbeit in ihnen es ausspreche, daß, wenn irgendwo auf den weiten Gebieten osteuropäischer Fragen, sei es nach der wissenschaftlichen oder der praktischen Richtung hin, eine wirklich brauchbare Kraft gesucht wird, das Angebot bei weitem nicht so groß und ausreichend ist, wie man annehmen könnte. Weder für die wissenschaftliche, noch für die praktisch erfolgreiche Beschäftigung mit den Problemen Osteuropas ist das Deutschland von heute ausreichend gerüstet!

VII.

So seien Ziel und Aufgabe, sowie die Grundauffassung, die uns leitet, umrissen. Nur eine unvoreingenommene Schilderung der tatsächlichen Verhältnisse, eine möglichst umfassende und genaue Übermittlung des Tatsachenmaterials können der Erkenntnis der großen Ost-Probleme wirklich dienen, die auch heute den Sphinx- und Rätselcharakter, wie vordem, an sich tragen.

Die Zeitschrift bittet so um Interesse, Mitarbeit, Unterstützung überall da, wo man ebenso davon überzeugt ist, daß große Zukunftsaufgaben und Zukunftsinteressen Deutschlands im Osten Europas liegen, und wo man auch davon überzeugt ist, daß die Zeit für eine derartige Zusammenfassung aller dafür in Frage kommenden Arbeiten, Studien und Bemühungen reif geworden ist.

Paul Ingendaay

Pakt der Freien

Eine Zeitschrift gegen die Zerstörung des Denkens

OSTEUROPA ist eine Zeitschrift, die dem Zeitgeist entgegensteht. Sie ist eine regionalwissenschaftliche, interdisziplinäre Zeitschrift, während etwa an den Universitäten eine immer größere disziplinäre Verengung stattfindet. Der Spagat, den die Zeitschrift leistet, um die Kluft zwischen Wissenschaft und Öffentlichkeit zu überbrücken, wird auch aus anderen Gründen schwieriger, erklären die Redakteure Manfred Sapper und Volker Weichsel. Allgemein sei eine Zerstörung des Denkens zu beobachten.

Frankfurter Allgemeine Zeitung: *Die Zeitschrift OSTEUROPA gehört einer seltenen Spezies an: Konkurrenzlos auf ihrem Gebiet, ist sie allen Liebhabern und Experten seit langem ein Begriff, der breiten Öffentlichkeit aber unbekannt. Außerdem ist der Begriff „Zeitschrift" irreführend: OSTEUROPA bringt Publikationen heraus, die oft dicke Bücher sind und auch viele Jahre später noch als Referenzwerk gelten, ja gerade aus historischem Abstand als scharfsinnigste Diagnosen von Europas Osten in deutscher Sprache erkennbar werden. Wer also liest OSTEUROPA?*

Manfred Sapper: Unsere Leser kommen aus Wissenschaft, Politik und der interessierten Öffentlichkeit. Zunächst Studenten, Dozenten, Professoren, Mitarbeiter der verschiedenen außeruniversitären Institute, die sich mit der Region zwischen Prag und Vladivostok beschäftigen. Aus der Politik sind es Abgeordnete des Auswärtigen Ausschusses, Mitarbeiter der Bundestagsfraktionen, die Botschaften. Schließlich Journalisten, Vertreter vieler Stiftungen, Menschen, die beruflich in der Region unterwegs oder privat mit ihr verbunden sind.

FAZ: *Wie erfahren Sie, ob Sie gute Arbeit gemacht haben? Gibt es Echos?*

Volker Weichsel: Die Resonanz aus Politik und Öffentlichkeit ist gut, aus der Wissenschaft schlecht. Abgeordnete, Diplomaten, Stiftungsvertreter – wer immer sich mit der

---

Paul Ingendaay (1961), Journalist bei der Frankfurter Allgemeinen Zeitung, Europa-Korrespondent des Feuilletons, Berlin
Das vorliegende Interview von Paul Ingendaay erschien zuerst in der Frankfurter Allgemeinen Zeitung am 9. Januar 2020 unter dem Titel „Pakt der Freien. Eine Zeitschrift gegen die Zerstörung des Denkens: Die OSTEUROPA-Redakteure Manfred Sapper und Volker Weichsel geben Auskunft.

 doi: 10.35998/oe-2025-007

Region beschäftigt, kommt an OSTEUROPA nicht vorbei. Das merken wir am Verkauf von Heften, an den Abonnements, an der Nachfrage nach einzelnen Artikeln. Und die Zeitungen, vor allem der Rundfunk, aber auch das Fernsehen greifen immer wieder Themen auf, die OSTEUROPA gesetzt hat, konsultieren die Redaktion oder suchen über uns den Kontakt zu Autoren. Was nahezu komplett weggebrochen ist, ist die wissenschaftliche Auseinandersetzung mit Themen und Thesen einzelner Texte.

FAZ: *Warum ist das so?*

Sapper: Weil OSTEUROPA eine regionalwissenschaftliche und damit eine interdisziplinäre Zeitschrift ist. Interdisziplinarität wird zwar wie ein Mantra beschworen, tatsächlich aber findet an den Universitäten das Gegenteil statt: eine immer größere Verengung. Zum wichtigsten Kriterium für eine universitäre Laufbahn ist in vielen Fächern die Veröffentlichung in hochspezialisierten Fachzeitschriften geworden. Wer in einer Zeitschrift wie OSTEUROPA publiziert, hat im besten Fall keinen Nutzen davon und schadet im schlechtesten Fall seiner Karriere.

Weichsel: Dies gilt nicht für alle Fächer in gleichem Maße. Am stärksten für die Wirtschaftswissenschaften, aber auch für die Politikwissenschaft, die Soziologie und die Geographie. Dort ist es gang und gäbe, dass Institute die Publikation in bestimmten Fachzeitschriften forcieren, indem sie diese prämieren. Mittlerweile ist aber auch bei jüngeren Historikern und Slawisten zu spüren, dass sie nur Veröffentlichungen in bestimmten amerikanischen Zeitschriften als karrierefördernd erachten.

FAZ: *Was bedeutet das für Konzeption und Vertrieb der Zeitschrift?*

Sapper: Der Spagat, den die Zeitschrift leistet, um die Kluft zwischen Wissenschaft und Öffentlichkeit zu überbrücken, wird immer schwieriger. In einer Zeitschrift wie OSTEUROPA lebt die alte Idee der Universität weiter, die an Universitäten selbst jedoch nicht mehr gepflegt wird. Und der Generationenwechsel scheint nicht zu gelingen: Autoren, die sowohl eine profunde Sachkenntnis als auch eine breite Kenntnis der Region besitzen und ihr Wissen und ihre Erkenntnisse in einer verständlichen Sprache vermitteln können, werden immer älter. Sie gehören mittlerweile der Generation der Siebzig- und Fünfundsiebzigjährigen an: Karl Schlögel, Dietrich Beyrau und andere.

Weichsel: Manuskripte junger Autoren erreichen uns vor allem aus Osteuropa. Der Grund ist der gleiche wie der, der deutsche Wissenschaftler in die amerikanischen Fachzeitschriften treibt. Die Wissenschaftsförderungsagenturen in Polen, Tschechien und anderswo prämieren eine Publikation in OSTEUROPA. Aber in diesen Manuskripten werden oft Fragen behandelt, die allenfalls eine sehr enge Fachöffentlichkeit interessieren, die für eine breitere, wenngleich durchaus akademisch gebildete Leserschaft, wie sie OSTEUROPA hat, kaum von Interesse sind. Die Zerstörung des Denkens in größeren Zusammenhängen findet also auch im Osten statt.

FAZ: *Warum passen Sie sich nicht dem Trend an?*

Weichsel: Weil es einen fundamentalen Unterschied zwischen den Sozial- und Geisteswissenschaften auf der einen und den Naturwissenschaften auf der anderen Seite gibt. Ergebnisse der Krebsforschung können der gesamten Menschheit zugutekommen, obwohl nur sehr wenige Menschen sie verstehen. Erkenntnisse über Politik, Wirtschaft, Kultur dienen hingegen der Selbstaufklärung der Gesellschaft. Sie müssen im Grunde für jeden zugänglich sein. Und tatsächlich gibt es eine öffentliche Nachfrage nach dem Wissen, das OSTEUROPA versammelt und generiert. Wir haben die autoritäre Entwicklung in Russland dokumentiert und analysiert, als große Teile der Politik noch an das Märchen vom „lupenreinen Demokraten" glaubten und in der Wissenschaft noch immer das Paradigma von der Transformation zu Demokratie dominierte. Ebenso ist lange unterschätzt worden, welche Bedeutung Ungarn für die antiliberale und antieuropäische Mobilisierung hat. Wer OSTEUROPA las, konnte das erkennen.

Sapper: Und das hat abermals etwas mit dem spezifischen Charakter der Zeitschrift zu tun. Etwa die Hälfte der Autoren kommt aus den Ländern, über die sie schreiben. Und es sind die unabhängigen Geister, die wir als Autoren gewinnen. Oft arbeiten sie nicht an wissenschaftlichen Einrichtungen, sondern als Journalisten oder für NGOs. Entscheidend ist, dass sie frei denken. Zudem halten wir die Autoren an, in ihrer Muttersprache zu schreiben. Es ist ein Mythos, dass wir alle hervorragend Englisch können. Die allermeisten Menschen können wirklich eigenständige und präzise Gedanken nur in ihrer Muttersprache entwickeln. Die Folgen für die Zeitschrift sind hohe Übersetzungskosten – und dass die Redaktion mehrere osteuropäische Sprachen beherrschen muss, um Kontakte in die Region knüpfen, Themen erspüren und Manuskripte prüfen zu können.

FAZ: *Kaum jemand hat die Entwicklung in Ostmittel- und Osteuropa mit so viel Sachverstand und Detailkenntnis verfolgt wie die Zeitschrift* OSTEUROPA. *Wenn Sie heute einmal zurückschauen, wie schätzen Sie die Lage ein?*

Sapper: Die Gesellschaften dieser Region sind nicht homogen, sondern zutiefst gespalten. Und sie sind den westeuropäischen ähnlicher als vielfach behauptet. Einen nationalkonservativen, autoritären Zeitgeist gibt es nicht nur in Polen und Ungarn, sondern in vielen anderen europäischen Staaten. Tschechien unter dem Ministerpräsidenten Andrej Babiš erinnert stark an das einstige System Berlusconi in Italien.

Weichsel: Die Warnung vor Schwarzweißzeichnung darf jedoch nicht dazu führen, dass wichtige Eigenschaften der gegenwärtigen politischen Systeme kleingeredet werden. In Zentralasien hat mit der Ausnahme Kirgistans noch kein einziger demokratischer Machtwechsel stattgefunden, in Russland ist das seit zwanzig Jahren nicht mehr der Fall. In Ostmitteleuropa hingegen finden seit dreißig Jahren regelmäßig freie Wahlen statt. In Ungarn und Polen haben jedoch die Regierungen in den vergangenen Jahren die Unabhängigkeit der Justiz massiv eingeschränkt und damit wesentliche Pfeiler der Rechtsstaatlichkeit eingerissen. Tschechien und die Slowakei sind auch nicht frei von Problemen, Korruption in erster Linie, doch eine autoritäre Politik konnte sich nicht durchsetzen, und es gibt eine beeindruckende zivilgesellschaftliche Mobilisierung. Und dass es in Polen und Ungarn Gegenbewegungen gibt, hat zuletzt der Pakt der freien Städte gezeigt, in dem sich Warschau, Prag, Bratislava und Budapest zusammengeschlossen haben.

FAZ: *Ist Ihnen die deutsche Debatte über die illiberalen Gesellschaften des Ostens zu eng? Denken wir zu wenig an Geschichte und nationale Besonderheiten?*

Weichsel: Es ist ein täglicher Balanceakt. Natürlich müssen wir versuchen zu verstehen, was die historischen Ursachen von antiliberalem Denken, autoritärem Habitus und national verengter Weltwahrnehmung sind. Gleichzeitig gilt es darauf zu achten, dass die Benennung von Ursachen nicht zur Rechtfertigung gerät. Oder gar die Begriffe verdreht werden, etwa wenn autokratische Herrschaft als „souveräne Demokratie" verbrämt wird. Alle Gesellschaften Osteuropas haben sich 1989 zu Menschen- und Bürgerrechten, zu Demokratie und Rechtsstaatlichkeit bekannt. Daher muss man vor allem fragen, was die aktuellen Ursachen dafür sind, dass vor dreißig Jahren historische Argumente den Weg zu einer offenen, europäischen Gesellschaft ebnen sollten, der Verweis auf geschichtliche Erfahrungen heute dagegen – oft von denselben Politikern, man denke nur an Viktor Orbán – eingesetzt wird, um die offene Gesellschaft zu bekämpfen.

Sapper: Deshalb fragt OSTEUROPA in großen Themenheften wie jüngst zu Rumänien oder zur Ukraine, in vergleichenden Bänden zu Polen und Ungarn oder zu Russland und der Türkei, was die Spezifika der nationalen Geschichte sind. Besonders wollen wir erforschen, was die sozialen, ökonomischen und politischen Bedingungen dafür sind, dass die Vergangenheit in Geschichts- und Erinnerungspolitik so und nicht anders erzählt wird. Dabei kommt dann auch heraus, dass der öffentliche Raum in vielen Gesellschaften Osteuropas nicht vollständig zerstört ist. Nein, es gibt eine Sehnsucht nach neuen Gesichtern, es gibt Verjüngung und den Willen, etwas Neues auszuprobieren.

Das Gespräch führte Paul Ingendaay.

Schlagwörter:
Wissenschaft, Journalismus, Autoren, Öffentlichkeit, Russland, Polen, Ungarn, Tschechien, Demokratie

Jens Bisky

Die Anwälte der Texte

Vom Anachronistischen der Redaktionsarbeit

In Debatten zur digitalen Revolution oder über den „neuen Strukturwandel der Öffentlichkeit" spielt die konkrete Redaktionsarbeit kaum eine Rolle, obwohl sie wesentlich über die Qualität von Zeitungen und Zeitschriften entscheidet und dadurch den Zustand der Öffentlichkeit prägt. Diese Leerstelle mag ihren Grund darin haben, dass sich der Kern des Redaktionsgeschäfts – die Arbeit von Redakteuren an Texten – über die Jahrzehnte weniger dramatisch verändert hat als Vertriebswege oder Leseverhalten. Ein bewusst subjektiv gehaltener Rückblick soll verdeutlichen, worauf es ankommt und warum es vernünftig ist, anachronistisch wirkende Redakteurstugenden wie Geistesgegenwart und Sorgfalt zu pflegen.

Wer jahrelang in Redaktionen gearbeitet hat, wird die geläufigen Charakterisierungen seiner Tätigkeit meist unbefriedigend finden. Sie laufen im Regelfall auf die mal mehr, mal weniger kaschierte Formel „was mit Texten" hinaus; ergänzt um Geschichten von Fehlern, Pech und Stress, in denen die Redakteure sämtlich als desillusionierte Profis erscheinen.[1] Dass möglicherweise auch Pressesprecherinnen, Dramaturgen und Sportlehrer mit dem, was über ihren Beruf gesagt wird, unzufrieden sind, ist kein Grund, sich zu beruhigen. Man wüsste doch gern genauer, was man getan hat und tut, welche professionellen Anforderungen und spezifischen Verhältnisse diesen Job prägen. In den Debatten über den gegenwärtigen Strukturwandel der politischen Öffentlichkeit spielt die konkrete Arbeit der vielen Zeitungs- und Zeitschriftenredaktionen kaum eine Rolle, obwohl die digitale Revolution nicht nur Vertriebswege und Finanzierungsmodelle, sondern auch Zeitregime und Publikumsverhalten grausam gründlich verändert, mithin die Grundlagen des Alltagsgeschäfts und vieler Redaktionsroutinen. Wie hat man darauf in den vergangenen 25 Jahren reagiert? Wie sah der „neue Strukturwandel" (Jürgen Habermas) aus, wenn man in der und für die Öffentlichkeit arbeitete? Was hat sich als vernünftig oder doch wenigstens vorläufig nützlich erwiesen? Und was tut so ein Redakteur überhaupt, während andere Leute forschen, schrauben, wischen?

Diese Fragen lassen sich am besten auf dem „Weg einer halb raisonierten Empirie"[2] (Goethe) beantworten, also eher auf rhapsodische Weise. Das Redakteursdasein ist zwar

---

Jens Bisky (1966), Dr. phil., Journalist, Autor, Redakteur des Mittelwegs 36 und Soziopolis am Hamburger Institut für Sozialforschung, Berlin

[1] Im Folgenden geht es um Zeitungs- und Zeitschriftenredakteure, die für Print und Online arbeiten. Rundfunk- und Fernsehredaktionen bedürften einer eigenen Betrachtung.

[2] Johann Wolfgang Goethe: Die zum Studium der Baukunst erforderlichen Werke, in: ders.: Sämtliche Werke, Briefe und Tagebücher, Bd. 18, Ästhetische Schriften, hg. von Friedmar Apel. Frankfurt/Main 1998, S. 404.

OSTEUROPA, 75. Jg., 1–3/2025, S. 97–108 **doi: 10.35998/oe-2025-008**

hochgradig geregelt, entzieht sich aber dem systematisierenden Zugriff. *Meyers Großes Konversations-Lexikon* beschied 1908 bündig, ein Redakteur sei „der Anordner und Herausgeber periodischer und enzyklopädischer, aus den Beiträgen mehrerer zusammengesetzter Werke oder Zeitschriften". Er habe „die Mitarbeiter auszuwählen, die eingegangenen Beiträge zu prüfen, nach der Idee des Unternehmens zu ordnen und druckfertig zu machen (s. Redigieren), überhaupt das Ganze nach einem bestimmten Plan zu ordnen".[3] Den größten Raum des knappen Eintrags nehmen jedoch Informationen zum Presserecht und der Verantwortlichkeit gegenüber der Obrigkeit ein. Das Lexikon verzeichnet wohl Literatur zur strafrechtlichen Verantwortung des Redakteurs, nicht aber solche zu seiner Tätigkeit. Wie der „bestimmte Plan" zu erstellen, die Beiträge zu prüfen und zu ordnen seien, wird nicht verraten.

„Als Redakteur bist Du Lehrer, Geschichtenerzähler, Entertainer", heißt es auf der Seite *studycheck.de*, die bei der Wahl des Traumstudiums zu helfen verspricht.[4] Jeden Monat informieren sich Hunderttausende auf dieser Plattform, die den Tagesablauf eines Redakteurs im Stil ruchloser Lockerheit skizziert. Von „frischem Geist" am Morgen, einem „frisch aufgebrühten Kaffee", der „wohlverdienten Mittagspause" ist ebenso die Rede wie von Texten, die „hochwertiger und ansprechender" zu gestalten seien. Dem Eintrag hätte eine Redakteurin gutgetan. Die altbacken anbiedernden Formulierungen wären schnell durch treffende zu ersetzen, einige Überlegung aber bräuchte es, den Beruf richtig zu beschreiben. Wer Redakteure in erster Linie als angestellte Journalisten charakterisiert, die auch die Aufgabe haben, Texte anderer zu prüfen, zu korrigieren und in Form zu bringen, verfehlt das Wesentliche dieses Berufs. Nur selten kommt der Kern der Tätigkeit in den Blick, weshalb viele Beschreibungen des Redaktionsgeschehens sich lesen wie Berichte von Schiffsreisenden, die immer nur auf dem Oberdeck herumspaziert sind, ohne je in den Motorraum und auf die Kommandobrücke geschaut zu haben. Man liest die Berichte gern, doch erfassen sie die Wirklichkeit der Schifffahrt nur unzureichend. Ein Redakteur aber ist, sein Kutter mag noch so klein sein, Heizer, Bordingenieur und wachhabender Offizier in einem.

Autor ohne Publikum

Wenn von Redakteurinnen und Redakteuren die Rede ist, dann gilt die Aufmerksamkeit oft ihrer institutionellen Rolle. Sie erscheinen als Angestellte, Auftraggeber für freie Journalistinnen und als Chefs, die Recherchen ermöglichen oder verhindern, junge Talente entdecken und fördern oder piesacken, als Kritiker oder Handlanger der Obrigkeit. Damit sind selbstverständlich wichtige Aspekte erfasst, doch bleiben wesentliche Bereiche verschattet. Die nicht ganz belanglose Frage, was gute Redakteure von schlechten unterscheidet, lässt sich kaum beantworten, wenn nicht an erster Stelle über professionelle Routinen bei der Auswahl von Themen, Autorinnen und Autoren, über Praktiken des Redigierens, das Innenleben von Redaktionen, das professionelle Ethos gesprochen wird. Was zeichnet den sehr guten Redakteur aus? Der Erfolg am Kiosk? Sein Ansehen unter Kollegen oder in der Öffentlichkeit? Die Zufriedenheit der Chefs? Die Prominenz der Leserinnen? Verkaufszahlen lassen sich nur selten mit einer Entscheidung allein erklären,

---

3 Meyers Großes Konversations-Lexikon, Band 16. Leipzig 1908, S. 676.

4 <www.studycheck.de/berufe/redakteur>.

dem einen gelungenen Text oder zwei, drei beliebten Kolumnen. Wann Schludrigkeit das Publikum verschreckt, wenn dies denn überhaupt geschieht, ist schwer auszumachen. Es braucht Jahre – sieben, sagen die Älteren in den Redaktionen, aber das ist magische Empirie –, bis eine Zeitung oder Zeitschrift sich einen Ruf erworben und meist ebenso lange, bis sie diesen wieder ruiniert hat. Welchen Anteil Einzelne daran haben, liegt nur in Extremfällen auf der Hand. Wie viel ein gelungener Text Anregungen der Redaktion und dem Redigat verdankt, erfahren wir fast nie. Noch weniger wissen wir darüber, was Redakteure abgelehnt, welche Fehler, Dummheiten, Katastrophen sie verhindert haben. Dies zu tun, ist überall eine ihrer vornehmsten Aufgaben, doch wird sie aus guten Gründen stillschweigend erledigt. Die Arbeit der Redakteure drängt sich den Lesern nicht auf und soll es auch nicht, sie verschwindet im Produkt. Wäre sie deutlich zu erkennen, hätten die Redakteure einen Fehler gemacht. Deswegen werden redaktionelle Mitteilungen sparsam verwendet, am besten sachlich, fast trocken formuliert und mit dem Kollektivsingular „die Redaktion“ gezeichnet.

Die Persönlichkeit des Redakteurs verschwindet dreifach: hinter den Texten, die er angeregt, eingeworben, geprüft, überarbeitet, redigiert, beseufzt, bejubelt und in einen druckfertigen Zustand versetzt hat; hinter der Redaktion, deren Teil er ist, und in der Institution, dem periodisch erscheinenden Druckerzeugnis. Es handelt sich also streng genommen nicht um „seine“ oder „ihre“ Zeitschrift oder Zeitung, vielmehr gehört die Person der Redaktion. Dennoch ist der Redakteur wie die Redakteurin anwesend in den Texten, der Redaktion, dem Druckerzeugnis. Diese wären anders ohne sie oder ihn.

So wie man Lektoren „Autoren ohne Bücher“ genannt hat, könnte man Redakteure mit Fug und Recht als „Autoren ohne Publikum“ bezeichnen. Die Ergebnisse ihrer Arbeit liegen vor aller Augen, sind aber nicht zu erkennen und wären nur mit großer Mühe ihnen persönlich zuzurechnen. Wer dies tun wollte, müsste Zeitungen und Zeitschriften mit den Mitteln historisch-kritischer Philologie untersuchen – so wie man es etwa für Heinrich von Kleists *Berliner Abendblätter* getan hat, indem man, wo es möglich war, Kleists Quellen und Vorlagen mit den Texten verglich, die er als alleiniger Redakteur bearbeitete und als Herausgeber schließlich drucken ließ. Material dafür wäre dank der zeitgenössischen Redaktionssysteme vorhanden, die es erlauben, den Urheber jeder Änderung rasch zu ermitteln. Doch stünde der Aufwand wohl kaum im Verhältnis zum intellektuellen Ertrag. Mit philologischen Mitteln ließe sich Co-Autorenschaft in unterschiedlichen Graden sichtbar machen. Man könnte korrigierende von verdeutlichenden, rettende von glättenden Eingriffen unterscheiden und im besten Falle eine Art Zwiegespräch zwischen dem Verfasser und seinem Redakteur rekonstruieren, aber all das hätte etwas Steriles. Der spezifischen Atmosphäre, der Betriebstemperatur in Redaktionen und der psychischen Konstitution derer, die in ihnen arbeiten, einer Seelenlage, die sich aus ihrer Arbeit erklärt, wäre man keinen Schritt nähergekommen. Ob die Literatur da weiterhilft?

Nichts für die Donnerstagsseite

Im letzten Jahr der Weimarer Republik, 1932, hatte Kurt Tucholsky einige Bücher auf dem Nachttisch liegen, in denen „Schilderungen von Zeitungsredaktionen zu finden“ waren. Er schrieb in der *Weltbühne* darüber als Peter Panter:

> Die geschilderten, zigarettenrauchenden und schnapstrinkenden Redakteure sind gar große Cyniker. Sie scheinen ihren Beruf nicht ernst zu nehmen. Sie hauen ihren Umbruch hin, sie streichen und sie schmieren, und was sie zu vermelden haben ist ihnen, wie unser Feldwebel zu sagen pflegte, reißpipeneengal (sic!).

Dem Bild vom zynischen Routinier trat Tucholsky als Leser von Zeitungsredaktionsschilderungen entgegen:

> Ja, sollen denn Redakteure eine Zeitung wie einen Gottesdienst celebrieren? Sind wir nicht, wenn wir klug sind, im Beruf allesamt Cyniker? Kann man einen Alltagsberuf, der in den meisten Fällen keine Berufung ist, anders ausüben als: aus dem Handgelenk, mit der Zigarette im Mundwinkel, routiniert, halb gleichgültig, halb interessiert . . .?[5]

Die Pointe Tucholskys galt den Verlegern. Sie seien zu kritisieren, schrieb er, der den Aufstieg des Deutschnationalen Alfred Hugenberg zum mächtigen Medienunternehmer ebenso beobachtet hatte wie die Krise des Mosse-Konzerns oder den Einfallsreichtum im Hause Ullstein. Das weitere Auspinseln des vermeintlich kritischen Redakteurs-Klischees lehnte er ab. Darauf komme es nicht an, wichtiger sei ein Postulat: „Die Zeitung soll geistigen Leuten gehören, die sich geschäftliche Mitarbeiter halten. Das Umgekehrte dürfte nicht ganz das richtige sein.“[6]

Dass auch die Zyniker ihre Ansprüche im Büro nicht vergessen, konnte man in Gabriele Tergits Satire auf den Berliner Kulturbetrieb erfahren, in dem Roman *Käsebier erobert den Kurfürstendamm*, der kurz vor Tucholskys Stoßseufzer 1931 bei Rowohlt erschienen und bald Stadtgespräch war. Ihr Roman schilderte die Welt, in der die ersten Jahrgänge der OSTEUROPA ihr Publikum fanden. Als Zeitungsroman zeichnet sich *Käsebier erobert den Kurfürstendamm* durch seinen freundlichen Blick auf den Redaktionsalltag aus. Tergit vermied die von Tucholsky zurückgewiesenen Negativklischees über Journalisten, aber sie verklärte auch nicht. Aufschlussreich ist ihre Darstellung nicht allein aufgrund der genauen Kenntnis des Milieus und der literarischen Qualität, sondern weil sie, ohne es zu wissen, in einem besonderen mediengeschichtlichen Augenblick schrieb. Zeitungen und Zeitschriften mussten die Konkurrenz anderer Medien kaum fürchten, obwohl mit dem Rundfunk bereits ein erster Herausforderer aufgetreten war. Doch dieser erreichte Anfang der 1930er Jahre nur wenige. Obwohl Zeitungen und Zeitschriften damals in erster Linie untereinander konkurrierten, weder von Rundfunk noch vom Fernsehen und erst recht nicht von digitalen Medien bedroht waren, obwohl Tergits Welt heutigen Lesern natürlich technologisch veraltet erscheint, wirkt das Redaktionsgeschehen vertraut, als hätte sich seitdem nur Unwesentliches verändert.

Die Geschichte des Volkssängers Käsebier, der zum Ausgangspunkt öffentlicher Erregung und zahlreicher Spekulationsprojekte wird, beginnt in der Redaktion der *Berliner Rundschau*. „Nichts ist da, als der Artikel über den Matsch“, ist das erste Kapitel

---

[5] Peter Panter: „Cyniker?“ In: Die Weltbühne, 3/1932, S. 100.
[6] Ebd., S. 101.

überschrieben.[7] Kulturredakteur Miermann sieht auf die Uhr: „‚Morgen ist Donnerstag', sagte er, ‚wenn meine Uhr richtig geht. Ich habe nichts für die Donnerstagsseite.'"[8] Den Artikel über den Matsch kann er nicht drucken, denn es friert noch in Berlin und eine Zeitung lebt selbst im Feuilleton vom Anspruch, aktuell zu sein. Den etwa 50-jährigen Miermann hat Tergit mit unbarmherziger Freundlichkeit porträtiert:

> Er hatte die Breite eines Epikers und die Kahlheit des Humoristen. Ewig war sein Kragen voller Schuppen, und nie dachte er daran, sich die Hände zu waschen. Er war ein Ästhet, aber nicht für sich selber. Er bekam es fertig, eine grüne Krawatte zu einem lila Anzug zu tragen, aber er konnte aus dem Gefühl der Hand schließen, ob eine Porzellanfigur aus den dreißiger oder den achtziger Jahren des 18. Jahrhunderts war. Seine Eltern hatten ihn in eine Kaufmannslehre gegeben, in der er es nicht aushielt, und die höchstens dafür gut war, seine Lebenskenntnis zu erweitern. Da er nie sein Abiturium gemacht hatte, konnte er auch nicht studieren. So geriet er in eine Kunsthandlung, aber auch dort war er nicht zu brauchen. Er fing an zu schreiben. Seine Familie war froh, dass es nicht schlimmer mit ihm kam. Später, als er etwas arriviert war, immer mit den Schulden aus früherer Zeit belastet, war man eher stolz auf ihn.

Kein Geringerer als Rudolf Olden, der Rechtsanwalt, Journalist, Stresemann- und Hitler-Biograph, sah sich in der Figur des Redakteurs Miermann porträtiert, obwohl sein literarischer Verstand ihm sagte, dass die Autorin Eigenschaften verschiedener Kollegen kombiniert, verdichtet hatte.[9] Tergit kannte ihn aus der gemeinsamen Arbeit beim *Berliner Tageblatt*. Beide veröffentlichten bei *Rowohlt* und konnten sich 1933 buchstäblich in letzter Minute ins Exil retten, weil sie von Bekannten gewarnt worden waren. Liest man die Miermann-Passagen als Schilderung eines Typus, fällt an diesem älteren Feuilletonisten mehreres auf. Er hadert mit dem bürgerlichen Berufsleben, obwohl er der bürgerlichen Kultur innigst verbunden und verpflichtet ist. Seine Laufbahn beginnt mit dem Schreiben. (Ein Redakteur, der nicht selbst schriebe oder es doch versucht hätte, gliche einem Rettungsschwimmer, der alle Gebote, Gewässer und Winde genauestens kennt, aber im entscheidenden Moment sich nicht über Wasser halten könnte.) Und Miermann – der erfahrene Redakteur – bleibt gelassen. Dass ein Text fehlt, hält ihn nicht davon ab, erst einmal redaktionstypische Gemeinplätze von sich zu geben, während er einen „gelben Aktendeckel mit Manuskripten aus der Schublade" nimmt: „Die Leute können alle nicht schreiben. Keiner kann eine gute Reportage machen. Es fällt niemandem was Neues ein."[10] Fast resigniert lauscht er dem aufmüpfigen Schriftsetzer, der im Bürogespräch den Ernst des Praktikers und der Deadline vertritt, die nicht umsonst so heißt: „Ja, wat soll ich nu machen, die Herren, die Seite muss um ½ 5 weg. Ich nehme den Artikel über die Neubauten und streiche selber, wenn die Herren nicht kommen. Es kommt nich druff an."[11] An diesem Tag kann der Redakteur nur notdürftig für den geordneten Gang der

---

7 Gabriele Tergit: Käsebier erobert den Kurfürstendamm. Roman. Hg. und mit einem Nachwort von Nicole Henneberg. Frankfurt/Main 2016, S. 7.

8 Ebd., S. 9.

9 Nicole Henneberg: Die sieben fetten Jahre im Leben einer Generation, in: Tergit, Käsebier, [Fn. 7], S. 375–391, hier S. 381–382.

10 Tergit, Käsebier, S. 10.

11 Ebd., S. 14.

Dinge sorgen, während um ihn das sarkastische Gerede – je schlechter geschrieben, desto mehr gekauft – nicht verstummt. Dass es ihm doch darauf ankommt, zeigt Miermann praktisch, zwei Stunden lang redigiert er den Artikel über den Volkssänger Käsebier. Das ist viel Zeit für einen Zeitungsartikel.

Tergit beschreibt genau, und das heißt nicht nur in diesem Fall: konkret. Aus größerer Distanz und mit Blick auf den gesamten Roman ließe sich sagen: Erfahrene Redakteure sind ununterbrochen in Gespräche verstrickt, wobei sie das kommunikative Geschehen mit Formeln und eingeübten Reaktionen auf Abstand halten, um im Augenblick, der ihnen der rechte scheint, das Richtige zu tun. Sie verfügen über ein Repertoire von Routinen, auf das sie in jeder Lage gelassen zurückgreifen können. Es ermöglicht ihnen, Chefs, Kolleginnen, Autoren, Leserinnen gleichermaßen professionell zu begegnen, ohne ihr Ego dabei aufpolieren oder gar herausstellen zu müssen. Auf Außenstehende wirken sie leicht skurril, überwiegend mit sich beschäftigt, intuitiv oder nach Augenblickslaune entscheidend, aber sie bleiben dabei, dass es *druff ankommt.* Ihre Entscheidungen orientieren sich an den Leitdifferenzen der Wissenschaft, der nicht mehr schönen Künste und des Handwerks gleichermaßen: wahr oder falsch, interessant oder uninteressant, sauber gearbeitet oder gepfuscht. Sie agieren in einem Dreieck, eingespannt zwischen Autoren, Publikum und Erscheinungsterminen.

Operationen am offenen Herzen

Worauf kommt es in diesem Dreieck an? Schreiben muss geübt werden wie Seiltanzen oder Sprinten. Das gilt auch fürs Redigieren, man lernt es in der Praxis. Den Beruf des Redakteurs kann man nicht studieren, weshalb es auch ziemlich gleichgültig ist, mit welchem Fachabschluss es einen in Redaktionen verschlägt. Man lernt das Nötige anhand von Beispielen, Vorbildern, durch Imitation und aus den Fehlern im täglichen Geschäft. Hinzu kommen einige Spruchweisheiten und wenige Regeln. Es sind in jeder Redaktion andere. „Zwanzig Prozent können immer raus", sagen die einen, andere meinen: „Wir müssen wieder einmal etwas Unverständliches drucken, sonst verlieren die Leute den Respekt", oder es heißt: „Da ist noch einiges zu tun", manchmal auch: „Das wird eine lange Nacht". Auf den ersten Blick scheinen derlei Sprüche keinen erkennbaren Nutzen für die praktische Arbeit zu besitzen. Es geht in ihnen aber doch um mehr als überhaupt etwas zu sagen. Sie helfen, sich in Betriebstemperatur zu versetzen, in Arbeitslaune.

In dieser operieren Redakteure mit notwendig vorläufigem Wissen, mit Vermutungen über Autoren und Publikum. Nicht alle, die schreiben, lassen sich gern redigieren. Sind sie jung oder skrupulös, lehnen sie oft jeden Eingriff ab. Die Jungen fürchten Zensur oder das Zurechtstutzen ihres Originalgeniewesens auf Durchschnittsmaß. Die Skrupulösen glauben nicht, dass Redigieren etwas bessern könnte. Aber das sind die wenigsten. Doch auch viele andere, sie mögen es zugeben oder nicht, leiden auf die eine oder andere Weise, wenn ihre Texte überarbeitet werden; wenn, was sie schon für vollendet hielten, mit Änderungen, Fragen, Kommentaren wieder auf ihrem Tisch oder Bildschirm landet. Redigieren bedeute eben, so der langjährige Redakteur Martin Bauer, eine „Operation am offenen Herzen" vorzunehmen. Zum Glück gewöhnen die meisten sich daran, finden in ihre professionelle Rolle. Als Anwalt des Textes ist der Redakteur gegenüber den Verfassern desselben immer in einer heiklen Situation. Er möchte dem Geschriebenen helfen, zu dem zu werden, zu dem es von sich aus werden möchte. Wer freilich jede Änderung widerstandslos hin- und alle Änderungen unbesehen annimmt, denkt und schreibt erfahrungsgemäß nicht besonders gut. Redigieren ist ein Gespräch. Schön, wenn es einmal glückt. Daraus zu schließen, dass es beim nächsten Mal wieder gelingt, wäre leichtfertig.

Während sich von Texten und ihren Verfassern rasch ein Bild gewinnen lässt, bleibt das Publikum ein unbekanntes Wesen. Leicht irrt man sich, was seine Erwartungen betrifft, hält wütende Leserbriefe oder bei Zufallsbegegnungen geäußerte Komplimente für die Publikumsmeinung. Dabei weiß doch jeder, dass es – soziale Medien hin, Pluralisierung von Öffentlichkeit her – in der Regel schweigt. Daher bleibt es der Redaktion überlassen, Vorstellungen davon zu entwickeln, was Leserinnen und Leser interessieren, aufregen, voranbringen könnte. Das kann für die Redakteure eine Operation am offenen Herzen werden. Was ihnen wichtig war, wofür sie mit Leidenschaft gearbeitet haben, übergeht das Publikum oft mit Gleichgültigkeit. Was sie mit Bauchschmerzen druckten, weil halt nichts da war „als der Artikel über den Matsch", findet mitunter unerwartete Zustimmung. Das Missverhältnis wiederholt sich auf allen Ebenen: Kurt Scheel, der schon zu Lebzeiten legendäre Redakteur der Zeitschrift *Merkur*, hat sich bei seinem Ausscheiden beklagt, wie wenig gewürdigt wurde, was ihm am wichtigsten war: dass die von ihm redigierten Hefte orthographisch und grammatisch fehlerfrei waren. Stattdessen redeten die Leute über Meinungen, die Scheel gern wechselte oder zumindest variierte.

Sich selbst sehr ernst zu nehmen, die eigenen Interessen und Begeisterungen für allgemeine zu halten, und zugleich zu wissen, dass es keineswegs so ist, dass es auf das eigene Ich nicht ankommt, ist tägliche Erfahrung in Redaktionen. Um die Aufgabe, Ataraxie und Engagement zu verbinden, kommen sie nicht herum. Sie arbeiten, in diesem Punkt Künstlern ähnlich, an der Bildung ihres Publikums, wie Wissenschaftler versuchen sie, es von der Wichtigkeit ihrer Frage zu überzeugen, wie Handwerker müssen sie beweisen, dass schneller und billiger nicht besser ist.

So wie in jeder Bibliothek Sand durch ein Stundenglas rinnt, so tickt an jedem Redaktionsschreibtisch eine Uhr, imaginär oder tatsächlich. Das Schicksal, pünktlich zu einem bestimmten Termin liefern zu müssen, teilt er mit Postboten und *Amazon*-Zustellern. Schwer lastet das Regime der Stunden und Minuten auch auf den Schultern von Lagerarbeiterinnen und Kassierern. Für Redakteure gilt wie für so viele andere auch, dass sie grundsätzlich mehr zu erledigen haben, als in der zugemessenen Zeit zu schaffen ist. Texte werden zudem nicht in dem Sinne fertig, dass sie zugestellt sind, es gäbe meist noch etwas an ihnen zu tun, auch über Abgabetermin und Deadline hinaus. Sie sind druckfertig dank Entschluss – und immer nur vorläufig vollendet. Drückend wird dieses Zeitregime aufgrund der Periodizität, der Zeitungen und Zeitschriften verpflichtet sind. Während die letzten Fehler der aktuellen Nummer getilgt werden, laufen bereits die Vorbereitungen für ein Heft, das erst in Monaten erscheinen soll, Pläne für das übernächste Jahr werden geschmiedet, Ideen für ein Irgendwann notiert. Zwischen erwarteten Zukünften, verabredeten Fristen und aktuellen Dringlichkeiten implodiert die Zeiterfahrung.

Die Hinweise auf Schwierigkeiten mit Autoren, die Unberechenbarkeit des Publikums, den Kampf gegen Uhr und Kalender, wären falsch verstanden, begriffe man sie als Heroisierung der Redaktionsarbeit. Redakteure sind im Regelfall weder Idealisten einer Vernunftromantik noch abgebrühte Zyniker. Aufgabe und Ethos in Redaktionen ändern sich angesichts der digitalen Revolution nicht grundsätzlich. Es wandeln sich Begleitumstände und Erfolgsaussichten.

Rückblick auf die vergangenen Jahre des Medienwandels

Als ich 1997 begann, erste Rezensionen für das Feuilleton der *Berliner Zeitung* zu schreiben, schickte ich die Texte per Fax oder brachte sie persönlich in die Redaktion, die nur wenige Schritte von meiner Wohnung entfernt lag. Eine grenzenlos freundliche Sekretärin erfasste sie für das Redaktionssystem. So vorzugehen, war etwas umständlich, provozierte aber keinen Protest, keine Aufforderung, mir Internet und Mail zuzulegen, obwohl ich seit der Gründung von *Spiegel Online* im Jahr 1994 hätte ahnen können, dass den gedruckten Blättern starke Konkurrenz erwachsen würde. Davon war jedoch im Redaktionsalltag zunächst wenig zu spüren. Zwar wurde ich gleich nach Eintritt in die Redaktion geschult, wie Suchmaschinen sinnvoll zu benutzen seien und gewöhnte mich schnell daran, die neuen Möglichkeiten der Recherche und Kommunikation zu nutzen. Doch im Selbstverständnis blieb ich wie viele Kollegen Redakteur einer gedruckten Tageszeitung. Es war leicht, sich einzureden, dass es mit diesen vorerst so weitergehen würde wie gehabt. Rubrikenanzeigen bescherten den Zeitungen hohe Umsätze, um die Webauftritte kümmerten sich eigene Redaktionen. Mehr als Online-Ausgaben faszinierte, dass die *Frankfurter Allgemeine Zeitung* 1999 mit ihren „Berliner Seiten" einen spielerischen, kaum mit Berichterstattungspflichten beschwerten Journalismus erprobte. Dieser Luxus, der nicht auf Kosten des umfangreichen Feuilletons im Hauptblatt ging, elektrisierte Aficionados, Jungakademiker und Neuberliner, ermöglichte er doch das Experiment mit weniger konventionellen Formen der Geistesgegenwart. Ob das gut gehen könne, haben wir uns gefragt. Wer außerhalb des überschaubaren Kreises der hartgesottenen Feuilleton-Fans sollte das lesen und wäre bereit, dafür zu zahlen?

Fast zur gleichen Zeit, nur wenige Monate später, trat ein Unternehmen an die Öffentlichkeit, das den idealen Feuilleton-Leser ansprach: Seit Mitte März 2000 informierte der *Perlentaucher* täglich, in Auswahl und Wertung subjektiv über interessante Artikel, Buchrezensionen und bot ab 2002 eine eigene, wöchentlich erscheinende, international ausgerichtete Magazinrundschau. Die „Berliner Seiten" mussten 2002 aus wirtschaftlichen Gründen eingestellt werden. Die Magazinrundschau des *Perlentauchers* erscheint bis heute und hat den Blick längst auf Osteuropa gerichtet. Aus vielen Tageszeitungen dagegen sind Zeitschriftenschauen und kommentierende Überblicke über neue Texte in Kultur- und Wissenschaftszeitschriften weitgehend verschwunden. Nur ab und an, das heißt unregelmäßig, abhängig von der Prominenz der Autoren und Themen, wird auf wichtige Zeitschriftenaufsätze verwiesen, etwa auf „Überlegungen und Hypothesen zu einem neuen Strukturwandel der Öffentlichkeit" von Jürgen Habermas, erschienen in einem Sonderband des *Leviathan – der Berliner Zeitschrift für Sozialwissenschaft*.[12]

Die Absatzkrise der Zeitungen galt lange Zeit als wichtigstes Element dieses Strukturwandels. Sie traf die Redaktionen unvorbereitet, in einer Phase großer Vorhaben, üppiger Umfänge – bis zu zehn Feuilletonseiten täglich – und teurer Personalwechsel. Um gemeinsam mit anderen, großartigen Kollegen eine tägliche Literaturseite zu gestalten, die es dort vorher nicht gegeben hatte, war ich im Sommer 2001 ins Feuilleton der *Süddeutschen Zeitung* gewechselt. Einige Monate später begann die erste in einer Reihe von Sparrunden. Sie folgten unregelmäßig aufeinander – wie die Schulungen in neuen

12 Oliver Weber: Die wüsten Geräusche. Nichts bleibt mehr privat: Unter dem Eindruck der sozialen Medien revidiert Jürgen Habermas seine Theorie der politischen Öffentlichkeit. FAZ, 27.10.2021.

Content-Management-Systemen und Kommunikationstools. Während viele sich aus guten Gründen in Fragen des Arbeitsrechtes – Kündigungsschutz und Abfindungsregelungen – einlasen, organisierte mein Kollege Thomas Steinfeld, damals Literaturchef der *Süddeutschen Zeitung*, eine Krisenkonferenz in Halle: Droht, so lautete die ebenso dramatische wie selbstbewusste Frage, „die deutsche Öffentlichkeit durch die Zeitungskrise auch ihr einziges Forum der intellektuellen Auseinandersetzung zu verlieren".[13]

Steinfeld fasste damals die Geisteswissenschaften, die Tages- und Wochenzeitungen sowie die „intellektuellen Zeitschriften" wie den *Merkur*, das *Kursbuch*, *Sinn und Form* gemeinsam in den Blick. Das war und ist nicht selbstverständlich, aber naheliegend: Sie alle adressieren ein ähnliches Publikum, pflegen das „Reflexive, Distanzierte, Kommentierende" und bedienen sich dazu einer Vielzahl bewährter Formen, von der Rezension über Glosse und Reportage bis hin zu Kommentar und Essay.[14] Mit dem Zusammenbruch des Neuen Marktes und dem islamistischen Terroranschlag vom 11. September 2001 ist die Boom-Ära des Feuilletons, die Mitte der 1980er Jahre in der Bundesrepublik begonnen hatte, zu Ende gegangen. Seitdem ist immer Krise, und dennoch ging es immer weiter. Diese Krise trifft die Lokalzeitungen ungleich schärfer als die überregionalen. Sie schließt erstaunliche Erfolge wie den Wiederaufstieg der *Zeit* nicht aus, die heute deutlich mehr Exemplare verkauft als um das Jahr 2000.[15] Einige Stichworte sollen die entscheidenden Entwicklungen charakterisieren.

Erstens: Gegensätzliche Logiken

Die Online-Auftritte der Zeitungen wurden zunächst von eigenen Redaktionen betreut, als beträfe die Digitalisierung das Kerngeschäft nicht, als böte sie lediglich einen weiteren Vertriebsweg. Das hat zu organisatorischen Problemen geführt, sobald Print und Online miteinander verzahnt wurden. Kontingente Umstände spielten dabei eine große Rolle, etwa die Arroganz mancher Print-Kollegen oder die deutlich schlechteren Arbeitsverträge der Onliner. Andererseits erwirtschafteten die gedruckten Zeitungen auch nach dem Rückzug der Rubrikenanzeigen und dem Beginn der Absatzkrise den Löwenanteil der Umsätze und mithin das für Investitionen in den Online-Auftritt erforderliche Geld. Dass dieser immer wichtiger wurde, spürten Print-Redakteure an kleinen Zusatzaufgaben, deren Zahl rasch wuchs. Dort war eine weitere Absprache vonnöten, da der Text für die Online-Publikation bearbeitet werden musste. Pläne mussten befüllt, Online-Teaser formuliert, Tags für die Suchmaschinen notiert werden. Keine dieser Tätigkeiten verlangte außergewöhnlich viel Zeit, aber in der Summe verlor man immer mehr Minuten des ohnehin straff getakteten Arbeitstages. Für die Arbeit am Text stehen weniger Stunden zur Verfügung als vor 20 Jahren.

Es kann sein, dass sich das – Gewöhnung und gescheite Organisation vorausgesetzt – demnächst wieder ändert. Dass Print und Online verschiedenen Zeitregimen folgen, wird davon nicht berührt. Die gedruckte Tageszeitung wie das gedruckte

[13] Thomas Steinfeld: Gibt es einen neuen Strukturwandel der Öffentlichkeit? Perlentaucher, 15.9.2003.

[14] Ebd.

[15] Siehe dazu auch Felix Eick: Eine schmerzhafte Erkenntnis. So funktionieren OSTEUROPA-Texte im Internetzeitalter, in diesem Band, S. 109–114.

Zeitschriftenheft belästigen ihre Leser nicht weiter. Sie sind zur Hand, aber erfreuen oder nerven nicht mit Push-Benachrichtigungen. Sie sind abgeschlossen, informieren über den Stand der Dinge zu Redaktionsschluss. Für Webseiten, Nachrichtenportale, Online-Auftritte sind Deadline und Redaktionsschluss nicht notwendig, sie scheinen systemwidrig. Fortlaufende Aktualisierung, Ergänzung, Erweiterung ist nicht nur möglich, sondern naheliegend, während in der Zeitung das Gesetz der Konzentration, der Beschränkung gilt. Nun haben Zeitungsredaktionen an diesen produktionsbedingten Ketten immer wieder gezerrt, mehrere Ausgaben täglich oder Sonderausgaben produziert. Spätdienste entschieden, ob wichtige Ereignisse für einen Teil der Ausgabe noch aufgenommen wurden oder nicht. Bedeutendes – Wahlen, Olympische Spiele, Buchmessen – verlangte erweiterte Umfänge, Beilagen.

Die meisten Feuilletonredakteure waren bereit, sich auf die einst neue Online-Welt einzulassen. Sie mussten erfahren, dass vieles, was in der Abgeschlossenheit eines Ressorts, einer Zeitungsseite gut funktioniert, online bestenfalls ein Dasein unter ferner liefen führt. Dazu gehören Rezensionen, wenn nicht ihr Gegenstand besonders prominent oder skandalträchtig ist. Doch die meisten Bücher, Konzerte, Theateraufführungen bieten wenig Grund zu außergewöhnlich heftigen Affekten und Deutungsbemühungen, sind Durchschnitt wie die Kritik, die sie erfahren. Das Durchschnittliche, der Alltagsbetrieb haben es schwerer in der neuen Aufmerksamkeitsökonomie. Auf den Homepages und in den Apps der Tageszeitungen muss man sie finden wollen. Anders ist dies in den E-Papers, den Nachbildungen der gedruckten Zeitungen. In diesen mag eine 30-Zeilen-Meldung am Fuß der Seite der eine, witzige, berührende, erhellende Text sein, der am Ende des Tages bleibt. Wer online eine so kurze Meldung anklickt, wahrscheinlich von einer gekonnt gemachten Überschrift dazu verleitet, ist schnell enttäuscht. Der Online-Leser erwartet die großen, wichtigen Geschichten und Meinungen.

Zweitens: Die Emanzipation des einzelnen Artikels

Wer es wissen will, wie oft sein Artikel geklickt worden ist, kann es heutzutage in Echtzeit, spätestens aber in der nächsten Morgenrunde erfahren. Wichtiger noch nehmen viele die Zahl der Abonnenten, die ein einzelner Artikel generiert hat. Die Zahl derer, die sich unabhängig vom Gesamtzusammenhang der Zeitung oder Zeitschrift zusammensuchen, was ihnen interessant erscheint, wächst. Man kuratiert sich seine Berichterstattung und seine Welt. Das konterkariert die hohe Kunst, ein Feuilleton, eine Zeitschriftennummer zusammenzustellen. Der Kontext, in dem ein Artikel erscheint, wird tendenziell unwichtig. Wie viele, die den Habermas-Aufsatz zum „neuen Strukturwandel" lasen, haben die vielen anderen Texte des *Leviathan*-Sonderbandes zur Kenntnis genommen? Unter den Bedingungen der digitalen Revolution in Periodika zu publizieren, heißt: dem Einzeltext zur Geltung zu verhelfen. Das ist nicht ganz neu: Wissenschaftler, die sich etwa mit dem Werk des polnischen Lyrikers Julian Tuwims oder dem Berliner Verkehr um 1860 beschäftigen, haben immer schon nach Aufsätzen zu ihrem Thema gesucht – und, wenn sie fündig wurden, souverän ignoriert, dass daneben noch etwas über den polnischen Schriftsteller Jerzy Andrzejewski oder die preußische Zensur zu erfahren war. Dennoch ist der Unterschied nicht belanglos.

Eine wohl etwas ausgeschmückte Geschichte mag verdeutlichen, worum es geht: Eine Regionalzeitung ließ mittels sogenanntem Readerscan untersuchen, was und wie ihr Publikum las. Das Verfahren ist teuer, zeigt aber an, an welcher Stelle Leser einen Text verlassen, an welcher sie einsteigen und was sie überschlagen. Eine halbe Seite der Zeitung, so das Ergebnis des Readerscans, nahm niemand zur Kenntnis: die Gottesdienstankündigungen. Also beschloss die Redaktion, diese künftig nicht mehr abzudrucken. Sie erntete einen Sturm der Entrüstung. Wer in der Region etwas auf sich hielt, verdammte die Zeitung und verteidigte die halbe, nie gelesene Seite. Sie wurde schließlich wieder eingeführt.

Das verdeutlicht das Prinzip der Tageszeitung: die für bedeutend gehaltene Welt in ihrer Gesamtheit abzubilden. Dieser Grundsatz ist ins Wanken geraten. Man findet etwa auch in Regionalzeitungen immer wieder interessante Besprechungen von Neuerscheinungen, von *fiction* und *non-fiction*. Doch die Zahl der Zeitungen, die den Eindruck erwecken, sie würden die wichtigen Titel besprechen, lässt sich inzwischen an einer Hand abzählen. Das war um das Jahr 2000 anders. Die Folge liegt auf der Hand: Wenn über Bücher nicht so selbstverständlich und regelmäßig geschrieben wird wie über politische Nachrichten oder das Wetter, scheinen sie zunehmend als alltagsferne Gegenstände, denen vor allem aufgrund von Nebenumständen wie Prominenz oder Skandal eine breitere Relevanz zukommt.

Wissenschaftliche Zeitschriften, von denen es derzeit mehr gibt als je zuvor,[16] verkaufen wie selbstverständlich einzelne Artikel. Der Zusammenhang der Zeitschrift ist in erster Linie kein gedanklicher mehr, sondern einer der Autorisierung – durch über die Jahre erworbenes Ansehen oder sogenannte Peer-Review-Verfahren. Im Grunde veröffentlichen sie für Suchmaschinen. Die Texte werden Singularitäten. „Der technologische Fortschritt der digitalisierten Kommunikation fördert zunächst Tendenzen zur Entgrenzung, aber auch zur Fragmentierung der Öffentlichkeit“, schreibt Jürgen Habermas.[17]

Drittens: Erstaunliche Stabilität und die Freuden des Anachronismus

Die Welt des Feuilletons und der Kulturzeitschriften scheint dennoch erstaunlich stabil. Man liest den *Merkur, Sinn und Form, Kunstforum International, Lettre International*. In den großen Feuilletons begegnet der Leser – freudvoll und leidvoll – immer wieder denselben Namen. Wer begriffen hat, dass Osteuropa die Region ist, in der sich das Schicksal des Westens entscheidet, liest OSTEUROPA – und die Bücher derer, die dort schreiben. Auch in den sozialen Medien haben jene, die aus Zeitungen, Zeitschriften und Büchern bekannt sind, die besseren Karten. Es mag in Sachen Mode und Kosmetik Influencer geben, die ihre Wirksamkeit allein den Auftritten auf Instagram, TikTok oder – für die Älteren – Facebook verdanken. Im schillernden Feld der Intellektualität, dort, wo Argumente zählen, Pointen sitzen müssen, Wahrheitsansprüche erhoben werden – sind Texte in den alten Medien, Bücher in bekannten Verlagen noch immer der

---

[16] Die genaue Zahl ist kaum zu ermitteln. Derzeit dürfte es weltweit mehr als 34 000 wissenschaftliche Zeitschriften geben, deren Zahl wächst, jährlich etwa um fünf bis sieben Prozent. How Many Academic Journals are There in the World. Publishingstate, 23.10.2021. – Siehe auch das Themenheft „Publikationsregime“. Mittelweg 36, 2/2022, S. 2.

[17] Jürgen Habermas: Ein neuer Strukturwandel der Öffentlichkeit und die deliberative Politik. Berlin 2022, S. 11.

Standard. Twitter/X wäre nie so wichtig geworden, hätten sich dort nicht Politiker, Journalisten und Wissenschaftler gleichsam im Feierabend getroffen. Die Demagogie Elon Musks hat dieses Zusammentreffen vergiftet, aber noch findet es statt. Die Instanzen der alten, der analogen Welt, sind bislang die entscheidenden Beglaubigungsinstanzen geblieben. Verschwänden die Zeitungen und Zeitschriften – von der *New York Times* bis zum *Mittelweg 36* – aus den sozialen Medien, bekämen diese einen anderen Charakter, wahrscheinlich den bloß nachbarschaftlicher Kommunikation. Neugründungen wie *Berlin Review* oder *Surplus Magazin* bestätigen nur, dass Jüngere von den Grundsätzen des Zeitschriftenmachens nicht lassen wollen.

Gewiss, die viel debattierten Bedrohungen der Demokratie, der liberalen Ordnung, des Völkerrechts sollten nicht kleingeredet werden. Doch sind sie kaum mit dem Aufstieg der sozialen Medien, den Absatzkrisen der Zeitungen zu erklären. Die Macht von Russlands Präsident Vladimir Putin ruht nicht auf Bots, die Gefährlichkeit des US-Präsidenten Donald Trump fußt nicht auf Posts.

Eine Öffentlichkeit wäre denkbar, die allein über Einzeltexte diskutiert, die in Suchmaschinen und mittels Empfehlungen um Aufmerksamkeit buhlen. Bislang gibt es jedoch kein besseres, von mehr Leuten akzeptiertes Modell als das einer unabhängigen Redaktion, die regelmäßig für ihr Publikum veröffentlicht. Das hat etwas Anachronistisches, könnte doch jeder mit geringem Aufwand sein eigener Redakteur und Herausgeber werden – so wie jüngst Ulf Poschardt, nachdem ein Verlag sein Buch *Shitbürgertum* zurückgewiesen hat, kurzentschlossen sein eigener Verleger wurde. Vorstellen ließen sich gerade für wissenschaftliche Publikationen auch Plattformen, auf denen jeder seine Aufsätze veröffentlichen kann, ohne die Zwischeninstanz einer Redaktion zu bemühen. Doch bietet das tradierte Modell – unabhängig von der nicht ganz unwichtigen Frage, wie Redaktionen finanziert werden – entscheidende Vorteile.

Sorgsam redigiert, anspruchsvoll gestaltet, regelmäßig veröffentlicht finden Texte ihren Weg zu ihrem Publikum. Mehr noch: Gut gemachte Zeitschriften schaffen und bilden es mit ihren täglichen Entscheidungen und können dies, weil sie garantieren, dass bestimmte Standards nicht unterschritten werden. Entscheidend bleiben auch im Wandel die normativen Selbstbindungen der Redaktionen – und deren handwerkliches Können.

Schlagwörter:

Zeitungen, Zeitschriften, Redakteure, Redaktionen, Online-Journalismus, Feuilleton, soziale Medien

Felix Eick

Eine schmerzhafte Erkenntnis

So „funktionieren“ OSTEUROPA-Texte im Online-Zeitalter

OSTEUROPA muss seit jeher um Reichweite kämpfen. In Zeiten zunehmender Verbreitung von Inhalten im Internet vermutlich mehr denn je. Die Zeitschrift ist ein wissenschaftlich-journalistischer Zwitter, die Ziele beider Richtungen müssen gegeneinander abgewogen werden. Mitunter widersprechen sie sich; gerade wenn es um das – im journalistischen Jargon – „Funktionieren von Texten“ geht. Was muss also ein Beitrag in OSTEUROPA künftig mitbringen, um mehr Menschen anzusprechen und zu erreichen?

OSTEUROPA war und ist ein Nischenprodukt. Die Zeitschrift beschäftigt sich mit Räumen und Themen, die in Sonderkonjunkturen zwar immer wieder auch in der breiten Öffentlichkeit auf Interesse stoßen. Wenn etwa Russland die Ukraine überfällt und wenn genau in dem Moment der Kachovka-Staudamm in der Ukraine gesprengt wird, als gerade ein Text zu diesem Thema fertig ist und niemand sonst so schnell eine solch umfassende Analyse liefern kann. Das ist aber Zufall, keine erfolgversprechende Strategie. Abseits dieser Ausschläge steht die Zeitschrift seit 100 Jahren vor der immer gleichen Frage: Wie gelingt es, für die objektiv gesehen oft hochrelevanten Inhalte Reichweite und Nachfrage zu finden oder aufzubauen? In Zeiten zunehmender Verbreitung von Inhalten im Internet und in den Sozialen Medien drängt diese Frage noch mehr. Und auch über OSTEUROPA schwebt grundsätzlich die Frage, wie viel online wir wagen wollen. Denn dies beeinflusst letztlich auch die Konzeption der Texte und deren Aufmachung.

OSTEUROPA ist ein wissenschaftlich-journalistischer Zwitter. Es gilt daher, wissenschaftliche und journalistische Ziele gegeneinander abzuwägen. Mitunter widersprechen sie sich, gerade, wenn es um das – im journalistischen Jargon – „Funktionieren von Texten“ geht. Das heißt dann, wenn Texte Leser und Nutzer dazu anreizen sollen, auf eine Überschrift zu klicken, einen Aufsatz zu kaufen oder ein Abonnement abzuschließen. Diese Zahlen sind heute die wahre Währung im Journalismus, ob es einem gefällt oder nicht. Nur wenige Medien können sich diesem Rennen entziehen, weil sie sich auf ihre profitable Printleserschaft stützen können. Die *Zeit* und der *Spiegel* sind solche Beispiele, da sie über große Abonnentenkreise verfügen, die zahlungskräftig und bereit sind, für Information und Analyse Geld zu zahlen.[1]

Felix Eick (1991), M.A., Journalist, zuletzt Wirtschaftsredakteur bei der *Welt*, Berlin, aktuell Redakteur bei OSTEUROPA, Berlin

Von Felix Eick erschien in OSTEUROPA: Drehkreuz Zentralasien. Wo sich die Spur deutscher Exporte verliert, in: OE, 8–10/2024, S. 277–294. – Lőrinc Mészáros. Ein märchenhafter Aufstieg, in: OE, 3–5/2018, S. 211–214.

[1] Medien-Abos – Marktüberblick Deutschland, Montana Medien.

Der Absturz der Printmedien

Beim Großteil der Printmedien sinken die Abos und Umsätze hingegen unaufhaltsam.[2] Von 2000 bis 2023 ist die Auflage der Tages- und Sonntagszeitungen bundesweit von 28,3 auf 11,5 Millionen zurückgegangen – nur 40 Prozent der Leser sind geblieben.[3] Deutschlands auflagenstärkste Zeitung *Bild*[4] hat seit 2016 rund 60 Prozent ihrer Leser verloren, gut eine Million Exemplare verkaufte sie im dritten Quartal 2024 noch. Die *Frankfurter Allgemeine Zeitung* (FAZ)[5] und die *Süddeutsche Zeitung* (SZ)[6] sackten um jeweils etwa 30 Prozent ab, auf eine Auflage von 179 000 bzw. 256 000, die *Welt*[7] halbierte die verkaufte Auflage auf 90 000. *Die Tageszeitung* (taz)[8] verlor in den vergangenen acht Jahren 7000 Leser und hatte zuletzt eine Auflage von 44 000 Stück. Sie kündigte nun an, zum 17. Oktober 2025 die gedruckte Zeitung einzustellen.[9] Es bleiben dann somit nur noch vier klassische überregionale Zeitungen in Deutschland, wenn man die Wirtschaftszeitung *Handelsblatt* ausklammert. Damit liegen die vier letztgenannten überregionalen Zeitungen weit hinter Lokalgrößen wie der *Stuttgarter Zeitung* und der *Neuen Osnabrücker Zeitung*, die jeweils über mehr als 250 000 Abos verfügen.[10] Wochenzeitungen halten sich besser. Im gleichen Zeitraum sanken die Verkäufe von 2,0 auf nur 1,63 Millionen Exemplare.[11] Die verkaufte Auflage der *Zeit*[12] bildet eine Ausnahme. Sie stieg zwischen Ende 2016 und dem dritten Quartal 2024 von 504 000 auf 604 000 Stück, entsprechend wuchsen die Anzeigenumsätze.[13] Die Verkäufe der *WELT am Sonntag* (WamS)[14] gingen im gleichen Zeitraum von 381 000 auf 284 000

---

[2] PWC, German Entertainment and Media Outlook: 2024–2028, S. 142. – Entwicklung der verkauften Auflage der Tageszeitungen in Deutschland im jeweils 2. Quartal ausgewählter Jahre von 1991 bis 2024, Bundesverband Digitalpublisher und Zeitungsverleger/Statista.

[3] Verkaufte Auflage deutscher Tages- und Sonntagszeitungen in ausgewählten Jahren im 4. Quartal der Jahr 1975 bis 2023, Informationsgemeinschaft zur Feststellung der Verbreitung von Werbeträgern e.V./Statista, 22.1.2024.

[4] Druckauflage und verkaufte Auflage der BILD/B.Z. Deutschland vom 3. Quartal 2016 bis zum 3. Quartal 2024. Informationsgemeinschaft zur Feststellung der Verbreitung von Werbeträgern e.V./Statista, 22.10.2024.

[5] Verkaufte Auflage der Frankfurter Allgemeinen Zeitung vom 3. Quartal 2016 bis zum 3. Quartal 2024. Informationsgemeinschaft [Fn. 4].

[6] Verkaufte Auflage der Süddeutschen Zeitung vom 3. Quartal 2016 bis zum 3. Quartal 2024. Informationsgemeinschaft/Statista [Fn. 4].

[7] Verkaufte Auflage der Tageszeitung Die Welt vom 3. Quartal 2016 bis zum 3. Quartal 2024, Informationsgemeinschaft/Statista [Fn. 4].

[8] Verkaufte Auflage der taz.die tageszeitung vom 3. Quartal 2016 bis zum 3. Quartal 2024. Informationsgemeinschaft/Statista [Fn. 4].

[9] „taz“ stellt gedruckte Tageszeitung 2025 ein. Welt.de, 16.9.2024.

[10] Medien-Abos – Marktüberblick Deutschland, Montana Medien.

[11] Entwicklung der verkauften Auflage der Wochenzeitungen in Deutschland im 4. Quartal ausgewählter Jahre von 1975 bis 2023, Informationsgemeinschaft [Fn. 3].

[12] Verkaufte Auflage der Wochenzeitung Die Zeit vom 2. Quartal 2015 bis zum 3. Quartal 2024. Informationsgemeinschaft/Statista [Fn. 4].

[13] Anzeigenumsätze (brutto) der Wochenzeitung Die Zeit in den Jahren 2008 bis 2023. PZ-online/Statista, 18. Januar, 2024.

[14] Verkaufte Auflage der Welt am Sonntag (WamS + WamS Kompakt) vom 3. Quartal 2016 bis zum 3. Quartal 2024. Informationsgemeinschaft/Statista [Fn. 4].

zurück, jene der *Frankfurter Allgemeinen Sonntagszeitung* (FAS)[15] von 264 000 auf 180 000. Dramatisch ist die Lage bei der *Bild am Sonntag* (BamS)[16], wo sich die Verkäufe seit 2016 auf 461 000 mehr als halbiert haben. Bei den Nachrichtenmagazinen sieht es wenig besser aus. Der *Stern* verlor seit Ende 2016 knapp 55 Prozent seiner Leser, *Focus* 50 Prozent. Einzig der *Spiegel* kann standhalten und büßte lediglich 13 Prozent ein. Er ist mit zuletzt 672 000 Verkäufen das mit Abstand größte Nachrichtenmagazin in Deutschland.[17]

Gleichzeitig brach seit 2010 ein Fünftel des Umsatzes der Tageszeitungen weg – von 8,0 auf 6,4 Milliarden Euro. Bei den Wochen- und Sonntagszeitungen, von denen es deutschlandweit nur noch 20 gibt, war es sogar ein Drittel. *Zeit, Frankfurter Allgemeine Sonntagszeitung, Welt am Sonntag* und Co. setzten nur noch 282 statt zuvor 421 Millionen Euro um.[18]

Die E-Paper-Auflagen und Online-Abos entwickeln sich hingegen positiv. Auffällig ist dabei, dass den starken Printrückgängen beim *Axel Springer Verlag* die meisten Online-Abonnenten gegenüberstehen. Die recht früh eingeschlagene Strategie „Online first“ hat Früchte getragen. Auf Platz eins steht die *Bild* mit rund 725 000 Abonnenten (Stand Dezember 2023), auf Platz zwei die *Welt* mit 223 000. Das verhältnismäßig junge Online-Only-Medium *Redaktions-Netzwerk Deutschland* kommt dahinter ebenfalls auf mehr als 200 000 Online-Abonnenten. Die Paid-Angebote von SZ (173 0000) und FAZ (127 000) sind die letzten, die noch eine sechsstellige Zahl an Abonnenten vorweisen können. Das Wachstum im Onlinebereich kühlte sich aber zuletzt deutlich ab.[19]

Wenn also schon diese deutlich leichter konsumierbaren Publikationen in ihrer Gesamtheit angesichts veränderten Leseverhaltens straucheln, scheint es an der Zeit, dass ein wissenschaftlich-journalistischer Zwitter wie OSTEUROPA sich seiner selbst vergewissert. Was muss also ein Beitrag in OSTEUROPA mitbringen, um künftig erfolgreich zu sein – ohne die OSTEUROPA-DNA zu verraten?

Standards

Aus wissenschaftlicher Sicht ist die zentrale Funktion weiterhin: neue Erkenntnisse. Die Fragestellung und das Erkenntnisinteresse müssen so angelegt sein, dass der Rezipient neues Wissen zu den Entwicklungen in Politik, Wirtschaft und Gesellschaft in Osteuropa generiert. Es sollte stets der Anspruch bestehen, einem verständlichen Thema, einer klaren These oder einer wichtigen Fragestellung nachzugehen. Ansonsten dürfte es künftig noch schwieriger werden, Leser zu finden. Gleichzeitig hat ein wissenschaftlicher Text die Funktion, Wissen zu bewahren. Das Problem: Dieses zu bewahrende Wissen

---

15 Verkaufte Auflage der Frankfurter Allgemeine Sonntagszeitung vom 3. Quartal 2016 bis zum 3. Quartal 2024. Informationsgemeinschaft/Statista [Fn. 4].

16 Verkaufte Auflage der Bild am Sonntag vom 3. Quartal 2016 bis zum 3. Quartal 2024. Informationsgemeinschaft/Statista [Fn. 4].

17 Verkaufte Auflagen der Nachrichtenmagazine Der Spiegel, Stern und Focus vom 3. Quartal 2016 bis zum 3. Quartal 2024. Informationsgemeinschaft/Statista [Fn. 4].

18 Bundesverband Digitalpublisher und Zeitungsverleger: Zur wirtschaftlichen Lage der deutschen Zeitungen, S. 19, <www.bdzv.de/fileadmin/content/7_Alle_Themen/Marktdaten/2024/Branchenbeitrag_2024/240712_BZDV_Branchenbeitrag2024.pdf>.

19 „Bild+“ wuchs 2023 am stärksten – aber nur dank Rabatten. dwdl, 17.1.2024.

bietet mitunter erst nach vielen Jahren vor allem für Wissenschaftler einen Mehrwert. Etwa dann, wenn OSTEUROPA zentrale Texte und Reden, wie jenen ideologischen Schlüsseltext von Präsident Vladimir Putin „Über die historische Einheit der Russen und der Ukrainer“ oder die „Kriegserklärungen“ kurz vor dem Überfall auf die Ukraine, auf Deutsch für die Zukunft bewahrt und durch Analysen beleuchtet oder durch Chroniken bestimmte Ereignisse im Detail festhält und damit die empirischen Grundlagen für eine künftige historiographische Bearbeitung einer Fragestellung legt.[20] Auch die Übernahme und das Übersetzen von Texten oder Daten-Websites, etwa aus kritischen russländischen Medien, haben dokumentarischen Charakter. Ein Beispiel sind die Wochenberichte zum Ukraine-Krieg von Nikolay Mitrokhin, der bis Ende 2024 schon 148 Wochen regelmäßig die wichtigsten Ereignisse an der Front dokumentiert und analysiert hat.[21] Hier entsteht ein gewaltiges zeitgeschichtliches Dokument. Mit dem Wissen-Bewahren ist auch die Kategorie der Haltbarkeit eines Textes verbunden. Hier kann OSTEUROPA selbstbewusst sein. Durch die empirisch fundierte, analytische Anlage der Texte ist ihre Haltbarkeit hoch. Sie veralten kaum. In der Lehre an den Universitäten oder in der politischen Bildung werden OSTEUROPA-Texte auch Jahre nach ihrer Veröffentlichung eingesetzt, weil die Hefte zu Referenzwerken und viele Beiträge zu Grundlagentext geworden sind.

Unabdingbar sind zudem die Recherchetiefe, der Faktencheck und das Redigieren durch die Redaktion. Sie sind die Grundlage dafür, dass einer Publikation Vertrauen geschenkt wird. Das kann am Ende sogar zu einer besseren Platzierung in Suchmaschinen führen. Große Marken im internationalen und deutschen Journalismus bauen gezielt diesen sogenannten *trust* aus, um ihre Rolle als Qualitätsmedium zu sichern und darüber ihre Auffindbarkeit im Netz zu steigern.[22] Beim Vertrauen der Leser und der Öffentlichkeit dürfte OSTEUROPA aber eher kein Problem haben – es ist eher die Reichweite.

Denn wenn es um eine höhere Reichweite und neue, jüngere Leser in einer Zeit geht, in der Aufmerksamkeitsspannen kürzer und Angebote immer leichter zugänglich und spielerischer werden, hat es eine Zeitschrift, in der die Texte in der Regel um die 15 Druckseiten, aber auch schon mal 30 Seiten lang sind, schwer. Selbstverständlich sollte OSTEUROPA nicht Tages- oder Wochenzeitungen nacheifern oder gar mit ihnen konkurrieren. Es sind völlig unterschiedliche Produkte – mit anderen Zielgruppen, Themen, Texten und Autoren. Dennoch kann es helfen, die journalistischen Ziele in den kommenden Jahren etwas stärker in den Blick zu rücken.

---

[20] Vladimir Putin: Über die historische Einheit der Russen und der Ukrainer, in: OSTEUROPA, 7/2021, S. 51–66. Dazu Andreas Kappeler: Revisionismus und Drohungen. Putins Text über Russen und Ukrainer, in: OSTEUROPA, 7/2021, S. 67–76 sowie Vladimir Putin: „Wir erkennen die Volksrepubliken an.“ Rede vom 21.2.2022, in: OSTEUROPA, 1–3/2022, S. 119–135. – Ders.: „Unser Vorgehen dient der Selbstverteidigung“. Rede vom 24.2.2022, in: ebd., S. 141–148.

[21] Nikolay Mitrokhin: Russlands Krieg gegen die Ukraine, Wochenberichte Herbst 2024, in: OSTEUROPA, 11–12/2024, S. 99–172.

[22] How To Earn Google’s Trust. Forbes, 10.3.2022.

Qualitätstest

Damit ein Text aus journalistischer Sicht „funktioniert", sind mehrere Punkte zu beachten. An erster Stelle steht für einen in der Branche sogenannten Blattmacher die Frage nach *Nachrichtenwert* und *Aktualität*: Ist das Thema aktuell und die Meldung neu? Denn je frischer das Ereignis, desto mehr Menschen interessieren sich in aller Regel dafür. Allein schon wegen des (mehr-)monatlichen Publikationsturnus sind OSTEUROPA hier Grenzen gesetzt, die allerdings auf der Website aufgebrochen werden können. Den Zeitversatz können aber etwa der Blick eines Autors aus einem ostmitteleuropäischen Land, mehr Recherchetiefe, ein neuer analytischer Ansatz, originelle Argumentation, die Exzellenz eines Autors oder ein Experteninterview wettmachen. Auch so hält der Text neue und bestenfalls überraschende Erkenntnisse bereit.
Die zweite wichtige Leitplanke eines Blattmachers bei einem journalistischen Produkt ist die *Relevanz*: Je größer die Bedeutung eines Themas, desto mehr Leser möchten sich informieren und fragen eine Einordnung nach. Dies war bei OSTEUROPA in den Monaten nach dem Beginn von Russlands Angriffskrieg gegen die Ukraine zu beobachten. Wohl noch nie zuvor wurden die Inhalte von OSTEUROPA so oft abgerufen. Zur Wahrheit gehört aber auch, dass dieses Interesse trotz der fortdauernden Kämpfe in der Ukraine nicht allzu lange währte. Plötzlich war für ein paar Monate Ostmitteleuropa lesernah, eine Sorge der Bürger, ein Teil des Alltags. Solche auch für den normalen Leser relevanten Themen zu bedienen, dürfte zu mehr Sichtbarkeit auf allen Kanälen und Mehrverkäufen führen. Mut zu etwas mehr (Online-)Journalismus, populäreren Themen, mehr Erklärtexten/Analysen, Porträts zu neuen wichtigen Persönlichkeiten, die in den Nachrichten eine Rolle spielen, könnte man OSTEUROPA raten. Auch Themen mit einem klaren Deutschlandbezug wie die Texte *Putins Mann – Kremlaffine Milieus in Deutschland*[23] oder auch *Drehkreuz Zentralasien – Wo sich die Spur deutscher Waren verliert.*[24] Zudem können mehr Interviews mit Menschen aus dem großen Experten-Netzwerk der Zeitschrift zu aktuellen Themen ein Reichweiten-Hebel sein. Mehr solche Texte ließen sich im Online-Zeitalter leichter verbreiten.
Überfällig wäre der Aufbau eines kostenlosen OSTEUROPA-*Newsletters*, der gezielt von Akteuren und Entscheidern aus Politik, Wirtschaft und Gesellschaft sowie Journalisten abonniert werden würde. Denn wenn es um die Frage geht, wann ein OSTEUROPA-Text „funktioniert", ist auch dieser Punkt von herausragender Bedeutung: die richtige Ausspielfläche, die richtige Plattform. Und hier, bei der Distribution, hapert es ebenfalls. Es ist nachgerade frustrierend, wie selten selbst Texte zu populäreren Themen gelesen werden. Nehmen wir etwa Heft 11–12/2024: Texte mit Überschriften wie „Aufstieg eines Verbrechers. Kadyrovs Gewaltherrschaft in Tschetschenien" oder „Die Russlandversteher. Orbán, die Ungarn und der Ukrainekrieg" könnten so auch auf Websites von Tages- oder Wochenzeitungen laufen und würden dort Zehntausende Male geklickt.[25]

---

[23] Andreas Heinemann-Grüder: Putins Mannen. Kremlaffine Milieus in Deutschland, in: OSTEUROPA, 6–7/2024, S. 111–134.

[24] Felix Eick: Drehkreuz Zentralasien. Wo sich die Spur deutscher Exporte verliert, in: OSTEUROPA, 8–10/2024, S. 277–294.

[25] Namig Abbasov, Emil A. Souleimanov: Aufstieg eines Verbrechers. Kadyrovs Gewaltherrschaft in Tschetschenien, in: OSTEUROPA, 11–12/2024, S. 229–242. – Krisztián Ungváry: Die Russlandversteher. Orbán, die Ungarn und der Ukrainekrieg, in: OSTEUROPA, 11–12/2024, S. 71–80.

Helfen würden neben einem Newsletter auch Kooperationen mit Medien mit mehr Reichweite, die gekürzte Versionen übernehmen und auf OSTEUROPA verweisen könnten. Gleichzeitig hätte das sicherlich auch seinen Preis, da die Ressourcen der Redaktion begrenzt sind. Und es soll auch auf keinen Fall heißen, nur noch Texte schreiben zu lassen, die „funktionieren". Relevante Themen zu identifizieren, die als eine Art Reichweiten-Multiplikator fungieren und mehr Nutzer zu OSTEUROPA bringen und die Bekanntheit weiter erhöhen können, dürfte sich aber lohnen.

Das dritte Kriterium zählt zu den größten Herausforderungen für ein jedes Medium: der journalistische Anspruch der *Urteilsfreudigkeit* und *Thesenstärke*. An dieser Stelle trennt sich die Spreu vom Weizen, denn hier entstehen oft wirklich eigene und einzigartig gute Beiträge. In wohl keinem der genannten Punkte stimmen die journalistischen und wissenschaftlichen Ziele derart überein. Je klarer und verständlicher die Idee eines Textes oder zumindest der Fragestellung, desto klarer ist auch dem Leser oder Nutzer, was ihn erwartet und was er aus dem Text mitnehmen können wird. Das, ebenso wie eine adäquate Textkürze und eine weniger nominale, aktivere, ergo verständlichere Sprache steigern zweifellos die Motivation, das Produkt zu konsumieren oder zu kaufen. Wenn es um den Klick- und Kaufanreiz geht, ist also weniger Floskel, kryptisches und voraussetzungsvolles Feuilleton, weniger Manierismus und Nichtssagendes und mehr eindeutige These, Zuspitzung, Überraschendes und Neues vonnöten. Andernfalls wird es im Onlinezeitalter schwer sein zu bestehen. Das beginnt beim Design des Textes, also bestenfalls vor dem Schreiben.

Dieser Grundsatz sollte auch in der „Verkaufe" berücksichtigt werden, die untrennbar zum Text und dessen „Funktionieren" dazugehört. Das heißt Überschrift, Unterzeile und Abstract sollten den Text ansprechend, verständlich und Neugier weckend präsentieren – eine Art Königsdisziplin der Blattmacherei. Auf die ein oder andere Weise sollte dabei ein *cliffhanger* eingebaut werden. Die Rede ist hier nicht von *clickbaiting,* sondern von seriösem und korrektem Einladen des Lesers in den Text, ohne bereits alles zu verraten. So wie man einem Freund eine Geschichte ankündigt, die man ihm erzählen möchte. Es sollte ein klarer Leseanreiz bestehen. Es ist schließlich ein Unterschied, ob man über eine seitenlange Kriegsanalyse die Überschrift „Kriegswoche 148" (langweilig, beliebig), „Lichterloh" (Feuilleton, unkonkret, nichtssagend), „Gefahr nicht gebannt", „Handlungsbedarf", „Mit harten Bandagen" (beliebig, nichtssagend, floskelhaft), „Der Fall von Vuhledar", „Gefährlicher Durchbruch im Donbass" (konkret, relevant, epochal), „Putins rätselhafte neue Rakete" (analytisch, erklärend), „Russland gehen die Panzer aus" (überraschend, neu) oder „Das dritte Kriegsjahr – und vier Szenarien für 2025" (analytisch, vorausblickend) schreibt. Der Leser erwartet bei jeder Überschrift etwas anderes – oder eben auch nichts, was ihn interessiert.

Daraus folgt eine schmerzhafte Erkenntnis: Der beste Text wird nicht gelesen, wenn er schlecht verkauft ist. All die Arbeit des Autors und der Redaktion hat sich dann kaum gelohnt. Deshalb sollte auch darauf in den kommenden Jahren ein Fokus gelegt werden. OSTEUROPA sollte sein multiples Profil und seine Ausrichtung auf Akteure aus Wissenschaft, Politik, Wirtschaft, Kultur, politischer Bildung und Journalismus behalten – und sich dem Rennen um Aufmerksamkeit und um neue und jüngere Leser dennoch weiter öffnen. Die Themen dafür sind da.

Schlagwörter:

Zeitschrift OSTEUROPA, Printmedien, Reichweite, Online-Journalismus, Wissenschaft

Aurelia Ohlendorf

Denkhilfen

Karten in OSTEUROPA

Die Zeitschrift OSTEUROPA setzt zur Wissensvermittlung auf Texte und Karten. Der Text erzählt das Nacheinander, die Karte visualisiert das Nebeneinander. Karten zeigen geographische, sozioökonomische und politische Inhalte und gestatten es, Komplexität und Gleichzeitigkeit im Raum darzustellen. Das OSTEUROPA-ARCHIV umfasst 550 Karten, die digital und gedruckt zugänglich sind. Behandelt werden Räume, Länder und Regionen, funktionale Dimensionen Europas, Ressourcen und Energiewirtschaft, historische Themen sowie Fragen der Vergleichenden Politikwissenschaft wie Wahlen. Doch wie findet eine Karte ihre Form? Ein Blick in die Kartenwerkstatt.

Am Rande einer internationalen Tagung kam die Rede zufällig auf OSTEUROPA. Ein französischer Historiker zeigte sich im Bilde: „Das ist doch die Zeitschrift mit den tollen Karten!" OSTEUROPA ist offensichtlich nicht nur für ihre empirisch fundierten Analysen und die Länder- und Themenhefte bekannt, die oft zu Referenzwerken werden, sondern auch für ihre Karten. Dabei handelt es sich nicht um Karten als historische Quellen.[1] Die Karten visualisieren vielmehr geographische, sozioökonomische und politische Inhalte, die anderweitig kaum zu finden sind. Unter den Zeitschriften der Area Studies ist OSTEUROPA die einzige, die neben den Texten umfangreiches visuelles Material publiziert, das über die reine Illustration hinausgeht. Die Karten dienen dazu, ein anderes, differenziertes, häufig sogar überraschendes Bild von Osteuropa zu zeichnen.

Als Medium unterscheidet sich die Karte grundlegend vom Text. Sie zeichnet sich vor allem dadurch aus, dass sie große Informationsmengen verräumlicht und auf einen Blick erfassbar darstellt. Während der Text narrativen Strukturen folgt und soziale Tatsachen wie Wohlstandsdifferenzen in einer Gesellschaft, regionale oder nationale Wahlergebnisse oder technische und ökonomische Zusammenhänge wie den Verlauf von Pipelines oder die Infrastruktur der Energiewirtschaft umständlich beschreiben muss, kann die Karte eine Fülle von Informationen eingängig abbilden. Sie vermag das Gleichzeitige im Raum darzustellen. Der Text erzählt das Nacheinander, die Karte visualisiert das Nebeneinander. So hat der Historiker Karl Schlögel die Notwendigkeit begründet, die zeitliche Dimension der Geschichte wieder mit dem Raum zu verknüpfen, in dem sie stattfindet.

Der sogenannte *spatial turn* Ende der 1980er Jahre hat die Bedeutung des Raumes in den Horizont der Kultur- und Geschichtswissenschaften gebracht. Damit erlangte auch

Aurelia Ohlendorf (1992), Dr. phil. des., Historikerin, Redakteurin bei OSTEUROPA, Berlin

[1] Jörn Happel, Christophe von Werdt (Hg): Osteuropa kartiert – Mapping Eastern Europe. Berlin, Wien 2010.

OSTEUROPA, 75. Jg., 1–3/2025, S. 115–124 **doi: 10.35998/oe-2025-010**

die Karte als visuelles Vermittlungsmedium eine neue Bedeutung in Publizistik und Wissenschaft. Sie ist unverzichtbares Hilfsmittel des räumlichen Denkens: Sie „erzählt mehr als tausend Worte".[2]

Dennoch müssen Karten, wie Texte auch, gelesen und dekodiert werden. Sie sind gemacht, konstruiert und müssen vom Betrachter dekonstruiert und interpretiert werden. Er muss wissen, dass Karten nicht von selbst faktentreue Abbilder der räumlichen Realität sind, sondern vom Autor mit bestimmten Intentionen verfasst wurden, dass er aus einer Fülle von Informationen auswählt und sie auf ein darstellbares und überschaubares Maß reduziert. Wer Karten zeichnet, druckt und verbreitet, hat Einfluss darauf, wie andere Menschen den Raum und die Welt wahrnehmen; mitunter drücken Karten auch Herrschaftsansprüche aus. John B. Harley, Geograph und Kartographie-Historiker, ging so weit zu sagen: „To own the map was to own the land."[3] In der Kolonialzeit waren sie ein mächtiges Instrument der imperialen Zentren zur Eroberung der Welt. Gerade weil sie auf den ersten Blick wie neutrale Abbilder wirken, liegt bei ihrem Verfasser eine so große Macht.

Im Kalten Krieg waren Karten oft politisch gefärbt und sollten dem Betrachter Einflusszonen der Supermächte näherbringen. Bekannt sind die Karten des ungarischen Kartographen Sándor Radó geworden[4], auf denen die Sowjetunion mithilfe der Mercator-Projektion riesig erscheint und in kräftigem Rot eingefärbt ist. In einer zunehmend als globalisiert wahrgenommenen Welt wurde die Karte als Medium zur Vermittlung von Weltbildern immer wichtiger. Sie wurde in der zweiten Hälfte des 20. Jahrhunderts bewusst eingesetzt, um den Rezipienten die Ausbildung eines globalen Raumverständnisses zu erleichtern. „Welt-Bildner"[5] nutzten die Karte, um den Blick der Menschen auf die Welt zu schulen und sie für Verflechtungen und Interdependenzen zu sensibilisieren, die über ihr lokales Vorstellungsvermögen hinausgehen. Ähnliches gilt für den Anspruch von OSTEUROPA. Die Zeitschrift verfolgt das Ziel, mit der Publikation vielfältiger, detaillierter Karten das Osteuropa-Bild der Leserschaft in Politik, Wissenschaft, Wirtschaft, Bildung und Kultur zu schärfen.

Die Annexion der Krim 2014 legte offen, wie vage die räumlichen Vorstellungen der deutschen Öffentlichkeit von Ostmitteleuropa und Osteuropa nach wie vor sind. Dass russischsprachige Ukrainer nicht unbedingt prorussisch eingestellt sind, war für viele schwer vorstellbar. Obwohl die EU-Osterweiterung nun über 20 Jahre zurückliegt, wirkt der Eiserne Vorhang in den Köpfen bis heute nach. Auf den mentalen Landkarten oder *Mental Maps*[6] vieler Menschen wird Prag noch immer östlich von Wien verortet, scheinen

---

[2] Karl Schlögel: Kartenlesen, Augenarbeit. Über die Fälligkeit des *spatial turn* in den Geschichts- und Kulturwissenschaften, in: Heinz Dieter Kittsteiner (Hg.): Was sind Kulturwissenschaften? 13 Antworten. München 2004, S. 261–282. – Karl Schlögel: Die Wiederkehr des Raums – auch in der Osteuropakunde, in: OSTEUROPA, 3/2005, S. 5–16. – Grundlegend: Im Raume lesen wir die Zeit. Über Zivilisationsgeschichte und Geopolitik. München 2003.

[3] John B. Harley: Maps, Knowledge, and Power, in: Denis Cosgrove, Stephen Daniels (Hg.): The Iconography of Landscape. Essays on the symbolic representation, design and use of past environments. Cambridge 1988, S. 277–312, hier S. 298.

[4] Siehe die Weltkarte von Sándor Radó in: Ute Schneider: Die Macht der Karten. Eine Geschichte der Kartographie vom Mittelalter bis heute. Darmstadt 2004, S. 119.

[5] David Kuchenbuch: Welt-Bildner. Arno Peters, Richard Buckminster Fuller und die Medien des Globalismus, 1940–2000. Köln u.a. 2021.

[6] Frithjof Benjamin Schenk: Mental Maps. Die Konstruktion von geographischen Räumen in Europa seit der Aufklärung, in: Geschichte und Gesellschaft, 3/2002, S. 493–514.

Kiew und Odessa viel weiter in der Ferne zu liegen als Marseille oder Barcelona, obwohl die tatsächliche, in Kilometern gemessene Entfernung vergleichbar ist.
So ist es einerseits Absicht der Zeitschrift, dieser Unkenntnis etwas entgegenzusetzen und andererseits herausfordernd, „Osteuropa" adäquat darzustellen. Denn „Osteuropa" ist ein politisches und kulturelles Konstrukt und in seiner Pauschalität mehr Fremdzuschreibung als Eigenbezeichnung.[7] Die vielfältigen politischen, geographischen, sozialen und ökonomischen Besonderheiten einer von Vielfalt geprägten Region angemessen darzustellen und dabei im nötigen Maße zu vereinfachen, ohne Wesentliches zu sehr zu reduzieren, ist der Drahtseilakt, den ein bewanderter Kartograph immer wieder aufs Neue wagen muss. „Die Zeit der Unschuld ist vorbei", schrieben die Geographen Sebastian Lentz und Stella Schmid 2005 in einem Beitrag über die Mercator-Projektion der Welt, die in den 1950er Jahren das Cover von OSTEUROPA zierte.[8] Produzenten und Rezipienten müssten heute dafür sensibilisiert werden, dass Karten „gemacht" werden.

„Mapping" Osteuropa

Der politische Osteuropa-Begriff aus dem Ost-West-Konflikt hatte mit dem Untergang des Staatssozialismus ausgedient. Mit dem Umbruch in den ehemals sozialistischen Staaten und deren Beitritt zur NATO und der Europäischen Union musste nicht nur die gegenwartsbezogene Osteuropaforschung über ihren Bezugsraum nachdenken, sondern auch die Zeitschrift OSTEUROPA ihren Raumbegriff kritisch reflektieren. Gleichzeitig stand in der Redaktion von OSTEUROPA ein Generationswechsel an. Und im Jahr 2002 kehrte die Zeitschrift der karolingischen Reichsstadt Aachen den Rücken, wo sie während des Ost-West-Konflikts produziert worden war. Sie kehrte nach Berlin zurück, wo sie von 1925 bis zur Einstellung der Zeitschrift nach dem deutschen Angriff auf Polen am 1. September 1939 ihren Sitz gehabt hatte.[9] Auf einer interdisziplinären Konferenz erarbeitete die Redaktion neue Leitlinien für OSTEUROPA in einer Zeit, die vom gravierenden Wandel der Osteuropa-Forschung und der Publikationslandschaft gekennzeichnet ist.[10] Diese Neuausrichtung Anfang der 2000er Jahre war der erste Faktor, der dazu beitrug, stärker als bisher auf Karten als Medium zu setzen.
Mit der Digitalisierung veränderten sich auch die Lesegewohnheiten auf der einen und die Möglichkeiten der Zeitschriftenproduktion auf der anderen Seite. Darauf reagierte die Redaktion mit einer zunehmenden Präsenz im Internet. Auch die Kartographie hatte sich in den letzten Dekaden des 20. Jahrhunderts grundlegend verändert. In den 1990er Jahren hatten digitale Verfahren die manuelle Kartenproduktion abgelöst. GIS-Programme (Geoinformationssysteme) erleichterten die schnelle Visualisierung großer Datenmengen im geographischen Raum. Die computergestützte Produktion von Karten war die zweite, technische Voraussetzung für ein umfangreiches Kartenangebot.

---

7 Larry Wolff: Inventing Eastern Europe: The Map of Civilization on the Mind of the Enlightenment, Redwood City, 1994. – Hans Lemberg: Zur Entstehung des Osteuropabegriffs im 19. Jahrhundert. Vom „Norden" zum „Osten" Europas, in: Jahrbücher für Geschichte Osteuropas 33, 1/1985, S. 48–91.

8 Sebastian Lentz, Stella Schmid: Blauer Riese. Das OSTEUROPA-Raumbild 1951–1955, in: OSTEUROPA, 12/2005, S. 133–138.

9 Jutta Unser: OSTEUROPA. Biographie einer Zeitschrift, in: OSTEUROPA, 8–9/1975, S. 555–602.

10 Manfred Sapper: Kontinuität im Wandel. Zur Zukunft von OSTEUROPA in Europa, in: OSTEUROPA, 4/2002, S. 395–404.

Verzerrte Karte: Cover der OSTEUROPA in den Fünfzigerjahren

Hinzu kam nach dem Ende des Staatssozialismus – vergleichbar zur Öffnung der Archive – ein erweiterter Zugang zu statistischen Daten und offiziellen Karten aus Osteuropa. In mehreren Nachfolgestaaten der UdSSR (u.a. Russland, Ukraine, Georgien, Armenien, Kasachstan) wurden Nationalatlanten mit einer Fülle an Informationen publiziert, die neue Möglichkeiten für die kartographische Umsetzung schufen und zugleich jeweils quellenkritisch behandelt werden mussten.

Als vierter Faktor kam die institutionelle Beziehung zum Leipziger Leibniz-Institut für Länderkunde (IfL) hinzu, nachdem Sebastian Lentz, der mit einer stadtgeographischen Arbeit über Moskau habilitiert worden war, zum Direktor des IfL berufen wurde. Im Vorstand der DGO übernahm er die Leitung der Fachgruppe Geographie und setzte sich dafür ein, die geographische Expertise in OSTEUROPA zu stärken. Die ersten Karten für OSTEUROPA entstanden deshalb in Zusammenarbeit mit der Abteilung für Kartographie des IfL. Als das IfL aus internen Gründen aus dieser Kooperation ausschied, übernahm die Leipziger Kartographin Silke Dutzmann die Aufgabe, die Karten in Absprache mit der Redaktion zu erstellen.

Nun kann nicht behauptet werden, dass die Karte als visuelles Mittel eine Neuentdeckung gewesen wäre. Auch vor der Jahrtausendwende hatte es in OSTEUROPA vereinzelt Karten gegeben. Allerdings nur, wenn ein Autor sie in das eigene Manuskript eingebaut hatte. Aus drucktechnischen Gründen und vor allem wegen der hohen Kosten wurde damals nur schwarz-weiß gedruckt. Kartographische Darstellungen waren deshalb zwangsläufig auf wenige Informationen reduziert. Ein Beispiel ist eine Gegenüberstellung von staatlichem und privatem Sektor in den Nachfolgestaaten Jugoslawiens 1995.[11] Neu ist, dass OSTEUROPA heute zu sozial- und wirtschaftsgeographischen Fragen eigene Recherchen durchführt, Daten erhebt und daraus dann Karten produziert.

Der Geograph Jörg Stadelbauer nutzte auch bereits in den 1990er Jahren Karten zur Visualisierung von Wahlergebnissen in den russländischen Regionen.[12] Diese Verräumlichung von Wahlergebnissen in Ostmitteleuropa und Osteuropa ist ein wiederkehrender Gegenstand der Karten. Allerdings setzt dies freie und faire Wahlen voraus. Während die Duma- und Präsidentenwahlen in Russland in den 1990er Jahren noch von Wettbewerb gekennzeichnet waren und die regionalen Analysen der Stimmverteilung einen Erkenntnisgewinn versprach, verzichtet OSTEUROPA heute darauf, die Ergebnisse von unfreien und offensichtlich gefälschten Wahlen zu visualisieren.

Anlass für die ersten Karten nach der Jahrtausendwende war eine Analyse zur Transformation des ländlichen Raums und der Landwirtschaft im Gebiet Kaliningrad aus der Feder der Leipziger Regionalgeographin Elke Knappe. Mit ihren Kolleginnen vom IfL fertigte sie fünf Schwarz-weiß-Karten an.[13]

---

[11] Herbert Büschenfeld: Privatisierung „gesellschaftlichen Eigentums" in den Nachfolgestaaten Jugoslawiens – eine Zwischenbilanz, in: OSTEUROPA, 3/1995, S. 220.

[12] Jörg Stadelbauer: Zur regionalen Differenzierung der Duma-Wahlergebnisse, in: OSTEUROPA, 5/1996, S. 449–457. – Ders.: Russische Präsidentschaftswahlen 1996. Dokumentation regionaler Wahlergebnisse, in: OSTEUROPA, 11/1996, S. 1096–1107.

[13] Elke Knappe: Eine schwierige Zukunft. Landwirtschaft und ländlicher Raum im Gebiet Kaliningrad, in: OSTEUROPA, 2–3/2003, S. 336–352.

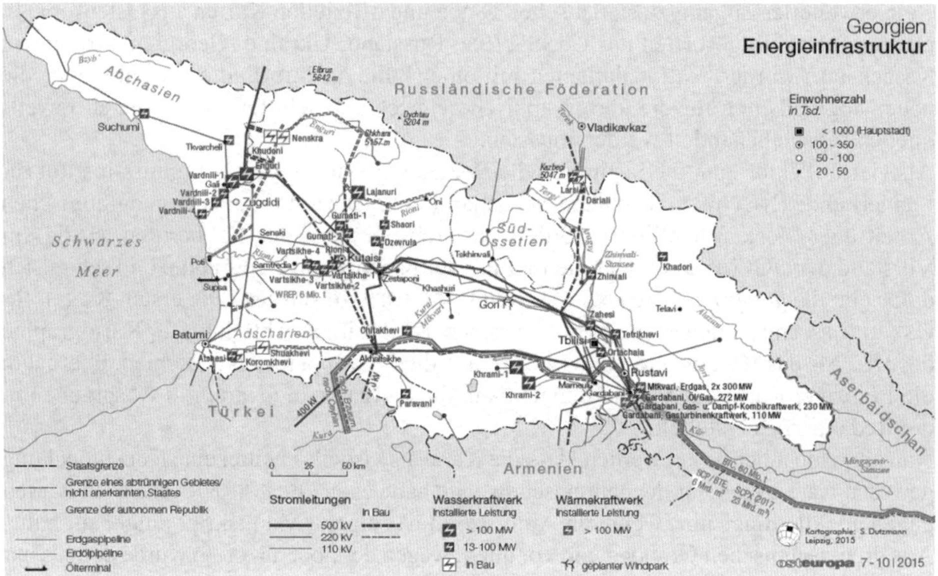

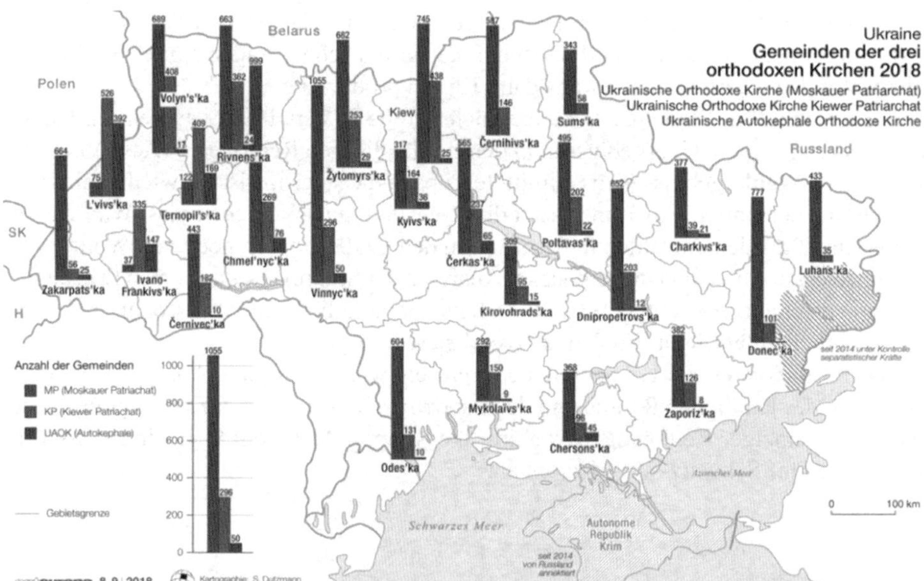

Karten, die es sonst nirgends gibt: Energieinfrastruktur in Georgien aus dem Jahr 2015 und Gemeinden der orthodoxen Kirchen in der Ukraine aus dem Jahr 2018. Alle Karten zu bestellen unter zeitschrift-osteuropa.de/karten/

Blick in die Kartenwerkstatt

An der Produktion dieser Karten war bereits Silke Dutzmann beteiligt. Sie hat in ihrem kartographischen Studium in den 1990er Jahren noch parallel das traditionelle manuelle Kartenzeichnen und die computergestützte Kartenproduktion mit dem vektorbasierten Zeichenprogramm FreeHand gelernt. Sie berichtet aus der Kartenwerkstatt, dass die Digitalisierung und die Verwendung von Geoinformationssystemen die Kartengestaltung flexibler und vielfältiger gemacht hat – ein Faktor, der sicher zur wachsenden Beliebtheit von Karten in der Publizistik beiträgt.

Was der Betrachter dem fertigen Produkt nicht mehr ansieht: Eine Karte setzt sich aus mehreren, übereinandergelegten Ebenen zusammen. Zuerst entscheidet sich die Kartographin, abhängig vom Thema, für einen geeigneten Ausschnitt und legt den Maßstab fest. In der ersten Ebene werden die grundlegenden geographischen Anhaltspunkte wie Flüsse und Grenzen angelegt. Die spezifischen Informationen folgen dann in weiteren Ebenen. Diese müssen oft entweder mühsam aus der Literatur oder Datenbanken recherchiert und einzeln eingetragen werden oder sie können aus anderen Karten, z.B. aus Atlanten übernommen werden. Dafür wird die Vorlage hinter die zu erstellende Karte gelegt und die relevanten Informationen „hochgezeichnet". Oder sie werden aus digitalen Datenbanken übernommen. Das Einfügen der einzelnen Signaturen („Informationspunkte") ist eine oft langwierige Fleißarbeit am Computer. Für komplexe Karten kann das durchaus mehr als einen Tag in Anspruch nehmen. In einem letzten Schritt wird die Karte benannt, die Legende erstellt und auf die Quellen verwiesen, um dem Betrachter das Rüstzeug zum Dekodieren der Informationen an die Hand zu geben.

Das Gesicht hinter den OSTEUROPA-Karten: Kartographin Silke Dutzmann

Ein zentrales Element zur Visualisierung von Informationen sind Farben und Symbole. Für deren Einsatz gibt es Konventionen, die die geübte Kartographin beherrscht und somit die Lesegewohnheiten der Rezipienten bedient. Bei Wahlergebnissen sollte darauf geachtet werden, die Parteien in ihren jeweils üblichen Farben abzubilden. Auf physischen Karten erscheinen Wälder grün, Flüsse blau und Siedlungen meist grau – das ist schon fast ein Naturgesetz. Auch für die Industrie gibt es bewährte Farbschemata: Chemie ist lila, Steinkohle silbern, Braunkohle braun. Oft wird die Farbgebung auch durch das Thema bestimmt: Solarenergie erwartet der Betrachter in Gelb, Wasserkraft in Blau. Silke Dutzmann sagt: „Die Farben hat man irgendwann im Gefühl.“ Wenn der Maßstab es erlaubt, arbeitet sie gerne auch mit bildlichen Symbolen – sie machen die Kartenlektüre abwechslungsreich und interessant. Bei der Auswahl von Symbolen für Kultur- oder Industriekarten ist sie so frei, wie die Konventionen es zulassen. Sie ist überzeugt, dass der Farbdruck die Karten vielfältiger und komplexer macht. Farbig gedruckte Karten sind ihre Mehrkosten definitiv wert.

Eine besondere Herausforderung beim Kartographieren „Osteuropas“ ist die richtige Schreibweise von Ortsnamen. Es ist einerseits der historische Wandel von Ortsnamen zu berücksichtigen (Petrograd – Leningrad – St. Petersburg), die unterschiedliche Bezeichnung in verschiedenen Sprachen (Lemberg, L'viv, Lwów, L'vov) sowie die jeweils richtige Transliteration aus verschiedenen Alphabeten (Taschkent – Taškent – Toshkent). Zumindest im Umgang mit Eigennamen aus der Russländischen Föderation oder zur Sowjetperiode kommen der Kartographin ihre Russischkenntnisse aus der Schule zugute. Mehrere Korrekturgänge zwischen Kartenerstellung und Redaktion eliminieren die meisten Patzer und können doch nie alle Fehler ausschließen. Die ein oder andere Ungenauigkeit kann der kundige Leser doch hin und wieder entdecken. Über 20 Jahre der Zusammenarbeit zwischen Redaktion und Kartographin haben einen enormen Erfahrungs- und Wissensschatz heranwachsen lassen. Für viele Darstellungen kann Silke Dutzmann auf bewährte Vorlagen zurückgreifen, so sind z.B. kartographische Wahlanalysen schnell erstellt. Andere, komplexere Karten erfordern viel Recherche und Kreativität in der Darstellung, bleiben dafür aber als spannende Herausforderungen in Erinnerung.

Das Kartenarchiv

Inzwischen umfasst das OSTEUROPA-Kartenarchiv fast 550 Karten, die gedruckt und digital veröffentlicht werden und jederzeit über die Website zugänglich sind.[14] Tatsächlich erwerben Schulbuchverlage oder Zeitungen gelegentlich Lizenzen zur Zweitnutzung dieser Karten in ihren Medien, und Universitätsangehörige oder Einrichtungen der politischen Bildung setzen die Karten in ihren Veranstaltungen ein.

Die Karten lassen sich fünf Themenfeldern zuordnen: Erstens *Europakonzepte*. Das sind Karten zu verschiedenen Europabildern, die nicht zuletzt das Verständnis für die Untersuchungsregion als Teil Europas schärfen sollen. Sie verdeutlichen, dass die Gestalt und die Ausdehnung Europas je nach Organisation und Funktion andere sind: Die Grenzen des geographischen Europa sind andere als die Grenzen der Europäischen Union. Davon wiederum ist das Europa des Europarats zu unterscheiden, der primär für den Schutz der Menschenrechte verantwortlich ist. Schaut man aus der Perspektive der Sicherheit auf Europa, so ergibt sich mit Blick auf die OSZE der für manche Betrachter sicherlich überraschende Befund, dass das „OSZE-Europa“ auch die USA und Kanada umfasst. Eine Karte von 2009 visualisiert die Beziehungen zwischen den slavischen Staaten und der EU, der NATO und die Grenzen und Überschneidungen mit Kirchentraditionen.[15] Eindrücklich ist auch eine Reihe von Karten, die das Zusammenwachsen Europas im

---

[14] <www.zeitschrift-osteuropa.de/karten/>.

[15] Gemeinsam Einsam. Die Slawische Idee nach dem Panslawismus, OSTEUROPA, 12/2009.

Bereich des Konsums visualisieren. Sie zeigen für das Jahr 2009 die Ausbreitung von globalen Konsumgüter-Konzernen wie Ikea, McDonalds und Douglas und demonstrieren eindrücklich, dass die Europäisierung des Marktes, die Normierung des Konsums deutlich schneller vonstattenging als die politische Europäisierung.[16] OSTEUROPA arbeitet mit einem funktionalen Europa-Begriff. Je nach Problemfeld kann Europa und damit auch Osteuropa anders abgegrenzt sein.

Zweitens *Grundlagenkarten* der physischen Geographie und der Sozial- und Wirtschaftsgeographie, die in Länderheften zu Tschechien, Polen, Ungarn, Rumänien, Belarus, zur Ukraine und der Russländischen Föderation sowie in den Handbüchern zum Kaukasus und Zentralasien erschienen sind. Diese werden regelmäßig aktualisiert. Insbesondere zu sozial- und wirtschaftsgeographischen Fragen leisten Redaktion und Kartographie oft Pionierarbeit, indem sie Daten recherchiert, zu denen es bis dahin keine Karten gegeben hat.

Drittens Karten zur *Energiewirtschaft*. Bereits 2004 gab es ein erstes Energie-Themenheft, das Karten zu Erdöl- und Gaspipelines von Russland nach Europa beinhaltete und einen Überblick über Kohle- und Ölvorkommen oder Atomenergieinfrastruktur in Russland bietet.[17] Über die Verräumlichung von Energieinfrastrukturen lassen sich geostrategische Interessen und außenpolitische Beziehungen nachvollziehen. Zu einem Standardwerk mit 24 Karten avancierte das „Logbuch Arktis“, das die Implikationen des Klimawandels für den Raum, konkurrierende Interessen an der Ressourcennutzung und see- und völkerrechtliche Aspekte untersuchte.[18] Nicht zuletzt stehen umweltpolitische Aspekte im Zusammenhang mit der Energieproduktion. Karten zu den Permafrost-Regionen[19] in Russland oder zur Entwicklung der pro-Kopf CO_2-Emissionen[20] oder auch zur radioaktiven Belastung in den postsowjetischen Staaten sollen hierüber aufklären.[21]

Viertens *Wahlen*. Analysen und Interpretationen von Wahlen sind ein Schwerpunkt der politikwissenschaftlichen und zeithistorischen Befassung mit den Ländern Ostmittel- und Osteuropas. Die Kartierung der Ergebnisse aller Wahlen etwa in Polen seit dem Jahr 2005 gestattet es, die Entwicklung der Wahlbeteiligung, des Wahlverhaltens, der Parteienstärke, der nationalen und regionalen Ergebnisse und die Korrelation mit sozio-ökonomischen Faktoren darzustellen. Vergleichbares ist möglich für die anderen ostmitteleuropäischen Staaten wie Tschechien oder Ungarn.

Fünftens *historiographische Karten*. Sie sind historischen Fragen gewidmet, die entweder direkte politische, gesellschaftliche und ökonomische Folgen für heute haben oder den Hintergrund erinnerungspolitischer Konflikte der Gegenwart erhellen. Exemplarisch sei hier die Kartierung der unter Stalin vorsätzlich herbeigeführten Hungerkatastrophe des *Holodomor* in der ukrainischen Sowjetrepublik erwähnt[22] oder der Band *Das Lager schreiben: Varlam Šalamov und die Aufarbeitung des Gulag*.[23] Dieser Band, einer der Bestseller der Zeitschrift, enthält Karten zur Ausdehnung des Lagersystems in der Sowjetunion, zeigt, welche klimatischen Bedingungen an den Standorten herrschten, oder

---

16 Freiheit im Blick. 1989 und der Aufbruch in Europa, OSTEUROPA, 2–3/2009 (Karten nur online).

17 Europa unter Spannung. Energiepolitik zwischen Ost und West, OSTEUROPA, 9–10/2004.

18 Logbuch Arktis. Der Raum, die Interessen und das Recht, OSTEUROPA, 2–3/2011.

19 Grünbuch. Politische Ökologie im Osten Europas, OSTEUROPA, 4–5/2008.

20 Im Fluss. Umweltpolitik in Russland, OSTEUROPA, 7–9/2020.

21 Ebd.

22 Vernichtung durch Hunger. Der Holodomor in der Ukraine und der UdSSR, OSTEUROPA, 12/2004.

23 Das Lager schreiben. Varlam Šalamov und die Aufarbeitung des Gulag, OSTEUROPA, 6/2007.

visualisiert erstmals en detail den Lagerkomplex an der Kolyma, im äußersten Nordosten der Sowjetunion.
Auch der Holocaust ist umfassend dokumentiert. Karten zeigen den Anteil der jüdischen Bevölkerung in den europäischen Staaten vor und nach dem Holocaust.[24] Andere sind dem deutschen Vernichtungskrieg gegen Polen und die Sowjetunion gewidmet, so etwa zu einem der größten Kriegsverbrechen während des Zweiten Weltkriegs, der Leningrader Blockade.[25] Eine Darstellung der „Straße des Lebens“ über den Ladoga-See, über die die Rote Armee das von der Wehrmacht eingekesselte Leningrad versorgte und Menschen aus der Stadt evakuierte, wird z.B. in Geschichtslehrbüchern für das Gymnasium genutzt.[26] Die Karte über die Opferzahlen des Holocaust zeigt, wie kartographisch mit der Unzuverlässigkeit von Daten umgegangen werden kann. Auf der Karte selbst – und das ist wichtig, weil die Karten auch unabhängig von erläuterndem Text lesbar sein müssen – wird die grundsätzliche Unzuverlässigkeit von Opferzahlen aus dem Zweiten Weltkrieg thematisiert und mit einem Literaturhinweis versehen. So suggeriert die Karte keinen falschen Objektivitätsanspruch, sondern legt offen, dass visuelle Darstellungen nur so zuverlässig wie die ihnen zugrundeliegenden Daten sein können.

Karte als Denkhilfe

Mit der Entdeckung der kartographischen Darstellung von Daten und Informationen steht OSTEUROPA nicht allein auf weiter Flur. Die Zeitschrift ist Teil eines allgemeinen Trends zu mehr Visualisierung in der Publizistik, der sich seit den frühen 2000er Jahren beobachten lässt. Die Monatszeitung *Le Monde diplomatique* gibt seit 2003 regelmäßig – alle ein bis zwei Jahre – einen Atlas der Globalisierung heraus, in dem in Karten, Graphiken und erläuternden Texten Daten aus Umwelt, Wirtschaft, Politik und ähnlichen Feldern dargestellt sind. Das Genre bewegt sich zwischen Lehrbuch, Nachschlagewerk und Periodikum und soll die globalisierte Welt in den Vorstellungshorizont des Lesers tragen. Auch die *Heinrich-Böll-Stiftung* bringt seit 2013 thematische Atlanten, vorrangig zu umweltpolitischen Themen (Wasser-Atlas, Fleisch-Atlas, Boden-Atlas), aber auch zu wirtschaftlichen, politischen oder sozialen Fragen heraus. In eine ähnliche Richtung geht das 2015 gegründete *Katapult*-Magazin, das seine Inhalte fast ausschließlich in Karten und Graphiken präsentiert. So reagiert die Publizistik einerseits auf neue Lesegewohnheiten und verändert zugleich die Rezeption mit einem wachsenden Angebot visueller Medien. Sie dienen als Denkhilfen[27] für das räumliche Begreifen der Welt.

Schlagwörter:
Karten, Kartographie, Graphiken, Geographie, Wirtschaft

---

[24] Impulse für Europa. Tradition und Moderne der Juden Osteuropas, OSTEUROPA, 8–10/2008.
[25] Die Leningrader Blockade. Der Krieg, die Stadt und der Tod, OSTEUROPA, 8–9/2011.
[26] Exemplarisch: Die Straße des Lebens. Flucht- und Versorgungswege im Dezember 1941, in: Andreas Gawatz, Andreas Grießinger: Geschichte. Ausgabe für Gymnasien in Baden-Württemberg 10. Braunschweig 2020.
[27] David Kuchenbuch, Welt-Bildner [Fn. 4], S. 15.

Gwendolyn Sasse

An der Schnittstelle

Wissenschaft und Öffentlichkeit. Eine Reflexion

Russlands Krieg gegen die Ukraine hat die Osteuropaforschung in die Öffentlichkeit katapultiert. Gesellschaft und Politik verlangen nach Hintergründen, Einordnung, Erklärung. An sich die Stunde der Experten. Doch die Logik der Medien und die Gesetze der Aufmerksamkeitsökonomie erzeugen irritierende Effekte: Im öffentlichen Diskurs geht es erstaunlich selten und wenig um die Ukraine, Medien bieten „Experten" ohne Expertise die Bühne, TV-Talk-Shows inszenieren Debatten, an deren Ende die Erkenntnis steht: Die Lage ist schwierig. Krieg oder Frieden verkommen zur Ansichtssache. Aufklärung durch Wissen gelingt so nicht. Doch für Wissenschaftler bleibt die Einmischung in die öffentliche Debatte Bürgerpflicht. Allerdings gilt es dabei, sich und der Öffentlichkeit Rechenschaft über die Möglichkeiten und Grenzen der eigenen Expertise abzulegen.

Der Großangriff Russlands auf die Ukraine am 24. Februar 2022 katapultierte die Osteuropaforschung in die Öffentlichkeit. Unter denjenigen, die die rasanten Entwicklungen in unterschiedlichsten Medienformaten – von lokalen Medien über Live-Chats oder Threads in den sozialen Medien bis hin zu den Talkshows der öffentlich-rechtlichen Sender – kommentierten und einordneten, waren zahlreiche Wissenschaftlerinnen und Wissenschaftler[1] aus Universitäten sowie Angehörige von Think Tanks mit Osteuropa- und Militärexpertise. Anders als in der Welt der Think Tanks gibt es im universitären Kontext keine generelle institutionelle Verpflichtung, sich in diese Art des Austauschs mit Öffentlichkeit und Politik zu begeben, auch wenn der Begriff der „Wissenschaftskommunikation" in der Logik wissenschaftlicher Drittmittelförderung mittlerweile einen festen Platz einnimmt und öffentlich geförderte Einrichtungen ihn zunehmend als Teil ihres Aufgabenprofils verstehen.

Für viele Wissenschaftler gehört es zu ihrem Selbstverständnis, in einer Krise, die ihr Forschungsgebiet direkt tangiert, zu einem besseren Verständnis der Lage beizutragen. Die Corona-Pandemie zeigte dies deutlich. Durch Russlands Krieg gegen die Ukraine

Gwendolyn Sasse (1971), Dr. phil., Politikwissenschaftlerin, Wissenschaftliche Direktorin des Zentrums für Osteuropa- und internationale Studien (ZOiS), Einstein-Professorin für Vergleichende Demokratie- und Autoritarismusforschung an der Humboldt-Universität zu Berlin

Von Gwendolyn Sasse erschien in OSTEUROPA: Russlands Krieg gegen die Ukraine. Faktoren, Ursachen, Dynamik, in: OE, 6–8/2022, S. 167–178. – Mann ohne Eigenschaften. Die Wahl Volodymyr Zelens'kyjs in der Ukraine (mit J. Durkot, V. Kulyk, K. Miščenko, A. Wilson), in: OE, 3–4/2019, S. 3–18. – Stabilität durch Heterogenität: Regionale Vielfalt als Stärke der Ukraine, in: OE, 2–4/2010, S. 105–122.

[1] Die Verwendung des generischen Maskulinums im weiteren Verlauf des vorliegenden Textes ist allein der besseren Lesbarkeit geschuldet. – Red.

OSTEUROPA, 75. Jg., 1–3/2025, S. 125–130 **doi: 10.35998/oe-2025-011**

waren nun Experten aus anderen Fachgebieten gefragt. Insbesondere in den ersten Wochen und Monaten nach dem Beginn der vollumfänglichen Invasion war in den deutschen Medien eine Vielfalt an Stimmen aus der Wissenschaft zu vernehmen. Mit der Zeit ebbte diese Präsenz wieder ab und konzentriert sich inzwischen auf einen relativ kleinen Kreis, darunter Militär- und Sicherheitsexperten, die in der öffentlichen Wahrnehmung langsam zu Osteuropa-Experten wurden und diese ersetzten. Die Kriegsdynamik brachte es mit sich, dass die Debatte sich rasch auf das unmittelbare Frontgeschehen und die Frage der westlichen militärischen Unterstützung konzentrierte. Im öffentlichen Diskurs geht es erstaunlich selten und wenig um die Ukraine an sich. Nach der anfänglichen Fokussierung auf die Frage, warum das vermeintlich Unerwartete, Russlands Großangriff, passieren konnte, konzentrierten sich die meisten Medienbeiträge und Debatten darauf, was der Krieg „für uns" bedeutet, häufig anhand von Kostenrechnungen.

Fragwürdige Experten

Ein Krieg lässt sich vermeintlich einfacher kommentieren als ein medizinischer Notstand. Die Bandbreite der Stimmen zum Krieg ist entsprechend groß. Hier ist für die Öffentlichkeit oft schwer zu verstehen, wer auf der Grundlage der eigenen, empiriegestützten Forschung spricht und wer, eventuell geschmückt mit einem akademischen Titel, munter ohne konkreten Fachbezug die eigene Meinung kundtut – etwa über Frieden, Sanktionen, Verhandlungen zwischen Russland und der Ukraine oder „unabdingbare" territoriale Zugeständnisse der Ukraine an Russland. Die Unterscheidung zwischen kommentierenden Stimmen in den Feuilletons, Talkshows, Podcasts und sozialen Medien ist für Zuhörer und Leser häufig intransparent. Ein Professorentitel vermittelt – gerade im deutschen Kontext – bei vielen noch immer ein Gefühl von Autorität und Deutungshoheit. Umso wichtiger sind explizite Hinweise, worüber auf der Grundlage der eigenen Forschung bzw. der Forschung im eigenen Fachgebiet geurteilt wird und worüber sich alle – ob mit Professorentitel oder ohne – gemäß der Meinungsfreiheit austauschen. Die Debatten über die politischen Antworten auf Russlands Angriffskrieg haben einmal mehr gezeigt, dass die jeweilige Grundlage, auf der argumentiert und gestritten wird, für alle Beteiligten sichtbarer sein müsste.

Jede lang anhaltende Krise benötigt nach der Rationalität der Medien einen Nachrichtenwert oder bislang nicht beleuchtete Facetten. Wenn die Nachrichtenlage oder die Bilder diese Facetten nichts „hergeben" oder nach den Gesetzen der Aufmerksamkeitsökonomie das Interesse schwindet, füllen kontrovers geführte Debatten in Rundfunk und Fernsehen diese Lücke. Debatten dieser Art haben mehr Unterhaltungswert und mit der Begründung, das gesamte Meinungsspektrum abzubilden, verschaffen sie einigen Begriffen, Thesen, Personen oder Parteien Raum im öffentlichen Diskurs. Die öffentlich-rechtlichen TV-Talkshows mit ihren weiterhin hohen Einschaltquoten setzen Politiker der AfD oder seit 2024 vom BSW neben einen Korrespondenten aus Kiew oder eine Osteuropa- oder Militärexpertin und signalisieren dem Publikum somit vor allem eines: Die Lage ist kompliziert und es gibt verschiedene Meinungen. Krieg und Frieden werden so zur Ansichtssache, egal ob sie auf der Grundlage empirischer Daten, längerer Beobachtungen vor Ort oder aber vom Sessel zu Hause oder im Wahlkampf formuliert werden. In dieser Art von Austausch verengte sich der Kreis von Wissenschaftlern und Experten in den

Diskussionen über den Krieg wieder. Darüber hinaus nahmen (ehemalige) Politiker oder ungenau als „Publizisten“ bezeichnete Kommentatoren, die vor 2022 die von Russland ausgehenden Gefahren kleingeredet hatten, zum Teil ihren Platz wieder ein. Bei einem derartigen Schlagabtausch kann wissenschaftsgestützte Osteuropa-Expertise kaum zur Aufklärung beitragen. Im ungünstigsten Fall werden Osteuropa-Experten selbst zum Teil des Problems, wenn sie durch ihre Anwesenheit eine große Bandbreite von Ansichten und Parolen zum Thema legitimieren helfen.

Wer sich in der Öffentlichkeit, insbesondere in den sozialen Medien, zu Russlands Krieg äußert, erntet mehr als Beifall oder Ablehnung. Die Reaktionen reichen von Anfeindungen über Beleidigungen und Obszönitäten bis zu Morddrohungen. Auch wenn akademische Institutionen aktive Wissenschaftskommunikation generell begrüßen, sind viele nicht darauf vorbereitet, ihre Mitarbeiter vor solchen Anfeindungen zu schützen oder sie zu unterstützen, sei es psychologisch, rechtlich und – bei anfallenden Anwalts- oder Gerichtskosten – auch finanziell.

Stereotypen statt Fakten

Drei Jahre nach Beginn des massiven Krieges trifft man erstaunlich oft auf stereotype Denkmuster, von denen es nach der Großinvasion 2022 zunächst schien, als seien sie aufgebrochen und überwunden worden. Zu diesen Stereotypen gehören die reflexähnlichen Verweise auf Korruption und Rechtsextremismus in der Ukraine; in Bezug auf Russland erhalten die Thesen von der „eigentlich ja russischen“ Krim, oder von der NATO, die Russland bedroht habe, immer noch oder erneut viel Zuspruch. Wissenschaftler, Experten und Journalisten, die seit drei Jahren (oder länger) unermüdlich über Russland, die Ukraine und andere Länder Osteuropas reden, Hintergründe darlegen, erklären, von vor Ort berichten, fragen sich nicht selten, ob sie in der öffentlichen Debatte tatsächlich zu einem besseren Verständnis der Entwicklungen beigetragen haben. Mitunter fühlt es sich so an, als sei in Deutschland das Rad der Zeit auf die Jahre vor Februar 2022 zurückgedreht worden – trotz oder wegen der Nähe eines Krieges, dessen Dimensionen die Vorstellungskraft jedes Einzelnen übersteigt. Nicht nur die lückenhaft erinnerte deutsche Geschichte in Osteuropa, auch die Fülle relativ gleichförmiger Debattenformate in den deutschen Medien trägt dazu bei.

Wir leben in einer Welt, in der ein Anspruch auf Fakten zum Alltag gesellschaftlicher Debatten gehört. Etwas „wirklich“ zu wissen, gilt einerseits als hohes Gut, andererseits wird wissenschaftliche Autorität von vielen Seiten angezweifelt und unterminiert. Die Quellen der beanspruchten Deutungshoheit fallen höchst unterschiedlich aus: Manche verschaffen sich Gehör durch einen Verweis auf ihre Rolle als Augenzeugen eines bestimmten Moments, andere verweisen auf ihre in der Politik gesammelte Erfahrung, die sie zu einer „realistischen“ oder „objektiven“ Einschätzung der Ereignisse befähigen soll und wieder andere leiten aus ihrer wissenschaftlichen Forschung, die Teilaspekte einer Thematik erfasst, oder aus dem kollektiven Wissen in einem Forschungsfeld ihre Fähigkeit zur Analyse ab.

Die Frage, wo Fakten enden und Meinung beginnt, ist unsicheres Terrain geworden. Begriffe wie Trumps „alternative Fakten“ sind Teil dieser Verunsicherung. Die in einer Demokratie verbriefte Meinungsfreiheit ist etwas grundsätzlich anderes als „anything goes“. Mit Verweis auf die Meinungsfreiheit sind in den USA demokratische Prinzipien und Institutionen sichtbar geschwächt worden. Auch europäische Demokratien sind nicht vor dieser Gefahr gewappnet. Aufklärung mit explizitem Bezug auf den Begriff „Fakten" hat es zunehmend schwer. Zugleich wird die Tatsache, dass Wissenschaft nicht wertfrei ist und nicht ohne normative Grundlagen sein kann, auch nicht automatisch zu einer überzeugenden These im öffentlichen Diskurs, der zunehmend von Polarisierung und Radikalisierung gekennzeichnet ist.

In gesellschaftlichen Krisen diskutieren Wissenschaftler in der Öffentlichkeit nicht in einem luftleeren Raum und beziehen auch politische Positionen. Beobachter wie etwa Alexander Libman sehen einen „Drahtseilakt zwischen Wissenschaft und Aktivismus".[2] Diese Gegenüberstellung impliziert, dass es eine klare Grenze zwischen diesen beiden Sphären gibt. In der Praxis lässt sie sich nicht eindeutig ziehen. Dennoch ist sie in ihrer vermeintlichen Klarheit wirkungsmächtig. Im Zweifelsfall liefert sie denjenigen politischen Meinungen Vorschub, die die Autorität von Wissenschaft generell anzweifeln oder zu untergraben versuchen. Zugespitzte Gegensätze lenken die Aufmerksamkeit weg von konkreten Aussagen, Forschungsergebnissen und der Reflexion über die jeweilige Grundlage einzelner Äußerungen. Kritische Selbstreflexion und notwendige Debatten über die jeweiligen Annahmen, Positionen, Erfahrungen, ethischen Implikationen und Grenzen von Wissen, die sich allesamt inmitten eines Krieges mit großer Dringlichkeit stellen, werden so abgekürzt statt sie verstärkt einzufordern und in den Mittelpunkt zu stellen.

Einmischung als Bürgerpflicht

Jeder, der sich in den öffentlichen Austausch begibt, muss darauf vorbereitet sein, dass neben der rückblickenden Erklärung der Zusammenhänge, bei denen die eigene wissenschaftliche Expertise direkt zur Anwendung kommt, auch nach den politischen Antworten auf nationaler oder internationaler Ebene und möglichen Zukunftsszenarien gefragt wird. Es gibt kaum ein öffentliches Format, in dem man bei der eigenen wissenschaftlichen Erkenntnis stehenbleiben und sich dem Interesse entziehen könnte, welche Konsequenzen sich aus der Analyse ergeben und welche Lösungsansätze sich bieten. Ein Teil der „Übersetzungsarbeit" ist genau diese Verknüpfung der eigenen Forschung mit dem Hier und Jetzt sowie möglichen Zukunftsperspektiven. Ein historischer Abriss der Beziehungen zwischen Russland und der Ukraine oder eine evidenzbasierte Antwort auf die Frage nach der Struktur und der Entwicklung der ukrainischen Gesellschaft in den vergangenen zehn oder 30 Jahren geht nahtlos in Fragen über, ob und wenn ja welche Waffenlieferungen an die Ukraine erforderlich seien, welche Auswirkungen der Krieg auf Deutschland, Europa und die Welt habe und wie ein Weg zu einem nachhaltigen Frieden aussehen könne. Es wäre naiv, diese Art der Fragen nicht zu erwarten. Sie unter Verweis auf wissenschaftliche Unabhängigkeit nicht zu beantworten, ließe viele an der gesellschaftlichen Relevanz von Wissenschaft zweifeln.

Wo aber beginnt „Aktivismus"? In der Gegenüberstellung mit „Wissenschaft" haftet diesem Begriff häufig eine negative Konnotation an. Bei der Einführung von universi-

---

2 Alexander Libman: Osteuropaforschung im Rampenlicht: ein Drahtseilakt zwischen Wissenschaft und Aktivismus. Russland-Analysen, 438/2023, <https://laender-analysen.de/russland-analysen/438/osteuropaforschung-im-rampenlicht-ein-drahtseilakt-zwischen-wissenschaft-und-aktivismus/>.

tären Lehrmodulen mit Bezug auf den Krieg? Beim öffentlichen Kommentieren politischer Entscheidungen, die das eigene Forschungsgebiet tangieren, beim Initiieren von Offenen Briefen und Petitionen, beim Auftritt als Sprecher auf einer Demonstration, bei privatem oder öffentlich sichtbarem Engagement für Geflüchtete, bei der Forderung nach Ressourcen für ukrainische Wissenschaftler oder bei Spendenaufrufen für medizinische Hilfsgüter oder für militärische Ausrüstung und Drohnenabwehr? Die Liste möglicher gesellschaftspolitischer Interventionen ist lang – an manchen nehmen Wissenschaftler in ihrer beruflichen Funktion teil, an anderen als Privatpersonen. Noch dazu engagieren sich viele Wissenschaftler für verschiedene gesellschaftliche Belange gleichzeitig, von denen manche direkt an ihre Fachexpertise gekoppelt sind und andere nicht. Warum sollten sich Wissenschaftler weniger für gesellschaftliche Themen interessieren und engagieren als andere Menschen?

Der Topos von der Wissenschaft im Elfenbeinturm wird im nichtwissenschaftlichen Raum immer noch gerne bemüht, obwohl er für die meisten Wissenschaftler nicht der Realität entspricht. Schon Max Weber setzte den Begriff „Objektivität" in den Sozialwissenschaften zu recht in Anführungszeichen.[3] Forschungsfragen entstehen nicht in einem Vakuum, sondern folgen unterschiedlichen Interessen, zu denen sowohl persönliche Erfahrungen, bestimmte Fähigkeiten wie Sprach-, Landes-, oder Methodenkenntnisse als auch konkrete Finanzierungsmöglichkeiten oder pragmatische Abwägungen von Karrierechancen gehören, die je nach Disziplin und Kontext bestimmte Themen oder Methoden anschlussfähiger machen. Diese Interessen wiederum ermöglichen Zugänge zu bestimmten Daten, gestalten den Rahmen, in denen Ergebnisse diskutiert und publiziert werden und prägen die weitere Forschungsagenda. Darüber hinaus fällt es schwer, sich Forschung und Lehre von Sozialwissenschaftlern vorzustellen, die kein intrinsisches Interesse an ihren Themen – z.B. Demokratieabbau, Migration, Flucht, Krieg und Frieden – haben. Dieses Interesse unterminiert nicht per se ihre Glaubwürdigkeit als Wissenschaftler, die forschen und lehren.

Der Verweis auf die Objektivität von Wissenschaft hilft auch in bewegten politischen Zeiten nur bedingt weiter.[4] Eine intellektuelle Abschottung von der Realität, welche die Wissenschaft zu erfassen versucht, kann kontraproduktiv sein. Wissenschaft und wissenschaftliche Ergebnisse sind gesellschaftlich und politisch umstritten, angefochten und ein integraler Teil des öffentlichen Diskurses in einer offenen Gesellschaft. Freie Wissenschaft beruht auf Werten. Wissenschaftsfreiheit ist in Deutschland im Grundgesetz als Grundrecht verbrieft. So ist es logisch und konsequent, wenn sich Wissenschaftler zu Wort melden, wenn diese Werte unter Druck geraten, sei es in Deutschland oder in Russlands Krieg gegen die Ukraine, der im Kern ein Krieg über die politische Ordnung, die Souveränität und Selbstbestimmung der Ukraine ist, die Russland zu zerstören versucht.[5]

Natürlich sind auch diejenigen, die Wissenschaft des Aktivismus bezichtigen, nicht frei von politischen oder institutionellen Grundannahmen. Der Wissenschaftsbetrieb ist selbst von Strukturen, Anreizen und somit Annahmen über den Wert bestimmter Themen,

---

[3] Max Weber: Die „Objektivität" sozialwissenschaftlicher und sozialpolitischer Erkenntnis, in: Archiv für Sozialwissenschaft und Sozialpolitik, 1/1904, S. 22–87. <https://nbn-resolving.org/urn:nbn:de:0168-ssoar-50770-8>.

[4] Wissenschaft, Öffentlichkeit, Demokratie. Aus Politik und Zeitgeschichte, 26–27/2022, <www.bpb.de/system/files/dokument_pdf/APuZ_2022-26-27_online_0.pdf>.

[5] Gwendolyn Sasse: Russlands Krieg gegen die Ukraine. München 2024 (3. erw. Auflage).

Theorien, Methoden und Netzwerke gekennzeichnet. Die Politik bedient sich wissenschaftlicher Erkenntnisse durchaus selektiv und zweckgebunden. Nicht selten gibt es in Krisensituationen politische Schelte am Expertentum, das als realitätsfern oder gar Störfaktor dargestellt wird, wenn es sich mit Kritik an gegenwärtiger Politik verbindet. Weder ein stilisierter Gegensatz zwischen Wissenschaft und Aktivismus noch neue Begrifflichkeiten, die einen Typus von „wissenschaftlichem Aktivismus" begründen, oder die Definition von Aktivismus als ein intrinsisches Element von Wissenschaft, lösen das bestehende Spannungsverhältnis auf. Es erscheint vielversprechender, dieses produktiv zu nutzen und die jeweiligen Annahmen, Hintergründe und Positionen zu thematisieren.[6]

Expertise und Transparenz

Hinter dem breit gefassten Begriff „Expertise" erscheint auch der Begriff „Forschung" im öffentlichen Diskurs als zu unpräzise. Expertise speist sich aus verschiedenen Quellen und Erfahrungen – so z.B. im Falle des Krieges gegen die Ukraine aus jahrelanger wissenschaftlicher Beschäftigung mit einem Teilaspekt, der nun auf der politischen Tagesordnung steht, aus der Berichterstattung von der Front oder aus dem langfristigen Engagement in der Sprachvermittlung an Geflüchtete. Unterschiedliche Arten von Expertise haben je nach Kontext ihre Funktion und Berechtigung und verdienen es benannt zu werden. Transparenz über die jeweiligen Hintergründe gehört zu einer ehrlichen und informierten Debatte. Sozialwissenschaftliche Forschung in Form von langfristigen, nur selten an der Tagespolitik orientierten Projekten, bei denen qualitative und quantitative empirische Datenerhebungen und -analysen im Vordergrund stehen, ist etwas anderes als die systematische Auswertung von Sekundärquellen oder eine Dienstreise nach Kiew, auf der Gespräche mit Entscheidungsträgern, lokalen Experten und Menschen aus der Zivilgesellschaft geführt werden. Es geht nicht um die Hierarchisierung von Expertise, aber um ein besseres Verständnis ihrer jeweiligen Potenziale und Grenzen.
Für viele mögen diese Unterscheidungen abstrakt klingen. Dennoch ist eine ehrliche Kommunikation über die Möglichkeiten und Grenzen der eigenen Expertise hilfreich – insbesondere in Krisenzeiten. Hierzu gehört auch das Engagement für eine größere Wissenschaftskompetenz und einen reflektierten Umgang mit Daten in Politik und Öffentlichkeit (Data Literacy). Ein Teil ist die kritische Selbstreflexion der eigenen Expertise, ein anderer Teil ist die öffentliche Thematisierung der Aufgaben, Arbeitsweisen und Unterschiede im Selbstverständnis von Think Tanks, Universitäten, außeruniversitären Forschungsinstituten, Stiftungen, Gedenkstätten und kulturellen Einrichtungen, die alle den Begriff „Forschung" für sich beanspruchen. Einer Präzisierung dessen, was im jeweiligen Kontext gemeint ist und was nicht, in öffentlichen Diskussionen mehr Raum zu geben, wäre ein Schritt in Richtung einer transparenteren und damit glaubwürdigeren Schnittstelle zwischen Wissenschaft und Öffentlichkeit. Nicht nur in Kriegszeiten.

Schlagwörter:
Medien, Öffentlichkeit, Osteuropaforschung, Experten, Talkshows

---

[6] Ähnlich argumentiert Nina Weller: „Wissenschaftsaktivismus und Osteuropaforschung in Zeiten des Krieges". ZFL Blog, 30.11.2023, <www.zflprojekte.de/zfl-blog/2023/11/30/nina-weller-wissenschaftsaktivismus-und-osteuropaforschung-in-zeiten-des-krieges/>.

Dietrich Beyrau

Perspektivenwechsel

100 Jahre historische Osteuropaforschung

Die historische Osteuropaforschung blickt auf eine über einhundertjährige Geschichte zurück: Die Katastrophen des 20. Jahrhunderts schlugen sich in der Geschichtsschreibung nieder. Waren „der Osten" und die Slawen seit dem 19. Jahrhundert das Exotische, das befremdliche „Andere", wurden sie seit Ende der 1920er Jahre zum Objekt deutscher Hegemonialbestrebungen, im Zweiten Weltkrieg zum Opfer genozidaler Kriegsführung. Osteuropa-Historiker lieferten als „kämpfende Wissenschaft" dazu die Legitimation. Nach dem Krieg herrschten Schweigen, Amnesie und Selbstamnestierung. Die im Krieg aufgewachsene Generation vollzog ab den späten 1960er Jahren den Wechsel zur sozialhistorisch orientierten Geschichtsschreibung. Für nicht so wenige „68er" waren Marxismus, die Russische Revolution und ihre Folgen kein nur historischer Gegenstand, sondern Anregung für die Deutung der Gegenwart. Heute sind die klassische Geistes-, Wirtschafts- und Politikgeschichte marginalisiert. Die Hinwendung zur neuen Kulturgeschichte hat neue Perspektiven eröffnet, geht aber auch mit Entpolitisierung einher.

Die Geschichtsschreibung über das östliche Europa im deutschsprachigen Raum blickt nun bereits auf eine über hundertjährige Geschichte zurück. Auch die Zeitschrift OSTEUROPA hat daran seit 1925 für die Zeitgeschichte ihren Anteil. Angesichts der Katastrophen und Umbrüche im 20. und 21. Jahrhundert unterlag auch die Geschichtsschreibung zu Osteuropa einem Wandel, einem Wechsel der Perspektiven und Methoden. Einigen dieser Aspekte geht der folgende Beitrag nach. Wer die Frage stellt, welche Themen das Fach Osteuropäische Geschichte bearbeitet und welche Ergebnisse Eingang in die deutsche Öffentlichkeit gefunden haben, steht vor einem Problem. Spätestens seit den 1960er Jahren ist die isolierte Darstellung der deutschsprachigen Geschichtsschreibung ohne die Anregungen vor allem aus der angelsächsischen Welt etwas künstlich. Diese Verflechtung lässt sich an einzelnen Themenfeldern aufzeigen. Es waren vor allem die Werke englischsprachiger Autoren über Themen der osteuropäischen Geschichte, die auf dem deutschen Buchmarkt und in der Öffentlichkeit viel Aufmerksamkeit erfahren haben. Hier sei nur an Catherine Merridales *Steinerne Nächte* (2001), Orlando Figes *Die Flüsterer* (2008), Antony Beevors *Stalingrad* (2001), Richard Overys *Russlands*

Dietrich Beyrau (1942), Dr. phil., Prof. em., Historiker, Universität Tübingen
Von Dietrich Beyrau erschien in OSTEUROPA u.a.: Lehren aus der Niederlage. Russland und der Erste Weltkrieg, in: OE, 4/2023, S. 57–81. – Im Kreislauf der Geschichte. Die Macht und ihre Widersacher in Russland, in: OE, 8–9/2021, S. 113–137. – Der Bolschewismus als Saga. Yuri Slezkine auf literarischen Pfaden, in: OE, 6/2018, S. 135–142.

OSTEUROPA, 75. Jg., 1–3/2025, S. 131–166 **doi: 10.35998/oe-2025-012**

Krieg (2004) sowie an Anne Applebaum mit *Der Gulag* (2003) erinnert. Nicht vergessen werden soll auch das von Stéphane Courtois u.a. herausgegebene *Schwarzbuch des Kommunismus* (1998). Allerdings gibt es auch deutsche Autoren, deren Arbeiten im In- und Ausland breit zur Kenntnis genommen werden. Stellvertretend sei auf Karl Schlögels *Das sowjetische Jahrhundert* (2017) verwiesen.[1]

Das Unterfangen hat durchaus seinen Reiz, am Beispiel der Zeitgeschichte Russlands beziehungsweise der Sowjetunion die wichtigsten Trends nachzuzeichnen. Allerdings erhebt dieser Beitrag nicht den Anspruch, ein umfassendes oder gar „objektives" Bild von der Entwicklung einschließlich der Fehlentwicklungen des Fachs zu liefern. Dazu bedürfte es eingehenderer Studien. Hier ist also von einem begrenzten und auch subjektiv gefärbten Blick auf das Fach auszugehen.[2]

Und der Beitrag hat ein erhebliches Defizit: Immerhin über 50 Jahre gab es auch in der DDR viele Historikerinnen und Historiker, die sich mit Osteuropa beschäftigt haben. Ihr Beitrag zur Geschichtsschreibung kann hier wegen fehlender Kompetenz des Autors nicht berücksichtigt werden. Zwar wurde die ostdeutsche Literatur unterschiedlich intensiv auch von westdeutschen Historikern wahrgenommen, dies reicht aber nicht aus, um ein Panorama der Entwicklung der ostdeutschen Historiographie über Osteuropa zu entwerfen. Hier sei auf die Publikation von Erwin Oberländer, Dittmar Dahlmann und auf Lothar Mertens Lexikon der DDR-Historiker verwiesen.[3]

Die Brüche von 1991 und 2022

Im Jahr 2022 diskutierten auch Osteuropa-Historiker, ob Russlands Angriff auf die Ukraine vorhersehbar gewesen sei und – wichtiger –, ob und was sich an der Geschichtsschreibung über Osteuropa ändern müsse.[4] Damit wiederholte sich eine Debatte von 1991, als es ebenfalls darum gegangen war, ob der Zusammenbruch der Sowjetunion hätte prognostiziert werden können und was er für die Geschichtswissenschaft für Folgen haben könnte.[5] Wenn sich für interessierte Historiker nach 1991 schließlich mit der „Archivrevolution", der Öffnung der sowjetischen Archive, ganz neue Forschungsfelder nicht nur für das 20. Jahrhundert auftaten, so scheint es nun, dass sich auf absehbare Zeit historische Forschung auf Archive in den postsowjetischen Ländern außerhalb

---

[1] Karl Schlögel: Das sowjetische Jahrhundert. Archäologie einer untergegangenen Welt. München 2017. Siehe dazu auch Karl Schlögel: Mein Osteuropa, in diesem Band, S. 167–174.

[2] Er knüpft an die Arbeiten an: Dittmar Dahlmann (Hg.): Hundert Jahre osteuropäische Geschichte. Vergangenheit, Gegenwart, Geschichte. Stuttgart 2005 sowie Dietrich Beyrau: Angst und Neugier. Die Sowjetunion in der historischen Forschung während des Kalten Krieges, in: Zeit im Spiegel. Das Jahrhundert der Osteuropaforschung. Berlin 2013 [= OSTEUROPA, 2–3/2013], S. 211–235.

[3] Lothar Mertens: Lexikon der DDR-Historiker. Biographien und Bibliographien in den Geisteswissenschaften in der DDR. München 2006. – Ders.: Priester der Klio oder Hofchronisten der Partei? Kollektiv-biographische Analysen zur DDR-Historikerschaft. Göttingen 2006. Erwin Oberländer (Hg.): Geschichte Osteuropas. Die Entwicklung einer historischen Disziplin in Deutschland, Österreich und der Schweiz, 1945–1990. Göttingen 1992, hier S. 304–341, sowie die Beiträge zur DDR in Dahlmann, Hundert Jahre [Fn. 2].

[4] Jahrbücher für Geschichte Osteuropas, 4/2021 (weiter als JGO). – Klaus Gestwa: Quo vadis Osteuropa? Historische Forschung in Zeiten des russischen Angriffskrieges, in: Historische Zeitschrift, 2/2022, S. 423–444.

[5] Stefan Creuzberger (Hg.): Wohin steuert die Osteuropaforschung? Eine Diskussion. Köln 2000.

Russlands konzentrieren muss. Im schlimmsten Fall droht ein Rückfall in Verhältnisse, wie sie die ältere Generation aus der Zeit des Kalten Krieges kennt.

Auch wenn die Intensität der Aggression gegen die Ukraine zumeist nicht vorausgesehen wurde, so konnten auch Historiker, die in Russland arbeiteten, beobachten, welche Veränderungen sich seit den 2010er Jahren im Lande vollzogen. Auffällig war zuerst die zunehmende Kontrolle und Zensur in den Medien. Für Historiker war wichtig, dass die Zugänge zu bestimmten Archivalien wieder strenger und einengender wurden. Auch im Fach Geschichte, hier vor allem in der Zeitgeschichte, vollzogen sich zuerst schleichend, dann immer deutlicher Veränderungen. Zuerst ging es um die bevorzugte Förderung patriotischer Aspekte der russischen Geschichte, dann wurde die manchmal geradezu groteske Verherrlichung und Mystifizierung des Zweiten Weltkrieges – des Großen Vaterländischen Krieges im sowjetisch-russischen Sprachgebrauch – immer aufdringlicher und bedrohlicher. Einzelne Historiker zogen sich aus diesem „Minenfeld" zurück. Es drohten Sanktionen, wenn dem rühmenden Andenken an diesen Krieg nicht Genüge getan würde.[6] Erstaunlich blieb, dass an der „Higher School of Economics" (HSE/Vyška) bis zum Februar 2022 an einem Forschungsschwerpunkt zum Zweiten Weltkrieg festgehalten werden konnte. Die Gesellschaft *Memorial* sah sich u.a. auch mit ihren historischen Forschungen über die Repressalien der Stalinzeit zunehmenden öffentlichen Anfeindungen ausgesetzt. *Memorial International* wurde 2021 schließlich verboten. Wie sich die Forschungslandschaft in Russland verengte, zeigte sich auch daran, dass die Zeitschrift *Ab Imperio*, eine der wenigen innovativen Zeitschriften, die sich der imperialen Geschichte und generell neuen Fragestellungen öffnete, es 2013/14 vorzog, mit der Redaktion von Kazan' in die USA umzuziehen. Auch in den Beziehungen mit dem Ausland waren die Veränderungen spürbar: Als erste ausländische Institution wurde das British Council 2018 des Landes verwiesen. Das Deutsche Historische Institut sah sich veranlasst, auf seiner Homepage zu betonen, dass Meinungen auf Kolloquien und in Seminaren geäußert, nicht die offizielle Meinung des DHI wiedergeben müssen. Es konnte aber immerhin, wie beschränkt auch immer, bis zum Februar 2022 weiterarbeiten.[7]

Nicht zum ersten Mal sahen sich Historiker und Beobachter Osteuropas veranlasst, ihre Sicht auf die Vergangenheit und Gegenwart dieser Großregion zu überprüfen: ob sie die richtigen Fragen gestellt oder maßgebliche historische Verläufe falsch gedeutet oder nicht beachtet hatten. Um ein Beispiel zu nennen: Seit den 1990er Jahren fällt auf, dass mit wenigen Ausnahmen Geschichte der „großen" Politik, internationale Beziehungen, aber auch Sozial- und Wirtschaftsgeschichte marginalisiert worden sind. Gleichwohl hat die aktuelle Situation seit 2014 unter Osteuropa-Historikern zu Kontroversen geführt um die aktuelle und historische Deutung russischer beziehungsweise sowjetischer Politik und der ukrainischen Nationswerdung und Selbstbehauptung.[8]

---

6 Dietmar Neutatz: Rückkehr zur Forschung über das Land? In: JGO, 4/2021, S. 557–564.

7 Oleg Morozov: Das Justiz- und Strafverfolgungssystem als Erinnerungsakteure: Die Entstehung eines repressiven Erinnerungsregimes in Putins Russland, in: Geschichte in Wissenschaft und Unterricht, 3–4/2024, S. 189–203.

8 Klaus von Beyme: Die Russland-Kontroverse. Eine Analyse der ideologischen Konflikte zwischen Russland-Verstehern und Russland-Kritikern. Wiesbaden 2016. – Klaus Gestwa: Russische Zerstörungswut, ukrainische Wehrhaftigkeit und deutsche Verblendung, in: Winfried Schneider-Deters (Hg.): Russlands Krieg in der Ukraine. Deutsche Debatten um Frieden, Faschismus und Kriegsverbrechen, 2021–2023. Stuttgart 2023, S. 9–24.

Zur Aufarbeitung der Zeit bis 1945

Dieses politische Engagement nimmt eine Tradition auf, die auch am Anfang der Etablierung des Fachs Osteuropäische Geschichte zu beobachten war. Denn dem lange Zeit exotisch bleibenden Fach Osteuropäische Geschichte kam von seinen Anfängen bis heute auch die Funktion zu, einem in der Regel über Osteuropa recht uninformierten Publikum allgemeine Deutungen und Prognosen zu Vergangenheit und Gegenwart dieser Region zu liefern. Dies zeigt sich an den Karrieren der ersten Fachleute um und nach 1900 bis in die Zeit nach dem Zweiten Weltkrieg, als Theodor Schiemann, Otto Hoetzsch, Werner Markert, Theodor Oberländer, Hermann Aubin und viele andere Historiker selbstverständlich Geschichtsforschung mit aktuellen Diagnosen und politischen Aktivitäten verbanden. Schiemann, deutschbaltischer Herkunft, erster Herausgeber der *Zeitschrift für Osteuropäische Geschichte* (1910) war ein Vertreter eines aggressiven Imperialismus.[9] Otto Hoetzsch war Initiator und Gründer der *Deutschen Gesellschaft zum Studium Russlands* (1913; seit 1917 als *Gesellschaft zum Studium Osteuropas*), (1925 bis 1933).[10] Markert war als Nachfolger Hoetzschs von 1934 bis 1939 Schriftleiter der Zeitschrift OSTEUROPA. Auch er befasste sich vor 1939 und nach 1945 mit Zeitdiagnosen. Hoetzsch plädierte für eine Zusammenarbeit mit der Sowjetunion, Markert musste sich auf Polen konzentrieren, da Diagnosen zur Sowjetunion von der SS und NSDAP monopolisiert wurden.[11] Die enge Verzahnung zwischen historischem Fachwissen und politischem Engagement wurde während der Weltkriege und besonders in der Zeit des Nationalsozialismus zu einem Problem. Denn viele Osteuropa-Historiker legitimierten als Experten direkt oder indirekt die Eroberungspolitik.

Bereits 1946 publizierte Max Weinreich in den USA ein Buch über *Hitler's Professors,* das die Verwicklung deutscher Wissenschaftler in die NS-Politik thematisierte. Hierbei ging er besonders auf die Schriften Peter-Heinz Seraphims ein.[12] Weinreichs Buch blieb in Deutschland ohne größere Resonanz. Einen weiteren kritischen Anstoß zur Aufarbeitung speziell der Osteuropa-Forschung in der Weimarer Republik und NS-Zeit gab bereits 1988 der englische Historiker Michael Burleigh in *Germany turns eastwards*.[13] Dies stieß zunächst auf ablehnende Kritik. Ein regelrechter Boom zur Aufarbeitung der Ostforschung und Osteuropa-Wissenschaften setzte in der Bundesrepublik in den 1990er Jahren ein

---

[9] Gabriele Camphausen: Die wissenschaftlich-historische Russlandforschung in Deutschland 1892–1933, in: Forschungen zur Osteuropäischen Geschichte, 7–108/1989, S. 10.

[10] Ebd., S. 36ff. – Gerd Voigt: Otto Hoetzsch. Ein biographischer Beitrag zur Geschichte der deutschen Osteuropakunde. Phil. Diss. Halle Teil 1–2, 1967. – Uwe Liszkowski: Osteuropaforschung und Politik. Ein Beitrag zum historisch-politischen Denken und Wirken von Otto Hoetzsch, Bd. 1–2. Berlin 1988.

[11] Joachim Lerchenmüller: Die Geschichtswissenschaften in den Planungen des Sicherheitsdienstes der SS. Die SD-Historiker Hermann Löffler und seine Denkschrift „Entwicklung und Aufgaben der Geschichtswissenschaft in Deutschland" [=Archiv für Sozialgeschichte Beiheft 21]. Bonn 2001. – Dietrich Beyrau: Ein unauffälliges Drama. Die Zeitschrift OSTEUROPA im Nationalsozialismus, in : OSTEUROPA, 12/2005, S. 57–67.

[12] Max Weinreich: Hitler's Professors. The Part of Scholarship in Germany's Crimes Against the Jewish People. New York 1946. – Nicolas Berg: Der Holocaust und die westdeutschen Historiker. Erforschung und Erinnerung. Göttingen 2003.

[13] Michael Burleigh: Germany Turns Eastwards. A Study of Ostforschung in the Third Reich. Cambridge 1988.

nach den Auseinandersetzungen um Theodor Schieder auf dem 42. Historikertag (1998) und seine Denkschrift zur Überbevölkerung auf dem Lande und den Juden in Polen.[14]
Bei der Aufarbeitung der Forschung über die osteuropäischen Regionen seit den 1920er Jahren wird man unterscheiden müssen zwischen „Ostforschung", welche die – nach heutigem Sprachgebrauch – ostmitteleuropäischen Länder im Blick hatte und der Forschung über Russland bzw. die Sowjetunion. In beiden Fällen bildeten historische Untersuchungen im engeren Sinne nur einen kleinen Teil der Forschung. Diese bestand, was vor allem Ostmitteleuropa betraf, aus Studien zur Bevölkerung und zum Raum, zur sogenannten Volkstums- und Kulturbodenforschung: In mancher Hinsicht war sie methodisch innovativ, aber politisch verbunden mit einer Revision des Versailler Friedensvertrages und mit deutschen Hegemonie-Ansprüchen auf diese Region.[15] Das östliche Mitteleuropa wurde nicht zufällig als „Zwischeneuropa", als „Schütterzone"[16] oder gar als „subgermanischer Raum"[17] bezeichnet. Diese Art von Forschung war motiviert von dem, was russische und polnische Historiker als den angeblich bereits seit dem Mittelalter tradierten „deutschen Drang nach Osten" kritisierten und fürchteten.[18]
Spätestens seit Ende der Weimarer Republik erlebte dieser Forschungszweig eine weitreichende finanzielle Unterstützung mit dem Aufbau der *Nordostdeutschen* und *Südostdeutschen Forschungsgemeinschaften*, die alle mehr oder minder professionell, aber völkisch inspiriert, ihre Forschungen betrieben und diese durchaus als Dienstleistungen verstanden wissen wollten.[19] Umstritten sind weniger ihre völkisch-revisionistischen Motive als vielmehr ihre realen Einflussmöglichkeiten insbesondere auf die nationalsozialistische Politik der Grenzziehung, der Eroberungs- und Bevölkerungspolitik in Osteuropa.[20] Im Einzelfall ist zu unterscheiden zwischen der Legitimierung einer völki-

---

[14] Angelika Ebbinghaus, Karl Heinz Roth: Vorläufer des Generalplan Ost. Eine Dokumentation über Theodor Schieders Polendenkschrift vom 3. Oktober 1939, in: 1999. Zeitschrift für Sozialgeschichte des 20. und 21. Jahrhunderts, 1/1992, S. 62–94.

[15] Willi Oberkrome: Volksgeschichte. Methodische Innovation und völkische Ideologisierung in der deutschen Geschichtswissenschaft, 1918–1945. Göttingen 1983. – Marco Wanker: „Volksgeschichte" oder moderne Sozialgeschichte? Werner Conze und die deutsche Ostforschung, in: Zeitschrift für Ostmitteleuropa-Forschung, 3/2003, S. 347–397. – Jörg Hackmann: Ein Abschied auf Raten. Ostforschungstraditionen und ihre Nachwirkungen in der bundesdeutschen Ostmitteleuropaforschung, in: Michael Fahlbusch, Ingo Haar (Hg.): Völkische Wissenschaften und Politikberatung im 20. Jahrhundert. Experten und Neuordnung Europas. Paderborn u.a. 2010, S. 347–363.

[16] Gustav Fechler-Hauke: Zwischeneuropa als völkische und politische Schütterzone, in: Karl Haushofer, Gustav Fechler-Hauke (Hg.): Welt in Gärung. Zeitberichte deutscher Geopolitiker. Leipzig 1937.

[17] Erwin Oberländer: Geschichte Osteuropas. Die Entwicklung einer historischen Disziplin in Deutschland, Österreich und der Schweiz 1945–1990. Stuttgart 1992, S. 16.

[18] Wolfgang Wippermann: Der deutsche Drang nach Osten. Ideologie und Wirklichkeit eines politischen Schlagwortes. Darmstadt 1981.

[19] Michael Fahlbusch: Wissenschaft im Dienst der nationalsozialistischen Politik? Die „Volksdeutschen Forschungsgemeinschaften" von 1931 bis 1945. Baden-Baden 1999.

[20] Ingo Haar: Historiker im Nationalsozialismus. Deutsche Geschichtswissenschaft und der „Volkstumskampf" im Osten. Göttingen ^{2}2002, bes. S. 197ff. – Michael Fahlbusch: Wissenschaft im Dienst der Politik? Die „Volksdeutschen Forschungsgemeinschaften" von 1931–1945. Baden-Baden 1999. – Kritisch zu einer direkten Einflussnahme: Erwin Oberländer: Geschichte Ostmitteleuropas. Selbstwert oder Funktion der deutschen Geschichte. Zur historischen Osteuropaforschung der 30er/40er Jahre, in: Michael Garleff (Hg.): Zwischen Konfrontation und Kompromiss. Oldenburger Symposium: Interethnische Beziehungen in Ostmitteleuropa als historiographisches

schen Politik zugunsten eines realen oder imaginierten Deutschtums im östlichen Europa und der praktischen Involvierung in die Umsiedlungen oder in genozidale Praktiken in Osteuropa. Es liegt nahe, dass Historiker im engeren Sinne eher zur Legitimierung völkischer Politik als zu ihrer praktischen Umsetzung beigetragen haben. Aber auch das hat es in Einzelfällen gegeben – z.B. bei statistischen Erhebungen vor Ort,[21] bei Raub von Kunstgegenständen und vor allem beim Raub von Archivalien.[22] Eher selten dürfte die direkte Mitarbeit in Mordaktionen wie bei den Einsatzgruppen gewesen sein.[23]
Zentren der Osteuropa-Forschung waren in der Zwischenkriegszeit Berlin, Königsberg und Breslau. In Königsberg war es der Zirkel um Hans Rothfels, Theodor Schieder, Theodor Oberländer, Erich Maschke, die inspiriert vom preußisch-deutschen „Vorposten" im Osten, sich historisch-politischen Studien widmeten. In Breslau standen wie auch in Königsberg in der Zeit der Weimarer Republik volkswirtschaftliche Untersuchungen im Vordergrund der Forschung. Die Breslauer Bestände wurden im Januar 1937 von der SS beschlagnahmt und einem vom SD kontrollierten „Institut zur Erforschung der Sowjetunion" (Wannsee-Institut) zugeführt. Das Breslauer Institut sollte sich nach 1933 unter ständig wechselnder Leitung vor allem um Oberschlesien kümmern und sich gegen die polnischen Forschungen in der neuen polnischen Universität Kattowitz positionieren. Auch in Breslau arbeiteten – meistens eher kurzfristig – einige Historiker, die nach 1945 in der Bundesrepublik Professuren und Leitungspositionen in der Ost- und Russlandforschung einnehmen sollten.
Dazu gehörte u.a. Gotthold Rhode, der sich 1940 noch dahingehend äußerte, „die Volkstumsauseinandersetzung . . . bis zur restlosen Bereinigung der Volkstumsgrenze" auszutragen. Seit 1957 auf dem Lehrstuhl für Osteuropäische Geschichte in Mainz blieb er einer der wenigen Polen-Historiker in der frühen Bundesrepublik. Er nahm zwar über die deutsch-polnischen Schulbuchkonferenzen Kontakt mit polnischen Historikern auf. Allerdings zog er die Legitimität der Oder-Neiße-Grenze in Zweifel und hielt Burleighs

---

Problem der 1930er/1940er Jahre. München 1995, S. 25–46. – Stefan Guth: Geschichte als Politik. Der deutsch-polnische Historiker-Dialog im 20. Jahrhundert. München 2020, S. 115ff.

21 Eric J. Schmaltz, Samuel D. Sinner: The Nazi Ethnographic Research of Georg Leibbrandt and Karl Stumpp in Ukraine and its North American Legacy, in: Ingo Haar, Michael Fahlbusch (Hg.): German Scholars and Ethnic Cleansing. New York, Oxford 2005, S. 51–85. – Mathias Beer, Gerhard Seewann (Hg.): Südostforschung im Schatten des Dritten Reiches. München 2004, S. 237–255.

22 Patricia Kennedy Grimsted: The Odyssey of the Smolensk Archive. Plundered Communist Records for the Service of Anti-Communism, in: The Carl Beck Papers in Russian & East European Studies, 11/1995, S. 1–138. – Wolfgang Eichwede, Ulrike Hartung: Betr.: Sicherstellung. NS-Raubkunst in der Sowjetunion. Bremen 1998. – Ulrike Hartung: Verschleppt und verschollen. Eine Dokumentation deutscher, sowjetischer und amerikanischer Akten zum NS-Kunstraub in der Sowjetunion (1941–1948). Bremen 2000. – Dieter Pohl: Der Raub an den Juden im besetzten Osteuropa 1939–1942, in: Constantin Goschler, Philipp Ther (Hg.): Raubkunst und Restitution. Arisierung und Rückerstattung des jüdischen Eigentums in Europa. Frankfurt/Main 2003, S. 58–72. – Stefan Lehr: Ein fast vergessener Osteinsatz. Die Archivare im Generalgouvernement und im Reichskommissariat Ukraine. Düsseldorf 2007. – Corinna Kuhr-Korolev u.a.: Russische Museen im Zweiten Weltkrieg. Göttingen 2019.

23 Gideon Botsch: „Politische Wissenschaft" im Zweiten Weltkrieg. Die deutschen Auslandswissenschaften im Einsatz 1940–1945. Paderborn u.a. 2006, S. 199ff. – Michael Fahlbusch, Ingo Haar (Hg.): Völkische Wissenschaften und Politikberatung im 20. Jahrhundert. Expertise und „Neuordnung" Europas. Paderborn u.a. 2010. – Beer, Südostforschung im Schatten [Fn. 20], S. 203ff.

Kritik an der Ostforschung für einen „Abklatsch früherer Attacken aus dem Ostblock“.[24] In Breslau arbeitete zeitweilig der katholische Südosteuropa-Historiker und Byzantinist Georg Stadtmüller. Er wurde 1958 auf den Lehrstuhl für Südosteuropäische Geschichte der Universität München berufen und trat 1960 die Nachfolge von Hans Koch als Leiter des Südost-Instituts an.[25] Auch Günther Stökl war zeitweise in Breslau. Er wurde 1956 auf den neu eingerichteten Lehrstuhl für Osteuropäische Geschichte mit dem Schwerpunkt russischer Geschichte in Köln berufen.

In Breslau versammelte sich wohl eher zufällig auch eine Reihe von Osteuropa-Spezialisten, die – wie Hans Koch, Gerhard von Mende, Hans Raupach und Georg Stadtmüller – auf verschiedenen Wegen mit der Wehrmacht, dem SD und der Abwehr in Kontakt traten und seit Kriegsbeginn für diese Einrichtungen arbeiteten. Für die Abwehr II Ausland sollen insgesamt 25 Ostexperten gearbeitet haben.[26] Nach dem Krieg fanden sie sich – mit Ausnahme von Gerhard von Mende, der die Zusammenarbeit mit westlichen Geheimdiensten suchte – sukzessive in München ein.

Eine Karriere – Hans Koch

Die verschlungenen Wege von Historikern der Zwischen- und Nachkriegsgeneration mag exemplarisch am Lebensweg von Hans Koch (1894–1959) skizziert werden. Geboren im Lemberg diente er im Ersten Weltkrieg in der k. u. k.-Armee, dann in ukrainischen Verbänden unter Symon Petljura. Kurzfristig war er Kriegsgefangener der Roten Armee. Nach dem Studium der evangelischen Theologie war er von 1934–1937 Professor für Kirchengeschichte an der Universität Königsberg und von 1937 bis 1940 Professor für osteuropäische Geschichte und Leiter des Osteuropa-Instituts in Breslau. Vor dem Zweiten Weltkrieg publizierte er als Theologe und Kirchenhistoriker vornehmlich zur Geschichte der Orthodoxie und zur frühen Neuzeit.

Seine noch aus der Zeit des Ersten Weltkriegs stammenden guten Verbindungen zu Ukrainern aus dem Umfeld der *Organisation Ukrainischer Nationalisten (OUN)*, die inzwischen aus der UdSSR emigriert waren, machten ihn für die *Abwehr* zu einem Gewährsmann, der den Einsatz dieser Ukrainer im Hinterland der Sowjets plante. Hatte er sich zunächst mit der Umsiedlung der Wolhynien-Deutschen befasst, war er zusammen mit Theodor Oberländer involviert in die Aufstellung und den Einsatz des auch aus Ukrainern bestehenden Kampfbataillons „Nachtigall“ zu Beginn des Angriffs auf die Sowjetunion und – direkt oder indirekt – involviert in die antijüdischen Pogrome in Lemberg und an anderen Orten. Wie andere „Wehrmachtsprofessoren“ auch kritisierte er – allerdings sehr vorsichtig – die Ausbeutung und Unterdrückung im Generalkommissariat Ukraine unter Erich Koch, betonte allerdings dennoch den subalternen Charakter

---

[24] Erstes Zitat nach Hans Bömelburg: Das Osteuropa-Institut in Breslau 1930–1940, in: Michael Garleff (Hg.): Zwischen Konfrontation und Kompromiss. Oldenburger Symposium; Interethnische Beziehungen in Ostmitteleuropa als historiographisches Problem der 1930er/1940er Jahre. München 1995, S. 47–72, S. 70. – Zweites Zitat: Rezension G. Rhodes in: Zeitschrift für Ostforschung, 49/1991, S. 89–92, 91. – Jan Kusber: Gotthold Rhode, (1916–1990), in: Heinz Duchardt (Hg.): Mainzer Historiker. Mainz 2020, S. 191–213. – Stefan Guth: Geschichte als Politik: Der deutsch-polnische Historikerdialog im 20. Jahrhundert. München, Wien 2015.

[25] Beer, Südostforschung im Schatten [Fn. 21], S. 217–255.

[26] Wikipedia-Artikel zu Hans Koch.

der ukrainischen Nation.[27] Die Nachkriegszeit überlebte er als Pfarrer in der Steiermark, nahm allerdinsg bald wieder Kontakt zur *Organisation Gehlen* auf, der Keimzelle des Bundesnachrichtendienstes. 1952 wurde er Direktor des Osteuropa-Instituts in München, 1958 erhielt er dort einen Lehrstuhl für Geschichte und Politik in Osteuropa. Er begleitete Adenauer 1955 auf seinem Moskau-Besuch. Seine Nachkriegspublikationen trugen den Charakter von fleißig zusammengetragenen Informationen, die für das Auswärtige Amt, die Sicherheitsdienste oder die Wirtschaft relevant sein konnten: Zusammen mit Reinhart Maurach veröffentlichte er das *Handbuch der Sowjetverfassung* (1955), ansonsten *Ein Sowjetbuch* (1957), *Sowjetideologie als Weltanschauung und Wissenschaft* (1957), 1959 ergänzt durch *Theorie, Taktik und Technik des Weltkommunismus. Eine Zitatensammlung von Marx bis Chruschtschow, 5000 Sowjetköpfe. Gliederung und Gesicht eines Führungskollektivs* (1959). Zugleich war er seit 1953 Herausgeber der *Jahrbücher für Geschichte Osteuropas. Neue Folge*.[28]

Russlandforschung nach 1933

Der Umbruch von 1933 hatte für die Russlandforschung einschneidende Folgen. Sie hatte im Geiste der Weimarer Republik ein vergleichsweise nüchternes Verhältnis zur Sowjetunion gepflegt und auch Kontakte zu sowjetischen Kollegen unterhalten. Diese wurden 1933 – mit Ausnahme einer Publikation von Akten zur Vorgeschichte des Ersten Weltkrieges – abgebrochen. Eine Reihe von Professoren und (jüdischen) Mitarbeitern in Berlin, Hamburg und Breslau wurde entlassen, so Otto Hoetzsch als vermeintlicher Repräsentant der Weimarer Republik sowie Otto von Auhagen, Agrarwissenschaftler und 1931 bis 1933 Direktor des Breslauer Osteuropa-Institutes.[29] Als Juden entlassen wurden Richard Salomon und sein Mitarbeiter Fritz T. Epstein, ersterer Leiter des Osteuropäischen Seminars in Hamburg, Epstein war zur Zeit seiner Entlassung in Frankfurt am Main tätig.[30] Als Ersatz kam Hans Uebersberger aus Österreich zunächst nach Breslau, dann nach Berlin. Zuerst trat er die Nachfolge von Auhagen, dann die von Hoetzsch an und übernahm die Herausgabe der *Jahrbücher für Osteuropäische*

---

[27] Theodor Oberländer: Der Osten und die deutsche Wehrmacht. Sechs Denkschriften aus den Jahren 1941–1943. Asendorf 1987. – Philipp-Christian Wachs: Der Fall Theodor Oberländer (1905–1998). Ein Lehrstück deutscher Geschichte. Frankfurt/Main, New York 2000. – V.Ju. Vasl'ev u.a. (red.): Žizn' v okkupacii. Vinnickaja oblast' 1941–1944. Moskva 2000, S. 55–69, Denkschrift von Hans Koch zur sowjetischen Politik in der Ukraine und ihre Folgen.

[28] Andreas Kappeler: Hans Koch (1894–1959), in: Arnold Suppan u.a. (Hg.): Osteuropäische Geschichte in Wien. 100 Jahre Forschung und Lehre an der Universität. Innsbruck 2007, S. 227–254. – Ray Brandon: Hans Koch, in: Ingo Haar, Michael Fahlbusch (Hg.): Handbuch der völkischen Wissenschaften. Personen – Institutionen – Forschungsprogramme – Stiftungen. München 2008, S. 324–334.

[29] Karl Schlögel: Von der Vergeblichkeit eines Professorenlebens. Otto Hoetzsch und die deutsche Russlandkunde, in: Spiegel der Zeit. OSTEUROPA: Tradition, Brüche, Perspektiven. Berlin 2005 [= OSTEUROPA, 12/2005], S. 5–25.

[30] Fritz T. Epstein: Hamburg und Osteuropa. Zum Gedächtnis von Prof. Richard Salomon, in: Jahrbücher für Geschichte Osteuropas N.F., 15/1967, S. 59–98.

Geschichte.[31] Obwohl Parteimitglied und Antisemit ließ er einen marxistischen Historiker wie Georg Sacke veröffentlichen. Dieser wurde später verhaftet und ist 1945 bei einem Häftlingstransport über die Ostsee umgekommen.[32]
Ein wenig im Schatten der politisierten Osteuropaforschung steht der Historiker Karl Stählin, der auf Initiative Friedrich Meineckes 1920 auf den Lehrstuhl für Osteuropäische Geschichte in Berlin berufen wurde und dort bis 1939 lehrte. Er hatte seine militärische Karriere abgebrochen und sich in Heidelberg über ein englisches Thema habilitiert. Seine vierbändige *Geschichte Russlands „Von den Anfängen bis zur Gegenwart“* (1923–1939) blieb bis zu Valentin Gitermanns dreibändiger *Geschichte Russlands* (1944–1949) und schließlich zu Günther Stökls *Geschichte Russlands* (1962) das Standard-Lehrbuch für Studenten.[33]
Die Forschungen zur Sowjetunion wurden seit 1933 in Instituten konzentriert, die der SS unterstellt waren. Geschichte spielte hier eine eher geringe Rolle, im Vordergrund standen historisch-politische Analysen, die im Geiste der 1920er und 1930er Jahre politisch motiviert, aber oft empirisch-nüchtern gehalten waren – trotz einiger massiver Fehleinschätzungen wie insbesondere zu den Kapazitäten der Roten Armee. Diesen Irrtum teilte man mit der Wehrmacht und ihren Geheimdiensten.[34]
Vor dem Hintergrund des staatlichen Antisemitismus kam der Forschung über die Juden eine prominente Stellung zu. Hatte in der Zeit der Weimarer Republik Arthur Ruppin, ein Anhänger des Zionismus, eine ausführliche, stark statistisch-empirisch ausgerichtete Studie zur sozialen Struktur der Juden mit einem Schwerpunkt auf Osteuropa vorgelegt,[35] so traten dieses „Erbe“ Peter-Heinz Seraphim und Reinhart Maurach an, letzterer sogar wegen angeblich probolschewistischer Neigungen kurzfristig in Haft.[36] Das Handbuch Seraphims, im Parteiverlag der NSDAP erschienen,[37] war eine soziologisch-empirische Untersuchung über die wirtschaftliche und soziale Lage des Judentums in Osteuropa. Seine Studien stützen sich zum größten Teil auf jüdische Autoren, von ihm mit „J“ gekennzeichnet. Maurach interessierte an dem Thema, wie anderswo die Verdrängung der Juden praktiziert wurde. Seraphim übernahm besonders gern selbstkritische (Vor-) Urteile auch jüdischer Autoren, um sie antisemitisch zu wenden. Ähnlich wie bei

---

[31] Marija Wakounig: Hans Uebersberger (1877–1962). Eine Gratwanderung. (S)eine Karriere im Fokus privater und öffentlich-beruflicher Spannungen, in: Karel Huza (Hg.): Österreichische Historiker. Lebensläufe und Karrieren, 1900–1945, Bd. 3. Wien u.a. 2019, S. 157–184.

[32] Erwin Oberländer: Geschichte Ostmitteleuropas. Selbstwert oder Funktion der deutschen Geschichte? Zur historischen Osteuropaforschung der 30/40er Jahre, in: Michael Garleff (Hg.): Zwischen Konfrontation und Kompromiss. Oldenburger Symposium: Interethnische Beziehungen zu Ostmitteleuropa als historiographisches Problem der 1930er/1940er Jahre. München 1995, S. 25–46. – Hans Bömelburg: Das Osteuropa-Institut in Breslau 1930–1940, in: Ebd., S. 47–72. – Dietrich Geyer, Georg Sacke, in: Hans-Ulrich Wehler (Hg.): Deutsche Historiker, Bd. 5. Göttingen 1972, S. 117–129.

[33] Willy Andreas: Karl Stählin zum Gedächtnis. in: Historische Zeitschrift, 163/1941, S. 82–99.

[34] Lutz Hachmeister: Der Gegnerforscher. Die Karriere des SS-Führers Franz Alfred Six. München 1988. – Jörg Gutberger: Volk, Raum und Sozialstruktur. Sozialstruktur und Sozialraumforschung im „Dritten Reich“. Münster 1996, S. 395–463. – Karl Heinz Roth: Heydrichs Professor. Historiographie des „Volkstums“ und der Massenvernichtungen. Der Fall Hans Joachim Beyer, in: Peter Schöttler (Hg.): Geschichtsschreibung als Legitimationswissenschaft 1918–1945. Frankfurt 1997.

[35] Arthur Ruppin: Die soziale Struktur der Juden, Bd. 1–2. Berlin 1930–1931.

[36] Reinhart Maurach: Russische Judenpolitik. Berlin u.a. 1939.

[37] Peter-Heinz Seraphim: Das Judentum im osteuropäischen Raum. Essen 1938.

Maurach und anderen Autoren waren die Forschungen antisemitisch motiviert. Das bedeutete nicht zwangsläufig, dass sie die Ermordung der Juden unterstützt oder gar gefordert hätten. Sie nahmen sie aber hin und wendeten sich nicht von diesem Thema ab.[38] Ganz im Sinne der nationalsozialistischen Politik beschäftigte sich das *Institut für Deutsche Ostarbeit* in Krakau mit Forschungen zum Deutschtum in Polen und seinem Organ *Die Burg*.[39] Auf Seiten deutscher Historiker und Volkskundler bestanden keine Hemmungen, mit dieser Einrichtung zu kooperieren. Trotz aller kulturpolitischen Arroganz bedurften die Arbeit und Publikationen der Zuarbeit von polnischen Fachkräften[40] – ähnlich wie beim Raub der Archive in Polen und der Ukraine.
Der Grad von Anpassung, Opportunismus und Engagement lässt sich jeweils nur im Einzelfall beurteilen. Von vielen Historikern, die nach 1945 Lehrstühle besetzten, lassen sich vor 1945 Auslassungen im Geiste der NS-Politik finden. Welchen Anteil hier schierer Zynismus und Opportunismus oder Überzeugungen spielten, wäre in jedem Einzelfall zu prüfen. Reinhard Wittram war einer der wenigen Historiker, die später über ihr Fehlverhalten bereuend Zeugnis abgelegt haben.[41] Verbreitet war nach 1945 eher eine Haltung, die als Selbst-Amnestierung und normative Abgrenzung von den nationalsozialistischen „Fehltritten" beschrieben werden kann.[42]

Historikerinnen

Als vergleichsweise neue, kleine und ein wenig exotische Disziplin bot die Osteuropäische Geschichte Frauen offenbar mehr Chancen zum Einstieg als andere Disziplinen, aber noch nicht zum Aufstieg. In ihrer Studie über Historikerinnen beschreibt Heike A. Berger fast ausschließlich Frauen, die im Fach „Osteuropäische Geschichte" aktiv wurden.[43] Auffällig ist im Fall Ellinor von Puttkamers die selbstverständliche Zusammenarbeit mit dem Institut für Deutsche Ostarbeit in Krakau und ihrer Zeitschrift *Die Burg*. Die hierbei

---

[38] Alan E. Steinweis: Studying the Jew. Scholarly Antisemitism in Nazi Germany. Cambridge/Mass., London 2006. – Hans-Christian Petersen: Bevölkerungsökonomie – Ostforschung – Politik. Eine biographische Studie zu Peter-Heinz Seraphim. Osnabrück 2007.

[39] Christoph Kleßmann veröffentlichte dazu bereits 1971 die Studie: Die Selbstbehauptung einer Nation. Nationalsozialistische Kulturpolitik und polnische Widerstandsbewegung im Generalgouvernement 1939–1945. Düsseldorf 1971, S. 61–70. Vertiefte Forschungen folgten erst in den 2000er Jahren.

[40] Anetta Rybicka: Instytut Niemieckiej Pracy Wschodniej. Institut für Deutsche Ostarbeit, Kraków 1940–1945. Warschau 2002. – Gordon Wolnik: Das Institut für Deutsche Ostarbeit, in: Ingo Haar, Michael Fahlbusch (Hg.): Handbuch der völkischen Wissenschaften. Personen – Institutionen – Forschungsprogramme – Stiftungen. München 2008, S. 249–295. – Maria Lisa Gottschall: Völkische Forschung am „Institut für Deutsche Ostarbeit". Die Wiener Völkerkunde und Anthropologie. Biographien und Netzwerke. Berlin 2024.

[41] Błażej Bijałkowski: Reinhard Wittram an der „Reichsuniversität Posen". Die Illusion einer baltischen Variante des Nationalsozialismus, in: Michael Garleff (Hg.): Deutschbalten, Weimarer Republik und Drittes Reich, Bd. 2. Köln u.a. 2008, S. 353–384. – Hans-Erich Volkmann: Von Johannes Haller zu Reinhard Wittram. Deutschbaltische Historiker und der Nationalsozialismus, in: Zeitschrift für Geschichtswissenschaft, 1/1997, S. 21–46.

[42] Zit nach Nicolas Berg: Der Holocaust und die westdeutschen Historiker. Göttingen 2003, Fn. 39.

[43] Heike Anke Berger: Deutsche Historikerinnen 1920–1970. Geschichte zwischen Wissenschaft und Politik. Frankfurt, New York 2007.

entstandene – 1951 in Bonn als Habilitation anerkannte – Arbeit über die polnische Nationaldemokratie ist diesem Kontext zuzuschreiben.[44]

Am bekanntesten unter den Historikerinnen dieser Generation dürfte Hildegard Schaeder sein, die im Umfeld der Nordostdeutschen Forschungsgemeinschaft und der Publikationsstelle Berlin Dahlem aktiv war. Sie hatte sich mit ihrer Studie *Moskau. Das Dritte Rom* (1929), noch in Hamburg bei Richard Salomon entstanden, profiliert. Sie publizierte aber in den 1930er Jahren in der Zeitschrift *Jomsburg* (1937–1942/43), einer historischen Zeitschrift, die sich – vor allem gegen polnische Historiker gerichtet – der germanisch-deutschen Präsenz und Kulturträgerschaft bis nach Russland hinein widmete. Ihr Ansehen nach dem Krieg erlangte „Fräulein“ Schaeder als „bekennende“ Protestantin durch ihre Verhaftung im September 1943 wegen „Judenbegünstigung“, d.h. Hilfe für jüdische Christen. Nach dem Krieg im Außenamt der Evangelischen Kirche in Deutschland (EKD) beschäftigt, wurde sie „nur“ noch als Lehrbeauftragte an der Goethe-Universität in Frankfurt/Main beschäftigt.

Geschichte als Fach von Männern bezeugte immer noch Hans Uebersberger, als er im Antrag für die Habilitation von Hedwig Fleischhacker 1937 glaubte, „ihren durchaus männlichen Geist“[45] betonen zu müssen. Umgekehrt galten dem Slavisten und Sprachwissenschaftler Max Vasmer „weibliche Eigenschaften wie Geschwätzigkeit, Oberflächlichkeit und ein Mangel an ‚ernsthaften‘ Fragen“ als Ausschlussgrund für eine Habilitation.[46] Insgesamt unterschied sich aber das Verhalten der Historikerinnen zum NS-Regime und seinen geschichtspolitischen Anforderungen nicht von dem ihrer männlichen Partner und Vorgesetzten.

Nachkrieg

Die Aufarbeitung der deutschen genozidalen Kriegsführung im östlichen Europa und des Massenmordes an den Juden wie die Involvierung von Osteuropa-Fachleuten wurden erst relativ spät seit Ende der 1960er Jahre, intensiv erst seit den 1990er Jahren ein Thema in der Geschichtsschreibung.

Kenntnisse von den stalinistischen und nationalsozialistischen Verbrechen, vom Krieg und von der Kriegsgefangenschaft erreichten die bundesdeutsche Gesellschaft zunächst durch Erlebnisberichte in Gestalt von Erinnerungen, Romanen und Filmen. Hier sei exemplarisch an Theodor Pliviers *Stalingrad. Roman* (1946), an Margarete Buber-Neumanns *Als Gefangene bei Stalin und Hitler* (1949), an Wolfgang Leonhards *Die Revolution entlässt ihre Kinder* (1953) und an Klaus Mehnerts *Der Sowjetmensch* (1958) erinnert. Das Buch des langjährigen Chefredakteurs von OSTEUROPA, der gleichzeitig in Funk und Fernsehen über Fragen der internationalen Politik sprach, sprengte alle Rekorde: Nach drei Jahren war bereits ein halbe Million Exemplare verkauft. An dem von Mehnert initiierten Versuch einer stimmigen Beschreibung eines sowjetrussischen Verhaltensmusters arbeiten sich bis heute Philosophen, Soziologen und Historiker ab.[47]

---

[44] Ebd., S. 257.

[45] Berger, Deutsche Historikerinnen [Fn. 43], S. 87.

[46] Berger, Deutsche Historikerinnen [Fn. 43], S. 270.

[47] Alexander Sinowjew: Homo sovieticus. Zürich 1987. – Juri Lewada: Die Sowjetmenschen 1989–1991. Soziogramm eines Zerfalls. Berlin 1992. – Ulrich Schmid: Wie bolschewistisch ist der Sowjetmensch? Klaus Mehnert erkundet die russische Mentalität, in: Zeithistorische Forschungen

Beachtliche Resonanz fand aber auch Werner Kellers *Ost minus West=Null* (1963). Keller betonte die Abhängigkeit Russlands und der Sowjetunion von den „Errungenschaften" des Westens in Wissenschaft und Technologie. Ebenso mit vielen Stereotypen deutscher Kulturüberlegenheit behaftet war der populäre Film *Der Arzt von Stalingrad* (1958), in verklärender Erinnerung an den Arzt Ottmar Kohler in Kriegsgefangenenlagern. Er beruhte auf dem gleichnamigen Roman von Heinz Konsalik.[48] Immerhin erreichten auch das westliche Publikum einige wichtige Filme, welche die sowjetische Kriegserfahrungen vermitteln konnten – Michail Kalatosovs *Wenn die Kraniche ziehen* (1957) und Andrej Tarkovskijs *Ivans Kindheit* (1962).

Dass Krieg und Massenmord in Osteuropa von Historikern zunächst kaum thematisiert wurden, hing, was Ostmitteleuropa betraf, auch mit dem Weiterleben einer auf das östliche Deutschtum orientierten Tradition zusammen. Erst seit den 1960er Jahren besetzte eine neue Generation die in der Nachkriegszeit geschaffenen Osteuropa-Lehrstühle mit Historikern – immer noch nur Männer –, die im Krieg aufgewachsen sind und nach dem Krieg ihre Ausbildung abgeschlossen hatten. Hier zeigte sich bereits eine stärkere Trennung zwischen der Profession des Historikers und des Politologen oder Sozialwissenschaftlers. Mit den Namen der Historiker Klaus Zernack, Gottfried Schramm, Dietrich Geyer, Hans-Joachim Torke, Oskar Anweiler, Karl-Heinz Ruffmann, Georg von Rauch und Peter Scheibert – die Aufzählung ist nicht vollständig – setzte sich eine stärkere Professionalisierung, gleichzusetzen mit einer Spezialisierung durch. Die meisten Universitätslehrstühle für Osteuropäische Geschichte hatten seit den 1950er Jahren ihren Schwerpunkt auf Russland und der Sowjetunion. Ostmittel- und Südosteuropa waren viel stärker in außeruniversitären Einrichtungen wie dem *Herder-Institut* (Marburg), dem *Collegium Carolinum* (München) und dem *Südostdeutschen Institut* (München). Viele Experten arbeiteten im *Bundesinstitut für ostwissenschaftliche und internationale Studien* (1961–2000), dem Innenministerium zugeordnet. Sie beschäftigten sich vornehmlich mit der Analyse von Parteien, Staat, Wirtschaft, Kultur und Gesellschaft in der Sowjetunion und den sozialistischen Ländern.[49]

Aus diesen Generationen stammen neben monumentalen Darstellungen zu Einzelthemen – etwa Reinhard Wittrams *Peter der Große*[50] – auch die Versuche, einem weiteren Publikum und den Studenten das notwendige Wissen über Russland und die Sowjetunion zu vermitteln. Hier spielten Günther Stökls *Geschichte Russlands*, Georg von Rauchs *Geschichte Sowjetrusslands* bzw. *der Sowjetunion*, Oskar Anweilers und Karl-Heinz Ruffmanns *Kulturpolitik der Sowjetunion* eine maßgebliche Rolle. Sie verbanden Grundlagenwissen mit dem Bemühen um „Verstehen". Auch wenn die unterschiedlich begründete Distanz zum Forschungsgegenstand herauszulesen ist, so mündete sie nicht in abwertende Polemiken.

4/2007, S. 466–471. – Lev Gudkov: Der Sowjetmensch. Genese und Reproduktion eines anthropologischen Typus, in: Ders.: Wahres Denken. Berlin 2017, S. 7–34. – Klaus Gestwa: Der Sowjetmensch. Geschichte eines Kollektivsingulars, in: OSTEUROPA, 1–2/2018, S. 55–82.

48 Dazu auch Kristiane Janeke: Verdrängt, vergessen, vernachlässigt. Der Krieg gegen Polen und die Sowjetunion, im vorliegenden Heft, S. 175– 190.

49 Bis 1966 hieß es Bundesinstitut zur Erforschung des Marxismus-Leninismus. Oberländer, Erwin (Hg.): Geschichte Osteuropas. Göttingen 1992, S. 237–303. – Heinz Brahm: Drehscheibe des Osteuropaforschung, in: OSTEUROPA, 12/2005, S. 163–178.

50 Reinhard Wittram: Peter I. Czar und Kaiser. Zur Geschichte Peters des Großen in seiner Zeit, Bd. 1–2. Göttingen 1964.

Zugleich wurden größere Projekte von Bundesministerien finanziert wie die Osteuropa-Handbücher, die zum Teil noch der Volkstums- und Volksboden-Forschung verpflichtet waren. Dies galt besonders für die Bände zu Polen und Jugoslawien, während die Sowjetunionsbände schon stärker sozialhistorisch ausgerichtet waren. Große Dokumentationen, die eher mit dem Schicksal der Deutschen in Osteuropa und Russland zu tun hatten und die Zeit des Kriegs und Nachkriegs dokumentieren wollten, waren die Bände zur Vertreibung der Deutschen aus Osteuropa und die unter Leitung von Eric Maschke herausgegebenen Bände zur Kriegsgefangenschaft der Wehrmachtsangehörigen in den osteuropäischen Ländern und vor allem in der Sowjetunion. Hierzu kann auch das vielbändige *Handbuch zur Geschichte Russlands* gerechnet werden, das von Manfred Hellmann, Gottfried Schramm und Klaus Zernack herausgegeben wurde. Die letzten Bände über die Zeit nach Stalin organisierte Stefan Plaggenborg. In diesen Bänden spiegelte sich bereits die Wende von der traditionellen politischen zur Wirtschafts- und Sozialgeschichte.[51]

Ganz ein Produkt des Kalten Krieges, aber schon in dem Bemühen, die Positionen der Gegenseite zu erklären, wenn nicht zu verstehen, war das Begriffslexikon „Sowjetsystem und Demokratische Gesellschaft“, herausgegeben von dem Politikwissenschaftler Claus-Dieter Kernig. Schlüsselbegriffe aus Politik, Zeitgeschichte und Wissenschaft von „Abbildtheorie“ bis „Zufall“ wurden in westlicher und marxistisch-leninistischer Sicht gegenübergestellt und erklärt. Es war ein weit über Osteuropa hinausgehendes Projekt. Der Kalte Krieg zeigte sich daran, dass Wissenschaftler aus Osteuropa zwar eingeladen wurden mitzuwirken, dies aber ablehnten oder verweigern mussten.[52]

Aus den Ländern selbst, über die geforscht wurde, kamen wenige Anregungen. Die sowjetische Geschichtsschreibung mit ihrer Festlegung auf einen mehr oder weniger mechanisch genutzten Marxismus-Leninismus war nicht besonders inspirierend. Es gab aber trotz aller Hindernisse und Tabus zahlreiche empirisch solide Studien zur Sozial- und Wirtschaftsgeschichte des 19. Jahrhunderts.[53] Auffällig an der Geschichtsschreibung der ostmitteleuropäischen Länder war die Fixierung auf eine in die Vergangenheit zurückprojizierte Nationalgeschichte trotz des historischen ethnischen Pluralismus und der imperialen Überformung dieses Raumes.[54]

War der politikwissenschaftliche Blick auf Osteuropa zunächst von der Totalitarismustheorie bestimmt,[55] so konzentrierte sich die weitere Forschung und Beobachtung auf die innere Differenzierung der Parteien, Eliten und Bürokratien im „sozialistischen Lager“. Die Perestrojka ermöglichte ein vertieftes Studium der Mechanismen und des Funktionierens der Planwirtschaft, des sie kontrollierenden „administrativen Marktes“ und der

---

[51] Bibliographische Angaben bei Beyrau, Angst [Fn. 2], hier S. 235.

[52] C.D. Kernig (Hg): Sowjetsystem und demokratische Gesellschaft, Bd. 1–6. Freiburg u.a. 1966–1972. Sonderband: Die Kommunistischen Parteien der Welt. Freiburg u.a. 1969.

[53] Dietrich Geyer (Hg.): Wirtschaft und Gesellschaft im vorrevolutionären Russland. Köln 1975.

[54] Vgl. exemplarisch J.M. Piskorski, J. Hackmann, Rudolf Jaworski (Hg.): Deutsche Ostforschung und polnische Westforschung im Spannungsfeld von Wissenschaft und Politik. Disziplinen im Vergleich. Osnabrück 2002. – Marcin Zaremba: In nationalem Gewande: Strategien kommunistischer Herrschaftslegitimation in Polen 1944–1980. Osnabrück 2011.

[55] Carl Joachim Friedrich, Zbigniew Brzeziński: Totalitarian Dictatorship and Autocracy. Cambridge 1956. – Hannah Arendt: Elemente und Ursprünge totaler Herrschaft. Frankfurt/Main 1955.

Konkurrenz unter den bürokratischen Apparaten und Interessengruppen.[56] Mit der Entstehung einer Sozialforschung in den östlichen Ländern konnte nun auch mit Gewinn soziologische Forschung zur Gesellschaftsstruktur und den Eliten in Angriff genommen werden. Auf diesem Gebiet waren die Studien von Klaus von Beymes und Wolfgang Teckenberg wegweisend.[57]

Pfadabhängigkeit Russlands?

Unter den Historikern spielt die Diskussion über Traditionsbestände oder, was die Wirtschafts- und Politikwissenschaftler als Pfadabhängigkeit bezeichnen, eine wichtige Rolle. In der Annahme eines prinzipiellen Unterschiedes zwischen der Entwicklung in der „atlantischen" Welt und dem vermeintlichen Sonderweg (oder der Fehlentwicklung) Deutschlands wurde auch nach den spezifischen Elementen in Russlands Geschichte gefragt. In der amerikanischen Forschung ist immer wieder die Rede vom „exceptionalism" Russlands. Vergleichend wurde nach dem Zuschnitt von Repräsentationen (zemskie sobory) und dem Einfluss staatlicher Instanzen, der *vlast'* der „Macht", seit der frühen Neuzeit gefragt. Die Antworten fielen unterschiedlich aus. Waren das „Land" (zemlja) und die nach Rechten und Privilegien gegliederte Gesellschaft seit dem 17. Jahrhundert mehr als eine „staatliche Veranstaltung"?[58] Nicht zuletzt die Perestrojka veranlasste erneut, den Chancen zivilgesellschaftlicher Strukturen in Russland nachzugehen.[59] Dies verbindet sich zugleich mit der Frage nach den (Dis-)Kontinuitäten obrigkeitlich-autoritärer Traditionen in Russland bzw. der Sowjetunion und der sie stabilisierenden Angst vor Varianten einer „smuta", dem Chaos und regellosen Kämpfen um die Macht. Diese Fragen, auch in Russland u.a. im Dissens der 1960er bis 1980er Jahre diskutiert, verlieren nicht an Aktualität. Die Furcht vor dem Chaos wurde in der Zeit der Perestrojka im Begriff der „katastrojka" (katastrophaler Umbau) von Aleksandr Zinov'ev wieder aufgerufen.[60]

Gegen eine Dominanz der russischen Geschichte im Fach Osteuropäische Geschichte betonten die Fachleute für die Geschichte der ostmitteleuropäischen Länder die Grenzlinie zwischen byzantinisch-orthodoxem und katholisch-lateinischem Europa. Damit wird auch immer wieder die langfristig wirksame Differenz zwischen Russland und den Ländern Ostmitteleuropas hervorgehoben. Polen-Litauen wie Ungarn waren in der

---

[56] Klaus Segbers, Stephan de Spiegeleire (Hg.): Post-Soviet Puzzles. Mapping the Political Economy of the Former Soviet Union, Bd. 1. Baden-Baden 1995.

[57] Klaus von Beyme: Ökonomie und Politik im Sozialismus. Ein Vergleich der Entwicklungen in den sozialistischen Ländern. München 1975. – Ders.: Sozialismus oder Wohlfahrtsstaat? Sozialpolitik und Sozialstruktur der Sowjetunion im Systemvergleich. München 1977. – Wolfgang Teckenberg: Gegenwartsgesellschaften: UdSSR. Stuttgart 1983.

[58] Dietrich Geyer: „Gesellschaft" als staatliche Veranstaltung. Sozialgeschichtliche Aspekte des russischen Behördenstaates im 18. Jahrhundert, in: JGO NF, 14/1966, S. 21–50.

[59] Manfred Hildermeier, Jürgen Kocka, Christoph Conrad (Hg.): Europäische Zivilgesellschaft in Ost und West. Begriff, Geschichte, Chancen. Frankfurt, New York 2000.

[60] Aleksandr A. Zinov'ev: Katastrojka. Moskau 2003. Zuerst deutsch: A.A. Sinowjew: Katastroika in der offenen Stadt Partgrad. München 1991. – Heinz-Dietrich Löwe (Hg.): Volksaufstände in Russland: Von der Zeit der Wirren bis zur „Grünen Revolution" gegen die Sowjetherrschaft. Wiesbaden 2006.

frühen Neuzeit bis ins 18. Jahrhundert ständisch verfasst, auch wenn Städte und Bürgertum eine vergleichsweise schwache Rolle gespielt haben. Die ständische Verfasstheit dient hier als Beleg für die grundsätzliche Differenz zu Russlands Geschichte. Diese Unterschiede werden bis in die aktuellen, politisch-historischen Darstellungen und Debatten immer wieder thematisiert.[61]

Für das 19. Jahrhundert und (begrenzt) für das 20. Jahrhundert war die von Alexander Gerschenkron angestoßene Debatte über Rückständigkeit und historische Pfade ihrer Überwindung eine leitende Fragestellung nicht nur für die russische Geschichte. Dies war Teil der allgemeineren Frage nach Formen und Intensität der Modernisierung Russlands und Osteuropas. Unter diesem Aspekt wurden wirtschafts- und sozialhistorische Untersuchungen angestellt. Die Debatte über Rückständigkeit bestimmte auch Fragen nach Einstellungen, Sichtweisen, Strategien und Legitimationsmustern – von den vorrevolutionären Eliten über die rivalisierenden revolutionären Akteure bis hin zu den Bolschewiki. Noch das Stalinregime konnte maßgeblich unter den Aspekten von nachholender Modernisierung beschrieben werden.[62] Gegen die Überbetonung von Rückständigkeit gibt es eine Bewegung, die Russland und Osteuropa nicht nur als Defizitgeschichte im Vergleich zu einer mystifizierten Gegenwelt des „Westens“ in Stellung bringt. Dabei wird u.a. den räumlich-geographischen und klimatischen Bedingungen besondere Beachtung geschenkt.[63] Das auf Russland fixierte Rückständigkeits-Paradigma, das sich nicht zuletzt auf die zeitgenössischen Wahrnehmungen von Politikern und Revolutionären stützt, wird heute flexibler durch ein Verständnis von vielen Wegen in die Moderne geprägt, deren Maßstab nicht allein das Verhältnis zum und der Vergleich mit dem „Westen“ ist. Vorsichtiger ist die Rede von vielfältigen Formen und Wegen der Modernisierung und einer multiplen Moderne.[64]

Den Eliten, aber auch den Revolutionären des späten Zarenreiches wie der frühen Sowjetunion galten die Bauern und ihre Wirtschaftsweise als Inkarnation von Rückständigkeit. In der Sowjetunion waren bis in die 1980er Jahre Scharen von Agrarhistorikern damit befasst, den insgesamt rückständigen Zuschnitt des bäuerlichen Wirtschaftens, aber auch die Ausbeutung der Bauern durch die Gutsherrschaft, ihre zögerliche Integration in den Markt, ihre sogenannte Klassendifferenzierung und nicht zuletzt ihre die Herrschaft destabilisierende Funktion nachzuweisen.[65] Im Unterschied zur angelsächsischen

[61] Oskar Halecki: Grenzräume des Abendlandes. Eine Geschichte Ostmitteleuropas. Salzburg 1957. – Klaus Zernack: Polen und Russland: Zwei Wege in der europäischen Geschichte. Berlin 1994. – Hans Lemberg (Hg.): Sowjetisches Modell und nationale Prägung. Kontinuität und Wandel in Ostmitteleuropa nach dem Zweiten Weltkrieg. Marburg 1991. – Milan Kundera: Der entführte Westen. Die Tragödie Mitteleuropas (1983). Zürich 2023. – Jenö Szücs: Die drei historischen Regionen Europas. Frankfurt/M. 1990.

[62] Manfred Hildermeier: Das Privileg der Rückständigkeit. Anmerkungen zum Wandel einer Interpretationsfigur in der neueren russischen Geschichte, in: Historische Zeitschrift, 244/1987, S. 557–603.

[63] Klaus Gestwa: Die Stalinschen Großbauten des Kommunismus: Sowjetische Technik- und Umweltgeschichte, 1948–1967. Berlin 2012. – Catherine Evtuhov, Julia Lajus, David Moon (Hg.): Thinking Russia's History Environmentally. New York, Oxford 2023.

[64] Michael David-Fox: Multiple Modernities vs. Neo-Traditionalism: On Recent Debates on Russian and Soviet History, in: JGO, 54/2006, S. 535–554. – Julia Obertreis, Martin Aust (Hg.): Osteuropäische Geschichte und Globalgeschichte. Stuttgart 2014.

[65] Dietrich Beyrau: Agrarstruktur und Bauernprotest. Zu den Bedingungen der russischen Bauernbefreiung 1861, in: Vierteljahresschriften für Sozialgeschichte, 2/1977, S. 179–236. – Ders.: Janus

Forschung lassen sich deutsche Untersuchungen zum Bauerntum und zur Agrarwirtschaft in Russland und Osteuropa an einer Hand abzählen. Hier sind insbesondere die sozialhistorischen Studien für die Zeit vor der Revolution von Heinz-Dietrich Löwe und für die 1920er und 1930er Jahre von Helmut Altrichter, Markus Wehner und Stephan Merl zu nennen.[66] Im Hintergrund stand die Frage nach der spezifischen Wirtschaftsweise, nach der Organisationsschwäche der Landbevölkerung trotz ihres hohen Anteils an der Destabilisierung des alten Regimes und ihres oft genug gewalttätigen Widerstands gegen die Bolschewiki und die Kollektivierung seit 1929. Einen wichtigen Impuls zum Verständnis ländlicher Wirtschaft und der Auseinandersetzung um ihre Modernisierung lieferten die von Teodor Shanin wiederentdeckten russischen Agrarwissenschaftler, die der Eigenart bäuerlichen Wirtschaftens nachgegangen waren.[67] Diese haben nun eine gründliche Bearbeitung durch Katja Bruisch gefunden.[68]

Arbeiterklasse und Alltag

Angesichts ihres politischen Anspruchs im Sozialismus war die Arbeiterklasse ein wichtiger Forschungsgegenstand in der Sozialgeschichte.[69] Mit ihm ließen sich auch Brücken zu Historikern in Osteuropa schlagen. Dies geschah seit 1966 in den Linzer Tagungen zur Arbeiter- und Arbeiterbewegungsgeschichte, organisiert durch die „Internationale Tagung der Historiker" (ITH), finanziert hauptsächlich durch die Arbeiterkammer in Österreich und die Friedrich-Ebert-Stiftung. Spätestens seit Miklós Harasztis *Stücklohn* (1975) sind Alltagsgeschichte und „dichte Beschreibung" ein fester Bestandteil historischen Arbeitens.[70] Der neuere kulturgeschichtliche Ansatz verbindet die Wirtschafts- und Industrialisierungsgeschichte mit den Alltagserfahrungen der Arbeitskräfte ebenso

in Bastschuhen. Die Bauern in der russischen Revolution 1905–1917, in: Geschichte und Gesellschaft, 4/1995, S. 585–603.

[66] Heinz-Dietrich Löwe: Die Lage der Bauern in Russland 1880–1905: Wirtschaftliche und soziale Veränderungen in der ländlichen Gesellschaft des Zarenreiches. St. Katharinen 1987. – Helmut Altrichter: Die Bauern von Tver. Vom Leben auf dem russischen Dorf zwischen Revolution und Kollektivierung. München 1984. – Stephan Merl: Der Agrarmarkt und die Neue Ökonomische Politik. München 1981. – Ders.: Die Anfänge der Kollektivierung in der Sowjetunion. Wiesbaden 1985. – Markus Wehner: Bauernpolitik im proletarischen Staat. Köln u.a. 1999. – Helga Schultz, Angelika Harre (Hg.): Bauerngesellschaften auf dem Weg in die Moderne. Agrarismus in Ostmitteleuropa 1880–1960. Wiesbaden 2010.

[67] Teodor Shanin: The Awkward Class. Political Sociology of Peasantry in a Developing Society. Russia 1910–1925. Oxford 1972.

[68] Katja Bruisch: Als das Dorf noch Zukunft war. Agrarismus und Expertise zwischen Zarenreich und Sowjetunion. Köln u.a. 2014. – Klaus Gestwa, Katja Bruisch (Hg.): Land, Soil and People. Agricultural Expertise and Power (19th – 20th Centuries), in: Cahiers du Monde Russe, 57/2016, S. 1.

[69] Salomon H. Schwarz: Arbeiterklasse und Arbeitspolitik in der Sowjetunion. Köln 1953. – Werner Hofmann: Die Arbeitsverfassung der Sowjetunion. Berlin 1956. – Peter Hübner, Christoph Kleßmann, Klaus Tenfelde (Hg.): Arbeiter im Staatssozialismus. Ideologischer Anspruch und soziale Wirklichkeit. Köln u.a. 2005.

[70] Susanne Conze: Sowjetische Industriearbeiterinnen in den vierziger Jahren. Die Auswirkungen des Zweiten Weltkrieges auf die Erwerbstätigkeit von Frauen in der UdSSR 1941–1949. Stuttgart 2001.

wie mit den machtpolitischen Ambitionen, mit den Visionen und der symbolischen Aufladung des sozialistischen Projektes in Industrie und Infrastruktur.[71] Dabei wird der spezifisch sowjetische bzw. sozialistische Zuschnitt von Industrialisierung, Technikkult wie der Transformation des arbeitenden Menschen analysiert.[72]

Es gab auch andere Situationen und Gruppen, die dazu reizten, Alltag im Sozialismus zu rekonstruieren. Beispielhaft seien hier genannt die Wohnsituation der meisten städtischen Einwohner nach der Revolution und die „kommunalka“ (Gemeinschaftswohnung),[73] Aspekte des im Sozialismus immer anstrengenden Konsums[74] und nicht zuletzt Lebensarten und Milieus wie der Nachkriegsjugend in der Sowjetunion.[75]

Die Revolution und ihre Folgen

Die pompöse Feier des 50-jährigen Jubiläums der Oktoberrevolution 1967 in der Sowjetunion fiel zusammen mit den linken Bewegungen im Westen. Die russische Revolution wurde auf diese Weise wieder zu einem politisch aufgeladenen Thema in der Öffentlichkeit. Den publizistischen, unter der Linken aufgeworfenen Fragen zur russischen Revolution begegneten vor allem amerikanische Autoren mit vielen Untersuchungen zu Lebensweise, Mentalitäten und Rolle der Arbeiterschaft in den Industriezentren Russlands.[76] Die deutschen Titel zur russischen Arbeiterschaft in der Zeit vor und nach der Revolution lassen sich an einer Hand abzählen, darunter allerdings eine originelle Studie über die fotografierte Fabrik.[77]

Mehrere Generationen von westlichen Historikern schrieben zwar kritisch, aber nicht ohne Faszination über die Massenbewegungen einerseits und über die geradezu machiavellistischen Strategien der Bolschewiki andererseits, den von ihnen organisierten Umsturz und ihren brutalen Kampf um die Macht. Das kleine Büchlein von Dietrich Geyer, das auch

---

[71] Dietmar Neutatz: Die Moskauer Metro. Von den ersten Plänen bis zur Großbaustelle des Stalinismus (1897–1953). Stuttgart 1993. – Klaus Gestwa: Die stalinschen Großbauten des Kommunismus: Sowjetische Technik- und Umweltgeschichte, 1948–1967. Berlin 2012.

[72] Melanie Tatur: Taylorismus in der Sowjetunion: Die Rationalisierungspolitik der UdSSR in den siebziger Jahren. Frankfurt/Main 1983. – Reinhart Kößler: Arbeitskultur im Industrialisierungsprozess. Studien am englischen und sowjetrussischen Paradigma. Münster 1990. – Eckhart Gillen: Der neue Mensch als Menschmaschine. Wechselwirkung von Kunst und politischer Ökonomie zwischen den Weltkriegen in Deutschland, der Sowjetunion und den Vereinigten Staaten von Amerika. Bonn 2023. – Margarete Tillberg: Die technische Ästhetik und die Mensch-Maschine als sowjetisches Designprodukt der 1960er und 1970er Jahre, in: Monika Rüthers, Alexandra Köhring (Hg.): Helden am Ende. Erschöpfungszustände in der Kunst des Sozialismus. Frankfurt/Main, New York 2024, S. 157–180.

[73] Julia Obertreis: Tränen des Sozialismus. Wohnen in Leningrad zwischen Alltag und Utopie, 1917–1937. Köln u.a. 2004. – Schlögel, Das sowjetische Jahrhundert [Fn. 1], S. 324–345.

[74] Lumenita Gatejel: Warten, Hoffen und endlich fahren. Auto und Sozialismus in der Sowjetunion, Rumänien und der DDR (1956–1989/91). Frankfurt/Main 2014.

[75] Juliane Fürst: Stalin's Last Generation: Soviet Post-War Youth and the Emergence of Mature Socialism. Oxford 2010.

[76] Leopold H. Haimson (Hg.): Striking, Wars and Revolutions in an International Perspective: Strike Waves in the Late Nineteenth and Early Twentieth Centuries. Cambridge u.a. 1981.

[77] Oskar Anweiler: Die Rätebewegung in Russland: 1905–1921. Leiden 1958. – Richard Lorenz (Hg.): Der Aufstand der Arbeiter, Bauern und Soldaten. München 1981. – Lenka Fehrenbach: Bildfabriken. Industrie und Fotografie im Zarenreich (1869–1914). Paderborn u.a. 2020.

Fragen der Linken nach dem Emanzipationsversprechen der bolschewistischen Revolution aufnahm, erlebte viele Auflagen. Auch in den folgenden Jubiläumsjahrzehnten bis 2017 fühlte sich fast jede Generation von Russland-Historikern veranlasst, das Thema der Revolution und ihrer weltweiten Folgen aufzunehmen.[78]
Schon vor der Öffnung der Archive in der Sowjetunion verlagerte sich das Interesse in den 1970er und 1980er Jahren einerseits hin zu Fragen nach den sozialen und wirtschaftlichen Bedingungen und Schwächen des alten Regimes. Andererseits interessierten Fragen der „Basis" des bolschewistischen Erfolges, trotz aller Katastrophen infolge der Niederlagen im Ersten Weltkrieg, der Revolution und des Bürgerkrieges. Diese Fragen bestimmten Arbeiten zum Misserfolg der Sozialrevolutionäre,[79] zum Scheitern der Kriegsanstrengungen im Ersten Weltkrieg,[80] zum Scheitern der „Weißen" im Bürgerkrieg[81], den katastrophalen Verhältnissen im Bürgerkrieg und den Industrievisionen der Bolschewiki[82] bis zur Bauernpolitik und zur Kollektivierung mit ihren mörderischen Folgen für die ländliche Bevölkerung, um nur einige zentrale Fragen zu nennen.
Spätestens seit dem Zusammenbruch der Sowjetunion sind einige der sozialhistorisch angelegten Arbeiten zwar nicht unbedingt überholt, sie waren aber marxistisch orientiert und folgten manchmal zu sehr der Sprache und den darin enthaltenen Wertungen der Quellen. Einen zusammenfassenden Überblick dieser Orientierung kann man in Richard Lorenz' knapper Geschichte der Sowjetunion nachlesen.[83] Der linke Impuls veranlasste aber auch zu einer ausführlichen „Dokumentation der Weltrevolution" (siehe Anhang), wie besonders zur Veröffentlichung der Dokumente des „Proletkults".[84] Die marxistisch inspirierte Deutung der historischen Vorgänge seit 1917 provozierte in Marburg Konflikte zwischen der Neuen Linken und Peter Scheibert. Scheibert, ehem. Untersturmführer der SS und verwickelt in Aktionen des Kunstraubs,[85] und „Frontmann" des konservativen Bundes „Freiheit der Wissenschaft", publizierte 1984 sein Monumentalwerk *Lenin an der Macht*. Es lässt sich als Abrechnung mit Lenin und der Revolution ebenso wie mit

---

78 Hier sei nur verwiesen auf Dietrich Geyer: Die russische Revolution. Historische Probleme und Perspektiven. Stuttgart u.a. 1968, und Publikationen des Jahres 2017: Stefan Rinke, Michael Wildt (Hg.): Revolutions and Counter-Revolutions. 1917 and its Aftermath from a Global Perspective. Frankfurt/Main, New York 2017. – Jan Claas Behrends, Nikolaus Katzer, Thomas Lindenberger (Hg.): 100 Jahre Roter Oktober. Zur Weltgeschichte der russischen Revolution. Berlin 2017. – Jahrbuch für Historische Kommunismusforschung 2017. Berlin 2017. – Revolution retour 1917–2017: Vorwärts und stets vergessen. Berlin 2017 [= OSTEUROPA, 6–8/2017].

79 Manfred Hildermeier: Die Sozialrevolutionäre Partei Russlands. Agrarsozialismus und Modernisierung im Zarenreich. Köln u.a. 1976. – Lutz Häfner: Die Partei der Linken Sozialrevolutionäre in der russischen Revolution 1917/18. Köln u.a. 1994.

80 Heiko Haumann: Kapitalismus im zarischen Staat 1906–1917. Organisationsformen, Machtverhältnisse und Leistungsbilanz im Industrialisierungsprozess. Königstein/Ts. 1980.

81 Helmut Katzer: Die weiße Bewegung in Russland. Köln u.a. 1999.

82 Heiko Haumann: Beginn der Planwirtschaft. Elektrifizierung, Wirtschaftsplanung und gesellschaftliche Entwicklung Sowjetrusslands 1917–1921. Düsseldorf 1974.

83 Richard Lorenz: Sozialgeschichte der Sowjetunion I 1917–1945. Frankfurt/Main 1976.

84 Richard Lorenz (Hg.): Proletarische Kulturrevolution in der Sowjetunion 1917–1921: Dokumente des Proletkults. München 1969.

85 Esther Abel: Kunstraub – Ostforschung – Hochschulkarriere: Der Osteuropahistoriker Peter Scheibert. Paderborn u.a. 2016.

einer marxistisch geprägten oder inspirierten Deutung der Vorgänge in der Sowjetunion lesen: Lenin als politischer Krimineller.[86]
Spätestens seit der Unabhängigkeit der Ukraine wurden die Verbrechen der Bolschewiki und später Stalins, insbesondere die Hungersnot 1932/33 als Folge der Kollektivierung zu einem politisch umstrittenen Thema. Es geht weniger um die Rekonstruktion der historischen Fakten als vielmehr um ihre Deutung. Seit der amtlichen Kiewer Erklärung zur Hungersnot – Holodomor – als Genozid am ukrainischen Volk im Jahre 2006 wird die Frage unter Historikern diskutiert: Kann die Hungersnot als Genozid und Völkermord oder eher als ethnisch indifferenter „Soziozid" an den Bauern bezeichnet werden? Die meisten deutschen Historiker, die sich mit diesem Thema befasst haben, stehen einer Definition der Kollektivierung und Hungersnot als speziell gegen die Ukrainer gerichteten Vernichtung durch Hunger eher skeptisch gegenüber, da viele sog. agrarische Überschussregionen davon betroffen waren – nomadische Völker wie die Kasachen sogar noch in höherem Maße als die ukrainische Landbevölkerung.[87]

Nach der Öffnung der Archive

Nach der Öffnung der Archive in Russland wurden die Perioden unter Lenin und Stalin erneut ein prominenter Gegenstand der Forschung. Begleitet von den zahlreichen „Enthüllungen" in Russland und den anderen postsowjetischen Ländern ging es der Forschung zunächst vor allem um die Rekonstruktion historischer Fakten wie besonders der Repressalien unter Lenin und Stalin. Hier bedeutete die Zusammenarbeit mit der Menschenrechtsorganisation *Memorial* unter ihrem Vorsitzenden, dem Historiker und Menschenrechtler Arsenij Roginskij (1946–2017) bzw. ihre Unterstützung bei der Archivarbeit eine große Hilfe.[88] Die Forschergruppe um Bernd Bonwetsch, 2003–2009 Direktor des *Deutschen Historischen Instituts* in Moskau, Rolf Binner und Marc Junge legten zusammen mit russischen Kollegen und Kolleginnen in zwei Bänden eine archivgestützte „Dokumentenmonographie" vor. Ausgangspunkt war der berüchtigte Befehl 00447 und seine Umsetzung in Gestalt einer Fließbandjustiz – von den Verhaftungen, Verhören, (Todes-)Urteilen bis zu den Gefängnis- und Lageraufenthalten – und schließlich zu den Repressalien gegen die Akteure des Terrors von 1936 bis 1938 selbst.[89] Fast jeder

---

86 Peter Scheibert: Lenin an der Macht. Das russische Volk in der Revolution 1918–1922. Weilsheim 1984.

87 Stephan Merl: Entfachte Stalin die Hungersnot von 1932–1933 zur Auslöschung des ukrainischen Nationalismus? in: JGO, 37/1989, S. 69–590. – Dagegen: Rudolf Mark u.a. (Hg.): Vernichtung durch Hunger. Der Holodomor in der Ukraine und in der UdSSR. Berlin 2004 [= OSTEUROPA, 12/2004]. – Jörg Ganzenmüller: Stalins Völkermord? Zu den Grenzen des Genozidbegriffes und den Chancen eines historischen Vergleichs, in: Sybille Steinbacher (Hg.): Holocaust und Völkermorde. Die Reichweite des Vergleichs. Frankfurt/Main, New York 2012, S. 145–166. – Guido Hausmann, Tanja Penter: Instrumentalisiert, verdrängt, ignoriert. Der Holodomor im Bewusstsein der Deutschen, in: OSTEUROPA, 3–4/2020, S. 193–214.

88 M.R. Smirnow, A. Roginskij u.a. (Hg.): Das System der Arbeitsbesserungslager in der Sowjetunion 1923–1960. Ein Handbuch. Berlin 2003 (russ. 1998).

89 Rolf Binner, Bernd Bonwetsch: Marc Junge, Massenmord und Lagerhaft. Die andere Geschichte des Großen Terrors. Berlin 2009. – Dies. (Hg.): Stalinismus in der sowjetischen Provinz 1937–1938. Die Massenaktion aufgrund des operativen Befehls 00447. Berlin 2010. – Marc Junge:

Russland-Historiker, der sich mit dem 20. Jahrhundert beschäftigte, hat auch zu Gewalt und Terror seit 1917 geforscht und publiziert. Zur Orientierung mit Literaturangaben sei auf die vielen Arbeiten zur Geschichte der Sowjetunion verwiesen (siehe Anhang). Leitende Fragen waren sowohl jene nach den ideologischen, politischen, kulturellen und sozialen Hintergründen, als auch nach Tradierung und Wandel der Formen von Gewaltausübung spätestens seit der Revolution von 1905: Gewalt „von oben" durch staatliche Instanzen und Gewalt der militärischen Verbände nach 1917 und Gewalt „von unten", hier auch antijüdische Pogrome, in den agrarischen Regionen. Diese waren die Hauptschauplätze der Feldzüge im Bürgerkrieg – von der Ukraine über den Kaukasus bis in den Fernen Osten. Nicht zuletzt die Frage nach der Rolle von Persönlichkeiten wie Lenin, Trockij und Stalin spielen hier eine Rolle. Dass es „Räume des Schreckens" gab, ist nicht strittig; ob es eine tradierte Kultur der Gewalt oder ob es „staatsferne" Räume gab, die in besonderer Weise zu Gewalt disponierten, ist diskutiert und bestritten worden.[90]
So erklärt Jörg Baberowski den Stalinismus maßgeblich als ein Ergebnis einer Gewaltkultur, die auch „von unten" praktiziert wurde und sich unter Stalin mit einem ebenso gewalttätig verstandenen Modernisierungskult verband.[91]
Wie das genannte Projekt des DHI exemplarisch zeigt, bewegte sich die Forschung zur Sowjetunion in einem internationalen Wechselspiel und manchmal auch in internationaler Zusammenarbeit, bis 2022 auch mit russischen Historikern und Historikerinnen. Dies gilt besonders auch für die Erforschung der sogenannten Lagerliteratur. Da das 20. und leider auch das 21. Jahrhundert ein Jahrhundert der Lager waren und sind,[92] drängte sich die Frage nach dem Vergleich der Lagersysteme auf. An wohl fast allen der hierzu erschienenen Sammelbände sind deutschsprachige Autoren und Autorinnen maßgeblich beteiligt. Das Spektrum reicht von den in den Kolonien errichteten Lagern, den Lagern der Kriegsgefangenen im Ersten und Zweiten Weltkrieg über die explizit als Straf- und Zwangsarbeitslager in der Sowjetunion, in China und im deutschen Herrschaftsbereich (1939–1945) fungierenden Lagerwelten bis zu den Vernichtungsstätten der Nationalsozialisten.[93]

Stalinistische Modernisierung. Die Strafverfolgung von Akteuren des Staatsterrors in der Ukraine 1939–1941. Bielefeld 2020.

[90] Jörg Baberowski: Kriege in staatsfernen Räumen. Russland und die Sowjetunion 1905–1950, in: Dietrich Beyrau u.a. (Hg.): Formen des Krieges. Von der Antike bis zur Gegenwart. Paderborn u.a. 2007, S. 291–309. Dazu Alex J. Kay: „War in Region beyond State Control"? The German-Soviet War, 1941–1944, in: War in History, 1/2011, S. 109–122. – Felix Schnell: Räume des Schreckens. Gewalt und Gruppenmilitanz in der Ukraine 1905–1933. Hamburg 2012.

[91] Jörg Baberowski: Der Rote Terror. Die Geschichte des Stalinismus. München 2003. – Zu den vor allem englischsprachigen Diskussionen um den Stalinismus vgl. Martin Wagner: Revisionismus. Elemente, Ursprünge und Wirkungen der Debatte um Stalinismus „von unten", in: JGO, 66/2018, S. 651–681. – Mark Edele: Debates on Stalinism. Manchester 2020.

[92] Bettina Greiner, Alan Kramer (Hg.): Die Welt der Lager: Zur „Erfolgsgeschichte" einer Institution. Hamburg 2013. – Christoph Jahr, Jens Thiel (Hg.): Lager vor Auschwitz. Gewalt und Integration im 20. Jahrhundert. Berlin 2013.

[93] Dittmar Dahlmann, Gerhard Hirschfeld (Hg.): Lager, Zwangsarbeit und Deportation. Essen 1999. – Kerstin von Lingen, Klaus Gestwa (Hg.): Zwangsarbeit als Kriegsressource in Europa und Asien. Paderborn u.a. 2014. – Michael David-Fox (Hg.): The Soviet Gulag. Evidence, Interpretation, and Comparison. Pittsburgh 2016.

Vergleich und Interaktion der beiden totalitären Regime

Mit einigem zeitlichen Abstand von der deutschen Diskussion um Ernst Noltes Thesen vom „Nexus" zwischen dem Gulag und Auschwitz (1986/87) nahmen deutsche und westliche Autoren diese publizistische Kontroverse auf, um eine Zusammenschau beider Gewaltsysteme zu präsentieren oder sich an systematischen Vergleichen zwischen dem NS-System und dem Stalin-Regime zu versuchen. Deutschsprachige (Osteuropa-)Historiker waren an dem von Sheila Fitzpatrick und Michael Geyer herausgegebenen Band eines Vergleiches beteiligt. Hier ging es darum, einzelne Themen und Aktionsfelder wie Sozialisation der Jugend oder Visionen vom neuen Menschen zu vergleichen.[94] Eine deutsch-russische Initiative versuchte sich am Vergleich des Verhaltens der deutschen Bildungsschichten im Nationalsozialismus und der sowjetrussischen Intelligenz im Stalinregime.[95]

Dem Bedürfnis nach dem Vergleich folgte der von Nolte eigentlich angesprochene, aber nicht wirklich belegte „Nexus" zwischen Nationalsozialismus und Bolschewismus bzw. Stalinismus. Statt des unterstellten ursächlichen Nexus zwischen Gulag und Auschwitz erwies es sich als interessanter, den Interaktionen und Verflechtungen beider Systeme jenseits der im Wesentlichen bekannten „großen Politik" in Diplomatie, Wirtschaft und Krieg nachzugehen. Die folgende Aufzählung der Interaktionen ist nicht erschöpfend, sondern beschränkt sich auf einige gründlich recherchierte Felder.

Vor allem in der englischsprachigen Forschung sind die Folgen der Zusammenarbeit zwischen Roter Armee und Reichswehr erörtert worden. Es ging nicht nur um die geheime Rüstung in Deutschland und die Aufrüstung in der UdSSR, sondern auch um die Entwicklung neuer Strategien der Kriegsführung. Dies betrifft u.a. die ähnlich strukturierten Operationen auf beiden Seiten der deutsch-sowjetischen Front, den kombinierten Einsatz der Luftwaffe mit motorisierten Verbänden und Panzern oder Fragen der Organisation des tiefen Gefechtsfeldes und Bewegungskrieges.[96]

Ein geheimdienstlicher „Nexus" waren die Versuche des Chefs des Sicherheitsdienstes Heinrich Heydrich, durch kompromittierende gefälschte Dokumente General Michail N. Tuchačevskij und die Führung der Roten Armee in Stalins Augen zu diskreditieren. Dem begegnete Stalins Intrige, einen vermeintlichen Rivalen wegen angeblicher Kooperation mit dem Feind – ebenfalls auf Basis gefälschter Zeugnisse – zusammen mit anderen führenden Köpfen der Roten Armee loszuwerden.[97]

Auch die Geschichte der deutschen Emigration in der UdSSR wie der russisch-sowjetischen Emigration in Deutschland lässt sich dem Feld deutsch-sowjetischer Interaktionen unterhalb der „hohen Diplomatie" zuordnen. Dazu zählen u.a. der sowjetische Umgang mit den deutschen Emigranten in der Zeit des Hitler-Stalin-Paktes, als manche im Gulag

---

[94] Michael Geyer, Sheila Fitzpatrick (Hg.): Beyond Totalitarianism. Stalinism and Nazism Compared. Cambridge 2009.

[95] Dietrich Beyrau (Hg.): Im Dschungel der Macht. Intellektuelle Professionen unter Stalin und Hitler. Göttingen 2000.

[96] Manfred Zeidler: Reichswehr und Rote Armee 1920–1933. – Wege und Stationen einer ungewöhnlichen Zusammenarbeit. München ²1994. – Dietrich Beyrau: Krieg und Revolution. Russische Erfahrungen. Paderborn u.a. 2017, S. 301f. – Richard W. Harrison: The Russian Way of War. Operational Art, 1904–1940. Lawrence/Kansas 2001.

[97] Igor Lukes: Stalin, Benesch und der Fall Tuchatschewski, in: Vierteljahreshefte für Zeitgeschichte, 4/1996, S. 527–548.

landeten, manche teils freiwillig zurückkehrten und andere abgeschoben wurden.[98] Für dieses Themenfeld der Emigration sei stellvertretend auf die Arbeiten von Karl Schlögel und Reinhard Müller verwiesen.[99]

Auf dem Feld der Kultur ist die bauliche konfrontative Konkurrenz auf der Pariser Weltausstellung von 1937 wohl am bekanntesten.[100] Ob und in welchem Maße Massenspektakel wie Aufmärsche, Sport und Partei- und Gedenktage ebenso wie Führer- und Heroenkulte auf beide Diktaturen begrenzt oder Ausdruck eines allgemeinen „Zeitgeistes" waren, bleibt noch weiter zu untersuchen.[101]

Anhaltend, aber deshalb nicht zutreffender sind die Behauptungen von Hitlers angeblicher Prävention gegen einen erwarteten sowjetischen Angriff.[102]

Unter der Interaktion zwischen dem Deutschen Reich und dem Zarenreich, dann noch brutaler zwischen dem Stalin- und NS-System litten besonders die Länder und Völker Osteuropas als Objekte beider Systeme im Ersten wie im Zweiten Weltkrieg. Dies ist relativ spät ein Gegenstand der Historiographie geworden, mit großer Aufmerksamkeit dank Timothy Snyders Buch *Bloodlands*.[103]

Zwar standen die Niederschlagung des Warschauer Ghetto-Aufstandes (18. April bis 16. Mai 1943) und die Öffentlichmachung der sowjetischen Massenmorde in Katyń an polnischen Offizieren am 13. April 1943 in keinem ursächlichen Zusammenhang. Aber auffällig ist die zeitliche Koinzidenz, da die Massengräber bei Katyń schon seit 1942 untersucht wurden. Die sowjetische Propaganda hatte sich seit 1941 auf deutsche Verbrechen auf sowjetischem Territorium konzentriert. Nun konnte sich die NS-Propaganda zum ersten Mal auf reale sowjetische Verbrechen berufen und zudem einen Keil in das Bündnis der Alliierten treiben. Angehörige der SS und des SD in Polen sollen sich vor dem Hintergrund eigener „Aktionen" in Polen lustig gemacht haben über die geheuchelte Empörung auf deutscher Seite.[104]

Wenn auch relativ spät ist die brutale deutsche Besatzungspolitik und der Massenmord an den Juden auf sowjetischem Territorium ein wichtiges Thema der deutschen (Osteuropa-) Historiographie geworden. Im Unterschied zu den vornehmlich auf deutschen Akten beruhenden Darstellungen und Dokumentationen[105] konnten Osteuropa-Historiker und

---

[98] Carola Tischler: Flucht in die Verfolgung. Deutsche Emigranten im sowjetischen Exil – 1933 bis 1945. Münster 1996.

[99] Karl Schlögel: Das russische Berlin – eine Hauptstadt im Jahrhundert der Extreme. Berlin 2019. – Ders. (Hg.): Russische Emigration in Deutschland 1918–1941. Berlin 1998. – Reinhard Müller: Herbert Wehner. Moskau 1937. Hamburg 2004.

[100] Robert Maier: Pariser Weltausstellung 1937. Der deutsche und der sowjetische Pavillon, in: Helmut Altricher, Viktor Ischtschenko (Hg.): Deutschland – Russland. Stationen gemeinsamer Geschichte. Orte der Erinnerung. Das 20. Jahrhundert. München 2014, S. 87–98.

[101] Malte Rolf: Das sowjetische Massenfest. Hamburg 2006. – Klaus Vondung: Magie und Manipulation. Ideologischer Kult und politische Religion des Nationalsozialismus. Göttingen 1971. – Yvonne Karow: Deutsches Opfer – kultische Selbstauslöschung in den Reichsparteitagen der NSDAP. Berlin 1997. Zu den Führerkulten siehe weiter unten.

[102] Bianka Pietrow-Ennker (Hg.): Präventivkrieg? Der deutsche Angriff auf die Sowjetunion. Frankfurt/Main 2011 (2. erw. Aufl.).

[103] Timothy Snyder: Bloodlands. Europe between Hitler and Stalin. London 2010. – Beyrau: Schlachtfeld der Diktatoren. Göttingen 2000.

[104] Dietrich Beyrau, Schlachtfeld der Diktatoren. Osteuropa im Schatten von Hitler und Stalin, Göttingen 2000, S. 81. – Claudia Weber: Krieg der Täter. Die Massenerschießungen von Katyń. Hamburg 2015.

[105] Christian Gerlach: Kalkulierte Morde. Die deutsche Wirtschafts- und Vernichtungspolitik in Weißrussland 1941 bis 1944. Hamburg 1999. – Vgl. die Dokumentationen von Susanne Heim, Ulrich Herbert

-Historikerinnen ein größeres Gewicht auf die Interaktion zwischen Besatzern und Besetzten legen.[106]
Als weiteren „Nexus" ließe sich das Schicksal der Kriegsgefangenen beider Seiten heranziehen. Im Umgang mit den Kriegsgefangenen beider Seiten zeigt sich einmal mehr der genozidale Zuschnitt auf nationalsozialistischer Seite einerseits und der brutale, auf Ausnutzung der Arbeitskraft zielende Zuschnitt sowjetischer Politik andererseits.[107]
Nach Stalingrad und Kursk wurde im Dezember 1943 in der Wehrmacht der Nationalsozialistische Führungsoffizier (NSFO) eingeführt. Denn eine Armee, so hieß es, die siegen wolle, sollte auch „politisch fanatisiert" sein. Auch wenn es nicht belegbar ist, so drängt sich doch der Vergleich mit den politischen Kommissaren in der Roten Armee auf, denen u.a. der zähe Widerstand der Roten Armee zugeschrieben wurde. Nachweisbar in den Äußerungen Hitlers ist allerdings nur eine Reaktion auf den Bund Deutscher Offiziere auf sowjetischer Seite.[108]
Und zuletzt sei auf „die Russen", d.h. die sowjetischen Soldaten in Deutschland und ihre Eindrücke und ihr Verhalten verwiesen.[109]

Imperium und Vielvölkerstaat

Bis in die 1980er Jahre bestimmten sozialhistorische Fragestellungen die Forschungen zu Russland. Außenpolitik wurde mit Blick auf die inneren Bedingungen und wirtschaftlichen Interessen untersucht. Die wichtigsten Anregungen kamen von den marxistisch grundierten Forschungen zum Imperialismus als der von kapitalistischen Interessen gesteuerten Expansion der europäischen Kolonialmächte. Die Frage war, ob eine solche Erklärung angesichts der viel beschworenen Rückständigkeit auch für das Zarenreich gelten konnte. Denn trotz aller Widrigkeiten hatte es sich am kolonialen Wettlauf – vor allem mit England – in Mittelasien und im Kaukasus beteiligt. Wenn auf Seiten der

---

u.a. (Hg.): Die Verfolgung und Ermordung der europäischen Juden durch das nationalsozialistische Deutschland 1933–1945, Bd. 7 u. 8: Sowjetunion mit annektierten Gebieten. Berlin 2013 u. 2015.

[106] Bernhard Chiari: Alltag hinter der Front. Besatzung, Kollaboration und Widerstand in Weißrussland 1941–1944. Düsseldorf 1998. – Jörg Ganzenmüller: Das belagerte Leningrad. 1941–1944. Die Stadt in den Strategien von Angreifern und Verteidigern. Paderborn u.a. 2005. – Björn Felder: Lettland im Zweiten Weltkrieg: Zwischen sowjetischen und deutschen Besatzern 1940–1946. Paderborn u.a. 2009. – Die Leningrader Blockade. Der Krieg, die Stadt und der Tod. Berlin 2011 [= OSTEUROPA, 8–9/2011]. – Tanja Penter: Kohle für Stalin und Hitler: Arbeiten und Leben im Donbass 1929–1953. Essen 2010.

[107] Rüdiger Overmans (Hg.): Rotarmisten in deutscher Hand. Dokumente zur Gefangenschaft, Repatriierung und Rehabilitierung sowjetischer Soldaten des Zweiten Weltkrieges. Paderborn u.a. 2012. – Andreas Hilger: Deutsche Kriegsgefangene in der Sowjetunion 1941–1956. Kriegsgefangenenpolitik, Lageralltag und Erinnerung. Essen 2000.

[108] Waldemar Besson (Hg.): Zur Geschichte des Nationalsozialistischen Führungsoffiziers (NSFO), in: Vierteljahreshefte für Zeitgeschichte, 1/1961, S. 76–116. – Gerhard L. Weinberg (Hg.): Adolf Hitler und der NS-Führungsoffizier (NSFO). Dokumentation, in: Vierteljahreshefte für Zeitgeschichte, 4/1964, S. 443–456. – Dietrich Beyrau: Krieg und Revolution. Russische Erfahrungen. Paderborn u.a. 2017, S. 256–286.

[109] Manfred Zeidler: Kriegsende im Osten: Die Rote Armee und die Besetzung Deutschlands östlich von Oder und Neiße. München 1996. – Norman Naimark: Die Russen in Deutschland: Die sowjetische Besatzungszone 1945–1949. Berlin 1997 (engl. 1995). – Silke Satjukov: Besatzer – „die Russen" in Deutschland 1945–1994. Göttingen 2008.

sowjetischen Forschung von den „feudal-kapitalistischen" Besonderheiten des russischen Imperialismus gesprochen wurde, so prägte Dietrich Geyer den Begriff des imitierten Imperialismus, der nicht primär von Handels- und Kapitalinteressen, sondern von Geopolitik und Prestigesucht der Eliten bestimmt worden sei.[110]

Heute steht die Frage nach den Merkmalen Russlands bzw. der Sowjetunion als Imperium im Vordergrund. Das hat zur Folge, dass Autonomie- oder Unabhängigkeitsbestrebungen unter den Völkern Russlands als „Entkolonialisierung" beschrieben werden.[111] Eine solche Deutung vereinfacht allerdings die vielfältigen und wechselnden Formen imperialer Gestaltung Russlands seit der Zeit des „Sammelns der russischen Erde". Das Petersburger Reich wies spätestens seit dem 18. Jahrhundert sowohl Merkmale einer imperialen als auch einer, wenn auch instabilen „zusammengesetzten Monarchie" (composite monarchy) auf.[112] Die seit dem 18. Jahrhundert eroberten Territorien wiesen ganz unterschiedliche Beziehungen zum und Abhängigkeiten vom Zentrum auf. Die Stufung reichte vom autonomen Finnland in der zweiten Hälfte des 19. Jahrhunderts bis zum kolonialen Status Mittelasiens und der Völker des Kaukasus. Viele russische wie westliche Forschungen haben die summarische Abwertung des Zarenreiches als Völkergefängnis revidiert. Dies zeigt sich am heterogenen Status einzelner Länder, Regionen und Völker ebenso wie an den multiethnischen Eliten des Zarenreiches. Einen Durchbruch leisteten hier für den deutschen Sprachraum die Studien Andreas Kappelers zu Russland als Vielvölkerstaat.[113] Seither ist die Anzahl der Veröffentlichungen zu einzelnen Völkern und Territorien des Zarenreiches und mehr noch der Sowjetunion kaum zu überblicken. Das Spektrum reicht von der Repräsentation der Herrschaft vor Ort bis zum Mit- und Gegeneinander zentraler Instanzen und lokaler Akteure. Hier seien nur exemplarisch wenige Arbeiten genannt, welche die Vielfalt der Beziehungen zwischen Zentrum und Peripherie, vom Westen bis zum Osten thematisieren.[114]

---

[110] Dietrich Geyer: Der russische Imperialismus. Göttingen 1977.

[111] Joshua A. Sanborn: Imperial Apocalypse. The Great War & the Destruction of the Russian Empire. Oxford 2014. – Schon als politische Losung: Andrejs Urdze (Hg.): Das Ende des Sowjetkolonialismus. Der baltische Weg. Reinbek 1991.

[112] J.H. Elliott: A Europe of Composite Monarchies, in: Past & Present, 137/1992, S. 48–71. – Für Ostmitteleuropa vgl. Stefan Wendhorst (Hg.): Die Anatomie frühneuzeitlicher Imperien. Herrschaftsmanagement jenseits von Staat und Nation. Institutionen, Personal und Techniken. Berlin 2015. – Hans-Jürgen Bömelburg: Die Tradition einer multinationalen Reichsgeschichte in Mitteleuropa. Historiographische Konzepte gegenüber Altem Reich und Polen-Litauen sowie komparatistische Perspektiven, in: Zeitschrift für Ostmitteleuropaforschung, 3/2004, S. 318–350.

[113] Andreas Kappeler: Russland als Vielvölkerreich. Entstehung, Geschichte, Zerfall. München 1992.

[114] Carsten Kumke: Führer und Geführte bei den Zaporoger Kosaken. Struktur und Geschichte kosakischer Verbände im polnisch-litauischen Grenzland (1550–1648). Berlin 1993. – Michael Kemper: Herrschaft, Recht und Islam in Daghestan. Von den Khanaten und Gemeindebünden zum ǧihad-Staat. Wiesbaden 2005. – Christian Noack: Muslimischer Nationalismus im Russischen Reich. Nationsbildung und Nationalbewegung bei Tataren und Baschkiren 1861–1917. Stuttgart 2000. – Jörg Ganzenmüller: Russische Staatsgewalt und polnischer Adel. Staatsausbau im Westen des Zarenreiches (1772–1850). Köln u.a. 2013. – Jörg Baberowski, David Feest, Christoph Gumb (Hg.): Imperiale Herrschaft in der Provinz. Repräsentationen politischer Macht im späten Zarenreich. Frankfurt/Main, New York o.J. – Malte Rolf: Imperiale Herrschaft im Weichselland. Das Königreich Polen im Russischen Imperium (1864–1915). München, Wien 2014. – Jörn Happel: Nomadische Lebenswelten und zarische Politik. Der Aufstand in Zentralasien 1916. Stuttgart 2010.

Ein besonderes Interesse richtete sich auf die multiethnischen Eliten des Zarenreiches, deren Geschichte in (Auto-)Biographien ihren Niederschlag gefunden hat. Nicht zuletzt belegen sie auch die Integrationskraft der Imperien und geben Hinweise auf die Nutzung oder Förderung bzw. die Entstehung regionaler Subeliten.[115] Daneben gibt es inzwischen auch eine Vielzahl von Überblicksdarstellungen zur Geschichte der Territorien und Völker Russlands und der Sowjetunion. Hier sollen – der Aktualität wegen – nur einige Titel zur Ukraine genannt werden.[116]

Zu Beginn des Kalten Krieges und dann wieder seit ihrem Untergang ist von der Sowjetunion als Imperium die Rede gewesen. Angesichts des über die engeren staatlichen Grenzen hinausgehenden Einflusses ist zuletzt sowohl mit Blick auf die USA als auch auf die Sowjetunion von einer „imperialen Formation" gesprochen worden.[117] Damit können die unterschiedlichen Formen zwischen staatlicher Integration und formalisierten oder informellen Formen von Abhängigkeit im jeweiligen „Lager" bestimmt werden. Wie für das Zarenreich haben die Forschungen der letzten Jahre unter diesen Aspekten sowohl die Geschichte einzelner Republiken und Territorien als auch die einzelner Völker untersucht.[118] Auch im sowjetischen Fall kommen Studien zu sogenannten Streuvölkern wie Deutschen oder Juden hinzu.[119] Der imperiale Zuschnitt im Verhältnis zwischen dem sowjetischen Zentrum und seinen Peripherien unterlag im Laufe der Jahrzehnte einem Wandel ebenso wie die Abhängigkeitsverhältnisse im sozialistischen „Lager".[120]

---

115 Tim Buchen, Malte Rolf (Hg.): Eliten im Vielvölkerreich. Biographien in Russland und Österreich-Ungarn (1850–1918). München 2015. – Martin Aust, Robert Luft, Maurus Reinkowski u.a.: Autobiographische Praxis in den Vielvölkerreichen der Romanovs, Habsburger und Osmanen im 19. und frühen 20. Jahrhundert. Köln u.a. 2015. – Matthias Golbeck: Russland in Zentralasien: Autobiographische Texte der Eroberung und Erschließung Turkestans. Köln u.a. 2022.

116 Frank Golczewski (Hg.): Geschichte der Ukraine. Göttingen 1993. – Kerstin S. Jobst: Geschichte der Ukraine. Stuttgart 2010. – Andreas Kappeler: Ungleiche Brüder – Russen und Ukrainer vom Mittelalter bis zur Gegenwart. München 2017. – Anna V. Wendland: Befreiungskrieg. Nationsbildung und Gewalt in der Ukraine. Frankfurt/Main 2023.

117 Der Begriff ist entnommen: Ann Laura Stoler (Hg.): Imperial Formations. Oxford 2007.

118 Jörg Baberowski: Der Feind ist überall. Stalinismus im Kaukasus. München 2003. – Ders.: Stalinismus als imperiales Phänomen: Die islamischen Territorien der Sowjetunion 1920–1941, Stefan Plaggenborg (Hg.): Stalinismus. Neue Forschungen und Konzepte. Berlin 1998, S. 113–150. – Manfred Hildermeier: Verhinderte Nationen. Zu einigen Merkmalen und Besonderheiten nationaler Bewegungen in Russland und der Sowjetunion, in: Archiv für Sozialgeschichte, 34/1994, S. 1–17. – Egbert Jahn (Hg.): Nationalismus im spät- und postkommunistischen Europa, Bd. 1–3. Baden-Baden 2008–2009.

119 Dietmar Neutatz: Die „deutsche Frage" im Schwarzmeergebiet und in Wolhynien. Politik, Wirtschaft, Mentalitäten und Alltag im Spannungsfeld von Nationalismus und Modernisierung (1856–1914). Stuttgart 1993. – Boris Meissner u.a. (Hg.): Die Russlanddeutschen. Gestern und heute. Köln 1992. – Detlef Brandes u.a. (Hg.): Die Russlanddeutschen in Russland und Deutschland. Selbstbilder, Fremdbilder. Aspekte der Wirklichkeit. Essen 1999. – Gerhard Simon: Juden in der Sowjetunion: Von der Emanzipation in den 1920er Jahren bis zur Verfolgung in der späten Stalinzeit, in: Jüdische Welten in Osteuropa. Frankfurt/Main 2005, S. 85–100. – Daniela Bland-Spitz: Die Lage der Juden und die jüdische Opposition in der Sowjetunion 1967–1977. Diessenhofen 1980. – Franziska Davies u.a. (Hg.): Jews and Muslims in the Russian Empire and the Soviet Union. Göttingen 2015. – Frank Grüner: Patrioten und Kosmopoliten – Juden im Sowjetstaat 1941–1953. Köln u.a. 2008.

120 Einen Überblick mit Literatur bei Bianka Pietrow-Ennker (Hg.): Nationsbildung und Außenpolitik im Osten Europas. Osnabrück 2022.

Angestoßen durch Terry Martins *Affirmative Action Empire* (2001) veränderte sich der Blick auf die ersten Jahrzehnte der sowjetischen Nationalitätenpolitik. War die Geschichtsschreibung von Autoren der nationalen Emigration vor allem fixiert auf die Benachteiligung oder Unterdrückung nicht-russischer Nationalitäten – maßstäblich hierfür die für die Bürgerkriegsjahre wichtige Arbeit von Richard Pipes[121] –, so präsentierte Terry Martin die frühe Sowjetunion als Beschützer und Förderer der Nationen und Streuvölker bis hin zur Verschriftlichung von Sprachen von Völkern ohne Schriftkultur. So wollte sich die UdSSR als Schöpfer und Förderer der Nationen präsentieren und ihrem Namen als Union der Sowjetrepubliken gerecht werden.[122]

Es herrscht Übereinstimmung in der älteren und neueren Geschichtsschreibung darin, dass mit der Etablierung der Diktatur Stalins sowohl der imperial-zentralistische Zuschnitt als auch die russisch-nationale Dominanz auf Kosten der anderen Völker und Ethnien an Bedeutung gewannen. Das macht die ältere und neuere Literatur an der Zentralisierung mit der Durchsetzung der Planwirtschaft sowie an der Umschreibung der Geschichtsbücher seit den 1930er Jahren durch Hervorhebung der führenden Rolle des russischen Proletariats und russischen Volkes, an der Betonung russischer Staatlichkeit und schließlich an der russisch konnotierten Propaganda für die neue historische Gemeinschaft des Sowjetvolkes fest.[123]

Ein geradezu imperialistischer Zuschnitt wird der bolschewistischen und stalinschen Politik im Umgang mit den muslimischen Völkern zugeschrieben: Die Durchsetzung des bolschewistischen Regimes in Mittelasien stützte sich zumeist auf die russischen (ostslawischen) Siedler. Den einheimischen Völkern gegenüber praktizierte man eine bolschewistische Variante von „mission civilisatrice". Das russisch-sowjetische Modell wurde gegen die einheimischen Völker und ihre Strukturen, Sitten und Normen mit Gewalt durchgesetzt, manchmal mit Hilfe einheimischer Subeliten. Zudem wurde Mittelasien den ökonomischen Bedürfnissen Russlands unterworfen, im Grunde eine Fortsetzung der Politik des Zarenreiches.[124]

Der Stalinkult – ähnlich wie zuvor im Zarenreich der Zarenmythos – intensivierte den imperialen Charakter der Sowjetunion. War der Leninkult noch revolutionär-internationalistisch ausgerichtet,[125] so begründete der Stalinkult Elemente imperialer Staatlichkeit. Führerkulte hatten sich in den 1930er Jahren zwar auch in Nationalstaaten wie Italien,

[121] Richard Pipes: The Formation of the Soviet Union. Communism and Nationalism. Cambridge/Mass. 1964.

[122] Terry Martin: The Affirmative Action Empire. Nations and Nationalism in the Soviet Union. 1923–139. Ithaca, London 2001.

[123] Erwin Oberländer: Sowjetpatriotismus und Geschichte. Dokumentation. Köln 1967. – Gerhard Simon: Nationalismus und Nationalitätenpolitik in der Sowjetunion. Baden-Baden 1986.

[124] Robert Kindler: Stalins Nomaden. Herrschaft und Hunger in Kasachstan. Hamburg 2014. – Christian Teichmann: Macht der Unordnung. Stalins Herrschaft in Zentralasien 1920–1950. Hamburg 2016. – Julia Obertreis: Imperial Desert Dreams: Cotton Growing and Irrigation in Central Asia, 1860–1991. Göttingen 2017. – Uwe Halbach: Von Mansur zu Dudajew? Widerstandstraditionen der nordkaukasischen Bergvölker, in: ders., Andreas Kappeler (Hg.): Krisenherd Kaukasus. Baden-Baden 1995. – Walter Sperling: Vor den Ruinen von Grosny. Leben und Überleben im multiethnischen Kaukasus. Berlin 1923.

[125] Benno Ennker: Die Anfänge des Leninkults in der Sowjetunion. Köln u.a. 1997.

Deutschland, Polen und der Türkei etabliert, wie vergleichende Studien zeigen.[126] Aber der Kult um Stalin, von allen Völkern der Sowjetunion und nach 1945 auch in den Volksdemokratien zelebriert, war einer der übernationalen Merkmale, welche die Gemeinschaft der sowjetischen Völker rituell zu beglaubigen hatte. Dem Stalinkult nähert sich die Literatur der letzten Jahrzehnte mit sehr unterschiedlichen Verfahren, in denen sich auch die kulturalistische Wende in der Historiographie bewähren konnte. Hier ist besonders Jan Plampers Studie zum Stalinkult hervorzuheben. Dabei geht es nicht nur um die Repräsentationen des Führers, den fast sakralen Kult, sondern auch um die Reaktionen des Publikums.[127]

In der Sowjetunion der 1920er und 1930er Jahre fiel – wie schon im Zarenreich – die multiethnische Zusammensetzung der politischen Führung auf. Namen wie Leo Trockij, Feliks Dzierżyński, Sergo Ordžonikidze, Anastas Mikojan, Lavrentij Berija, Vjačeslav Molotov und viele andere belegen diese Multiethnizität. Dies waren zumeist Angehörige von Völkern und Volksgruppen, die auf eine starke revolutionäre Tradition zurückgreifen konnten. Erst unter Nikita Chruščev setzte sich eine Slawisierung der Moskauer Eliten durch. Mit dem Zarenreich vergleichbare Untersuchungen fehlen bisher, jedenfalls in deutscher Sprache.[128]

Expansion

Ein zentrales politisch-militärisches Element der russländischen Geschichte – vom Moskauer Großfürstentum über das Petersburger Imperium bis zur Sowjetunion – ist territoriale Expansion gewesen. Diese Tradition nimmt der Kreml heute leider wieder auf. In der historiographischen Literatur ist die sukzessive Expansion hauptsächlich in Gestalt von Diplomatie und Kriegen beschrieben worden. Die unterschiedlichen Richtungen russländischer Expansion waren mit je spezifischen ideologischen Formeln verbunden – vom „Sammeln der russischen Erde“ über den Kampf gegen die Tataren und die Rivalität mit dem Osmanischen Reich, das „griechische Projekt“ von Katharina II. bis zur Befreiung der Christen auf dem Balkan. Aus der Rivalität mit Österreich und Preußen folgte die Teilung Polen-Litauens. Hinzukam seit dem 17. Jahrhundert der „Drang“ zum Meer – zur Ostsee, zum Schwarzen Meer und selbst zum Pazifik. Im 19. Jahrhundert war es die Rivalität mit England, welche die territoriale Expansion vor allem in Mittelasien als zivilisatorische Mission zu legitimieren hatte.[129] In der Sowjetunion waren es teils nationalistische Argumente – die Vereinigung der getrennten Teile von Belarus, der Ukraine und Litauens (1939) – teils ein geopolitisch-strategisches Kalkül

[126] Gerd Koenen: Die großen Gesänge. Lenin, Stalin, MaoTse-tung. Führerkulte und Heldenmythen des 20. Jahrhunderts. Frankfurt/Main 1991. – Benno Ennker, Heidi Hein-Kircher (Hg.): Der Führer im Europa des 20. Jahrhunderts. Marburg 2010.

[127] Jan Plamper: The Stalin Cult. A Study in the Alchemy of Power. New Haven, London 2012. Klaus Heller, Jan Plamper (Hg.): Personality Cults in Stalinism. Personenkulte im Stalinismus. Göttingen 2004. – Jan C. Behrends: Exporting the Leader. The Stalin Cult in Poland and East Germany (1944/45–1956), in: Balázs Apor u.a. (Hg.): The Leader Cult in Communist Dictatorships. Stalin and the Eastern Bloc. Basingstoke, New York 2004, S. 161–178. – Alexey Tikhomirov: The Stalin Cult in East Germany and the Making of Postwar Soviet Empire. Lanham, New York 2022.

[128] Sheila Fitzpatrick: Stalins Mannschaft: Teamarbeit und Tyrannei. Paderborn u.a. 2017.

[129] Ulrich Hofmeister: Die Bürde des Weißen Zaren. Russische Vorstellungen einer zarischen Zivilisierungsmission in Zentralasien. Stuttgart 2019.

wie im Fall Königsbergs, Kareliens, der Kurilen und Süd-Sachalins (1945). Insgesamt aber galt seit 1917, allerdings mit wechselnder Intensität, die universelle Befreiungsmission des Kommunismus. Sie „transzendierte" territoriale Ambitionen, indem man sich mit wechselnden Formen von Abhängigkeit begnügte. Die historiographische Literatur behandelt aus guten Gründen immer nur einzelne Epochen oder Regionen, da die Gefahr eines zu eng gefassten Korsetts von konstruierter Pfadabhängigkeit besteht.[130] Dabei ist nicht zu vergessen, dass territoriale Eroberungen bis zum Ersten Weltkrieg – nicht nur in Russland – fast als normal galten und den jeweiligen Herrschern Prestige und Ruhm eintrugen. Außenpolitik und internationale Beziehungen inklusive Territorialfragen haben allerdings in der Geschichtsschreibung der letzten Jahrzehnte eine eher geringe Rolle gespielt.[131]

Ebenso haben – in der deutschen Osteuropa-Forschung – das russische Militärwesen und die russischen Kriege eine vergleichsweise geringe Aufmerksamkeit gefunden. Dies, obgleich Russlands Sozialstruktur periodisch unter Peter dem Großen, Katharina II. und Nikolaj I. oder unter den Bolschewiki maßgeblich durch die Vorbereitung auf den Krieg und die Kriegsführung bestimmt wurde. Russland liefert in vielen Phasen seiner Geschichte ein klassisches Muster für einen Militär- und Kriegsstaat. Wie andere Staaten und Nationen auch[132] ist das Moskauer Großfürstentum so gut wie das petrinische Kaiserreich und das bolschewistische Russland im Krieg geboren. Es ging darum, sich auf den Krieg vorzubereiten – und entsprechend gewalttätig wurden die notwendigen Ressourcen an Menschen und Material organisiert.[133]

Zur Expansion gehören seit dem 18. Jahrhundert auch die auf russische Initiative systematisch unternommenen Expeditionen in die vermeintlich oder tatsächlich unwirtlichen Regionen. Zuletzt haben Martina Winkler und Robert Kindler die Kombination von Expeditionen, Aneignung und Nutzung der Territorien und des Meeres im nordpazifischen Raum seit dem 19. Jahrhundert untersucht. Auch hier spielt die Rivalität mit den „benachbarten" Seemächten Japan, den USA und Großbritannien eine wechselnde Rolle.[134]

---

[130] Zuletzt Martin Schulze Wessel: Der Fluch des Imperiums: Die Ukraine, Polen und der Irrweg in der russischen Geschichte. München 2023. – Manfred Hildermeier: Die rückständige Großmacht. Russland und der Westen. München 2022.

[131] Jan Kusber: Katharina die Große. Legitimation durch Reform und Expansion. Stuttgart 2020. – Hannes Adomeit (Hg.): Imperial overstretch. Germany in Soviet Policy from Stalin to Gorbachev. Baden-Baden 2016.

[132] Dieter Langewiesche: Der gewaltsame Lehrer. Europas Kriege in der Moderne. München 2019.

[133] Dietrich Beyrau: Militär und Gesellschaft im vorrevolutionären Russland. Köln u.a. 1984. – Jan Kusber: Krieg und Revolution in Russland 1904–1906: Das Militär im Verhältnis zu Wirtschaft, Autokratie und Gesellschaft. Stuttgart 1997. – Werner Benecke: Militär, Reform und Gesellschaft im Zarenreich. Die Wehrpflicht in Russland 1874–1914. Paderborn u.a. 2006. – Dietrich Beyrau: Krieg und Revolution. Russische Erfahrungen. Paderborn 2017. – Kerstin S. Jobst u.a. (Hg.): The Great War and the Anthropocene. Empire and Environment, Soldiers and Civilians on the Eastern Front. Leiden 2024. – Michael Galbas: Pflichterfüllung. Erinnerungen an den sowjetischen Afghanistankrieg in Russland. Wien 2022. – Christian Ganzer: Kampf um die Brester Festung 1941. Paderborn u.a. 2021. – Hannes Adomeit: Die Sowjetunion als Militärmacht. Stuttgart 1987. – Hans-Henning Schröder: Sowjetische Rüstungs- und Sicherheitspolitik zwischen Stagnation und Perestrojka. Eine Untersuchung der Wechselbeziehung von auswärtiger Politik und innerem Wandel in der UdSSR (1979–1991). Baden-Baden 1995.

[134] Martina Winkler: Das Imperium und die Seeotter. Die Expansion Russlands in den nordpazifischen Raum 1700 bis 1867. Göttingen 2016. – Robert Kindler: Robbenreich. Russland und die Grenzen der Macht im Nordpazifik 1867–1930er Jahre. Hamburg 2022.

Methodische Zugänge seit den 1990er Jahren

Geistesgeschichte und politische Geschichte im traditionellen Verständnis sind in den letzten Jahrzehnten etwas in den Hintergrund getreten. Gleichwohl fanden sie einen Ort in der von Leonid Luks 1997 gegründeten Zeitschrift *Forum für Osteuropäische Ideen- und Zeitgeschichte*. Hier werden nicht nur die zentralen politischen Themen des 20. Jahrhunderts unter starker Beteiligung von Historikern und Historikerinnen aus Russland und Osteuropa vorgestellt, sondern auch geistige Strömungen, die in Russland nach der Wende prominent geworden sind.

Die 1990er Jahre waren aber bestimmt durch neue methodische Zugänge. Kulturhistorische, „konstruktivistische" Aspekte durchziehen seither sehr viele Darstellungen zu fast allen historischen Bereichen vom Alltag über die Politik, die Wirtschaft, Gesellschaft bis hin zu Krieg und Kultur im engeren Sinne. Wahrnehmungen und Deutungen des äußeren Geschehens sowie subjektive Sichtweisen von Akteuren stehen im Vordergrund. Darüber werden – wenigstens annäherungsweise – objektivierbare Aspekte eines Untersuchungsgegenstandes mitunter vernachlässigt. Hierbei bewegt sich die deutsche Forschung in verstärktem Umfang im internationalen Austausch, gefördert durch die Deutsche Forschungsgemeinschaft und analoge Fördereinrichtungen im Ausland.

Die subjektive Wahrnehmung und Selbstinszenierung handelnder Personen ist ein zentraler Gegenstand der Forschung geworden. Ausgangspunkt war im Fall der Stalinzeit eine Kontroverse um die Frage, ob sich die Sowjetbürger nur rhetorisch (speaking bolshevik) anpassten oder ob es so etwas wie ein stalinistisches Subjekt gebe, das sich Werte und Ideale des Bolschewismus-Stalinismus angeeignet und verinnerlicht habe. Jochen Hellbeck und Igal Halfin wollten mit Verhörprotokollen (!), der Edition von Tagebüchern oder biographischen Studien die Konstruktion eines solchen „Selbst" belegen.[135] Diese Kontroverse hat viele Studien zur sowjetsozialistischen Sozialisation ausgelöst und ist – bis heute – ein Gegenstand, der auch mit Blick auf postsowjetische Verhaltensweisen diskutiert wird.[136] Die Frage bleibt, wie sehr die hier vorgeführten Befunde verallgemeinert werden können. Andere Tagebücher und Zeitzeugnisse legen ein viel breiteres und sich über die Jahrzehnte und Generationen hinweg wandelndes Spektrum von Subjektivität und Verhaltensweisen nahe.[137] Ein besonderes Gewicht kommt dabei den sowjetischen Ingenieuren zu, welche die Industrialisierung und damit

---

[135] Igal Halfin, Jochen Hellbeck: Rethinking the Stalinist Subject. Stephen Kotkin's „Magnetic Mountain" and the State of Soviet Historical Studies, in: JGO, 44/1996, S. 456–463.

[136] Jochen Hellbeck (Hg.): Tagebuch aus Moskau 1931–1939. München 1996. – Ders.: Revolution on My Mind. Writing a Diary under Stalin. Cambridge, MA, London 2006. – Brigitte Studer, Heiko Haumann (Hg.): Stalinistische Subjekte. Individuum und System in der Sowjetunion und in der Komintern, 1929–1953. Zürich 2006. – Swetlana Alexiewitsch: Secondhand-Zeit – Leben auf den Trümmern des Sozialismus. Berlin 2013. – Lev Gudkov: Wahres Denken. Analyse, Diagnosen, Interventionen. Berlin 2017.

[137] Juliane Fürst: Stalinist Last Generation: Soviet Postwar Youth and the Emergence of Mature Socialism. Oxford 2010. – Tanja Penter, Stefan Schneider (Hg.): Olgas Tagebuch (1941–1944). Unerwartete Zeugnisse einer jungen Ukrainerin inmitten des Vernichtungskrieges, Wien, Köln 2012.

Stalins Projekt wesentlich mitgetragen haben.[138] Das komplizierte Geflecht von Selbststilisierung, „Botschaften“ und Kontexten präsentierte Julia Herzberg an Beispielen von bäuerlichen Autobiographien.[139]

Die Frage nach dem Wert, der Nutzung und Deutung individueller Zeugnisse wurde noch einmal angestoßen durch die von Jochen Hellbeck präsentierten „Stalingrad-Protokolle“, d.h. Berichte sowjetischer Offiziere über ihre Erlebnisse und Erfahrungen in der Schlacht von Stalingrad. Die folgende Kontroverse drehte sich um die Einschätzung dieser Zeugnisse und die daraus zu ziehenden Schlüsse für eine allgemeinere Beurteilung sowjetischen Verhaltens in der Schlacht und der sowjetischen Narrative.[140]

Für eine Erweiterung oder Vertiefung des subjektiven Faktors in der Geschichte plädierte Jan Plamper, angeregt von amerikanischer Seite. Er stieß eine Debatte zur Bedeutung und zu Erscheinungsformen von Emotionen in der Geschichte an. Die Annahme überzeitlicher, universalistischer Gefühlswelten, wie sie unter Psychologen verbreitet sei, kritisierte er als unhistorisch. Auch Emotionen bzw. ihre Signale und Äußerungsformen unterliegen nach seiner Auffassung dem historischen Wandel, den Regeln sozialer Milieus und wechselnden Konventionen. Am Beispiel der Furcht unter russischen Soldaten des Ersten Weltkrieges hat er seine Thesen zu belegen versucht.[141] Kollektiven Gefühlswelten, die bei Plamper eher vernachlässigt wurden, gehen Árpád von Klimó und Malte Rolf in ihrem Aufsatz zu „Rausch und Diktatur“ nach.[142] Emotionen spielen mit unterschiedlicher Gewichtung in vielen neueren Darstellungen eine Rolle, hier seien nur die Adelserziehung zur Gefühlsdisziplin im 19. Jahrhundert oder der Hass der Rotarmisten auf den deutschen „Fritze“ 1944/45 erwähnt.[143] Offen bleiben dabei das Gewicht von Emotionen in der Selbstinszenierung, der Wahrnehmung wie in den Handlungsoptionen von Akteuren.

Wie problematisch der Umgang mit subjektiven Wahrnehmungen und Gefühlen sein kann, zeigte sich in einer Diskussion, um Stalins Terrorpolitik. War sie von Panik vor den Folgen allgemeiner Wahlen in der neuen Verfassung von 1936 festgelegt oder gar vor dem

---

[138] Susanne Schattenberg: Stalins Ingenieure. Lebenswelten zwischen Technik und Terror in den 1930er Jahren. München 2002.

[139] Julia Herzberg: Gegenarchive: Bäuerliche Autobiographik zwischen Zarenreich und Sowjetunion. Bielefeld 2014. – Gabor T. Rittersporn: Anguish, Anger and Folkways in Soviet Russia. Pittsburgh 2014, Kap. 9.

[140] Jochen Hellbeck: Die Stalingrad-Protokolle. Sowjetische Augenzeugen berichten aus der Schlacht. Frankfurt/Main 2012. – Oleg Budnitskii: A Harvard Project in Reverse. Materials of the Commission of the USSR Academy of Sciences on the History of the Great Patriotic War – Publications and Interpretations, in: Kritika, 1/2018, S. 195–202.

[141] Jan Plamper: Geschichte und Gefühl. Grundlagen der Emotionsgeschichte. München 2012. – Benjamin Lazier, Jan Plamper (Hg.): Fear across the disciplines. Pittsburgh 2012. – Jan Plamper: Soldiers and Emotions in the Early Twentieth Century Russian Military Psychology, in: Slavic Review, 68/2009, S. 259–283.

[142] Árpád von Klimó, Malte Rolf: Rausch und Diktatur. Emotionen, Erfahrungen und Inszenierungen totalitärer Herrschaft, in: Dies. (Hg.): Rausch und Diktatur. Inszenierung, Mobilisierung und Kontrolle in totalitären Systemen. Frankfurt/Main 2006, S. 11–43.

[143] Katharina Kucher: Kindheit als Privileg. Bildungsideale und Erziehungspraktiken in Russland (1750–1920). Frankfurt, New York 2022. – Silke Satjukov: Besatzer – „Die Russen“ in Deutschland 1945–1994. Göttingen 2008.

Einfluss von Kulaken und sonstigen Klassenfeinden bestimmt?[144] Alternativ werden Stalins Angst und der von ihm inszenierte Terror mit der außenpolitischen Situation erklärt.[145] Weder in dem einen noch in dem anderen Fall gibt es diesbezügliche Äußerungen Stalins; nachweisen lassen sich eine taktisch bestimmte Außenpolitik, Hass auf den Klassenfeind, Verschwörungstheorien und Gewaltbereitschaft sowie die öffentlich erklärte Absicht, die Klassenfeinde dies- und jenseits der Grenzen zu eliminieren.[146]

Öffentlichkeit

Die in aller Öffentlichkeit von Staat und Partei betriebene Hasspropaganda hatte das Stalinregime mit NS-Deutschland gemein, auch wenn es jeweils andere „Feinde" waren, die „entlarvt" wurden. Hasspropaganda in dieser Intensität war neu, auch wenn sie im Ersten Weltkrieg ihren Vorläufer hatte und im Bürgerkrieg in Russland auf bolschewistischer Seite mit der Intensität westlicher Kriegspropaganda gleichzog.[147]
Die Anfänge von Öffentlichkeit in Russland werden in der Regel mit den großen Reformen nach dem Krimkrieg unter Kaiser Aleksandr II. und mit der Lockerung der Zensur verbunden. Bis zum Ersten Weltkrieg entstand eine Massen- und Boulevardpresse. Der (Presse-)Öffentlichkeit kam durchaus ein politisches Gewicht zu, das die Regierung nicht ungestraft missachten durfte.[148] Diese frühen Formen von Öffentlichkeit schienen aussichtsreiche Chancen für die Herausbildung einer bürgerlichen Gesellschaft gegen das Übergewicht eines autoritären und repressiven Staates zu versprechen. Karl Schlögel hat mit seiner Studie über Petersburg als Labor der Moderne allerdings die Ambivalenzen und Gefährdungen dieser kreativen Phase russischer Entwicklung anschaulich gemacht.[149]
Öffentlichkeit im bolschewistischen Russland und in der Sowjetunion wurde zunächst vor allem unter Aspekten agitatorischer Mobilisierung und einer präskriptiven wie zugleich verbietenden Zensur beschrieben.[150] Ein besonderes Milieu bildete seit den 1920er Jahren die Parteiöffentlichkeit mit ihren sehr spezifischen „Sprechakten", ihren

---

[144] J. Arch Getty: „Excesses" are not permitted. Mass Terror Operation in the late 1930 and Stalinist Governance, in: The Russian Review, 1/2012, S. 112–137. – Ders.: State and Society under Stalin. Constitution and Elections in the 1930s, in: Slavic Review, 1/1991, S. 18–35. Hierauf bezieht sich Karl Schlögel: Terror und Traum. Moskau 1937. München 2008, S. 252f., S. 642f.

[145] Oleg Chlewnjuk: Stalin. Eine Biographie. München 2015, S. 248f.

[146] Gerd Koenen: Utopie der Säuberung. Was war der Kommunismus? Berlin 1998. – Wladislaw Hedeler (Hg.): Stalinscher Terror 1934–41. Berlin 2002. – Heinz-Dietrich Löwe: Stalin. Der entfesselte Revolutionär, Bd. 1–2. Göttingen, Zürich 2002. – Jörg Baberowski: Der rote Terror. Die Geschichte des Stalinismus. München 2003. – Andreas Oberender: Annäherung an einen Unfassbaren. Stalin und seine Biographen, in: OSTEUROPA, 4/2012, S. 37–52. – Helmut Altrichter: Stalin. Der Herr des Terrors. München 2018.

[147] Ute Daniel, W. Siemens (Hg.): Propaganda, Meinungskampf, Verführung und Politische Sinnstiftung 1789–1989. Frankfurt/Main 1994. – Dietrich Beyrau: Krieg und Revolution. Russische Erfahrungen. Paderborn u.a. 2017, S. 270–286.

[148] Caspar Ferenczi: Funktion und Bedeutung der Presse in Russland vor 1914, in: JGO, 30/1982, S. 362–398. – Ders.: Außenpolitik und Öffentlichkeit im Zarenreich. Husum 1982. – Manfred Hagen: Die Entfaltung politischer Öffentlichkeit in Russland 1906–1914. Wiesbaden 1982.

[149] Karl Schlögel: Jenseits des Großen Oktober. Das Laboratorium der Moderne Petersburg 1909–1921. Berlin 1988.

[150] A.V. Bljum: Hinter den Kulissen des „Wahrheitsministeriums" 1917–1927. Bochum 1999 (russ. SPb 1994). – Ingo Grabowsky: Agitprop in der Sowjetunion. Die Abteilung für Agitation und Propaganda 1920–1928. Bochum 2004.

Ritualen der Kritik und Selbstkritik, d.h. der Selbstentlarvung mit ihren vielen Worthülsen, dem Parteijargon entnommen.[151] Auf dem Felde der Literatur und Belletristik wurden Spielräume und Veränderungen des öffentlich Sagbaren im Laufe der Jahrzehnte am ausführlichsten von Karl Eimermacher, Klaus Waschik und ihrem Team dokumentiert.[152] Für die Jahrzehnte seit dem „Tauwetter" lieferte der Kölner Literaturwissenschaftler Wolfgang Kasack in OSTEUROPA bis in die 1980er Jahre viele erhellende Beiträge über die sich weitenden Spielräume der Literaten.[153] Mit der Entstehung des sowjetischen *Samizdat* und *Tamizdat*, des „Zweiten Umlaufs" in Polen und in den anderen sozialistischen Ländern ergaben sich für Literaturwissenschaftler, aber auch für Historiker neue Möglichkeiten, die sich ausdifferenzierenden Formen von Öffentlichkeiten und faktischer Meinungsvielfalt in der Sowjetunion trotz der öffentlichen Vorherrschaft von Propaganda und ihrer „hölzernen Sprache" zu erforschen.[154]
Die oft normativen Vergleiche zwischen der westlich-liberalen Öffentlichkeit mit den sowjetischen Formen von Zensur und parteigesteuerter Öffentlichkeit ist spätestens seit Öffnung der Archive auch für frühere Zeiten einer differenzierteren Sicht gewichen. Dies betrifft nicht nur den Wandel über die Jahrzehnte hinweg, sondern auch das Nebeneinander unterschiedlicher Foren und Medien gelenkter, mobilisierender, gegenläufiger und unkontrollierter Öffentlichkeiten. Dies wurde am gründlichsten auf dem Feld der Belletristik und Literatur dokumentiert.[155] Die gesteuerte Öffentlichkeit wurde allerdings immer noch durch eine eher traditionelle Frömmigkeit, Gerüchte (als Teil der bäuerlich geprägten Kommunikation) und durch die wohl eher in den Städten entstandenen Witze und Anekdoten konterkariert.[156]
Ebenso wichtig sind die Studien zur zeremoniellen (Selbst-) Repräsentation von mobilisierter, mehr oder minder gesteuerter Öffentlichkeit in Aufmärschen, Festen, „Volksdiskussionen" zur Verfassung von 1936 und 1977 und nicht zuletzt in den als Fest gestalteten Wahlen.[157] Seit der Ausdehnung der sowjetischen Sphäre auf Ostmitteleuropa

---

[151] Klaus-Georg Riegel: Konfessionsrituale im Marxismus-Leninismus. Köln 1985. – Berthold Unfried: Rituale von Konfession und Selbstkritik. Bilder vom stalinistischen Kader, in: Jahrbuch für Historische Kommunismusforschung 1994, S. 148–164. – Lorenz Erren: Selbstkritik und Schuldbekenntnis. Kommunikation und Herrschaft unter Stalin (1917–1953). München 2008.

[152] Karl Eimermacher, Karl Waschik (Hg.): Dokumente und Analysen zur russischen und sowjetischen Kultur, Bd. 1–2. Bochum 1993–1994. – Gans Gjunter, Evgenij Dobrenko (Hg.): Socrealističeskij kanon. SPb 2000.

[153] Helen von Ssachno: Der Aufstand der Person. Sowjetliteratur seit Stalins Tod. Berlin 1965.

[154] Im Überblick für die Sowjetunion: Schlögel, Das sowjetische Jahrhundert [Fn. 1], S. 419–630. – Manfred Hildermeier: Geschichte der Sowjetunion 1917–1991. München 1998, S. 931–978. – Zur zeitgenössischen begleitenden Beobachtung: Cornelia Gerstenmeier: Die Stimme der Stummen: Die demokratische Bewegung in der Sowjetunion. Stuttgart 1971. – Dietrich Beyrau, Wolfgang Eichwede (Hg.): Auf der Suche nach Autonomie. Kultur und Gesellschaft in Osteuropa. Bremen 1987. – Françoise Thom: La langue du bois. Paris 1987.

[155] Karl Eimermacher, Karl Waschik (Hg.): Dokumente und Analysen zur russischen und sowjetischen Kultur, Bd. 3–4. Bochum 1993–1994.

[156] Ingrid Oswald: Zum sozialen Gedächtnis. Der sowjetische politische Witz, in: Bálint Balla, Anton Sterbling (Hg.): Soziologie und Geschichte. Geschichte der Soziologie. Hamburg 1995, S. 205–222. – Paul Roth: Humor ist eine ernste Sache: Flüsterwitze und schwarzer Humor in der Sowjetunion und im Danach-Russland. Stuttgart 2004. – Ulrike Huhn: Glaube und Eigensinn. Volksfrömmigkeit zwischen Kirche und sowjetischem Staat 1941–1960. Wiesbaden 2014.

[157] Günther Wahl: Theorie und Praxis sozialistischer Demokratie in der Sowjetunion. Politische Partizipation im Rahmen der lokalen Sowjets. Frankfurt/Main 1984. – Gábor Rittersporn,

hat es immer wieder Versuche gegeben, die Entwicklungen in dieser Region unter vergleichenden Aspekten zu untersuchen. Standen zunächst Studien zur „Sowjetisierung“, d.h. zur Durchsetzung der Parteiherrschaft und die Grenzen politischer und ideologischer Angleichung im Vordergrund des Interesses,[158] so geht es seither um die Vielfalt der Adaption des sowjetischen Systems und die sehr unterschiedlichen Formen von Anpassung und Resistenz[159] bis hin zu offenem Widerstand. Aber auch Transfers von Kultur und Waren in der sowjetischen Hegemonialsphäre sind nun ein Thema.[160]

Umwelt, Ökologie, Raum

Seit den 2000er Jahren wandten sich Osteuropa-Historiker ökologischen Problemen zu. Ihre Ergebnisse sind oft festgehalten in Sammelbänden mit Autoren und Autorinnen auch aus dem Ausland, u.a. auch aus Russland.[161] Dessen ökologische Probleme mögen nicht schlimmer sein als diejenigen anderer Länder und Regionen, aber sie sind doch gravierend.[162] Die nur relativ kurzlebigen Proteste gegen die Umweltverschmutzung waren am ehesten dort erfolgreich, wo sie sich – wie in den baltischen Republiken – mit nationalen Bestrebungen verbanden. Die Katastrophe von Tschernobyl lenkte die Aufmerksamkeit auch auf die Atomwirtschaft. Sie wurde bis zum Schluss als Ausweis ungebrochenen

---

Malte Rolf, Jan C. Behrends (Hg.): Sphären von Öffentlichkeit in Gesellschaften sowjetischen Typs. Frankfurt/Main 2003.

158 Hans Lemberg u.a. (Hg.): Sowjetisches Modell und nationale Prägung. Kontinuität und Wandel in Ostmitteleuropa nach dem Zweiten Weltkrieg. Marburg 1991. – Eva Schmidt-Hartmann, (Hg.): Kommunismus und Osteuropa. Konzepte, Perspektiven und Interpretationen im Wandel. München 1994. – Stefan Creuzberger, Manfred Görkemaker (Hg.): Gleichstellung unter Stalin? Die Entwicklung der Parteien im östlichen Europa, 1944–1949. Paderborn u.a. 2002. – Olaf Mertelsmann (Hg.): The Sovietization of the Baltic States 1940–1956. Tartu 2003. – Torsten Diedrich (Hg.): Der Warschauer Pakt: Von der Gründung bis zum Zusammenbruch 1955–1989. Berlin 2009. – Jana Osterkamp, Joachim von Puttkamer (Hg.): Sozialistische Staatlichkeit. München 2012.

159 Forschungsstelle Osteuropa (Hg.): Samizdat. Alternative Kultur in Zentral- und Osteuropa. Die 60er bis 80er Jahre. Bremen 2000. – Jan C. Behrends, Thomas Lindenberger (Hg.), Underground Publishing and the Public Sphere. Transnational Perspectives. Wien, Berlin 2014.

160 Gabor Rittersporn, Malte Rolf, Jan C. Behrends (Hg.): Sphären von Öffentlichkeit in Gesellschaften sowjetischen Typs. Frankfurt/Main u.a. 2003. – Włodzimierz Borodziej (Hg.): „Schleichwege“: Inoffizielle Begegnungen sozialistischer Staatsbürger zwischen 1956 und 1989. Köln u.a. 2010. – Journal of Modern European History, 2/2010, 2: Zeitschrift Kontinent. Ost-West-Forum 1/1974–18/1992, hg. v. Cornelia Gerstenmeier. – Bernard Wiaderny: „Schule des politischen Denkens“. Die Exilzeitschrift „Kultura“ im Kampf um die Unabhängigkeit Polens. Paderborn u.a. 2018.

161 Daniil Aleksandrov, Franc-Josef Brjugemajer / Franz-Josef Brüggemeier, Julija Lajus (Red.): Čelovek i priroda. Ėkologičeskaja istorija. SPb 2008. – J.R. McNeill, Corinna R. Unger (Hg.): Environmental Histories of the Cold War. Cambridge 2010. – Julia Herzberg u.a. (Hg.): The Russian Cold. Histories of the Frost and Snow. New York, Oxford 2021. – Klaus Gestwa, Susanne Stein: Vom Winde verweht. Staubstürme, Schutzwälder und Klimawandel, in: Ewald Frie u.a. (Hg.): Krisen anders deuten. Berlin 2023, S. 63–75.

162 Klaus Gestwa: Ein weites Feld. Forschungen zur Umweltgeschichte der Sowjetunion, in: OSTEUROPA, 7–9/2020, S. 7–32. – J.R. McNeill: Russian and Soviet Environmental History. Unexceptionalism and Exceptionalism, in: Catherine Evtukhov, u.a. (Hg.): Thinking Russia’s History Environmentally. New York, Oxford 2023, S. 301–311.

sowjetischen Fortschrittsglaubens präsentiert, zudem als Faktor von Völkerfreundschaft und der Entwicklung rückständiger Regionen wie Kasachstans.[163]
Mit der Beachtung der Veränderungen in der Umwelt verband sich auch wieder eine stärkere Hinwendung zur Geschichte des Raumes und Territoriums. Carsten Goehrke mag man als frühen Pionier schätzen, der schon für das Moskauer Großfürstentum am Beispiel der Wüstungen historische Ereignisse, Geographie und Umwelt zusammenführte.[164] Für die Zeitgeschichte lieferten Charles Maier und für Osteuropa Karl Schlögel die Anregung, sich wieder stärker dem Raum als historisch-kulturellem und auch als Machtfaktor zuzuwenden.[165] Raum als Objekt der Erschließung wie durch den Gulag[166], der Verdichtung und Ausbeute, das Territorium als Machtbasis des Industriestaates, als Objekt visionärer Entwürfe und nicht zuletzt als Basis von Geopolitik sind alles Faktoren, die für das Zarenreich wie für die Sowjetunion gelten. Exemplarisch sei hier nur auf einige neuere Arbeiten verwiesen.[167]

Resümee: Perspektivwechsel

Dieser Versuch eines Überblicks über hundert Jahre des Fachs Osteuropäische Geschichte mit dem Schwerpunkt auf Russland betont die Veränderungen und die Perspektivwechsel im Laufe der Jahrzehnte. Waren „der Osten“ und „das Slawentum“ schon seit dem 19. Jahrhundert das Exotische und das befremdliche „Andere“, so wurden sie spätestens seit Ende der 1920er Jahre unverhüllt zum Objekt deutscher Hegemonialbestrebungen und im Zweiten Weltkrieg zur Ressource, zur Beute und zum Gegenstand der „Umvolkung“ und genozidalen Kriegsführung. Dabei lieferten viele Osteuropa-Historiker als „kämpfende Wissenschaft“[168] die historische und politische Legitimation und waren zum Teil sogar

---

[163] Stefan Guth: Stadt der wissenschaftlich-technischen Revolution. Ševčenko Kasachstan, in: Boris Belge, Martin Deuerlein (Hg.): Goldenes Zeitalter der Stagnation. Perspektiven auf die sowjetische Ordnung der Brežnev-Ära. Tübingen 2014, S. 97–130. – Anna Veronika Wendland: Der Tschernobyl-Reaktor RBMK. Eine kerntechnische Verflechtungsgeschichte, in: JGO, 1/2023, S. 137–165.

[164] Carsten Goehrke: Die Wüstungen in der Moskauer Rus. Studien zur Siedlungs-, Bevölkerungs- und Sozialgeschichte. Wiesbaden 1968. – Ders.: Lebenswelten Sibirien: Aus Natur und Geschichte des Jenissei-Stromlandes. Zürich 2016.

[165] Charles Maier: Consigning the 20th Century to History. Alternative Narratives, in: American Historical Review, 5/2000, S. 807–831. – Karl Schlögel: Im Raume lesen wir die Zeit. Über Zivilisationsgeschichte und Geopolitik. Frankfurt/Main 2006. – Ders. (Hg.): Mastering Russian Spaces. Raum und Raumbewältigung als Probleme der russischen Geschichte. München 2011. – Frithjof B. Schenk: Mental Maps. Die Konstruktion von geographischen Räumen seit der Aufklärung, in: Geschichte und Gesellschaft, 28/2002, S. 493–514.

[166] Kurt Bährens: Deutsche in Straflagern und Gefängnissen in der Sowjetunion. Zur Geschichte der deutschen Kriegsgefangenen des Zweiten Weltkrieges, Bd. V/1–3. München 1965.

[167] Frithjof B. Schenk: Russlands Fahrt in die Moderne: Mobilität und sozialer Raum im Eisenbahnzeitalter. Stuttgart 2004. – Klaus Gestwa: Technologische Kolonisation und die Konstruktion des Sowjetvolkes. Die Schau- und Bauplätze der stalinistischen Moderne als Zukunftsräume, Erinnerungsorte und Handlungsfelder, in: Damic-Geilsdorf u.a. (Hg.): Mental Maps – Raum – Erinnerung. Münster 2005, S. 73–115. – Johannes Grützmacher: Die Baikal-Amur-Magistrale. Vom BAMlag zum Mobilisierungsprojekt unter Brežnev. Berlin, Boston 2015.

[168] Werner Markert: Das Studium Osteuropas als wissenschaftliche und politische Aufgabe, in: OSTEUROPA, 9/1933/34, S. 395–401.

in die Aktionen vor Ort involviert, hauptsächlich beim Raub von Kunst, bei der Ausplünderung von Bibliotheken und Archiven.

Nach dem Krieg herrschte das große Schweigen und Vergessen, die Selbstamnestierung und stillschweigende Abmilderung oder auch Distanzierung von den völkischen Perspektiven. Die im Krieg aufgewachsene Generation vollzog in den 1960er und 1970er Jahren den Wechsel zur stärker sozialhistorisch orientierten Geschichtsschreibung. Für nicht so wenige der „1968er"-Generation waren Marxismus, die russische Revolution und der Streit um ihre Folgen kein nur historischer Gegenstand, sondern maßgebliche Anregung für die Deutung der Gegenwart.

Gleichzeitig mit den Umbrüchen in Osteuropa 1989/91 vollzog sich im Fach Osteuropäische Geschichte eine Marginalisierung der klassischen Geistes-, Wirtschafts- und Politikgeschichte hin zu neuen Fragestellungen, summarisch als neue Kulturgeschichte bezeichnet: In den Vordergrund traten nun das Subjekt, Wahrnehmungen und ihre Konstruktionen, Erfahrungs- und Erlebniswelten, Gefühle, Sprechakte, Reaktionen auf und der Umgang mit politischen, kriegerischen, kulturellen, wirtschaftlichen und zuletzt auch ökologischen Problemen. Dies ist nichts spezifisch „Osteuropäisches", hierin brechen sich vielmehr globale Fragen und Probleme Bahn, die am Beispiel Russlands und Osteuropas untersucht werden.

Die aktuellen Ereignisse um den Krieg Russlands gegen die Ukraine haben allerdings auch unter Historikern wieder politische Fragen und politisches Engagement hervorgerufen. Es wird sich zeigen, ob und wie sich dies in der Geschichtsschreibung niederschlagen wird.

Schlagwörter:
Osteuropaforschung, Wissenschaft, Osteuropäische Geschichte, Zweiter Weltkrieg, Revolutionen, Nationalsozialismus

Überblicksdarstellungen:

Helmut Altrichter: Kleine Geschichte der Sowjetunion: 1917–1991. München 1993, [5]2022.

Jörg Baberowski: Der sterbliche Gott. Macht und Herrschaft im Zarenreich. München 2024.

Dietrich Beyrau: Petrograd 25. Oktober 1917. Die russische Revolution und der Aufstieg des Kommunismus. München 2001.

Włodzimierz Borodziej: Geschichte Polens im 20. Jahrhundert. München 2010.

Valentin Gitermann: Geschichte Russlands, Bd. 1–3. Zürich 1949.

Carsten Goehrke: Russischer Alltag. Eine Geschichte in neun Zeitbildern vom Frühmittelalter bis zur Gegenwart, Bd. 1–3. Zürich 2003–2005.

Manfred Hildermeier: Geschichte der Sowjetunion 1917–1991. Entstehung und Niedergang des ersten sozialistischen Staates. München 1998.

Manfred Hildermeier: Geschichte Russlands vom Mittelalter bis zur Oktoberrevolution. München 2013.

Manfred Hildermeier: Die rückständige Großmacht. Russland und der Westen. München 2022.

Frits Koos u.a.: Dokumente der Weltrevolution, Bd. 1–4 Olten; Freiburg 1967–72.

Horst Günther Linke (Hg.): Quellen zu den deutsch-sowjetischen Beziehungen, Bd. 1: 1917–1945; Bd. 2: 1945–1991. Darmstadt 1998–1999.

Leonid Luks: Geschichte Russlands und der Sowjetunion. Von Lenin bis Jelzin. Regensburg 2000.

Michael Müller u.a. (Hg.): Polen in der europäischen Geschichte. Ein Handbuch in vier Bänden, Bd. 2–3. Stuttgart 2011–2020.

Dietmar Neutatz: Träume und Albträume. Zur Geschichte Russlands im 20. Jahrhundert. München 2013.

Erwin Oberländer (Hg.): Geschichte Osteuropas. Zur Entwicklung einer historischen Disziplin in Deutschland, Österreich und der Schweiz. Stuttgart 1992.

Stefan Plaggenborg: Experiment Moderne. Der sowjetische Weg. Frankfurt/Main 2006.

Stefan Plaggenborg (Hg.): Handbuch der Geschichte Russlands, Bd. 5/1–2. Stuttgart 2002–3 (vorherige Bände des Handbuchs sh. OSTEUROPA, 2–3/2013, S. 235).

Joachim von Puttkamer: Ostmitteleuropa im 19. und 20. Jahrhundert. München 2010.

Georg von Rauch: Geschichte des bolschewistischen Russland. Wiesbaden 1955; später als Geschichte der Sowjetunion. Stuttgart 1977.

Karl Schlögel: Das sowjetische Jahrhundert. Archäologie einer untergegangenen Welt. München 2017.

Karl Stählin: Geschichte Russlands von den Anfängen bis zur Gegenwart, Bd. 1–4. Königsberg/Pr. 1923–1939 (Nachdruck Homburg 1961; Graz 1974).

Günther Stökl: Russische Geschichte von den Anfängen bis zur Gegenwart. Stuttgart 1962.

Karl Schlögel

Mein Osteuropa

Versuch einer Vergegenwärtigung

Der Historiker Karl Schlögel blickt zurück auf eine lebenslange Beschäftigung mit dem Osten Europas. Ein schon in der Kindheit gewecktes Interesse an dem, was außerhalb der bundesdeutschen Wirklichkeit lag, setzte sich in den Studienjahren fort in der Entdeckung von russländischer Literatur, sowjetischer Avantgarde, häretischem Kommunismus, polnischer Arbeiterbewegung. Ein entscheidendes Mittel der Erkenntnis waren Reisen – die ersten schon Mitte der 1960er Jahre, unzählige weitere ab der Wendezeit. In der Begegnung mit dem aus dem westlichen Bewusstsein weitgehend verschwundenen, aber realen Raum jenes „dritten Europa", das durch die Teilung des Kontinents verdeckt gewesen war, eröffneten sich neue historische Perspektiven. Doch die Arbeit an einer ungeteilten Geschichte, die damals begann, scheint an einer neuen Epochenschwelle angekommen.

„Die Mitte liegt ostwärts. Die Deutschen, der verlorene Osten und Mitteleuropa", unter diesem Titel hatte ich in einem 1986 erschienenen Essay versucht, mir einen geschichtlichen Raum vor Augen zu führen, der in Krieg und Nachkrieg infolge der Teilung Europas aus der allgemeinen westlichen Wahrnehmung verschwunden war. Der Essay reagierte auf die atmosphärischen Veränderungen, die man in den Wortmeldungen von Intellektuellen in Prag, Warschau und Budapest bereits heraushören konnte; dass es dann so schnell gehen, der Eiserne Vorhang über Nacht fallen und es zur „Rückkehr nach Europa" kommen würde, ahnten die meisten damals allerdings nicht. Eine Epoche der Entfremdung und Verfeindung war zu Ende gegangen.

Nun, in einem Augenblick, da der Krieg auf dem Kontinent zurück ist und der Zerfall Europas nicht mehr ausgeschlossen scheint, ist alles, was einmal Nachkriegszeit war, zur Zwischenkriegszeit geworden, und die Generation, der ich angehöre, ist – auch wenn man sich gegen vorschnelle Periodisierungen und bequeme Stilisierungen wehrt – zu einer Zwischenkriegs-Generation geworden. Der „Erfahrungsraum" und „Erwartungshorizont" einer Generation, von denen Reinhart Koselleck gesprochen hat,[1] ist dabei, sich

---

Karl Schlögel (1948), Dr. phil., Historiker und Publizist, Berlin, Prof. em. für osteuropäische Geschichte an der Europa-Universität Viadrina, Frankfurt/Oder

Von Karl Schlögel erschien in OSTEUROPA u.a.: Die Ukraine als Kairos. Die Ordnung im Kopf und die Unordnung der Welt, in: OE 1–3/2022, S. 7–18. – „Denken ohne Geländer". Dreißig Jahre nach der Wende, in: OE, 12/2019, S. 3–14. – Den Verhältnissen auf der Spur. Das Jahrhundert deutscher Osteuropaforschung, in: OE, 2–3/2013, S. 7–30. – Auf verlorenem Posten. Russland und seine Freunde 20 Jahre nach 1989, in: OE, 11/2009, S. 15–36. – Orte und Schichten der Erinnerung. Annäherungen an das östliche Europa, in: OE, 6/2008, S. 13–25. – Von der Vergeblichkeit eines Professorenlebens. Otto Hoetzsch und die deutsche Russlandkunde, in: OE 12/2005, S. 5–28.

[1] Reinhart Koselleck: „Erfahrungsraum" und „Erwartungshorizont" – zwei historische Kategorien, in: Vergangene Zukunft. Zur Semantik geschichtlicher Zeiten. Frankfurt/Main 1979, S. 349–375.

OSTEUROPA, 75. Jg., 1–3/2025, S. 167–174 doi: 10.35998/oe-2025-013

aufzulösen, ja hat sich bereits aufgelöst, ein neuer ist – bei aller Kontinuität eines Übergangs – dabei, sich aufzubauen mit neuen und jedenfalls ganz eigenen Erfahrungen und Referenzpunkten. Man hat gegen die Teilung des Kontinents gearbeitet, nun ist sie zurück, diesmal als Front. Man entdeckte ein Europa jenseits der Zweiteilung in Ost und West und eine Geschichte, die nicht gegeneinander erzählt werden konnte; die Arbeit an einer ungeteilten Geschichte kam in Gang, jetzt muss sie im Schatten des Krieges neu erforscht und zusammengefügt werden. Dieser sich innerhalb einer Lebensspanne wandelnde „Erfahrungsraum" und „Erwartungshorizont" wird noch einmal ausgeleuchtet werden, in kollektiven und noch mehr in individuellen Biographien. Auch wenn man das Biographische, Allzubiographische vermeiden und sich auch nicht hinter einer Generationen-Identität verstecken möchte, sind es letztlich doch die persönlichen Erfahrungen, die einen auf einen bestimmten Weg gebracht haben. So ist es auch in meinem Fall.

Am Ende des Kalten Krieges

Sich für das östliche Europa zu interessieren, war für jemanden, der in der Bundesrepublik, damals oft West-Deutschland genannt, nicht selbstverständlich. Es kamen bei mir einige Dinge zusammen, die den Osten Europas zum Lebensthema haben werden lassen. „Der Osten" war präsent, noch bevor es einen Begriff davon gab: in der Anwesenheit der nach dem Krieg auf dem elterlichen Hof im Allgäu einquartierten Heimatvertriebenen sowie in den Grabkreuzen auf dem Friedhof mit den Inschriften „Gefallen in Russland". Zufälle spielten eine große Rolle: so der Russisch-Unterricht in einem bayerischen Benediktiner-Internat, was damals eher die Ausnahme war, mit Lehrern, die wenig von der Ostfront erzählten, aber mit Dankbarkeit davon sprachen, dass sie die Kriegsgefangenschaft dank mitmenschlicher Anteilnahme von Russinnen und Russen überlebt hatten. Es gab Klaus Mehnerts Bestseller *Der Sowjetmensch*, in dem es nicht um das politische System ging, sondern um Alltag und Lebensverhältnisse, dargestellt von jemandem, der von Jugend an mit diesen vertraut war.

Ich erinnere mich an den wortmächtigen Auftritt des Schriftstellers und Dichters Evgenij Evtušenko in München 1963 und ein Bücherpaket, das mir *Radio Moskau* als Antwort auf meinen Brief an Nikita Chruščev hatte zukommen lassen. Es herrschte die Zeit des Tauwetters und der friedlichen Koexistenz, trotz Kuba- und Berlinkrise. Boris Pasternaks Roman *Doktor Schiwago* war erschienen und befeuerte das Interesse an der russischen Literatur. Die in den frühen 1960er Jahren obligatorische Reise nach West-Berlin mit Besichtigungstour und vom Innerdeutschen Ministerium organisierten Seminaren war auch der erste Blick über Mauer und Eisernen Vorhang. Aber zwei sehr frühe und für damalige Verhältnisse eher rare Erlebnisse hinterließen einen bleibenden Eindruck: die Reise mit einem Schulkameraden nach Prag 1965 und eine vor dem Abitur von unserer Klasse organisierte Fahrt in die Sowjetunion 1966. Hier kamen schon vor dem Zivildienst und dem späteren Studium Eindrücke und Erfahrungen zusammen: das Gefühl, dass es jenseits des Eisernen Vorhangs noch etwas Anderes, Interessantes, ja Faszinierendes gab. Es war die Neugier auf die östliche Welt jenseits der Bundesrepublik, der Wunsch, aus der Feindbeobachtung des Kalten Krieges herauszukommen, und das Erstaunen über die kaum begreifliche freundliche Aufnahme durch die Veteranen des Großen Vaterländischen Krieges auf den Camping-Plätzen entlang der Route München – Kiew – Moskau, wo doch der Krieg und die deutsche Besatzung erst 20 Jahre zurücklagen. Alle Themen des späteren Lebens waren schon in der Jugend und Schulzeit gesetzt:

der „Russlandfeldzug", an dem auch mein Vater teilgenommen hatte, der Heimatverlust der Vertriebenen, die Shoah – das Wort gab es damals noch nicht, aber Evtušenkos Poem *Babij Jar* und die Fernsehübertragung im Internat vom Eichmann-Prozess in Jerusalem –, der Zauber der russischen Literatur, vor allem aber die unmittelbare Erfahrung vor Ort. Prag führte einem aus der westdeutschen Provinz kommenden jungen Menschen vor, was eine wahre europäische Metropole war, und man spürte damals schon den Wind des „Prager Frühlings", dessen Niederschlagung drei Jahre später alle Illusionen über einen Sozialismus sowjetischer Machart erledigte.

Alte Linke, Neue Linke

Man wusste in der Studentenbewegung in der Regel wenig von den Realitäten im östlichen Europa, aber umso mehr von Theorien, Ideen, Ideologien. Der Osten fungierte als Erinnerungs- und Projektionsraum eines gescheiterten „Experiments", einer *Verratenen Revolution* (so jedenfalls in der Diktion der nicht-orthodoxen Neuen Linken). Doch trotz aller Scholastik und der bis in die letzte fraktionelle Verästelung erörterten Probleme der „Übergangsgesellschaft" wurde durch diese Diskussionen ein historischer Raum eröffnet, der durch Nationalsozialismus, Krieg und Nachkrieg verschüttet worden war: die russische Revolution, die sowjetische Avantgarde, die Melancholie einer zum Scheitern verurteilten Intelligencija (Peter Steins Inszenierung von Maksim Gorkijs *Sommergästen* an der Schaubühne), die Exzesse der Gewalt und der moralische Zusammenbruch in den Moskauer Schauprozessen.
In den energisch geführten Debatten dieser Jahre wurden alle Theorien und Modelle – meist in Konkurrenz zur etablierten „bürgerlichen Wissenschaft", speziell der durch den Nationalsozialismus desavouierten „Ostkunde" – durchgespielt, die einem helfen sollten, sich einen Reim auf den Realsozialismus zu machen – von Trockijs *Verratener Revolution* über die Totalitarismus-Theorie bis zum Modernisierungs-Paradigma. Sie weckten das Interesse für die häretische Linie in der kommunistischen Bewegung, für die neu sich formierende Opposition in der späten Sowjetunion und im Ostblock, für die Literatur der Dissidenten und die Hoffnung auf eine neue Arbeiterbewegung, die mit der Intelligencija zusammengehen könnte, was in Polen seit den 1970er Jahren in Gestalt des *Komitet Obrony Robotników* (KOR; Komitee zur Verteidigung der Arbeiter) und der Gewerkschaft *Solidarność* ja auch eintrat.

Entdeckung und Neuvermessung

Der wichtigste Anstoß, sich aus der Fixierung auf die theoretischen – oder genauer: doktrinären – Diskurse zu lösen und sich mit dem wirklichen Osteuropa zu beschäftigen, ergab sich mit den schon in Vorwendezeiten und erst recht nach 1989 eröffneten Möglichkeiten, sich über die große Grenze hinweg auf die andere Seite zu begeben und sich vor Ort umzusehen. Es war die Reise in einen aus dem Blickkreis verschwundenen Raum, gewaltsam zusammengehalten unter dem Label „Ostblock", „Comecon", „sozialistisches Lager", unter dem sich trotz aller Sowjetisierung eine ganz heterogene Völker-, Geschichts- und Kulturlandschaft verbarg – eine Entdeckungsreise an Orte, die ein nach dem Krieg (im Westen) aufgewachsener Mensch meist nur aus der Literatur oder Erzählungen kannte. Aber die Orte gab es wirklich. Sichtbar wurde ein Raum, ein

Geflecht von Beziehungen, Städteachsen, Eisenbahnverbindungen, die von Krieg und Nachkrieg zerstört und gerissen waren. Sichtbar wurde ein drittes Europa, für ein Menschenalter überdeckt von der Teilung in Ost und West, das sich nun aber wieder zurückmeldete. Die Landschaften, die man, den umständlichen bürokratischen Prozeduren zum Trotz, durchqueren, und die Städte, die man für sich erschließen konnte, erwiesen sich als Texte, die sich lesen, dechiffrieren und interpretieren ließen. Landschaften und Städte als Dokumente sui generis – vom Baltikum bis zum Balkan, von Riga bis Bukarest, von Kaliningrad/Königsberg bis Budapest, von Odessa bis Łódź, von Brünn bis Vicebsk. Zeitschichten konnten wie in der Archäologie freigelegt und sichtbar gemacht werden. So entstanden ein neues Relief und eine neue Karte im Kopf, der ganze Schauplatz europäischer Geschichte, zumal im 20. Jahrhundert. Die andere Hälfte Europas, den meisten im Schatten der Teilung Aufgewachsenen fremder als die erdabgewandte Seite des Mondes, trat jetzt hervor.

Untergegangene Räume, kontaminierte Landschaften

Wo immer man im Zuge dieser Osterweiterung des Horizonts hinkam, man war in Städten unterwegs, die vor ihrer Verwüstung in der Weltkriegsepoche Räume nicht nur von Rückständigkeit gewesen waren, nicht nur Provinz, sondern Laboratorien des modernen Europa. Reisen dorthin waren aber auch der Eintritt in „kontaminierte Landschaften" (Martin Pollack), Katastrophenräume, der Schauplatz der Großverbrechen des 20. Jahrhunderts, von Krieg, Besatzung, Genozid, Flucht, Vertreibung. Als Deutscher unterwegs zu sein, bedeutete, sich immer schon auf Wegen zu bewegen, auf denen andere vor einem unterwegs gewesen waren, Eisenbahnreisen waren nicht bloß harmlose Fahrten, sondern folgten den Linien von Deportationen und Flucht. Wer durch das mittlere und östliche Europa reiste, musste lernen, was es bedeutete, zwischen alle Fronten geraten und Opfer der zwei Totalitarismen geworden zu sein, ausweglos gefangen zwischen den Fronten. Er bewegte sich auf dem Schauplatz einer Doppelerfahrung von Gewalt und Zerstörung. Von hier aus waren Deportationszüge in beide Richtungen gefahren – nach Buchenwald und nach Vorkuta. Mit der Lektüre von Vasilij Grossmans Epos *Leben und Schicksal* erweiterte sich der Schauplatz zum gesamteuropäischen. Solche Reisen veränderten das Selbstbild und den Blick auf das eigene Land. Wie hatte es kommen können, dass eine in der Regel moralisch so sensible und engagierte Öffentlichkeit wie die deutsche sich nicht für die Schicksale der östlichen Nachbarn interessierte? Wie hatte es zu jener „Anatomie der Zurückhaltung" (Václav Havel), ja des Desinteresses kommen können, wo sich doch alles – der Horror der deutschen Besatzung und das Verhängnis sowjetischer Besatzung – in nächster Nachbarschaft abgespielt hatte? Und weshalb sollten zwei mörderische Systeme – Nazismus und Stalinismus – nicht verglichen werden können, wo doch die Schauplätze ihrer Gewalt, oft fast ununterscheidbar, nebeneinander lagen? Westliche Historiker wollten das „Jahrhundert der Extreme" (Eric Hobsbawm) verstehen, doch es dauerte lange, bis Autoren wie Czesław Miłosz, Danilo Kiš, Julius Margolin, Aleksandr Solženicyn oder Evgenija Ginzburg wahr- und ernst genommen wurden.[2] Mit der Osterweiterung des Raums geschichtlicher Erfahrung und Erinnerung verschob sich der

---

[2] Zur Rezeption dieser Autoren siehe auch die Studien von Ulrich Schmid: „Ferne Länder, über die wir wenig wissen", in diesem Band, S. 211–227, sowie Katharina Raabe: Eine Welt im Schatten, in: ebd., S. 229–262.

gesamte, bis dahin westlich dominierte Diskursrahmen. Damit hatte, was als „Nachholende Revolution“ (Jürgen Habermas) des ehemaligen Ostens ausgerufen worden war, endlich auch den Westen – hinterrücks – eingeholt. Eine Art Europäisierung wider Willen.

Bleierne Zeit, rasende Zeit

Das Abenteuer der Erkundung des mit dem Fall der Mauer zugänglich gewordenen Raums kann auch als Abenteuer der Zeit beschrieben werden. Soviel Veränderung. Oft geschah in einem Augenblick, worauf man sonst Jahre oder Jahrzehnte hatte warten müssen. Im späten Nachkrieg hatte die Zeit scheinbar stillgestanden, gerade auf der anderen Seite der Mauer wirkte sie auf westliche Besucher oft bleiern. Nun war sie losgelassen, entfesselt. Von heute auf morgen konnte sich alles geändert haben: Nach 1989 im östlichen Europa unterwegs zu sein hieß, in eine sich rasend schnell verändernde Welt zu reisen. Es gab Orte, an denen das besonders krass zutage trat, Scharniere, an denen die Welt neu verknüpft wurde: plötzlich überforderte Grenzkontrollstellen, die mit den Staus nicht mehr fertig wurden; Basare wie der „Siebte Kilometer“ bei Odessa, das Stadion in Warschau-Praga, der „Polenmarkt“ in West-Berlin, wo nach dem Zusammenbruch der Versorgungs- und Verteilungsnetze Hunderttausende aufeinander trafen. Millionen Normalbürger, aus der Bahn ihrer angestammten Berufe geworfen, waren vorübergehend zu Shopping-Touristen zwischen Minsk und Istanbul geworden, um ihre Familien über die Runden zu bringen. Nach Jahrzehnten der Agonie und Stagnation galt jetzt: Time is money. Nun kam es darauf an, in der neu entfesselten Konkurrenz zur Stelle zu sein. Die Städte änderten ihr Aussehen, erst spontan und improvisiert, dann nahm der Wandel Fahrt auf, und wo früher Propagandaplakate hingen, blickte man jetzt auf die weite Welt von *Marlboro*. Alle wollten irgendwie weg, es war die Zeit der Reisebüros, Buslinien und Billigflieger, die die letzten Winkel Europas miteinander verbanden. Die internationalen Ketten nahmen die besten Lagen der Innenstädte in Besitz, Denkmäler, die in die neue Zeit nicht mehr passten, mussten weichen, andere traten an ihre Stelle. Am Sortiment der Waren – ob in Supermärkten oder Buchhandlungen –, am Wandel der Moden zeigte sich das Tempo der „Transformation“. Man lebte an ein und demselben Ort in zwei unterschiedlichen Zeitaltern, Gleichzeitigkeit der Ungleichzeitigkeit, aber nicht als philosophisches Exerzitium, sondern als Realität, die bewältigt sein wollte. Die exakteste Beschreibung der Vorgänge lieferten nicht die Transformationsstrategen, sondern die Reporter, Protokollanten der *longue durée* wie der historischen Augenblicke. Das Schwierigste war, für diesen Vorgang eine Sprache zu finden, denn hier gingen Aufbruch und Niedergang ungeschieden ineinander über, das Gefühl der Befreiung und der Absturz in die Verzweiflung. Karrieren begannen aus dem Nichts, Lebenslinien brachen ab.

Zeitgenossenschaft als Privileg

Es war unmöglich, sich dem historischen Wandel zu entziehen. Es genügte, zufällig zur rechten Zeit am rechten Ort zu sein. So war es in der Nacht des 9. November 1989, als die Ostberliner – gleich um die Ecke – feierlich-bewegt über die Oberbaumbrücke nach Berlin-Kreuzberg strömten; so war es am Morgen des 21. August 1991, als aus dem Lautsprecher im Nachtzug von Moskau nach Leningrad, von Trauermusik angekündigt, die Erklärung der Putschisten gegen Gorbačev ertönte; so war es im Oktober 1993, als – nach dem Ende einer Konferenz des Moskauer Goethe-Instituts zur Geschichte der deutsch-russischen Beziehungen – Panzer vor dem Hotel Ukraine in Stellung gebracht wurden und die Beschießung des Weißen Hauses begann. Bürgerkrieg lag in der Luft. Die Verwandlung der Welt in rasendem Tempo hatte die Rede vom „Ende der Geschichte" zum Anachronismus gemacht, Europa war nicht am Ende, sondern noch einmal in Fahrt gekommen. Das war keine Illusion, wie im Rückblick oft suggeriert wird, sondern eine konstatierbare Tatsache. Wahrnehmung der gesellschaftlichen Wirklichkeit der Gegenwart und Teilhabe an ihr haben Folgen auch für die Art, wie man Vergangenheit wahrnimmt und wie man Geschichte schreibt. „Erkenntnis und Interesse" hängen bekanntlich aufs Engste zusammen, besonders dann, wenn man – ungefragt – als Historiker selber zum teilnehmenden Beobachter der laufenden Ereignisse oder auch nur zum Zaungast geworden ist. Ich kann mir nicht vorstellen, dass ich über Petersburg als „Laboratorium der Moderne" (1988) geschrieben hätte ohne die Reflexion über das Ende der Studentenbewegung und die in die Krise geratenen revolutionären Allmachtsphantasien.[3] Die Arbeit an *Moskau 1937* (2018) wäre nicht zustande gekommen ohne die Gespräche mit den Nachkommen der durch die Stalinschen Säuberungen gegangenen Generation und den Leuten von *Memorial*.[4] Auch das *Russische Berlin* (1998) ging letztlich auf eine persönliche Erfahrung zurück: den dringenden Wunsch, dass endlich der Knoten der heillosen russisch-deutschen Beziehungen aufgelöst werden könnte.[5] Die über viele Jahre hin verfassten Porträts ostmitteleuropäischer Städte führten den in „Moskau lesen" (1984) gefundenen Weg der Stadterkundung bis in die Gegenwart fort. Zeitgenossenschaft hält Lehren bereit für die historische Arbeit. Man lernt etwas von Zeit und Raum, von verschiedenen Zeitschichten und Temporalitäten, von der Gleichzeitigkeit der Ungleichzeitigkeit, von der Plötzlichkeit und Unberechenbarkeit geschichtlicher Abläufe, die einen immun machen gegen teleologische Versuchungen und Konstruktionen und einen vielleicht darauf vorbereiten, gefasst zu sein, dass jederzeit alles möglich und dass alle Geschichte offen ist. Diese Erfahrung hilft, den Hochsitz des Strategen zu verlassen und sich hinabzubegeben in den Tumult, ins „Dunkel des gelebten Augenblicks" (Ernst Bloch), in dem es schwer fällt, den Überblick zu behalten und sich zu behaupten. Der Aufbruch, der sich in den Jahren 1968 und 1989 verkörpert, steht für die Erfahrung einer Generation, die – bisher – verschont blieb von dem, was über die vorangegangene hereingebrochen war. In den Jahren der Wende fühlten wir uns gleichsam von der geschichtlichen Bewegung getragen. Und es gehört zu den glücklichen Erfahrungen meiner Arbeit an der Universität, zunächst in Konstanz, dann an der Viadrina in Frankfurt an der Oder, auf eine Kohorte von jungen Leuten zu treffen, die frei von den diskursiven Mühen des Kalten Krieges und frei für ihre eigenen Erfahrungen ausschwärmten, eine erste Generation, die sich in der neuen Umgebung jenseits des ehemaligen Eisernen Vorhangs, jenseits der ost-westlichen Dichotomie und Verspanntheit wie selbstverständlich bewegte. Ein Buch wie *Die zweite Entdeckung des Ostens* (1995) war hierbei Navigationshilfe, aber auch Vorlage für die Ausarbeitung einer methodisch strengen Form der Exkursion, bei der Exploration und

---

[3] Karl Schlögel: Jenseits des Großen Oktober. Das Laboratorium der Moderne. Petersburg 1909–1921. Berlin 1988. – Neuausgabe: Petersburg: das Laboratorium der Moderne 1909–1921. München 2002.

[4] Karl Schlögel: Terror und Traum. Moskau 1937. München 2018.

[5] Karl Schlögel: Berlin. Ostbahnhof Europas. Russen und Deutsche in ihrem Jahrhundert. Berlin 1998. – Aktualisierte und erweiterte Neuausgabe: Das Russische Berlin. Eine Hauptstadt im Jahrhundert der Extreme. Berlin 2019.

Reflexion, Ausschwärmen und Sammeln von Material zusammengebracht werden mit analytischer Arbeit – so etwa bei den Exkursionen nach Kaliningrad/Königsberg, nach Leningrad/Petersburg, auf die Solowezker Inseln oder zur Synagoge von Włodawa und ins ehemalige Vernichtungslager Majdanek.[6]

Abschied von Russland – einstweilen?

Mit Russlands Überfall auf die Ukraine hat sich alles geändert. Russland ist für unsereins No-Go-Area geworden, unerreichbar, seit das Putin-Regime dazu übergegangen ist, Geiseln zu nehmen, um Auftragsmörder freizupressen. Freunde und Kollegen, mit denen man ein halbes Jahrhundert zusammengearbeitet und zusammengesessen hat, sind nicht mehr vor Ort, sondern im Exil. Man vermeidet am Telefon die heiklen Themen – Krieg, Kriegsverbrechen, die Prozesswelle, die Schließung von Museen –, weil man niemand in Gefahr bringen will. Wo man sich früher selber einen Eindruck verschaffen konnte und einfach hinfuhr, auch in die Provinz außerhalb Moskaus, ist man nun auf Wissen aus zweiter Hand angewiesen. Als Besucher aus „Gayropa", das angeblich Krieg gegen Russland führt, fühlt man sich nicht willkommen, man bleibt lieber weg und macht sich seine Gedanken: Wie kann es kommen, dass ein ganzes Land, ein ganzes Volk den von Putin entfesselten Krieg, wenn nicht enthusiastisch unterstützt, so doch hinnimmt und mitträgt? Die Moskauer Cafés sind voll, Theatervorstellungen ausgebucht, in den Supermärkten gibt es fast alles, die Metropole funktioniert und vibriert, während Tag für Tag Abertausende an der Front fallen und Raketen auf die ukrainischen Städte niedergehen. Was am Ende des Kalten Krieges erkämpfte Normalität geworden war, gilt nicht mehr. Ausstellungen wie „Moskau-Berlin" 1995 und 2001 sind längst Vergangenheit. Alte Bekannte, Freunde und Kollegen sind jetzt unmittelbar in Gefahr oder im Exil, von dem ich geglaubt hatte, es sei nur noch Thema von Archivleuten und Historikern. Talkshows des Moskauer Fernsehens sieht man sich nur noch an – wenn überhaupt –, um sich zu überzeugen, ob es denn wahr sein kann, dass dort allen Ernstes Atombomben-einsätze gegen europäische Städte diskutiert werden. Statt nach Moskau fahren wir jetzt nach Kiew oder Lemberg. Es verändern sich die Reiserouten, und mit ihnen die Karten im Kopf. Die Generation, die an der Überwindung alter Feindbilder gearbeitet hat, muss sich auf einen neuen Feind einstellen, und wer Frieden in der Ukraine will, muss sich heute sogar mit Fragen militärischer Verteidigung beschäftigen. Wir hatten die „kontaminierten Landschaften" der Vergangenheit aufgesucht, jetzt sind die Schlachtfelder und Topographien des Terrors von einst zu Schlachtfeldern von heute geworden. In den Abendnachrichten sehen wir Bilder von dem Erdboden gleich gemachten Städten, wie wir sie aus historischen Dokumentationen kennen. Man war eigentlich fertig gewesen mit dem „Jahrhundert der Flüchtlinge", nun mussten sich Millionen erneut auf den Weg machen. Man sucht nach Namen und Begriffen für Putins russische Welt, und merkt, dass alle, die im Schwange sind – Autokratie, neues Zarentum, Neoimperialismus, Faschismus, Mafiastaat, Neo-Totalitarismus – nicht ganz das Neuartige treffen, das im Putinismus Gestalt geworden ist. Es gibt bereits ganze Bibliotheken von Putiniana, aber zu einer internationalen Debatte, die mit der Faschismus-Theorie-Debatte der 1930er Jahre

---

6 Karl Schlögel: Go East oder Die zweite Entdeckung des Ostens. Berlin 1995.

vergleichbar wäre, ist es bisher nicht gekommen.[7] So wie es einmal einen hilflosen Anti-Faschismus gegeben hat, so gibt es auch einen hilflosen Anti-Putinismus. Es ist längst an der Zeit, die Russian Studies auf die Höhe des 21. Jahrhunderts zu bringen. Dabei geht es nicht um Analogien, die meist in die Irre führen, sondern um ein Beispiel dafür, wie solche analytische Arbeit gemacht werden könnte.

Die Mitte liegt ostwärts – jetzt erst recht

Das alles läuft auf eine Berichtigung, Begradigung der Grenzlinien, die das heutige Europa teilen, hinaus. Für mich, der zwar schon 1966 in seiner Schulzeit die Ukraine durchquert, aber eben nur durchquert hatte auf dem Weg in die sowjetische Hauptstadt, der akademisch russozentrisch sozialisiert worden ist, war der Angriff Putins 2014 und die Erfahrung des Krieges vor Ort – in Kiew, Donec'k, Charkiv, Lemberg – der Schock, der dazu führte, sich die ganze Szenerie eines veränderten Osteuropa noch einmal vor Augen zu führen. Und das bedeutete: noch einmal in die Schule zu gehen. Es war noch einmal die Erkundung eines neuen, mir bis dahin wenig vertrauten Geländes, eines Europa im Kleinen, erfahrbar in der Pluralität und Heterogenität seiner Städte und Regionen, eines großen, aber im Kontrast zum russisch-sowjetischen Imperium doch überschaubaren Landes, von dessen Kraft und Schönheit sich ein jeder überzeugen konnte, der dort in den letzten Jahren gewesen ist. In der Ukraine, lange Zeit Peripherie und terra incognita, zeigte sich, worum es geht und was auf dem Spiel steht. Was mir in den 1980er Jahren in Mitteleuropa – heute meist East Central Europe, Ostmitteleuropa genannt – vor Augen getreten war, erschien nun noch einmal, weiter verschoben nach Osten. Wie nah die Ukraine schon an den Westen herangerückt war, ließ sich an der Verdichtung von Verkehr und Austausch, dem Boom der Billigfluglinien, dem Strom von Touristen und Arbeitsmigranten, der Sprachkompetenz und Weltläufigkeit der jungen Generation und an einer Literatur ablesen, die aus der provinziellen Existenz, zu der sie verdammt schien, herausgetreten und die übrigen Europäer Staunen gelehrt hatte. Die Öffnung eines Landes auf die weite Welt zu – jeder konnte es wahrnehmen. Wieder stand – cum grano salis – die Kleinteiligkeit und Heterogenität, die für die Staaten und Völker des östlichen Mitteleuropa charakteristisch war, auf dem Spiel; wiederum ging es um die Bedrohung durch den imperialen Nachbarn und eine völkerverschlingende Ideologie; wiederum hatte sich der elementare Wunsch eines Volkes, in Ruhe gelassen zu werden, zu Wort gemeldet, und wiederum war klar, dass es nicht allein um das Schicksal eines Landes, einer Nation ging, sondern um alles: um die Selbstbehauptung Europas – oder den Verrat. Wir werden schon bald sehen, wie es um Europa steht, dessen Grenzen heute von der Ukraine verteidigt werden.

Schlagwörter:
Osteuropa, Mitteleuropa, Osten, Bundesrepublik, Räume, Literatur, Avantgarde, Kommunismus, Arbeiterbewegung, Reisen

---

[7] Erinnert sei an Franz Neumann: Behemoth. Struktur und Praxis des Nationalsozialismus (1942). Frankfurt/Main 1977. – Ernst Fraenkel: Der Doppelstaat (1940/41). Frankfurt/Main 1974, aber auch an Max Horkheimer, Theodor W. Adorno: Dialektik der Aufklärung. Amsterdam 1947. – Hannah Arendt: Elemente und Ursprünge totaler Herrschaft (1951). Frankfurt 1955.

Kristiane Janeke

Verdrängt, vergessen, vernachlässigt

Der Krieg gegen Polen und die Sowjetunion

Die Erinnerung an den Krieg gegen Polen und die Sowjetunion sowie an die Besatzungsherrschaft und die damit verbundenen Verbrechen durchlief in Deutschland mehrere Phasen. Zunächst herrschte in der Nachkriegszeit vornehmlich Schweigen über das Kriegsgeschehen in Osteuropa. Erst in den 1960er und 1970er Jahren begann eine langsame Aufarbeitung, die durch die Wehrmachtsausstellung in den 1990er Jahren einen entscheidenden Impuls erhielt. Heute sind die Verbrechen an den osteuropäischen Kriegsschauplätzen, der Zivilbevölkerung und den Kriegsgefangenen integraler Bestandteil der Forschung. In der deutschen Erinnerungskultur gleichwohl ist der „Geschichtsraum Ostmittel- und Osteuropa", anders als der westliche, noch immer peripher und wird als fremd wahrgenommen.

80 Jahre nach dem Ende des Zweiten Weltkrieges stehen Kenntnis über und Erinnerung an den Krieg im Osten Europas noch immer im Schatten des Kriegsgeschehens im Westen. Historikerinnen und Historiker sowie Mitarbeiterinnen und Mitarbeiter von Gedenkstätten werden – zurecht – einwenden, dass seit der Jahrtausendwende durch Fachpublikationen und Bildungsprogramme viel aufgeholt wurde und das Interesse zunimmt. In der breiten Öffentlichkeit und der politischen Landschaft ist das Bewusstsein für den Vernichtungskrieg im Osten jedoch noch immer weniger ausgeprägt als für die Verbrechen in Westeuropa oder den Holocaust.[1] Viele Deutsche wissen eher über die Besatzung Frankreichs, die Luftangriffe auf Großbritannien oder den D-Day Bescheid, wohingegen die Dimensionen des Vernichtungskrieges im Osten – Hungerpläne, Massaker an Zivilisten oder die Behandlung der Kriegsgefangenen – weit weniger bekannt sind. Zugleich zeigt der Angriffskrieg Russlands gegen die Ukraine einmal mehr, welche Rolle die Geschichte auch in der Politik spielen kann. Doch warum war der Krieg gegen Polen und die Sowjetunion lange gar kein und ist bis heute ein vernachlässigtes Thema? Was wurde erinnert? Was wurde verdrängt, tabuisiert oder vergessen? Wie haben sich

---

Kristiane Janeke (1967), Dr. phil., Historikerin, Ausstellungskuratorin und Kulturmanagerin, Wissenschaftliche Mitarbeiterin am Zentrum Militärgeschichte und Sozialwissenschaften der Bundeswehr in Potsdam

Von Kristiane Janeke erschien in OSTEUROPA: Revolution im Museum. 1917–2017: Heikles Gedenken in Russland, in OE, 6–8/2017, S. 323–341. – (Ko-)Operation Kunst-Räume. Plädoyer für ein virtuelles „Beutekunst"-Museum, in: OE, 1–2/2006, S. 459–495.

[1] Dies belegt u.a. die Studie des Instituts für interdisziplinäre Konflikt- und Gewaltforschung Bielefeld, „MEMO Deutschland – Multidimensionaler Erinnerungsmonitor". 2022. <www.stiftung-evz.de/assets/1_Was_wir_f%C3%B6rdern/Bilden/Bilden_fuer_lebendiges_Erinnern/MEMO_Studie/MEMO_5_2022/evz_brosch_memo_2022_de_final.pdf>, S. 13, 15, 37, 47.

Wissen, Auseinandersetzung mit und Erinnerung an Krieg, Besatzung, Verbrechen und Vernichtung im Osten Europas entwickelt und über die Zeit verändert?[2]
Der deutsche Angriff auf Polen am 1. September 1939 und der Überfall auf die Sowjetunion am 22. Juni 1941 markieren den Beginn des Zweiten Weltkrieges und eine wichtige Zäsur im Verlauf des Krieges mit langfristigen Folgen für das gesamte 20. Jahrhundert. Die territoriale Expansion des nationalsozialistischen Deutschen Reiches war begleitet von einem rassenideologisch begründeten, beispiellos gewaltsamen System von Besatzungsherrschaft, Kriegsverbrechen, Verbrechen gegen die Zivilbevölkerung, Massenerschießungen, der systematischen Vernichtung der jüdischen Bevölkerung, der als minderwertig eingestuften slawischen Bevölkerung und anderer als „unwert“ und „überflüssig“ bezeichneter Gruppen. Die Erforschung dessen und Erinnerung daran nach 1945 veränderte sich in Phasen, die die politische ebenso wie die gesellschaftliche und wissenschaftliche Entwicklung spiegeln beziehungsweise durch diese beeinflusst sind.[3] In der Aufarbeitung dominierte stets der Holocaust, der Krieg und dessen Akteure rückten erst allmählich in den Blick. Dabei lässt sich der Völkermord an den europäischen Juden nicht unabhängig von Hitlers Vernichtungskrieg im Osten erklären.
Der Wandel der Erinnerung spiegelt sich in der Terminologie. Während des Krieges und in der frühen Nachkriegszeit dominierten verharmlosende Begriffe wie „Polen-Feldzug“, „Russlandfeldzug“ oder „Ostfront“, die den Charakter des Angriffskrieges verschleierten. Die DDR übernahm die sowjetische Terminologie vom „Großen Vaterländischen Krieg“ und betonte den „faschistischen Überfall“. Ab den 1960er Jahren setzten sich in Westdeutschland Begriffe wie „Deutsch-sowjetischer Krieg“ und später „Vernichtungskrieg“ durch. Nach 1990 erfolgte eine Angleichung der Bezeichnungen: In der Forschung haben sich die Begriffe „Überfall auf Polen“ und „deutsche Besatzung Polens“ sowie „Überfall auf die Sowjetunion“ und „Krieg gegen die Sowjetunion“ weitgehend durchgesetzt. Damit ist die deutsche Aggression klar benannt. Gleichzeitig wird heute präziser zwischen verschiedenen Kriegsphasen, -aspekten und Kriegsschauplätzen, zwischen Kriegsführung und Besatzungspolitik, Holocaust, Kriegsverbrechen und Verbrechen gegen die Menschlichkeit unterschieden. Nichtsdestotrotz wird der „Krieg im östlichen Europa“ in der öffentlichen Erinnerung bis heute vernachlässigt.

Nachkriegszeit: Schweigen und Tabuisieren

Nach Kriegsende standen für die Bevölkerung die Probleme des eigenen Überlebens und die Bewältigung des Alltags im Vordergrund. Die Menschen erinnerten ihre individuelle Geschichte mit Verlusten, Vertreibung und Bombardierung und interessierten sich kaum für die Kriegsschauplätze fernab ihrer eigenen Lebenswelt und die Vernichtungspolitik der Deutschen. Auf politischer Ebene führte der beginnende Kalte Krieg dazu,

---

2 Siehe zur Erinnerung an den Zweiten Weltkrieg in Deutschland und Russland auch: Kluften der Erinnerung, Russland und Deutschland 60 Jahre nach dem Krieg, OSTEUROPA und Neprikosnovennyj Zapas, 4–6/2005.

3 Jörg Echternkamp: Die „deutsche Katastrophe“? Erinnerung an den Zweiten Weltkrieg in Deutschland, in: OSTEUROPA, 4–6/2005, S. 105–113.

Kriegsverbrecher: Generalfeldmarschall Erich von Manstein in der Sowjetunion im Juni 1943. Quelle: Wikimedia

dass Ost und West zunehmend zu gegenseitigen Feindbildern wurden. Daraus folgte ein unterschiedliches Erinnern und Gedenken in beiden Teilen Deutschlands.[4] Zunächst führten die Alliierten 1945/46 gemeinsam die Nürnberger Prozesse gegen die Hauptkriegsverbrecher des NS-Systems. Die Nürnberger Nachfolgeprozesse (1946–1949) spiegelten bereits die sich ändernde politische Lage. So wurde 1949 Erich von Manstein, einer der prominentesten Generäle der Wehrmacht, in Hamburg vor einem britischen Militärgericht wegen Kriegsverbrechen in Polen und der Sowjetunion angeklagt. Der Prozess sollte eine Auslieferung von Mansteins an Polen oder die Sowjetunion verhindern. Die spezifischen Anklagepunkte lenkten die öffentliche Aufmerksamkeit zwar auf den Krieg in Osteuropa, doch das Bewusstsein für das konkrete Geschehen, die Opfer und Kriegsfolgen für die Bevölkerung, blieb gering. Von Manstein wurde zu 18 Jahren Haft verurteilt, kam jedoch bereits 1953 frei. In Westdeutschland markierte erst der Ulmer Einsatzgruppenprozess (1958), in dem Massenerschießungen von Juden in Litauen zur Anklage kamen, den Beginn systematischer Ermittlungen. Prozesse, die in Polen unter sowjetischer Besatzung und in der Sowjetunion stattfanden, fanden kaum Beachtung. Es dominierte das Bedürfnis, sich selbst als Opfer des Krieges zu sehen. Die Verbrechen, die in Osteuropa begangen worden waren, und der Holocaust spielten in der öffentlichen Diskussion kaum eine Rolle. Das Bild der „sauberen Wehrmacht" war weit verbreitet und wurde durch die NS-kritischen, aber oft militaristischen Erzählungen und Memoiren der ersten Nachkriegsjahre gestützt. Davon zeugt etwa der Roman *Der Arzt von Stalingrad* von Heinz Konsalik (1956)[5], der das Bild der deutschen Kriegsgefangenschaft in der Sowjetunion prägte. Das Buch wurde mehr als vier Millionen Mal verkauft und 1958 verfilmt. Es vermittelte ein verharmlosendes Bild des Kriegs im Osten, das die deutsche Täterschaft weitgehend ausblendet. Die Handlung spielt in einem sowjetischen Kriegsgefangenenlager nach der deutschen Niederlage bei Stalingrad (1942–1943). Dort kämpft ein deutscher Militärarzt unter widrigen Bedingungen um das Überleben seiner Kameraden und Patienten. Der Roman schildert die unmenschlichen Zustände in der Gefangenschaft, zugleich aber auch Mitmenschlichkeit und individuelle Tapferkeit. Konsaliks Darstellung der deutschen Kriegsgefangenen als Opfer der Umstände unterstützte die Nachkriegsbestrebungen, die deutsche Wehrmacht von Verbrechen der NS-Diktatur zu distanzieren.

---

4 Edgar Wolfrum: Geschichte der Erinnerungskultur in der DDR und BRD, Bundeszentrale für politische Bildung, 26.8.2008, <www.bpb.de/themen/erinnerung/geschichte-und-erinnerung/39814/geschichte-der-erinnerungskultur-in-der-ddr-und-brd/>.

5 Heinz G. Konsalik: Der Arzt von Stalingrad. München 1956.

Auf lokaler Ebene gab es vereinzelt Initiativen von Überlebenden zum Gedenken an historischen Orten wie Bergen-Belsen in Niedersachsen, wo auch sowjetische Kriegsgefangene und Angehörige der polnischen *Armia Krajowa* inhaftiert gewesen waren. Zwar wurde dort im Jahr 1952 die erste Gedenkstätte eingerichtet, diese war aber zunächst hauptsächlich als Friedhof und symbolischer Ort konzipiert. Das Gedenken an die verschiedenen Opfergruppen entwickelte sich erst allmählich und war durchaus umstritten.[6]
Anders gestalteten sich Erinnerung und Gedenken in der Sowjetischen Besatzungszone (SBZ) und späteren DDR. Diese machte den Antifaschismus zur Staatsdoktrin und legte den Fokus auf den kommunistischen Widerstand gegen den Nationalsozialismus. Die Sowjetunion wurde als Hauptopfer des Krieges und gleichzeitig als Befreierin dargestellt, die Gedenk- und Erinnerungskultur war durch die Erzählung vom Großen Vaterländischen Krieg dominiert. Die Verbrechen der Nationalsozialisten wurden zwar thematisiert, aber die Verantwortung dem Westen oder einzelnen Kriegsverbrechern zugeschrieben, während die Verstrickung der deutschen Bevölkerung in den Nationalsozialismus weitgehend ausgeblendet blieb.
Juristisch verfolgte die sowjetische Besatzungsmacht NS- und Kriegsverbrechen stärker als der Westen. In den Waldheimer Prozessen 1950[7] wurden auch Anklagen gegen Wehrmachtsangehörige, KZ-Aufseher und -Funktionäre wegen Kriegsverbrechen und Verbrechen gegen die Menschlichkeit in den besetzten Gebieten im Osten erhoben. Allerdings entsprachen die Prozesse in der Regel nicht rechtsstaatlichen Standards. Die meisten Verfahren bezogen sich auf Verbrechen in der SBZ mit dem politischen Ziel, die eigene Macht zu legitimieren.[8]
Die Eröffnung von Gedenkstätten nutzte die DDR, anders als die Bundesrepublik, propagandistisch für die staatliche Geschichtspolitik. Ab 1958 wurden ehemalige Konzentrationslager zu Erinnerungsorten ausgebaut. Eine zentrale Funktion kam dabei Buchenwald zu, wo das Schicksal kommunistischer Häftlinge besonders hervorgehoben und instrumentalisiert wurde. Die sowjetischen und polnischen Häftlinge wurden zwar erwähnt, blieben aber im Hintergrund. Die Tatsache, dass das Lager unmittelbar nach Kriegsende von der sowjetischen Besatzungsmacht als Speziallager weitergenutzt worden war, blieb weitgehend unerwähnt. Die Existenz dieser Lager wurde erst nach 1990 breiter thematisiert und aufgearbeitet.

[6] 1950 forderte beispielsweise ein Beamter aus dem niedersächsischen Bremervörde, das Mahnmal für die 46 000 sowjetischen Kriegsgefangenen zu sprengen, die im nahegelegenen KZ Sandbostel umgekommen waren. Die Begründung: Die Erhaltung des Mahnmals könne „leicht ein Todesurteil für die Einwohner des Kreises Bremervörde bedeuten [. . .], wenn eines Tages die Russen hier vorbeikommen sollten." Zit. nach Werner Borgsen, Klaus Volland: Stalag XB Sandborstel. Bremen 1992. S. 248.

[7] Im sächsischen Waldheim waren 3442 Personen vor dem Chemnitzer Landgericht angeklagt. Wilfriede Otto: Die Waldheimer Prozesse, in: Sergej Miranenko, L. Niethammer, A. von Plato (Hg.): Sowjetische Speziallager in Deutschland 1945 bis 1950. Bd. I, Studien und Berichte, Akademie Berlin 1998, S. 533–554.

[8] Jörg Echternkamp: Die Ahndung von NS- und Kriegsverbrechen in der SBZ/DDR, Bundeszentrale für politische Bildung, 8.9.2015, <www.bpb.de/themen/nationalsozialismus-zweiter-weltkrieg/der-zweite-weltkrieg/211771/die-ahndung-von-ns-und-kriegsverbrechen-in-der-sbz-ddr/>.

1960er und 1970er Jahre: Beginnende Aufarbeitung

In den 1960er Jahren wurden in der Bundesrepublik die ersten öffentlichen Debatten über die Rolle der Wehrmacht, den Holocaust sowie die verbrecherische Kriegsführung in Polen und der Sowjetunion geführt. Auslöser waren die weitere juristische Aufarbeitung und wissenschaftliche Arbeiten. Der Prozess gegen Adolf Eichmann in Jerusalem (1961), die Auschwitz-Prozesse in Frankfurt am Main (1963–1968), der Einsatzgruppenprozess in Darmstadt (1965–1968)[9] und die Majdanek-Prozesse, die zwischen 1975 und 1981 in Polen und Deutschland stattfanden, brachten Verbrechen der Deutschen im Osten Europas an die Öffentlichkeit. Wissenschaftliche Publikationen trugen zur Aufarbeitung bei, darunter die Studie *Nationalsozialistische Polenpolitik 1939–1945* von Martin Broszat[10] oder die Arbeit *Keine Kameraden. Die Wehrmacht und die sowjetischen Kriegsgefangenen 1941–1945* von Christian Streit.[11]
Ein symbolisches Ereignis, das die westdeutsche Erinnerungskultur nachhaltig beeinflusste, war der „Kniefall von Warschau". Am 7. Dezember 1970 kniete Bundeskanzler Willy Brandt vor dem Ehrenmal für die Opfer des Warschauer Ghettos nieder. Brandts Kniefall löste eine breite gesellschaftliche Diskussion aus und warf ein Schlaglicht auf die deutschen Besatzungsverbrechen in Polen. Ein weiterer bedeutender Einschnitt war die 1978 ausgestrahlte US-amerikanische Fernsehserie „Holocaust". Viele Deutsche hörten zum ersten Mal von Orten wie Babyn Jar oder Treblinka, die symbolisch für Krieg und Verbrechen im östlichen Europa stehen. Die Serie löste eine Welle der Betroffenheit aus und führte zu einer intensiveren Beschäftigung mit der Vergangenheit.
Anders als Fernsehserien war die Gründung von Museen und Gedenkstätten an den historischen Orten in Auschwitz-Birkenau, wohin ab den Sechzigerjahren auch westdeutsche Delegationen reisten, Warschau oder Majdanek kein Thema in der Öffentlichkeit. Der Vernichtungskrieg im Osten, die Verbrechen der Wehrmacht und SS an slawischen Bevölkerungsgruppen und sowjetischen Kriegsgefangenen blieben auch in dieser Phase ein Randthema. Die westdeutsche Erinnerungskultur fokussierte sich vor allem

Plakat der US-Miniserie „Holocaust" aus dem Jahr 1978

---

[9] Babyn Jar. Der Ort, die Tat und die Erinnerung, OSTEUROPA, 1–2/2021.

[10] Martin Broszat: Nationalsozialistische Polenpolitik 1939–1945. Stuttgart 1961.

[11] Christian Streit: Keine Kameraden: die Wehrmacht und die sowjetischen Kriegsgefangenen 1941–1945. Stuttgart 1978.

auf die Ermordung der jüdischen Bevölkerung und die Verbrechen in den Konzentrations- und Vernichtungslagern, während die Dimensionen des Kriegs kaum reflektiert wurden. In der DDR war die Erinnerungskultur weiterhin durch eine andere Perspektive geprägt. Die offizielle Geschichtsschreibung ließ die deutsche Täterschaft weitgehend unbeachtet und beschränkte sich auf die Darstellung der Opferrolle der sowjetischen Bevölkerung und den Sieg der Roten Armee. Der deutsch-sowjetische Vernichtungskrieg in all seinen Facetten wurde kaum thematisiert. Kriegsverbrechen, einschließlich der systematischen Ermordung sowjetischer Kriegsgefangener und Zivilisten, fanden kaum Erwähnung oder wurden als Teil des „antifaschistischen Widerstands" dargestellt. Diesem Narrativ folgten auch die Gedenkstätten und Museen. Der Maßstab war die sowjetische Meistererzählung, wie sie das 1967 am historischen Ort der Kapitulation in Berlin-Karlshorst eröffnete *Museum der bedingungslosen Kapitulation des faschistischen Deutschlands im Großen Vaterländischen Krieg 1941–1945*, das der Sowjetischen Armee unterstellt war, vorgab. In der juristischen Strafverfolgung von Verbrechen der deutschen Besatzer im Osten ging es nicht zuletzt darum, die Bundesrepublik in ein schlechtes Licht zu rücken. So wurde 1965, zeitlich parallel zum Auschwitz-Prozess in Frankfurt am Main, Horst Fischer in der DDR vor Gericht gestellt, verurteilt und hingerichtet. Er war Arzt im KZ Auschwitz III gewesen, dem Arbeitslager der I.G. Farben. Damit konnte, durch ein Gerichtsverfahren scheinbar legitimiert, die Industrie in Westdeutschland, in diesem Fall die Nachfolgeunternehmen des I.G. Farben Konzerns, diskreditiert werden.

Insgesamt wurden Erinnerung und Gedenken in einen politischen Rahmen gestellt, der die Verbrechen in Polen und der Sowjetunion sowie an den sowjetischen Kriegsgefangenen hinter die Inszenierung des Sieges der Roten Armee und der deutsch-sowjetischen Freundschaft stellte. Gleichwohl gab es in der DDR auch kritische Stimmen wie den Film „Ich war neunzehn" von Konrad Wolf 1968. Wolf, der in jungen Jahren in die Sowjetunion emigriert war, schuf ein autobiographisches Werk, das die Perspektive eines jungen Deutschen zeigt, der als sowjetischer Soldat nach Deutschland zurückkehrt. Der Film brach, freilich im Rahmen der offiziellen Erzählung, mit heroischen Kriegsnarrativen und gilt als wichtiger Beitrag zur kritischen Auseinandersetzung mit der Geschichte in der DDR.

Der 19-jährige Deutsche Gregor Hecker kommt im Film „Ich war Neunzehn" von Konrad Wolf 1945 aus dem Krieg zurück

1980er Jahre: Wachsende öffentliche Auseinandersetzung

Michail Gorbačevs Wahl zum Generalsekretär des ZK der KPdSU 1985 hatte erhebliche Auswirkungen auf den Umgang mit der Geschichte in beiden deutschen Staaten sowie auf die Beziehungen mit den östlichen Nachbarn. Seine Politik leitete eine Phase größerer Offenheit ein, in der erstmals eine kritische Beschäftigung mit der Vergangenheit möglich war. In der DDR löste dies Spannungen zwischen der sowjetischen Führung und der SED sowie innerhalb der DDR-Gesellschaft aus, ohne dass sich die offizielle Erinnerungskultur zunächst veränderte. Während in der Sowjetunion Diskussionen über bisherige Tabuthemen wie den Gulag oder die stalinistischen Säuberungen aufkamen, hielt die DDR-Führung an der offiziellen Deutung der Geschichte fest. Zugleich begannen viele Menschen, ermutigt durch Gorbačevs Glasnost (Transparenz), die offizielle Geschichtspolitik zu hinterfragen. Langfristig war so mit dem Politikwechsel in Moskau der Grundstein für einen politischen wie erinnerungskulturellen Wandel, auch im Hinblick auf den Großen Vaterländischen Krieg und die deutschen Verbrechen im östlichen Europa, gelegt. Die Forderung nach einer kritischeren Aufarbeitung der Geschichte wurde zu einem wichtigen Bestandteil der Protestbewegung Ende der 1980er Jahre, die schließlich zum Fall der Mauer führte.

In der Bundesrepublik rückten Impulse aus der Forschung die Erinnerung an den Vernichtungskrieg stärker ins öffentliche Bewusstsein. Im sogenannten Historikerstreit 1986/87 wurde öffentlich über die nationalsozialistische Vergangenheit und die deutsche Verantwortung gestritten, wobei es im Kern um die Frage der Singularität des Holocaust und weniger um den Krieg ging. In der Folge wurde jedoch zunehmend differenziert zu den Verbrechen im Osten Europas, Kollaboration und Widerstand in den besetzten Gebieten, den nicht-jüdischen Opfern, zu Zwangsarbeit, Vernichtungskrieg und den sowjetischen Kriegsgefangenen geforscht.

Ein Wendepunkt in der westdeutschen Erinnerungskultur war die Rede von Richard von Weizsäcker am 8. Mai 1985, in der er als erster deutscher Bundespräsident den 8. Mai 1945 öffentlich und unmissverständlich als „Tag der Befreiung" bezeichnete. Weizsäcker betonte ausdrücklich auch die Leiden der polnischen und sowjetischen Opfer.[12]

Mit dem Treffen von Bundeskanzler Helmut Kohl und dem polnischen Ministerpräsidenten Tadeusz Mazowiecki am 12. November 1989 in Krzyżowa (Kreisau) ging eine breite Aufmerksamkeit für die deutschen Verbrechen des NS-Regimes in Polen einher. Die Staatsmänner ehrten die Opfer von Krieg und Besatzung an einem Ort, der durch den „Kreisauer Kreis" mit dem Widerstand gegen Hitler verbunden ist. Das gemeinsame Friedensgebet war ein Zeichen des Respekts und des Schuldbewusstseins seitens Deutschlands. Es legte den Grundstein für eine kritische Auseinandersetzung mit der Vergangenheit und ebnete den Weg zur Aussöhnung. Dazu gehörten die Anerkennung der Oder-Neiße-Grenze und der deutsch-polnische Nachbarschaftsvertrag 1990 und 1991 ebenso wie die Eröffnung einer gemeinsam betriebenen Gedenkstätte in Kreisau 1998.

---

[12] Richard von Weizsäcker: Gedenkveranstaltung im Plenarsaal des Deutschen Bundestages zum 40. Jahrestag des Endes des Zweiten Weltkrieges in Europa, 8. Mai 1985. <https://www.bundespraesident.de/SharedDocs/Reden/DE/Richard-von-Weizsaecker/Reden/1985/05/19850508_Rede.html?nn=129626>.

1990er Jahre bis 2014: Osteuropa im Fokus

Signifikant veränderte sich das Bild in den 1990er Jahren, als der ost- und ostmitteleuropäische Raum mit dem Zusammenbruch der Sowjetunion zunehmend in den Fokus der Erinnerungskultur im wiedervereinigten Deutschland geriet. Dazu trugen die Öffnung der Archive und eine verstärkte internationale Zusammenarbeit bei. Mit der Gründung der *Deutschen Historischen Institute* in Warschau (1993) und Moskau (2005) sowie ihren wissenschaftlichen Projekten, Quelleneditionen und Konferenzen erweiterte sich die Forschungsgrundlage. Zugleich setzte sich jedoch die Vorstellung durch, dass nach dem Ende des Ost-West-Konflikts keine besondere Expertise für Osteuropa mehr nötig sei, da sich die Beziehungen normalisierten. Die Folge war ein Rückbau der institutionellen Osteuropa-Expertise, wie etwa die Auflösung des *Bundesinstituts für ostwissenschaftliche und internationale Studien,* aus dem einzelne Mitarbeiter in die *Stiftung Wissenschaft und Politik* integriert wurden.[13]

Die 1990er Jahre waren von einer offenen und freundschaftlichen Atmosphäre in den Beziehungen zwischen der Russländischen Föderation, der Rechtsnachfolgerin der Sowjetunion, sowie den anderen postsozialistischen Staaten und Deutschland geprägt. Zum 50. Jahrestag des Überfalls auf die Sowjetunion 1991 zeigte das Dokumentationszentrum *Topografie des Terrors* in Berlin die Ausstellung „Der Krieg gegen die Sowjetunion 1941–1945", die später an anderen Gedenkorten und auch in Russland präsentiert wurde. Die Eröffnung des *Deutsch-Russischen Museums* 1995 in Berlin Karlshorst, das seit 2022 *Museum Berlin-Karlshorst* heißt, wo die bis heute einzige Dauerausstellung zum deutsch-sowjetischen Krieg gezeigt wird, oder die Gespräche über kriegsbedingt verlagertes Kulturgut zeugen davon.[14]

Ort der Kapitulation: Das Museum Berlin-Karlshorst. Quelle: Wikipedia

---

[13] Alexander Libman, Niklas Platzer: Geschichte, Slawistik und der Rest. Osteuropaforschung in Deutschland, in: OSTEUROPA, 7/2021, S. 133–153.

[14] Kunst im Konflikt. Kriegsfolgen und Kooperationsfelder in Europa, in: OSTEUROPA, 1–2/2006.

Der 1990 gegründete Verein „Kontakte-Kontakty" setzte sich mit zahlreichen Projekten für die Aufarbeitung des Vernichtungskrieges ein, populäre Bücher und Fernsehdokumentationen leisteten einen weiteren Beitrag dazu.[15] Eine breite Öffentlichkeit erreichte auch der Film „Stalingrad" (1993) von Joseph Vilsmaier, einer der ersten deutschen Nachkriegsfilme, der die Schlacht von Stalingrad aus deutscher Perspektive zeigte und dabei die Brutalität des Krieges im Osten schonungslos darstellte. Der Film setzte sich von der Heldenverklärung früherer Kriegsfilme ab, indem er das Elend der Soldaten und auch Kriegsverbrechen der Wehrmacht zeigte.

Den langfristigen Paradigmenwechsel bei der Aufarbeitung der Verbrechen der Wehrmacht, insbesondere im Krieg gegen die Sowjetunion, brachten schließlich die beiden Wehrmachtsausstellungen, die 1995–1999 und 2001–2004 an vielen Orten in Deutschland gezeigt wurden. Die erste Ausstellung sorgte für großes Aufsehen und erschütterte das bis dahin verbreitete Bild der „sauberen Wehrmacht". Sie zeigte Fotos und Dokumente zur direkten Beteiligung deutscher Soldaten an Kriegsverbrechen, Massakern und dem Holocaust im Osten. Nach wachsender Kritik bezüglich der Verwendung und Bezeichnung der gezeigten Materialien wurde die Ausstellung 1999 geschlossen und überarbeitet. Die neu eröffnete zweite Ausstellung konnte durch eine solidere wissenschaftliche Grundlage die systematische Beteiligung der Wehrmacht an Verbrechen belegen. Die Ausstellungen trugen erheblich dazu bei, das Bewusstsein der Deutschen für den Vernichtungskrieg zu schärfen und legten die Grundlage für weitere Forschungen. Wichtige wissenschaftliche Publikationen waren unter anderem die Bücher von Bernhard Chiari, *Alltag hinter der Front. Besetzung, Kollaboration und Widerstand in Weißrußland 1941–1944* (1998)[16], von Christoph Rass, *„Menschenmaterial": deutsche Soldaten an der Ostfront. Innenansichten einer Infanteriedivision 1939–1945* (2003)[17], der Band *Die Ostfront 1943/44* aus der Reihe „Das Deutsche Reich und der Zweite Weltkrieg" des Militärgeschichtlichen Forschungsamtes (2007)[18], die Bücher von Dieter Pohl *Die Herrschaft der Wehrmacht. Deutsche Militärbesatzung und einheimische Bevölkerung in der Sowjetunion 1941–1944* (2008)[19], von Babette Quinkert *Propaganda und Terror in Weißrussland 1941–1944: die deutsche „geistige" Kriegführung gegen Zivilbevölkerung und Partisanen* (2009)[20], von Christian Hartmann, Johannes Hürter, Peter Lieb und Dieter Pohl *Der deutsche Krieg im*

---

15 Z.B. Paul Kohl: „Steh auf, es ist Krieg: der deutsche Überfall auf die Sowjetunion", ein Film nach dem Buch „Ich wundere mich, dass ich noch lebe". Manuskript zur 6-teiligen Fernsehreihe des Südwestfunks von Hartmut Kaminski, München 1991.

16 Bernhard Chiari: Alltag hinter der Front. Besetzung, Kollaboration und Widerstand in Weißrußland 1941–1944. Düsseldorf 1998.

17 Christoph Rass: „Menschenmaterial": Deutsche Soldaten an der Ostfront: Innenansichten einer Infanteriedivision; 1939–1945. Paderborn. München 2003.

18 Karl H. Frieser, Klaus Schmider, Klaus Schönherr, Gerhard Schreiber, Krisztian Ungvary und Bernd Wegner (Hg.): Das Deutsche Reich und der Zweite Weltkrieg. Die Ostfront 1943/44. Der Krieg im Osten und an den Nebenfronten. München 2007.

19 Dieter Pohl: Die Herrschaft der Wehrmacht: deutsche Militärbesatzung und einheimische Bevölkerung in der Sowjetunion 1941–1944. München 2008.

20 Babette Quinkert: Propaganda und Terror in Weißrußland 1941–1944. Die deutsche „geistige" Kriegführung gegen Zivilbevölkerung und Partisanen. Paderborn, München, Wien, Zürich 2009.

Osten 1941–1944. Facetten einer Grenzüberschreitung (2009)[21] und von Christian Hartmann *Wehrmacht im Ostkrieg: Front und militärisches Hinterland 1941/42* (2010)[22]. Mehr als nur wissenschaftliche Kreise erreichte die deutsche Übersetzung von Timothy Snyders *Bloodlands. Europa zwischen Hitler und Stalin* (2010).[23] Mit dem Begriff rückte er die Gebiete zwischen Deutschland und der Sowjetunion, die zwischen 1933 und 1945 besonders von massenhafter Gewalt und Vernichtung betroffen waren, in den Fokus. Vor allem Polen, die Ukraine, Belarus, die baltischen Staaten und Teile Westrusslands. Jenseits der Forschung fand das Thema nun auch Eingang in den Schulunterricht, wenngleich der Vernichtungskrieg gegen Polen und die Sowjetunion im Vergleich zur Behandlung des Holocaust weiterhin nur einen kleinen Teil ausmachte.[24]

Timothy Snyders „Bloodlands" rückte die Gebiete, in denen der Vernichtungskrieg stattfand, in den Fokus und brachte sie einer breiteren Öffentlichkeit näher.

70 Jahre nach dem Überfall auf die Sowjetunion erfuhr erstmals auch die Opfergruppe der sowjetischen Zwangsarbeiter politische Aufmerksamkeit. Überlebende erhielten zwischen 2001 und 2007 eine symbolische Entschädigung. Sowjetische Kriegsgefangene blieben hingegen von den Zahlungen ausgeschlossen.[25] Das 2005 eingeweihte *Denkmal für die ermordeten Juden Europas* in Berlin trug zur Integration der Erinnerung an die Verbrechen in Osteuropa in die offizielle Geschichtspolitik bei. Die Opfer des Holocaust stehen hier im Mittelpunkt. Doch während der langen Debatte, die dem Denkmal vorausging, wuchs auch das Bewusstsein für die Verbrechen an polnischen und sowjetischen Zivilisten, sowjetischen Kriegsgefangenen und anderen Opfergruppen der nationalsozialistischen Rassenideologie.

---

[21] Christian Hartmann, Johannes Hürter, Peter Lieb und Dieter Pohl: Der deutsche Krieg im Osten 1941-1944. Facetten einer Grenzüberschreitung. Berlin, Boston 2009.

[22] Christian Hartmann: Wehrmacht im Ostkrieg. Front und militärisches Hinterland 1941/42. München 2009.

[23] Timothy Snyder: Bloodlands. Europa zwischen Hitler und Stalin. München 2010.

[24] Etwa in den Schulbüchern „Geschichte und Geschehen" (Klett-Verlag, 2011/2012) oder „Entdecken und Verstehen" (Cornelsen-Verlag, 2012).

[25] Tanja Penter: Späte Entschädigung für die Opfer einer kalkulierten Vernichtungsstrategie. Offene Forschungsfragen zum Umgang mit sowjetischen Kriegsgefangenen in den besetzten Gebieten, Zeitgeschichte online, 1.11.2015.

Im Schatten der Erinnerung an die Verbrechen auf dem Gebiet der heutigen Russländischen Föderation blieben die anderen postsowjetischen Staaten, darunter die Ukraine und Belarus. Der Prozess gegen John Demjanjuk 2009–2011 warf ein Schlaglicht auf die Ukraine und stieß eine erneute juristische Aufarbeitung von NS-Verbrechen in Deutschland an. Demjanjuk, der als ukrainischer Kriegsgefangener später als Hilfswachmann im Vernichtungslager Sobibór eingesetzt war, wurde wegen Beihilfe zum Mord verurteilt. Für die Aufklärung über die deutschen Verbrechen auf dem Gebiet des heutigen Belarus, insbesondere das ehemalige KZ in Maly Traszjanez, setzte sich das *Internationale Bildungs- und Begegnungswerk* mit Konferenzen, Zeitzeugenberichten und der Gründung der Geschichtswerkstatt in Minsk (2003) ein. Zugleich wandte sich auch die Forschung Belarus zu, wie Christian Gerlach mit seinem Buch *Kalkulierte Morde. Die deutsche Wirtschafts- und Vernichtungspolitik in Weißrußland 1941 bis 1944* (1999)[26], Alexander Brakel unter dem Titel *Unter Rotem Stern und Hakenkreuz. Baranowicze 1939 bis 1944* (2009)[27] und Petra Rentrop mit dem Titel *Tatorte der Endlösung* (2011)[28].

Nichtsdestotrotz herrscht bis heute im öffentlichen Geschichtsbewusstsein Unkenntnis, mitunter sogar Desinteresse an Russland, Belarus, der Ukraine und den anderen postsowjetischen Staaten und ihrer Geschichte im Krieg. Ein Beispiel dafür ist die Blockade Leningrads 1941 bis 1944. Sie fand erst mit dem Jahrestag des Beginns der Belagerung 2011 ganz allmählich Eingang in das deutsche Gedächtnis. Davon zeugt die Rede von Daniil Granin vor dem Deutschen Bundestag 2014. Er hatte die Schrecken der 900-tägigen Belagerung durch die deutsche Wehrmacht, bei der etwa eine Million Menschen starben, als junger Soldat überlebt.[29]

Auch am Vernichtungskrieg und der Besatzung in Polen wuchs das Interesse in der deutschen Öffentlichkeit nur allmählich. Der Fall des Eisernen Vorhangs und die Demokratisierung Polens erleichterte die Zusammenarbeit und gemeinsame erinnerungspolitische Initiativen seit den 1990er Jahren. Dennoch sind die bilateral geführten Debatten auch immer wieder von Spannungen geprägt. 1992 wurde die *Stiftung für deutsch-polnische Aussöhnung* gegründet, die humanitäre Hilfe für polnische NS-Opfer leistet. Sie entwickelte sich zu einer wichtigen Institution der deutsch-polnischen Verständigung und fördert den Dialog zwischen beiden Ländern. Sie dokumentiert Zeitzeugenberichte und unterstützt wissenschaftliche Forschung zur Aufarbeitung der NS-Verbrechen in Polen. Die späten 1990er und frühen 2000er Jahre waren allerdings von einer zunehmend angespannten geschichtspolitischen Debatte zwischen Deutschland und Polen geprägt. Die Gründung der Stiftung *Flucht, Vertreibung, Versöhnung*

---

26 Christian Gerlach: Kalkulierte Morde. Die deutsche Wirtschafts- und Vernichtungspolitik in Weißrußland 1941 bis 1944. Hamburg 1999.

27 Alexander Brakel: Unter Rotem Stern und Hakenkreuz. Baranowicze 1939–1944. Das westliche Weißrussland unter sowjetischer und deutscher Besatzung. Paderborn, München, Wien, Zürich 2009.

28 Petra Rentrop: Tatorte der „Endlösung“. Das Ghetto Minsk und die Vernichtungsstätte von Maly Trostinez. Berlin 2011.

29 Jörg Ganzenmüller: Das belagerte Leningrad 1941–1944. Die Stadt in den Strategien von Angreifern und Verteidigern. Paderborn 2005. – Ders.: Nebenkriegsschauplatz der Erinnerung. Die Leningrad-Blockade im deutschen Gedächtnis, in: OSTEUROPA, 8–9/2011, S. 7–22. – Die Leningrader Blockade. Der Krieg, die Stadt und der Tod, OSTEUROPA, 8–9/2011. Rede von Daniil Granin: 27.1.2014, <https://www.bundestag.de/parlament/geschichte/gastredner/rede_granin-261326>.

sowie diverse Publikationen[30] lösten in Deutschland eine verstärkte Diskussion über deutsche Kriegsopfer aus. Darüber hinaus formulierten Vertriebenenverbände wie die *Ostpreußische Landsmannschaft* mit der sogenannten Preußischen Treuhand Entschädigungsansprüche gegenüber Polen und zogen mit dieser Forderung 2008 erfolglos vor den *Europäischen Gerichtshof für Menschenrechte*. Dieser Vorgang stieß in Polen auf scharfe Kritik. Der polnischen Seite zufolge mangelte es in der deutschen Gesellschaft weiterhin an einem angemessenen Verständnis für die Dimensionen der auf polnischem Boden verübten Kriegsverbrechen. Zeitgleich entbrannte in Polen eine heftige Debatte über polnische Kollaboration. Sie wurde durch die Arbeit des polnisch-amerikanischen Historikers Jan T. Gross (2000/2001) zur Ermordung der jüdischen Bevölkerung in dem Dorf Jedwabne durch ihre polnischen Nachbarn ausgelöst.[31] Gross' Forschungsergebnisse brachten die komplexe soziale Dynamik unter deutscher Besatzung, bei denen polnische und ukrainische Bürger an Gewaltakten beteiligt waren, ins Bewusstsein. Die kontroverse Diskussion wurde auch in Deutschland rezipiert. Eine neue Dynamik gewann der Konflikt 2005, als Polen begann, sich systematisch gegen irreführende Darstellungen seiner Geschichte zur Wehr zu setzen. Den Anlass dazu gaben zahlreiche internationale Medienberichte zum 60. Jahrestag der Befreiung des Konzentrationslagers Auschwitz, in denen wiederholt fehlerhafte und aus polnischer Sicht möglicherweise absichtlich verfälschende Bezeichnungen wie „polnische Todeslager" verwendet wurden; Formulierungen, die eine Täterrolle Polens suggerierten und damit die historische Realität des besetzten und unterdrückten Polens während des Zweiten Weltkriegs verzerrten.
Zugleich setzte die deutsche Forschung wichtige Impulse. Zu nennen ist der von Bernhard Chiari herausgegebene Band *Die polnische Heimatarmee. Geschichte und Mythos der Armia Krajowa seit dem Zweiten Weltkrieg* (2003)[32], das von Klaus-Michael Mallmann und Bogdan Musial herausgegebene Werk *Genesis des Genozids. Polen 1939–1941* (2004)[33] und die Arbeiten von Jochen Böhler. Sein Buch *Auftakt zum Vernichtungskrieg* (2006)[34] sorgte für Aufmerksamkeit, da der Autor das Besatzungsregime und die systematische Ermordung jüdischer und polnischer Zivilisten in Polen als Vorstufe des rassenideologisch motivierten Eroberungsfeldzugs gegen die Sowjetunion darstellte; eine These, die heute Stand der Forschung ist. Auf Böhlers Forschung basierte bereits 2005 eine Ausstellung des *Deutschen Historischen Instituts* Warschau und des polnischen *Instituts des Nationalen Gedenkens* mit dem Titel „Größte Härte. Verbrechen der Wehrmacht in Polen September–Oktober 1939". Die Ausstellung wurde in mehreren Städten in Deutschland und Polen gezeigt.
Wie wenig differenziert jedoch die Kenntnisse über den Vernichtungskrieg in Polen in der deutschen Öffentlichkeit waren, zeigten die Reaktionen, die 2013 die für das ZDF produzierte Serie „Unsere Mütter, unsere Väter" auslöste. Die Serie, die in Deutschland hohe Einschaltquoten erreichte und als Medienereignis der historischen Aufarbeitung

---

30 Z.B. Jörg Friedrich: Der Brand. Deutschland im Bombenkrieg 1940-1945. Berlin 2002. Auch die Novelle „Im Krebsgang" von Günter Grass wurde heftig diskutiert.

31 Jan T. Gross: Nachbarn. Der Mord an den Juden von Jedwabne. München 2001.

32 Bernhard Chiari, unter Mitarbeit von Jerzy Kochanowski (Hg.): Die polnische Heimatarmee. Geschichte und Mythos der Armia Krajowa seit dem Zweiten Weltkrieg. München 2003.

33 Klaus-Michael Mallmann, Bogdan Musial (Hg.): Genesis des Genozids. Polen 1939–1941. Darmstadt 2004.

34 Jochen Böhler: Auftakt zum Vernichtungskrieg. Die Wehrmacht in Polen 1939. Frankfurt/Main 2006.

inszeniert wurde, stieß in Polen auf heftige Kritik. Vor allem die stereotype und teils antisemitische Darstellung polnischer Partisanen, insbesondere der *Armia Krajowa*, sorgte für Empörung, da sie als Verzerrung der historischen Realität und als Ignoranz gegenüber der polnischen Erfahrung des Vernichtungskriegs wahrgenommen wurde. Auf deutscher Seite gab es kaum Bemühungen, die polnische Sicht aufzugreifen und zu reflektieren. Zu einem konstruktiven Austausch über die unterschiedliche Rezeption in beiden Ländern kam es nicht.[35]

2014 bis heute: Erinnerungskulturen unter Druck

Die völkerrechtswidrige Annexion der Krim 2014 durch Russland, der folgende Krieg in der Ostukraine und schließlich die Vollinvasion Russlands in die Ukraine 2022 rückten Osteuropa in den Fokus der politischen und gesellschaftlichen Aufmerksamkeit in Deutschland. Erstmals veränderte sich der Blick auf die Region nachhaltig, zum einen durch die Nähe des Geschehens an der Ostgrenze der EU, zum anderen durch die Bedrohung nicht nur der Ukraine, sondern der gesamten Region vom Baltikum über Polen bis zur Republik Moldau durch Russland. Dadurch geriet die Komplexität der historischen Zusammenhänge in den Blick und mit ihr der deutsche Vernichtungskrieg in Regionen, wo heute erneut Krieg tobt.

Der Deutsche Bundestag beschloss im Jahr 2015, zum 70. Jahrestag des Kriegsendes, Entschädigungszahlungen für sowjetische Kriegsgefangene. Von den rund 5,7 Millionen sowjetischen Soldaten, die während des Zweiten Weltkriegs in deutsche Gefangenschaft gerieten, waren etwa 3,3 Millionen durch Hunger, Erschießungen und unmenschliche Haftbedingungen ums Leben gekommen. Nachdem diese Kriegsverbrechen lange nicht offiziell anerkannt worden waren, wurde diese Opfergruppe nun erstmals öffentlich gewürdigt. 2019 erhielten Opfer der Leningrader Blockade Unterstützungsleistungen und Renten im Rahmen eines Hilfsprojekts der Bundesregierung für St. Petersburg in Höhe von zwölf Millionen Euro. Ein wichtiges Zeichen setzte Bundespräsident Frank-Walter Steinmeier 2018 mit einer Reise nach Belarus zur Einweihung der Erinnerungslandschaft Maly Traszjanez. Als erstes Staatsoberhaupt Deutschlands bat er um Entschuldigung für die in Belarus verübten Verbrechen. Damit kam neben Russland und der Ukraine ein weiterer postsowjetischer Staat in den Blick.

Parallel zur Anerkennung der sowjetischen Kriegsopfer wurden zunehmend Forderungen nach einem zentralen Denkmal für die Opfer des deutschen Vernichtungskrieges gegen Polen laut. Das Ringen darum zeigt jedoch, wie schwierig es sein kann, die unterschiedlichen Standpunkte und Erwartungen zu verbinden. Während die deutsche Seite die Debatte zögerlich führte und die Befürchtung besteht, dass andere Opfergruppen dann ebenfalls ein eigenes Denkmal fordern könnten, sieht Polen in einem solchen nationalen Denkmal einen längst überfälligen Schritt für die bilaterale Verständigung. Besonders die rechte Regierung unter Führung der Partei *Recht und Gerechtigkeit* (PiS) sah in einem Polen-Denkmal in Berlin ein wichtiges Symbol für die Anerkennung des Leidens der polnischen Bevölkerung unter der deutschen Besatzung und betrachtete es als Ausdruck historischer Gerechtigkeit. Mit dem Wechsel zur Regierung der liberal-konservativen

---

[35] Magdalena Saryusz-Wolska, Carolin Piorun: Verpasste Debatte. Unsere Mütter, unsere Väter in Deutschland und Polen, in: OSTEUROPA, 11–12/2014, S. 115–132.

Bürgerkoalition 2023 änderte sich der Ton in der Debatte hin zu einem auf Ausgleich und Dialog ausgerichteten Ansatz. Die Forderung nach einem Polen-Denkmal blieb gleichwohl bestehen, nun jedoch eher zur Förderung von Versöhnung und gemeinsamer Geschichtsbewältigung. 2020 beschloss der Bundestag die Errichtung eines *Deutsch-Polnischen Hauses* in Berlin, das ein Denkmal mit einem Ort für Bildung und Begegnung verbindet. Diese Initiative hat die Kontroverse zwar entschärft, doch die polnische Seite vermisst weiterhin eine klare, symbolische Anerkennung der polnischen Opfer des Zweiten Weltkriegs.

Das ebenfalls geplante *Dokumentationszentrum Zweiter Weltkrieg und deutsche Besatzungsherrschaft in Europa* zur deutschen Besatzung soll die Verbrechen des NS-Regimes in allen besetzten Gebieten dokumentieren und die Perspektiven der Opfer stärker in den Fokus rücken. Ziel ist es, ein tieferes Verständnis für die Dimensionen der deutschen Kriegsverbrechen zu schaffen und ihre Bedeutung für Europa heute zu verdeutlichen. Der Schwerpunkt liegt auf dem Vernichtungskrieg und der Besatzungspolitik in Osteuropa, wobei gerade die Darstellung der Besatzung in West- und Osteuropa im Vergleich, ihrer Gemeinsamkeiten, aber auch der Unterschiede, ein wichtiger Beitrag zur Integration des osteuropäischen Geschichtsraum in die Erinnerung wäre.[36]

Die politische Aufmerksamkeit wird durch eine sich stetig weiter differenzierende Forschung begleitet, Beispiele sind der von Jörg Morré und Babette Quinkert herausgegebene Band *Deutsche Besatzung in der Sowjetunion: 1941–1944. Vernichtungskrieg, Reaktionen, Erinnerung* (2014)[37], der von Florian Wieler und Frédéric Bonnesoeur veröffentlichte Sammelband *Verbrannte Dörfer. Nationalsozialistische Verbrechen an der ländlichen Bevölkerung in Polen und der Sowjetunion im Zweiten Weltkrieg* (2024)[38] und das Buch *Der Warschauer Aufstand 1944* von Stephan Lehnstaedt (2024)[39]. Eine Umfrage des *Pilecki-Instituts* hat unlängst bestätigt, wie wenig die Deutschen noch immer von Krieg und Besatzung in Polen während des Zweiten Weltkrieges wissen.[40]

Kulturelle Projekte und der intensive Austausch der 1990er und 2000er Jahre sind mit dem Krieg fast vollständig zum Erliegen gekommen. Dennoch hat es seitdem einige Ausstellungen gegeben: 2016 erinnerte die *Stiftung Denkmal für die ermordeten Juden Europas* mit der Ausstellung „Massenerschießungen. Der Holocaust zwischen Ostsee und Schwarzem Meer 1941–1944“ an den noch immer wenig bekannten, von Wehrmacht und Einsatzgruppen, der Waffen-SS sowie einheimischen Helfern verübten Massenmord in Osteuropa. Die Wanderausstellung wurde an ihrem ersten Präsentationsort in der *Topografie des Terrors* in Berlin von 400 000 Menschen besucht. 2021 eröffnete der Bundespräsident die Wanderausstellung „Dimensionen eines Verbrechens. Sowjetische

---

[36] Zur Besatzung in Europa: Tatjana Tönsmeyer: Unter deutscher Besatzung. Europa 1939–1945. München 2024.

[37] Babette Quinkert, Jörg Morré (Hg.): Deutsche Besatzung in der Sowjetunion. 1941–1944. Vernichtungskrieg, Reaktionen, Erinnerung. Paderborn 2014.

[38] Florian Wieler und Frédéric Bonnesoeur (Hg.): Verbrannte Dörfer. Nationalsozialistische Verbrechen an der ländlichen Bevölkerung in Polen und der Sowjetunion im Zweiten Weltkrieg. Berlin 2024.

[39] Stephan Lehnstaedt: Der Warschauer Aufstand 1944. Ditzingen 2024.

[40] Jochen Böhler: Traumata hier, Verdrängung dort. Überfall und Besatzung in Polen 1939–1945, in: OSTEUROPA, 9–10/2022, S. 69–83. – Philipp Fritz: Studie zur Weltkriegsgeschichte bestätigt viele Vorurteile gegenüber den Deutschen. Die Welt, 1.9.2024.

Kriegsgefangene im Zweiten Weltkrieg“ im *Museum Berlin-Karlshorst*, die aufgrund des hohen Interesses um drei Monate verlängert wurde.

Einen wesentlichen Beitrag zur Vermittlung politischer und historischer Hintergründe und Zusammenhänge in Russland, Belarus und der Ukraine leistet die 2015 gegründete Plattform *dekoder*. Sie macht kritischen Journalismus und wissenschaftliche Texte aus diesen Ländern in Übersetzung einem deutschen Publikum zugänglich.[41] Seit der russländischen Aggression gegen die Ukraine erhalten auch Debatten um den Umgang mit sowjetischen Denkmälern in Deutschland und die Gedenkkultur um den 8. Mai eine neue Brisanz. Der gesetzliche Schutz der Ehrenmale und Friedhöfe sowie die historische Verantwortung Deutschlands für die 27 Millionen Opfer des Vernichtungskrieges gegen die Sowjetunion auf der einen und die durch die russländische Propaganda instrumentalisierte Geschichte des Sieges über den Nationalsozialismus auf der anderen Seite zeigen die Komplexität dieser Themen. Gleichzeitig stellt sich die Frage nach der Zukunft der Pflege deutscher Soldatenfriedhöfe und der Bergung von Soldaten durch den *Volksbund Deutsche Kriegsgräberfürsorge* in Russland, Belarus und der Ukraine. Der Verein, der in staatlichem Auftrag handelt, leistete mit seiner Arbeit über Jahrzehnte einen wesentlichen Beitrag zum Bewusstsein über den Vernichtungskrieg in Osteuropa in der deutschen Bevölkerung.

Nicht zuletzt wird die Erinnerung an den Zweiten Weltkrieg von einigen Ländern zunehmend für innenpolitische Zwecke instrumentalisiert. Beispiele sind die Forderung Russlands, den „Genozid am russischen Volk“ anzuerkennen sowie die Reparationsforderungen Polens. Der Appell Russlands dient der offiziellen Geschichtspolitik und ist vor dem Hintergrund des Ukraine-Krieges zu sehen. Die polnische Regierung fordert bereits seit einigen Jahren Entschädigungen von Deutschland für die Zerstörungen und Verluste während des Zweiten Weltkriegs. Deutschland lehnt diese Forderungen mit der Begründung ab, dass die Reparationsfrage rechtlich und politisch abgeschlossen sei.[42] Der Regierungswechsel in Polen hat den Streit entschärft, von ihrer grundsätzlichen Forderung nach Wiedergutmachung ist die polnische Regierung allerdings nicht abgerückt.

Fazit

Das Wissen und das Bewusstsein für die verheerenden Folgen des Vernichtungskrieges gegen Polen und die Sowjetunion haben in der deutschen Öffentlichkeit seit dem Ende des Kalten Krieges zugenommen, aber sind bis heute lückenhaft. Die historischen Ursachen für heutige Staatsgrenzen, Bevölkerungszusammensetzung und Sprachverteilung oder die Hintergründe aktueller geschichtspolitischer Konflikte sind nach wie vor über interessierte Teilöffentlichkeiten hinaus weitgehend unbekannt. Woran liegt es, dass diese direkten Folgen des Zweiten Weltkrieges so wenig bekannt sind?

Eine Ursache für dieses Defizit liegt in der Komplexität der Thematik. Die Vielzahl der sich überschneidenden historischen Einflüsse in der Region und die unterschiedlichen Perspektiven der beteiligten Länder sind schwer in einheitliche Erzählungen zu fassen.

---

[41] Siehe z.B. zuletzt die Storytelling-Dokumentation über den Vernichtungskrieg gegen die Sowjetunion, 2024, <https://war.dekoder.org/>.

[42] Stefan Garsztecki: Polen, Deutschland und die Reparationen. Der lange Schatten des Zweiten Weltkrieges, in: OSTEUROPA, 9–10/2022, S. 58–68.

Ein weiterer Grund ist die Dominanz der Erinnerung an den Holocaust in der westlichen Erinnerungskultur, der lange andere Verbrechen aus dem Gedächtnis verdrängt hat. Dabei liegt der Schlüssel zum Verständnis des Holocaust in der Kenntnis des Vernichtungskriegs im Osten. Er schuf die Voraussetzung für die Massenmorde, die vornehmlich im Osten Europas stattfanden. Auch spielen die kommunistische Herrschaft – die in Ostmitteleuropa aus dem Zweiten Weltkrieg resultierte – und ihre Folgen in der westlichen Erinnerungskultur keine so große Rolle wie in der Region selbst. So fand zum Beispiel der Vorschlag, den 23. August als europäischen Gedenktag zu etablieren, in Deutschland kaum Beachtung. Dieses Datum der Unterzeichnung des Hitler-Stalin-Paktes hat in den ost- und ostmitteleuropäischen Ländern große Bedeutung, weil es an die mehrfache Besetzung und Teilung dieser Staaten durch das nationalsozialistische Deutschland und die Sowjetunion erinnert.[43] Schließlich erschwert ein weiterhin wenig differenzierter Blick auf den postsowjetischen Raum das Verständnis für die Besonderheiten von Erinnerung und Gedenken in der Region. Russland steht bis heute im Zentrum der öffentlichen Wahrnehmung, die unterschiedlichen historischen Erfahrungen von Belarus und der Ukraine werden nur unzureichend wahrgenommen.

80 Jahre nach dem Ende des Zweiten Weltkrieges steht die Erinnerung an den Vernichtungskrieg im Osten Europas vor neuen Herausforderungen und Chancen. Die schlechten Beziehungen mit Russland und der eingeschränkte Zugang zu Archiven erschweren die Forschung und den akademischen sowie zivilgesellschaftlichen Austausch. Die starke Instrumentalisierung der Geschichte durch die russländische Politik stellt die Suche nach Konsens und gemeinsamen Erzählungen vor zusätzliche Herausforderungen. Trotz dieser schwierigen Bedingungen gibt es nach wie vor engagierte wissenschaftliche Projekte und zivilgesellschaftliche Kontakte. Diese Verbindungen können langfristig das Verständnis für die historische Entwicklung Ostmittel- und Osteuropas stärken und dazu beitragen, diese lange und bis heute vernachlässigte Dimension der Erinnerungskultur politisch wie gesellschaftlich fester zu verankern.

Schlagwörter:

Polen, Sowjetunion, Russland, Ukraine, Belarus, Zweiter Weltkrieg, Holocaust, Deutschland, DDR, Kriegsgefangene, Erinnerung, Aufarbeitung

---

[43] Stefan Troebst: Der 23. August 1939. Ein europäischer Lieu de mémoire?, in: OSTEUROPA, 7–8/2009, S. 249–256. Siehe dazu auch: Der Hitler-Stalin-Pakt. Der Krieg und die Europäische Erinnerung, OSTEUROPA, 7–8/2009.

Anke Hilbrenner

„Erinnerungsweltmeister" mit Scheuklappen

Der späte Blick auf den Holocaust in Osteuropa

Deutsche Kriegsverbrechen im Zweiten Weltkrieg und besonders die Vernichtung der Juden im östlichen Europa waren nach dem Krieg lange kein Thema in der deutschen Öffentlichkeit, obwohl es genügend Gelegenheiten gegeben hätte, sie zur Kenntnis zu nehmen. In der Nachkriegszeit gab es mehrere Anlässe, den Blick auf den Holocaust in Osteuropa zu lenken. Die Erinnerung an die Kriegsverbrechen im Osten Europas und an die Shoa hat sich verändert. Osteuropa bleibt aber bis heute eher bloßer Schauplatz, als dass sich die deutsche Öffentlichkeit auch die osteuropäische Perspektive auf diese Jahrhundertverbrechen angeeignet hätte.

In den ersten Jahrzehnten nach dem Zweiten Weltkrieg waren der deutsche Vernichtungskrieg im östlichen Europa und insbesondere er Holocaust kein Thema in der deutschen Gesellschaft. Das galt auch für die Geschichtswissenschaft, die sich erst zögerlich zunächst den Friedenszeiten des Nationalsozialismus zuwandte und sich vor allem in den 1970er und 1980er Jahren mit den Tätern und der inneren Logik des Regimes beschäftigte. Expertinnen und Experten für die Geschichte des Zweiten Weltkriegs untersuchten die Themen Krieg und Nationalsozialismus vor allem anhand der deutschsprachigen Täterquellen. Diese Dokumente gaben für sie ausreichenden Einblick in die Befehlsstrukturen des NS-Regimes, des Kriegs und sogar in die Organisation des Völkermords. Timothy Snyder hat zu Recht darauf hingewiesen, dass es sich bei dieser Art der Geschichtsschreibung um einen Erkenntnisgewinn entlang der Hierarchien kolonialer Machtverhältnisse handelt. Denn eigentlich erscheint es in den meisten Kontexten selbstverständlich zu sein, dass nur eine multiperspektivische Herangehensweise der Komplexität der Ereignisse gerecht werden kann. Vor allem aber in zahlreichen kolonialen Kontexten und darunter in der Historiographie des Vernichtungskriegs war es lange Zeit die Norm, dass die Ereignisse im östlichen Europa aus der Perspektive der Quellen in der Sprache der Metropole, in diesem Fall in deutscher Sprache, rekonstruiert wurden und entsprechende Kenntnisse der osteuropäischen Sprachen wenn überhaupt nur unvollständig vorhanden waren.[1] Das lag auch daran, dass die Geschichte des Zweiten Weltkriegs eher als Thema der deutschen und weniger als eines der osteuropäischen Geschichte begriffen wurde.

Anke Hilbrenner (1972), Dr. phil., Historikerin, Professorin für osteuropäische Geschichte an der Heinrich Heine Universität Düsseldorf

Von Anke Hilbrenner erschien in OSTEUROPA: Hirš Lekerts Rache. Gewalteskalation an der Peripherie des Zarenreichs um 1900, in: OE, 4/2016, S. 7–18. – Die doppelte Nische. Historiographie der Juden Osteuropas in Deutschland, in: OE, 2–3/2013, S. 147–170. – Bürgerrechte, Multikulturalität und Differenz. Simon Dubnovs Aktualität, in: OE, 8–10/2008, S. 165–182.

[1] Timothy Snyder: Commemorative Causality. Eurozine, 6. Juni 2013.

OSTEUROPA, 75. Jg., 1–3/2025, S. 191–210 **doi: 10.35998/oe-2025-015**

Auch wenn sich seit der Überwindung der deutschen Teilung 1989 und dem Zusammenbruch der Sowjetunion 1991 die Erinnerung veränderte und die deutschen Verbrechen stärker ins Bewusstsein der Forschung und der Öffentlichkeit rückten, bleibt das östliche Europa darin doch kaum mehr als ein Schauplatz. Besonders deutlich wird das an der Metapher Auschwitz, die wie keine andere für die deutschen Verbrechen und besonders den Holocaust steht. Doch Auschwitz, so Snyder, ist eine unzutreffende Metapher, denn Auschwitz ist vor allem deswegen bekannt, weil so viele jüdische Deutsche dorthin deportiert worden sind. Und auch, weil eine nicht unbedeutende Zahl von Insassen Auschwitz überlebt haben. Die Vernichtungslager Treblinka, Belzec und Sobibor, in denen die Jüdinnen und Juden Polens ermordet wurden, ließen keine Augenzeugen leben. Snyder argumentiert auch, dass eine große Zahl der Jüdinnen und Juden im östlichen Europa eben nicht in Vernichtungslagern, sondern während des Einmarsches der Deutschen direkt an Ort und Stelle erschossen wurden. Der sogenannte Holocaust durch Kugeln[2] hatte viele Augenzeugen, hier sind vor allem die nicht-jüdischen Bewohnerinnen und Bewohner der Orte zu nennen, die häufig Massengräber zuschütten mussten und anschließend den Besitz der Opfer übernahmen. Doch diese Menschen sprachen kein Deutsch und gaben ihre Erinnerungen und Traumata oftmals ebenso wenig preis wie den angeeigneten Hausstand und die Wohnungen.

Nur allzu langsam rückt das östliche Europa nicht nur als Schauplatz, sondern auch als Perspektive, als Kontext und Bedingung der Geschichte von deutschen Kriegsverbrechen und Holocaust in den Blick: Osteuropa war die Heimat von Menschen, die den Krieg nicht nur als passive Opfer erlitten, sondern unter tödlicher Gewalt, Hunger und Vernichtungskrieg ihr Leben lebten und sterben mussten, handelten und sich wehrten, jedenfalls geschichtsmächtig wurden. Es dauerte bis zum Jahr 2002, ehe in OSTEUROPA ein erster Text über den Holocaust im östlichen Europa erschien.[3] Danach wurden es mehr. Aber erst im Herbst 2024 veröffentlichte Tatjana Tönsmeyer ihr Buch *Unter deutscher Besatzung. Europa 1939–1945*, in dem sie darauf hinweist, dass sich in Deutschland und in den ehemals von Deutschland besetzten Ländern die Erinnerung an den Vernichtungskrieg immer noch erheblich voneinander unterscheidet. Während in Deutschland nach wie vor der Krieg selbst im Mittelpunkt steht, erinnern sich die Menschen etwa in Polen vor allem an die Besatzung.[4]

Tönsmeyers Buch ist auf der Grundlage eines multiperspektivischen Quelleneditionsprojekts unter Beteiligung zahlreicher europäischer Kollegen erschienen. Als solches stellt es einen Meilenstein dar und zeigt zugleich, dass die Erinnerung an den Vernichtungskrieg im Land der vermeintlichen „Erinnerungsweltmeister"[5] immer noch unvollständig ist. Das gilt, obwohl es immer wieder die Möglichkeit gegeben hätte, diesen Teil der deutschen Geschichte nicht nur in ihrem nationalen Bezugsrahmen, sondern in transnationaler Perspektive wahrzunehmen und sowohl den Blick auf Europas Osten zu richten als auch den osteuropäischen Erfahrungen Raum zu geben.

---

[2] Der Begriff wurde geprägt durch: Patrick Debois: The Holocaust by Bullets: A Priest's Journey to Uncover the Truth behind the Murder of 1,5 Million Jews. New York 2008.

[3] Joachim Tauber: Juden, Eure Geschichte auf litauischem Boden ist zu Ende!" Litauen und der Holocaust im Jahr 1941, in: OSTEUROPA, 9–10/2002, S. 1346–1360.

[4] Tatjana Tönsmeyer: Unter deutscher Besatzung. Europa 1939–1945. München 2024, S. 13.

[5] Um diesen Begriff ranken sich zahlreiche auch polemische Deutungen. Aleida Assmann: Das neue Unbehagen an der Deutschen Erinnerungskultur, in: Vorgänge. Zeitschrift für Bürgerrechte und Gesellschaftspolitik, 2/2012, S. 24–32. Siehe dazu auch das Buch von Aleida Assmann unter demselben Titel mit dem Untertitel: Eine Intervention. München 2013.

Kriegs- und Nachkriegszeit

Der Nürnberger Prozess gegen die Hauptkriegsverbrecher vor dem Internationalen Militärgerichtshof fand vom 20. November 1945 bis zum 1. Oktober 1946 statt. Vorbereitungen für diesen Prozess waren schon während des Kriegs getroffen worden. Bereits am 2. November 1942 gründete das Präsidium des Obersten Sowjets der Sowjetunion eine „Außerordentliche Staatliche Kommission zur Ermittlung und Untersuchung der Gräueltaten der faschistischen deutschen Invasoren und ihrer Komplizen, sowie der Schäden, die sie den Bürgern, Kolchosen, gesellschaftlichen Organisationen, Staatsunternehmen und Einrichtungen der UdSSR zugefügt haben“.[6] Ihre Aufgabe war die Untersuchung und Dokumentation deutscher Verbrechen auf sowjetischem Boden. Diese *Außerordentliche Staatliche Kommission* (ASK) war ein Mammutprojekt: Über 30 000 Funktionäre wirkten an den Untersuchungen mit und befragten rund sieben Millionen Sowjetbürgerinnen und -bürger. Wo die Rote Armee die Wehrmacht zurückdrängte und besetzte Gebiete befreite, befragten die Mitglieder der ASK Überlebende und führten Untersuchungen der zum Teil kurz zuvor zugescharrten Massengräber durch und sicherten Spuren der deutschen Verbrechen, wie etwa im Vernichtungslager Maly Traszjanez bei Minsk.[7]

In der Moskauer Erklärung vom 30. Oktober 1943 einigten sich die Alliierten darauf, dass sie die während des Kriegs verübten „Gräueltaten“, also die Kriegsverbrechen der Deutschen, aufklären und gerichtlich verfolgen würden. Dabei sollte einerseits das jeweilige nationale Recht der besetzten Länder der juristische Maßstab sein, während für die Hauptkriegsverbrecher, deren kriminelle Handlungen sich nicht auf ein Land beschränken ließen, ein Internationaler Militärgerichtshof gebildet werden sollte, dessen Rechtsgrundlagen schließlich im Londoner Statut am 8. August 1945 festgelegt wurden. Viele Zeitgenossen in Deutschland begriffen die Nürnberger Prozesse vor allem als „Siegerjustiz“ und diskutierten sie rechtlich und politisch kontrovers.[8] Die Anklage stützte sich nicht nur auf die Materialien der Außerordentlichen Staatlichen Kommission, sondern auch auf die Augenzeugenberichte prominenter Rotarmisten, wie etwa den Bericht des sowjetischen Schriftstellers Vasilij Grossman über „Die Hölle von Treblinka“.[9] Doch diese Zeugnisse verhallten im Land der Täter ungehört. Im März 1946 wandten sich die Ministerpräsidenten der Länder der britischen und amerikanischen Zone mit dem

---

[6] Der russische Name lautet Črezvyčajnaja gosudarstvennaja komissija po ustanovleniju i rassledovaniju zlodejanij nemecko-fašistskich zachvatčikov i ich soobščnikov i pričinennogo imi uščerba graždanam, kolchozam, obščestvennym organizacijam, gosudarstvennym predprijatijam i učreždenijam SSSR. Dazu: Marina Sorokina: People and Procedures. Toward a History of the Investigation of Nazi Crimes in the USSR, in: Kritika. Explorations in Russian and Eurasian History, 4/2005, S. 797–831.

[7] Zur Arbeit der Kommission exemplarisch: Claudia Weber: Krieg der Täter. Die Massenerschießungen von Katyń. Bonn 2015, S. 268.

[8] Martin Broszat: Siegerjustiz oder strafrechtliche „Selbstreinigung“, in: Vierteljahreshefte für Zeitgeschichte, 4/1981, S. 477–544. – Zu den Nürnberger Prozessen grundlegend: Francine Hirsch: Soviet Judgment at Nuremberg: A New History of the International Military Tribunal After World War II. Oxford 2020. – Annette Weinke: Die Nürnberger Prozesse. München ³2019. – Kim C. Priemel: The betrayal. The Nuremberg trials and German divergence. Oxford 2016.

[9] Wassilij Grossman: Die Hölle von Treblinka. Moskau 1946. – In der Studienreihe des Wiener Wiesenthal Instituts für Holocaust-Studien erschien 2020 eine Neuauflage mit einer Einleitung von Dieter Pohl und einem Nachwort von Irina Scherbakowa: Wassili Grossman: Die Hölle von Treblinka. Hamburg 2020.

Aufruf an den Alliierten Kontrollrat, dass die Kriegsverbrecher, also „die Führer des Nationalsozialismus und ihre Helfershelfer" eben nicht nur wegen der Verbrechen gegen fremde Länder und Nichtdeutsche, sondern auch wegen der Verbrechen, die sie „gegen das deutsche Volk in seiner Gesamtheit und gegen zahlreiche deutsche Einzelpersonen" begangen hätten, vor einem deutschen Gericht verurteilt werden müssten.[10] Teile der deutschen Elite begegneten dem Prozess vor dem Internationalen Gerichtshof in Nürnberg also ausdrücklich mit dem Hinweis, dass er sich der Verbrechen gegen die Deutschen annehmen solle. Darin kam die unmittelbar nach dem Krieg unter den Deutschen verbreitete Wahrnehmung zum Ausdruck, nicht einer Nation der Täter anzugehören, sondern in erster Linie selbst Opfer zu sein.

Die Fünfzigerjahre

Die 1950er Jahre sind in der Geschichte der Bundesrepublik Deutschland eine ambivalente Zeit. In die kollektive Erinnerung der Deutschen haben sie unterschiedlich Eingang gefunden.[11] Einerseits nahm mit der Währungsreform 1948 ein beispielloser wirtschaftlicher Aufstieg seinen Anfang. Vor allem in den späten 1950er Jahren entwickelte sich ein beträchtlicher Wohlstand, es entstanden eine neue Konsum- und Populärkultur, die dazu beitrugen, dass die Fünfzigerjahre positiv in Erinnerung blieben. Die Gründung der Bundesrepublik 1949 bedeutete zudem einen demokratischen Neuanfang. Allerdings gilt dieses Jahrzehnt in der Geschichtsschreibung auch als Phase, in der die Entnazifizierung beendet und über die deutlichen Kontinuitäten zur NS-Zeit bewusst hinweggesehen wurde. Lutz Niethammer spricht von einer „Volkskontinuität", die nicht nur die Eliten, sondern auch weite Teile der Gesellschaft betraf.[12] In diesem Umfeld war die Gesellschaft nicht nur nicht bereit, den Vernichtungskrieg gegen die jüdische und nicht-jüdische Zivilbevölkerung im östlichen Europa wahrzunehmen, es fiel den Eliten auch schwer, die Stimmen jüdischer Deutscher anzuhören. Ein Beispiel ist die Verleihung des Goethe-Preises der Stadt Hamburg im Jahr 1951 an einen jüdischen Deutschen, den berühmten Religionsphilosophen und Übersetzer Martin Buber, der vor 1933 Professor an der Universität Frankfurt am Main gewesen war und 1938 nach der Pogromnacht nach Jerusalem fliehen konnte, wo er an der Hebräischen Universität Anthropologie und Soziologie lehrte. Die Preisverleihung war in Israel und in Deutschland umstritten. Sie fand im aufgeheizten Umfeld der Verhandlungen zwischen der Bundesrepublik und Israel über Reparationen statt. Der Stifter des Preises, der Hanseatische Unternehmer Alfred Toepfer kritisierte die Entscheidung der Auswahlkommission für Buber mit den Worten:

> Es ist vielleicht noch ein klein wenig zu früh, heute deutscherseits den Preis einem Angehörigen der Staaten, mit denen wir im Kriege waren, dazu rechne ich auch Israel, zu übergeben. Man sollte hier doch wohl warten, bis der Friedensschluss oder ein de jure oder de facto Friedenszustand geschaffen ist.[13]

---

[10] Akten zur Vorgeschichte der Bundesrepublik 1945–1949, Bd. I, München 1976, S. 925–926.

[11] Axel Schildt, Arnold Sywottek: Modernisierung im Wiederaufbau. Die westdeutsche Gesellschaft der 50er Jahre. Bonn 1998.

[12] Lutz Niethammer: Einleitung, in: ders. (Hg.): „Die Jahre weiß man nicht, wo man die heute hinsetzen soll." Faschismuserfahrung im Ruhrgebiet. Lebensgeschichte und Sozialkultur im Ruhrgebiet 1930 bis 1960, Bd. 1. Berlin, Bonn 1983, S. 8.

[13] Alfred Toepfer zit. nach Susanne Hornfleck: Der Hansische Goethepreis 1949–1999. 1999, S. 23.

Mit dieser faktisch unrichtigen Begründung, die einen vermeintlich sachlichen Grund für die Ablehnung eines jüdischen Preisträgers angibt, äußert Toepfer kaum verklausuliert ein antisemitisches Ressentiment. Dieser Satz aus einem Brief an die Auswahljury des Preises war Anfang der 1950er Jahre vielleicht nicht ungewöhnlich. Dennoch wurde der Goethe-Preis an Martin Buber verliehen. Buber nahm den Preis nach einigem Zögern an und hielt eine Rede über Jesus im Lichte der Torah. In dieser Rede konnte das Publikum Anspielungen auf den Holocaust oder Bubers Situation als jüdischer Deutscher in Deutschland nach dem Holocaust allenfalls zwischen den Zeilen lesen. Allerdings bekam Buber nur wenig später den Friedenspreis des Deutschen Buchhandels 1953 verliehen und sprach in seiner Frankfurter Rede offen über den Holocaust.[14]

> Vor einem Jahrzehnt etwa hat eine erhebliche Anzahl deutscher Menschen – es müssen mehrere Tausende gewesen sein – auf den indirekten Befehl der deutschen Reichsregierung, auf den direkten Befehl von deren Beauftragten, Millionen meiner Volks- und Glaubensgenossen umgebracht, in einer systematisch vorbereiteten und durchgeführten Prozedur, der an organisierter Grausamkeit kein früherer geschichtlicher Vorgang zu vergleichen ist. Ich, einer der am Leben Gebliebenen, habe mit denen, die an jener Handlung in irgendeiner Funktion teilgenommen haben, die Dimension des menschlichen Daseins nur zum Scheine gemein; sie haben sich dem menschlichen Bereich so dimensional entrückt, so in eine meinem Vorstellungsvermögen unzugängliche Sphäre der monströsen Unmenschlichkeit versetzt, dass nicht einmal ein Hass, geschweige denn eine Hass-Überwindung in mir hat aufkommen können.[15]

Tatsächlich waren die deutschen Kriegsverbrechen in Deutschland nicht völlig unbekannt, auch wenn viele sie nicht zur Kenntnis nehmen wollten. Bereits 1950 kam es in Berlin zum ersten Sobibor-Prozess, nachdem Erich Bauer, der für die Massentötungen in Sobibor durch Gas verantwortlich gewesen war, von einem überlebenden Häftling wiedererkannt wurde. Bauer wurde zum Tode verurteilt, aber die Strafe in lebenslanges Zuchthaus umgewandelt. Ebenfalls zu lebenslänglichem Zuchthaus wurde Hubert Gomerski, der das sogenannte Waldkommando, das Holz für den Betrieb des Krematoriums heranschaffen musste, geleitet hatte, und für seine besondere Grausamkeit berüchtigt war, verurteilt. Doch diese Prozesse, ebenso wie die vor dem Hagener Landgericht 1965/66 gegen zwölf Angeklagte, die sich für die Beihilfe zum gemeinschaftlichen Mord an Zehntausenden in Sobibor verantworten mussten und z.T. nur zu kurzen Haftstrafen verurteilt wurden, erregten kaum das Interesse der Öffentlichkeit.[16]

Im September 1955 reiste Konrad Adenauer in die Sowjetunion und verhandelte dort mit Nikita Chruščev über die Rückkehr der etwa 10 000 in sowjetischer Kriegsgefangenschaft verbliebenen deutschen Kriegsgefangenen, die schließlich unter großem öffentlichen

---

[14] Zu Preisverleihungen im Nachkriegsdeutschland als politische Praxis vgl.: Amir Engel: Renewal in the Shadow of the Catastrophe: Martin Buber, Hannah Arendt, and Paul Celan in Germany, in: German Studies Review, 2/2016, S. 297–314.

[15] Martin Buber: Das echte Gespräch oder Möglichkeit des Friedens. Dankesrede, in: <www.friedenspreis-des-deutschen-buchhandels.de/alle-preistraeger-seit-1950/1950-1959/martin-buber>.

[16] Ferdinand Ranft: Der vergessene Prozess. Die Zeit, 2.12.1966.

Interesse ab dem 7. Oktober 1955 über Friedland „heimkehrten". Unter diesen „Spätheimkehrern" befanden sich zahlreiche Kriegsverbrecher, die in verantwortlicher Position in den Konzentrationslagern gearbeitet hatten, oder solche, die in der NS-Zeit als Kriegshelden verehrt worden waren.[17] Mit ihrer Rückkehr nach Deutschland kamen neue Erkenntnisse und Zeugnisse ans Licht. Die Folge war etwa der Ulmer Einsatzgruppenprozess von 1958, der unter anderem von Fritz Bauer, dem späteren spiritus rector des Frankfurter Auschwitz-Prozesses, vorbereitet wurde.[18] Der Prozess traf auf ein außerordentliches öffentliches Interesse, das sich in einer intensiven Medienberichterstattung niederschlug.[19]

1958 kehrte Marcel Reich-Ranicki nach Deutschland zurück, der das Warschauer Ghetto überlebt hatte. Erst mehr als ein halbes Jahrhundert später machte er die jüdische Erfahrung im Warschauer Ghetto der deutschen Gesellschaft bekannt. Seine Lebenserinnerungen beginnen mit folgenden Sätzen:

> Es war Ende Oktober 1958 auf einer Tagung der „Gruppe 47" in der Ortschaft Großholzleute im Allgäu. Von den hier versammelten Schriftstellern kannte ich nur wenige – kein Wunder, denn ich lebte erst seit drei Monaten wieder in dem Land, aus dem mich die deutschen Behörden im Herbst 1938 deportiert hatten.[20]

Ein kräftiger junger Mann, der aus Danzig stammende Günter Grass, der seine Mitgliedschaft in der Waffen-SS erst 2006 zugeben sollte, sprach Reich-Ranicki an: „Was sind Sie denn nun eigentlich – ein Pole, ein Deutscher oder wie?" Reich-Ranicki antwortete: „Ich bin ein halber Pole, ein halber Deutscher und ein ganzer Jude." – „Grass schien überrascht, doch war er offensichtlich zufrieden, ja beinahe entzückt: „Kein Wort mehr, Sie könnten dieses schöne Bonmot nur verderben."[21]

Das Bonmot, das Reich-Ranicki später selbst als unaufrichtig charakterisiert, markiert seine fluide Zugehörigkeit zwischen einer deutschen, einer polnischen und einer jüdischen Identität angesichts der deutschen Verbrechen gegenüber Polen und Juden. Vor diesem Hintergrund ist es aufschlussreich, dass Günter Grass diese gewaltsame Erfahrung mit dem Holocaust als „Bonmot" weglachen will und seinen Gesprächspartner mit einem barschen „Kein Wort mehr!" zum Schweigen bringt.

Die Sechzigerjahre

Am Anfang dieses Jahrzehnts der Aufarbeitung stand der Prozess gegen den SS-Obersturmbannführer Adolf Eichmann, der am 11. Mai 1960 von israelischen Agenten in

[17] Svenja Goltermann: Die Gesellschaft der Überlebenden. Deutsche Kriegsheimkehrer und ihre Gewalterfahrungen im Zweiten Weltkrieg. München 2009.

[18] Ronen Steinke: Fritz Bauer. Oder: Auschwitz vor Gericht. München 2013.

[19] Sabrina Müller: Zum Drehbuch einer Ausstellung. Der Ulmer Einsatzgruppenprozess von 1958, in: Jürgen Finger, Sven Keller, Andreas Wirsching (Hg.): Vom Recht zur Geschichte. Akten aus NS-Prozessen als Quellen der Zeitgeschichte. Göttingen 2009, S. 205.

[20] Marcel Reich-Ranicki: Mein Leben. Stuttgart 1999.

[21] Ebd., S. 11.

Buenos Aires festgenommen wurde. Der Prozess begann am 11. April 1961 in Jerusalem.[22] Die Todesstrafe gegen Eichmann wurde am 15. Dezember 1961 verhängt. Dieser Prozess erregte international großes Aufsehen. Menschen aus 38 Ländern verfolgten die Filmaufnahmen vom Prozess. Eine Firma aus den USA erhielt die exklusiven Filmrechte. Vor allem in Deutschland und in Israel war die Aufmerksamkeit nicht nur an der Verhandlung, sondern am Prozess als Medienereignis besonders groß.[23] Von herausragender Bedeutung war die Wirkung, die Hannah Arendt mit ihrem Bericht „Eichmann in Jerusalem“ auslöste, dessen englischsprachige Erstausgabe 1963 erschien.[24]

In dem Prozess kamen osteuropäische Überlebende des Holocaust als Zeugen zu Wort, etwa der Anführer einer jüdischen Partisanengruppe in Litauen Abba Kovner,[25] der eine Zeugenaussage über eine gewaltsame deutsche „Aktion“ im Vilner Ghetto machte, oder Jitzhak Zuckerman,[26] Mitglied der jüdischen Kampforganisation im Warschauer Ghetto. Ihre Aussagen ermöglichen tiefe Einblicke in ihre verzweifelte Lage, ihre Überlegungen im Untergrund und ihre moralischen Dilemmata, weil die Deutschen die Partisanenaktionen stets mit unverhältnismäßig brutaler Gewalt gegen Zivilistinnen, häufig Frauen und Kinder, beantworteten und damit versuchten, die Schuld an ihren Kriegsverbrechen den jüdischen Kämpfern zuzuweisen. In Deutschland, im Land der Täter, kreiste die Debatte über den Fall Eichmann um die Täter. Im Vordergrund stand die Frage, ob Eichmann und seine Taten mit der Rede von der „Banalität des Bösen“ unzureichend und möglicherweise verharmlosend charakterisiert seien.[27] Dennoch brachte der Prozess auch in Deutschland Bewegung in die gerichtliche Aufarbeitung der deutschen Verbrechen. Ein Beispiel dafür ist der General der Waffen-SS und Verbindungsoffizier der SS zu Hitler Karl Wolff, der im Nürnberger Prozess nicht angeklagt worden war und dessen Strafe im Entnazifizierungsverfahren in Hamburg-Bergedorf 1948 mit einer bereits abgesessenen Haftstrafe verrechnet wurde. Angesichts des Eichmann-Prozesses meldete er sich in Presseartikeln zu Wort und lenkte so das Interesse der Justiz abermals auf sich. In seiner Autobiographie schildert Reich-Ranicki, wie er im Verfahren gegen Wolff, das 1964 in München stattfand, aussagte:

> Ich fragte zunächst die Staatsanwaltschaft, die mich vorgeladen hatte, ob ihr vielleicht ein Irrtum unterlaufen sei. Denn ich hatte Wolff, den Chef des Persönlichen Stabes des Reichsführers-SS Heinrich Himmler, nie gesehen, ich hatte auch nichts über seine Tätigkeit gehört. Das nahm man zur Kenntnis und wollte mich dennoch vernehmen. Ich sollte über die Verhältnisse im Warschauer Ghetto aussagen.[28]

---

22 Raphael Gross: Eichmann-Prozess, in: Dan Diner (Hg.): Enzyklopädie jüdischer Geschichte und Kultur, Bd. 2. Stuttgart 2012, S. 186–191.

23 Christian Ernst, Patrick Eser (Hg.): Der Fall Eichmann transnational. Gesellschaftliche und kulturelle Wirkungen in Deutschland, Israel und Südamerika. Berlin 2024.

24 Hannah Arendt: Eichmann in Jerusalem. Ein Bericht von der Banalität des Bösen. München 1964.

25 Dina Porat: The Fall of a Sparrow. The Life and Times of Abba Kovner. Stanford 2010.

26 Israel Gutman: Zuckerman, Yitzhak, in: Encyclopedia of the Holocaust, Bd. IV, 1990, S. 1740–1743.

27 Werner Renz: ad Hannah Arendt – Eichmann in Jerusalem. Die Kontroverse um den Bericht „von der Banalität des Bösen“. Hamburg 2021.

28 Reich-Ranicki, Mein Leben [Fn. 20], S. 459.

Bundesarchiv, Bild 183-H0226-501-003
Foto: o.Ang. | 12. Dezember 1933

Schon im Dezember 1933 Seite an Seite: SS Heinrich Himmler (links) und damaliger Adjutant SS-Oberführer Karl Wolff auf dem Weg zur Reichstagssitzung. Quelle: Wikimedia

Marcel Reich-Ranicki erinnerte sich, dass seine Aussagen in mehreren Zeitungen nachzulesen waren, und daraufhin meldete sich auch eine Mitarbeiterin des NDR, um ein Interview mit ihm aufzunehmen: „Ihre Fragen waren exakt und intelligent, sie kreisten um ein zentrales Problem: Wie konnte das geschehen?"[29] Die Journalistin war Ulrike Meinhof, damals 30 Jahre alt. Sie veröffentlichte ein Feature über Karl Wolff, das im Abendstudio des Hessischen Rundfunks erschien. Zudem schrieb sie einen Text für die *Blätter für deutsche und internationale Politik* „Das ‚einwandfreie' Leben des Waffen-SS-Generals Karl Wolff", in dem sie bemerkte, wie ambivalent die Öffentlichkeit auf dessen Kriegsverbrechen reagierte und wie sehr im Gerichtssaal SS-„Phraseologie" herrschte.[30] Dennoch blieb es auch hier wieder bei einer deutschen Binnensicht auf Vernichtungskrieg und Holocaust, die vor allem um deutsche Befindlichkeiten und die Täter kreiste.

Während Meinhof beklagte, man habe den Münchner Prozess Personen anvertraut, „denen das geistige Format ganz und gar fehlte", so war die treibende Kraft hinter dem großen Gerichtsereignis der 1960er Jahre ein Mann, der dieses Format hatte: Fritz Bauer.[31] Als Generalstaatsanwalt in Hessen von 1956 bis 1968 war er maßgeblich für die Frankfurter Auschwitzprozesse verantwortlich. Es ist vor allem der erste Frankfurter Auschwitzprozess, der in Erinnerung geblieben ist. Er dauerte 20 Monate von 1963 bis 1965 und brachte 22 Angeklagte vor Gericht. Annette Weinke kommt allerdings zu dem Ergebnis, dass dieser Prozess weder den Höhe- noch einen Wendepunkt einer „geläuterten westdeutschen Erinnerungskultur" darstelle.[32] Fritz Bauer habe zwei Ziele mit dem Verfahren verknüpft: Einerseits wollte er die Deutschen zu einer kritischen Beschäftigung mit ihren eigenen Verbrechen anregen und andererseits wollte er endlich den Überlebenden Gelegenheit geben, nach zwei Jahrzehnten des Schweigens, zu Wort zu kommen. Daher rührte auch die bemerkenswert hohe Zahl von Opferzeugen. 211 Menschen aus verschiedenen Ländern und politischen Systemen sagten in Frankfurt aus. Diese Tatsache führte nicht nur zu einer gewaltigen internationalen Rezeption, sondern auch dazu, dass der Frankfurter Auschwitzprozess „ein einzigartiges Großprojekt in angewandter Oral History darstellte".[33] Tatsächlich war dieser Zugang neu, denn bis dahin hatte die Sicht der Täter die öffentliche Meinung dominiert.

Danach wurde auch deutlich, dass große Teile der Eliten der Bundesrepublik Deutschland, bis in die Regierung hinein, persönlich Anteil am Nationalsozialismus hatten. Vor allem die 68er-Bewegung veränderte den öffentlichen Umgang mit dem Nationalsozialismus und dem Holocaust. Die Journalistin Beate Klarsfeld dokumentierte die Nazi-Vergangenheit von Kurt Georg Kiesinger, dem Kanzler der Großen Koalition. Zu einem Symbol des Protests gegen seine nationalsozialistische Vergangenheit wurde die Ohrfeige, die sie dem Kanzler gab. Philipp Gassert weist darauf hin, dass Klarsfeld zwar selbst keine 68erin war, aber ihre Tat den Geist von '68 wiedergab: „Sie war gutes politisches Theater,

---

29 Ebd.

30 Ulrike Meinhof: Das „einwandfreie" Leben des Waffen-SS-Generals Karl Wolff, in: Blätter für deutsche und internationale Politik, 9/1964, S. 906–910, hier S. 910.

31 Steinke, Fritz Bauer [Fn. 18]. – Irmtrud Wojak: Fritz Bauer. 1903–1968. Eine Biographie. München 2009.

32 Annette Weinke: Überreste eines „unerwünschten Prozesses". Die Edition der Tonbandmitschnitte zum ersten Frankfurter Auschwitz-Prozess (1963–1965), in: Zeithistorische Forschungen, 2/2005, <https://zeithistorische-forschungen.de/2-2005/4749>.

33 Ebd. – Hermann Langbein: Der Auschwitz-Prozess. Eine Dokumentation. Wien 1965. Unveränderter Nachdruck. Frankfurt 1995. Dazu auch den Ausstellungskatalog. Fritz Bauer Institut: Auschwitz-Prozeß, Frankfurt am Main, 4 Ks 2/63. Frankfurt 2004.

medial kommunizierbar, wirkungsvoll inszenierter Protest."[34] Allerdings standen damit erneut die Täter und nicht die Opfer im Mittelpunkt der Auseinandersetzung. Das galt besonders für die Studentenbewegung. Die Auseinandersetzung mit der NS-Vergangenheit diente der Mobilisierung des gesellschaftlichen Protests. Mit der verbreiteten marxistischen Interpretation des Nationalsozialismus als Form des Faschismus und als eine Spielart des Kapitalismus, der ideologisch als allgegenwärtig denunziert wurde, kam es de facto zu einer „zweiten Verdrängung" der deutschen Schuld am Holocaust und den Verbrechen im Osten Europas.[35]

Symbol des Protests: Beate Klarsfeld (rechts) auf einem Empfang der Partei Die Linke 2012. Quelle: Wikimedia

Die fortwährende Dominanz der Täternarrative und die Marginalisierung der osteuropäischen jüdischen Perspektive auf Holocaust und Vernichtungskrieg in der Historiographie und der politischen Öffentlichkeit der Bundesrepublik Deutschland beklagte auch der Historiker Joseph Wulf, der vor dem Zweiten Weltkrieg an der Jüdischen Hochschule in Krakau zum Rabbiner ausgebildet worden war. Im Ghetto in Krakau schloss er sich einer jüdischen Widerstandsgruppe an, 1943 wurde er nach Auschwitz deportiert. Er überlebte Lager und Todesmärsche, war nach dem Krieg in Polen Mitglied der Zentralen Jüdischen Historischen Kommission und gelangte über Paris nach Berlin, wo er mit archivalisch-dokumentarischen Mitteln versuchte, in Deutschland über die Verbrechen – und abermals über die Verbrecher, die er namentlich nannte – aufzuklären. Damit beeinflusste er zwar Bürokratie und Öffentlichkeit, die Wissenschaft blieb aber unbeeindruckt. Vor allem Historiker am Institut für Zeitgeschichte (IfZ) und speziell dessen Direktor Martin Broszat diskreditierten Wulfs Perspektive als subjektiv und unwissenschaftlich. Joseph Wulf nahm in gewisser Weise bereits 1969 den Gedanken vorweg, dass sich in der Geschichtsschreibung über den Holocaust die Hierarchien der historischen Machtverhältnisse widerspiegelten, den Timothy Synder später stark machen sollte. Wulf schrieb an den Chefankläger im Eichmann-Prozess Gideon Hausner:

---

[34] Philipp Gassert: Kurt Georg Kiesinger, 1904–1988. Kanzler zwischen den Zeiten. München 2006, S. 56.

[35] Katrin Hammerstein: Wider den Muff von 1000 Jahren. Die 68er Bewegung und der Nationalsozialismus, in: Andreas Schwab, Beate Schappach, Manuel Gogos (Hg.): Die 68er. Kurzer Sommer – lange Wirkung. Essen 2008, S. 122–127.

> Ich möchte erwähnen, dass bei der Erforschung des *churban*[36] es etwas sonderbar zugeht. Deutsche Historiker veröffentlichen lückenhafte Darstellungen über das Dritte Reich, da sie wichtige yiddische und hebräische Literatur zum Nationalsozialismus nicht kennen, und jüdische Historiker wiederum bedienen sich oftmals nicht der deutschen Autoren.[37]

Joseph Wulf wollte es anders machen. In seinen letzten Lebensjahren plante er ein Projekt über die Erinnerungen an die NS-Zeit, das „nicht ohne Dokumente, Zeugenaussagen, Tagebücher etc. in Jiddisch, Polnisch, Hebräisch"[38] geschrieben werden konnte. Es kam nie zustande. Der Historiker Nicolas Berg kommt zu dem Schluss, dass die westdeutsche Geschichtswissenschaft nicht bereit war,

> die Stimme dieses osteuropäischen, jiddisch und deutsch, hebräisch und französisch sprechenden Auschwitz-Überlebenden aus Galizien [. . .] in den Kreis derer aufzunehmen, die die Fragen und Probleme der nationalsozialistischen Judenverfolgung erörtern durften.[39]

Die Siebzigerjahre

Auch für den deutschen Umgang mit dem Holocaust stellte Willy Brandts Kniefall von Warschau eine Zäsur dar. Willy Brandt besuchte im Zuge seiner Neuorientierung in der Ostpolitik die Volksrepublik Polen. Vor seiner Reise im Dezember 1970 bestanden zwischen der Bundesrepublik und Polen keine diplomatischen Beziehungen. Der Warschauer Vertrag, der zu diesem Anlass unterzeichnet wurde, markierte einen Neuanfang.[40] Bei der Vorbereitung schlugen polnische Diplomaten vor, das Grabmal des unbekannten Soldaten mit einem Kranz zu würdigen. Brandt stimmte zu, bat aber um Gelegenheit, zusätzlich am Denkmal der Helden des Ghettos einen weiteren Kranz niederzulegen. Der berühmte Kniefall am Ghetto-Denkmal, der darauf folgte, war nicht vorbereitet, sondern Ergebnis einer spontanen Eingebung Brandts, der sich später erinnerte:

> Am Abgrund der deutschen Geschichte und unter der Last der Millionen Ermordeten tat ich, was Menschen tun, wenn die Sprache versagt.[41]

---

36 Churban kann auf Hebräisch Katastrophe bedeuten und wird häufig anstatt Shoah oder Holocaust verwendet.

37 Brief von Joseph Wolf an Gideon Hausner vom 2.1.1969, zit. nach: Nicolas Berg: Ein Außenseiter in der Holocaustforschung – Joseph Wolf (1912–1974) im Historikerdiskurs der Bundesrepublik, in: Dan Diner (Hg.): Leipziger Beiträge zur Jüdischen Geschichte und Kultur, Bd. 1/2003, S. 311–346, hier S. 344.

38 Brief von Joseph Wulf an Wolfgang Treue vom 7.1.1972, zit. nach: Berg, Außenseiter [Fn. 37], S. 341.

39 Berg, Außenseiter [Fn. 37], S. 345.

40 Harald Laeuen: Vertrag mit Polen, in: OSTEUROPA, 3/1971, S. 145–164.

41 Willy Brandt: Erinnerungen. Frankfurt/Main 1989, S. 214.

Auch wenn die Ostpolitik Willy Brandts unter seinen Zeitgenossen sehr umstritten war, wurde sein Kniefall weltweit verfolgt und traf zumindest in den Medien über die ideologischen Grenzen hinweg auf positives Echo. *Der Spiegel* befragte eine repräsentative Gruppe von 500 Bundesbürgern, die in der Bewertung des Kniefalls gespalten waren. 84 Prozent der Befragten gaben an, das Ereignis im Fernsehen oder in der Zeitung verfolgt zu haben. 41 Prozent hielten Brandts Verhalten für angemessen, 48 Prozent fanden es übertrieben.[42]

Joseph Wulf lobte Willy Brandt in einem Schreiben an Helmut Schmidt im Juli 1974 ausdrücklich dafür. Er bezog Position sowohl für Willy Brandt als auch für Beate Klarsfeld und forderte Schmidt vergeblich auf, den 8. Mai 1945 als offiziellen Gedenktag einzuführen.[43] Im August 1974 schrieb Wulf seinen letzten Brief an seinen Sohn:

> Ich habe hier 18 Bücher über das Dritte Reich veröffentlicht und das alles hatte keine Wirkung. Du kannst Dich bei den Deutschen tot dokumentieren, es kann in Bonn die demokratischste Regierung sein – und die Massenmörder gehen frei herum, haben ihr Häuschen und züchten Blumen.[44]

Am 10. Oktober 1974 nahm Joseph Wulf sich das Leben.

Ebenfalls Anfang der Siebzigerjahre, etwa zehn Jahre nach ihren Arbeiten über den SS-Mann Karl Wolff sollte Ulrike Meinhof, mittlerweile als Terroristin inhaftiert, einen großen Schritt auf dem Weg der Bagatellisierung von Vernichtungskrieg und Holocaust gehen, indem sie ihre eigenen Erfahrungen in der JVA Köln Ossendorf mit dem Begriff „Auschwitz“ charakterisierte. Die deutsche Nabelschau erreichte ihren traurigen Höhepunkt, als die Terroristinnen der Roten Armee Fraktion (RAF), Ulrike Meinhof und Gudrun Ensslin, ihre Haftbedingungen mit dem Holocaust gleichsetzten. Und bezeichnenderweise war es gerade diese Rhetorik, die der RAF die größten Sympathien in der Öffentlichkeit verschaffte. Nie hatte die RAF mehr Anhänger, als in der Zeit, als sie öffentlich von „Vernichtungshaft“ sprachen und sich selbst mit den Opfern des Nationalsozialismus gleichsetzten. Der „faschistische Staat“ war bei Meinhof verantwortlich für Verbrechen, als deren Opfer sie sich selber sah. Dafür sprach Meinhof die deutsche Bevölkerung, um deren Sympathien sie rang, von jeder Schuld frei. Die Leute hätten ja „wirklich nicht gewusst, was in den Konzentrationslagern vorging“.[45]

Doch gerade als die NS-Vergangenheit zur politischen Metapher und damit zur inhaltsleeren Floskel im bundesdeutschen Protestdiskurs verkam, vermochte es ausgerechnet ein popkulturelles Ereignis, in der deutschen Bevölkerung Empathie für die Opfer des Nationalsozialismus zu erzeugen. Die vierteilige Fernsehserie *Holocaust* wurde im Jahr 1978 in den USA produziert und im Januar 1979 in Deutschland in den dritten Programmen der ARD ausgestrahlt. Die Serie behandelte das Schicksal einer fiktiven Familie namens Weiss während der NS-Zeit und dem Zweiten Weltkrieg und den Aufstand im Warschauer Ghetto, das Massaker von Babyn Jar und das Vernichtungslager Sobibor. Im Vorfeld

---

42 Der Spiegel, 51/1970, S. 27.

43 Vgl. dazu Berg, Außenseiter [Fn. 37], S. 342.

44 Zit. nach Klaus Kempter: Joseph Wulf. Ein Historikerschicksal in Deutschland. Göttingen 2014, S. 384.

45 Anke Hilbrenner, Charlotte Jahnz: Am 9. November. Innenansichten eines Jahrhunderts. Köln 2019, S. 161–162.

der Ausstrahlung kam es zu rechtsextremen Anschlägen auf Sendemasten. Kritik an der Serie kam aber nicht nur von Rechtsextremen, sondern aus weiten Teilen der Gesellschaft. Auch jene, die es für wichtig hielten, dass die Geschichte von Vernichtungskrieg und Holocaust aufgearbeitet wird, hielten dieses Unterhaltungsformat für zu trivial und wenig geeignet, um sich mit der Geschichte zu beschäftigen. Die SZ berichtete von Kritik aus der Medienwelt:

> Fast beleidigt klangen denn auch manche Reaktionen, z.B. dass wir es nicht nötig hätten, unsere Geschichte, und die dunklen Kapitel daraus allzumal, von anderen aufarbeiten zu lassen.[46]

Die Reaktionen der Bevölkerung aber nahm den Kritikern den Wind aus den Segeln. Die Resonanz, die in Leserbriefen oder auf Diskussionsveranstaltungen zum Ausdruck kam, war überwältigend. So wandelte sich auch die mediale Reaktion. Die Geschichte des Holocaust wurde zum gesellschaftlichen Thema. Das zeigte sich auch am Begriff „Holocaust", der – durch die Fernsehserie eingeführt – nun zur gültigen Bezeichnung für den Völkermord an sechs Millionen Jüdinnen und Juden durch die Deutschen während des Zweiten Weltkriegs wurde.[47]

Die Achtzigerjahre

Trotz der Tatsache, dass die Fernsehserie *Holocaust* diesem Thema zu großer öffentlicher Aufmerksamkeit verhalf, verhinderte das *Institut für Zeitgeschichte* im Jahr 1980 bereits zum zweiten Mal eine deutsche Übersetzung von Raul Hilbergs bahnbrechender Untersuchung *The Destruction of the European Jews* von 1961, mit einem entsprechenden Gutachten, in dem es hieß:

> Die Frage, ob heute eine deutsche Übersetzung der englischen Originalausgabe von 1961 zu empfehlen wäre, sollte m.E. – trotz *Holocaust*[48] mit „nein" beantwortet werden.[49]

Raul Hilbergs Buch hatte zu diesem Zeitpunkt eine bewegte Entstehungsgeschichte hinter sich. Seit 1954 suchte der Historiker Hilberg für seine Dissertationsschrift einen Verlag in den USA. Erst fünf Jahre und etliche negative Gutachten später, darunter auch eines von Hannah Arendt, die nichtsdestotrotz während des Eichmann-Prozesses mit Hilbergs Ergebnissen arbeitete, wurde das Buch dank eines Druckkostenzuschusses

---

[46] Karl-Otto Saur: „Holocaust – nur ein Cornflakes-Melodram?" Süddeutsche Zeitung, 22.1.1979, S. 21.

[47] Jens Müller-Bausenick: Die US-Fernsehserie „Holocaust" im Spiegel der deutschen Presse (Januar–März 1979). Eine Dokumentation. Zeitgeschichte-online, März 2004. – Christoph Classen (Hg.): Zum Themenschwerpunkt: Die Fernsehserie „Holocaust" (1979), in: Zeitgeschichte-online, Oktober 2005.

[48] Hier ist die Fernsehserie gemeint.

[49] Stellungnahme von Ino Arndt mit Anschreiben von Horst Möller, 1.2.1980 an Günther Schiwy, C.H. Beck Verlag, zit. nach: Götz Aly: Nur mit Genehmigung des Instituts für Zeitgeschichte, 18.10.2017.

eines Mäzens von einem kleinen Verlag veröffentlicht. Für eine deutsche Übersetzung hatte sich der Verlag *Droemer Knaur* die Rechte gesichert, aber aufgrund eines ersten negativen Gutachtens des IfZ erschien diese Mitte der 1960er nicht. Erst 1982 brachte der Berliner Kleinverlag *Olle & Wolter* das Buch *Die Vernichtung der europäischen Juden. Die Gesamtgeschichte des Holocaust* heraus. Diese Ausgabe wurde in der Wochenzeitung *Die Zeit* mit den Worten kritisiert, es handele sich bei dem Buch wohl um den Versuch, mit „Auschwitz – gut lesbar" Geld zu machen.[50] Tatsächlich wurde das Buch in keiner wissenschaftlichen Zeitschrift rezensiert und blieb bis zur erweiterten Ausgabe des Fischer-Verlags von 1990 weitgehend unbeachtet. Danach wurde es auch in Deutschland zu einem Klassiker der Holocaustforschung.

Tatsächlich galten die 1980er Jahre Marcel Reich-Ranicki weniger als eine Zeit des wachsenden Interesses an Vernichtungskrieg und Holocaust in Deutschland, sondern eher als das „Ende der Schonzeit" für die Juden in Deutschland, wie er es in seinen Lebenserinnerungen nennt.[51] Für diesen Befund macht Reich-Ranicki zwei Ereignisse aus, die in der Mitte der 1980er Jahre liegen: Zum einen das Stück Rainer Werner Fassbinders „Der Müll, die Stadt und der Tod", das 1985 in Frankfurt am Main uraufgeführt wurde, zum anderen den Historikerstreit, der mit dem Abdruck einer Rede von Ernst Nolte am 6. Juni 1986 ausgerechnet in der Zeitung, für die Reich-Ranicki zu diesem Zeitpunkt arbeitete, der *Frankfurter Allgemeinen Zeitung* seinen Anfang nahm. Fassbinders Theaterstück erscheint bei Reich-Ranicki quasi als Vorspiel zum Historikerstreit:

> Fassbinders Stück ist literarisch wertlos – ein schludriges, ein widerwärtiges Machwerk. Gleichwohl halte ich dieses Stück für ein charakteristisches Zeitdokument. Wie ungeschickt und brutal auch immer, signalisiert es ein bundesdeutsches Problem: das Verhältnis zu den Juden.[52]

Es war aber besonders der Historikerstreit, der Reich-Ranicki zu schaffen machte: Erstens weil „seine" Zeitung darin die Rolle einer Partei auf der falschen Seite spielte und zweitens, weil diese Auseinandersetzung das Ende seiner Freundschaft mit Joachim Fest, seinerzeit einer der Herausgeber der *Frankfurter Allgemeinen* und Leiter des Feuilletons, markierte:

> Den politischen und moralischen Konsens, der zwischen uns hinsichtlich des „Dritten Reichs" und der Folgen bestand, der meiner Arbeit in der *Frankfurter Allgemeinen* zugrunde lag, ja, sogar meiner ganzen Existenz in der Bundesrepublik – diesen Konsens hat Fest ohne Not, ja, mutwillig, zerstört.[53]

Für Reich-Ranicki war es ein unausgesprochener Konsens, der mit der Debatte aufbrach. Klaus Große Kracht stellt es eher so dar, dass die Grundsatzfrage, welche Rolle die deutschen Verbrechen, vor allem der Holocaust, aber auch der Vernichtungskrieg, für das politische Selbstverständnis der Bundesrepublik gespielt hatten, bis zu diesem

---

[50] Zeitmosaik, Die Zeit, 9.7.1982, zitiert nach Aly, Nur mit Genehmigung [Fn. 49].
[51] Reich-Ranicki, Mein Leben [Fn. 20], S. 540 – 552.
[52] Ebd., S. 541.
[53] Ebd., S. 547.

Zeitpunkt bewusst beschwiegen wurden.[54] Die Gegner Noltes um Jürgen Habermas negierten dessen Thesen und formulierten zwei Grundsätze deutscher Erinnerung an Vernichtungskrieg und Holocaust: erstens die Singularität des Holocaust und zweitens die alleinige Verantwortung Deutschlands für die Entfesselung des Zweiten Weltkriegs.[55] In allen deutschen Zeitungen erschienen Zurückweisungen von Noltes Thesen, nur die FAZ brauchte bis 1994, um sich von ihm zu distanzieren. Letztlich aber setzte sich die von Habermas und anderen vertretene Lesart der Geschichte des Zweiten Weltkriegs in der Geschichtswissenschaft und in der Öffentlichkeit durch.

Die Neunzigerjahre

Der Fall der Berliner Mauer im November 1989, die Überwindung der deutschen Teilung 1990 und das sukzessive Verschwinden des sogenannten Eisernen Vorhangs, der West- und Osteuropa geteilt hatte, sowie der Zusammenbruch der Sowjetunion 1991 markierten den Beginn der Neunzigerjahre. Dieses Jahrzehnt stand ganz im Zeichen von Transformation und Öffnung: Nicht nur die Grenzen öffneten sich, sondern auch die Archive und die Diskurse. Das östliche Europa erschien der breiten Öffentlichkeit nicht länger ein monolithischer und fremdartiger „Ostblock“, sondern die Länder Ostmitteleuropas und Osteuropas luden zum Reisen, zur Wiederentdeckung oder zum Kennenlernen ein. Karl Schlögel brachte das auf die Formel „Die Mitte liegt ostwärts!“.[56] Doch im Vordergrund des Interesses stand zunächst die Transformation von Politik, Wirtschaft und Gesellschaft und damit verbunden die gemeinsame Zukunft. Dagegen erschien die Vergangenheit weniger wichtig, vor allem weil den Menschen in Deutschland zunächst gar nicht bewusst war, dass ihre Erinnerungen an Vernichtungskrieg und Holocaust möglicherweise von denen der anderen Gesellschaften in Europa abwichen. Die innerdeutsche Debatte um die Singularität des Holocaust und die alleinige Schuld Deutschlands am Ausbruch des verbrecherischen Zweiten Weltkriegs schien nach dem Historikerstreit abgeschlossen: Mit dieser erinnerungspolitischen Grundhaltung hatten die Deutschen sich den Weg in die 2-plus-4-Gespräche und zur deutschen Wiedervereinigung geebnet, wie konnten die Menschen im östlichen Europa das anders sehen?

Die Transformationszeit stimmte auch für den Blick in die Vergangenheit zunächst optimistisch. Ein Beispiel für das Potential, das in der Öffnung der Archive lag, ist die Veröffentlichung des *Schwarzbuchs über die verbrecherische Massenvernichtung der Juden durch die faschistischen deutschen Eroberer in den zeitweilig okkupierten Gebieten der Sowjetunion und in den faschistischen Konzentrationslagern in Polen während Krieges 1941–1945*.[57] Das Jüdische Antifaschistische Komitee (JAK) in der Sowjetunion bereitete bereits ab 1943 eine Sammlung von Dokumenten und Augenzeugenberichten

---

54 Klaus Große Kracht: Debatte: Der Historikerstreit, Version 1.0, in: Docupedia-Zeitgeschichte, 11.1.2010, <http://docupedia.de/zg/Historikerstreit>.

55 Zu der Debatte und den Folgen für die Osteuropäische Geschichte auch: Anke Hilbrenner: Eastern European History in Germany as a Discipline, or: Transnational Historiography in Times of War, in: Ab Imperio, 1/2022, S. 107–14.

56 Karl Schlögel: Die Mitte liegt ostwärts. Die Deutschen, der verlorene Osten und Mitteleuropa. Berlin 1986. – Ders.: Go East oder: Die zweite Entdeckung des Ostens. Berlin 1995.

57 Wassili Grossmann, Ilja Ehrenburg (Hg. für die deutsche Ausgabe Arno Lustiger): Das Schwarzbuch. Der Genozid an den sowjetischen Juden. Reinbek 1994.

über die Gewalttaten der Deutschen an der jüdischen Bevölkerung vor. Im zunehmend von Antisemitismus geprägten Geist der letzten Jahre der Stalinzeit konnte das Buch allerdings nicht erscheinen. Immer mehr Passagen wurden von der Zensur getilgt, bis das Buch 1948 schließlich komplett verboten, die Druckbögen eingestampft und die Druckplatten zerstört wurden. Die deutsche Ausgabe von 1994 war die erste komplett unzensierte Druckfassung, die aufgrund einer 1992 aufgetauchten Umbruchkorrektur der zerstörten ersten Textfassung rekonstruiert werden konnte. Dabei wurde deutlich, dass die früheren Ausgaben, die in Jerusalem erschienenen russischen und jiddischen von 1980 und 1984, die New Yorker englische Ausgabe von 1981 und die hebräische Version aus Tel Aviv 1991 alle auf die bereits zensierten Texte zurückgingen. Mit dieser Ausgabe von 1994 erreichten die deutschen Leser also erstmals Zeugenaussagen von jüdischen Überlebenden aus der Ukraine, Estland, Lettland, Litauen, Belarus, Russland und Polen, die unmittelbar nach dem Einmarsch der Roten Armee in diese Gebiete gesammelt worden waren. Sie erfuhren vom organisierten Widerstand jüdischer Partisanengruppen, von den Tätigkeiten der sogenannten Judenräte, von den Überlebenden der Konzentrations- und Vernichtungslager, von den verbrannten Dörfern und den zerstörten Städten. Zugleich erfuhren sie, dass diese Informationen in der Sowjetunion systematisch unterdrückt worden waren. Das Buch erlebte einige Auflagen und seine Veröffentlichung erscheint im Nachhinein wie ein Vorspiel zum Konflikt um die Wehrmachtsausstellung von 1995, die das *Hamburger Institut für Sozialforschung* zum 50. Jahrestag des Kriegsendes produzierte und die zu einem großen Erinnerungsereignis der 1990er Jahre in Deutschland werden sollte.

Bereits zum 50. Jahrestag des Überfalls auf die Sowjetunion im Juni 1991 wurde unter Federführung des Historikers Reinhard Rürup die Ausstellung „Der Krieg gegen die Sowjetunion" erarbeitet und in der Provisorischen Halle der „Topographie der Terrors" gezeigt.[58] Allerdings wurde sie außerhalb von Berlin kaum beachtet.

Die erste Wehrmachtsausstellung mit dem Titel „Vernichtungskrieg. Verbrechen der Wehrmacht 1941 bis 1944" wurde in Hamburg eröffnet und danach in vielen deutschen Städten gezeigt. Ein Team von Historikern des *Hamburger Instituts für Sozialforschung* unter Leitung von Hannes Heer hatte eine Ausstellung erstellt, die auf großes Interesse stieß. Sie zählte etwa 900 000 Besucher und wurde in der Öffentlichkeit breit diskutiert.[59] Sie vermittelte wichtige Botschaften: Der Holocaust war eng mit dem Überfall auf die Sowjetunion verbunden. Die Wehrmacht war in dieses Menschheitsverbrechen tief verstrickt. Antisemitismus und Rassismus waren unter den Soldaten der Wehrmacht weit verbreitet. Die millionenfache Vernichtung der osteuropäischen Zivilbevölkerung war ein Kriegsziel, wie Befehle belegen. Diese Thesen wurden mit zahlreichen Fotografien belegt und illustriert, von denen viele Schnappschüsse von Angehörigen der Wehrmacht gewesen waren. Die Medien berichteten überwiegend positiv über die Ausstellung. Doch es regte sich auch Kritik, die eine Kontroverse auslöste. Traditionsverbände ehemaliger Soldaten, wie der „Bund ehemaliger Stalingradkämpfer", gemeinsam mit Vertriebenenverbänden, wie der Landsmannschaft Ostpreußen und der Sudetendeutschen Landsmannschaft, aber auch CDU-Politiker wie Alfred Dregger bezweifelten die

---

[58] Reinhard Rürup (Hg.): Der Krieg gegen die Sowjetunion, 1941–1945: Eine Dokumentation, Ausstellungskatalog. Berlin 1991.

[59] Hamburger Institut für Sozialforschung (Hg.): Vernichtungskrieg. Verbrechen der Wehrmacht. 1941–1945 Ausstellungskatalog. Hamburg 1996.

Grundaussage der Ausstellung.[60] Nicht nur das *Ostpreußenblatt*, sondern auch die *Frankfurter Allgemeine Zeitung* versammelte sich hinter den Kritikern.[61] Einwände von Historikern, die vor allem die plakative Darstellung und die falsche Zuordnung von Fotografien oder die fehlende Aussagekraft von Bildunterschriften bemängelten, verliehen dieser Kritik den Anschein von Seriösität. Eine Kommission aus Experten und einer Expertin, die die Ausstellung überprüften, kam zu dem Schluss, dass es zwar einige Fehler bei den Fotografien und ihrer Zuordnung gegeben habe, dass aber die Grundaussage der Ausstellung dadurch nicht in Zweifel zu ziehen sei. So erschien eine überarbeitete Version, die von 2001 bis 2004 gezeigt wurde und weitere 450 000 Zuschauer anzog. Die Ausstellung war ein Meilenstein, weil sie erstmals einer breiten Öffentlichkeit die Folgen des Vernichtungskriegs im östlichen Europa zeigte. Zugleich machte die öffentliche Kontroverse abermals deutlich, dass es vor allem „deutsche Themen" waren, also die Rolle der Wehrmacht bei den Verbrechen, welche die Menschen in Deutschland am meisten interessierten.

Gleichzeitig waren die 1990er Jahre die Zeit, in der sich die Öffentlichkeit stärker für das östliche Europa, die Opfer des Vernichtungskrieges sowie den Holocaust interessierte. Ein Beispiel ist der große Erfolg des Films *Schindlers Liste*, der 1993 lief. Der überaus populäre Regisseur Steven Spielberg, der zuvor vor allem durch Unterhaltungs- und Science-Fiction-Filme hervorgetreten war, drehte diesen Publikumsfilm. In Deutschland erreichte die Geschichte von Oskar Schindler ein Millionenpublikum. Zudem gab es zahlreiche in Deutschland populäre Persönlichkeiten, die zeigten, dass die Vergangenheit eben noch nicht völlig vergangen war. Marcel Reich-Ranickis *Mein Leben* erschien 1999. Erst durch dieses Buch erfuhren die meisten der deutschen Leserinnen und Leser, dass der prominente Literaturkritiker und *public intellectual* Reich-Ranicki in Polen geboren und erst im Alter von zehn Jahren nach Berlin gekommen war. Während der sogenannten Polen-Aktion im Herbst 1938 wurden auf Befehl von Heinrich Himmler mehr als 17 000 Juden, die aus Polen ins Deutsche Reich eingewandert waren, kurzfristig verhaftet und ohne Absprache mit den polnischen Behörden über die Grenze abgeschoben. Marcel Reich-Ranicki war einer von ihnen. Nach dem deutschen Überfall auf Polen kämpfte er im Warschauer Ghetto ums Überleben, während viele seiner Familienmitglieder ermordet wurden. Mit diesem Buch, das in zahlreichen Auflagen, Lizenzausgaben, einem Auswahlband für den Schulunterricht, als Hörbuch, in Übersetzungen und schließlich als Film erschien, der 2009 gezeigt wurde, erfuhr die breite deutsche Öffentlichkeit vom Grauen des Ghettos und der Shoah.

„Erinnerungsweltmeister" mit Scheuklappen

Am 17. März 2000 übertrug die Bundesrepublik Deutschland der *Stiftung Denkmal für die ermordeten Juden Europas* den Bau und die Unterhaltung des Denkmals, das 2005 in der Mitte Berlins als Stelenfeld eröffnet wurde und zum Gegenstand zahlreicher Kontroversen wurde, die bereits in der Planungsphase der 1990er Jahre geführt worden

---

60 „Wehrmacht war keine Verbrecherorganisation". Stellungnahme Alfred Dreggers zur Ausstellung von Reemtsma & Co. Das Ostpreußenblatt, 8.3.1997.

61 Verunglimpfung des einzelnen Soldaten. FAZ, 21.2.1997. – Tote können sich nicht wehren. FAZ, 27.2.1997.

waren. Als der Rechtsextremist Björn Höcke (AfD) im Jahr 2017 das Berliner Mahnmal als „Denkmal der Schande" bezeichnete, löste er in der Öffentlichkeit breite Empörung aus. Doch seine Invektive klang wie ein Echo der Äußerung von Martin Walser, der in seiner Paulskirchenrede von 1998 von der „Betonierung des Zentrums der Hauptstadt mit einem fußballfeldgroßen Albtraum" und der „Monumentalisierung der Schande" gesprochen hatte. Auch der Historiker Reinhart Koselleck und der *Spiegel*-Gründer Rudolf Augstein hatten zu den Kritikern des Mahnmals gehört.[62] Die Kunsthistorikerin und Journalistin Kia Vahland wies den Höcke-Vorwurf entschieden zurück. Das Denkmal als Ort der Erinnerung an die deutschen Verbrechen sei „das Beste, was Deutschland passieren konnte".[63]

> Die Demokratie und Meinungsfreiheit, der Wohlstand, die Weltgewandtheit, sogar die Qualität persönlicher Beziehungen, die Fähigkeiten zum offenen Gespräch über Belastendes, all das gäbe es wohl nicht ohne eine NS-Gedenkkultur, welche die Wunden kennt und zeigt. Das war so nicht planbar. Im Ergebnis aber ist es der Mut zum Eingeständnis, der aus dem Land einen globalen Sehnsuchtsort gemacht hat.[64]

Beim Erinnern geht es also ganz offenbar vor allem um jene, die sich erinnern. Die deutschen „Erinnerungsweltmeister" haben als Preis für ihre „vorbildliche Erinnerung" ein Land gewonnen, das ein „globaler Sehnsuchtsort" geworden sei. Über diese allzu optimistische Vorstellung aus den 2010er Jahren ist die Zeit bereits wieder hinweg gegangen. Und das ist nur folgerichtig, denn diejenigen, an die erinnert werden sollte, die Opfer der NS-Terrorherrschaft, des deutschen Vernichtungskrieges im Osten Europas und des in seinem Schatten begangenen Holocaust, bleiben in diesem Modell Statisten und das östliche Europa bleibt nur ein Schauplatz deutscher Verbrechen.

Das Denkmal für die ermordeten Juden Europas in Berlin. Quelle: Wikimedia

---

[62] „Denkmäler sind Stolpersteine". Der Historiker Reinhart Koselleck zur neu entbrannten Debatte um das geplante Berliner Holocaust-Mahnmal, Bußübungen in Stein und die Zukunft der Gedenkkultur. Der Spiegel, 6/1997. – Rudolf Augstein: „Wir sind alle verletzbar". Der Spiegel, 49/1998.

[63] Kia Vahland: Keine Schande. Süddeutsche Zeitung, 21.1.2017.

[64] Ebd.

Diese statische Vorstellung vom Erinnerungsweltmeister und seinen osteuropäischen Partnern als Statisten hat sich mittlerweile als Illusion entlarvt. Denn in Deutschland und bei seinen europäischen Nachbarn gibt es sehr unterschiedliche Erinnerungen an den Zweiten Weltkrieg.

Ausgrechnet den im Historikerstreit von 1986 mühsam errungenen Konsens, dass Deutschland die alleinige Verantwortung für die Entfesselung des Zweiten Weltkriegs trägt, wollen nicht alle Mitglieder der EU als Säule europäischer Erinnerung mittragen. Die Formel, die einige der seit 2004 neu in die EU eingetretenen Mitglieder bevorzugen, ist, dass Deutschland und die Sowjetunion „gleichermaßen verbrecherisch" Schuld am Ausbruch des Krieges seien. Es waren vor allem die Länder des östlichen Europas, die am 19. September 2019 in einer Resolution des Europäischen Parlaments zur Bedeutung des europäischen Geschichtsbewusstseins für die Zukunft Europas den Passus unterbrachten, dass Deutschland und die Sowjetunion „gleichermaßen" für den Hitler-Stalin-Pakt und als dessen unmittelbare Folge für den Ausbruch des Zweiten Weltkriegs verantwortlich waren.[65] Diese Resolution, die an die Grundfesten des im Historikerstreit errungenen Erinnerungskonsenses rührt, ist in der deutschen Öffentlichkeit weitgehend unbemerkt geblieben und auch in der Geschichtswissenschaft kaum beachtet worden.[66]

Wenn die Menschen in Ostmittel- und Osteuropa ihre Stimme erheben und über Vernichtungskrieg und Holocaust sprechen, prallen sie oftmals an der Überheblichkeit der deutschen „Erinnerungsweltmeister" ab. Trauriger Tiefpunkt dieser deutschen Perspektive war der Auftritt des Soziologen und Autors einflussreicher Bücher über die deutsche Erinnerung an Krieg und Nationalsozialismus Harald Welzer in einer Fernseh-Talkshow am 8. Mai 2022. Welzer meinte, den ukrainischen Botschafter in Deutschland, Andrij Melnyk, über die deutschen Kriegserinnerungen belehren zu müssen, um zu erklären, weshalb Deutschland die Ukraine in ihrem Abwehrkampf gegen Russland nicht militärisch unterstützen könne:

> Wir sprechen als Mitglieder dieser Gesellschaft vor dem Hintergrund einer Kriegserfahrung, die sich durch die Generationen durchgezogen hat, und da ist möglicherweise in jeder Familie der 45 Prozent, die gegen die Lieferung schwerer Waffen sind, eine ganz präsente Kriegserfahrung.[67]

Da auch ukrainische Familien den von Welzer angesprochenen Krieg selbst erlebt haben, allerdings nicht auf der Seite der Täter, sondern als Opfer des deutschen Vernichtungs-

---

[65] Entschließung des Europäischen Parlaments vom 19. September 2019 zur Bedeutung des europäischen Geschichtsbewusstseins für die Zukunft Europas (2019/2819 (RSP)), <www.europarl.europa.eu/doceo/document/TA-9-2019-0021_DE.html>.

[66] „Eine gemeinsame europäische Erinnerungsarbeit an den Zweiten Weltkrieg ist überfällig". Interview mit Anke Hilbrenner über die Resolution zur Erinnerung an den Zweiten Weltkrieg, in: LISA. Wissenschaftsportal der Gerda-Henkel-Stiftung, 5.11.2019, <https://lisa.gerda-henkel-stiftung.de/hitlerstalinpakt_ankehilbrenner>. – Anke Hilbrenner, Christoph Meißner, Jörg Morré (Hg.): Riss durch Europa. Die Folgen des Hitler-Stalin-Pakts. Perspektiven aus Ostmitteleuropa / Rift through Europe. The Consequences of the Hitler-Stalin-Pact. Perspectives from East-Central-Europe. Göttingen 2024.

[67] „Die Arroganz von Harald Welzer ist unerträglich." Kölnische Rundschau, 9.5.2022. In der Talkshow wurde die Zahl 45 Prozent in den Raum geworfen, die gegen die Lieferung schwerer Waffen seien.

kriegs, war diese Berufung auf die deutsche Kriegserinnerung unverschämt. Diese „Arroganz“[68] ist nicht die Ausnahme, sondern eher die Regel in Deutschland, wo Historiographie und Erinnerung an Vernichtungskrieg und Holocaust meist um die Deutschen kreist und den nationalen Bezugsrahmen kaum verlässt. Ein Blick auf die Jahrzehnte von 1945 bis in die Gegenwart zeigt, dass Historikerinnen und Historiker nicht unbedingt eine Ausnahme bilden. Im Gegenteil haben sie oftmals die Rolle von Gatekeepern gespielt, die den Diskurs zu überwachen und zu lenken versuchten. Diese Rolle hat nicht zu einer Weitung der Perspektive, sondern zu einer Kanalisierung in einen sehr deutschen Diskursraum geführt. Dort ist das östliche Europa allenfalls Schauplatz der Verbrechen, die von Deutschen verübt wurden. Die Menschen im östlichen Europa haben bis heute nicht die Anerkennung erreicht, um in diesen Debatten stets auf Augenhöhe gehört zu werden. Die deutsche Erinnerung an Vernichtungskrieg und Holocaust hat zwar universalistischen Anspruch, vermag es aber häufig nicht, ihren nationalen Bezugsrahmen zu verlassen.

Schlagwörter:
Holocaust, Zweiter Weltkrieg, Erinnerung, Juden, Nationalsozialismus, Vernichtungskrieg, Öffentlichkeit, Nachkriegszeit

---

[68] Ebd.

Ulrich Schmid

„Ferne Länder, über die wir wenig wissen“

Politisierte Rezeption osteuropäischer Literatur, 1946–1989

Für weite Teile des westeuropäischen Lesepublikums nach dem Zweiten Weltkrieg blieb Osteuropa *terra incognita*. Die Länder hinter dem „Eisernen Vorhang“ wurden als „Ostblock“ wahrgenommen. Spezifische kulturelle und historische Traditionen, die für die Autoren der einzelnen Nationalliteraturen prägend waren, interessierten westliche Leser oft wenig. Dennoch wurde im deutschen Sprachraum Literatur aus Europas Osten auch in dieser Zeit übersetzt, publiziert und gelesen. Bestimmend waren zum einen die Diskussion über die sowjetischen Lager und die Systemkritik enttäuschter Marxisten, zum anderen ein „existentialistischer“ Grundton, den westliche Leser in osteuropäischen Texten wiederzufinden glaubten. In allen Fällen spielte die Biographie und persönliche Haltung der Autoren eine entscheidende Rolle für die Rezeption.

Am 5. März 1946 hielt Winston Churchill im Beisein von Präsident Harry Truman in einem Provinzgymnasium in Fulton (Missouri) eine Rede, in der erstmals der später vielzitierte Begriff des „Eisernen Vorhangs“ fiel. Churchill beklagte den wachsenden Einfluss des sowjetischen Regimes in den alten mittel- und osteuropäischen Hauptstädten Warschau, Berlin, Prag, Wien, Budapest, Belgrad, Bukarest und Sofia. Er nannte diese Städte, den Gepflogenheiten des ausgehenden 19. Jahrhunderts folgend, nostalgisch das „Venedig“, „Amsterdam“ oder „Paris“ des Ostens. Tatsächlich hatte sich jedoch das Interesse der westlichen Elite an den osteuropäischen Metropolen schon damals in engen Grenzen gehalten. Churchill selbst kannte die wenigsten der von ihm aufgezählten Städte aus persönlicher Erfahrung, obwohl er die Welt ausgiebig bereiste. Seine Klage über den Untergang des alten Mittel- und Osteuropa ist zudem scheinheilig. Im Oktober 1944 hatte der britische Premier während eines Besuchs in Moskau prozentual gewichtete Einflusssphären zwischen „Russland“ und Großbritannien für Rumänien, Griechenland, Jugoslawien, Ungarn und Bulgarien auf einem Papier skizziert und Stalins Einverständnis für diesen Deal eingeholt.[1] Er bewegte sich damit in den Fußstapfen seines Vorgängers

---

Ulrich Schmid (1965), Dr. phil., Slavist, Professor für Kultur und Gesellschaft Russlands, Universität St. Gallen

Von Ulrich Schmid erschien in OSTEUROPA zuletzt: Postkolonialismus und kein Ende: Die Ukraine als Testfall für theoretische Alternativen, in: OE, 12/2023, S. 97–112. – Im Spiegelkabinett des Krieges. Zelens'kyjs und Putins politische Rhetorik, in: OE, 12/2022, S. 95–104. – Stierlitz und seine Enkel. Russlands Geheimdienste in Literatur und Film, in: OE, 11/2022, S. 171–182. – Kleine Geschichte einer großen Literatur. Grundrisse des literarischen Prozesses in der Ukraine, in: OE, 6–8/2022, S. 225–240.

[1] Winston Churchill: The Second World War. New York 2010, S. 227.

OSTEUROPA, 75. Jg., 1–3/2025, S. 211–227 **doi: 10.35998/oe-2025-016**

Neville Chamberlain, der die eigene Osteuropa-Ignoranz mit geradezu entwaffnender Offenheit als Rechtfertigung seiner Appeasement-Politik gegenüber Hitler ins Feld führte: „Es wäre schrecklich, ungeheuerlich und unglaublich“, erklärte der britische Premier auf dem Höhepunkt der Sudetenkrise im September 1938 in einer Radioansprache an sein Volk, „wenn wir hier Schützengräben ausheben und Gasmasken anprobieren würden wegen eines Streits in einem weit entfernten Land, zwischen Menschen, über die wir nichts wissen“.[2]

Schon der amerikanische Präsident Woodrow Wilson hatte von jenem Mittel- und Osteuropa, das er in seinem 14 Punkte-Programm nach dem Ersten Weltkrieg neu zu ordnen versuchte, durchaus überschaubare Kenntnisse. Als er im Dezember 1918 das Dampfschiff in die alte Welt bestieg, hatte er Europa noch niemals gesehen. Für ihn beschränkte sich der Kontinent denn auch auf die Metropolen London, Paris und Rom, und er setzte auch später nie einen Fuß auf polnisches, tschechoslowakisches, ungarisches oder jugoslawisches Territorium.[3]

Letztlich pflegten die westlichen Bildungseliten bis ins 20. Jahrhundert hinein ein diffuses Osteuropabild, das kaum mehr als eine Projektion der eigenen Ignoranz auf den geographischen Raum war. Schon Shakespeare hatte in seinem Wintermärchen (1611) Böhmen als „a desert country by the sea“ (ein ödes Land am Meer) bezeichnet; Alfred Jarry ließ sein surrealistisches Stück *König Ubu* (1896) in Polen spielen und fügte hinzu: „c'est-à-dire nulle part“ (also nirgends). Immerhin einen Schritt weiter bewegte sich der belgische Zeichner Hergé (Georges Prosper Remi, 1905–1983) in der Zwischenkriegszeit. Bei ihm war Osteuropa nicht mehr nur reine Projektionsfläche, sondern eine klischeehafte Ansammlung von korrupten Staaten mit rückständiger Bevölkerung. Die lange Reihe seiner berühmten Tintin-Bücher startete er mit *Tintin au pays des Soviets* (1930). Die antikommunistische Haltung des Albums speiste sich vor allem aus dem kritischen Bericht eines belgischen Diplomaten über die junge Sowjetunion.[4] 1939 erschien das Tintin-Abenteuer *Le sceptre d'Ottokar*, in dem der Konflikt zwischen zwei fiktiven osteuropäischen Ländern gestaltet wird: Das faschistische Bordurien droht die Monarchie in Syldavien zu stürzen. Syldavien vereinigt in sich Elemente aus der Tschechoslowakei, Jugoslawien und Rumänien; Bordurien erinnert an das Horthy-Regime in Ungarn.

Nach dem Zweiten Weltkrieg gewöhnte man sich in Westeuropa schnell an die Zweiteilung des Kontinents in einen kapitalistischen Westen und einen sozialistischen Osten. Vielleicht die prägnanteste Zusammenfassung der westlichen Vorstellungen vom „Ostblock“ lieferte Alfred Hitchcocks Film *Torn Curtain* (1966). Paul Newman spielt hier einen amerikanischen Physikprofessor, der in Ost-Berlin unter Lebensgefahr Raketengeheimnisse ausspionieren und in den Westen überführen muss. Die DDR wird als totaler Überwachungsstaat präsentiert, in dem die Menschen von Spitzeln und Geheimpolizisten drangsaliert werden. Hitchcock hatte für das Drehbuch zunächst Vladimir Nabokov angefragt, der allerdings absagte – er kenne sich im Spionagegenre zu wenig aus.[5]

Die Literatur aus Osteuropa wurde zunächst fast ausschließlich unter politischen Aspekten wahrgenommen. Es gab kaum eine ästhetische Rezeption neuer Texte, die hinter dem

---

[2] Peter Neville: Hitler and Appeasement. The British Attempt to Prevent the Second World War. London, New York 2006, S. 107.

[3] Larry Wolff: Woodrow Wilson and the Reimagining of Eastern Europe. Stanford 2020, S. 91.

[4] Joseph Douillet: Moscou sans voiles (neuf ans de travail aux pays des Soviets). Paris 1929.

[5] Patrick McGilligan: Alfred Hitchcock. A Life in Darkness and Light. New York 2003, S. 658–661.

„Eisernen Vorhang" entstanden waren. Im Gegenteil: Oft war es die abenteuerliche Publikationsgeschichte, die zum Gütesiegel eines Textes wurde. Die Leser im politischen Westen stürzten sich geradezu auf literarische Trophäen, in denen sie in erster Linie das mutige Aufbegehren bedrängter Intellektueller gegen eine totalitäre Staatsmacht erblickten. Besonders beliebt war das autobiographische Genre: Die gleichzeitig heroischen und tragischen Lebensläufe der Autoren beglaubigten die entlarvende Darstellung einer angeblich sozialistischen Gesellschaftsordnung, die sich aber bei näherem Hinsehen als Tyrannei entpuppte.

Lagerliteratur

Das Bild Osteuropas in der westlichen Öffentlichkeit wurde unmittelbar nach dem Krieg stark durch Berichte aus dem Gulag geprägt. Die Rezeption dieser Berichte war allerdings damals doppelt gestört. Zum einen hatte die Nazi-Propaganda bereits nach der Machtergreifung Häftlingsberichte aus dem Gulag veröffentlicht, um den kommunistischen Feind zu diskreditieren.[6] Zum anderen wurde die faschistische und nationalsozialistische Selbstbeschreibung des „totalen Systems" ins Negative gewendet und erschien nun als „totalitäre Herrschaft", die gleichermaßen in Nazideutschland und im Sowjetsystem vorkomme.[7]

Der ehemalige Sowjetdiplomat Viktor Kravčenko (1905–1966) veröffentlichte 1946 in New York sein Buch *I chose freedom*. In diesem Bericht zeichnete der ukrainische Überläufer ein abschreckendes Bild der sowjetischen Gewaltherrschaft. Er nannte die sibirischen Straflager „Konzentrationslager" und zog damit einen impliziten Vergleich zwischen dem Nationalsozialismus und dem Sowjetkommunismus. Das Buch wurde zu einem internationalen Bestseller und führte vor allem in Frankreich zu erhitzten Debatten. In der linken Zeitschrift *Les Lettres Françaises* erschien unter dem Titel „Wie Kravčenko fabriziert wurde" ein anonymer Artikel, in dem Kravčenko als Lügner, Alkoholiker, Schürzenjäger und amerikanischer Spion bezeichnet wurde. Daraufhin verklagte Kravčenko die Zeitschrift wegen Verleumdung. In einem aufsehenerregenden Prozess, bei dem mehrere ehemalige Häftlinge sowjetischer Lager als Zeugen aussagten, wurde der Klage stattgegeben, allerdings weigerte sich das Gericht, „politische Fragen" zu beantworten und äußerte sich nicht dazu, ob der Gulag in der Sowjetunion tatsächlich existiere.[8]

Unter dem Eindruck von Kravčenkos Memoiren beschloss Hannah Arendt sogar, ihre Untersuchung *The Origins of Totalitarianism* (1951) umzuschreiben. Am 4. September 1947 meldete sie in einem Brief an Karl Jaspers, der dritte Teil der Studie sei nicht mehr aktuell: „Den muss ich ganz neu schreiben, weil mir dazu wesentliche Dinge, vor allem auch der Zusammenhang mit Russland, erst jetzt aufgegangen sind."[9] Arendt unterstrich

---

6 Günther Stocker: Zwischen Grauen und Groteske. Robert Neumanns Gulag-Roman „Die Puppen von Poshansk und die Kultur des Kalten Krieges", in: ILCEA. Revue de l'Institut des langues et cultures d'Europe, Amérique, Afrique, Asie et Australie 16/2012, S. 1–14, S. 1.

7 Am deutlichsten wurde diese These ausformuliert von Carl Friedrich, Zbigniew Brzeziński: Totalitarian Dictatorship and Autocracy. Cambridge (Mass.) 1956.

8 Liora Israël: Un procès du Goulag au temps du Goulag? L'affaire Kravchenko (1949), in: Critique Internationale, 36/2007, S. 85–101, S. 100.

9 Hannah Arendt, Karl Jaspers: Briefwechsel 1926–1969. München 2001, S. 134.

in ihrem überarbeiteten Text, dass der stalinistische Staat die totale Kontrolle ausgeübt habe. Allerdings zeigte sie sich angesichts des Auflebens der Künste nach Stalins Tod davon überzeugt, dass die Sowjetunion unter Chruščev kein totalitärer Staat mehr sei.[10] Unbeirrt von Kravčenkos Schilderungen zeigte sich dagegen Jean-Paul Sartre (1905–1980), der 1954 sogar einer Einladung des sowjetischen Schriftstellerverbandes in das Arbeiter- und Bauernparadies folgte. Zwar verurteilte er die Niederschlagung des Aufstandes in Budapest 1956, näherte sich dann aber im Tauwetter der 1960er Jahre wieder dem Moskauer Machtzentrum an und war 1963 sogar Gast in Chruščevs Sommerresidenz am Schwarzen Meer. Erst die Niederschlagung des Prager Frühlings 1968 führte zu Sartres Bruch mit der Sowjetunion.

Allerdings konnte die Rezeption eines Lagerberichts auch sehr schleppend verlaufen. **Julius Margolin** (1900–1971) geriet bei Kriegsausbruch in das Räderwerk des Gulag. Zwar erschien sein Buch *Reise in das Land der Lager* 1949 in der französischen Übersetzung von Nina Berberova und Mina Journot unter dem Titel *La condition inhumaine*. Nina Berberova hatte sich wahrscheinlich bereit erklärt, die Übersetzung zu übernehmen, weil Ol'ga Margolina, die Schwester des Verfassers, ihre Freundin war und ihren Ex-Ehemann Vladyslav Chodasevič geheiratet hatte. Margolina wurde 1942 in Auschwitz ermordet. Der Name Berberova erwies sich letztlich aber als Hemmschuh für eine erfolgreiche Rezeption. Sie selbst galt als glühende Antikommunistin und war im linken Intellektuellenmilieu in Paris schlecht vernetzt. 1950 siedelte sie in die USA über. Wenig hilfreich für eine breite französische Rezeption war auch die Tatsache, dass Margolin 1951 in Paris als Zeuge in einem zweiten Verleumdungsprozess gegen die *Lettres Françaises* aussagte, die den Schriftsteller und ehemaligen Buchenwald-Häftling David Rousset der „Geschichtsverfälschung" beschuldigt hatten, weil er bereits 1949 das sowjetische Lagersystem angeklagt hatte. Rousset verteidigte sich gegen den Vorwurf, Berichte über den Gulag gefälscht zu haben. Margolin und andere Zeugen bestätigten Roussets Aussagen; Rousset gewann den Prozess, blieb mit seiner Haltung aber lange isoliert.[11] Margolins Buch erschien in Deutschland erstmals 1965 in einem rechtskatholischen Verlag, unter dem Titel *Überleben ist alles. Aufzeichnungen aus sowjetischen Lagern*.[12] Er wurde nicht als Zeugnis eigenen Rechts wahrgenommen, sondern in den antikommunistischen Diskurs eingebettet.[13]

---

[10] Hannah Arendt: Totalitarianism. Part Three of the Origins of Totalitarianism. New York 1968, xviii.

[11] Jeremy Adler: Nachwort, in: David Rousset: Das KZ-Universum. Berlin 2020, S. 126–128.

[12] Die Publikation von Margolins Bericht erfolgte in beiden Fällen mit willkürlichen Kürzungen; erst in den 2010er Jahren erschienen in Frankreich die erste vollständige Fassung: Julius Margolin: Voyage au pays des Ze-Ka. Paris 2010.

[13] Olga Radetzkaja: Der einsame Zeuge. Julius Margolin und sein Bericht aus der Unterwelt, in: Julius Margolin: Reise in das Land der Lager. Berlin 2013, S. 620–629, S. 625f.

Meine Aussagen des Dissidenten **Anatolij Marčenko** (1938–1986) erschienen in einem günstigeren Umfeld. Im Jahr 1969 wurde das Buch in mehreren Sprachen im Westen veröffentlicht. Vor dem Hintergrund der Ereignisse in der Tschechoslowakei entfaltete diese Gefängnis-Autobiographie eine große Wirkung. Für den Autor hatte die Veröffentlichung jedoch schwerwiegende Folgen. Er wurde wegen „Verleumdung der sowjetischen Gesellschafts- und Staatsordnung“ zu einer mehrjährigen Lagerstrafe verurteilt. Nach seiner Entlassung lehnte er eine Emigration ab. In den folgenden Jahren wurde er weiterhin vom Staat schikaniert und starb schließlich in Lagerhaft an den Folgen eines Hungerstreiks. Karl-Eugen Wädekin, einer der Redakteure der Zeitschrift OSTEUROPA, relativierte indes in einer Rezension der deutschen Ausgabe die Bedeutung von Marčenkos Bericht: „Gibt es viele Staaten im ‚Westen‘, wo Rechtsstaatlichkeit und humaner Strafvollzug vollständig garantiert sind?“[14] Wahrscheinlich war Wädekins unkritische Haltung gegenüber dem Sowjetsystem geprägt durch seine Nähe zum russophilen Klaus Mehnert, dessen Assistent er seit 1961 war.

Aleksandr Solženicyn (1918–2008) erlangte im Jahr 1962 durch eine literarische Sensation schlagartig im In- und Ausland Berühmtheit. Solženicyn war seit seiner Jugend überzeugter Kommunist gewesen und hatte als Hauptmann der Roten Armee im Zweiten Weltkrieg gekämpft. Kritische Bemerkungen über Stalin in einem privaten Brief führten 1945 zu seiner Verhaftung. Er hatte zunächst Glück und konnte als Mathematiker in einem Speziallager arbeiten. Später wurde er in ein Arbeitslager in Kasachstan verlegt und 1953 entlassen. Die erste Lagererfahrung hat Solženicyn in seinem Roman *Der erste Kreis der Hölle* (verfasst 1955–1958, publiziert 1968) verarbeitet. Er beschreibt das Leben der eingesperrten Wissenschaftler als eine Art antiker Akademie, in der ein romantischer Freundschaftskult herrscht. Schon der Titel des Romans zeigt aber, dass Solženicyn sehr wohl bewusst war, wie privilegiert die Position der inhaftierten Akademiker innerhalb des Gulag war. Schon bei der Niederschrift war ihm klar, dass sein Roman keine Chance auf Veröffentlichung in der Sowjetunion hatte. Solženicyns Lagererzählung *Ein Tag im Leben des Ivan Denisovič* (1962) konnte dagegen auf dem Höhepunkt des Tauwetters in der größten sowjetischen Literaturzeitschrift *Novyj Mir* erscheinen. In einer äußerst knappen, von Slangwörtern durchsetzten Sprache gelingt dem Autor hier die unprätentiöse Darstellung des Alltags in einem sowjetischen Straflager. Ihre literarische Überzeugungskraft bezieht die Erzählung gerade aus ihrer moralischen Enthaltsamkeit, aus dem Fehlen jeder Anklage. Das heikle Manuskript passierte unter dem Etikett „das Lager aus der Sicht eines Bauern, ein sehr volksnahes Stück“ alle internen Barrieren des offiziellen Literaturbetriebs und wurde mit Chruščevs persönlicher Genehmigung veröffentlicht. Doch die politische Großwetterlage änderte sich bald wieder: Ab Mitte der 1960er Jahre konnte Solženicyn seine Werke nicht mehr publizieren, 1969 wurde er aus dem Schriftstellerverband ausgeschlossen. In diese Zeit fällt seine intensivste Tätigkeit als sowjetischer Dissident. Die meisten seiner eindringlichen Stellungnahmen erschienen sofort auch im Westen. Die hohe Frequenz seiner Interventionen war auch ein Selbstschutz. Solženicyn wusste sehr genau, dass ihn nur seine internationale Bekanntheit vor dem Zugriff der sowjetischen Behörden schützte.

---

[14] Karl-Eugen Wädekin: Rez. zu Anatolij Martschenko: Meine Aussagen. Frankfurt/M. 1969, in: OSTEUROPA, 10/1971, S. 823–824, S. 824.

Die Auszeichnung mit dem Literaturnobelpreis 1970 stärkte Solženicyns moralische Autorität in den Augen des westlichen Publikums noch mehr. Nach der Publikation des *Ivan Denisovič* hatten zahlreiche ehemalige Häftlinge den Autor kontaktiert und ihm ihre eigenen Lager- und Gefängniserlebnisse geschildert. Solženicyn fasste den Entschluss, alle diese Dokumente in einem „Versuch einer künstlerischen Untersuchung" zusammenzufassen. Entstanden ist dabei nicht nur ein völlig neues literarisches Genre, sondern auch ein rhetorisch hochkomplexes Werk, das die unterschiedlichsten Informationen über die sowjetische Lagerindustrie miteinander verknüpft. Der Autor begibt sich dabei auf eine gefährliche Expedition ins Inselreich der Lager und Gefängnisse, das die Sowjetunion überzieht. Die Titelmetapher des *Archipel Gulag* wird in verschiedene Richtungen entwickelt: Der Gefangenentransport erscheint als Verschiffung von Menschenmaterial in einem gigantischen Kanalsystem, die Ware wird in Häfen umgeschlagen und auf Verbannungsinseln geschickt. Es geht Solženicyn in seinem Werk allerdings weniger um eine Inventarisierung des Schreckens als vielmehr um eine künstlerische Sicht auf die organisierte Menschenverachtung.
Nach der Publikation des russischen Texts des *Archipel Gulag* im Pariser Exilverlag *YMCA-Press* wurde Solženicyn 1974 verhaftet und aus der Sowjetunion ausgewiesen. Aus politischen Gründen suchte Solženicyn in der Schweiz einen Verlag für die deutschsprachige Ausgabe des *Archipel Gulag*. Allerdings lehnte Daniel Keel, der Leiter des auf Belletristik spezialisierten Zürcher *Diogenes*-Verlags, dieses Publikationsprojekt ab, weil es sich ja nicht um „Literatur" handle. Keels Kompagnon Rudolf Betschart war „stinksauer", weil der Verlag durch diese Entscheidung „mindestens eine Million" verloren habe.[15] Die Million verdiente später der kleine Berner *Scherz*-Verlag. Solženicyns Stern strahlte heller als alle anderen Autoren, die literarisch Zeugnis über den Gulag ablegten. Varlam Šalamovs (1907–1982) erschütternde Erzählungen aus Kolyma, die ebenfalls bereits in den siebziger Jahren in Deutschland, Frankreich, Italien und in den USA erschienen, wurden seinerzeit eher als Beiwerk zu Solženicyns *Archipel Gulag* wahrgenommen und lösten kein großes Echo aus.[16]

---

[15] Hommage an Daniel Keel. Zürich 2011, S. 27, <www.diogenes.ch/dam/jcr:1e2cbc00-e067-4400-af34-10a9773a15ed/in_memoriam_hommage_an_daniel_keel_deutsch.pdf>.

[16] Ulrich Schmid: Nicht-Literatur ohne Moral. Warum Varlam Šalamov nicht gelesen wurde, in: Das Lager schreiben. Varlam Šalamov und die Aufarbeitung des Gulag. Berlin 2007 [= OSTEUROPA, 6/2007], S. 87–105, S. 87–89. – Siehe zur verspäteten Šalamov-Rezeption in Deutschland auch den Beitrag von Katharina Raabe in diesem Band, S. 229–262.

Andere Dissidenten wie Lev Kopelev (1912–1987), Aleksandr Zinov'ev (1922–2006) oder Vladimir Vojnovič (1931–2018) wurden zwar in schneller Folge zwischen 1978 und 1981 aus der Sowjetunion ausgebürgert und konnten nach ihrer Emigration in der späten Breznev-Ära mit ihren Publikationen in Westen Achtungserfolge erzielen. Allerdings blieb die Ausdruckskraft ihrer dokumentarischen und literarischen Veröffentlichungen weit hinter Solženicyn zurück.[17]

In einer ganz anderen literarischen Tradition stand der jugoslawische Autor **Danilo Kiš** (1935–1989). Allerdings wurde er allzu oft in das westliche Rezeptionsschema der „Lagerliteratur“ gepresst. Für viele seiner westeuropäischen Leser dürfte schon die multikulturelle und religionsübergreifende Herkunft des Autors aus dem historischen „Maria-Theresiopolis“, also Subotica in der ungarisch-serbischen Vojvodina, verwirrend gewesen sein. Kišs Vater war jüdisch, seine Mutter serbisch-orthodox, als Vierjähriger wurde er in Novi Sad getauft. In einer zweiseitigen Autobiographie aus dem Jahr 1983 fügt Kiš dieser Information einen kurzen Satz hinzu: „Das rettete mein Leben.“ Das galt jedoch nicht für das Leben seines Vaters, der mit seiner Familie 1944 nach Auschwitz deportiert wurde und dort, wie Kiš insistiert, „verschwand“. Kišs Schulbildung und Lebenserfahrung war umfassend. Er wuchs mit einer Sprache auf, von der er nicht wusste, wie er sie nennen sollte, dazu sprach er Ungarisch, Russisch und Französisch. Während seiner Tätigkeit als Sprachlektor für „Serbokroatisch“ in Strasbourg, Bordeaux und Lille beklagte er die dürftige Bildung seiner französischen Studierenden.[18]

International wurde Danilo Kiš mit einem Skandalerfolg berühmt. Als 1976 sein Erzählband *Ein Grabmal für Boris Davidovič. Sieben Kapitel ein und derselben Geschichte* in Jugoslawien erschien, reagierte die dortige Kritik sofort mit einem umfassenden Plagiatsvorwurf: Kiš habe sich bei Karlo Štajner, Aleksandr Solženicyn, Nadežda Mandel'štam und James Joyce bedient. Doch die intertextuelle und historische Bezugnahme ist für Kišs postmoderne Poetik Programm. In *Ein Grabmal für Boris Davidovič* präsentiert er sieben verschiedene Varianten der zersetzenden und mörderischen Wirkung des Stalinismus. Die einzelnen Episoden spielen in der Sowjetukraine, im spanischen Bürgerkrieg, in Russland oder im Straflager Noril'sk. Als einzigen Text ohne direkten Bezug zur kommunistischen Gewaltideologie schaltet Kiš eine Erzählung aus der Zeit der Inquisition im 14. Jahrhundert ein: Hier geht es um den Foltertod eines getauften Juden, der die Gültigkeit dieser unter Todesdrohung erzwungenen Taufe anzweifelt.

Während die sowjetrussischen Autoren aus ihren eigenen Erfahrungen schöpfen, steht im Zentrum von Kišs Prosa das Trauma einer Abwesenheit: Das „Verschwinden“ seines

---

[17] Jürgen Lehmann: Russische Literatur in Deutschland. Stuttgart 2015, S. 287.

[18] Mark Thompson: Birth Certificate. The Story of Danilo Kiš. Ithaca, London 2013, S. 269.

Vaters in Auschwitz präfigurierte für ihn alle totalitären Gewaltverbrechen des 20. Jahrhunderts. Das *Grabmal für Boris Davidovič* führt Kišs literarisches Projekt in diesem Sinn zu einem kompositorischen Höhepunkt. Bereits in seiner frühen Romantrilogie *Garten, Asche* (1965), *Frühe Leiden* (1969) und *Sanduhr* (1972) hatte er die eigene tragische Familiengeschichte in eine erzählerische Gestalt gebracht. Die Perspektive der Hauptfigur oszilliert zwischen der ersten und der dritten Person. Das berühmte Rimbaudsche Diktum „je est un autre" markiert bei Kiš im Zeichen von Auschwitz nicht mehr eine individuelle Disposition, sondern ist zu einer allgemeinen Daseinsbedingung geworden.
Kiš wollte kein politischer Autor sein, wurde aber in Westeuropa politisch gelesen. Letztlich war das Thema der totalitären Gewalt für die überforderten westeuropäischen Kiš-Leser ein hermeneutischer Rettungsanker, mit dem sie auf der hohen See postmoderner Komplexitäten Halt fanden.

Die enttäuschten Marxisten

Unmittelbar nach der Katastrophe des Zweiten Weltkriegs gab es auch in Osteuropa zahlreiche Anhänger der sogenannten Dimitroff-These. Der bulgarische Kommunist Georgi Dimitroff (1882–1949) hatte 1935 behauptet, dass alle bürgerlich-kapitalistischen Gesellschaften notwendig in den Faschismus abgleiten, wenn sie nicht durch eine sozialistische Revolution erlöst werden. Auf dem VII. Weltkongress der Komintern in Moskau verkündete er, dass „der Faschismus an der Macht die offene, terroristische Diktatur der reaktionärsten, chauvinistischsten, am meisten imperialistischen Elemente des Finanzkapitals" sei.[19]
Zumindest kurzfristig bewegte sich auch **Czesław Miłosz** (1911–2004) in den Bahnen dieser Argumentation. In der Zwischenkriegszeit hatte der junge Dichter durchaus autoritäre Positionen vertreten. So erklärte er in einem 1933 in Wilno veröffentlichten kulturkritischen Essay selbstbewusst, zu den Aufgaben der „Produzenten künstlerischer Güter" gehöre auch die „Aufzucht von Menschen".[20] Nach dem Krieg arbeitete er im Staatsdienst für die kommunistische Regierung in Warschau und war als Diplomat in Washington und Paris stationiert. Allerdings setzte sich Miłosz bereits 1951 in den Westen ab. Berühmt wurde er mit seinem Buch *Das verführte Denken* (1953), in dem er in vier nur oberflächlich anonymisierten Biographien die Anpassung polnischer Schriftsteller an die neuen politischen Realitäten darstellte. Das Buch hatte einen durchschlagenden Erfolg, weil Miłosz auf kluge Weise das dominierende Repressionsparadigma bei der Beschreibung des kommunistischen Systems in Frage stellte. Hannah Arendt hatte in ihrer Totalitarismustheorie noch die zentrale Funktion des repressiven Staats unterstrichen. Nun wies Miłosz darauf hin, dass repressive Staatsmacht auch von Intellektuellen „von unten" unterstützt werden konnte.
Später beklagte Miłosz sich häufig darüber, dass er als Autor auf dieses eine Buch reduziert werde. Schon sein nächstes Buch, der autobiographische Essay *Rodzinna Europa*

---

[19] Reinhard Kühnl (Hg.): Texte zur Faschismusdiskussion. Positionen und Kontroversen. Reinbek 1979, S. 58.

[20] Isabelle Vonlanthen, Ulrich Schmid, Stefan Guth: Nationale Gemeinschaftskonzepte. Der Dichter als Volkserzieher, in: Ulrich Schmid (Hg.): Schwert, Kreuz und Adler. Die Ästhetik des nationalistischen Diskurses in Polen (1926–1939). Wiesbaden 2013, S. 308–347, S. 342.

(Das heimatliche Europa, auf Deutsch erschienen unter dem ungelenken Titel: *West-Östliches Gelände*, 1958), war unverkennbar ein Ausbruchsversuch aus dieser Rolle. Doch an den Erfolg von *Das verführte Denken* konnte Miłosz später nie wieder anknüpfen. Nicht einmal die Verleihung des Nobelpreises für Literatur im Jahr 1980 änderte die einseitig politische Rezeption des Autors Miłosz im Westen. Witold Gombrowicz war einer der wenigen, die Miłosz nicht einfach als Antikommunisten wahrnahmen. In seinem legendären Tagebuch gab er Miłoszs Position auf die ihm eigene derbe Weise wieder: „Der Unterschied zwischen dem westlichen und dem östlichen Intellektuellen besteht darin, dass ersterer nie richtig eins in die Fresse gekriegt hat.“[21]

Viel radikaler als Miłosz rechnete der jugoslawische Schriftsteller und Politiker **Milovan Đilas** (1911–1995) mit dem kommunistischen System ab. Bereits 1956 war er wegen eines Artikels, in dem er den Aufstand in Ungarn unterstützte, in einem Geheimverfahren zu einer dreijährigen Haftstrafe verurteilt worden. Aus dem Gefängnis schickte er das Manuskript seines Buchs ins Ausland. 1957 erschien es in New York unter dem Titel *The New Class: An Analysis of the Communist System*. Đilas entlarvte darin den Machtanspruch der kommunistischen Eliten in Jugoslawien und Osteuropa. Er sprach offen aus, wie die Parteielite sich einen Alleinvertretungsanspruch für die Arbeiterklasse verschafft habe. Damit habe die „kommunistische Führung“ die marxistischen Ideale verraten und sei selbst zur Ausbeuterklasse geworden. Das Buch war ein enormer Erfolg und wurde in vierzehn Sprachen veröffentlicht. In Deutschland erschien *Die neue Klasse* 1957 mit einem Vorwort von Alfred Kantorowicz (1899–1979), der eben erst aus der DDR geflohen war und damit seine Kritik an den sozialistischen Gewaltregimes in Osteuropa auch biographisch beglaubigen konnte. Die Veröffentlichung von *The New Class* trug Đilas eine weitere Haftstrafe von sieben Jahren ein. Die westeuropäischen Sozialisten stürzte die breit rezipierte Publikation in ein Dilemma: Sollte man sich Đilas’ Kritik am kommunistischen Establishment anschließen oder war er nur ein von den Kapitalisten gedungener Provokateur?[22]

Noch vor seiner ersten Verhaftung hatte Đilas seine Jugenderinnerungen Land ohne Recht verfasst. Darin zeichnet er ein romantisches Bild der kargen Berglandschaft in Montenegro, in der einfache Menschen leben, deren alte Ordnung untergegangen ist, die aber noch keine neue gefunden haben. Auch der Kommunismus erweist sich hier als Irrweg auf der Suche nach einer gerechten Gesellschaftsordnung. Literarische Texte wie dieser, die andernfalls wenige Chancen auf dem Buchmarkt gehabt hätten, erreichten im Windschatten prominenter und mutiger politischer Stellungnahmen oft ein beachtliches Lesepublikum. So konnte *Land ohne Recht* bereits 1958 im Westen erscheinen. 1962 folgte mit *Conversations with Stalin* ein weiterer politischer Memoirenband aus der Feder von Đilas, der damit erneut seine politische Relevanz und seinen Stolz auf seine kritische Haltung zur kommunistischen Gewaltherrschaft unter Beweis stellte.

György Konrád (1933–2019) kam zwar früh in den Dunstkreis kommunistischer Denker wie Georg Lukács, der bis zum Ende seines Lebens ein ideologisch aufrechter Stalinist blieb.[23] Allerdings war er selbst nie vom Marxismus überzeugt und wurde deshalb drei

---

21 Witold Gombrowicz: Dziennik (1953–1956). Paris 1971, S. 22f.

22 Nikola Mijatov: The Case of Milovan Djilas and the European Socialists 1954–1958. In: Istorija 20. veka, 2/2019, S. 217–238, S. 228.

23 Ferenc Láczo: György Konrád as a Post-Dissident Public Intellectual. Biography, Interventions, Reception, in: East European Politics and Societies, 3/2024, S. 749–757.

Mal von der Universität verwiesen. Nur dank der Intervention von Georg Lukács konnte er sein Studium abschließen.[24] Als Konrád im Jahr 1973 zusammen mit Iván Szelényi das provokative Buch *Die Intelligenz auf dem Weg zur Klassenmacht* schrieb, gehörte viel Mut zu einem solchen Unterfangen. Zwar mussten dissidente Intellektuelle im Ungarn der 1970er Jahre nicht mehr wie nach der sowjetischen Invasion 1956 um ihr Leben fürchten; trotzdem isolierte das System Andersdenkende und setzte sie gezielten Repressionen aus. Die Autoren vergruben das Manuskript ihres Buches jeden Abend im Garten hinter ihrem Haus, damit der Text im Falle einer polizeilichen Razzia im Morgengrauen nicht verloren ging. Tatsächlich blieb Konráds und Szelényis hellsichtige Kritik der osteuropäischen Intelligenz, die aus ihrem exklusiven Wahrheitsanspruch einen ebenso exklusiven politischen Herrschaftsanspruch ableitete, von den Wächtern des Regimes nicht unbemerkt. Die Autoren wurden 1974 kurzzeitig inhaftiert und später mit einem Publikationsverbot belegt. Szelényi machte von einem offiziellen Emigrationsangebot Gebrauch; Konrád blieb aus eigenem Entschluss in Ungarn. *Die Intelligenz auf dem Weg zur Klassenmacht* erschien 1978 gleichzeitig in den USA, Frankreich und Deutschland. Die Repression des ungarischen Staates hatte die Relevanz des Buches nur umso deutlicher gemacht. Mit diesem mutigen Schritt wurde Konrád zu einer wichtigen Figur des Widerstands gegen die kommunistische Macht. Seine Wahl zum Präsidenten des internationalen PEN 1990 und zum Präsidenten der Akademie der Künste in Berlin-Brandenburg 1997 ist wesentlich auf sein symbolisches Kapital aus den 1970er Jahren zurückzuführen.

Der osteuropäische „Existenzialismus“

Die allgemeine Sinnkrise der Nachkriegszeit wurde zum Einfallstor für neue philosophische Strömungen, die Normen und Werte grundsätzlich in Frage stellten. Nach dem Bankrott des Humanismus und des Rationalismus zogen es zahlreiche Denker vor, sich auf die Grundlagen des menschlichen Seins zu konzentrieren. In den Vordergrund rückten die moralischen Dilemmata einer gottlosen Existenz. Besonders die französischen Existenzialisten, am prominentesten Jean-Paul Sartre und Albert Camus (1913–1960), setzten sich in ihren theoretischen Werken auch mit der stalinistischen Interpretation des Sozialismus auseinander. Die weltliche Heilslehre des Marxismus wurde ihnen zum Lackmustest für ihre eigenen Hoffnungen auf ein moralisches Leben, das nicht von einer irgendwie gearteten Metaphysik abhing. 1952 entspann sich in der Zeitschrift *Les Temps Modernes* ein Disput zwischen Sartre und Camus, in dem es um das schwierige Verhältnis beider Denker zum Kommunismus ging. Sartre wollte weiterhin an der wie auch immer unzulänglichen Ausprägung des Kommunismus festhalten, wie er in der Sowjetunion auftrat. Camus hingegen betrachtete alle gesellschaftlichen Organisationsformen als Absurdität und nahm auch den Kommunismus nicht davon aus.

Diese existenzialistische Grundstimmung der westeuropäischen Öffentlichkeit bot ideale Voraussetzungen für die Rezeption von **Boris Pasternaks** Roman *Doktor Živago* (1958). Zuvor war der Name Pasternak kaum ins Ausland gedrungen. Pasternaks Verhältnis zur Sowjetmacht war schon immer schwierig gewesen. Zwar hatte er sich in den 1920er Jahren bewusst entschieden, seiner Familie nicht in die englische Emigration

---

[24] George Konrád: A Guest in my own country. A Hungarian life. New York 2003, S. 215.

zu folgen. Die erste Stalinode der russischen Literatur auf der Titelseite der Neujahrsausgabe der *Izvestija* 1936 stammte von ihm. Diese dichterische Äußerung war jedoch kein Ausdruck von Opportunismus: Als Stalin 1935 Majakovskij zum wichtigsten Sowjetdichter erklärte, reagierte Pasternak mit Erleichterung und schickte dem Tyrannen einen Dankesbrief. Während der Schauprozesse der 1930er Jahre bezog er keine eindeutige Position: Er unterzeichnete zwar zwei offene Briefe, in denen Exponenten des Schriftstellervereins die Erschießung von Zinov'ev, Kamenev, Radek und Pjatakov forderten, nicht aber eine ähnliche Petition, die während des Prozesses im Juni 1937 gegen die sowjetische Armeespitze fabriziert wurde. In einem Brief vom 25. Dezember 1934 formulierte Pasternak nachgerade das Programm einer totalen Selbstaufgabe zugunsten des sozialistischen Aufbauprojekts: „Ich bin zu einem Teilchen meiner Zeit und meines Staats geworden, und seine Interessen zu den meinen.“[25] Isaiah Berlin, der den Dichter im Herbst 1945 in Moskau traf, schildert Pasternaks Haltung in seinen Memoiren mit deutlichem Befremden:

> Der finstere Alptraum von Verrat, Säuberungen, Massakern an Unschuldigen, gefolgt von einem schändlichen Krieg erschien ihm als notwendiges Vorspiel zu einem sicheren und unerhörten Sieg des Geistes.[26]

Pasternaks Position war Ausdruck einer politischen Naivität, die sich mit einer eher diffusen Lebensphilosophie verband. *Doktor Živago* trägt dieses Programm bereits in seinem Namen: Wörtlich ist er der „Arzt des Lebendigen“. In einer Szene des Romans schießt er auf einen toten Baum, um den Tod zu töten. Natürlich passte eine solche „existenzialistische“ Romanhandlung nicht zu den ästhetischen Vorgaben der Sowjetliteratur. 1955 unterbreitete Pasternak das Manuskript seines Romans den Redaktionen verschiedener Literaturzeitschriften. Die Reaktionen fielen bestenfalls ambivalent, meist aber klar ablehnend aus. Eine Zeitschrift entschloss sich sogar zur Denunziation und leitete das Manuskript an die Kulturabteilung des Zentralkomitees der Kommunistischen Partei weiter. Pasternak hatte seinen Roman zu diesem Zeitpunkt schon Sergio d'Angelo übergeben, einem jungen Journalisten, der für das italienische Programm von *Radio Moskau* arbeitete. Gleichzeitig war d'Angelo aber auch für den neugegründeten *Feltrinelli*-Verlag in Mailand auf der Suche nach interessanten literarischen Werken. Eigentümer des Verlags war Giangiacomo Feltrinelli, der aus einer der reichsten Familien Italiens stammte. 1944 hatte er sich als 18-jähriger einer Partisaneneinheit angeschlossen, die auf der Seite der US-Armee gegen die Faschisten kämpfte; 1945 wurde er Mitglied der Kommunistischen Partei Italiens. Feltrinelli veröffentlichte *Doktor Živago* trotz aller Widerstände aus seinem eigenen politischen Lager. In Moskau hatte die Partei den Verfasser unter massiven Druck gesetzt. Pasternak schickte eine Reihe von Telegrammen nach Mailand, in denen er bat, die Veröffentlichung aufzuschieben. Am 13. Oktober 1957 war sogar der Vorsitzende des sowjetischen Schriftstellerverbands Aleksej Surkov (1899–1983) in Mailand aufgetaucht und hatte Feltrinelli drei Stunden lang angebrüllt, als Kommunist dürfe er *Doktor Živago* nicht veröffentlichen.

---

[25] Boris Pasternak: Eine Brücke aus Papier. Die Familienkorrespondenz 1921–1960. Frankfurt am Main 2000, S. 329.

[26] Michael Ignatieff: Isaiah Berlin. A Life. London 1998, S. 144.

Das einzige Resultat dieser lauten Szene bestand allerdings darin, dass die italienische kommunistische Partei ihr zahlungskräftigstes Mitglied verlor. Im November 1957 erschien *Il Dottor Živago* und wurde bis Jahresende mindestens neun Mal nachgedruckt. Im Sommer 1958 folgten die französische und die englische Ausgabe des Romans. Noch im selben Jahr wurde Pasternak der Literaturnobelpreis zuerkannt. Daraufhin setzte sofort eine vom Sowjetstaat inszenierte Hetzkampagne gegen den Autor ein. Am 29. Oktober 1958 telegraphierte ein erschöpfter Boris Pasternak an die Schwedische Akademie: „Angesichts der Bedeutung, die der mir zuerkannte Preis in der Gesellschaft angenommen hat, der ich angehöre, muss ich auf diese unverdiente Auszeichnung verzichten". Als erste Reaktion hatte er ein Telegramm mit einem anderen Wortlaut nach Stockholm gesandt: „Bin unendlich dankbar, gerührt, stolz, erstaunt, beschämt."[27]
Viel später berichtete Chruščev in seinen Memoiren, dass das Zentralkomitee die Affäre Pasternak nur aufgrund eines negativen Berichts des Chefideologen Michail Suslov beurteilt habe. Er gestand, dass er *Doktor Živago* selbst nie gelesen hatte, meinte aber, die Anerkennung eines Autors müsse von den Lesern abhängen. Selbstkritisch gestand er sich ein, dass man den Roman problemlos in der Sowjetunion hätte veröffentlichen können: „Nichts wäre geschehen, ich bin davon überzeugt!" Mit Bitterkeit stellte er fest: „Der Autor wurde in der ganzen Welt gefeiert, nur in der Sowjetunion wurde er durch administrative Maßnahmen verboten."[28]

Vor allem das jüngere westliche Lesepublikum suchte in dieser Zeit in der Literatur vielfach den Aufstand gegen bürgerliche Normen. Zur filmischen Leitfigur wurde James Dean (1931–1955), der als „Rebel without a cause" das Lebensgefühl einer ganzen Generation verkörperte und mit seinem frühen Tod bei einem Autounfall das existenzialistische Credo des absurden Lebens beglaubigte, das auf ebenso absurde Weise enden muss. Deans Tod erschien später als Präfiguration eines weiteren absurden Lebensendes: Nur fünf Jahre nach James Dean starb auch Albert Camus (1913–1960) bei einem Autounfall.
Vor diesem Hintergrund stieg auch der Stern von **Marek Hłasko** (1934–1969). Bereits als junger Autor kam er im polnischen Tauwetter zu frühem Ruhm. Sein erster Erzählband *Der erste Schritt in den Wolken* (1956) war schnell ausverkauft. 1958 reiste er über Paris und die Schweiz nach West-Berlin, wo er Asyl beantragte. Im selben Jahr druckte Sartres Zeitschrift *Les Temps Modernes* eine Erzählung Hłaskos ab, gleichzeitig erschien auch der Band *Der erste Schritt in den Wolken* in einer französischen Ausgabe. In den 1960er

27 Paolo Mancosu: Zhivago's secret journey. From typescript to book. Stanford 2016.
28 Nikita Khrushchev: Memoirs. Volume 2. Reformer 1945–1964. University Park 2006, S. 551.

Jahren wurden mehrere seiner Werke verfilmt, Hłasko wurde – wie auch sein Zeitgenosse, der Schauspieler Zbigniew Cybulski (1927–1967) – als „polnischer James Dean“ gehandelt. Ein Übriges zu seiner Berühmtheit in den 1960er Jahren tat die glamouröse Ehe mit der populären Schauspielerin Sonja Ziemann (1926–2020), die vor allem mit deutschen Heimatfilmen Erfolge feierte. In seinen Texten schilderte Hłasko Menschen in moralischen Zwangssituationen; die politischen Rahmenbedingungen des polnischen Kommunismus verstärken die existenzialistische Not moderner Biographien. In der Regel münden seine Plots in die Selbstzerstörung, die als einzig mögliche Konsequenz eines fremdbestimmten Lebens aufscheint. Hłasko starb 1969 an einer Überdosis Schlaftabletten, und auch sein tragisches Ende wirkte wie eine Bekräftigung seiner Literatur.

Andrzej Szczypiorski (1928–2000) ist der seltene Fall eines polnischen Autors, der in Deutschland viel populärer war als in seiner Heimat. Die Geschichte seines Ruhms ist gleichzeitig die Geschichte seiner deutschsprachigen Rezeption. Szczypiorskis Erfolg bei den westlichen Nachbarn wurde im Jahr 1988 eingeleitet durch die Publikation des Romans *Die schöne Frau Seidenman*, von dem in den ersten sechs Monaten 80 000 Exemplare abgesetzt werden konnten. Es folgten die höchsten Insignien offizieller Anerkennung: 1989 erhielt Szczypiorski den österreichischen Staatspreis für europäische Literatur, 1995 wurde ihm das Bundesverdienstkreuz der Bundesrepublik Deutschland verliehen, im selben Jahr wurde er in den deutschen Orden „Pour le mérite“ aufgenommen. Alles deutet darauf hin, dass Szczypiorski wie kein anderer die Bedürfnisse deutschsprachiger Leser erfüllte – was insofern überrascht, als seine Romane und Erzählungen oft vor dem Hintergrund des von Deutschland besetzten Polen spielen. Szczypiorski gelang es, ein neues, differenziertes Bild der Vergangenheit zu zeichnen. Ihn interessierte die Psychologie aller Akteure: der Täter, der Mitläufer, der Opfer. Dass er das Klischee vom deutschen Finsterling durchbrach, trug Szczypiorski in der polnischen Literaturkritik zwar den Vorwurf ein, die Schuld Deutschlands an den Verbrechen des Dritten Reichs allzu schnell beiseite zu schieben. Eine solche Deutung greift aber zu kurz. Szczypiorski wusste sehr wohl, wovon er schrieb: Er hatte selbst am Warschauer Aufstand teilgenommen und die letzten Kriegsmonate im KZ Sachsenhausen verbracht. In seinem Deutschlandbild war Raum für alle: für Joachim Fests verängstigte Opportunisten, für Anna Seghers’ mutige Widerstandskämpfer und schließlich auch für Daniel Goldhagens schlachtende Familienväter. Dass die Deutschen sich in diesem Panorama wiedererkannten, spricht für die psychohygienische Leistungsfähigkeit von Szczypiorskis Ansatz: Hier wurde für den deutschen Leser Vergangenheitsbewältigung möglich, ohne dass er in Sack und Asche gehen musste. Szczypiorski bediente mit dieser Thematik auch eine existenzialistische Rezeptionslinie. Er bewahrte dabei aber die Zuversicht, dass es in schweren Zeiten die Literatur sei, die dem Menschen „den Glauben an die Welt und damit an sich selbst“ zurückgeben könne.[29]

Vielleicht am konsequentesten hat **Milan Kundera** das existenzialistische Thema des absurden menschlichen Lebens in einem totalitären System gestaltet. Seine Grundthese lautet: Ein Mensch, der sich in einem totalitären System ein erträgliches Leben einrichten will, wird unweigerlich moralisch schuldig am Untergang eines anderen Menschen. In seinem ersten Roman *Der Scherz* (1967) verschränken sich privater und politischer Verrat zu einer Tragödie antiken Ausmaßes.

---

[29] Andrzej Szczypiorski: Europa ist unterwegs. Essays und Reden. Diogenes Verlag, Zürich 1996, S. 188.

Ein Student rächt sich in der stalinistischen Tschechoslowakei an seiner linientreuen Freundin, indem er ihr als Witz eine politisch provozierende Postkarte mit dem Gruß „Es lebe Trotzki!“ sendet. Die Maschinerie der staatlichen Repression setzt sich in Bewegung, der junge Mann wird in ein Strafbataillon gesteckt. Nach seiner Entlassung verführt er die Ehefrau seines Kommilitonen, der für seine Aburteilung verantwortlich war. Als er erfährt, dass sie von ihrem Mann getrennt lebt, stößt er sie von sich; sie verübt einen Selbstmordversuch. *Der Scherz* entfaltet die Existenz eines Opfers des kommunistischen Systems, das selbst zum Täter wird und eine fremde Existenz zerstört. Auch Kunderas berühmtester Roman *Die unerträgliche Leichtigkeit des Seins* (1984) behandelt ein ähnliches Thema. Der männliche Protagonist betrügt seine Geliebte ständig, ohne allerdings seine Liebe zu ihr aufzugeben. Er folgt ihr sogar aus dem Exil in die kommunistische Tschechoslowakei zurück. Als beide zu gegenseitiger Treue gefunden haben, sterben sie in einem Autounfall. Kunderas pessimistische Daseinsanalyse lautet: Leben bringt notwendig Verrat mit sich, wer bedingungslos treu ist, geht in einem absurden Tod unter. Die autobiographische Relevanz dieses Romans hat der Autor selbst benannt:

> Die Personen meines Romans sind meine eigenen Möglichkeiten, die sich nicht verwirklicht haben. Jede von ihnen hat eine Grenze überschritten, der ich selbst ausgewichen bin. Gerade diese unüberschrittene Grenze (die Grenze, hinter der mein Ich endet) zieht mich an. Erst dahinter beginnt das große Geheimnis, nach dem der Roman fragt.[30]

Die existenzialistische Rezeption von Kundera erfuhr 2008 eine biographistische Wende.[31] Damals wurde bekannt, dass der junge Milan Kundera am 14. März 1950 **Miroslav Dvořáček**, der mit einer antikommunistischen Exilorganisation in Verbindung stand, an die Behörden verraten haben soll.[32] Dvořáček wurde aufgrund von Kunderas Hinweisen verhaftet und zu 22 Jahren Arbeitslager verurteilt. Erst nach 14 Jahren Zwangsarbeit in Uranminen kam der Mann mit schweren Gesundheitsschäden frei, er lebte noch bis 2012 in Schweden. Kundera wies diese Vorwürfe bis zu seinem eigenen Tod entrüstet von sich. Falls sie dennoch zutreffen, müsste seine gesamte literarische Produktion als Anschreiben gegen die unerträgliche Leichtigkeit eines Erwachsenenlebens gedeutet werden, an dessen Anfang die Zerstörung eines anderen Menschen steht.

---

30 Milan Kundera: Die unerträgliche Leichtigkeit des Seins. München 1984, S. 211f.

31 Karen von Kunes: Milan Kundera's Fiction. A Critical Approach to Existential Betrayals. Lanham 2019, S. 112.

32 Das Prager Institut für die Erforschung totalitärer Regime unterstreicht die Echtheit des belastenden Protokolls. Kundera unterschrieb das Dokument zwar nicht selbst, aber eine persönliche Signatur gehörte damals nicht zur Einvernahmepraxis.

Milan Kundera beschwor seine tschechische Heimat im einflussreichen Essay *Die Tragödie Mitteleuropas* aus dem Jahr 1983. Er sprach von einer Region, die „kulturell im Westen“ und „politisch im Osten“ angesiedelt sei und hob die revolutionäre Kraft der Kultur in „Zentraleuropa“ hervor, die sich gegen die Diktatur aus dem „Osten“ aufbäume. So sei der ungarische Aufstand 1956 von einer Gruppe ausgegangen, die sich den Namen des Nationaldichters Sándor Petőfi auf die Fahnen geschrieben hatte. Die tschechische literarische Kultur habe zum Prager Frühling 1968 geführt. Und die Warschauer Studentenrevolte von 1968 sei die Reaktion auf die Absetzung eines Theaterstücks von Adam Mickiewicz gewesen.[33] Anfang 1985 erneuerte Kundera in einem weiteren Artikel seine Diatribe gegen das zaristische Russland und die Sowjetunion. Besonders abschätzig äußerte er sich dabei über das Werk von Fedor Dostoevskij. Diesmal blieb seine Anklage nicht unwidersprochen. Joseph Brodsky wandte sich gegen die pauschale Verurteilung der russischen Kultur und verwies auf die subtile Psychologie in Dostoevskijs Romanwerk. Vor allem warf er Kundera eine vereinfachende Sichtweise vor: Für ihn komme schlicht alles Böse aus dem Osten: Dostoevskij ebenso wie die Panzer des Warschauer Pakts, die den Prager Frühling niedergewalzt hatten.[34]

Die Debatte zwischen Kundera und Brodsky zeigt, dass sich die slavischen Kulturen je einzeln ins Bewusstsein des westeuropäischen Publikums bringen wollten. Die Trennlinie zwischen West und Ost verlief je nach Perspektive entlang des Eisernen Vorhangs oder eben östlich davon.

Der osteuropäische „Existenzialismus“ arbeitete sich immer auch an der Fragilität der abendländischen Kultur ab, die unter osteuropäischen Bedingungen besonders fragil erschien. Sicher ist auch der durchschlagende Erfolg von **Ivo Andrić** (1892–1975) unter diesem Aspekt zu deuten. In seinem Bestseller *Die Brücke über die Drina* (1945) kombiniert Andrić Erzählungen aus vier Jahrhunderten Geschichte des bosnisch-serbischen Grenzgebietes bei Višegrad. In seiner Darstellung erscheint die österreichische Zivilisation als dünner Firnis über der jahrhundertelangen türkisch-serbisch-bosnischen Gewaltgeschichte dieser Region. Noch deutlicher wird diese Grundkonstellation in der „Travniker Chronik“ *Wesire und Konsuln* (1945), die während der Napoleonischen Kriege in der bosnischen Stadt Travnik spielt. Sämtliche Beherrschungsversuche aus Ost wie West scheitern in diesem Roman, die elementare Kraft Bosniens behauptet sich gegen jede Beeinflussung. Andrićs Beitrag zum osteuropäischen „Existenzialismus“ besteht darin, dass er in seiner Prosa gründlich mit dem Glauben an ein selbstbestimmtes handelndes Individuum aufräumt und die Übermacht von historischen und kulturellen Determinanten herausarbeitet. Andrić war beim Lesepublikum äußerst beliebt und wurde 1961 mit dem Literaturnobelpreis ausgezeichnet. Der ständige Sekretär der

---

[33] Milan Kundera: Un occident kidnappé, ou la tragédie de l’Europe central, in: Le débat, 5/1983, S. 3–23; englisch: The Tragedy of Central Europe. New York Review of Books 7/1984, S. 33–38. – Un occident kidnappé oder die Tragödie Zentraleuropas, in: Kommune. Forum für Politik und Ökonomie 7/1984, S. 43–52. Die englische und deutsche Fassung weichen vom französischen Original ab. – Dazu: Philipp Ther: Milan Kundera und die Renaissance Zentraleuropas, in: Themenportal Europäische Geschichte, 2007, <www.europa.clio-online.de/essay/id/fdae-1362>. Kunderas klassischer Aufsatz ist wieder greifbar in dem Essayband: Milan Kundera: Der entführte Westen. Die Tragödie Mitteleuropas. Zürich 2023.

[34] Joseph Brodsky: Why Milan Kundera Is Wrong About Dostoyevsky. New York Times 17.2.1985, <https://archive.nytimes.com/www.nytimes.com/books/00/09/17/specials/ brodsky-kundera.html>.

Schwedischen Akademie Anders Österling begründete die Preisverleihung mit den Worten:

> Dieses Werk, im ohrenbetäubenden Lärm der Kanonen und im Schatten der nationalen Katastrophe entstanden, ist eine singuläre literarische Leistung.[35]

Andrićs Reputation als epischer Autor gründete auf solch dramatischen Vorstellungen, die allerdings wenig mit seiner wirklichen Schreibsituation zu tun hatten.[36]

Verdrängung und Projektion

Boris Groys hat Osteuropa das „Unterbewusstsein des Westens" genannt.[37] Als kulturhistorische These ist dieser Befund gewiss zugespitzt. Aber als heuristisches Instrument lässt sich diese Denkfigur gut einsetzen. In der Tat kann man die westliche Rezeption osteuropäischer Literatur auch psychoanalytisch deuten: Düstere eigene Erfahrungen und die dunklen Seiten der menschlichen Natur wurden verdrängt und in das dreifache Faszinosum Tremendum der kommunistischen Straflager, der marxistischen Zwangsbeglückung und der nackten menschlichen Existenz im real existierenden Sozialismus ausgelagert. Osteuropäische Literatur im Kalten Krieg jagte den Lesern im Westen einen Schauer den Rücken hinunter. Hier blickte man in die menschlichen Abgründe, die sich hinter den großen politischen Ideen auftaten. Zwar hatte es auch im Westen Gewaltherrschaft, Vertreibung und Vernichtung gegeben. Aber man fokussierte auf die Gegenwart und die Zukunft. Die Gebiete hinter dem „Eisernen Vorhang", die weit entfernt waren und über die man wenig wusste, wurden zur räumlichen Metapher für die eigene dunkle Vergangenheit umgedeutet: Was man in der eigenen Geschichte zu beklagen hatte, war nun nicht mehr zeitlich, sondern räumlich entfernt. Osteuropa wurde somit zur Blaubartkammer der westlichen Neugier.

Wie auch in anderen Bereichen lässt sich bei diesem Mechanismus ein deutscher Sonderweg beobachten. Die deutsche Vergangenheit präsentierte sich nach dem Krieg schrecklicher als die britische, französische oder italienische Nationalgeschichte, in denen ja auch viel Blut geflossen war. Der Schock über die eigenen Verbrechen saß der deutschen Bevölkerung noch tief in den Knochen. Entschärfte Deutungsangebote für die deutsche Zerstörung osteuropäischer Lebenswelten wurden deshalb vom deutschen Publikum in der Nachkriegszeit freudig aufgenommen. Ein schlagendes Beispiel ist der Film *Ich denke oft an Piroschka* (1955), der oberflächlich als Komödie erscheint, aber im Grunde zutiefst tragisch ist. Der Film wurde zu einem großen Kinoerfolg. Die Gründe dafür liegen genau in jener künstlerischen Diagnose, die der Film für die westeuropäische Rezeption der osteuropäischen Kultur nahelegt. Der junge deutsche Held befindet sich in der Zwischenkriegszeit auf einer Urlaubsreise durch Ungarn und muss sich zwischen zwei Frauen entscheiden. Piroschka, die Tochter eines Bahnhofvorstehers, ist seine wahre Liebe. Der Protagonist erkennt zwar seine Gefühle, reist jedoch zurück nach

---

35 Markus Geckeler: Ivo Andrić. In: Brockhaus Nobelpreise. Chronik herausragender Leistungen. Mannheim, Leibzig 2001, S. 568–569.

36 Michael Martens: Im Brand der Welten. Ivo Andrić. Ein europäisches Leben. Wien 2019, S. 227.

37 Boris Groys: Das Reich des Anderen. Russland als Unterbewusstsein des Westens, in: Lettre International, 137/2022, S. 43–48.

Deutschland und sieht Piroschka nie wieder. Solch simple Romanzen gab es zuhauf im Kino der 1950er Jahre. Das Besondere an *Ich denke oft an Piroschka* war das osteuropäische Setting. Dem Film gelingt es, die vermeintliche Überlegenheit des Westeuropäers mit dem ebenso konstruierten authentischen Leben in Osteuropa zu kombinieren.[38] Es ist bezeichnend, dass der ganze Film als Rückblende aufgebaut ist: Die eigentliche Begegnung mit Piroschka spielt im Jahr 1925, also noch bevor Deutschland seine Unschuld verloren hat. Der Protagonist befindet sich in der posttraumatischen und posttotalitären Gegenwart der 1950er Jahre und gibt sich einer Vergangenheitsbewältigung hin, die keine ist: Der Verlust des einfachen Zugangs zu Osteuropa ist eine historische deutsche Schuld, die erfolgreich in einer privaten Schnulze trivialisiert werden kann.
Das Piroschka-Muster – also die Verdrängung eigener tragischer Erfahrungen und die Projektion dieser Inhalte auf fremde Kulturprodukte – beherrschte die deutsche Rezeption der osteuropäischen Literatur im Kalten Krieg. Das Leiden unter der kommunistischen Gewaltherrschaft kam in literarischen Bearbeitungen in die bürgerlichen Wohnstuben. Die selbstkritischen Autobiographien früherer Marxisten bestätigten die Richtigkeit der liberalen Gesellschaftsordnung des Westens, die in der Gestalt des Wirtschaftswunders die Kriegswunden in Deutschland zumindest oberflächlich heilen ließ. Doch während der Existenzialismus französischer Prägung sich aus Sicht des deutschen Lesepublikums oft in abstrakten theoretischen Diskussionen verlor, waren es gerade die osteuropäischen Autoren, deren Schilderungen unter die Haut gingen und deren oft tragisches Schicksal die Authentizität ihrer Texte zusätzlich beglaubigte. Die Sehnsucht nach dieser Authentizität durchzieht auch die Komödie *Ich denke oft an Piroschka,* in der das wahre Leben anderswo ist – nämlich in „Hódmezővásárhelykutasipuszta“.

Schlagwörter:
Literatur, Slavistik, Kultur, Gulag, Solženicyn, Šalamov, Kundera, Pasternak, Konrád

[38] Kristin Kopp: Ein östliches Traumland im westdeutschen Heimatfilm. Kurt Hoffmanns „Ich denke oft an Piroschka“, in: Gregor Thum (Hg.): Traumland Osten. Deutsche Bilder vom östlichen Europa im 20. Jahrhundert. Göttingen 2006, S. 138–156.

Katharina Raabe

Eine Welt im Schatten

Osteuropäische Lektüren 1989–2025

Seit 1989 erlebten die Länder des ehemaligen Ostblocks einen beispiellosen Aufbruch der Literaturszene. Der Westen entdeckte einen vielstimmigen literarischen Kontinent, der bis dahin im Schatten der Aufmerksamkeit gelegen hatte. Mit der Wahrnehmung wichtiger literarischer Stimmen der Gegenwart ging die verspätete Rezeption einer Reihe europäischer Schriftsteller einher, die heute zur Weltliteratur zählen: Die Radikalität der künstlerischen Mittel von Autoren wie Imre Kertész oder Varlam Šalamov schuf eine neue Idee von literarischer Zeugenschaft. Verspätet rückte auch die Literatur der Ukraine in den Blick und mit ihr ein unbekanntes Riesenland zwischen dem osterweiterten Europa und Russland. Einerseits geprägt von der Gewaltgeschichte der Region, andererseits voller Experimentierfreude brachte die Literatur aus dem Osten Europas Unbeschriebenes und -erzähltes zur Sprache: Die geopoetische Landschaftsprosa und der Familienroman stießen beim deutschsprachigen Publikum auf starke Resonanz. Heute, rund 30 Jahre nach der Öffnung, schwingt das Pendel zurück. Belarus und die Ukraine drohen wieder in jener Grauzone zu versinken, aus der sie hervortraten – ein „letztes Territorium“, vom europäischen Friedensprojekt ausgenommen. Die Literatur löst sich in Zeiten von Exil und virtuellen Räumen aus ihrer geographischen Verortung. Osteuropäische Literatur wird nicht mehr notwendig in Osteuropa oder in einer der dortigen Sprachen geschrieben. Was jedoch bleibt, ist das Muster der Krise als Bedingung für Sichtbarkeit – und die Rolle der Schriftsteller als Opfer und Zeugen von Krieg und Diktatur.

Am 24. Dezember 2024 postete Serhij Žadan aus Charkiv ein Gedicht. Vier Strophen über ein Kind, das im Auge des Königs die eigene Verzweiflung sieht. Seit 2023 wird Weihnachten in der Ukraine nicht mehr nach dem julianischen Kalender gefeiert, sondern am 25. Dezember. An diesem Weihnachtstag wurden Charkiv und andere ukrainische Städte besonders heftig mit Raketen und Drohnen aus Russland beschossen.
Eine Woche später, am 31. Dezember, veröffentlichte Nino Haratischwili ein siebenminütiges s/w-Video auf Youtube: Schauspielerinnen und Schauspieler aus mehr als fünfzehn Theatern Deutschlands, Österreichs und der Schweiz lesen zeitgleich mit den protestierenden georgischen Kolleginnen und Kollegen verschiedener Tbilisier Theater einen Auszug aus dem Stück *Sacred Monsters*, um sich mit ihnen „im Kampf für

Katharina Raabe (1957), Lektorin für osteuropäische Literaturen im Suhrkamp Verlag, Berlin
Von ihr erschien in OSTEUROPA: Von Kosaken und Kampfschildkröten. Die Ukraine lesen, in: OE, 2–4/2010, S. 49–62. – Der erlesene Raum. Literatur im östlichen Mitteleuropa seit 1989, in: OE, 2–3/2009, S. 205–227. – Mit Christina Links: „Literatur, von der wir geträumt hatten!“. Das Buch und die Ambivalenzen von 1989, in: OE, 2–3/2009, S. 251–262. – Wo die Geschichte auf die Haut kriecht. Über Literatur aus dem Osten Europas, in: OE, 12/2005, S. 101–112.

OSTEUROPA, 75. Jg., 1–3/2025, S. 229–262 **doi: 10.35998/oe-2025-017**

Freiheit und Demokratie zu solidarisieren und sie in ihrem Widerstand gegen die Wahlfälschung, Gewalt, Folter und die russische Einflussnahme zu unterstützen".

Seit Russland den Krieg nach Europa zurückgebracht hat, steht der Begriff Osteuropa wieder für einen Raum der Gewalt und der existentiellen Schutzlosigkeit. Damit ist die Frage, ob es eine spezifisch osteuropäische Literatur gibt und wenn ja, was sie charakterisiert, auf einmal wieder da. Mit Blick auf den populärsten ukrainischen Schriftsteller und eine der erfolgreichsten Gegenwartsautorinnen ihrer Generation möchte ich anders formulieren: nicht ob, sondern wo sie geschrieben und von wem sie rezipiert wird.

Seit 1989 hat sich in allen Ländern des ehemaligen Ostblocks eine produktive Verlags- und Literaturszene entwickelt. Die jungen unabhängigen Staaten entdeckten die Bedeutung der auswärtigen Kulturbeziehungen. Nationale Buchinstitute erkannten die Bedeutung der Übersetzungsförderung für die Verbreitung ihrer Literatur im Ausland. Zwischen 1999 und 2003 hatten Ungarn, Polen, Litauen und Russland ihren Auftritt als Gastland der Frankfurter Buchmesse. 2018 folgte Georgien, 2023 Slowenien, 2026 wird es Tschechien sein. Komplementär richtete die Leipziger Buchmesse im Frühjahr thematische Länderschwerpunkte aus. Dort hatte sich bis 2024 die Zusammenarbeit mit großen Stiftungen, literarischen Institutionen, Organisationen, Übersetzer- und Autorennetzwerken intensiviert. Impulse kamen auch aus dem Kreis der Autoren, die mit dem seit 1994 vergebenen Leipziger Buchpreis zur Europäischen Verständigung geehrt wurden. So kuratierte der Autor, Übersetzer und Journalist Martin Pollack das auf drei Jahre angelegte Programm *tranzyt*, das dem Länderdreieck Belarus-Polen-Ukraine gewidmet war. Mit allein über tausend Lesungen im gesamten Stadtgebiet verwandelte sich Leipzig jedes Frühjahr in einen babylonischen Bienenstock – ein Blick in die Programmfolder zeigt, mit welchem Gespür die jeweilige osteuropäische Gegenwart auf den Podiumsdiskussionen verhandelt wurde.

Seit der digitalen Revolution bedienen sich viele Schriftsteller weltweit des Internets und der sozialen Netzwerke, um Öffentlichkeit zu schaffen: zunehmend für sich selbst, etwa auf Instagram, weil ihnen in der fragmentierten Medienlandschaft die Aufmerksamkeit nicht mehr sicher ist; oder um auf unerträgliche Zustände aufmerksam zu machen und Kampagnen zu starten. Je prominenter die Beteiligten, desto vernehmlicher die Causa, um die es geht, und das wiederum wirkt sich auch auf die Verbreitung ihrer Bücher aus. Diese fluktuierenden Interessengemeinschaften oder Communities operieren transnational, und dank Google Translate sind in den sozialen Netzwerken viele Sprachbarrieren gefallen. Die Proteste in Georgien sind so nicht weniger sichtbar als die im Iran oder Argentinien. Im Netz gibt es kein Osteuropa mehr, sondern nur noch Akteure, (selbsternannte) Experten und lokale Ereignisse.

Dennoch und trotz dieser schwindenden Rezeptionsbarrieren geht literaturgeographisch neuerdings wieder ein Riss durch den Kontinent. Im vierten Jahrzehnt nach dem Ende des Ost-West-Konflikts ist Russland der selbsterklärte Feind des „kollektiven Westens". Seit dem Großangriff auf die Ukraine werden die russische Literatur und ihre „imperialen" Traditionsbestände radikal in Frage gestellt – nicht nur in postkolonial informierten akademischen Debatten, die auch die Abwesenheit der ukrainischen Literatur im slawistischen Curriculum kritisieren. Übersetzer wie Andreas Tretner und Autorinnen wie Maria Stepanova quälen sich mit „ihrer" Sprache, die durch Hass, Hetze und

Kriegspropaganda vergiftet wird.[1] Die russische Sprache wird die Lagerluft nicht los, die sie eingeatmet hat, schrieb Michail Šiškin in einem leidenschaftlichen Artikel. Darin heißt es:

> Wo alle nach den Gesetzen des Lagers leben, ist der Zweck der Sprache der Krieg aller gegen alle. Wo die Starken unbedingt auf die Schwachen einprügeln müssen, dient die Sprache dazu, das mit Worten zu tun. Erniedrigen, beleidigen, den Blechnapf wegnehmen, herabwürdigen. Sprache als Form der Persönlichkeitsmissachtung [. . .] Selbst das freie russische Wort, das sich dem Gefängnisstaat widersetzt, hat seine Luft geatmet.[2]

Viele der wichtigsten Vertreter der russischen Gegenwartsliteratur – unter ihnen auch Šiškin und Maria Stepanova – leben mittlerweile im Exil.

Dagegen gehören Polen, Ungarn, Tschechien etc., die ehemaligen Satellitenstaaten sowie die baltischen Staaten als Mitglieder der Europäischen Union und der NATO ebenfalls zum „kollektiven Westen". Fast alle sind Demokratien, 35 Jahre alt, und überall wurde die Literaturgeschichte in der jeweiligen Sprache weitergeschrieben – was soll an ihnen noch osteuropäisch sein?

Belarus und die Ukraine mit ihren engen historischen, sprachlichen und kulturellen Verbindungen zu Polen fanden sich mit der EU-Osterweiterung 2004 in der „Grauzone", in einem „Zwischeneuropa" wieder.[3] Belarus hat sich seit dem gescheiterten Protest gegen die Präsidentschaftswahl im August 2020 in eine Diktatur verwandelt. Vom westlichen Europa aus scheint es nahezu unsichtbar. Als „Autor aus Nirgendwo, der in einer nicht existenten Sprache schreibt", charakterisierte sich der belarussische Exilschriftsteller Alhierd Bacharevič im September 2024.[4] Sie hingegen sei gar „keine Schriftstellerin mehr und werde es vielleicht nie mehr sein können", schrieb die ukrainische Autorin Tanja Maljarčuk im März 2022. „Wörter erstarren in mir, sie sterben ab, gehen zugrunde mit jeder weiteren Rakete, die meine Welt beschießt und zerfetzt."[5]

Noch vor 15 Jahren war die Frage, ob es so etwas wie osteuropäische Literatur – fünfzehn Länder, mindestens siebzehn Sprachen – gebe, von einer Reihe von Schriftstellern mit Einschränkungen bejaht worden. „Als Schriftsteller", schrieb der 1973 in Rumänien geborene ungarische Autor György Dragomán, „hat mich die Erfahrung der Macht geprägt und ihre zwangsläufige Folge, das innere und äußere Exil". Diese Erfahrung teilten sie alle, die in der östlichen Hemisphäre sozialisiert worden sind: Osteuropäische

---

1 Andreas Tretner: Ansichten vom dritten Ort. Rede anlässlich der Verleihung der Johann-Georg-Voß-Preises 2023, <www.deutscheakademie.de/de/auszeichnungen/johann-heinrich-voss-preis/andreas-tretner/dankrede>. – Maria Stepanova: Die russische Frage. FAZ, 23.1.2023.

2 Michail Schischkin: Schuld ohne Sühne. Süddeutsche Zeitung, 13.11.2023.

3 Juri Andruchowytsch: Grauzone guter Nachbarschaft (2006). In: Ders.; Engel und Dämonen der Peripherie. Essays. Frankfurt/Main 2007, S. 186–195. – Dieselbe Metapher verwendet auch der Historiker Andreas Rödder in seinem jüngsten Buch: Der verlorene Frieden. Vom Fall der Mauer zum neuen Ost-West-Konflikt. München 2024, S. 59. Nach der Erweiterung der NATO nach Osten, schreibt er, hätten sich „die nicht-russischen Nichtmitglieder außen- und sicherheitspolitisch in der Grauzone zwischen der NATO und Russland" wiedergefunden.

4 Gespräch mit Sieglinde Geisel, Berlin, September 2024 (unveröffentlicht).

5 Tanja Maljartschuk: Anno belli. Vortrag im Rahmen der Veranstaltung „Ukraine im Krieg". Literaturhaus Stuttgart, 14. März 2022.

Literatur entstehe überall dort, „wo die politische Gewalt den Schriftsteller aufs absurdeste isoliert und ausliefert“.[6]
Bacharevič und Maljarčuk würden dieser Definition vermutlich zustimmen, sicher auch Stepanova und Šiškin – Autoren, die in ihrer Sprache schreiben, aber nicht mehr in ihrem Herkunftsland leben. Osteuropäische Literatur, so eine vorläufige Antwort, hat sich im Laufe der letzten Jahrzehnte von der Geographie emanzipiert, ist aus dem Osten in den Westen migriert und findet heute, dank der digitalen Technologie, auch in einem virtuellen Raum ihr ortloses Publikum.

***

Die jüngsten Schriftsteller, die sogenannten Millennials, teilen nicht einmal mehr die Dragománschen Kindheitserinnerungen an das Leben in der Diktatur. Nino Haratischwili wurde 1983 in Tbilisi geboren und kam Anfang der 1990er Jahre mit ihren Eltern nach Deutschland. Sie debütierte als Theaterautorin und legte 2014 mit ihrem zweiten Roman *Das achte Leben (Für Brilka)* ein 1300-seitiges Epos vor: die Geschichte einer georgischen Familie im 20. Jahrhundert. Ihr Stammvater ist ein Schokoladenfabrikant, die Heldinnen sind, wie in Isabel Allendes *Geisterhaus*, die starken Frauen. Die Fäden dieses Familiengewebes laufen durch Wien, Paris und Sankt Petersburg. Das Buch ist ein gewaltiger Bilderbogen, mit Revolution, Krieg, Flucht, Terror, Angst und der rettenden Kraft der Liebe. Bis heute wurden rund 360 000 Exemplare verkauft.[7]
Wie ihre Kolleginnen Lena Gorelik, Olga Grjasnowa und Sasha Marianna Salzmann, die in Leningrad, Baku und Wolgograd geboren wurden und mit ihren Eltern als jüdische Kontingentflüchtlinge Anfang der 1990er Jahre nach Deutschland kamen, lebt auch Haratischwili in der Spannung zwischen Identitäten, Zugehörigkeiten und neuen Allianzen, die mit Osteuropa wenig, umso mehr aber mit Themen wie Migration, Vertreibung und Krieg zu tun haben. Sie alle haben die Ankunft ihrer sowjetischen Eltern in der Fremde erlebt, deren Scheitern nicht nur an sich selbst, sondern an einer verständnislosen Umgebung. Es dürfte kein Zufall sein, dass sich die Autorinnen mit sowjetisch-russisch-jüdischem Hintergrund dort engagieren, wo Kollegen aus dem Iran, der Türkei, aus Israel und Palästina oder auch Georgien ihre Unterstützung brauchen.[8] All diese Autorinnen schreiben Deutsch und werden in viele Sprachen übersetzt, auch ins Ukrainische. Osteuropäische Literatur, so die zweite vorläufige Antwort, wird weder zwangsläufig in Osteuropa noch in einer der dortigen Sprachen geschrieben.

***

Die Literatur ist eine unzuverlässige Begleiterin, wenn es um handfestes historisches Wissen geht. Doch sie hat einen Vorteil: Sie involviert die Leser emotional und intellektuell in die Ereignisse, denen sie eine Form zu geben versucht. Ihre Kunst, Vergangenes zu vergegenwärtigen, hängt an den Mitteln der Sprache: der Stimme, der Intensität eines Satzes, der Stringenz ihres Erzählens. Die Literatur sucht, wie es der bosnische Autor

---

[6] Katharina Raabe (Hg.): Das wilde Leben. East Side Stories. Berlin 2012, S. 189.

[7] Abruf bei mc-metis, Dezember 2024.

[8] Lena Gorelik, Jg. 1981, debütierte 2004 mit *Meine weißen Nächte*; Olga Grjasnowa, Jg. 1984, veröffentlichte 2012 ihren Debütroman *Der Russe ist einer, der Birken liebt*. Sasha Marianna Salzmann, Jg. 1985, wurde zunächst als Theaterautorin bekannt, bevor sie 2017 mit ihrem ersten Roman *Außer sich* auf der Shortlist des Deutschen Buchpreises landete.

Dževad Karahasan gern ausdrückte, im Leser den Gesprächspartner – über Epochen- und Sprachgrenzen hinweg.[9]

Statt einen Überblick über 35 Jahre osteuropäische Literatur im deutschsprachigen Raum zu geben, beschreibe ich einige exemplarische Konstellationen. Es geht um Autoren und Lektüren, die die Wahrnehmung Osteuropas in der deutschsprachigen literarischen Öffentlichkeit nach 1989 erweitert haben; um literarische Texte, die sich, mit jahrzehntelanger Verspätung rezipiert, überraschend als „Bücher der Stunde" erweisen. Als Lektorin fasziniert mich der osmotische Prozess, in dem sich Leben und Literatur durchdringen, zumal in einer historisch einzigartigen Situation wie dem Ende des Ost-West-Konflikts. Ich erinnere mich an Ereignisse, in denen Schriftsteller aus Osteuropa dem Publikum die Augen öffneten für das Unbekannte in der eigenen (deutschen) Geschichte. Heute, unter dem Eindruck von Krieg und Repression in unserer europäischen Nachbarschaft, lassen sich ihre Werke über Schüsselerfahrungen des 20. Jahrhunderts neu lesen, und die Frage drängt sich auf, ob es ein spezifisch osteuropäisches Wissen gibt, das sich im Erzählen von Krieg und Verfolgung, Überleben und Widerstand, Verrat und Freiheitskampf abgelagert hat.

Die Dauerspannung zwischen poetischem Eigensinn und politisch-aufklärerischer Instrumentalisierung durch die Vermittlerinstanzen lässt sich selten auflösen. In Krisenmomenten wird Werken mediale Aufmerksamkeit zuteil, von denen man sich Anschauung und Erkenntnis verspricht. Der Schauplatz eines Romans, die Herkunft seiner Autorin sind plötzlich relevant. Verlage, Medien und Veranstalter wissen dieses Interesse zu nutzen, indem sie die Nachfrage nicht nur bedienen, sondern zu erzeugen versuchen. Ohne diesen Mechanismus würden unbekannte osteuropäische Schriftstellerinnen kaum Beachtung finden. Ohne Krise keine Sichtbarkeit. Bekannte Autoren hingegen nutzen ihre Medienpräsenz vor allem in Zeiten politischer Verwerfungen ganz bewusst, um die Aufmerksamkeit wachzuhalten, selbst um den Preis, dass der Blick auf ihre Arbeit sich zwangsläufig auf Opfer- und Zeuge-Sein verengt. Bedeutende Literatur entsteht jenseits der Aktualität, entlang individuell gewählter Traditionslinien, in intertextuellen Räumen, einer Selbstverpflichtung folgend: Geschrieben wird, was unabweisbar zu schreiben ist. Als unabweisbar aktuell erweisen sich in einer späteren Zeit gerade diese literarischen Werke.

Offene Grenzen – offener Blick

Imre Kertész und die deutsche Schuld

Ein Mann sitzt im Zug von Budapest nach Wien. Vor kurzem ist der Eiserne Vorhang gefallen. Der Protagonist in Imre Kertész' Erzählung *Protokoll* hat die vergangenen Jahrzehnte in einer osteuropäischen Diktatur gelebt und kennt die Devisenvorschriften nicht. Die Grenzen sind offen, doch er wird an der Grenzstation zurückgeschickt. Er versteht – und diese Einsicht erfüllt ihn mit brennender Scham:

[9] Osteuropa mit seinen „kleinen Sprachen" und „großen Literaturen" ist der Übersetzungskontinent par excellence. Ohne die Hingabe und Professionalität der Übersetzer, ihre Kunst des Lesens und Nachbildens wäre dieser Kontinent in der deutschsprachigen literarischen Welt noch unerschlossen und die vorliegenden Ausführungen wären nicht denkbar.

> Wieso nur habe ich angenommen, ich könnte nach Wien reisen? . . . Ich habe bisher wie ein Gefangener gelebt, meine Gedanken, mein Talent, mein wahres Wesen geheimhaltend, denn ich wußte genau, da, wo ich lebe, kann ich nur als Gefangener frei sein.[10]

Die Geschichte erschien im Dezember 1991, im Kontext eines deutsch-ungarischen Schriftstellertreffens. Jüngere, in Deutschland bereits bekannte Kollegen waren anwesend, als Imre Kertész am 26. Februar 1992 erstmals in Berlin las. György Dalos, dessen politische Bücher bereits seit Ende der 1970er Jahre auf Deutsch im linken *Rotbuch Verlag* erschienen, hatte mit dem humorvollen Roman einer jüdisch-ungarischen Adoleszenzgeschichte *Die Beschneidung* ein begeistertes Publikum gewonnen. Er führte den unbekannten Kollegen ein.

Nicht aus *Protokoll* trug Kertész in seinem weichen, ungarisch getönten Deutsch vor – er werde aus dem letzten Kapitel seines Romans *Sorstalanság* („Schicksallosigkeit") lesen, hatte Kertész zuvor an Eva Haldimann geschrieben, wenn das deutsche Publikum (falls es überhaupt welches geben sollte) das aushalte.[11] Der Ich-Erzähler des Romans schildert aus der Perspektive eines 15-Jährigen die Deportation nach Auschwitz, das Überleben in Buchenwald und die Rückkehr nach Hause, wo niemand sich für das, was er erlebt hat, interessiert.

Man habe „einiges über die Besonderheiten der jüdischen Existenz gehört", schrieb Péter Esterházy über den Abend, „von Imre Kertész Gewichtiges, von György Dalos Amüsantes".[12]

Die deutsche Übersetzung von Kertész' Roman war unter dem Titel *Mensch ohne Schicksal* im selben Jahr wie *Die Beschneidung* erschienen – in einem DDR-Verlag, mitten in den Turbulenzen der Wende; das Buch blieb unbeachtet. Ob es daran lag, dass damals „die Deutschen sich nur mit sich selbst beschäftigen wollten", wie Péter Esterházy meinte,[13] oder ob es zu schwer verdaulich war, wie Kertész befürchtete – die Erfahrung, ohne Echo und im Abseits zu bleiben, war für ihn Normalität. Bei Erscheinen von *Sorstalanság* im Jahr 1975 war Dalos einer der wenigen gewesen, der die Brisanz des Buches erkannt hatte. Es verschwand schnell wieder aus den Regalen.

Für die Neuauflage 1983 wurde Kertész zusammen mit Péter Esterházy der *Milan-Füst-Preis* verliehen, mit dem stets zwei Schriftsteller ausgezeichnet werden, ein älterer und ein jüngerer. Esterházy, der „junge, wilde Graf"[14], Jahrgang 1950, war ein Star der ungarischen Literaturwelt. Sein 1979 erschienener *Produktionsroman* hatte sich

---

[10] Imre Kertész, Peter Esterházy: Eine Geschichte. Zwei Geschichten. Salzburg 1994, S. 39f. – Deutsche Erstveröffentlichung von „Protokoll" in der Übersetzung von Jörg Buschmann, in: Sprache im technischen Zeitalter, 120/1991, S. 125–141. Die Herausgeberin des Sonderhefts „Literarische Begegnungen Budapest-Berlin", Barbara Richter, leitete die Literatursektion des DAAD-Künstlerprogramms.

[11] Imre Kertész: Briefe an Eva Haldimann. Aus dem Ungarischen von Kristin Schwamm. Berlin 2009, S. 28.

[12] Élet és Irodalom, 13.3.1992. – Dank an György Dalos für die Mitteilung. – Die Lesung wurde nur im *Freitag* besprochen. Jürgen Engler: Gegen die Mitte. „Literarische Begegnung Budapest-Berlin". Freitag, 13.3.1992.

[13] Ich kann allem widerstehen, nur der Versuchung nicht. Ein Gespräch zwischen Péter Esterházy und Angelika Klammer, in: Angelika Klammer (Hg.): Was für ein Péter? Über Péter Esterházy. Salzburg 1999, S. 148–169, hier S. 152.

[14] So Angelika Klammer in einem Gespräch mit der Verfasserin, 10.1.2025.

100 000-fach verkauft, die folgenden Prosabände erzielten hohe fünfstellige Verkaufszahlen. Mit diesem Werk im Rücken, befand Kertész später, musste natürlich Esterházy als der ältere gelten. Er selbst hatte nur ein Buch vorzuweisen, das bereits acht Jahre zuvor erschienen war.

Wie Dalos war auch Esterházy im deutschsprachigen Raum bereits bekannt. Seine Bücher erschienen bei *Residenz* in Salzburg, dem Verlag von Thomas Bernhard und Peter Handke, einem Autor, dem er sich besonders nahe fühlte; das galt auch für Barbara Frischmuth und H.C. Artmann. *Hilfsverben des Herzens*, *Das Buch Hrabal*, *Kleine ungarische Pornographie* und zuletzt *Donau abwärts* gehörten zum mitteleuropäischen Profil des Verlags.

An jenem Abend im Februar 1992 saßen auch der Essayist László Földényi und der Theaterregisseur George Tabori im Publikum, die wie Dalos und Esterhazy und viele andere in den 1970er und 1980er Jahren als Gäste des DAAD-Künstlerprogramms in Westberlin gewesen waren. Die Veranstaltung fand im Rahmen der Literarischen Begegnungen Budapest-Berlin statt. Die Beteiligung namhafter DDR-Schriftsteller wie Klaus Schlesinger und Hans-Joachim Schädlich, die seit über zehn Jahren im Westen lebten, verschaffte der Reihe einen gewissen Promi-Faktor. Ein Foto zeigt Dalos im weißen Hemd und Pullunder, während Kertész Krawatte und gestreiftes Kragenhemd unter dem Jackett trägt. Ein freundlicher Herr mit kleinbürgerlichem Flair und einem wehrlosen Lächeln.

György Dalos und Imre Kertész (rechts) im Jahr 1992 im Rahmen der Veranstaltungsreihe „Literarische Begegnung Budapest-Berlin". Foto von Marianne Fleitmann. AdK, Berlin, Imre-Kertész-Archiv, Nr. 403

***

In Ungarn hatte sich Kertész seit 1980 vor allem als Übersetzer aus dem Deutschen einen Namen gemacht, mit Stücken von Tankred Dorst, dem *Büroroman* von Walter F. Richartz, vor allem aber Werken von Hofmannsthal und Nietzsche, Elias Canetti und Wittgenstein. Von seiner schriftstellerischen Arbeit hatten offenbar nur wenige Leser eine Vorstellung.[15] Erst Ende der 1980er Jahre kamen seine Bücher in rascher Folge heraus. *Kaddisch für ein nicht geborenes Kind*, im Juni 1990 erschienen, sei innerhalb von drei Tagen ausverkauft gewesen, schrieb er an Eva Haldimann.[16] Nicht nur in Ungarn, auch in Deutschland fand Kertész seine Leser erst in der Nachwendezeit.

Als die Lektorin des neugegründeten Verlags *Rowohlt Berlin*, Ingrid Krüger, 1990 nach Budapest kam, um für ihr literarisches Programm auf Streifzug zu gehen, lagen die Rechte an seinem Werk noch bei der staatlichen Autorenagentur *Artisjus*. Sie kaufte die Rechte an *Kaddisch* und *Galeerentagebuch*, und die skrupulös übersetzten und betreuten deutschen Ausgaben überzeugten den Autor davon, dass sein Werk nicht in Ungarn, sondern in Deutschland am besten aufgehoben war. Im Herbst 1992 erwarb der Verlag die Weltrechte an einem Werk, dessen Sprache niemand im Hause Rowohlt beherrschte. Gut zehn Jahre später erhielt Imre Kertész den Literaturnobelpreis.

Auf Deutsch erschien *Kaddisch* im September 1992 und erregte die Bewunderung der Kritiker. Bereits im November wurde nachgedruckt – eine Auflage von 5000 Exemplaren. Das Buch traf einen Nerv. Eine Zeile aus Celans „Todesfuge" zieht sich leitmotivisch durch den atemlosen, im Thomas-Bernhard-Sound syntaktisch durchstilisierten Monologtext. Die mit „Nein!" einsetzende Suada des Ich-Erzählers, der auf 150 Seiten nichts anderes tut, als sich der Fortzeugung des Menschengeschlechts zu verweigern, die Erfahrungen seines Überlebenden-Lebens zu beschwören, in nicht endenden Windungen und Wendungen diesem Leben hinterherzuschreiben, bis beides, Leben und Schreiben, zur Deckung gekommen sind, das war große Kunst von höchster Relevanz.

Kertész, der Überlebende, kehrte ins Land der Mörder zurück, während das wiedervereinigte Deutschland von rassistischen Pogromen (Rostock-Lichtenhagen im August 1992) und antisemitischen Attacken erschüttert wurde. Den Herbst verbrachte er in der Nähe von München und folgte den Einladungen in Buchhandlungen und Büchereien. „Gerade jetzt, wo sich in Deutschland, in Ungarn und überall Antisemitismus regt, sollte ein Autor wie Imre Kertész gelesen werden", kommentiert die *Stuttgarter Zeitung* im

---

[15] Die Literaturkritikerin Eva Haldimann hatte in der *Neuen Zürcher Zeitung*, in einer vierteljährlich erscheinenden Umschau, über literarische Neuerscheinungen in Ungarn, 1977 auf *Sorstalanság* hingewiesen; ihre Besprechung erreichte den Autor auf Umwegen. „Wahrscheinlich ahnen Sie gar nicht, was für ein seltenes Geschenk für mich das würdigende Interesse eines unabhängigen Geistes in meinem täglichen Kampf gegen das Schweigen ist", schrieb Kertész ihr am 14.12.1977, in: Kertész, Briefe an Eva Haldimann [Fn. 9], S. 11.

[16] Ebd., S. 16. – Über die Erfahrung, nach jahrzehntelangem Ringen um Sprache und Form, mit der Nichtrezeption umzugehen, schrieb er seinen nächsten Roman: *A kudárc* (1988, „Das Scheitern"; dt. *Fiasko*, 1999). Es folgten neben *Kaddisch* zwei Erzählungen sowie Aufzeichnungen der Jahre 1961 bis 1990, das *Galeerentagebuch* (1992; dt. 1993).

Oktober 1992.[17] Kertész wird als Mahner wahrgenommen: „Die Lesung machte klar: Vergessen darf man den Holocaust nicht – auch wenn die meisten es gern tun würden.“[18] Auf dem *Jean-Améry-Symposion* in Wien hält er den Vortrag „Holocaust als Kultur“, eine der frühen Reden, mit denen er sich als osteuropäischer Intellektueller in die deutsche Debatte über Erinnerungskultur einschreibt, ohne dass es ihm bereits klar wäre:

> Heute wissen wir: Das Überleben ist nicht nur das persönliche Problem des Überlebenden, die langen, dunklen Schatten des Holocaust legen sich über die gesamte Zivilisation, in der er geschah und die mit der Last und den Folgen des Geschehenen weiterleben muß.[19]

Die Anerkennung, der Erfolg, der plötzlich über ihn hereinbricht, erzeugen ein Gefühl der Unwirklichkeit. „Die Ereignisse – gestern Scheitern, heute Erfolg – sind geisterhaft; mein Leben ist geisterhaft.“[20]
Nach dem Erfolg seines Améry-Vortrags macht er

> die Erfahrung, daß der Schriftsteller – im klassischen oder, sagen wir, wahren Sinn des Wortes – eine Seltenheit und das Publikum erstaunt ist, wenn es ihm begegnet. . . . Ein Schriftsteller, jemand der seine Kunst erlitten hat und nun, einem Freiheitshelden gleich, mit einer höflichen, aber bestimmten und unbestechlichen Geste die ihm vor fünfzig Jahren zugefügte ruhmvolle Wunde, die allmählich zur Legende wird, den Menschen vorzeigt – so jemand findet sich hier in der „Marktwirtschaft“ nur selten.[21]

In der Alten Schmiede in Wien, einem legendären Ort, an dem alle bedeutenden Autoren Osteuropas zu Gast waren, liest Kertész Anfang Februar 1993 zusammen mit Elfriede Jelinek. Seiner Veranstaltungsbesprechung stellt der ergriffene Richard Reichensperger ein Aichinger-Zitat voran: „Man überlebt nicht alles, was man überlebt“ . . . Der Berichterstatter konstatiert: „Betroffenheit, Getroffenheit, Gebrochenheit auch im dichtgedrängten Publikum: Wirkung bedeutender Literatur.“[22]
Bei Kertész wiederum, der sich später angeekelt als „Holocaust-Clown“ bezeichnen wird, überwiegt in diesen Jahren noch die Ungläubigkeit: „Es gibt in Wien ein kleines, aber eingeschworenes Publikum, das das Buch kennt und liebt“, schreibt er an Eva Haldimann.

> Ich kann es immer noch nicht glauben, es geht mir so wie Simone Weil, nachdem sie Arbeiterin in einer Fabrik gewesen war: Danach, schreibt sie, habe sie selbst noch die simpelste Höflichkeit für einen Irrtum gehalten . . .[23]

---

[17] Die Kraft des Nein. Stuttgarter Zeitung, 19.10.92, Besprechung der Lesung am 16.10. in der Fellbacher Stadtbücherei.

[18] Sterbelied eines Überlebenden: Imre Kertész [sic!] Reflektionen nach Holocaust. Ungar löste Betroffenheit bei der Autorenlesung „Kaddisch für ein nichtgeborenes Kind“ in Feldafing aus. Starnberger Merkur, 25.11.1992. Bei dem Zitat handelt es sich um die Bildlegende zum Foto, auf dem das ergriffene Publikum zu sehen ist.

[19] Imre Kertész: Holocaust als Kultur, in: Ders.: Die exilierte Sprache. Essays und Reden. Mit einem Vorwort von Péter Nádas. Aus dem Ungarischen von Kristin Schwamm u.v.a. Frankfurt/Main 2003, S. 86.

[20] Imre Kertész: Der Betrachter. Aufzeichnungen 1991–2001. Reinbek 2016, S. 24.

[21] Ebd., S. 33f. – Marktwirtschaft schreibt er deutsch.

[22] Das Nein zur Fortsetzung. Imre Kertész in Wien. Standard, 6./7.2.1993.

[23] Brief an Eva Haldimann, 8.2.1993 [Fn. 9], S. 47f.

***

Im September 1993 erschien *Galeerentagebuch* auf Deutsch.[24] Im Buchhandel wurde es weniger nachgefragt als *Kaddisch*, doch die rasch wachsende Gemeinde der Kertész-Leser stürzte sich darauf. Mit diesen Aufzeichnungen hielt man nicht nur ein zeitgeschichtliches Zeugnis des Lebens in der Kádár-Zeit in der Hand, sondern auch den Schlüssel zur Poetologie des Hauptwerks, dessen Neuübersetzung fällig und bei *Rowohlt Berlin* bereits in Planung war.

Kertész folgt Einladungen zu Literaturtagen in der Schweiz, in Österreich und Deutschland. Leserinnen wollen wissen, wie er sich in Deutschland fühle, ob er Ressentiments begegne. Bei einer Tagung in der Evangelischen Akademie Tutzing kommt es im November 1993 zum Eklat: Gyula Kurucz, der Leiter von Haus Ungarn, des ungarischen Kulturinstituts in Berlin, hatte sich bei der Organisatorin beschwert, dass die Gäste, die sie zu ihrer Veranstaltung *Mitteleuropäische Dialoge. Deutsche und Ungarn* eingeladen hatte, als Mitglieder der „Konrád-Sekte" keineswegs geeignet seien, die ungarische Literatur zu repräsentieren. Imre Kertész schreibe beispielsweise „immer nur über ein einziges Thema".[25] György Konrád, seit 1978 auf Deutsch bei *Suhrkamp* verlegt, hatte sich, anders als Kertész, als Dissident in den 1980er Jahren politisch betätigt – und er war Jude. Die Einmischung schockierte; der Verlag verständigte den Berliner Senat, der ankündigte, dem *Haus Ungarn* die Zuwendung zu streichen.

Péter Esterházy (rechts) und der rumäniendeutsche Übersetzer Oskar Pastior. Foto von Marianne Fleitmann. AdK, Berlin, Marianne-Fleitmann-Archiv, Nr. 8120

[24] Imre Kertész: Galeerentagebuch. Aus dem Ungarischen von Kristin Schwamm. Berlin 1993.

[25] Zit. im dokumentarischen Anhang zu Fn. 11, S. 133. Ich danke Katalin Madacsi-Laube (Imre Kertész Archiv, Akademie der Künste Berlin) für ihre Unterstützung.

In Ungarn protestierten Schriftstellerkollegen wie Miklos Mészöly, Péter Nádas, Péter Esterházy und László Földényi beim Bildungsminister. Da dem deutschen Publikum die hetzerischen Artikel der ungarischen Presse nicht zugänglich waren, begriff man nicht, dass der Monothematik-Vorwurf nur die Spitze des Eisbergs war.
Kertész ließ erklären, dass er für öffentliche Auftritte, die über Lesungen aus seinen Büchern hinausgingen, fortan nicht mehr zur Verfügung stehen werde.

***

Der Durchbruch, der ihm große und anhaltende öffentliche Aufmerksamkeit sicherte, kam 1996, mit der Publikation des *Roman eines Schicksallosen* in neuer Übersetzung. Das Buch, strikt aus der Perspektive eines Jungen geschrieben, der die Welt des Konzentrationslagers erleidet, sie zugleich aber wie ein gelehriger Schüler zu verstehen sucht, um sich anzupassen, löste einen kathartischen Schock aus. Kertész' provozierend forscher, frohgemuter Erzähler warf einen vollkommen anderen Blick auf die bekannten Schauplätze: die Rampe, die Entlausungsbaracke, die Krankenstation.
Zwei Passagen blieben vor allem in Erinnerung: ein Nachdenken über die wörtliche Bedeutung des Ausdrucks „menschliche Überreste“, die der Erzähler in Buchenwald anstellt, als er auf einem Leichenkarren abtransportiert wird, im Gefühl, genau das zu sein, ein Gebilde aus Haut und Knochen, bedürfnislos vor sich hindämmernd; wie ihm mit seinen letzten Sinneskräften die Lichter des Lagers, die unter ihm liegen, in den Blick kommen und der schwache Geruch von Kohlsuppe in die Nase steigt und der Wunsch ihn beschleicht, noch ein bisschen weiterleben zu wollen „in diesem schönen Konzentrationslager“. Am Ende des Buches, wieder in Budapest, denkt er zurück, und ihn überfällt ein Gefühl wie Heimweh nach dieser Zeit und jenen Momenten, in denen, „in der Pause zwischen den Qualen“, so etwas wie Glück möglich war, ja, er würde, wenn man ihm nur zuhören wolle, „vom Glück der Konzentrationslager“ erzählen.[26]
Die Lektüre des *Roman eines Schicksallosen* hob die Diskussion um das Schreiben über Auschwitz auf eine neue Ebene; und sie öffnete den Blick auf ein Osteuropa, das aus dem langen Schatten des Holocaust nicht herausgetreten war. Dieses Buch wurde mit dreißigjähriger Verspätung rezipiert; kaum vorstellbar, dass es im Kalten Krieg von einem westlichen Publikum begriffen worden wäre. Produktiv wurde die Debatte, weil sie sich mit Erträgen der historischen Forschung verknüpfen ließ, wie sie erst mit der Öffnung der osteuropäischen Archive überhaupt möglich geworden war.[27] Das Sensationelle war ja, dass Kertész dieses Buch nur unter Bedingungen schreiben konnte, die er als „fortgesetzte Lagerhaft“ wahrnahm: in einer geschlossenen Gesellschaft, in der die Freiheit abwesend war (auch die Freiheit, sich das Leben zu nehmen, wie sie Primo Levi ereilte).

---

[26] Imre Kertész: Roman eines Schicksallosen. Aus dem Ungarischen von Christina Viragh. Berlin 1996, S. 287.

[27] Hier sei an die Diskussion um die Ausstellung des Hamburger Instituts für Sozialforschung erinnert: Vernichtungskrieg. Verbrechen der Wehrmacht 1941 bis 1944. Hamburg 1996. Sowie Daniel Jonah Goldhagen: Hitlers willige Vollstrecker. Ganz gewöhnliche Deutsche und der Holocaust. Berlin 1996. Jan Philipp Reemtsma, der Gründer des Hamburger Instituts für Sozialforschung, war der erste deutsche Literaturwissenschaftler, der Kertész' *Roman eines Schicksallosen* eine eingehende Lektüre widmete. Jan Philipp Reemtsma: Überleben als erzwungenes Einverständnis. Gedanken bei der Lektüre von Imre Kertész‘ „Roman eines Schicksallosen“, in: Wolfram Mauser, Carl Pietzcker: Trauma. Würzburg 2000, S. 55–78.

Um zu begreifen, wie der Mensch die Diktatur überstehen konnte, verwies Kertész auf die besondere Zeitlichkeit des totalitären Daseins: Man lebe „Schritt für Schritt", und nur, wenn man sich zurückbegebe in den Augenblick ohne Handlungsfreiheit, aber diesseits der direkten Todesbedrohung, werde einem zugänglich, wie Menschen eine Situation überleben, die ihnen im Nachhinein völlig unbegreiflich geworden ist.
Essays wie „Holocaust als Kultur", „Der überflüssige Intellektuelle" und „Das glücklose Jahrhundert" lösten eine Diskussion über das Überleben in einem totalitären System aus, wie sie zuvor nie geführt wurde. Voraussetzung war das nach dem Zusammenbruch des Kommunismus in der Sowjetunion von Francis Fukuyama ausgerufene „Ende der Geschichte", das für den Schriftsteller Kertész die Ankunft in einer neuen, posttotalitären Epoche bedeutete.
Wie er in seinem Tagebuch notierte, fand er erst in den deutschsprachigen Ländern der 1990er Jahre ein Publikum, das seine Bücher las und das er bewegte; Journalisten, die sich sorgfältig auf Interviews vorbereiteten und Literaturkritiker, die sich in sein Werk vertieften, um sich ihm gewachsen zu zeigen. In Ungarn fühlte er sich als Fremder, unverstanden und unerwünscht. Aus der „östlichen Despotie" in die „westliche Zivilisation" zurückgekehrt zu sein – dieses Gefühl bestimmte nach der Wende sein Leben.[28] Für seine Leser im Westen galt: Niemand hatte ihnen wie Kertész die Augen geöffnet und sie, gebrochen durch die Alltagserfahrung in der osteuropäischen Diktatur, auf die Vernichtungserfahrung des Holocaust blicken lassen.

Péter Esterházy oder: Leben und Literatur

Ein Schriftsteller sitzt im Zug von Budapest nach Wien. In die Lektüre vertieft, reicht er dem Zöllner, ohne aufzublicken, seinen Reisepass, und die Frage nach Devisen dringt kaum zu ihm vor. Schließlich reagiert er, aber als „freier Sohn eines freien Landes", der nicht, wie ein Mensch unter Hitler oder Stalin, das „Dröhnen von Stiefeln . . . das Schrillen von Türklingeln im Morgengrauen" vernimmt und auf diese Frage auch nicht als „seit Jahrzehnten gepeinigter, abgerichteter, an Bewußtsein, Persönlichkeit und Nervensystem gestörter, wenn nicht sogar völlig zerstörter Bürger" antwortet. Anders als Imre Kertész in seiner Novelle *Protokoll* steigt er nicht aus, sondern fährt weiter. Dennoch hat er etwas in sich entdeckt, das zu ihm gehört „wie Lunge und Hirn": die Angst.[29]
Die verspielt hintergründige Geschichte heißt „Leben und Literatur". Esterházy hatte Kertész diese „gemeinsame Aktion" vorgeschlagen: Unter dem Titel *Eine Geschichte. Zwei Geschichten* nahm er *Protokoll* als Vorlage, um seine eigene Version einer Reise von Budapest nach Wien zu schreiben. Esterházys Schreiben ist locker und witzig; anders als Kertész arbeitet er sich nicht an sich selbst und den letzten Dingen ab. Seine Haltung zum Leben in der Diktatur gründet im Humor, seine Wirklichkeit ist aus Lektüren geformt – ein „Leser-Autor".[30] Sein frühes Hauptwerk, die mehr als tausendseitige *Einführung in die schöne Literatur* (1986; dt. 2006) bildet ein „Texthaus", in dem er 21 Esterházy-

---

[28] Imre Kertész: Letzte Einkehr. Tagebücher 2001–2009. Mit einem Prosafragment. Aus dem Ungarischen von Kristin Schwamm. Reinbek bei Hamburg 2013. – Imre Kertész: Der Betrachter. Aufzeichnungen 1991–2001. Aus dem Ungarischen von Heike Flemming und Lacy Kornitzer. Reinbek bei Hamburg 2016.

[29] Kertész, Esterházy, Eine Geschichte [Fn. 10], S. 77.

[30] Marianna D. Birnbaum: Die Flucht der Jahre. Ein Gespräch mit Péter Esterházy. Aus dem Ungarischen von Lacy Kornitzer. Berlin 2017, S. 116.

Prosawerke und unzählige „Gasttexte“ einquartiert hat, wobei die Gäste bereits in den eigenen Texten Wohnrecht beanspruchen. Allein die Liste der zitierten (mehrheitlich ungarischen) Autoren umfasst Hunderte Namen. Was die westlichen Leser als „postmodern verschnörkeltes Schloß“[31] wahrnehmen, gilt seinem Freund und Kollegen, dem jüdisch-serbischen Autor Danilo Kiš, als Inbegriff einer „mitteleuropäischen Poetik“ – eine Poetik, die sich durch „die immanente *Gegenwart von Kultur* in Form von Anspielungen, Reminiszenzen, Zitaten aus dem gesamten europäischen Erbe“ und ein „äquilibristisches Gleichgewicht zwischen ironischem Pathos und lyrischen Digressionen“ auszeichne.[32] Die Wirklichkeit des Kertészschen Ich-Erzählers, der beim Versuch, „in die weite Welt“ hinauszuziehen, an einer „gottverlassenen, dreckigen Grenzstation“ landet, dort, wo er „auf elendige, verhängnisvolle, tödliche Weise zu Hause“ ist, ahmt Esterházy mit seiner eigenen Reisegeschichte nach. Nur dass bei ihm „Wirklichkeit und Satz“ im umgekehrten Verhältnis zum üblichen stehen:

> Ich beobachte also nicht, ob der Satz die Wirklichkeit gut beschreibt, ich beobachte, ob die Wirklichkeit ein Stück hat, das von meinem Satz beschrieben wird, das heißt, ob mein Satz wirklich ist.[33]

Man könnte meinen, indem er die Wirklichkeit des *Protokolls* seinem „Re-Writing“ unterzieht, unternimmt Esterházy auf eine hintergründige Weise den Versuch, Kertész aus dessen Gefängnisleben hinaus in die Freiheit zu holen.

Esterházy und Kertész waren komplementäre Exponenten der ungarischen Literatur des späten 20. Jahrhunderts: in ihrer Poetik, in ihrem Lebensgefühl.

„Die Vorzeichen des Grauens sind überall und in allem erkennbar“, schreibt Kertész 1997. In einer Rezension zu Kertész konstatiert Esterházy:

> Das sehe ich nicht so, teils, weil ich blind bin, teils weil ich etwas anderes sehe. Ich denke etwas anderes von der Welt, den Menschen, von diesem Land. Doch das Bild, das ich mir (oder in meinen Büchern) bewahre, wird durch das von I.K. genauer.[34]

Ich – ein anderer, das besprochene Buch, schließt ans *Galeerentagebuch* an. Szenen von Lesereisen in Deutschland, Notizen aus Tel Aviv und Jerusalem wechseln ab mit Beschreibungen menschlicher Verkommenheit im Nachwende-Ungarn: in den groben Gesichtszügen und Stimmen nimmt Kertész die unheimliche Präsenz des Bösen wahr. Als soziologisch-politologische Analysen seien die apokalyptisch gestimmten Sätze „größtenteils Blödsinn“, schreibt Esterházy. Im Ganzen aber ergeben sie ein Bild – und weil Kertész „ein sorgfältiger und redlicher Autor ist“, stimmt „innerhalb des Textes“ alles, auch wenn er, Esterházy, es als Aussage über die Welt nicht gelten lassen kann.

---

[31] Martin Halter: Das Schloß. Grundlos heiter: Péter Esterházys Bibel der ungarischen Moderne. Frankfurter Allgemeine Zeitung, 21.11.2006.

[32] Danilo Kiš: Mitteleuropäische Variationen (1986), in: Homo poeticus. Gespräche und Essays. Herausgegeben von Ilma Rakusa. München 1994, S. 74f.

[33] Imre Kertész, Péter Esterházy, Eine Geschichte [Fn. 10], S. 35, S. 64.

[34] Der schwere Rausch der Freiheit. Imre Kertész: Ich – ein anderer. Eine Chronik des Wandels, in: Péter Esterházy: Das Leichte, das Schwere, der Lärm, die Stille. Essays 1985–2015. Ausgewählt, aus dem Ungarischen übersetzt und mit einem Nachwort von Heike Flemming. Frankfurt/Main 2023, S. 273.

Kertész wie Esterházy lebten im Budapest der späten Kádár-Zeit, doch der Überlebende und der Verschonte unterschieden sich nicht nur im Temperament, sondern auch in den ästhetischen Entscheidungen. Ihre literarischen Physiognomien mögen für zwei Wege der osteuropäischen Sensibilität stehen: Esterházys „ontologische Heiterkeit" (Mészöly), Kertész' existentieller Ernst, sein unentwegtes Kreisen um die Frage nach der condition humaine seit Auschwitz. Während Kertész seine Beobachtungen im Tagebuch notierte, schrieb Esterházy seit Ende der 1980er Jahre in Zeitschriften politische Artikel und Kolumnen, spießte tagesaktuelle Dinge auf, machte sich über Lüge, Zensur, Intrigen lustig; die Wirren der Übergangszeit boten Stoff genug.[35]

***

„Ich habe ihn für eine Art osteuropäischen ‚Schweizer' gehalten, der von der Diktatur nur die weiche Version und in der Literatur nur den Erfolg kannte", schrieb Kertész 1999.

> Das alles machte ihn in meinen Augen außerordentlich abstrakt. Damals, muss ich gestehen, kannte ich seine Werke noch nicht, ich war viel zu stolz, zeitgenössische ungarische Literatur zu lesen, erst recht die, die gelobt wurde.[36]

Der Außenseiter in Ungarn avanciert in Deutschland zu einem Autor „von Weltrang", während der in Ungarn so erfolgreiche Esterházy, der auf eine ganze Generation junger Autoren wie eine Befreiungsdroge wirkte, in Deutschland zwar präsent war, aber weniger gelesen und aufgrund der Intertextualität seines Werks weniger verstanden wurde.
Das änderte sich mit seinem im Jahr 2000 erschienenen Opus Magnum: *Harmonia Caelestis*. Dessen vergangene Sprachepochen imitierendes Ungarisch schien vollends unübersetzbar zu sein: Die himmlische Harmonie besteht aus einem Clusterakkord aus Hunderten Sätzen, die von einem multiplen „Vater" sprechen, dem Grafen Esterházy, der während eines halben Jahrtausends in seinen unterschiedlichen historischen Inkarnationen seine kleine Rolle in der europäischen Geschichte habsburgischer Prägung gespielt hat.[37] Der zweite Teil widmet sich der Geschichte der eigenen Familie und handelt von Deklassierung, Enteignung und einem Leben in gräflicher Armut. Es ist das erste Werk Esterházys, das auch auf Deutsch eine große Leserschaft erreicht.
Esterházy hatte das Manuskript gerade abgegeben, als er erfuhr, dass sein Vater Mitarbeiter der Staatssicherheit gewesen war. Mit der *Verbesserten Ausgabe* schuf er ein Werk, in dem nun die Stasiprotokolle von Mátyás Esterházy, aber auch der Behörde selbst, als Gasttexte in roten Lettern auftreten, begleitet von teils wütenden, teils sarkastischen, zuweilen aber auch nur fassungslosen Kommentaren. Entstanden ist es im „Amt für Geschichte", dem ungarischen Pendant zur damaligen Gauck-Behörde, und nirgends brutaler als hier zeigt sich für Esterházy die Essenz seines Schreibens: „Wort und Blut gehören zusammen." Dieser auf die Koinzidenz zweier für Esterházys Leben und Literatur entscheidender Daten gemünzte Satz soll die „feine Intertextualität – und eine brutale Geschichtserinnerung" auf eine Formel bringen. Das Hinrichtungsdatum von Imre Nagy, Anführer des ungarischen Aufstands 1956, am 16. Juni 1958 fiel zusammen mit

---

35 Nachzulesen in dem von Heike Flemming herausgegebenen Band mit Essays [Fn. 32].
36 Imre Kertész: Da stehen wir nun, betrachten einander . . ., in: Was für ein Péter [Fn. 11], S. 114.
37 Die stupende Übersetzung, die das Werk in den Sprachen des Barock und vieler anderer auf Deutsch nachbildet, stammt von Terézia Mora und erschien 2001 im *Berlin Verlag*.

dem Bloomsday, der weltweit von Joyce-Liebhabern gefeiert wird – sein Roman *Ulysses*, der einen Tag im Leben des Leopold Bloom schildert, spielt am 16. Juni 1904 in Dublin. Der Verrat des Vaters trifft Esterházy schwer. Es ist der Einbruch der rohen Wirklichkeit, der alles Geschriebene, seine ganze *Harmonia Caelestis* in Frage stellt. Dennoch nimmt er den Vater in *Verbesserte Ausgabe* sogar in Schutz:

> Den Verrat beschließt man nicht, man wird von Furcht und Panik ergriffen. Und dann. Ich kann es mir gut vorstellen, ein enges, dunkles Zimmer, drohende Männer – Furcht, Panik, dann Gleichgültigkeit.[38]

Das Buch ist die Großtat eines gepeinigten, ungläubigen Lesers, den die Aktenlektüre ständig mit neuen Erkenntnissen über sein eigenes Leben, vor allem über Episoden aus der Kindheit überrascht. Doch auch für das Schreiben dieses Buches gilt:

> Der Satz muss die Bequemlichkeit der falschen Freiheit und der falschen Ordnung vermeiden, ohne sich für einen Hüter der Wahrheit zu halten.[39]

2016 hielt Esterházy, bereits todkrank, die Grabrede auf Kertész. In Gegenwart von Viktor Orbán, der neben Magda Kertész in der ersten Reihe der Trauergäste saß. Unmissverständlich auf den Ministerpräsidenten gemünzt, sprach Esterházy davon, dass nun, wo Kertész gestorben sei, plötzlich so viele an seinem Bett säßen.

> Ich fange mit einigen Neins an, und nein ist vielleicht auch das zentrale Wort bei Imre Kertész. Sein Leben, sein Tod, sein Werk setzten sich aus Neins zusammen. Er lebte und arbeitete von diesen Neins ausgehend. Und es fügt sich leider nicht so schön, dass er aus diesen Neins etwa eine Ja-Kathedrale erbaut hätte. Er baute aus den Neins ein weiteres Nein, aber sein persönliches, besonderes, großes Nein.[40]

Spätestens seit 2010 stand Orbán für all das, was Kertész in den 1990er Jahren gefürchtet und was ihn nach der Verleihung des Nobelpreises 2002 aus dem Land getrieben hatte: der Hass auf alles Andersartige, insbesondere der Antisemitismus. Wie neun Jahre zuvor in Tutzing war Kertész auch anlässlich der Nobelpreis-Bekanntgabe aus Stockholm von der ungarischen Presse als „nicht repräsentativ für die Literatur seines Landes“ beleidigt worden. Gleichwohl verließ er 2012, bereits schwer krank, Berlin und lebte bis zu seinem Tod in Budapest. Aus der Hand Orbáns nahm er 2014 den höchsten ungarischen Staatsorden entgegen – zum Unverständnis und Entsetzen seiner Freunde.

Vladimir Sorokin – Konzentrationslager und Pornographie

Berlin, Anfang der 1990er Jahre. Im dunklen Saal der Akademie der Künste am Hanseatenweg erklingt die Stimme des Schauspielers Ulrich Mühe:

> ihr meine lieben lieben hättet euch doch in zehn jahren treffen können irgendwo auf dem arbat oder auf dem kreščatik euch ineinander verlieben und durch die

---

[38] Péter Esterházy: Verbesserte Ausgabe. Aus dem Ungarischen von Hans Skirecki. Berlin 2003, S. 33.

[39] Friedenspreis des Deutschen Buchhandels 2004. Péter Esterházy <www.friedenspreis-des-deutschen-buchhandels.de/alle-preistraeger-seit-1950/2000-2009/peter-esterhazy>

[40] Schmerz, Unruhe, Stille. Grabrede auf Imre Kertész. Übersetzt von Terézia Mora. NZZ, 27.4.2016.

> verbindung der wachheit des jüdischen intellekts mit der weite der russischen seele der welt eine neue cvetaeva schenken können … warum sind wir dazu verurteilt die pause zwischen den foltern für glück für ein glück zu halten in der der peiniger beiseitegeht um eine zigarette zu rauchen[41]

Die Stimme errichtet eine Wortskulptur, die sich am Ende eines sadomasochistischen Höllentrips durch 26 Zellen des KZ Dachau in einer orgiastischen Kopulation deutscher und russischer Kriegs-, Mord-, Folter- und Lustkörper in sich selbst verknotet und verschlingt. *Ein Monat in Dachau* ist der erste in Deutschland entstandene Text des russischen Autors Vladimir Sorokin, dessen Ich-Erzähler, wie es eingangs heißt, am 1. Mai 1990 „die ungehinderte Ausreise aus der UdSSR in das Deutsche Reich" genehmigt wird „zur Verbringung des Jahresurlaubs (28 Tage) im Konzentrationslager der Stadt Dachau".[42] Eher experimentelle Prosa als Erzählung, 1990 entstanden, erschien es 1992 in der Übersetzung von Peter Urban im *Haffmans Verlag*, der bereits drei Bücher des Autors im Programm hatte.[43]
Auch Sorokins Erzähler-Ich, wie dem der ungarischen Osteuropäer in ihren „Protokoll"-Geschichten, steht das „qualvolle Ritual der ‚Grenzüberschreitung'"[44] bevor; allerdings geht es nicht in die Freiheit oder zurück ins heimische Zimmergefängnis, sondern ins KZ: Die Dokumentenkontrolle am Lagertor verläuft

> qualvoll süß, daß es einem den Verstand benimmt, die präzisen Fragen der sympathischen jungen Männer, die jungen Augen, die einen mit freundlicher Eindringlichkeit unter dem Tschako hervor anschauen, das bezaubernde Knurren der Schäferhunde, das Rascheln des sowjetischen Passes in den zuverlässigen deutschen Händen, das betörende Quietschen des Schiebers, des Riegels . . .[45]

Und schon ist dieser „rite de passage" absolviert, und er befindet sich am Ziel. Etwas Vertrautes nimmt ihn in Empfang: „der Geruch, nein, der LAGERGERUCH, der heilige, heimisch-vertraute, geliebte Geruch, der einen wortlos macht, der einem das Herz zerreißt".[46]
Sorokin hatte ein Textuniversum erschaffen, das sich „als ein selbstreferentielles System des Bösen" realisierte, „als eine verbrecherische Machenschaft, die den Autor – einen ‚Poeten ohne Persönlichkeit' – in ihr qualvolles Räderwerk zieht."[47]
Der Eindruck war verstörend. Sorokin, dessen engelhafte Jünglingserscheinung in einem sonderbaren Verhältnis zu den Gewaltexzessen seiner Texte stand, leuchtete in die Abgründe des deutschen und des sowjetischen Totalitarismus hinein.

---

[41] Vladimir Sorokin: Ein Monat in Dachau. Aus dem Russischen von Peter Urban. Zürich 1992, S. 35f.
[42] Ebd., S. 6.
[43] Bücher wie *Die Schlange* (1990), *Marinas dreißigste Liebe* (1991), *Der Obelisk* (1992) erreichten Auflagen von fast 10 000 Exemplaren.
[44] Sorokin, Ein Monat in Dachau [Fn. 39], S. 14.
[45] Ebd., S. 16f.
[46] Ebd., S. 17. – Der Erzähler in *Fiasko* von Imre Kertész stimuliert seine Erinnerung an Auschwitz, indem er an seinem Uhrenarmband riecht. Dessen Ledergeruch hat eine Wirkung wie Prousts Madeleine-Törtchen.
[47] Ilma Rakusa: Der Text als totalitärer Wahnsinn. NZZ, 17./18.4.1993.

„Die beiden größten Metaphern des 20. Jahrhunderts: das Konzentrationslager und die Pornographie – beide unter dem Aspekt des totalen Ausgeliefertseins, der Versklavung", hatte Kertész im April 1990 notiert.[48]
Wer diese beiden Autoren in Berlin erlebte – sie waren etwa zur selben Zeit in der Stadt, als Gäste des DAAD-Künstlerprogramms (Sorokin 1992; Kertész 1993) –, fand sich mit einem in unheimlicher Weise auf Deutschland bezogenen Osteuropäertum konfrontiert. Sorokin (Jg. 1955) imaginierte sich als Lagerinsasse, während Kertész (1929–2016) das Lager durchlebt hatte.
Beide hatten sie in einer totalitären Situation zu arbeiten begonnen; der jüngere als Dramatiker, im Kreis einer Underground-Gruppe von Künstlern und Dichtern, selbstbewusst, mit dem Repertoire der russischen und sowjetischen Literatur im Kopf, vielseitig produktiv, als überragendes Talent des Samizdat sichtbar. Der andere im Verborgenen, in Einsamkeit, im Dialog mit Thomas Mann, Dostoevskij und Nietzsche und in einem geistigen, von der Musik Beethovens, Mahlers und Schönbergs erfüllten Raum – ein bildungsbürgerlicher Europäer, der Deutsch sprach, wie es nicht nur für das ungarische, sondern für das mitteleuropäische Judentum typisch gewesen war. Ein Mensch, dem Ende der 1950er Jahre die Camus-Lektüre geholfen hatte, den ersten Schritt auf sein Hauptwerk hin zu tun.
Nicht nur der Generationsunterschied, sondern auch die politische Geographie bestimmte den Stil ihrer Auseinandersetzung mit dem totalitären Dasein. Die literarischen und kulturellen Leitfiguren entstammten verschiedenen Sphären – der Sowjetkultur und der europäischen Moderne des 20. Jahrhunderts.
„Literatur hat mich immer nur interessiert als eine Form des menschlichen Wahnsinns", sagte Sorokin im Gespräch mit seinem Übersetzer Peter Urban. Dieser Wahnsinn und wie er sich in den Texten Sorokins austobte, kam aus der sowjetischen Geschichte. Er sei in einem Leichenhaus oder in einem Schlachthaus aufgewachsen, hatte Sorokin in Interviews gesagt. Das Schreiben, eine neurotische Fixierung, verwandele ihn in ein Medium.
Sorokin in Dachau – Kertész in Buchenwald (er besuchte das Lager 1993 zum ersten Mal seit seiner Befreiung): Das war eine besondere Konstellation: zwei Osteuropäer an den deutschen Verbrechensorten, zu einer Zeit, als es noch Gründe gab, daran zu glauben, mit dem 20. Jahrhundert werde auch der Totalitarismus aus Europa verschwinden – ein Glaube, den keiner der beiden teilte.
Die Vergangenheit seines Landes sei ein Eisblock, der nun dabei sei aufzutauen und einen bestialischen Gestank zu verbreiten, sagte Sorokin Anfang der Nuller Jahre.[49] Seine stilistisch makellosen Horror- und Märchenromane stießen vielfach auf Hass und Ablehnung; sie gaben nicht nur zu Schriftsteller-Manifesten, sondern auch zu juristischen Schritten und plakativen Säuberungsaktionen Anlass.[50] Die prognostische Kraft seines

---

48 Kertész, Galeerentagebuch [Fn. 24], S. 280.

49 Dichterlesen.net. Buchpremiere von *Der Tag des Opritschniks* am 28. Januar 2008 mit Vladimir Sorokin, Andreas Tretner und (als Dolmetscherin) Claudia Sinnig.

50 2001 erschien in *Novyj mir* das Manifest „Die Verneinung der Trauer" [Otricanie trauera]. Im Namen eines „neuen", lebensnahen „Realismus" ergeht sich der Autor, Sergej Šargunov (Jg. 1980) im Namen einer jungen Autorengeneration in Tiraden gegen die „Agonie der Postmoderne". 2002 veranstalteten Aktivisten der Putin-Jugend *Iduščie vmeste* vor dem Bol'šoj-Theater ein Spektakel, indem sie Bücher Sorokins in einer riesigen Toilette entsorgten. Vor dem Moskauer Bezirksgericht verklagten sie den Autor wegen Verbreitung von Pornographie. Dazu: Ulrich Schmid: Technologie

satirischen Romans *Der Tag des Opritschniks* (2006) wird erst heute vollends deutlich. So schrieb Nils Markwardt im August 2023:

> Wer das knapp 200 Seiten starke Buch, das 2008 erstmals in deutscher Übersetzung erschien und 2022 von *Kiepenheuer und Witsch* neu aufgelegt wurde, dieser Tage liest, kommt ins Staunen. Denn das Science-Fiction-Szenario, das Sorokin hier vor über 15 Jahren entworfen hat, erinnert bisweilen verblüffend an Wladimir Putins Russland der Gegenwart. Und zwar noch mehr als vor einem Jahr. Denn mit jedem Tag, in dem sich das System Putin weiter radikalisiert, erscheinen die Ähnlichkeiten größer.[51]

Das Buch spielt im Russland des Jahres 2027, das Land ist durch eine Große Mauer vom Westen abgeschottet, jeglicher Widerstand erstickt. Den Thron des „Gossudaren" schützt eine brutale Leibgarde, deren Mitglieder wie zu Zeiten Iwan des Schrecklichen „Opritschniki" heißen. Ihr Sadismus, ihre Orgien übertreffen das, was sich in den 26 KZ-Zellen jenes *Monats in Dachau* zutrug, an Phantastik bei weitem. Er bediene russische Klischees, schwelge in Gewaltphantasien, versteige sich in billige Geschmacklosigkeiten und Übertreibungen („Hoden mit eingebauter Beleuchtung"), befanden einige Kritiker. Andere fanden, sprachlich gebe es gelungenere Bücher des Autors.

Am 25. Februar 2022 veröffentlichte Sorokin in der *Süddeutschen Zeitung* eine Abrechnung mit Putin und seinem System, einer Machtpyramide, auf den Fundamenten des mittelalterlichen Staates ruhend, von KGB-Strukturen durchwirkt und ganz von der „Psychosomatik" dessen bestimmt, der auf der Spitze hockt. Der Überfall auf die Ukraine sei „der Anfang vom Ende" dieses auf „Korruption, Lüge, Missachtung menschlicher Freiheit" gegründeten Systems, schrieb Sorokin, und „der Putinismus dem Untergang geweiht".[52] Die „Welt der Freiheit und der Demokratie" sei „größer als seine finstere, verdrossene Butze". Sorokin glaubte allen Ernstes, mit diesem Überfall sei Putin „geliefert", und es stünde in der Gewalt der Russen („Wir, die Russen sind schuld"), dass dieses „Monster ein für alle Mal Vergangenheit bleibt". Die Erfahrung, dass ein Werk mehr weiß als sein Autor, ist hier auf bestürzende Weise evident.

Zwanzig Jahre nach Imre Kertész ging auch Vladimir Sorokin nach Berlin ins Exil.

Verspätete Rezeption I

Während der Gedenkveranstaltung 2005 zur Befreiung Buchenwalds äußerte der spanische Schriftsteller und KZ-Überlebende Jorge Semprun die Hoffnung, dass

> bei der nächsten Gedenkfeier in zehn Jahren, 2015, die Erfahrung des GULag in unser kollektives europäisches Gedächtnis eingegliedert sein wird. Hoffen wir, daß neben die Bücher von Primo Levi, Imre Kertész oder David Rousset auch die *Erzählungen aus Kolyma* von Warlam Schalamow gerückt wurden.

der Seele. Vom Verfertigen der Wahrheit in der russischen Gegenwartsliteratur. Berlin 2015, hier S. 73. – Erste Niederlage für Sorokin. Spiegel Kultur, 29.8.2002.

51 Nils Markwardt: „Der Tag des Opritschniks": Der Roman, der Wirklichkeit wurde. Zeit-Online, 9.8.2023.

52 Wladimir Sorokin: Putin ist geliefert. SZ, 25.2.2022.

> Das würde auch bedeuten, daß wir nicht länger halbseitig gelähmt wären, zum andern aber, daß Rußland einen entscheidenden Schritt auf dem Weg in die Demokratie getan hätte.[53]

Diese Hoffnung hat sich nur teilweise erfüllt. Seit 2007 sind die *Erzählungen aus Kolyma* nicht nur in Frankreich, Italien und Spanien, sondern auch erstmals vollständig in deutscher Übersetzung erschienen. Wie der *Roman eines Schicksallosen* hatte offenbar auch dieses Werk auf seine Stunde warten müssen; es hatte mehrere Versuche gegeben, Šalamov auf Deutsch zu veröffentlichen – sie waren folgenlos geblieben.[54]

Die intensive Rezeption kam zu einer Zeit, als Russland bereits „einen entscheidenden Schritt" zurück, nämlich in Richtung gelenkte Demokratie getan hatte. Es war auf dem Weg zurück in eine autoritäre Herrschaft, die heute die Form einer revisionistischen und neoimperialistischen Diktatur angenommen hat. Semprun irrte, als er vom kollektiven europäischen Gedächtnis sprach – als fehle nur Russland, um die halbseitige Gedächtnislähmung zu überwinden. Auch die Grauzone, jenes auf Belarus und die Ukraine zusammengeschrumpfte „Zwischeneuropa" zwischen der EU-Außengrenze und Russland, blieb unartikuliert und weitgehend unverstanden.

Anlässlich des 100. Geburtstags des Autors erschien *Durch den Schnee*, der erste von sechs Zyklen, in die Šalamov seine 145 Kolyma-Erzählungen eingeteilt hatte. Um die Publikation nicht den Launen des Marktes zu überlassen, fand die Buchpremiere im Rahmen einer dreitägigen, Šalamov und der Lagererfahrung gewidmeten Veranstaltung statt.[55] Den Eröffnungsvortrag hielt Nicolas Werth, der Co-Herausgeber des *Schwarzbuchs des Kommunismus*, das zehn Jahre zuvor ein internationaler Verkaufserfolg gewesen war und für breite Diskussionen über die Verbrechen des linken Totalitarismus von Moskau bis Havanna gesorgt hatte.[56] Podiumsdiskussionen widmeten sich dem Lager als Instrument der Disziplinierung, der sozialen Exklusion und Repression, als dem Ort kollektiver Gewalt und totalitärer Herrschaft.

Šalamov starb 1982 in einer Verwahranstalt für psychisch Kranke. Während die nationalsozialistischen Verbrechen und die vergleichsweise kurze Geschichte der Vernichtungslager im Westen juristisch und gesellschaftlich aufgearbeitet wurden, überdauerte das System zur Vernichtung von Menschen das Ende der Sowjetunion. Eine der Institutionen,

---

[53] Jorge Semprun: Niemand wird mehr sagen können: „Ja, so war es.", in: Die Zeit, 16/2005.

[54] Eine exzellente Übersetzung von Thomas Reschke („Sequenz") war bereits 1990 bei *Volk und Welt* publiziert worden und 1993 in einem breiten programmatischen Auftritt („Die Russen kommen!") eigens beworben worden. Der *Oberbaum Verlag* hatte 1995 unter dem Titel „Ankerplatz der Hölle" einen Sammelband mit Erzählungen, Essays, Briefen und Fotos herausgebracht. Dazu: Ulrich Schmid: Nicht-Literatur ohne Moral. Warum Varlam Šalamov nicht gelesen wurde, in: Das Lager schreiben. Varlam Šalamov und die Aufarbeitung des Gulag. Berlin 2007 [= OSTEUROPA, 6/2007], S. 87–105.

[55] Ausgerichtet hatten sie die *Stiftung Aufarbeitung*, die *Deutsche Gesellschaft für Osteuropakunde* und das *Zentrum für Literaturforschung* in den Räumen der *Berlin-Brandenburgischen Akademie der Wissenschaften*. Entscheidende Impulse für das Programm kamen aus der Redaktion der Zeitschrift OSTEUROPA, die anlässlich des Erscheinens des ersten Zyklus von Šalamovs Kolyma-Erzählungen die umfangreiche Ausgabe „Das Lager schreiben. Varlam Šalamov und die Aufarbeitung des Gulag" herausbrachte – ein Kompendium, das sich als Referenzwerk erwies und mit 4000 verkauften Exemplaren eines der erfolgreichsten Hefte der Zeitschrift geblieben ist.

[56] Stéphan Courtois, Nicolas Werth u.a. (Hg.): Das Schwarzbuch des Kommunismus: Unterdrückung, Verbrechen und Terror. München 1998.

die den Zerfall des Staates überdauerten, war der Geheimdienst KGB. Er änderte lediglich seinen Namen. Auch wenn viele Lagerkomplexe aufgelöst wurden und an der Kolyma nur noch Ruinen stehen – juristisch aufgearbeitet wurden die Verbrechen nie. Keiner der Aufseher, Lagerkommandanten oder Begleitposten wurde jemals belangt.

Das Zugrundegehen von Menschen aus der Nahsicht oder von innen zu beschreiben, Worte und Sätze zu finden für einen Prozess, in dem ein Mensch vollkommen mit sich allein ist, nur noch ein physischer Rest, einem Stein ähnlicher als einem lebenden Wesen, diese Kunst war Kertész und Šalamov gemeinsam. Die Verstörung, die die Lektüre auslöste, rührte aus der klaustrophobischen Situation her: Wer zu lesen beginnt, sperrt sich ein in das Universum der jeweiligen Geschichte,[57] ein Universum der Unmenschlichkeit. An der Kolyma, dem „Auschwitz ohne Öfen", brauchte es keine Zäune und Wachen. Bei Temperaturen unter minus fünfzig Grad kam niemand weit, der die Flucht antrat. Permafrost, Hunger und Zwangsarbeit reichten aus, um Menschen an totaler Erschöpfung eingehen zu lassen.

***

Während einer denkwürdigen Veranstaltung im Dezember 2008, anlässlich des Erscheinens von Šalamovs zweitem Zyklus *Linkes Ufer*, konfrontierte sich der Historiker Karl Schlögel in einem Akt radikaler Einfühlung mit dessen Prosa. Er las sie nicht nur als Gebilde aus Sprache, sondern als Botschaften aus einer Welt, die er unter dem Titel *Terror und Traum. Moskau 1937* selbst beschrieben hatte.[58] Man wisse nicht, wovon man rede, wenn man über den Stalinismus spreche, ohne versucht zu haben, sich den Alltag im Gulag vorzustellen. Uns, den Nachgeborenen, sei „der Zugang versperrt zur Erfahrung exzessiver Gewalt"; wolle man sich nicht „mit Formeln wie ‚Totalitarismus' begnügen, sondern das Geschehene begreifen", müsse man sich vorstellen, wie es ist, bei minus sechzig Grad in feuchten Kleidern zu überleben, die man nie ablegen kann.[59] Doch verkennt Schlögels Appell an sich selbst als einen mit Vorstellungskraft begabten und zum Nacherleben bereiten Leser nicht die Paradoxie von Šalamovs Prosa? Einer Prosa, „die durchlitten ist wie ein Dokument"[60], von vollständiger Negativität:

> Es ist entsetzlich, das Lager zu sehen, und kein Mensch auf der Welt darf das Lager kennen. Die Lagererfahrung ist vollständig negativ, bis auf den letzten Moment. Der Mensch wird nur schlechter. Und anders kann es nicht sein. Im Lager gibt es vieles, was der Mensch nicht sehen darf . . .[61]

Ein schärferer Widerspruch zu Schlögels Glauben an den Wert der Einfühlung für die historische Erkenntnis ist kaum denkbar. In diesem Paradoxon kreuzen sich zwei unvereinbare Imperative: ein moralischer und ein ethischer. Zum einen zwingt die Existenz der Lagerwelt an der Kolyma dazu, die Qualen zu dokumentieren und Zeugnis

---

[57] Andrej Sinjavskij: Materialschnitt, in: Das Lager schreiben [Fn. 52], S. 81–86, hier 84.

[58] Karl Schlögel: Terror und Traum. Moskau 1937. München 2008.

[59] Jens Bisky: Totale Erschöpfung. Karl Schlögel und Durs Grünbein über Schalamows „Neue Prosa". SZ, 18.12.2008.

[60] Warlam Schalamow: Über Prosa. Aus dem Russischen von Gabriele Leupold. Herausgegeben von Franziska Thun-Hohenstein. Berlin 2009, S. 31.

[61] Warlam Schalamow: Ingenieur Kisseljow, in: ders.: Künstler der Schaufel. Erzählungen aus Kolyma 3. Aus dem Russischen von Gabriele Leupold. Herausgegeben von Franziska Thun-Hohenstein. Mit einem Nachwort von Michail Ryklin. Berlin 2010, S. 102.

abzulegen: sich selbst und den eigenen Text als Beleg erbringen, dass die unvorstellbaren Grausamkeiten existieren und also doch vorstellbar sind. Es ist der Imperativ desjenigen, der sich gegen das Böse auflehnt, das er im Umgang des Staates mit seinen Bewohnern erkennt:

> Ist denn die Vernichtung des Menschen mithilfe des Staates nicht die Kernfrage unserer Zeit, unserer Moral, die in der psychologischen Verfassung jeder Familie Spuren hinterlassen hat?[62]

Diese „unsere Zeit", so die aktualisierende Lektüre, dauert auch im 21. Jahrhundert an, im Russland Putins, im Iran der Mullahs oder im China des Xi Jinping.
Der andere Imperativ, der ethische, lautet: „Niemand soll davon wissen." Es ist ein „vollständig negativ[es]" Wissen, das den Menschen zerstört, wenn er nicht die Kraft findet, wider alle Wahrscheinlichkeit dem Bösen zu widerstehen, indem er NICHT in die Ganovenwelt – bei Šalamov das Reich des absolut Bösen – überwechselt.[63] Das Lager ist

> eine Negativerfahrung für den Menschen von der ersten bis zur letzten Stunde. Der Mensch soll es nicht kennen, soll nicht einmal davon hören. Kein einziger Mensch wird nach dem Lager besser oder stärker.[64]

Was für Kertész gegolten hatte, galt auch für Šalamov: Sie waren Zeitgenossen der Zukunft. Ihre um Jahrzehnte verspätete Rezeption kam in den Jahren nach der Wende für das deutschsprachige Publikum zum besten Zeitpunkt. Woran lag das? Warum gelang im Jahr 2007, was im Jahr 1990 und 1994 nicht funktioniert hatte?[65] Was hatte der Aufnahme dieser niederschmetternden Texte den Weg gebahnt?
Šalamov war nicht der einzige sowjetische Autor, der sich mit der Erfahrung des absolut Negativen befasste. So wurde im Umfeld von Lidija Ginzburgs kanonischen *Aufzeichnungen eines Blockademenschen* 2006 eine unredigierte Prosaarbeit entdeckt: „Eine Erzählung von Mitleid und Grausamkeit".[66] Der namenlose Erzähler lebt mit seiner alten Tante in einer Wohnung im belagerten Leningrad. Das Beschaffen von Lebensmittelrationen und das Ankämpfen gegen Kälte und Chaos; die Dystrophie, jener spezifische körperliche und seelische Zustand des Verhungerns, der in den völligen Zerfall von Mitmenschlichkeit führt, wird mit quälender Präzision beschrieben. Nicht im Lager spielt sich das Zugrundegehen ab, sondern in der eigenen Wohnung, wo „die Menschen wie erfrierende Polarforscher um ihr Leben" kämpfen.[67] Das sterbende Leningrad, die Stadt, die dem Beschuss und dem Aushungern standhält, weil jeder einzelne sich für ihr Überleben opfert, beschreibt Ginzburg als einen erweiterten Körper. Wie der Mensch zugrunde geht, so auch die Stadt.

---

62 Warlam Schalamow, Über Prosa [Fn. 60], S. 30.

63 Michail Ryklin: Der verfluchte Orden. Šalamov, Solženicyn und die Kriminellen, in: Das Lager schreiben [Fn. 54], S. 107–124.

64 Warlam Schalamow, „Was ich im Lager gesehen und erkannt habe", in: ders.: Durch den Schnee. Erzählungen aus Kolyma 1. Aus dem Russischen von Gabriele Leupold. Herausgegeben und mit einem Nachwort von Franziska Thun-Hohenstein. Berlin 2007, S. 292.

65 Schmerz, Unruhe, Stille [Fn. 40].

66 In: Lidia Ginsburg: Aufzeichnungen eines Blockademenschen. Aus dem Russischen von Christiane Körner. Mit einem Nachwort von Karl Schlögel. Berlin 2014, S. 7–82. Lidija Ginzburg (1902–1990) war Literaturwissenschaftlerin, eine Schülerin der russischen Formalisten Šklovskij, Tynjanov und Ėjchenbaum.

67 Ebd., S. 94.

Auch das große Kriegsverbrechen der Blockade Leningrads durch die deutsche Wehrmacht sollte eigentlich längst „in unser kollektives europäisches Gedächtnis eingegliedert“ sein. Dennoch ist es trotz mehrfacher Anläufe bis heute nicht gelungen, sie zu einem Bestandteil auch nur der deutschen Erinnerungskultur zu machen.[68] Russlands Urbizid Mariupols im März/April 2022 hat die Lage noch einmal verkompliziert; Begriff und Anschauung einer Anthropologie der Katastrophenerfahrung, wie sie sich aus den Werken Šalamovs und Ginzburgs gewinnen lassen, sind hingegen aktueller denn je.

Bücher „kommen an“, wenn sie ein Interesse in den Lesern entzünden, von dessen Existenz diese selbst kaum etwas ahnten. Im Fall Šalamovs war dies für die Literaturkritik die überwältigende Erkenntnis, dass ein literarischer Gigant aus der Unsichtbarkeit trat; einer, dem der Weltruhm Solženicyns und dessen Monopolisierung des Lagerthemas im Weg gestanden hatte. Für die intellektuelle Szene, die sich (durchaus nicht nur im Umfeld der an französischer Theorie interessierten Freunde des Verlags *Matthes & Seitz*[69]) mit Carl Schmitt und Giorgio Agamben und der Erfahrung des Ausnahmezustands beschäftigte, bedeutete die Šalamov-Lektüre, den „menschlichen Überrest“ (Kertész), den *dochodjaga* als Anwendungsfall des Homo sacer zu überprüfen.[70] Eine unabgeschlossene Debatte.

***

Der Mensch im Ausnahmezustand des Lagers ist zum Präsentismus verdammt, abgeschnitten von seinem früheren Selbst. Innerhalb von drei Wochen habe der Mensch seine Seele verloren, schreibt Šalamov. Das bedeutet auch: der *dochodjaga* hat keine Kraft mehr, sich zu erinnern. Er ist zu einem geschichtslosen Wesen geworden.

Eine der wenigen Kolyma-Erzählungen, in denen die Vergangenheit einer Figur die Handlung bestimmt, ist „Das letzte Gefecht des Major Pugatschow“.[71] Sie ist zugleich eine der ungewöhnlichsten, weil sie von einem Freiheitskampf handelt.

Die Protagonisten sind „Repatrianten“, sowjetische Kriegsgefangene aus Deutschland, Frankreich und Italien. Wegen Kollaboration mit dem Feind wurden sie vor ein sowjetisches Tribunal gestellt und dann an die Kolyma verbracht. Einer von ihnen – seine Kameraden nennen ihn den „Major Pugatschow“ –, hatte sich gewaltsam aus einem deutschen Kriegsgefangenenlager befreit.

Diese Gefangenen haben noch nie „echten Hunger, vieljährigen, den Willen brechenden Hunger erlebt“; sie sind Menschen „mit Mut und Risikofreude, die nur auf die Waffe

---

68 Zu den Anläufen gehören etwa der interdisziplinär angelegte OSTEUROPA-Band Die Leningrader Blockade. Der Krieg, die Stadt und der Tod. Berlin 2011 [= OSTEUROPA, 8–9/2011] oder die erstmals vollständig erschienene Ausgabe von Ales Adamowitsch und Daniil Granin: Blockadebuch. Leningrad 1941–1944, mit einem Vorwort von Ingo Schulze. Berlin 2018.

69 Das Werk von Antonin Artaud, Georges Bataille, Jean Baudrillard u.a. gehört zum Kernbestand des 1977 von Axel Matthes gegründeten Verlags. Die Theorie der Gewalt, des Terrors und der Extremerfahrung ist ein Schwerpunkt des 2004 von Andreas Rötzer übernommenen Verlags *Matthes und Seitz Berlin* geblieben.

70 Gabriele Leupold, die Übersetzerin Šalamovs, begründet ihre Entscheidung, das russische Wort *dochodjaga* im deutschen Text stehenzulassen, mit dem fehlenden Äquivalent. Aus der NS-Lagersprache stammende Wörter wie Muselmann, Kümmerling, Verrecker transportierten einen anderen Kontext; sie suggerierten einen Vergleich, den zu ziehen bestimmte historiographische Positionen nahelegten, zu denen die Übersetzung jedoch Distanz halten müsse. Gabriele Leupold: Anatomie einer Zurückhaltung. Varlam Šalamov übersetzen, in: Das Lager schreiben [Fn. 52], S. 195–201.

71 In: Warlam Schalamow: Linkes Ufer. Erzählungen aus Kolyma 2. Aus dem Russischen von Gabriele Leupold. Herausgegeben von Franziska Thun-Hohenstein. Berlin 2008, S. 226.

vertrauten".[72] Monatelang bereiten die zwölf „Neulinge" ihren Ausbruch vor, unter Einweihung anderer Häftlinge, von denen kein einziger sie denunziert. Sie überwältigen die Wachposten, fliehen mit einem Lastwagen – als das Benzin ausgeht, hasten sie zu Fuß weiter durch die Taiga. Eine Wachbrigade holt sie ein. Am Ende der Verfolgungsjagd sind die Gefangenen tot. Nur „Major Pugatschow" fehlt.

Die Schlussepisode spielt in einer Bärenhöhle. Pugatschow entsinnt sich der Menschen, die er geschätzt und geliebt hat, er denkt an seine Mutter, an seine Lehrerin und viele andere. Doch

> die besten, die würdigsten waren seine elf toten Kameraden. Keiner von jenen, den anderen Menschen in seinem Leben, hatte so viel an Enttäuschungen, Betrug und Lüge erlebt. Und in dieser nördlichen Hölle hatten sie die Kraft gefunden, an ihn, Pugatschow, zu glauben, und die Hände nach der Freiheit auszustrecken. Und im Gefecht zu sterben. Ja, das waren die besten Leute in seinem Leben.[73]

Sie sind Soldaten, Menschen, die es gelernt haben, für ihr Leben zu kämpfen; sie begreifen, dass sie dafür arbeiten müssen, nicht an der Zwangsarbeit zugrunde zu gehen, um ihr Ziel zu erreichen: Für den Aufstand gegen ein Leben unter unmenschlichen Bedingungen sind Planung, Absprache, gegenseitiges Vertrauen notwendig – und Handlungszuversicht. Noch unter Bedingungen der Gefangenschaft haben sie sich einen Rest an Unabhängigkeit aufgespart. In der Welt der Kolyma-Erzählungen, die von „Menschen ohne Biographie, ohne Vergangenheit und ohne Zukunft" bevölkert ist, von Menschen, „dargestellt im Moment ihrer Gegenwart"[74], Menschen, die zu keiner Revolte fähig sind, bildet dieser Text eine Ausnahme. Er erlaubt einen Blick über die Grenzen des geschlossenen, absolut negativen Lageruniversums hinaus und entfacht, noch im Scheitern, den Funken der Freiheit.

Der gescheiterte Aufstand

Die Demonstrationen gegen Wahlfälschungen in Georgien 2024, in Russland 2011/12 und in Belarus im August 2020 waren Massenbewegungen, in denen Zigtausende Bürgerinnen und Bürger gegen eine Staatsmacht protestierten, die ihnen ihre Stimme gestohlen hatte. Auf der ganzen Welt gab es Solidaritätsbekundungen. Als in Belarus die Verhaftungen und die brutale Niederschlagung der friedlichen Proteste begannen, sah die Welt händeringend zu. Einschreiten konnte sie nicht.

In Russland und Belarus zahlten die Aktivisten einen hohen Preis. Sie waren keine Aufständischen mit der Waffe in der Hand, sondern freie Menschen in einem halbfreien Land. Dass der Staat sie tatsächlich vernichten würde, wie im Falle Aleksej Naval'nyjs, war im Europa des 21. Jahrhunderts nur deshalb unvorstellbar, weil man die Kontinuitäten nicht sehen wollte – oder sie für literarische Erfindungen hielt.

Die Brisanz der Geschichte vom Major Pugatschow, dessen Leute sogar „in der nördlichen Hölle" die Kraft gefunden hatten, „die Hände nach der Freiheit auszustrecken", liegt in

[72] Ebd., S. 227.
[73] Ebd., S. 242.
[74] Warlam Schalamow, Über Prosa [Fn. 58], S. 26.

der Umkehr der Perspektive. In der „Schattenwelt des Lagers“[75] hat ein freier Mensch kein Recht auf Leben. Emblematisch steht diese Welt heute für Russland und Belarus, wo Menschen – wie jener Major nach dem gescheiterten Aufstand – nach der Niederschlagung der Proteste in ihren Gefängniszellen sitzen und warten, ohne Chance auf Hilfe von außen.
Dieser Topos des gescheiterten Freiheitskampfes und der ausgebliebenen Rettung zieht sich durch die osteuropäischen Literaturen bis heute. Ein Sinnbild dafür ist die Darstellung der Revolution in Ungarn 1956.

***

2017 erschien Péter Nádas' monumentales Werk *Aufleuchtende Details* – nicht nur in Ungarn, sondern zeitgleich auf Deutsch. Es ist der Versuch, die ersten achtzehn Jahre seines Lebens zu rekonstruieren, vom ersten bewussten Augenblick an, als er im belagerten Budapest von jemandem durchs Treppenhaus in den Luftschutzkeller getragen wird, bis zu dem Moment, da sein Vater, der an der Niederschlagung des Aufstands beteiligt war, sich erschießt.
Um dem Missverständnis vorzubeugen, es handele sich um eine Autobiographie oder gar um Autofiktion, nennt er sein Werk im Untertitel „Memoiren eines Erzählers“. Was bedeutet das? Zum einen, dass er sich, wie jeder verantwortungsbewusste Dokumentarist, auf Archivmaterial stützt; zum anderen, dass er sich der Präformation seines Materials bewusst ist, denn der sich an sich selbst Erinnernde hat sich die Zugangswege zu seinen vergangenen Hypostasen immer schon im Modus des Erzählens geschaffen. Aber nicht das ist hier wichtig.
Nádas' Schreiben kreist um das Faktum der eigenen Geburt, am 14. Oktober 1942, als jüdischer Junge in Budapest, während 450 Kilometer nordöstlich, im Ghetto von Misotsch, 1700 Juden von der Einsatzgruppe C unter dem Hamburger Polizeihauptmann Wohlauf umgebracht werden. Die Idee, er könne „die unpersönliche Geschichte auf die allerpersönlichste Weise aufarbeiten“, die sein *Buch der Erinnerung* inspirierte, scheint er dreißig Jahre später – nach der Wende! – noch einmal radikalisieren zu wollen.
Wegen der Fülle des Materials und der konsequenten Poetik des detailbezogenen Erzählens hätte das Buch an sich selbst ersticken können. Dass dies nicht geschieht, liegt an Nádas' Kunst, jedes dieser Details an ein Wollen und Leiden einer konkreten Figur zurückzubinden. Hier herrscht kein Erzähler über seinen Stoff, sondern jemand ist die ganze Zeit dabei, schaut zu, bedenkt und zürnt oder trauert.
Das Buch ist ein Grabmal für die Eltern, überzeugte ungarische Kommunisten, Juden, die ihr Leben für eine Idee einsetzten, die sie am Ende umbrachte. Es ist ein Buch über den Verrat im 20. Jahrhundert und über das Scheitern der ungarischen Revolution von 1956. Doch es erzählt von Menschen, die handeln, und die sich nicht als Opfer sehen.
Eine Gesellschaft erhebt sich gegen ihre Regierung, die dem Willen einer fremden Macht, Moskaus, folgt. Dieses Drama zieht sich durch die osteuropäische Geschichte: von Ostberlin 1953 über Budapest 1956 und Prag 1968 bis hin zu den polnischen Aufständen 1970 und 1981. Eine Ur-Szene ist das Scheitern des Warschauer Aufstands 1944. In Sichtweite der Roten Armee, die bereits an der Weichsel stand, kämpften die polnische Heimatarmee und ihre zivilen Unterstützer gegen die Übermacht der

[75] Anne Hartmann: „Ein Fenster in die Vergangenheit“. Das Lager neu lesen, in: Das Lager schreiben [Fn. 52], S. 55–80, hier S. 55.

deutschen Besatzer.[76] Statt einzugreifen, beschloss die sowjetische Armeeführung, die Kämpfer, in denen sie ihre politischen Rivalen sah, umkommen zu lassen.
Seit 80 Jahren, mit der Ausnahme des Annus mirabilis 1989, folgt Moskau diesem Muster: Freiheitsbewegungen in seinem realen oder rechtswidrig beanspruchten Machtbereich können nicht geduldet werden. Ein Eingreifen des Westens, mit dessen formal vertretenen, aber nicht real verteidigten Werten von Demokratie, Gerechtigkeit und Freiheit sich die Aufständischen identifizieren, würde ein geopolitisches Machtgefüge gefährden und, so die Befürchtung, womöglich noch größere Opfer, wenn nicht eine nukleare Katastrophe heraufbeschwören.

> Mit dem größten Bedauern, wehen Herzens, im vollen Bewußtsein ihrer moralischen Verantwortung, konnten die westlichen Mächte, durchaus vorausblickend, diese kopflose, um fast anderthalb Jahrhunderte verspätete, unbürgerliche ungarische Revolution weder mit diplomatischen Mitteln noch mit Freiwilligen noch mit Waffen unterstützen. Abgesehen von der Gefahr eines Weltkriegs, hatten sie auch sonst gute Gründe, es nicht zu tun.[77]

Liest man diese Sätze heute, so kommt einem, bei allen Unterschieden, unweigerlich die Ukraine in den Sinn.
Hundert Jahre nach der Oktoberrevolution schildert Nádas am Beispiel seiner Eltern die Tragödie der kommunistischen Generation. Sie waren keine enttäuschten Marxisten, die im Kalten Krieg dem Glauben ihrer Jugend abschworen; der Prozess ihrer Desillusionierung vollzog sich „Schritt für Schritt“. Eine „Geschichte von Liebe und Finsternis“ (um den Titel von Amos Oz auszuleihen), wie sie nur ein Schriftsteller vom Format des Péter Nádas schreiben konnte.

In der Grauzone der Geschichte

„The Abuse of Ukraine’s Best-Known Poet“, titelte der *New Yorker* am 4. März 2014. Das Foto des Dichters und Musikers Serhij Žadan, der mit blutendem Kopf vom Platz geführt wurde, ging um die Welt. In den USA dürfte man noch weniger als hierzulande gewusst haben, was sich in jenen Tagen im Osten der Ukraine zwischen Majdan-Aktivisten, Anhängern des Anti-Majdan und moskautreuen Kräften abspielte. Wieder einmal bedurfte es eines spektakulären Vorfalls, aufgeladen mit politischer Dramatik, damit sich ein osteuropäischer Schriftsteller im Rampenlicht einer internationalen Öffentlichkeit wiederfand, die ihn bis dato ignoriert hatte.
In den USA, wo er erstmals 2004 auf Einladung des *La MaMa Experimental Theater* zu Gast war, erschienen Žadans Romane seit 2013. In Deutschland debütierte er 2006 mit einem Lyrikband, danach erschien jedes Jahr ein Buch von ihm auf Deutsch. Sein Rezitationsstil erregte Erstaunen – ob in der Lemberger Philharmonie, vor den

---

[76] Der gültige literarische Text: Miron Białoszewski: Erinnerungen aus dem Warschauer Aufstand. Aus dem Polnischen übersetzt und mit einem Nachwort von Esther Kinsky. Berlin 2019. Dazu der Kommentar von Maria Janion: Krieg und Form, in: Die Polen und ihre Vampire. Studien zur Kritik kultureller Phantasmen. Hg. und mit einer Einführung von Magdalena Marszałek. Berlin 2014, S. 123–209.

[77] Péter Nádas: Aufleuchtende Details. Memoiren eines Erzählers. Reinbek 2017, S. 1276.

hochmögenden Mitgliedern der *Deutschen Akademie für Sprache und Dichtung* während ihrer Frühjahrstagung 2006, auf den Festivals in Hamburg und Berlin oder auf der Buchmesse in Leipzig. Mit seiner Band „Hunde im Weltall“ tourte er durch die Clubs und Konzertsäle in Polen, Österreich und Deutschland. Politische Stiftungen entdeckten ihn als Diskussionspartner – er profilierte sich mit einer Position, die sich signifikant von der seines Mentors Jurij Andruchovyč unterschied. Der Begriff Mitteleuropa, sagte Žadan einmal, stamme aus dem Wörterbuch von Andruchovyč. Er selbst sei ein Mensch des Donbass und interessiere sich weniger „für das, was wir sind, als für das, was wir wollen“.[78]

Žadan, 1973 in Starobil's'k im Gebiet Luhans'k geboren, wurde in den Jahren erwachsen, in denen die Sowjetunion zusammenbrach. Seine Tante, eine Schriftstellerin und Übersetzerin deutscher Literatur ins Ukrainische, holte ihn nach Charkiv und führte ihn in die literarischen Kreise ein. Er studierte Germanistik, promovierte über einen Dichter des ukrainischen Futurismus und wurde als Lyriker und Punkmusiker bald eine führende Gestalt der Charkiver Subkultur. Wie kein zweiter Autor seiner Generation hat er die junge ukrainische Szene geprägt. Seine Literatur ist so alt wie die unabhängige Ukraine jung ist.

Im Westen ahnte man von all dem nichts. Selbst die an Osteuropa interessierte Literaturszene wusste nichts von der Begeisterung, mit der junge Filmleute, Schriftstellerinnen, Verlage, Rockmusiker, Festivalorganisatoren sich dem Projekt einer unabhängigen, freien Ukraine verschrieben. Schlimmer noch: Von der Existenz dieses Landes, das 1991 aus der Zerfallsmasse der Sowjetunion hervorgegangen war, nahm kaum jemand Notiz.

Was Übersetzungen anging, waren die Literaturen der Grauzone, Ukraine und Belarus, Notstandsgebiet. Noch in den 1990er Jahren war es, anders als im Fall Polens, kaum möglich, kompetente Berater zu finden, die dieser Sprachen mächtig waren und die neuesten Texte beurteilen konnten. Die Literatur, die dort geschrieben wurde, blieb stumm.

Dass dies sich änderte, ist Jurij Andruchovyč zu verdanken und der spezifischen Konstellation, der er entstammte. In der Westukraine, dem vormaligen habsburgischen Kronland Galizien, das nach dem Ersten Weltkrieg zu Polen kam, lernte man auch zu Sowjetzeiten noch Deutsch. Für die Intellektuellen der ukrainischen Sowjetrepublik bedeutete zudem das Polnische einen Schlüssel zur Welt der westlichen Literatur. 1960 in Ivano-Frankivs'k, dem früheren Stanislau, geboren, beherrschte Andruchovyč diese Sprachen, seine wichtigsten Werke wurden bereits ab Mitte der 1990er Jahre ins Polnische und ins Russische übersetzt. Sein Essayband *Das letzte Territorium* (2003) öffnete deutschen Lesern die Augen, die mit dem schmalen Buch Galizien erkundeten; Kritiker verknüpften ihre Rezensionen mit Reiseimpressionen.[79]

2006 wurde Andruchovyč mit dem Leipziger Buchpreis zur Europäischen Verständigung ausgezeichnet. In seiner Dankesrede attackierte er den EU-Erweiterungs-Kommissar Verheugen, der der Ukraine einen möglichen Beitritt in ferner Zukunft in Aussicht gestellt hatte: Ein gutes Jahr nach der erfolgreichen Orangen Revolution und dem demokratischen Machtwechsel in Kiew stellte Andruchovyč fest, dass die Ukraine der

---

[78] Auf einer Veranstaltung der Friedrich-Ebert-Stiftung am 3. April 2006 in Berlin. Literaturgespräch mit Juri Andruchowytsch und Serhij Zhadan, moderiert von Jörg Magenau.

[79] Lothar Müller: Das ist weit weg, das müssen wir fliehen. Warum nur, es gibt doch so viel zu sehen. Juri Andruchowytschs großartige Karpatenkunde. SZ, 30.6.2003. – Ilma Rakusa: Weltläufiges aus der Westukraine. NZZ, 19.8.2003. – Michael Jeismann: Platz nehmen im Vorzimmer Europas. In Juri Andruchowytsch hat die Ukraine ihren politisch-historischen Landvermesser gefunden. FAZ, 8.9.2003.

Wahrnehmung der Westeuropäer wieder entglitt. Lasst uns mit den korrupten Politikern nicht allein, die unser Land von innen bedrohen, so lautete sein eindringlicher Appell. Serhij Žadan verzichtete auf außenpolitische Ermahnungen. Seine Adressaten sah er im eigenen Land. Er schrieb skurrile Geschichten, in einer rhythmischen, bilderreichen Prosa, die ein Lebensgefühl transportierte. Die Freiheit, die seine Figuren lebten, hatte mehr mit persönlicher Autonomie, mit Anarchismus auf den Trümmern der sowjetischen Zivilisation zu tun als mit den Werten der Europäischen Union.

„Wild East" – das war das Etikett, das die deutschsprachige Presse der Prosa Žadans anheftete. Das Echo war freundlich, durchaus beeindruckt: ein kraftvoller neuer Erzähler, der auf witzige, überraschende Weise eine trinkfreudige, chaotische Männergesellschaft in Szene setzte, seltsame Vögel, die sich in den Schauplätzen heruntergekommener Vorstädte vor dem Hintergrund der verendenden Schwerindustrien mit dubiosen Geschäften wie Organschmuggel oder der Gründung eines transnational operierenden Bestattungsunternehmens beschäftigten. Das Bild der Grauzone bekam ein paar bunte Spritzer verpasst. Ein kleiner internationaler Erfolg gelang Žadan mit *Vorošilovgrad* (2010), einem in Luhans'k und Umgebung angesiedelten Roman, den die BBC zum ukrainischen Buch des Jahres ausrief. Über den deutschen Titel wurde verlagsintern lange diskutiert, vor allem weil die geographische Bezeichnung – Donbass – vermutlich kaum jemandem im Buchhandel etwas sagte. Schließlich wurde er mit dem scherzhaft poetologischen Argument angenommen, Jazz und Bass reimten sich.

Die *Erfindung des Jazz im Donbass* (deutsch 2012) ist ein wegweisendes Buch: In seinem Gegenentwurf zu Andruchovyčs westukrainischer Archäologie, in der das imaginierte „alte Österreich" mit einer fiktiven Karpatenmythologie zu einem postmodernen Erzählraum namens Galizien verschmilzt, erfindet Žadan ein Nomadenvolk in phantasievollen Kostümen, Menschen, die es aus den unterschiedlichsten Weltgegenden hierher verschlagen hat. In einem geographischen Raum „unklarer Staatlichkeit", dessen Grenzen nicht feststehen, ziehen sie umher und beschwören die Ahnen einer untergegangenen Zivilisation, während unweit von ihnen ein Junghistoriker, der sich Thälmann nennt, die Helme gefallener Wehrmachtssoldaten ausgräbt und eine Gruppe Freunde einen Flugplatz gegen die heimischen kriminellen Oligarchen, die sogenannten Maiskönige verteidigt. Nicht nur der Raum, auch die Zeit nimmt phantasmagorische Dimensionen an – so kommt es zu einem Fußballspiel, in dem die Einheimischen gegen die Auswärtigen spielen, die „Gasler" gegen die anderen, doch als der Erzähler sich erinnern will und den Schauplatz aufsucht, findet er einen verwilderten Friedhof vor mit Grabsteinen, auf denen die Namen und Todesdaten jener Spieler stehen, gefallen in Tschetschenien.

Der Analyse der Literaturwissenschaftlerin Tanya Zaharchenko zufolge handelt der Roman von der Selbstfindung der postsowjetischen Gesellschaft in der erst seit kurzem unabhängigen Ukraine[80] – von Menschen, die in rätselhaften Bildern einer traumatischen Vergangenheit begegnen, über deren Gehalt sie sich nicht schlüssig sind. Am Ende des Romans redet ein Prediger seinen Leuten, den Einheimischen ins Gewissen – Leuten, die sich nicht als Bürger eines Staates, sondern als Bewohner einer Region fühlen: Sie mögen nicht abhauen, sondern bleiben und Verantwortung übernehmen.

Während die deutsche Literaturkritik monierte, dass Žadan dem kolportagehaften Roman am Ende noch eine überflüssige Botschaft verpasst habe, las Zaharchenko dieses Ende als

---

[80] Tanya Zaharchenko: Where Currents Meet. Frontiers in Post-Soviet Fiction of Kharkiv, Ukraine. Budapest 2016, S. 79–106.

optimistisches Szenario: Die sowjetischen Verhaltensweisen werden in die Vergangenheit entsorgt. Zugleich macht ihre Lesart das Esoterische und das Exoterische des Werks deutlich. In der Tat richtete Žadans Erzähler eine Botschaft an seine Landsleute: Hört mal her, so sieht es bei uns aus, wenn ihr euer neues Land liebt, kümmert euch darum; zugleich waren ihm, dem Autor, weil er ein guter Dichter ist, Szenen aus der Feder geflossen, über die er sich später wundern würde. Für Leser jenseits der Grauzone blieb das Zeichenspiel des Selbstverhältnisses unentzifferbar; für sie war es „Easy Rider" im „wilden Osten" – einem Raum der Freiheit und der Anarchie, der mehr Ähnlichkeit mit den Trailersiedlungen in den USA hatte als mit irgendeinem Europa.[81]

Wegweisend war dieses Buch in Žadans Œuvre, weil es einen Schwebezustand einfing, wie er Anfang der 2010er Jahre geherrscht hatte – noch vor der Revolution der Würde, der Annexion der Krim und dem Krieg im Donbass. Im September 2014, als er zusammen mit seinen Übersetzern den Brücke-Berlin-Preis erhielt – jener Artikel aus dem *New Yorker* lag ein halbes Jahr zurück –, sagte er in seiner Dankesrede:

> Für einen Schriftsteller ist es wohl das Schlimmste, wenn die von ihm erfundenen und beschriebenen Ereignisse tatsächlich eintreten, wenn seine Figuren lebendig werden, zu den Waffen greifen und anfangen, sich gegenseitig zu töten. Dann versteht man plötzlich, wie rat- und schutzlos die Literatur ist.[82]

In jenem September war Žadan seit vielen Monaten unterwegs in seiner von Hass und Gesetzlosigkeit bedrohten Heimatregion. Wie der Pfarrer in seinem Buch versuchte er, den Leuten in den Donbass-Städtchen zuzuhören und ihnen klarzumachen, dass sie sich nicht gegeneinander aufhetzen lassen sollten. Seine Erfahrungen und Notizen erschienen nicht nur auf seiner Facebook-Seite, sondern in den großen Zeitungen in Polen, Deutschland und der Schweiz. Dennoch blieb er für das Mainstream-Publikum eine marginale Figur.

Es dauerte zehn Jahre, bis er in den USA wieder in die Schlagzeilen kam – weil er als Soldat in die ukrainische Nationalgarde eingerückt war. Da war die Grauzone längst Kriegszone geworden, Osteuropa seit über zwei Jahren wieder ein dunkles Wort – das „letzte Territorium", in jenem Sinn, vor dem der Warner Andruchovyč sich gefürchtet hatte: vom europäischen Friedensprojekt ausgenommen und nun Schauplatz des größten Landkriegs in Europa seit dem Zweiten Weltkrieg.

Vom Raum zurück in die Zeit

An Rezeptionsereignissen und Debatten im Literaturbetrieb lässt sich die Dynamik von Aufbruch und Regression ablesen. Was mit den literarischen Begegnungen Budapest-Berlin 1991/1992 und vergleichbaren Veranstaltungen begann, nämlich das gegenseitige Kennenlernen im von Westen nach Osten und von Osten nach Westen zusammenwachsenden Europa, das ist spätestens im Jahr 2022 zu Ende gegangen. Auch im Westen blüht uns „der Osten", während im Osten heute „der Westen", d.h. die erkämpften

---

[81] Wolfgang Höbel: O Bruder, wo bist du? Der Ukrainer Serhij Zhadan besingt die Schönheit, den Witz und die Grausamkeit des Wilden Ostens. Der Spiegel, 50/2012, S. 156. – Thomas D. Schmid: Die Hölle trägt Lackstiefel. Serhij Zhadan schreibt eine Hymne auf die grausam-verrückte Unterwelt des Postsozialismus. Die Zeit, 3.1.2013.

[82] Die Rede ist auf der Seite des *Suhrkamp Verlags* abrufbar: <www.media.suhrkamp.de>.

Errungenschaften von Freiheit, Rechtsstaat und Demokratie in die Defensive geraten. Aufbruch und Öffnung zeigten sich anfangs vor allem in der literarischen Reportage, der Reiseprosa, der poetischen Landschaftsskizze. Im Feuilleton als „literarische Landvermessungen“, als Abenteuerfahrten in den „wilden Osten“ rezipiert – beim breiten Publikum dank Bestsellern wie dem Reiseführer durch das „Land des schadhaften Lächelns“ als bizarr exotisiert. Hier der Zauber des Kaputten und Skurrilen, dort der seriöse Anspruch, die Schichten der Geschichte abzutragen.

Die 1990er waren die „wunderbaren Jahre“, in denen das deutsch geprägte ostmitteleuropäische Gelände erstmals in Romanen junger polnischer und tschechischer Autoren auftauchte. Sie stießen auf die vergessenen Spuren der deutschen Geschichte.[83] Mit Kinderaugen schauten sie auf die Hinterlassenschaften der vertriebenen Bewohner, in deren leere Häuser in Danzig oder Schlesien sie einzogen.[84] Verlassene Orte in osteuropäischen Regionen, die im 20. Jahrhundert mehrfach die Staatszugehörigkeit geändert hatten, ließen sich lesen wie Palimpseste: hebräische Buchstaben auf den Pflastersteinen einer polnischen Provinzstadt, eine zerbrochene Badewanne aus Zarenbesitz in einem litauischen Hühnerstall – an solchen Szenen lud sich um das Jahr 2004 herum die Imagination des vereinten Kontinents auf: je heterogener und vielsprachiger, desto verheißungsvoller. Dann kam die unheimliche Entdeckung, dass im Wald die Toten lagen und man als Kind auf dem Gelände von Treblinka gespielt und nicht gewusst hatte, wie die Angst und das Schweigen der Erwachsenen zu deuten war. Zwanzig Jahre später sind noch längst nicht alle Geschichten erzählt.

Andrzej Stasiuk und Jurij Andruchovyč hatten ein Genre geschaffen, das eine Zeitlang Geopoetik hieß und von der Idee einer Überwindung geopolitischer Grenzen inspiriert war. Anhand alter Karten bestimmten sie alle paar Jahre die Mitte Europas neu. Sie imaginierten die Züge der Nomadenvölker und folgten ihnen. Wie ein Gegenstück zum großen mittelosteuropäischen Familienroman, der ein halbes Jahrtausend tief reicht, Esterházys *Harmonia Caelestis*, erzählt Andrzej Stasiuk sein Opus Magnum *Der Osten* horizontal, einen Tausende Kilometer ostwärts sich erstreckenden Raum durchmessend, um die Schreckensgeschichte des 20. Jahrhunderts zurückzulassen.

---

[83] In den frühen 1990er Jahren fanden vor allem die Romane der Danziger Autoren Paweł Huelle (1957–2023) und Stefan Chwin (Jg. 1949) eine große Resonanz. Übersetzt von Renate Schmidgall, erschienen zwischen 1990 und 2005 sechs Prosawerke Huelles, darunter sein weithin beachteter Debütroman *Weiser Dawidek*, 1990, und *Mercedes Benz*, 2003. Chwins erstes, in Polen sehr erfolgreiches belletristisches Werk, *Haneman* (1995), erschien 1997 unter dem reißerischen Titel *Tod in Danzig* und erlebte drei Auflagen. Es folgten *Die Gouvernante* (1997; im Original *Esther* 1995) und *Der goldene Pelikan* (2005). Beide Autoren schrieben bzw. schreiben weiter; doch ein deutschsprachiger Verlag, der sich weiterhin für ihr Werk engagieren würde, fand sich nicht.

[84] Schlesien ist in der polnischen, die Sudeten sind in der tschechischen Gegenwartsliteratur präsent: Szczepan Twardoch (Jg. 1979), der erfolgreichste Schriftsteller der Nachwende-Generation, setzt sogar die schlesische Erde als Erzählerstimme ein (*Drach*, 2016). Joanna Bators Romane, u.a. *Sandberg* (dt. 2011) und *Bitternis* (dt. 2024) sind in und um Wałbrzych angesiedelt. Olga Tokarczuk (Jg. 1962; Literaturnobelpreis 2019) verlegt die Handlung ihres jüngsten Romans *Empusion* (dt. 2023) in das Lungensanatorium Görbersdorf am Vorabend des Ersten Weltkriegs. Radka Denemarková (Jg. 1968) nimmt sich in *Ein herrlicher Flecken Erde* (dt. 2009; Peníze od Hitlera [Geld von Hitler] 2006) eines Tabuthemas an: Ein junges Mädchen, als Jüdin verjagt, kehrt 1945 aus dem KZ in ihr Heimatdorf nach Böhmen zurück, wo man sie als Deutsche und Staatsfeindin fast umbringt. Kateřina Tučkova (Jg. 1980) schildert in ihrem Debütroman 2009 *Vyhnání Gerty Schnirch* (Die Vertreibung der Gerta Schnirch; dt. 2018 u.d.T. Gerta. Das deutsche Mädchen) die entfesselte Gewalt, mit der die Brünner Behörden 1945 die deutschen Bewohner malträtierten.

Der Osten ist hier keine politische Himmelsrichtung mehr, sondern die Verheißung der Leere jenseits der vom Grauen der Vergangenheit unterminierten europäischen Landschaften. Dort gibt es keine halbverwesten, gefrorenen Leichenberge wie an der Kolyma, sondern verdorrte Tierskelette. In der Wüste Gobi begegnet Stasiuks Erzähler der Tod als etwas Entmaterialisiertes. In der rettenden Stille der Menschenlosigkeit symbolisieren die verdorrten Tierskelette einen Ausstieg aus der Geschichte.

Doch so wie sich im Laufe der letzten Jahre die osteuropäische Literatur von der Geographie emanzipiert hat, aus dem Osten in den Westen migriert ist und von einem Publikum ohne Kalte-Kriegs-Erfahrung rezipiert wird, so hat heute eine junge Generation von Geschichtenerzählern die „literarischen Landvermesser" der 1990er und 2000er Jahre abgelöst.

Die Autorinnen und Autoren der Enkelgeneration von Imre Kertész, die in den 2010er Jahren mit ersten Büchern hervortraten, beschäftigen sich mit der Erinnerung an das 20. Jahrhundert. Mit den Schrecken, die sie nicht mehr aus eigener Erfahrung kennen. Das Spektrum reicht vom opulenten Mehrgenerationenroman Nino Haratischwilis *Das achte Leben* bis zu *Vielleicht Esther* (2014), dem fragmentarischen Familienmosaik von Katja Petrowskaja. Sie schöpfen aus der eigenen Familiengeschichte, arbeiten mit Fotos, Archivfunden, Interviews, durchqueren den europäischen Kontinent auf den Spuren verschollener Verwandter. Die jüdische Geschichte wird reflektiert mit Rückgriff auf die Theorie des *postmemory* wie bei Maria Stepanova (*Nach dem Gedächtnis*, 2017; dt. 2018) oder im Anknüpfen an jüdische Erzähltraditionen bei Dmitri Kapitelman. Die gewaltvolle sowjetische Geschichte, wie sie von Vasilij Grossman, Andrej Platonov oder Šalamov erzählt wurde, wird auf persönliche Weise neu geschrieben – so hat Sergej Lebedev sich als erster eines heute tabuisierten Themas angenommen: der Entdeckung, dass der geliebte Großvater Lagerkommandant im Hohen Norden war.[85]

Junge ukrainische Autorinnen machten sich daran – darin Oksana Zabužkos Pionierarbeit folgend –, ihre Nation, das heißt, die unbekannten und lange beschwiegenen Geschichten der ukrainischen Geschichte, neu oder zum ersten Mal in epischer Form zu erzählen.[86]

---

[85] Sergej Lebedew: Der Himmel auf ihren Schultern. 2013. Orig.: Predel zabvenija [Die Grenze des Vergessens], 2010. Die eigene Familiengeschichte mit den Verbrechen der Stalinzeit zu verknüpfen war ebenso sensationell wie der Mut, die Leichenberge auf dem ehemaligen Gulag-Gelände zu beschreiben. Lebedev (Jg. 1981) war der erste junge russische Autor, der sich an die Ausgrabung der Lagerwelt machte, die Šalamov beschrieben hatte. Wie sich der Staatsterror und die ungesühnten Verbrechen auf Russlands Gesellschaft bis heute auswirken, ist das Thema seiner folgenden Bücher. Lebedev, einer der mutigsten Kritiker des Putin-Systems, lebt seit 2018 im Westen. – Gusel Jachina (Jg. 1977) nimmt sich seit ihrem Debütroman (Suleika öffnet die Augen, 2017; Orig.: 2015) ebenfalls der sowjetischen Verbrechensgeschichte an. Im Unterschied zu Lebedev, dessen Bücher in Russland nur zögerlich publiziert wurden, erzielten ihre Romane hohe fünfstellige Auflagen.

[86] Exemplarisch seien genannt: Sofia Andruchowytsch, die in ihrer Romantrilogie *Das Amadoka-Epos* (2020; 2023/24) den Bogen von der Gegenwart des Donbass-Krieges 2014 zurück in die 1920er Jahre schlägt, erzählt von der Auslöschung der ukrainischen Intelligenz durch Stalin und vom Leben der Juden im von den Nazis besetzten Galizien. Tanja Maljarčuk verwebt in ihrem Roman *Blauwal der Erinnerung* (2016) die Suche der Ich-Erzählerin nach sich selbst mit der Gestalt des Geschichtsphilosophen V'jačeslav Lypyns'kyj, der sich in den 1920er Jahren für die Unabhängigkeit der Ukraine einsetzt.

Verspätete Rezeption II

Es gibt Bücher, die ihre Brisanz erst bei doppelt verspäteter Lektüre entwickeln, und fern von jeder politischen Instrumentalisierung. Ein solches Buch soll am Ende meiner literarischen Szenen stehen.

> Von allen meinen Erinnerungen, von all den unzähligen Empfindungen meines Lebens war die bedrückendste die Erinnerung an den einzigen Mord, den ich begangen habe.

So lautet der magische erste Satz des schmalen Romans *Das Phantom des Alexander Wolf* von Gajto Gazdanov. Die Geschichte spielt im Paris der russischen Emigration der 1920er Jahre. Der Ich-Erzähler hat im russischen Bürgerkrieg einen Mann niedergeschossen und ist auf dem weißen Pferd des Sterbenden geflohen. Jahre später findet er diesen tragischen, sein Leben verdüsternden Moment in einem Buch bis ins kleinste Detail beschrieben. Der Autor des in England erschienenen Werks heißt Alexander Wolf, und ihn, den vermeintlich Getöteten, gilt es wiederzufinden.

1947 in der New Yorker Exilzeitschrift *Novyj Žurnal* erschienen, wurde Gazdanovs bedeutendster Roman im Herbst 2012 erstmals auf Deutsch veröffentlicht. Die Buchhändlerinnen, die ihn in die Hand nahmen, mussten nur die ersten drei Seiten lesen, um zu wissen: Das Buch verkaufen wir.[87] Eine Wundergeschichte verspäteter Rezeption.

Wer sich jemals mit der russischen Emigration in Paris beschäftigt hatte, kannte den Namen Gazdanov; der Roman wurde schon 1950 ins Englische, 1951 ins Französische, 1955 ins Spanische und in viele andere Sprachen übersetzt. Seit dem Ende der Sowjetunion waren bereits mehrere Ausgaben seiner Werke, darunter eine Gesamtausgabe und auch eine Biographie in Russland erschienen.

Die einflussreiche Literaturkritikerin Iris Radisch staunte:

> Aus unerfindlichen Gründen ist ausgerechnet dieses Meisterwerk der klassischen Moderne lange übersehen worden und wird nun als verspäteter Nachtrag zur Weltliteratur wie eine Flaschenpost aus der Vergangenheit ans Ufer der Gegenwart gespült. Das ist schon eine Sensation. Berauscht versenkt man sich in einen Stil, dessen Makellosigkeit entwaffnend ist, und lernt Menschen kennen, für deren Seelenlandschaften man keine verlässlichen Karten mehr hat.[88]

Der sensationelle Erfolg (40 000 verkaufte Exemplare bis Jahresende 2012) war zum einen der bezwingenden Schönheit der Übersetzung zu verdanken, zum anderen der klugen Öffentlichkeitsarbeit des Verlags. „Ich möchte Ihnen eine Frage stellen. Können Sie mir vielleicht erklären, wozu wir leben?“, läuft als herausgehobenes Zitat über eine

---

[87] Mündliche Auskunft der Übersetzerin Rosemarie Tietze, 9.12.2024. – Die Lektorin Tatjana Michaelis schilderte im Podcast *Hanser Rauschen* #22, Anfang 2020 im Gespräch mit Florian Kessler: „Seit Jahren wurde der Autor immer wieder vorgeschlagen, von verschiedenen Übersetzern, es hat mich nicht mitgerissen. Dann kam Rosemarie Tietze und sagte, es gibt da eine alte französische Übersetzung, lies das mal, und ich las und war hin und weg. Doch mein Umfeld hier war keineswegs elektrisiert. Oh, das wird schwer werden. Zu still, das verkaufen wir nicht – ein toter Autor! Der nicht mehr reisen kann. Dann kamen die fabelhaften Rezensionen; vor allem die Begeisterung im Handel war entscheidend.“

[88] Iris Radisch: Das Leben der Toten. Die Zeit, 4.10.2012.

Doppelseite des „Einlesebuchs“, welches der Verlag vor Erscheinen an Buchhandlungen und Redaktionen verschickte. Die schön gestaltete, mit dokumentarischem Material angereicherte 80-seitige Broschüre informierte über Leben und Werk des 1971 in München verstorbenen Autors, markierte seinen Rang im Kreis der russischen Exilliteraten und machte mit Zitaten Lust auf die Lektüre künftiger Bücher.

Der Hinweis auf Nabokov als berühmtesten russischen Exilautor und auf den französischen Existentialismus, vor allem auf Camus, fehlte in keiner Besprechung. Zwei große Tageszeitungen hatten das Buch direkt zum Erscheinen Ende August 2012 umfangreich und im Ton uneingeschränkt hymnisch besprochen:

> Dass und wie sich jeder seine Erinnerungen formt, ist das Thema dieses Romans. Selten hat man so elegant, so tief und trotz allem so tröstlich davon gelesen wie bei ihm.[89]

Die Rezensenten stellen an sich selbst eine balsamische Wirkung dieses „Seelenkrimis“ fest. Gazdanovs Prosa ist zugänglich, ohne oberflächlich zu sein.

> Ein Roman, der auf wenigen Seiten, in Szenen, die man nicht so schnell wieder vergisst, von Verlorenheit, Vergnügen, Zerstreuung, von Liebe, Tod und Zufall handelt, all dem, was das menschliche Leben schön und unerträglich macht.[90]

Doch die Entdeckung eines großen Unbekannten aus der russischen Emigration allein hätte nicht ausgereicht, um das Buch begeistert weiterzuempfehlen. Der Schriftsteller Maxim Biller schreibt:

> Wir dekadenten Westler, die wir Gazdanov endlich lesen dürfen, lieben seine zeitgenössische Art zu erzählen – denn das ist mal Action, mal Reflexion, und am Ende gibt es immer eine perfekte, aber unkonstruierte Auflösung wie in einer HBO-Serie. In jeder Zeile seiner „wunderschönen, traurigen, ambivalenten und immer wieder ins Essayistische abdriftenden Prosa“ lehre Gazdanov, „unser schönes, kaputtes Neurotikerleben zu lieben“.[91]

Billers Lektüre steht für eine Rezeption, die in Gazdanovs Prosa lauter Andockpunkte für das zeitgenössische Leseverhalten findet; Spannung, Reflexion, Gefühl, stilistische Schönheit und Identifikationsangebote. Da die russische Episode – der Mord im Bürgerkrieg – etwas Somnambules hat (der Erzähler betont mehrmals, wie todmüde er ist), sich im Zwielicht abspielt und keine historische Tiefenschärfe bekommt, bleibt das Geschehen im Innenraum des Seelischen. Die Außenwelt ist eine allen westlichen Lesern vertraute Stadt, und weder die Revolution noch der Krieg spielen hinein.

Die gründlichste Besprechung dieser „verspätete[n] Neuentdeckung eines Klassikers der russischen Exilliteratur“ stammt von Andreas Breitenstein, einem Kenner der osteuropäischen Literaturen, deren Erscheinen in deutschsprachigen Verlagen er seit den frühen 1990er Jahren aufmerksam verfolgte. Ob Kertész, Nádas, Esterházy oder Šalamov –

---

[89] Tilman Spreckelsen: Wem gehört die Erinnerung. FAZ, 25.8.2012.

[90] Jens Bisky: Der Schuss. Süddeutsche Zeitung, 27.8.2012.

[91] Maxim Biller: Wozu brauchen wir Literatur? Frankfurter Allgemeine Sonntagszeitung, 18.11.2012. – HBO: Home Box Office, 1972 gegründeter privater Fernsehanbieter in New York City; gilt als Pionier des Kabelfernsehens. Die Serienformate, die HBO anbot, galten vor allem in den 1990er und 2000er Jahren als künstlerisch führend.

ihnen allen hat er umfangreiche Artikel gewidmet, bisweilen nicht frei von agitatorischen Untertönen eines Kalten Kriegers. Auch er betont das Tröstliche, nachgerade Idyllische der Lektüre Gazdanovs:

> Mag „Das Phantom des Alexander Wolf" primär als Bewusstseins(spaltungs) roman daherkommen [. . .], so leuchtet darin doch allerorten dunkel das Paris der russischen Emigranten. Und wirklich erinnert das geheimnisvolle Amalgam von Realismus und Esoterik, Beobachtung und Spekulation, Sinnlichkeit und Reflexion an Vladimir Nabokov. Hinter Gazdanovs mitunter forciertem Willen zur stilistischen Eleganz steht der sanfte Trost der schönen Form, aber auch ein lebendig pochendes Herz. Der Gedanke, dass der Mensch die Summe seiner Erinnerungen sei, ist für den Emigranten von heiligem Ernst. [92]

Dass der Erzähler seinen Gegenspieler am Ende erschießt und sich damit auch die Vergangenheit vom Hals schafft, die ihn nicht aus den Klauen lässt, entgeht dem Rezensenten. Gazdanov hatte drei unterschiedliche Schlussszenen für diesen Roman entworfen und war bis zuletzt unentschieden, welche er favorisieren sollte. Die Deutung ist also offen.

Für den anhaltenden Erfolg dieses Buches – keiner der in schneller Folge vorgelegten weiteren Romane Gazdanovs kam auch nur entfernt an ihn heran[93] – spricht noch etwas anderes, das in keiner Rezension erwähnt wird: Das Phantom steht sinnbildhaft für einen Mord, den der Erzähler im Zustand des „todmüde"-Seins begangen hat – eine Szene im Krieg, er hatte keine Wahl. Und doch: es gibt keine Rechtfertigung, er kann nicht anders, als sich die Tat selbst zuzuschreiben. Alexander Wolf aber lebt – also ist er doch kein Mörder? Die zudringliche Präsenz dieser mörderischen Vergangenheit in einem normalen europäischen Alltag, während der Streifzüge durch Paris, in den Restaurants, den Sportveranstaltungen und während der Liebesaffären – diese Konstellation wirkt im Hinblick auf die russischen Exilautoren von heute auf unheimliche Weise vertraut und konnte 2012 so noch nicht gelesen werden. Das Land, in dem sie bis vor kurzem gelebt haben, ist unabweisbar Teil der eigenen Biographie – und damit auch die Frage nach der eigenen Verantwortung für die Verbrechen, die Russland in der Ukraine begeht.[94]

---

[92] Andreas Breitenstein: Die Lava der Erinnerung. Neue Zürcher Zeitung, 6.10.2012.

[93] Das *Phantom des Alexander Wolf* verkaufte sich bis heute (Stand Dezember 2024; Quelle: mc-metis) mehr als 50 000-mal im Hardcover und rund 38 000-mal im Taschenbuch (dtv 2014); 2014 erschien *Abend bei Claire*. Insgesamt vier weitere Romane von zehn folgten sowie ein Erzählband und ein digitaler Sonderdruck (Glück).

[94] Von der Unentrinnbarkeit dieser Selbstbegegnung handelt Maria Stepanovas *Der Absprung* (im Original: *Fokus*; beide 2024), der erste Roman des neuen russischen Exils, der diese Erfahrung zum Thema macht. Die Protagonistin, die vor kurzem emigrierte „Schriftstellerin M.", befindet sich in einer tiefen Krise. Das „Land, aus dem sie kommt", überzieht das Nachbarland mit Krieg. Ihre Biographie, ihre Sprache, ihre Identität sind „Teil" dieses „Untiers". M.s Wunsch, sich selbst loszuwerden, geht auf unerwartete Weise in Erfüllung. Neben der Leviathan-Metapher sind es u.a. Texte Vladimir Nabokovs aus den 1930er Jahren, deren Präsenz diesem aktuellen Buch historische Tiefe verleiht.

Ein osteuropäischer Moment

Es scheint so zu sein, dass sich, zumindest im Fall der genannten Autoren und Bücher, eine überraschende Zeitgenossenschaft einstellt, wenn die verspätete Rezeption gelingt. Die Literatur scheint dann durchlässig zu sein für die Fragen der Gegenwart. Nicht die Politisierung des Poetischen sorgt dafür, dass die Bücher bei den Lesern ankommen, sondern etwas an ihnen trifft in einem bestimmten Augenblick auf eine bestimmte Sensibilität und Aufnahmebereitschaft des Publikums.

Das gilt für die prophetischen Seiten Sorokins und Žadans ebenso wie für die Ankunft von Kertész, der nach eigenem Dafürhalten erst im Westen seine Leser fand.

Erst nach dem Großangriff Russlands auf die Ukraine ist Serhij Žadan international zum erfolgreichen Autor geworden. Sein Roman *Internat*, 2016 erschienen, wurde erst im Jahr 2022 gelesen – als Roman der Stunde, der vom Krieg im Donbass handelte. Das war richtig und falsch zugleich, denn in *Internat* geht es um einen anderen, früheren Krieg. Jemand, der aktuell im Krieg ist, kann keinen „Roman der Stunde" schreiben.

Lyrik, Prosa, Romane von Žadan waren seit 2006 in deutscher Übersetzung erschienen. Der Autor hatte viele Auftritte absolviert, doch der Kreis seines Publikums blieb klein. Erst die „Zeitenwende" ließ die Auflagenzahlen seiner zehn lieferbaren Bücher in die Höhe schnellen; sie lagen im August 2022 bei etwa 40 000. Im Herbst 2022 wurde ihm in der Paulskirche der *Friedenspreis des deutschen Buchhandels* verliehen, eine der höchsten Ehrungen, die in Deutschland vergeben werden. Es gab Kritik an der Entscheidung, vor allem von Personen, die Deutschlands Unterstützung der angegriffenen Ukraine ablehnten. Ein Preisträger, der zu Waffengewalt gegen Russland aufrufe, füge dem Friedenspreis schweren Schaden zu.

Doch plötzlich war er greifbar, der Krieg – kein Ereignis aus den Nachrichten, sondern geteilte reale, nicht virtuelle Gegenwart. Der Autor sprach darüber, dass er keine Worte hatte für das, was geschah. Dass es diese Worte nicht mehr gab; dass es sie aber doch geben musste, denn spätestens, wenn es vorbei wäre, würde man über alles sprechen müssen, aus den Namen der Umgekommenen würden die neuen Wörterbücher entstehen. Im Unterschied zu früheren Jahren fehlten im Publikum die Spitzen des Staates. Die Anwesenden spendeten stehend Applaus. Ergriffen, ratlos, schlechten Gewissens, von Verzweiflung überwältigt – ein Moment nur, aber klar wurde: Der große Krieg ist zurück in Europa, und Schriftsteller sind wieder das, wozu sie unter Bedingungen von Krieg und Diktatur verurteilt waren: Opfer und Zeugen zugleich. Es war ein osteuropäischer Moment, weil er, wie früher, zu Zeiten des Kalten Kriegs, der Literatur die Zeitzeugenpflicht aufbürdete. Literatur aus einem verschlossenen, mit Gewalt durchtränkten Raum, den man selbst nicht betreten wollte.

Schlagwörter:
Osteuropäische Literatur, Romane, Sprache, Schriftsteller, Imre Kertész, Varlam Šalamov, Péter Esterházy

Dorothea Redepenning

Der Klang des Jahrhunderts

Musik aus der Sowjetunion in Deutschland

Musik ist eine Universalie der menschlichen Kultur, doch ihre Wahrnehmung steht immer auch unter dem Einfluss gesellschaftlicher und politischer Rahmenbedingungen. Das gilt auch für die deutsche Rezeption klassischer Musik aus der Sowjetunion und Russland. In der Weimarer Republik war das Interesse an der Musik aus der jungen UdSSR sehr hoch. Im Nationalsozialismus erklang keine Musik, die mit dem Schlagwort „jüdischer Bolschewismus" belegt werden konnte, doch nach dem Hitler-Stalin-Pakt gab es eine bizarre, kurze Blüte des Musikaustauschs. Zur Zeit des Kalten Krieges vollzog sich die Rezeption sowjetischer Musik, vor allem zeitgenössischer Opern, in der DDR und BRD nach ideologischen Grundsätzen. Während der Perestrojka explodierte das Interesse, spezielle Konzerte und Festivals entstanden, enge musikalische Kontakte wurden geknüpft. Seit dem 24.2.2022 droht dieses Netz zu zerreißen. Der Krieg war der Auslöser für die Forderung: „Cancel Russian Culture". Doch weiterhin erklingt russische Musik: Sofija Gubajdulinas *Der Zorn Gottes* ist zu einem klingenden Mahnmal geworden.

Im ersten Jahrgang von OSTEUROPA, im November 1925 bot der Berliner Musikjournalist Robert Engel den deutschen Leserinnen und Lesern eine „Einführung in die russische Musik der Gegenwart".[1] Der Publikationsort war kein Zufall, denn OSTEUROPA verstand sich von Anfang an als ein Forum, das Politik und Kunst, Wirtschaft und Gesellschaft, Religion und Literatur nicht als Gegensätze, sondern als komplementäre Teile eines Ganzen verstand, die man kennen sollte, ja musste, um das gesellschaftliche Klima und die politische Kultur eines anderen Landes zu verstehen. Es liegt im Wesen von Musik, dass sie gegenseitiges Verstehen befördern kann.

Um die deutsch-sowjetischen Beziehungen oder die über Jahrzehnte dominierenden Beziehungen zwischen Deutschland und Russland auf dem Gebiet der Musik zu erforschen, bedarf es umfangreicher Studien. Dieses große, facettenreiche Thema lässt sich hier nur in seinen Grundzügen erhellen. Von der Gründung der Sowjetunion 1922 über den Aufstieg des Nationalsozialismus in Deutschland und den Zweiten Weltkrieg, über

---

Dorothea Redepenning (1954), Prof. em., Dr. phil., Musikwissenschaftlerin, Heidelberg
Von ihr erschien in OSTEUROPA u.a.: Töne der Erinnerung. Musikalische Deutungen von Babij Jar, in OE, 1–2/2021, S. 141–174. – Das Werden eines Mythos. Dmitrij Šostakovičs 7. Symphonie, „Die Leningrader", in: OE, 8–9/2011, S. 169–193. – Chronist seiner Zeit. Dmitrij Šostakovič zwischen Ethik und Ästhetik, in: OE, 8/2006, S. 5–24. – „Ricorda cosa ti hanno fatto in Auschwitz". Musik gegen Gewalt und Krieg, in: OE, 4–6/2005, S. 281–307.

[1] Robert Engel: Einführung in die russische Musik der Gegenwart, in: OSTEUROPA, 11/1925, S. 613–631.

 doi: 10.35998/oe-2025-018

die beiden deutschen Staaten, die Perestrojka, die Wiedervereinigung und die Auflösung der Sowjetunion bis in die Gegenwart, auf der Russlands Krieg gegen die Ukraine lastet, schwankt die Wahrnehmung der sowjetischen und russischen Musik ebenso wie ihre Wertschätzung. Die Akteure dieser wechselhaften Beziehung sind Komponisten, Dirigenten, Künstler, Orchester, Konzertveranstalter, Opernhäuser, Verlage, Fachzeitschriften, Tagespresse, auch Rundfunk und Fernsehen, die Musik zum Klingen bringen, verbreiten, bewerten und in den jeweiligen kulturpolitischen Diskurs einbetten. Das Gesamtbild veranschaulicht, in welchem Maß politische Konstellationen die Wahrnehmung prägen, auch in welchem Maß Nationalismus Kultur und Dialog behindern. Entsprechend gibt es Phasen des Interesses und des Desinteresses, der Begeisterung und der Gleichgültigkeit. Im Fokus des vorliegenden Beitrags steht die ernste Musik, die musikalische Hochkultur. Unberücksichtigt bleiben Balalaika-Ensembles und Kosakenchöre, kurz, die leichte Musik der Russlandfolklore,[2] Volksliedbearbeitungen und Arrangements aller Art, gedacht für das Musizieren in privatem Rahmen, die sich seit dem 19. Jahrhundert großer Beliebtheit erfreuten.

Weimarer Republik

Mit dem Ende des Bürgerkriegs, der Gründung und Anerkennung der Sowjetunion entstand, vorbereitet durch den Vertrag von Rapallo (16. April 1922) und weiter gestärkt durch den Berliner Vertrag (24. April 1926), der als Freundschaftsvertrag zwischen beiden Ländern geschlossen wurde, die Basis für ein großes Interesse an der Kultur und Musik der jungen Sowjetunion. Eindrücklich belegen das Musikzeitschriften, unter denen *Melos* und die *Musikblätter des Anbruch* den Schwerpunkt bilden, die Wiener *Universal Edition* (UE), die Musik aus der Sowjetunion im Westen vertrieb, und der konkrete künstlerische Austausch. Zeittypisch sprach man verallgemeinernd von „Russland“ und „russischer Musik“, obwohl die multinationale Sowjetunion, also auch die Unionsrepubliken und Autonomen Republiken mit anderen Titularnationen gemeint waren. Überblickt man die Musikzeitschriften dieses Jahrzehnts, fällt auf, dass die Bewertung von Neugier und Wohlwollen geprägt ist und dass sich die sowjetischen Autoren, deren Texte hier veröffentlicht werden, um ein umfassendes Bild bemühen. Mal scheint Zustimmung zur neuen Staatsordnung hindurch, mal führt Skepsis die Feder. Zugleich fällt auf, dass Russland bzw. der Sowjetunion während der Weimarer Republik weitaus mehr Raum gewidmet wurde als anderen Ländern.[3]

---

[2] Katharina Kucher: Vom Flüchtlingslager in die Konzertsäle der Welt. Die Geschichte des „Don Kosaken Chores“, in: OSTEUROPA, 5/2007, S. 57–68.

[3] Am Beispiel von Melos (1920–1934): 34 Artikel zu Russland, 11 zu Paris (1 zu Frankreich), 11 zu Italien, 10 zu Amerika und 2 zu England; am Beispiel der Musikblätter des Anbruch (1919–1937, ab 1929 nur Anbruch): 130 Artikel zu Russland (einschließlich Moskau und Leningrad), 73 zu Italien, 3 zu Paris (1 zu Frankreich), 17 zu Amerika und 13 zu London (4 zu England). Ausgewertet wurden die Inhaltsverzeichnisse, einbezogen sind adjektivische Formen (italienisch, russisch). Im Anbruch macht sich der beginnende Kulturaustausch zwischen dem Faschismus in Italien und dem Nationalsozialismus in Deutschland bemerkbar.

Melos und *Anbruch*

Die Zeitschrift *Melos*, initiiert von dem Dirigenten Hermann Scherchen,[4] publizierte in deutscher, französischer und englischer Sprache. Ihr erstes Heft erschien 1920. Im dritten Jahrgang veröffentlichte der Dirigent Ernest Ansermet (1883–1969) einen Artikel über die russische Musik, in dem er einen Überblick von Michail Glinka und Aleksandr Dargomyžskij über die Petersburger Fünf bis zu Igor Strawinsky, Aleksandr Skrjabin und Sergej Prokof'ev gibt.[5] Von da an bis 1933 erschienen regelmäßig Texte zur Musik in der Sowjetunion, wobei Übersetzungen von russischsprachigen Publikationen einen großen Teil ausmachen. Der vierte Jahrgang (1924/25) brachte zwei Sonderhefte, die die Herausgeber ankündigten mit der Absicht, „ein Bild vom Musikleben und der Produktion im heutigen Russland[6] zu geben" und die Möglichkeit anzubieten, „nicht nur Namen und Werke der jetzt in Russland schaffenden Musiker kennen zu lernen, sondern auch einen Einblick in die Probleme der jungen russischen Musik zu gewinnen".[7] Leonid Sabaneev informiert über die Musik seit 1914,[8] indem er über unterschiedliche stilistische Strömungen – „Modernisten", „Akademiker", „Linke" – berichtet sowie eine junge „jüdische Schule" hervorhebt und einzelne Vertreter namentlich vorstellt. Auch Igor' Glebov unterscheidet zwischen „Akademikern", die er „rechts" verortet und „linken" Musikern gegenüberstellt. Er hofft, dass der

> Riss zwischen den höchsten künstlerischen Errungenschaften und der durch die alltäglichen sozialen Verhältnisse hervorgerufenen Musik sich bald in ein vollständig ausgeglichenes ästhetisches Auffassen der Musik von naiv-elementaren Gehörsempfindungen bis zum verfeinerten Genießen der kompliziertesten Tonformen ausgleichen wird, wie das in Ländern alter künstlerischer Kultur der Fall ist.

Er schließt mit dem Hinweis darauf, dass die „nationalen Minderheiten der U.S.S.R., die zum ersten Mal die Rechte zur nationalen Selbstbestimmung erhalten haben", zunächst darauf bedacht seien, „die National- und Volksmusik zu erhalten und zu pflegen", ein Stadium, das „Zentral- (Groß)Russland" bereits hinter sich habe.[9]

---

4 Hermann Scherchen (1891–1966), zu Beginn des Ersten Weltkriegs in Riga tätig, hatte die Kriegsjahre als Zivilist in einem Internierungslager im Ural verbracht und hier als Dirigent gearbeitet. Nach seiner Rückkehr nach Berlin wirkte er als Vermittler sowjetischer Lieder und Übersetzer von Liedtexten, darunter *Brüder zur Sonne, zur Freiheit* und *Unsterbliche Opfer*. Er vertrat eine linke Weltanschauung, war aber nicht Mitglied der KPD. Er setzte sich nachdrücklich für die zeitgenössische und insbesondere die sowjetische Musik ein. Als Dirigent war er international tätig und ließ sich 1937 in der Schweiz nieder.

5 Melos 1922, als Sur la musique russe S. 221–224, als Russian Music, S. 225–227. Die Jahrgänge sind durchpaginiert, daher nur Seitenangaben.

6 Die Schreibweise schwankt zwischen „Rußland" und „Russland", hier wurde sie in Russland vereinheitlicht.

7 Melos, 1924/25, S. 420.

8 L. Ssabanejeff [Leonid Sabaneev, 1881–1968, Emigration 1926]: Die Musik in Russland, in: Melos, 1924/25, S. 421–428 und S. 461–468.

9 Igor Gljeboff [Igor' Glebov, Pseudonym für Boris Asaf'ev, 1884–1949, Kritiker, Komponist und für die sowjetische Musikwissenschaft maßgeblicher Musikwissenschaftler]: Die Zukunft der russischen Musik, in: Melos, 1924/25, S. 429–438, Zitate S. 435 und 438.

Evgenij Braudo berichtet über Musikwissenschaft und Musikerausbildung und geht insbesondere auf akustische und ethnologische Forschungen ein, außerdem auf Musiktheorie, Quellenforschung und Editionen, wobei er die in Vorbereitung befindliche Neuedition von Modest Musorgskijs Oper *Boris Godunov* hervorhebt.[10] Einleitung und Schluss von Braudos Text lassen sowohl tiefe Skepsis erkennen als auch den Wunsch, die Kultur möge diese politischen Umwälzungen überstehen. Sabaneev erläutert Skrjabins Schaffen; Boris de Schloezer präsentiert Strawinsky und Prokof'ev.[11] 1927 wird ausführlich über das Musikleben in Leningrad berichtet und eine Vorschau auf die Spielzeit 1927/28 gegeben, bei der Alban Bergs *Wozzeck*, Prokof'evs *Liebe zu den drei Orangen*, Franz Schrekers *Ferner Klang* und Richard Strauss' *Salome* gezeigt werden. Bemerkenswert ist, dass in Leningrad Bruno Walter, Fritz Stiedry, Erich Kleiber, Hans Knappertsbusch und Otto Klemperer dirigieren sollten.[12] Unter den Buchbesprechungen heißt es: „Nun endlich gibt es auch in deutscher Sprache eine Geschichte der Musik Russlands von ihren Anfängen bis zur Gegenwart", verfasst von Leonid Sabaneev, übersetzt von Oskar von Riesemann, der auch Ergänzungen vorgenommen habe.[13]

Noch zahlreicher sind entsprechende Publikationen in den *Musikblättern des Anbruch*, einer Fachzeitschrift, die von der Wiener *Universal Edition* herausgegeben wurden. Im März 1925, einem „Sonderheft Russland", gibt Sabaneev einen Einblick in die kompositorischen Neuerungen der Nachkriegszeit, Glebov äußert sich zu Symphonik und Kammermusik, Nadežda Brjusova zur Musikpädagogik.[14] Das Vorwort stammt von Viktor Beljaev, der die in Moskau gegründete *Assoziation für zeitgenössische Musik* (ASM)[15] vorstellt.[16] Alle russischen Autoren, die in den deutschsprachigen Zeitschriften zu Wort kommen, gehören dieser Assoziation an oder stehen ihr nahe. Sie sind akademisch ausgebildet und haben einen bürgerlichen, keinen proletarischen Hintergrund. Ihr Anliegen ist die neue Musik, formuliert in zeitgemäßen Kompositionstechniken, darunter Atonalität und Zentraltontechnik, wie Skrjabin sie entwickelt hatte. Sie interessieren sich für die Musik in Westeuropa, denken in ästhetischen Kategorien, auch wenn kulturpolitische und soziologische Anschauungen gelegentlich berücksichtigt werden.

Mit dem Aufkommen des Nationalsozialismus in der späten Weimarer Republik und der Kulturrevolution in der UdSSR in den späten 1920er Jahren ändert sich der Tonfall. Einerseits findet man weiter sachliche Informationen, etwa darüber, dass die Leningrader Philharmonie in der kommenden Spielzeit 90 Symphoniekonzerte plane, die u.a. Otto

---

[10] Eugen M. Braudo [Evgenij Braudo, 1882–1939, Musikkritiker und Musikwissenschaftler, studierte u.a. bei Max Reger]: Musikwissenschaft und Musikbildung in Ssowett-Russland [sic!], in: Melos, 1924/25, S. 438–445.

[11] Boris de Schloezer [1881–1969, Musikwissenschaftler und Übersetzer deutsch-belgischer Herkunft, Emigration 1921, Verfasser einer Skrjabin-Biographie, Berlin 1923, seine Schwester Tat'jana war mit Skrjabin verheiratet]: Igor Strawinsky und Serge Prokofjeff, in: Melos, 1924/25, S. 469–481.

[12] Musikleben in Leningrad, unterzeichnet mit Igor Gljebow [der Name erscheint in mehreren Schreibweisen] [Fn. 9], in: Melos 1927, S. 396–398.

[13] Robert Engel: Von neuen Büchern über russische Musik, ebd., S. 398–401, Zitat, S. 399f.

[14] Nadjeschda Briussowa [Nadežda Brjusova, 1881–1951, Musikwissenschaftlerin, 1919–1943 Professorin am Moskauer Konservatorium, Schwester von Valerij Brjusov]: Neue Strömungen auf dem Gebiete der musikalischen Bildung, in: Musikblätter des Anbruch, 3/1925, S. 117–120.

[15] Ausführlich dazu Dorothea Redepenning: Geschichte der russischen und der sowjetischen Musik, Bd. 2. Laaber 2008, S. 152ff.

[16] Victor Belaiev [Viktor Beljaev, 1888–1968, Musikwissenschaftler und Musikethnologe], Vorwort, in: Musikblätter des Anbruch, 3/1925, S. 99f.

Klemperer, Fritz Busch, Wilhelm Furtwängler und Ernest Ansermet dirigieren werden.[17] Auch lässt sich auf den Seiten von *Melos* Respekt, sogar Schwärmerei für das sowjetische Musikleben ausmachen. So gastierte der deutsche Pianist Franz Osborn 1929 in der Sowjetunion und berichtete darüber in derart euphorischem Tonfall, dass man meint, er habe das Paradies auf Erden besucht.[18] Andererseits macht sich der Einfluss der nationalsozialistischen Propaganda zunehmend bemerkbar. Der etablierte, als Selbstbezeichnung neutrale Terminus „Bolschewismus" entwickelte sich seit 1927 als „Kulturbolschewismus" zu einem Schlagwort und Kampfbegriff.[19] In *Melos* wird, erstmals 1929, ironisch darauf Bezug genommen, etwa wenn Paul Hindemith über Kritiker spricht, denen „heutige Musik gleichbedeutend mit Schweinerei oder Bolschewismus ist" (S. 107) oder wenn es über ein Dirigat von Otto Klemperer heißt:

> Es würde sich lohnen, zur Unterhaltung des Geistes und Witzes allein die Pressestimmen zu vertreiben, mit denen dieser „bolschewistische" Dirigent beschenkt wurde.[20]

1931 brachte der *Anbruch* ein weiteres Sonderheft heraus, nun unter dem Titel *USSR*. Auch hier gibt es Sachberichte – über jüngste Neuerungen wie Schallplatten, Tonfilme und Musik im Rundfunk, über die wissenschaftlichen Arbeiten, über das Musikleben –, aber der Tenor hat sich grundlegend geändert. Das Geleitwort stammte von Kulturkommissar Anatolij Lunačarskij, der, als das Heft publiziert wurde, schon nicht mehr im Amt war.[21] Das Vorwort verfasste, wie schon 1925, Paul Stefan, der mit der bangen Frage schließt:

> Wenn wir Außenstehende es recht verstehen: die russische Musik von heute ist nicht mehr Selbstzweck, sondern Mittel. Kann sie Mittel sein? Und was geschieht dann mit ihr?[22]

Den Leitartikel schrieb Paul Weiß.[23] Er äußert sich als bekennender Kommunist, der den deutschen Lesern die proletarische Musikanschauung nahebringen will. Im aggressiven Tonfall der *Russischen Assoziation proletarischer Musiker* (RAPM), die um diese Zeit den öffentlichen Musikdiskurs beherrschte,[24] behauptet er:

> So ist die Kunst der modernen verfallenden bürgerlichen Klasse notwendig unwahr, heuchlerisch; sie täuscht jedoch nicht nur ihren Feind, sondern auch

---

[17] Melos, 1928, S. 504.

[18] Franz Osborn [1905–1955, international renommierter Pianist aus jüdischer Familie und Mitglied der KPD, 1933 Emigration nach Großbritannien]: Als Musiker in Russland, in: Melos, 1929, S. 384–387.

[19] Björn Laser: Kulturbolschewismus! Zur Diskurssemantik der „totalen Krise" 1929–1933. Frankfurt/Main 2019. – Eckhard John: Musikbolschewismus. Die Politisierung der Musik in Deutschland 1918–1938. Stuttgart 1994.

[20] Melos, 1929, S. 335.

[21] A. Lunatscharsky [Anatolij Lunačarskij, 1875–1933, Kulturwissenschaftler und Revolutionär, 1917 von Lenin als Volkskommissar für Bildung berufen, 1929 von Stalin entlassen]: Die Musik in der USSR. Musik in Sowjetrussland, in: Anbruch, 8–10/1931, S. 171.

[22] Paul Stefan [1879–1943, österreichischer Musikhistoriker, 1922 bis 1937 Hauptredakteur der *Musikblätter des Anbruch*, Emigration 1938]: Vorwort zur Musik in der Sowjetunion. Musik in Sowjetrussland, in: Anbruch, 8–10/1931, S. 172.

[23] Paul Weiss (1905–† unbekannt), Musikpädagoge, Studium u.a. bei Paul Hindemith, 1930 Übersiedlung nach Moskau.

[24] Redepenning, Geschichte, Bd. 2 [Fn. 15], S. 163ff.

> sich selbst. [. . .] Die Kunst des revolutionären Proletariats hingegen entlarvt schonungslos die Widersprüche der bürgerlichen Gesellschaft, zeigt die ökonomischen und sozialen Kräfte auf, die im Schoß der alten Ordnung die Revolution vorbereiten und sie unweigerlich herbeiführen.[25]

Aus diesem Sonderheft konnte die deutschsprachige Leserschaft entnehmen, dass es der RAPM und proletarischen Künstlern um soziologische, nicht um ästhetische Fragen ging. Künstlerische Positionen, die Autoren im Sonderheft von 1925, ebenso in der Zeitschrift *Melos* vertreten hatten, Werke, die sie als Beispiele für die neue Musik der Sowjetunion präsentiert hatten, waren obsolet geworden.

Universaledition und Kulturaustausch

Die Wiener *Universal Edition* (UE), gegründet 1901, pflegte von Anfang an internationale Kontakte, auch zu russischen Verlagen.[26] Komponisten wie Rachmaninov, Skrjabin, Strawinsky und Prokof'ev gehörten schon früh zum Angebot der UE. Emil Hertzka, der 1909 die Leitung übernahm, legte den Fokus auf internationale zeitgenössische Musik, intensivierte die internationalen Kontakte. Leoš Janáček, Béla Bartók, Ernst Křenek und Darius Milhaud standen bei der UE unter Vertrag. Die Phase der Zusammenarbeit mit sowjetischen Organisationen und Komponisten fällt in die Zeit des Umbruchs, der in der Sowjetunion mit dem Ende der Neuen Ökonomischen Politik (NĖP) 1929 endgültig vollzogen war. Im November 1924 wurde in Wien ein Vertrag mit einer Laufzeit von sieben Jahren mit der Notenabteilung von Meždunarodnaja kniga geschlossen, vertreten durch Vladimir Deržanovskij[27] und Viktor Beljaev. Am 2.4.1927 schlossen die UE und der sowjetische Staatsverlag einen Vertrag über die gemeinsame Herausgabe von Werken. Damit wurde der Vertrag mit Meždunarodnaja kniga obsolet. Bis 1932 gingen mehr als 500 Werke vom Staatsverlag an die UE, von bekannten Komponisten aus Moskau und Leningrad ebenso wie von jungen, kaum bekannten. Mehr als 110 Namen gehörten dazu, unter ihnen Dmitrij Kabalevskij, Lev Knipper, Aleksandr Mosolov, Dmitrij Šostakovič, darunter die Berliner Erstaufführung seiner 1. Symphonie unter Bruno Walter am 5.5.1927, Joseph Schillinger, Nikolaj Roslavec, Vladimir Deševov, Leonid Polovinkin und Gavriil Popov. Auf der Basis dieser Kooperation erklangen symphonische Werke und Kammermusik sowjetischer Komponisten in deutschen und westlichen Konzertsälen.[28] Besonders erfolg-

---

[25] Paul Weiss: Musik aus einer neuen Welt. Musik in Sowjetrussland, in: Anbruch, 8–10/1931, S. 173–178.

[26] Die *Universal Edition* stand auch in engem Kontakt mit dem Prager Musikverlag *Hudební Matrice*. Zur Kooperation mit der Sowjetunion: Olesja Bobrik: Venskoe izdatel'stvo i sovetskie muyzkanty: Istorija sotrudničestva v 1923–1945 godach, Diss., Moskau 2007, das Autoreferat ist zugänglich unter <www.dissercat.com/content/venskoe-izdatelstvo-universal-edition-i-sovetskie-muzykanty-istoriya-sotrudnichestva-v-1923->, als Buch unter dem Titel: Venskoe izdatel'stvo „Universal Edition" i muzykanty iz sovetskoj Rossii: Istorija sotrudničestva v 1920–30-e gody. Petersburg 2011. – Dies.: „Universal Edition": pervye polveka, in: Muzykal'naja akedemija, 2/2004, S. 184–192. Die Informationen in diesem Abschnitt beruhen auf dem Autoreferat.

[27] Vladimir Deržanovskij (1881–1942), Musikkritiker, Herausgeber und Redakteur der Zeitschrift *Muzyka* (1910–1916), die über Komponisten im Westen berichtete, u.a. Claude Debussy, Arnold Schönberg, Strawinsky und Prokof'ev, führende Figur in der Assoziation für zeitgenössische Musik.

[28] Detlef Gojowy: Neue sowjetische Musik der 20er Jahre. Laaber 1980. Werkeliste S. 312–224. Vgl. auch Anbruch, 13/1931, S. 23.

reich war das Orchesterstück *Zavod. Muzyka mašin* (1928, deutsch unter dem Titel Eisengießerei. Maschinenmusik) von Aleksandr Mosolov,[29] ein Werk, das die damalige Begeisterung für Industrialisierung und Urbanisierung als Inbegriff der Moderne bediente.[30] Mit welchem Nachdruck die UE für die Musik aus der Sowjetunion warb, spiegelt sich exemplarisch in den Jahrgängen 1927 und 1928 der Zeitschrift *Melos* wider. Im Sommer 1927 veranstaltete die Internationale Gesellschaft für Neue Musik (IGNM) ihr Musikfest in Frankfurt am Main. Die Vorankündigung[31] nennt als einziges russisches Werk Mosolovs Erstes Streichquartett op. 24. In der Besprechung dieses Werkes erfährt die Leserschaft, dass es Ende 1926 vollendet und am 20.2.1927 in Moskau mit großem Erfolg uraufgeführt wurde, die deutsche Erstaufführung am 30.6.2027 also umgehend erfolgte. Sie erfährt auch, dass dieser Komponist „den allgemeineuropäischen Tendenzen der Musikentwicklung“ nahestehe und sich „zugleich dadurch von seinen Landsleuten“ unterscheide. Hervorgehoben wird ein „Maximum von Grellheit und Ausdruckstiefe“.[32] In Hans Mersmanns Sammelrezension, die eine Einordnung versucht, schwingt Überheblichkeit mit:

> Vom Standpunkt einer absoluten Bewertung fesselte Mossolow vor allem. Man hat bei ihm das Gefühl, dass er Musik zurückbiegt bis in den Zustand eines neuen Chaos und in ihm ansetzt, während die meisten anderen zuviel Kultur hinter sich haben, von der sie sich nicht befreien können. Seine Wurzeln in den Kräften russischen Volkstums machen es ihm leicht, aus Quellen zu schöpfen, welche anderen bereits verschüttet sind. Für ihn ist das Koloristische eine Gefahr.[33]

Im September 1927 kündigte die UE unter dem Motto „Zwei große Streichquartetterfolge“ Alban Bergs *Lyrische Suite* und Mosolovs Quartett op. 24 an, und im November-Heft schaltete sie eine ganzseitige Anzeige mit der Ankündigung der Kooperation mit der Musiksektion des sowjetischen Staatsverlags (Abb. 1). Majakovskijs Drei Stücke für kleines Orchester (op. 32) erlebten zwischen 1931 und 1934 28 internationale Aufführungen. Dennoch wurde die Kooperation zwischen der *Universal Edition* und dem Staatsverlag im Zuge der kulturpolitischen Umbrüche nach und nach ausgehöhlt, von sowjetischer Seite etwa durch verschleppte Sendungen von Korrekturfahnen, was Behinderungen von Proben bedeutete, von westlicher Seite etwa durch die Absage der Österreichischen Gesellschaft für Autorenrechte, Rechte der sowjetischen Komponisten wahrzunehmen. Ende 1932 war der Bruch vollzogen.

---

29 Aleksandr Mosolov (1900–1973), aktives Mitglied in der ASM und einer der interessantesten Komponisten der 1920er Jahre, geriet nach der Gleichschaltung der Kunstorganisationen 1932 in Konflikt mit dem Staat, verurteilt wegen Rowdytum (chuliganstvo), Zwangsarbeit, dann begnadigt zu Verbannung, danach als Komponist bedeutungslos.

30 Ähnlichen Geist atmen Arthur Honeggers *Pacific 231* (1924), eine symphonische Huldigung an eine Dampflokomotive dieses Namens, und Prokof'evs Ballett *Le pas d'acier* (Paris 1926).

31 Melos, 1927, S. 89. 1927 wirbt der *Musikverlag Zimmermann*, Leipzig, für Nikolaj Medtners zweite Violinsonate op. 44. Die UE preist Sieben Kinderlieder nach russischen Volksliedern von Aleksandr Gerčaninov an (S. 178), und die *Deutsche Verlagsanstalt* bewirbt die zwei Biographien von Kurt von Wolfurt: *Mussorgskij* und Richard H. Stein: *Tschaikowskij*.

32 Alexander Mossolow: Erstes Streichquartett, Op. 24, in: Melos, 1927, S. 249–251, von Viktor Belajev.

33 Hans Mersmann [1891–1971, Musikwissenschaftler, 1926–1933 Professor an der Berliner Technischen Hochschule, 1947–1957 Rektor der Musikhochschule Köln]: Die Musikfeste, in: Melos, 1927, S. 369–375, Zitat S. 373.

MOSKAU-WIEN

Im gemeinsamen Verlag der

MUSIKSEKTION DES RUSS. STAATSVERLAGES, MOSKAU UND DER UNIVERSAL-EDITION A. G., WIEN

werden in Zukunft fortlaufend hervorragende

Werke moderner russischer Autoren

erscheinen

Die ersten Veröffentlichungen dieser Reihe sind soeben erschienen:

U. E. Nr.		*Für Klavier zu 2 Händen*	M.
		A. ALEXANDROW	
9015	op. 1	Nr. 6 Prélude	—.80
9014	op. 31	Trois Etudes	3.40
		K. EIGES	
9027	op. 22	Etudes Fantaisies I	3.20
		W. FEHRE	
9031	op. 6	Suite	4.—
		M. FROLOW	
9016	op. 5	Deux Contes	2.60
		A. GOEDICKE	
9024	op. 36	60 leichte Stücke, Band I	4.50
9025	op. 36	Band II	4.50
		M. HASEN	
9010	op. 5	Deux Poèmes	1.50
9009	op. 8	Deu Danses	1.10
		A. MOSSOLOW	
9026	op. 4	Deuxième Sonate	6.50
		M. QUADRI	
9011	op. 3	Sonate I	5.50
		J. SCHILLINGER	
9005	op. 12	Cinq Morceaux	4.80
		B. SOLOTAROW	
9012	op. 42	Sonate II	5.50
		A. STANTCHINSKY	
9017		Deuxième Sonate	5.—
9034		Preludio e Fuga	1.30
9035		Canon H-moll	1.10
9033		Preludio, Canon a 2 voci	1.30

U. E. Nr.		*Für Gesang und Klavier* (Russisch-deutscher Text)	M.
		W. GRUDIN	
9006	op. 3	Japanische Suite I 1. Grünliche Seide. 2. Zikade, du schwirrst, 3. Wäre der Kirschbaum.	1.50
		A. MICHAILOW	
		Drei Lieder:	
9004 a	Nr. 1	Fata-Morgana	1.50
9004 b	Nr. 2	Nachts	1.10
9004 c	Nr. 3	Der heisse Quell	1.50
		W. SCHEBALIN	
9008	op. 5	Wegebreit (3 Gedichte)	2.60
		J. WEISSBERG	
9007	op. 26	Aus der persischen Lyrik 1. Ein Buch der Jugend. 2. Auf den Lippen.	1.30
		A. WEPRIK	
9030	op. 10	Zwei hebräische Lieder (jidd., russ.)	1.10
		Für Gesang und versch. Instrumente	
		S. JEWSSEIEW	
9013	op. 10	Dithyrambe für Gesang, Violine, Cello und Klavier	7.—
		Für Orchester	
		A. GOEDICKE	
9003	op. 35	Konzert D-dur für Orgel und Streichorchester, Partitur	22.50

Kataloge in Vorbereitung. Soeben erschien ein wichtiges Verzeichnis

RUSSISCHE ORCHESTER- UND CHORWERKE

Aus den Verlagen: Universal-Edition A. G. Wien; Musiksektion des Russischen Staatsverlages, Moskau; W. Bessel & Co., Paris und R. Forberg, Leipzig. Mit Werken von: Alexandrow, Arensky, Borodin, Dargomischky, Glière, Glinka, Goedicke, Gretschaninow, Ippolitow-Iwanow, Al. Krein, Melkich, Miaskowsky, Rimsky-Korsakow, Skrjabin, Saminsky, Steinberg, Tschaikowsky etc. deren Vertrieb der Universal-Edition übertragen wurden

UNIVERSAL-EDITION A. G., WIEN-LEIPZIG

Abbildung 1: Melos, 6 (1927), S. 498

Nationalsozialismus und Zweiter Weltkrieg

Mit Adolf Hitlers Ernennung zum Reichskanzler am 30. Januar 1933 auf der einen und Stalins immer größerer Machtfülle auf der anderen Seite erloschen die kulturellen Kontakte zwischen beiden Ländern. Von *Melos* erschienen 1934 noch acht Hefte (die letzten beiden als Doppelhefte). Die Zeitschrift warb weiterhin für russische Musik von älteren Komponisten und Emigranten, vor allem von Strawinsky, publizierte Hinweise auf die Leningrader Musikfestspiele, wo u.a. Dmitrij Šostakovičs *Lady Macbeth des Mzensker Kreises* gegeben wurde (Abb. 2). Dann aber erfolgte die Gleichschaltung und Weiterführung in wesentlich bescheidenerer Aufmachung unter dem Namen *Neues Musikblatt,* das 1939 mit Kriegsbeginn eingestellt wurde. Mit dem Anschluss Österreichs 1938 war ein Jahr zuvor die programmatische Ausrichtung der *Universal Edition* zu Ende gegangen.[34] Der letzte Jahrgang des *Anbruch* erschien 1937. Im deutschsprachigen Musikschrifttum spielen Berichte über russische Musik nur noch im Zusammenhang mit volkskundlichen Themen und in Artikeln über Strawinsky-Aufführungen eine Rolle, wie etwa der letzte Jahrgang 1938 der *Allgemeinen Musikzeitung* zeigt.[35]
Nur in der kurzen Phase des deutsch-sowjetischen Nichtangriffspaktes vom 23. August 1939, der als Hitler-Stalin-Pakt in die Geschichte einging und den das NS-Regime mit dem Überfall auf die Sowjetunion am 22. Juni 1941 brach, kam es zu einem bizarren Kulturaustausch.[36] Während in der Sowjetunion Sergej Ėjzenštejn, der prominenteste Regisseur des Landes, damit beauftragt wurde, Richard Wagners *Walküre* am Bol'šoj-Theater zu inszenieren,[37] gab es in Deutschland eine kurze Blüte russischer und sowjetischer Musik.[38] Auch nach 1933 waren vereinzelt Werke von Sergej Prokof'ev erklungen, vielleicht weil man nicht wusste, dass er inzwischen in die Sowjetunion zurückgekehrt und sich öffentlich zu ihr bekannt hatte. Insgesamt aber spielte man keine Musik, die mit dem Schlagwort „jüdischer Bolschewismus" belegt werden konnte. Nach Unterzeichnung des Pakts führte man nicht nur Prokof'ev auf – die Berliner Volksoper (heute: Theater des Westens) brachte sein Ballett *Le Chout* (Der Narr) heraus –, sondern lud auch Künstler und Ensembles aus der Sowjetunion zu Gastspielen ins deutsche Reich ein, unter ihnen Solisten aus nichtrussischen Republiken. Sowjetische Musikstudenten nahmen 1940 an

---

[34] *Universal Edition* London wurde während des Krieges von *Boosey & Hawkes* verwaltet, nach Kriegsende nahm sie die Verlagstätigkeit in Wien wieder auf. Dazu das Lemma *Universal Edition* in MGG Online.

[35] Digitalisat: <https://archive.org/details/AllgemeineMusikzeitung65Jg1938>. Weitergeführt als Musik im Kriege (1943, 1944).

[36] Zu den offenen und verdeckten Parallelen zwischen den Regimen: Friedrich Geiger: Musik in zwei Diktaturen. Verfolgung von Komponisten unter Hitler und Stalin. Kassel 2004. – Zum Nichtangriffspakt: Der Hitler-Stalin-Pakt. Der Krieg und die europäische Erinnerung. Berlin 2009 [= OSTEUROPA, 7–8/2009].

[37] Die *Walküre* kam im November 1940, ein gutes Jahr nach der Unterzeichnung des Nichtangriffspaktes auf die Bühne und erlebte sechs Vorstellungen. Da führte Deutschland bereits seit dem 1. September 1939 Krieg gegen Polen. Die Sowjetunion hatte am 17. September Polen angegriffen und „vertragsgemäß" den Osten des Landes besetzt. Zur Wagner-Episode in der Sowjetunion: Dorothea Redepenning: Von der „Verfälschung durch die Faschisten" zur „Verwirklichung des Mythos": Richard Wagner in der Stalin-Ära, in: Jörn Rüsen, Saul Friedländer (Hg.): Wagner im Dritten Reich, Kongressbericht Elmau 1999. München 2000, S. 230–250.

[38] Ausführungen beruhen auf Fred K. Prieberg: Musik im NS-Staat. Frankfurt/Main 1982, S. 371–374.

Sommerkursen für Ausländer in Potsdam und Salzburg teil.[39] Der Verlag *Breitkopf & Härtel*, der in den 1920er Jahren nichts mit Musik aus der Sowjetunion zu tun hatte, warb nun mit „Neuer erfolgreicher Orchestermusik russischer Komponisten", als pars pro toto wurden Chatčaturjan, Mjaskovskij, Šostakovič und Prokof'ev genannt.[40] In der ehrwürdigen *Neuen Zeitschrift für Musik*, die Robert Schumann 1834 gegründet hatte und die als *Zeitschrift für Musik* ein NS-Organ geworden war, heißt es im September 1939 noch abfällig:

> Was kennen wir bei uns von den Russen? Mussorgskijs *Boris* hat vierzig Jahre nach seiner Entstehung einen scheinbaren Siegeszug durch die Welt angetreten; heute hört man kaum noch etwas davon. Seine *Chowanschtschina* blieb ein interessanter Versuch der Dresdner Oper, ebenso seine reizende komische Oper *Der Jahrmarkt von Ssortschinzy* [. . .]. Borodins großangelegtes Opernwerk *Fürst Igor*, eine riesige Sammlung russisch-asiatischer Volksmusik, wird immer wieder hervorgeholt, bearbeitet und nach wenigen Vorstellungen bei Seite gelegt, – die epische Handlung lähmt jede Aufführung. Die Opern Rimsky-Korssakows, etwa *Mainacht*, *Zar Saltan*, *Märchen von der unsichtbaren Stadt Kitesh*, *Der goldene Hahn* sucht man vergebens zum Leben zu erwecken.[41]

Hier wird der Leserschaft erklärt, dass die klassische russische Oper bedeutungslos geworden sei. Im April 1940 zeigte sich die Auswirkung des Nichtangriffspakts, wie der überschwängliche Tonfall erkennen lässt. Fritz Stege berichtet:

> In der Staatsoper hörte man Glinkas *Leben für den Zaren*, angeblich als Erstaufführung für Berlin, bis sich ergab, daß eine russische Truppe schon vor etwa 30 Jahren das Werk herausgebracht hat. Warum ist dieses reizvolle und (in der Revision von Rimsky-Korsakoff und Glasounow) überaus fein gearbeitete Werk so selten geworden? Heute ist man überrascht von der Zeitnähe des Stoffs, der die Kämpfe der Russen gegen die Polen zum Gegenstand hat. Hier hat man eine echte Volksoper vor sich, in der das Volk die Hauptrolle übernimmt und Einzelpersonen als seine Vertreter erscheinen. Die großen Ensembles und dramatischen Choreinsätze sind in ihrer oft kunstvollen Polyphonie sehr wertvoll. Die aus ariosen und rezitativischen Partien bestehende Schöpfung gewinnt ferner durch reiche Verwendung volkstümlicher Motive aus dem ländlichen Leben; Kontraste wie Frohsinn und Schwermut in unmittelbar aufeinander folgenden Gebets- und Tanzszenen entsprechen dem russischen Volkscharakter.[42]

Auch über die sowjetischen Feierlichkeiten aus Anlass von Čajkovskijs 100. Geburtstag im Jahr 1940 wurde in der NS-Presse berichtet, einerseits mit einer wohlwollenden Notiz über die Einrichtung des Čajkovskij-Museums in seinem letzten Wohnhaus in Klin bei Moskau und der Bemerkung, dass „die ganze Sowjetunion" den 100. Geburtstag „des

---

39 Ebd., S. 374.

40 Plakat abgebildet bei Prieberg [Fn. 38], S. 373.

41 Mit diesem Passus, der die tschechische Musik (Smetana und Dvořák) im gleichen Atemzug heruntermacht, zielt Fritz Tutenberg darauf, die Musik der skandinavischen Länder im Sinne der NS-Ideologie zu vereinnahmen: Moderne schwedische Musik und Musiker im Umriß II. die schwedische Oper, in: Zeitschrift für Musik, 9/1939, S. 930–934, Zitat S. 930f.

42 Fritz Stege: Berliner Musik, in: Zeitschrift für Musik, 4/1940, S. 204–208, Zitat S. 207. Vermutlich wurde hier Glinkas Version gespielt, nicht die sowjetische Version (Libretto: Sergej Gorodeckij), in der das Lager des Zaren durch ein Lager des Kuz'ma Minin ersetzt ist, der um 1613, zur Zeit der Opernhandlung, gemeinsam mit dem Fürsten Dmitrij Požarskij eine Bürgerwehr anführte.

großen russischen Komponisten" feiere,[43] andererseits griff Herbert Gerigk im *Völkischen Beobachter* zu einer rassistisch-positiven Würdigung:

> Der slawische Mensch verfügt über ein ausgeprägtes Rassegefühl, aber er ist dabei Einflüssen und Stimmungen besonders unterworfen. Das wirkt sich natürlich am sichtbarsten bei einer sensiblen Künstlernatur aus, und Tschaikowsky bildet geradezu ein Schulbeispiel für die Zerrissenheit wie für das Glück, die sich aus dieser Seelenlage ergeben.[44]

Beide Kritiker, Fritz Stege (1896–1967) und Herbert Gerigk (1906–1996), waren Musikwissenschaftler und überzeugte Nationalsozialisten. Stege wurde 1933 Schriftleiter der *Zeitschrift für Musik*, Gerigk, Mitglied der NSDAP und der SA, war Mitherausgeber des *Lexikons der Juden in der Musik* (Berlin 1940). Beide griffen zu affirmativen und glatten Formulierungen, um die Kultur eines Landes zu preisen, das sie verachteten. Noch im Juni 1941 finden sich euphorische Worte. Da heißt es etwa, in Sergej Ljapunovs *Ukrainischer Rhapsodie* verbänden sich „gestraffte rhythmische Energien [. . .] mit dem heißen Atem nationaleigener russischer Musik".[45] Mit dem Überfall der Wehrmacht auf die Sowjetunion war die geheuchelte Begeisterung vorbei; stattdessen wurde im April 1942 ein Verbot von Schallplatten mit „Feindesmusik" bekannt gemacht.[46]

Abbildung 2: Melos, 13 (1934), S. 160

---

[43] Zeitschrift für Musik, 5/1940, S. 310 unter „Verschiedenes".

[44] Herbert Gerigk: Ich bin Realist und Russe. Zum 100. Geburtstag Peter Tschaikowskys. Völkischer Beobachter. 7.5.1940, zit. nach Prieberg, Musik im NS-Staat [Fn. 38], S. 372.

[45] Rezension von Paul Bülow in: Zeitschrift für Musik, 6/1941, S. 416.

[46] „Unter Bezugnahme auf den Erlaß über die Programmgestaltung des deutschen Musiklebens im Kriege vom 2.9.1939 wird verfügt, daß der Verkauf von Schallplatten, die von Firmen der Feindesstaaten hergestellt oder mit Werken von Autoren oder durch Mitwirkende der Feindesstaaten bespielt sind, im Gebiet des Deutschen Reiches zu unterbleiben hat. Dies gilt auch für die Staaten, die die diplomatischen Beziehungen zu den Achsenmächten abgebrochen haben. Für den Abstoß von Schallplatten mit russisch-bolschewistischer sowie französischer Musik wird den Händlern eine Frist von 6 Monaten vom Zeitpunkt der Veröffentlichung dieses Erlasses ab gewährt. Es bleibt zulässig, Schallplatten mit Musik aus Bizets Carmen und Schallplatten mit Werken von Chopin zu verkaufen. Der Verkauf von Schallplatten mit feindstaatlicher Musik in den besetzten Gebieten hat gleichfalls zu unterbleiben." In: Zeitschrift für Musik, 4/1942, S. 183.

Eine seltsame Aneignung russischer Musik verbindet sich mit einem Komponisten und Arrangeur namens Eugen Swerkoff, der in der Weimarer Republik mit Bearbeitungen russischer populärer Folklore erfolgreich war.[47] Prieberg erwähnt einen Auftritt in der NS-Zeit: „In Aussig trat der Kosakenchor ‚Bojar' unter Leitung von Jewgenij Swerkow auf."[48] Das nordböhmische Aussig, heute Ústí nad Labem, war mit dem Münchner Abkommen vom 9. Oktober 1938 ins Deutsche Reich eingegliedert worden. Dort trat Swerkoff alias Sverčkov mit seinem auf Volksmusik spezialisierten Chor namens „Bojar" auf. Dieser Auftritt ist auf einem Foto festgehalten und auf 1942 datiert (Abb. 3).[49] Hier ziert sich zur Erheiterung der Besatzer ein offenbar pseudorussisches Ensemble mit russischer Folklore. Dass die Besatzer durchaus Freude an russischer Musik hatten, zeigt ein ausführlicher Bericht über das Musikleben in Charkov, in dem die „natürliche Musikalität des ukrainischen Volkes" gerühmt und eine Aufführung von Čajkovskijs *Pique Dame* im dortigen Opernhaus besprochen wird. Es sang und spielte das dortige Ensemble unter Leitung eines deutschen Soldaten. Der Berichterstatter würdigt die künstlerische Leistung der Musiker, er berücksichtigt ihre Entbehrungen durch den Krieg und stellt fest:

Abbildung 3: Postkarte 1942, Ensemble „Bojar"

---

[47] Swerkoff ist in den einschlägigen Musiklexika nicht erfasst. Sein Name erscheint auf Internetseiten in den Varianten Evgenij Cverkov und Sverčkov. Seine Bearbeitungen sind antiquarisch greifbar: <https://abebooks.co.uk/book-search/author/swerkoff/>, Aufnahmen mit Balalaika-Arrangements sind auf der Seite <https://russian-records.com/search.php?search_keywords= Swerkoff,%20Balalaika-Orchester%20Eugen%20&l=russian> zu finden.

[48] Prieberg, Musik im NS-Staat [Fn. 38], S. 374.

[49] Die ukrainische Historikerin und Bloggerin Jana Primačenko zitiert dieses Foto unter dem Motto „Mif. Ukraincy – ‚čempiony' po kollaboracionizmy s nacistskoj Germaniej" (Mythos. Ukrainer – „Champions" bei der Kollaboration mit Nazi-Deutschland) als Beleg für ihre Behauptung, es hätten viel mehr Russen als Ukrainer kollaboriert, <https://likbez.org.ua/ukrainians-champions-for-collaborationism-with-nazi-germany.html>.

> Auf der Bühne sangen und spielten wahrhaft überragende Künstler in ziemlich fadenscheinigen Kostümen vor einer Dekoration, die ärmlich und in Einzelheiten sogar geschmacklos war. Dazwischen das Orchester: am Pult der deutsche Gefreite und vor ihm eine mit großem Können musizierende Bande von Landstreichern; vom ersten Konzertmeister bis zum Kesselpauker, vom Violinisten am vierten Pult bis zum zausbärtigen, alten Kontrafagottisten eine Abgerissenheit in Kleidung und Aufmachung, wie man sie sich in der Heimat nicht vorstellen kann. Und das unter Musikern eines ersten Orchesters![50]

Im Kalten Krieg: DDR und BRD

Die Teilung Deutschlands und die Zugehörigkeit der DDR zur sozialistischen Welt und der BRD zur liberalen Hemisphäre führten dazu, dass sich in beiden deutschen Staaten während des Ost-West-Konflikts konträre Beziehungen zur Sowjetunion und ihrer Kultur entwickelten. Während die DDR zur „sozialistischen Staatengemeinschaft" gehörte und ihr Verhältnis zur sowjetischen Kultur staatlich institutionalisiert war, verfolgte die Bundesrepublik seit ihrer Gründung 1949 den Kurs der Westintegration. Sie trat 1950 dem Europarat und 1955 der NATO bei und hob 1957 mit anderen Staaten die Europäische Wirtschaftsgemeinschaft (EWG) aus der Taufe, die sich als Keimzelle der EU erweisen sollte. Vor diesem politischen Hintergrund entwickelte sich in den beiden Staaten der Umgang mit Musik aus der Sowjetunion. Er umfasst Zeitschriften, Verlagsprogramme und musikwissenschaftliche Arbeiten ebenso wie Opernspielpläne, Konzertprogramme, Gastspiele sowie den kulturellen Austausch, zu dem die DDR einen größeren Beitrag leistete.
Am 2. Juli 1949 wurde hier die *Gesellschaft für Deutsch-Sowjetische Freundschaft* gegründet.[51] Eine ihrer ersten Initiativen war die Herausgabe der Zeitschrift *Kunst und Literatur*, die von 1953 bis 1990 erschien und Artikel aus sowjetischen Fachzeitschriften, darunter *Sovetskaja muzyka* brachte,[52] die die Leserschaft über die offizielle Einschätzung von historischen und neuen Musikwerken informierte. In den Westsektoren nahm *Melos* 1946 ihre Tätigkeit als Fachzeitschrift für Musik der Gegenwart wieder auf und berichtete über Festivals und Konzerte, auch aus dem westlichen Ausland und der DDR. Im gleichen Jahr gründete sich eine *Gesellschaft für Musikforschung*, die bis 1968 als gesamtdeutsche Vereinigung fungierte. 1947 trat sie in den Westsektoren mit der Fachzeitschrift *Die Musikforschung* an die Öffentlichkeit. Die *Neue Zeitschrift für Musik* erschien ab 1951 wieder unter ihrem alten Namen, im gleichen Jahr wurde in der DDR die Fachzeitschrift *Musik und Gesellschaft* gegründet. Ebenfalls 1951 formierte sich hier der *Verband der Komponisten und Musikwissenschaftler der DDR*, der auch Pädagogen und Interpreten einschloss. Nach sowjetischem Vorbild war die Mitgliedschaft im Verband Voraussetzung für die berufliche Tätigkeit. Zeitschrift und Verband existierten bis 1990. Der Komponistenverband der BRD, der 1954 gegründet wurde, diente der Interessenvertretung.

---

[50] Helmut Jahn: Musik und Musiker in Charkow, in: Zeitschrift für Musik, 10/1942, S. 455–457.

[51] Jan C. Behrends: Die erfundene Freundschaft. Propaganda für die Sowjetunion in Polen und in der DDR. Köln u.a. 2006, S. 241–253. Auch in der BRD gab es eine Gesellschaft für Deutsch-Sowjetische Freundschaft, die 1950 gegründet wurde und sofort mit dem sogenannten Adenauer-Erlass (19.9.1950) in Konflikt geriet.

[52] Zeitschrift des sowjetischen Komponistenverbands, erscheint seit 1933, seit 1993 als *Muzykal'naja akademija*.

Zeitschriften und Bücher

An den Zeitschriften lässt sich die Wertschätzung für russische und sowjetische Musik ablesen: *Die Musikforschung* brachte bis 1990 fünf Artikel, zwei zu historischen Themen, die mit Deutschland verbunden sind, einen literaturwissenschaftlichen Beitrag, einen Bericht aus Detlef Gojowys Forschungen und einen analytisch-theoretischen Beitrag von Jurij Cholopov.[53] Hinzu kommen fünf Artikel zu Strawinsky, dessen Ablehnung der Sowjetunion allgemein bekannt war. Deutlicher konnte Desinteresse an der Musik der Sowjetunion nicht zum Ausdruck kommen. In der *Neuen Zeitschrift für Musik* (NZfM) erschienen, wenn auch zunächst sporadisch, mehr Artikel zum Thema, etwa über russischen Kirchengesang, über die Oper in der Sowjetunion, eine Vorstellung des aus Odessa stammenden sowjetischen Pianisten Ėmil' Gilel's und ein Reisebericht. 1974 meldete sich Gottfried Eberle erstmals mit einem Beitrag über den Avantgardisten Ivan Višnegradskij zu Wort.[54] Allein *Melos* berichtete gelegentlich über Aufführungen von Musik aus der Sowjetunion.

Musik und Gesellschaft ist in ihren ersten Jahrgängen ein Abglanz von *Sovetskaja muzyka*, die in jener Zeit mit der Resolution von 1948 befasst war. Kurz nach Kriegsende im Spätsommer 1946 hatte die Parteiführung drei Resolutionen zur Kulturpolitik beschlossen, mit denen die sowjetischen Künstler auf den *Sozialistischen Realismus* eingeschworen werden sollten.[55] Zwei Jahre später folgte ein Beschluss zur Musik.[56] Als staatliche Organisation hatte der Komponistenverband für die Umsetzung der Resolution zu sorgen. Bei der Gründung des Komponistenverbands der DDR war die Sowjetunion durch Tichon Chrennikov, Komponist und Vorsitzender des Komponistenverbandes, den Musikwissenschaftler Boris Jarustovskij und den Komponisten Jurij Šaporin vertreten. Ihre Redebeiträge wurden im zweiten Heft von *Musik und Gesellschaft* veröffentlicht.[57] Die

---

[53] Boris Steinpreß [Štejnpress]: Der Petersburger Musiker Leopold Fuchs. (1785–1853), in: Die Musikforschung, 15/1962, S. 39–44. – Rolf Dieter Kluge: Zur Deutung der Musik in der Dichtungstheorie einiger russischer Romantiker und Symbolisten, in: ebd., 22/1969, S. 13–22. – Detlef Gojowy: Nikolaj Andreevič Roslavec, ein früher Zwölftonkomponist, in: ebd., 22/1969, S. 22–38. – Walter Salmen: Russische Musik und Musiker in Deutschland vor 1700, in: ebd., 27/1974, S. 167–180. – U. Niebuhr: Der Einfluß A. Rubinsteins auf die Klavierkonzerte P. Tschaikowsky, in: ebd., 27/1974, S. 167–180. – Jurij N. Cholopov [1932–2003, Musikwissenschaftler und Musiktheoretiker]: Symmetrische Leitern in der Russischen Musik, in: ebd., 28/1975, S. 379–407.

[54] Gottfried Eberle: Ivan Wyschnegradsky, ein russischer Pionier der Ultrachromatik, in: NZfM, 1974, S. 549–555. Eberle (*1939) ist Musikwissenschaftler. Višnegradskij (1893–1979) emigrierte 1920 nach Paris. Er befasste sich vor allem mit mikrotonaler Musik.

[55] Postanovlenie Orgbjuro CK VKP(b) O žurnalach „Zvezda“ i „Leningrad“, 14.8.1946, <www.hist.msu.ru/ER/Etext/USSR/journal.htm>; Postanovlenie Orgbjuro CK VKP(b) „O repetuare dramatičeskich teatrov i merach po ego ulučšeniju“, 26.8.1946, <www.hist.msu.ru/ER/Etext/USSR/theatre.htm>; Postanovlenie Orgbjuro CK VKP(b) O kinofil'me „Bol'šaja žizn'“, 4.9.1946, <www.hist.msu.ru/ER/Etext/USSR/cinema.htm>. – Dazu Redepenning, Geschichte, Bd. 2 [Fn. 15], S. 492–506.

[56] Postnovlenie politbjuro CK VKP „Ob opere ‚Velikaja družba‘ V. Muradeli“, 10.2.1948, <www.hist.msu.ru/ER/Etext/USSR/music.htm>. In deutscher Übersetzung dokumentiert „Über die Oper ‚Die große Freundschaft‘ von V. Muradeli“, in: Redepenning, Geschichte, Bd. 2 [Fn. 15], S. 765–770.

[57] Das zweite Heft von *Musik und Gesellschaft* (April 1951) beginnt mit einem Bericht über die Gründung des Komponistenverbands (S. 33–35). Die Redebeiträge der sowjetischen Teilnehmer sind im gleichen Heft S. 4–6 und S. 18–23 wiedergegeben, Šaporin wird als „Stalinpreisträger und Volkskünstler der RSFSR“ vorgestellt.

wissenschaftlichen Beiträge der nächsten Jahrgänge sind zumeist Übersetzungen von Artikeln sowjetischer Autoren,[58] auch Dmitrij Šostakovič und Aram Chačaturjan werden als Vorbilder für Komponisten zitiert.[59] Die Aufbruchsstimmung nach Stalins Tod (1953) spiegelt sich in drei Texten aus *Sovetskaja muzyka* (1954) wider.[60] Aus der Rubrik „Monat der deutsch-sowjetischen Freundschaft", auch aus Berichten über das Kantatenschaffen von DDR-Komponisten erfährt man, dass die sowjetischen Regeln zur Kultur getreu befolgt werden. Im Laufe der späteren 1950er und 1960er Jahre geht die Übernahme von sowjetischen Texten zurück. Für wichtig erachtete Texte erschienen in *Kunst und Literatur*. Das klare Bekenntnis zur Sowjetunion aber bleibt oberstes Postulat und wird immer wieder sichtbar gemacht. Das zeigt sich vor allem in Artikeln zu den Sparten „sozialistische Kunst"[61] und „Marxistische Musikwissenschaft",[62] die darauf zielten, Kompositionen, Aufführungspraxis und Musikgeschichtsschreibung[63] entsprechend auszurichten. Noch 1987 ist aus Anlass von Christoph Willibald Glucks 200. Todestag von der Aufgabe die Rede, „den wahren Sinn marxistischer Erbaneignung zu entfalten".[64] Die Dresdener Musikfestspiele standen 1989 unter dem Motto „Vier Jahrzehnte sozialistische Musikkultur".

---

[58] Marian Kowalj [Marian Koval', 1907–1971, Musikwissenschaftler und Komponist, 1948–1952 Herausgeber der *Sovetskaja muzyka*]: Ein Chorzyklus von Dmitri Schostakowitsch [Zehn Poeme auf Worte revolutionärer Dichter des 19. Jahrhunderts, op. 88], in: Musik und Gesellschaft, 2/1952, S. 285–292. – J. Kremljow [Julij Kremlev, 1908–1971, Musikwissenschaftler]: Über einige Fragen der Musikwissenschaft, in: ebd., S. 184–186 und S. 216f. – T. Liwanowa [Tamara Livanova, 1909–1986, Musikwissenschaftlerin, wegen ihres Buches Istorija zapadnoevropejskoj muzyki do 1789g. Moskau 1940, wurde ihr Formalismus vorgeworfen, Neuauflage und Erweiterung in den 1980er Jahren]: Die fortschrittliche Rolle des klassischen Erbes bei der Entwicklung der sowjetischen realistischen Musikkunst, in: ebd., 2/1952, S. 34–38.

[59] Aram Chatschaturjan: Wie ich die Volkstümlichkeit in der Musik auffasse, in: Musik und Gesellschaft, 3/1953, S. 45–48. – Dmitri Schostakowitsch: Für eine schöpferische Freundschaft mit den ausübenden Künstlern, in: ebd., S. 290–292.

[60] Georgi Chuow [Georgij Chubov, 1902–1981, Musikwissenschaftler]: Gegenwärtige Aufgaben der Musikwissenschaft und Musikkritik, in: Musik und Gesellschaft, 4/1954, S. 2–7. – Aram Chatschaturjan: Über schöpferische Kühnheit und Inspiration, in: ebd., S. 131–136. – Eberhard Rebling: Komponisten diskutieren neue Werke. Die X. Sinfonie von Dmitri Schostakowitsch, in: ebd., S. 250–253.

[61] Offensiver für sozialistische Kunst eintreten. Internationale Pressekonferenz in Berlin, in: Musik und Gesellschaft, 11/1961, S. 708f. – 25 Jahre SED – 25 Jahre sozialistische Musikkultur der DDR, in: ebd., 21/1971, S. 217–219. – Siegfried Böttger: Vier Jahrzehnte sozialistischer Musikkultur – Errungenschaften und Aufgaben, in: ebd., 39/1989, S. 505–507.

[62] Konrad Niemann: Marxistisches Geschichtsbild und wissenschaftliches Weltbild, in: Musik und Gesellschaft, 19/1969, S. 84–88. – Hansjürgen Schaefer: Marxistische Beethoven-Rezeption auf gutem Wege. Zu einigen Buchproduktionen in der DDR, in: ebd., 27/1977, S. 14–17. – Michael Dasche: Musik als Kunst der Interpretation. Zu einigen konzeptionellen Aspekten der marxistisch-leninistischen Musikästhetik, in: ebd., 28/1978, S. 257–263.

[63] Peggy Klemke: Die Rolle von DDR-Musikwissenschaftlern in den fünfziger Jahren bei der Propagierung des Sozialistischen Realismus, in: Till Knipper (Hg.): „Form follows Function": Zwischen Musik, Form und Funktion. Hamburg 2005, S. 261–281. – Lars Klingberg: Marxistische Musikgeschichtsschreibung in der DDR, in: Andreas Lueken (Hg.): Musik in der DDR: Historiographische Perspektiven. Baden-Baden 2024, S. 65–125.

[64] Daniela Reinhold: Zum 200. Todestag von Christoph Willibald Gluck, in: Musik und Gesellschaft, 37/1987, S. 561. – Zum Themenkomplex: Nina Noeske, Matthias Tischer (Hg.): Musikwissenschaft und Kalter Krieg. Das Beispiel DDR. Köln 2010.

Ein Verdienst der DDR-Musikkultur besteht ungeachtet des Bekenntnisses zur sowjetischen Ideologie in der regelmäßigen Veröffentlichung von Schallplatten mit Musik aus der Sowjetunion, die das Label *Eterna*[65] in Lizenz vom sowjetischen Label *Melodija* übernahm, sowie in der Publikation von Büchern, auch von Übersetzungen aus dem Russischen. *Musik und Gesellschaft* brachte regelmäßig Rezensionen von sowjetischen Veröffentlichungen, darunter Komponistenmonographien, von Studien zu Šostakovič und Prokof'ev,[66] außerdem von als besonders wichtig erachteten Büchern wie Georgij Šneersons giftiger Schmähschrift gegen die neuesten Tendenzen in der westlichen Musik.[67] Während Buchpublikationen zur russischen Musik des 19. Jahrhunderts in der BRD gelegentlich erschienen,[68] veröffentlichte man in der DDR u.a. eine Auswahl der Schriften von Aleksandr Serov,[69] Boris Jarustovskijs sozialistisch-realistische Interpretation der russischen Oper,[70] den ersten Band des von Jurij Keldyš herausgegebenen sowjetischen Großprojekts über die russische Musikgeschichte,[71] Rimskij-Korsakovs Lebenschronik,[72] Čajkovskijs Erinnerungen und Musikkritiken,[73] Musorgskijs Briefe[74], Boris Asaf'evs berühmte Abhandlung über die musikalische Form als Prozess[75] und

---

[65] Gegründet 1947, eine Lizenz bestand auch mit dem tschechischen Label *Supraphon*. Seit den 1950er Jahren gab es eine Kooperation mit dem bundesdeutschen Label *Deutsche Grammophon*.

[66] Besprochen von Dieter Lehmann in: Musik und Gesellschaft, 14/1964, S. 110–112 und S. 115.

[67] Als Musterwerk ausführlich besprochen von Dieter Lehmann in: Musik und Gesellschaft, 13/1963, S. 34–36. Šneersons O muzyke živoj i mertvoj, Moskau 1960, ^{2}1964, ist reich mit Quellenmaterial, vor allem Notenbeispielen, ausgestattet und diente sowjetischen Komponisten zum Studium von stilistischen Entwicklungen im Westen, die ihnen anders nicht zugänglich war. Die sowjetische Musikwissenschaft beurteile die neue Musik im Westen „keineswegs – wie von westlicher Seite häufig behauptet wird – in einer Art Klischeekonzeption als dekadent und morbid"; sie unterscheide vielmehr genau zwischen einer „Musik des Todes" – gemeint ist atonale, serielle und elektronische Musik –, „basierend auf der Ideologie von Angst und Hoffnungslosigkeit, von Resignation und Pessimismus" und einer „Musik des Lebens", die von „fortschrittlichen Künstlern" komponiert werde (S. 35).

[68] Zu nennen sind Dorothee Eberlein: Anatolij Ljadow (1855–1914): Leben – Werk – Musikanschauung. Köln 1978. – Petra Weber-Bockholdt: Die Lieder Mussorgskijs. Herkunft und Erscheinungsform. München 1980. – Attila Csampai, Dietmar Holland (Hg.): Modest Mussorgsky. Boris Godunow. Texte-Materialien-Kommentare. Hamburg 1982.

[69] Nathan Notowicz (Hg.): Alexander Serow. Aufsätze zur Musikgeschichte. Berlin 1955. Aleksandr Serov (1820–1871), Komponist und Kritiker beförderte die frühe russische Wagner-Rezeption.

[70] Boris Jarustowski: Die Dramaturgie der klassischen russischen Oper. Berlin 1957. Boris Jarustovskij (1911–1978), Musikwissenschaftler, lehrte am Moskauer Konservatorium, publizierte vor allem zu Čajkovskij und zur Oper, der Band Dramaturgija russkoj opernoj klassiki erschien in Moskau 1952, 1953.

[71] Juri Keldysch: Geschichte der russischen Musik. Bd. 1, 1. Lieferung, deutsch von Dieter Lehmann. Leipzig 1956. Jurij Keldyš (1907–1995), Musikwissenschaftler, Bruder des Mathematikers Mstislav Keldyš, in jungen Jahren RAPM-Mitglied, später Herausgeber der Reihe Istrorija russkoj muzyki, insgesamt 10 Bände, und Herausgeber der Muzykal'naja ėncyklopedija , 6 Bände. Moskau 1973–1982.

[72] Nikolai Rimski-Korsakow: Chronik meines musikalischen Lebens, deutsch von Lothar Fahlbusch. Leipzig 1968.

[73] Richard Petzold, Lothar Fahlbusch (Hg.): Peter Tschaikowsky. Erinnerungen und Musikkritiken. Leipzig 1974.

[74] Dieter Lehmann, Christoph Hellmundt (Hg.): Modest Mussorgski. Briefe. Leipzig 1984.

[75] Lehmann, Boris Assafjew. Berlin 1976 [Fn. 9].

Šostakovičs Schriften und Briefe in einer Auswahl.[76] Bereits 1958 erschien, verfasst von Karl Laux, der Band *Die Musik in Russland und in der Sowjetunion*, der die sowjetische Kulturideologie exemplifiziert, indem er das Petersburger „Mächtige Häuflein" unter „Vollendung der Nationalmusik" fasst, Skrjabin mit dem „letzten Schritt zum Subjektivismus" verbindet, und Rachmaninov, Glazunov und Mjaskovskij unter dem Motto „auf dem Weg zum Sozialismus" subsumiert. Lesenswert ist ein kurzes Kapitel über deutsch-russische Musikbeziehungen, das von Heinrich Schütz bis zu Max Reger führt. Die Sowjetunion wird als „Land der unbegrenzten Möglichkeiten" bezeichnet, am Schluss gibt es einen Absatz über „Frauen, die komponieren". Der Anhang enthält den Wortlaut der Resolution von 1948.[77]
Laux' Huldigung der Sowjetunion steht im Zusammenhang mit dem kulturpolitischen Ziel, für regelmäßige Publikationen zu sorgen, besonders zu Šostakovič und Prokof'ev. Schon 1947 war Ivan Martynovs kleine Šostakovič-Monographie auf Deutsch erschienen.[78] Eine weitere Šostakovič-Monographie verfasste Heinz Alfred Brockhaus.[79] 1962 erschien Izrail' Nest'evs umfassende Prokof'ev-Biographie auf Deutsch.[80] Zwei Jahre zuvor kam in der „Musikbücherei für Jedermann" ein kleines Prokof'ev-Büchlein von Friedbert Streller heraus.[81] 1980 erschien aus der Feder des polnischen Komponisten und Šostakovič-Schülers Krzystof Meyer eine gut recherchierte Šostakovič-Monographie.[82] Weiter zu nennen sind eine Arbeit des großen Pianisten und Klavierpädagogen Heinrich Neuhaus[83]

---

[76] Christoph Hellmundt, Krzystof Meyer (Hg.): Dmitri Schostakowitsch. Erfahrungen. Aufsätze, Erinnerungen, Reden, Diskussionsbeiträge, Interviews, Briefe. Leipzig 1983.

[77] Karl Laux: Die Musik in Russland und in der Sowjetunion. Berlin 1958. Laux (1896–1978) war vor allem journalistisch tätig, hatte mit zahlreichen Artikeln dem NS-Regime gehuldigt, ohne Mitglied der NSDAP gewesen zu sein. 1946 trat er in die KPD ein, Professor und Rektor an der Dresdener Musikhochschule (1951–1963). Abgesehen von diesem Buch hat er sich nicht mit russischer und sowjetischer Musik befasst.

[78] Iwan Martynow [Ivan Martynov, 1908–2005, Musikwissenschaftler, Veröffentlichungen zur russischen und sowjetischen Musik]: Dmitrij Schostakowitsch. Aus dem Russischen von Ina Tinzmann. Berlin 1947. Das Original erschien in Moskau–Leningrad 1947 in der Reihe „Laureaty Stalinskoj premii" (Stalinpreisträger).

[79] Leipzig 1960, Neuauflage in der Reihe „Musikbücherei für Jedermann". Leipzig 1962. Zu Heinz Alfred Brockhaus' Biographie und Tätigkeit: Lars Klingberg: IMS „John" und Schostakowitsch. Zur Stasi-Karriere von Heinz Alfred Brockhaus, in: Günter Wolter, Ernst Kuhn (Hg.): Dmitri Schostakowitsch – Komponist und Zeitzeuge. Berlin 2000, S. 194–214, erweitert in: Musikgeschichte in Mittel- und Osteuropa. Mitteilungen der internationalen Arbeitsgemeinschaft an der Technischen Universität Chemnitz, 7/2000, S. 82–116.

[80] Izrail' Nest'ev [1911–1993, Musikwissenschaftler, Arbeiten zu Prokof'ev, Bartók, Eisler]: Prokof'ev. Moskau 1957, deutsch; I. Nestjew: Prokofjew. Der Künstler und sein Werk. Berlin 1962.

[81] Friedbert Streller: Sergej Prokofjew. Leipzig 1960. Ein weiteres populäres Buch trägt den Titel Sergej Prokofjew: Für Sie porträtiert. Leipzig 1978. In wissenschaftlichem Format wurde daraus Sergej Prokofjew und seine Zeit. Laaber 2003.

[82] Krzystof Meyer: Dmitri Schostakowitsch. Leipzig 1980, erweitert als Schostakowitsch. Sein Leben, sein Werk, seine Zeit. Mainz 2008.

[83] Heinrich Neuhaus: Die Kunst des Klavierspiels. Ins Deutsche übersetzt von Lothar Fahlbusch. Leipzig 1969. Genrich Nejgauz (1888–1964), aus russlanddeutscher Familie, Pianist und Klavierpädagoge, lehrte von 1922 bis zu seinem Tod am Moskauer Konservatorium.

und ein zweisprachiges Wörterbuch zur musikalischen Terminologie[84] 1979 erschienen gesammelte Schriften von Ivan Sollertinskij[85] und ein Čajkovskij-Bildband.[86]
In den 1980er Jahren brachte der Verlag *Neue Musik* unter dem Reihentitel „Meister der russischen und der sowjetischen Musik" mehrere populärwissenschaftliche Komponistenmonographien von sowjetischen Autoren in Übersetzungen heraus.[87] Ein Band über den Zwölftonkomponisten Anton Webern, verfasst von den Cholopov-Geschwistern, erschien 1989 in deutscher Übersetzung.[88]
Die Musikwissenschaftlerin Hannelore Gerlach berichtete regelmäßig über das Leben und Schaffen von Komponisten in der Sowjetunion, publizierte Werkanalysen und Konzertrezensionen u.a. in *Musik und Gesellschaft*. Daraus ging 1977 ihre Dissertation hervor, die 1984 als großes Nachschlagewerk[89] erschien und über Jahre als zentrale Quelle diente. 1985 kamen zwei weitere wichtige Bücher heraus: Eckhart Kröplins Dissertation über Šostakovičs und Prokof'evs Opern[90] sowie Sigrid Neefs *Handbuch der russischen und sowjetischen Oper*.[91] Kröplin stellt zahlreiche, schwer zugängliche Quellentexte bereit und bietet unvoreingenommene Analysen, während Neef ein gut strukturiertes Kompendium anbietet.
Alle diese und vergleichbare DDR-Publikationen wurden in westdeutschen Bibliotheken angeschafft, viele in der westdeutschen Fachpresse besprochen und in Forschung und Lehre genutzt.

Musikfestivals und Opernhäuser

Die Donaueschinger Musiktage, 1921 als Festival für Neue Musik gegründet und in der Nazizeit als Donaueschinger Musikfeiern patriotisch ausgerichtet, kehrten ab 1946 zu ihrer ursprünglichen Zielsetzung zurück. Bereits in diesem Jahr erklang hier Šostakovičs erstes Klavierkonzert (1933, mit Solotrompete und Streichorchester), das, wie *Melos* berichtete, „in seiner kühnen Zusammenfassung traditioneller und revolutionärer Elemente tatsächlich ein neues Musikethos offenbarte", gegenüber dem Strawinskys Suite für kleines Orchester (1925) „geradezu harmlos" gewirkt habe. In einer in *Melos* erschienenen Besprechung von Šostakovičs 5. Symphonie (1937), die im Rahmen einer *Woche für Neue Musik* 1947 in Frankfurt erklang, ist dagegen von „Trivialität und aufgeblasenem Pathos" die Rede, was als „ungeheuerliche Zumutung" empfunden

---

84 Russisch-Deutsches Fachwörterbuch der Musik, bearbeitet von Ernst Stöckl, hg. von Karl Hengst. Zwickau 1970.

85 Michail Druskin (Hg.): Iwan Sollertinski. Von Mozart bis Schostakowitsch. Essays, Kritiken Aufzeichnungen. Leipzig 1979.

86 Pjotr Iljitsch Tschaikowski. Hg. vom Staatlichen Haus-Museum „P.I. Tschaikowski" Klin. Moskau 1978. Leipzig 1979.

87 Zu Rimskij-Korsakov 1981, zu Šostakovič 1982, zu Glinka 1982, zu Prokof'ev 1984, zu Mjaskovskij 1985, zu Skrjabin 1986, zu Čajkovskij und zu Glazunov 1988.

88 Juri Cholopow, Valentina Cholopowa (Cholopova, *1935, Musikwissenschaftlerin): Anton Webern. Leben und Werk, deutsch von Christoph Hellmundt. Berlin 1989.

89 Hannelore Gerlach: Zum Musikschaffen in der Sowjetunion (1960–1975). Berlin 1977. 1984 erschienen unter dem Titel: Fünfzig sowjetische Komponisten der Gegenwart. Fakten und Reflexionen. Eine Dokumentation. Leipzig/Dresden 1984.

90 Eckhart Kröplin: Frühe sowjetische Oper. Schostakowitsch. Prokofjew, Berlin 1985.

91 Der Band erlebte in der DDR zwei Auflagen: Berlin 1985 und 1988; 1989 erschien er in Lizenz bei *Bärenreiter* in Kassel, erneut als erste Auflage.

wurde. Es sei an der Zeit, dass die „Propagandaglorie um diesen Komponisten einer ernüchterten Betrachtung weicht“.[92] Der Tenor der beiden Rezensionen wirft ein Streiflicht auf die ablehnende Haltung westdeutscher Rezensenten gegenüber sowjetischen Werken, die als Repräsentanten des *Sozialistischen Realismus* wahrgenommen wurden. 1951 wurden in West-Berlin die „Berliner Festwochen“ gegründet, ein Sommerfestival mit einem Schwerpunkt auf klassischer Musik, das anfangs von den Alliierten, ab 1953 vom Land Berlin finanziert und als „Schaufenster des Westens“ inszeniert wurde. Ab 1967 wurden daraus als ganzjähriges Konzept die „Berliner Festspiele“. In der DDR fanden erstmals 1957, organisiert vom Komponistenverband, die „Berliner Festtage“ statt, die ihrerseits namhafte Künstler aus den „sozialistischen Bruderländern“ einluden. Hinzu kam die 1967 ins Leben gerufene „Musik-Biennale-Berlin“, die speziell zeitgenössischer Musik gewidmet war. „Festspiele“ und „Festtage“ verstanden sich durchaus als Repräsentanten konträrer Weltanschauungen. Beide DDR-Festivals gingen 1991 in die „Berliner Festspiele“ über, die Biennale seit 2002 als „MaerzMusik“.

Die „Berliner Festtage“ waren das wichtigste Forum für sowjetische Musik. In diesem Rahmen traten sowjetische Stars, unter ihnen der Pianist Ėmil’ Gilel’s sowie die Geiger David und Igor’ Ojstrach (Vater und Sohn) auf. David Ojstrach spielte 1956 die umjubelte Erstaufführung von Šostakovičs Violinkonzert (1955),[93] und 1960 verzauberte er die Berliner Hörerschaft mit Beethovens Violinkonzert (Abb. 4). 1961 zeigte die Berliner Staatsoper gemeinsam mit dem Moskauer Kammerorchester im Rahmen des Festivals *Boris Godunov* in Šostakovičs Instrumentierung. Das Staatliche Symphonieorchester der UdSSR gab 1968 ein Gastspiel. Aus Anlass des 25-jährigen Jubiläums der SED 1971 war David Ojstrach Gast der Dresdener Staatskapelle, in Halle erlebte Šostakovičs 14. Symphonie ihre Erstaufführung. 1973 kam das sowjetische Rundfunkorchester zur „Musik-Biennale“ nach Berlin, 1976 trat Igor’ Ojstrach bei den „Festtagen“ auf. Noch 1988 waren das Neue Symphonieorchester Moskau und das Borodin-Quartett zu Gast. Bei den „Festtagen“ im gleichen Jahr traten auch das Orchester des Bayerischen Rundfunks unter Colin Davis sowie das London Symphony Orchestra und Leonard Bernstein auf, was als Zeichen der kulturellen Annäherung zwischen den deutschen Staaten betrachtet wurde.

Die klassischen russischen Opern – *Boris Godunov*, *Evgenij Onegin*, auch *Pique Dame* – waren auf deutschen Bühnen seit dem späten 19. Jahrhundert heimisch und kehrten nach dem Zweiten Weltkrieg auf die Bühnen beider deutscher Staaten zurück. Bei der Repertoire-Auswahl aber gab es signifikante Unterschiede, denn nur in der DDR brachte man sowjetische Opern heraus. In den 1950er Jahren zeigte man zwei Opern des Musikfunktionärs Tichon Chrennikov, 1956 in Dresden *Im Sturm* (B burju, nach Nikolaj Virta,1939/1952) mit einem Sujet über den Kampf gegen das „Kulakentum“ und die Durchsetzung der Sowjetherrschaft im Gebiet Tambow, und 1957 in Dresden-Radebeul *Frol Skorbeev* (eine Komödie nach Dmitrij Averkiev, 1950). Später schenkte man Werken

---

[92] Bericht in *Melos*, hier zit. nach Jelena Poldjajewa: Zur historischen Kategorisierung und ästhetischen Bewertung des Schaffens von Dmitri Schostakowitsch aus dem Blickwinkel der Avantgarde der 50-er Jahre, in: Detlef Gojowy (Hg.): Schostakowitsch in Deutschland. Berlin 1998, S. 23–43, beide Zitate S. 27. – Zur Šostakovič-Rezeption in Deutschland auch: Erik Levi: A Political Football. Shostakovich Reception in Germany, in: Pauline Fairclough, David Fanning (Hg.): The Cambridge Companion to Shostakovich. Cambridge 2008, S. 287–297.

[93] Hans Heinz Stuckenschmidt (1901–1988), Fachmann für zeitgenössische Musik, besprach in *Melos* das Konzert wohlwollend. Zit. nach Poldjajewa, Zur Kategorisierung [Fn. 92], S. 38.

jüngerer Komponisten Beachtung, etwa Kirill Molčanovs Oper *Der unbekannte Soldat* (Neizvestnyj soldat, auf ein eigenes Libretto, 1967) 1973 in Karl-Marx-Stadt (heute wieder Chemnitz). 1988 inszenierte man *Leb und vergiss nicht* (Živi i pomni, nach Valentin Rasputin) von Kirill Volkov, der vor allem als Filmkomponist Karriere machte. 1975 folgten Volkovs *Bauernmädchen* (Mužinskij skaz [Eine Bauerngeschichte] 1943, nach Lidija Sejfullina), Rodion Ščedrins Kolchosoper *Nicht nur Liebe* (Ne tol'ko ljubov', nach Sergej Antonov) und Andrej Petrovs Ballett *Die Erschaffung der Welt* (Sotvorenie mira, 1971). Ein Gastspiel des Leningrader Kirov-Theaters 1974 macht deutlich, wie sehr man der sowjetischen Tradition verpflichtet war: Neben Klassikern – Borodins *Fürst Igor* (Knjaz' Igor'), Čajkovskijs *Pique Dame* und Rimskij-Korsakovs *Zarenbraut* (Carskaja nevesta) zeigte man Ivan Dzeržinskijs *Stillen Don* (Tichij Don, nach Michail Šolochov, 1935), eine kompositorisch schwache patriotische Oper, die zu ihrer Zeit als Musterwerk gepriesen wurde. 1984 stand Sergej Slonimskijs *Maria Stuart* (frei nach Stefan Zweig) in Leipzig auf dem Programm.
Šostakovič und Prokof'ev sind in beiden deutschen Staaten die meistgespielten sowjetischen Opernkomponisten (Tabelle), wobei sich Vorlieben zeigen, die auch auf den unterschiedlichen Weltanschauungen beruhen. Prokof'evs *Spieler* kam zu DDR-Zeiten nur einmal auf die Bühne, 1972 im Rahmen der „Tage der sowjetischen Theaterkunst in der DDR" in einer Inszenierung des Moskauer Starregisseurs Boris Pokrovskij.[94] *Die Liebe zu den drei Orangen* fand in beiden deutschen Staaten Interesse, in Berlin (Ost) in einer viel beachteten Inszenierung von Walter Felsenstein. *Der Feurige Engel*, dem ein spätmittelalterlicher Stoff in symbolistischer Ausgestaltung zugrunde liegt, wurde wenig gespielt. Die Bürgerkriegsoper *Semen Kotko*, die zur Zeit der Durchsetzung der Sowjetmacht in der Ukraine spielt, wurde 1962 in der DDR an zwei Häusern gezeigt; in der BRD hatte diese ideologische Botschaft keine Aussicht auf Beachtung. *Die Verlobung im Kloster*, eine Verwechslungskomödie aus dem 18. Jahrhundert, erwies sich mit Aufführungen an 28 Spielstätten in acht Jahren (1957 bis 1973) als Erfolgsoper in der DDR. Die Wiesbadener Aufführung 1990 war ein Gastspiel der Oper Prag. *Krieg und Frieden*, Prokof'evs opus magnum, das unter dem Eindruck des „Großen Vaterländischen Krieges" begonnen wurde und an dem er bis zu seinem Tod arbeitete, konnte sich in beiden deutschen Staaten nicht durchsetzen. *Die Geschichte vom wahren Menschen*, eine Oper über einen Kriegshelden, die im Zuge der Resolution von 1948 als „formalistisch" verurteilt und erst 1961 in der UdSSR uraufgeführt worden war, erwies sich in der DDR mit Aufführungen an 14 Spielstätten in elf Jahren als durchaus erfolgreich.
Šostakovičs erste Oper, *Die Nase*, die in der Sowjetunion lange als formalistisch verurteilt war und erst 1974 in Moskau wieder auf die Bühne kam, erklang im Westen bereits 1963 in Düsseldorf und wurde von da an regelmäßig in der Bundesrepublik gespielt.

---

94 Boris Pokrovskij (1912–2009), ein hoch dekorierter Künstler und mehrfacher Stalinpreisträger, der sich in seiner letzten Phase für russische Opern des 20. Jahrhunderts einsetzte, u.a. inszenierte er Alfred Schnittkes *Leben mit einem Idioten*, Uraufführung Amsterdam 1992.

Abbildung 4: David Ojstrach spielt Beethovens Violinkonzert bei den Berliner Festtagen, 14.10.1960, Dirigent ist Franz Konwitschny

Ihre Ostberliner Premiere fand im Rahmen eines Gastspiels der Moskauer Kammeroper bei den Berliner Festwochen 1976 statt, in der Moskauer Inszenierung von Boris Pokrovskij und unter Leitung von Gennadij Roždestvenskij.[95] 1978 kam es in der BRD zu sieben Aufführungen der *Nase*, erst mit einem Gastspiel der Deutschen Staatsoper Berlin in Hamburg und Wiesbaden (in deutscher Sprache), dann ging das Moskauer Ensemble mit Pokrovskijs Inszenierung auf Tournee, von Neubrandenburg über Gütersloh, Leverkusen, Ludwigshafen und Stuttgart bis nach Villach in Österreich. Šostakovičs zweite Oper, *Lady Macbeth des Mzensker Kreises* (op. 29), war 1934 in der Sowjetunion mit überwältigendem Erfolg uraufgeführt worden, hatte auch die internationalen Bühnen erobert und verschwand 1936, nachdem Stalin die Oper besucht hatte, und dem darauf folgenden Pravda-Artikel *Sumbur vmesto muzyki* (Chaos statt Musik), für Jahrzehnte aus dem sowjetischen Repertoire. Erst 1963 – Šostakovič war inzwischen Erster Sekretär des Komponistenverbands der RSFSR geworden und in dem Zusammenhang in die KPdSU eingetreten – kehrte die Oper in überarbeiteter Fassung mit dem neuen Titel *Katerina Izmajlova* und mit neuer Opuszahl (op. 114) ins sowjetische Musikleben zurück. Für die Neufassung wurde vor allem die teils anzügliche Sprache des Librettos gemildert, die Bettszene zwischen der Titelheldin und dem Arbeiter Sergej, die zur internationalen Sensation der Oper beigetragen und Stalins Unwillen erregt hatte, wurde hinter die

---

[95] Gennadij Roždestvenskij (1931–2018), gleichfalls hoch dekoriert und seit den 1970er Jahren vielfach Gastdirigent von westeuropäischen Orchestern, machte sich um die Musik des 20. Jahrhunderts verdient, vor allem Musik der jüngeren Generation sowjetischer Komponisten.

Bühne verlegt und drastisch gekürzt. Die beiden Fassungen dieser Oper waren also auch ein Politikum im Kalten Krieg. So erklärt sich, dass man sich in der DDR an die spätere Fassung *Katerina Izmajlova* hielt, während man in der Bundesrepublik schon 1959 die frühe Fassung *Lady Macbeth* herausbrachte. Dass sie hier seit den 1980er Jahren regelmäßig aufgeführt wurde, erklärt sich dadurch, dass der Hamburger *Sikorski*-Verlag die Partitur 1979 zugänglich machte und einen zweisprachigen Klavierauszug herausbrachte. Die Einrichtung besorgte Mstislav Rostropovič,[96] der inzwischen Chefdirigent des National Symphony Orchestra Washington, D.C., war. Die Kölner Inszenierung von Harry Kupfer kam 1990 im Rahmen eines Gastspiels an die Dresdener Semper-Oper. Die Hamburger Inszenierung 1990 besorgte Jurij Ljubimov, Dirigent war Maksim Šostakovič, der Sohn des Komponisten. Beide lebten damals im Westen.[97] Nach 1990 etablierten sich *Lady Macbeth* und die *Liebe zu den drei Orangen* auf den deutschen Bühnen.

Opern von Prokof'ev und Šostakovič in den beiden deutschen Staaten 1950 bis 1990

Prokof'evs Opern	**BRD**	**DDR**
Der Spieler (Igrok, 1917/1928 nach Fedor Dostoevskij)	1965 Darmstadt 1969 Hannover 1973 München 1980 Düsseldorf	1972 Leipzig
Die Liebe zu den drei Orangen (nach Carlo Gozzi, 1919)	1958 Köln 1975 Wiesbaden 1976 Frankfurt, Augsburg, Mannheim 1990 Berlin (West)	1956 Dresden 1968 Berlin 1990 Dresden
Der feurige Engel (Ogenennyj angel' nach Valerij Brjusov, 1919/1927)	1969 Frankfurt 1984 Bonn	1965 Berlin
Semen Kotko (nach Valentin Kateav, 1939)	nicht aufgeführt	1962 Karl-Marx-Stadt und Dresden
Die Verlobung im Kloster (Obručenie v monastyre) nach Richard Sheridan, 1940)	1959 Düsseldorf 1990 Wiesbaden	1957 Leipzig 1958 Berlin, Erfurt, Wismar, Schwerin, Neustrelitz 1959 Nordhausen, Weimar Plauen, Rostock 1960 Halberstadt, Gera, Dessau, Stralsund 1961 Stendal, Halle

[96] Rostropovič und seine Frau, die Sopranistin Galina Višnevskaja, hatten die Sowjetunion 1974 verlassen, 1976 wurde ihnen die Staatsbürgerschaft entzogen. Galina Rasina (Hg.): „Ideologisch entartete Elemente“. Streng geheime Akten und andere Dokumente über Täter und Opfer bei der Ausbürgerung von Galina Wischnewskaja und Mstislaw Rostropowitsch aus der UdSSR (1974–1978). Berlin 1995.

[97] Jurij Ljubimov (1919–2014), hoch dekoriert und Stalinpreisträger, seit den 1970er Jahren auch im Westen tätig, wurde 1984 ausgebürgert, Arbeit an großen westeuropäischen Häusern, 1989 Rückkehr nach Moskau. Maksim Šostakovič (*1938), setzte sich 1981 nach einem Dirigat in der BRD ab, ging in die USA, dirigierte zeitweilig das New Orleans Symphony Orchestra und das Hong Kong Philharmonic Orchestra, 1994 erstmals wieder in Russland, 1997 endgültige Rückkehr.

		1962 Zwickau, Potsdam 1963 Cottbus, Weimar (Hochschule) 1965 Rudolstadt 1967 Eisenach 1959 Karl-Marx-Stadt 1970 Dresden 1971 Brandenburg, Neustrelitz 1972 Wittenberg
Krieg und Frieden (Vojna i mir, nach Lev Tolstoj, 1942/1953)	1990 Karlsruhe	1961 Leipzig 1974 Berlin
Die Geschichte vom wahren Menschen (Povest' o nastojaščem čeloveke, nach Boris Polevoj, 1948)	nicht aufgeführt	1963 Radebeul, Erfurt 1964 Berlin, Görlitz, Görlitz, Magdeburg, Halle, Senftenberg 1968 Stralsund-Greifswald-Putbus 1969 Schwerin 1970 Plauen 1971 Neustrelitz, Nordhausen 1973 Frankfurt/Oder, Halberstadt
Šostakovičs Opern	**BRD**	**DDR**
Die Nase (Nos, nach Nikolaj Gogol')	1963 Düsseldorf 1971 München 1978 Hamburg und Wiesbaden 1978 Gütersloh, Leverkusen, Ludwigshafen, Stuttgart 1980 Aachen 1981 Mannheim 1982 Freiburg 1990 Frankfurt	1969 Berlin 1976 Berlin, Gastspiel der Moskauer Kammeroper 1978 Neubrandenburg 1986 Dresden
Lady Macbeth des Mzensker Kreises (Ladi Makbet Mcenskogo uezda, nach Nikolaj Leskov)	1959 Düsseldorf 1980 Wuppertal 1983 Düsseldorf 1985 Würzburg 1986 Mannheim 1988 Köln, Berlin (West) 1989 Darmstadt, Freiburg 1990 Hamburg	1990 Dresden
Katerina Izmajlova (Neufassung der Lady Macbeth)	Nicht aufgeführt (?)	1973 Berlin 1987 Karl-Marx-Stadt 1988 Magdeburg

Quellen: Sigrid Neef: Handbuch der russischen und der sowjetischen Oper, Kassel 1989 und slavistik-portal <https://slavistik-portal.de/en/index.html>

Umbruch: Perestrojka und Wende

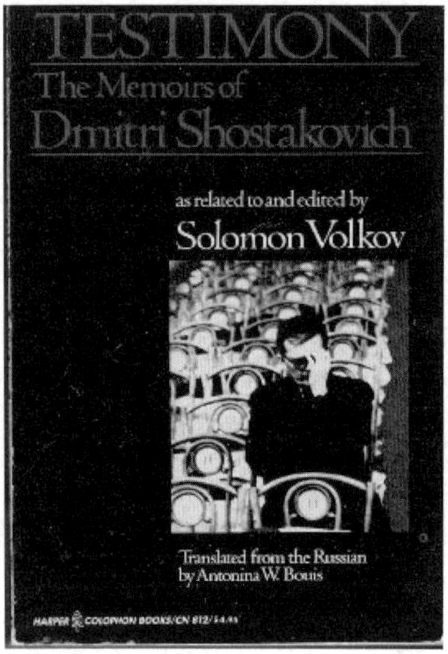

Abbildung 5: Testimony, New York 1979

Im Herbst 1979 erschien der Band *Testimony. The Memories of Dmitri Shostostakovich*, herausgegeben von Solomon Volkov (Abb. 5), einem Leningrader Musikwissenschaftler und Journalisten, der 1976 in die USA übergesiedelt war. Noch im gleichen Jahr kamen Übersetzungen in andere Sprachen, auch ins Deutsche auf den Markt.[98] Dieses Buch war eine Sensation in der westlichen Welt: Šostakovič, der Staatskomponist, das künstlerische Aushängeschild der UdSSR, dessen Schriften in einschlägigen DDR-Zeitschriften und als Buch erschienen waren und dessen Werke man in der Neue-Musik-Szene der BRD als unzeitgemäß belächelte,[99] trat der Leserschaft nun als jemand entgegen, der die Sowjetmacht und ihre Institutionen verachtet, ja ein verkappter Dissident sein mag und in seiner Instrumentalmusik kritische Botschaften verschlüsselt. Die Printmedien deuteten das Buch als eine Offenbarung, exemplarisch *Der Spiegel*, der unter dem Titel „Jubeln sollt ihr!" einen Vorabdruck brachte und die Neugier einer breiten Leserschaft weckte.[100] In der Sowjetunion wurde das Buch sofort als Fälschung gebrandmarkt. Personen aus dem nächsten Umfeld des Komponisten stellten sich dagegen, während es im Westen als Aufklärung gefeiert wurde. Allerdings wies die amerikanische Musikwissenschaftlerin Laurel Fay schon 1980 in akribischen Detailstudien nach, dass es sich um eine Kompilation aus zumeist veröffentlichten Texten handelt. Daraufhin entbrannte in der englischsprachigen Fachpresse eine Kontroverse über die Authentizität dieses Buches, die bis in die Gegenwart andauert.[101]

---

[98] Testimony. The Memories of Dmitri Shostakovich. Ed. by Solomon Volkov. New York 1979. – Zeugenaussage. Die Memoiren des Dmitrij Schostakowitsch. Aufgezeichnet und herausgegeben von Solomon Volkow. Hamburg 1979. Zuletzt verantwortete Michael Koball eine Neuauflage unter dem Titel: Die Memoiren des Dmitrij Schostakowitsch. Berlin 2000.

[99] Wolfgang Rihm (1952–2024), führender Vertreter der westdeutschen Avantgarde, bekannte 1979 im Zusammenhang mit Reflexionen über die Symphonie und den mangelnden Mut seiner Zeitgenossen zur großen Symphonie in der Tradition Gustav Mahlers, „die Verpönung Schostakowitschs" sei Ausdruck einer Verlegenheit. Wolfgang Rihm: Symphonie – eine fortsetzbare Notiz vom 15.8.1979, in: Ulrich Dibelius, Frank Schneider (Hg.): Neue Musik im geteilten Deutschland, Bd. 3, Dokumente aus den siebziger Jahren, 1997, S. 126–128, Zitat S. 126.

[100] Der Spiegel, 40/1979. Die englische Wikipedia gibt den 31.10.1979 als Erscheinungsdatum an, <https://en.wikipedia.org/wiki/Testimony_(Volkov_book)>. Wenn das stimmt, hat *Der Spiegel* sich um der Sensation willen ausdrücklich darum bemüht.

[101] Grundlegend: Malcolm Hamrick Brown (Hg.): A Shostakovich Casebook. Bloomington 2004, hier: Laurel Fay: Shostakovich versus Volkov. Whose Testimony? (1980), S. 11–21 und Volkov's

Die breite Wirkung dieses Buches, das mit großem medialen Aufwand lanciert und sogar verfilmt wurde,[102] mag zu der Trendwende beigetragen haben, die sich seit Anfang der 1980er Jahre abzeichnete und in der Fachpresse, im Verlagswesen, in Konzerten und Musikfestivals, auch in Fachkonferenzen deutlich zum Ausdruck kommt. So veranstaltete die Universität Köln 1985 ein Internationales Šostakovič-Symposion,[103] 1991 ein Prokof'ev-Symposion.[104] Beide Symposien waren begleitet von einem reichen Konzertprogramm, das auch weniger bekannte Werke der beiden Komponisten zu Gehör brachte. Während die DDR-Zeitschrift *Musik und Gesellschaft* nun weniger Beiträge über sowjetische Musik veröffentlichte und den Blick nach Westen richtete, brachte die *Neue Zeitschrift für Musik* seit Anfang der 1980er Jahre ca. fünf Artikel pro Jahr über sowjetische Musik, auch Übersetzungen von Beiträgen aus dem Russischen. 1981 erschien ein kurzer Artikel, der neun Moskauer Komponisten vorstellt: Vjačeslav Artemov, Viktor Ekimovskij, Elena Firsova, Vasilij Lobanov, Vladimir Martynov, Vladislav Šut', Dmitrij Smirnov, Viktor Suslin und Aleksandr Vustin.[105] Vier von ihnen, Artemov, Firsova, Smirnov und Suslin, gehörten zu einer Gruppe, die als „Chrennikovs Sieben" bekannt wurden, weil er diese vier sowie Aleksandr Knajfel', Edison Denisov und Sofija Gubajdulina 1979 bei einer Sitzung des sowjetischen Komponistenverbands dafür scharf kritisiert hatte, dass Werke von ihnen bei Festivals in Köln und Venedig ohne offizielle Genehmigung durch den Komponistenverband gespielt worden waren. 1986, ein Jahr nach seinem Amtsantritt, proklamierte Michail Gorbačev Glasnost und Perestrojka und leitete damit einen Wandel ein, der letztlich zur deutschen Einheit führte. Diese Reformperiode löste eine Phase intensiven Interesses an der Sowjetunion, ihrer Geschichte und Kultur, aber auch an der nationalen Frage im Baltikum, dem Kaukasus und in der Ukraine aus. Nun interessierte man sich für Literatur, Kunst, Filme und Musik, insbesondere für solche, die der sowjetischen Zeit kritisch gegenüberstanden.

Testimony Reconsidered (2002), S. 22–66. – Dorothea Redepenning: Ärgernisse, Abgründe, Absurditäten. Fragwürdige Bücher zu Šostakovič, in: OSTEUROPA, 8/2006, S. 162–173.

[102] 1988 unter dem Titel *Testimony*, mit Ben Kingsley als Šostakovič, Regie Tomy Palmer, deutsche Synchronfassung als *Zeugenaussage*.

[103] Klaus Wolfgang Niemöller, Vzevolod Zaderackij (Hg.): Bericht über das Internationale Dmitri-Schostakowitsch-Symposion. Köln 1985 / Soobščenie o Meždunarodnom Simpoziume, Posvjaščennom Dmitriju Šostakoviču. Kel'n 1985. Regensburg 1986. Die sowjetischen Teilnehmer gehörten mehrheitlich dem alten Establishment an, die meisten deutschen Teilnehmer waren keine einschlägigen Šostakovič-Experten. Siehe dazu das Inhaltsverzeichnis: <www.gbv.de/dms/hbz/toc/ht003012943.pdf>.

[104] Klaus Wolfgang Niemöller (Hg.): Bericht über das Internationale Symposion „Sergej Prokofjew – Aspekte seines Werkes und der Biographie". Köln 1992. Regensburg 1992, siehe dazu das Inhaltsverzeichnis: <https://d-nb.info/931842344/04>.

[105] Manfred Stahnke: Junge Moskauer Komponisten. Notizen zu Biographie und Werk, in: NZfM 1981, S. 146–151. Vjačeslav Artemov (*1940), im Westen u.a. bekannt für seine Musik zur Verfilmung von Valentin Rasputins Roman *Proščanie*, deutsch als *Abschied von Matjora* (1983). Viktor Ekimovskij (*1947), schreibt vor allem Kammermusik, besorgt die wissenschaftliche Edition der Partituren der neuen Šostakovič-Gesamtausgabe. Vladimir Martynov (*1946), Sohn des Musikwissenschaftlers Ivan Martynov, Komponist, Minimalist, Verfasser von musikphilosophischen Büchern, verheiratet mit der Geigerin Tat'jana Gridenko. Aleksandr Vustin (1943–2020), hauptsächlich Instrumentalmusik in der Tradition Anton Weberns, führendes Mitglied der 1990 gegründeten ASN-2, einer bewussten Anknüpfung an die ASM der 1920er Jahre. Zu Firsova, Lobanov, Smirnov, Suslin und Šut' siehe unten.

Von dieser Entwicklung profitierten Verlage, Konzertveranstalter, Opernhäuser, Rundfunk, Fernsehen und Schallplattenfirmen, die um diese Zeit auf das neue Format CD umstiegen. Damit trugen sie alle zur Verbreitung und Popularisierung der sowjetischen Musik bei, die ungeachtet der Auflösung der Sowjetunion im Dezember 1991 in 15 unabhängige Staaten häufig wieder summarisch „russische Musik“ genannt wurde. Eine direkte wissenschaftliche Reaktion auf Gorbačevs neue Kulturpolitik war der Sammelband *Sowjetische Musik im Lichte der Perestroika*, der neben allgemeinen Darstellungen auch Werkbesprechungen, Quellentexte, Interviews und knappe Komponistenmonographien enthält.[106]

Seit den 1980er Jahren begannen Verlage, sich auf Musik aus der Sowjetunion zu spezialisieren. Der Hamburger *Sikorski*-Verlag erweiterte sein russisches Repertoire und engagierte in den 1960er Jahren Jürgen Köchel, der sich um die Musik aus der Sowjetunion kümmerte.[107] Für den Verlag reiste er regelmäßig nach Moskau, nahm Kontakt mit Alfred Schnittke, später mit Sofija Gubajdulina, Edison Denisov und anderen auf, leitete die Drucklegung und Verbreitung ihrer Werke in die Wege und erstellte unter dem Pseudonym Jörg Morgener deutsche Nachdichtungen von lyrischen Texten und Libretti. Köchel unterstützte den Komponisten Viktor Suslin[108] bei seiner Übersiedlung 1981 in die BRD und verhalf ihm zu einer Lektorenstelle bei *Sikorski*. Suslin wiederum war seit sowjetischen Zeiten eng mit Sofja Gubajdulina befreundet, die 1992 nach ihrer Übersiedlung in den Westen in Suslins Nachbarschaft zog. In Moskau hatten die beiden zusammen mit Vjačlav Artemov in einer Gruppe namens *Astreja* gespielt, die in den Foyers von Theatern auf Folkloreinstrumenten improvisierte. Im Westen revitalisierten sie diese Improvisationen im privaten Rahmen mit anderen Partnern und traten öffentlich mit Suslins Sohn Aleksandr als drittem Partner auf. Suslin brachte auch die Werke der Leningrader Komponistin Galina Ustvol'skaja[109] bei *Sikorski* unter. Dank Jürgen Köchel, Hans-Ulrich Duffek, der ihm bald zur Seite stand, und Viktor Suslin wurde der *Sikorski*-Verlag seit den 1980er Jahren zu einem Multiplikator von internationaler Reichweite. Auch der Verlag *M.P. Belaieff*[110] trug zur Verbreitung neuer Musik aus der Sowjetunion bei, dessen Geschäftsführung Viktor Suslin 2007 nach seinem Ausscheiden bei *Sikorski* übernahm. Belaieff betreut u.a. die Werke des estnischen Komponisten Arvo Pärt und des ukrainischen Komponisten Valentyn Syl'vestrov.

---

[106] Hermann Danuser, Hannelore Gerlach, Jürgen Köchel: Sowjetische Musik im Licht der Perestroika: Interpretationen, Quellentexte, Komponistenmonographien. Laaber 1990. Das Herausgebertrio bildeten ein deutsch-schweizer Musikwissenschaftler, damals Ordinarius an der Universität Freiburg, eine Spezialistin aus der DDR und ein Verleger.

[107] 2019 wurde der Musikverlag *Hans Sikorski* von *Boosey & Hawkes* übernommen.

[108] Viktor Suslin (1942–2012), in der Sowjetunion beim Verlag *Muzyka* tätig, arbeitete im letzten Jahr vor seiner Übersiedlung in den Westen als Straßenkehrer (persönliche Auskunft). – Jürgen Köchel (1925–2021). Seine Erinnerungen an Schnittke unter <https://van-magazin.de/mag/juergen-koechel/>.

[109] Galina Ustvol'skaja (1919–2006), Schülerin von Šostakovič, über den sie sich später kritisch äußerte, lebte zurückgezogen in Leningrad, ihre Werke zeichnen sich durch eigenwillige Besetzungen und spröde Klangfarben aus.

[110] Gegründet 1885 von Mitrofan Beljaev als Verlag für russische Musik, Firmensitz in Leipzig, weil Russland nicht plante, der Berner Übereinkunft zum Schutz von Autorenrechten beizutreten, ab 1950 Firmensitz in Bonn, 1971 bis 2006 Teil des *F.C. Peters Musikverlags*, Frankfurt, danach Teil von *Schott Music*.

Anfang der 1990er Jahre gründete Ernst Kuhn in Berlin einen Verlag, der sich auf russische und sowjetische Musik spezialisierte.[111] Hier erschienen kommentierte Editionen, etwa die wissenschaftlichen Arbeiten von Ivan Sollertinskij, die Einblick in die sowjetische Rezeption Gustav Mahlers geben,[112] Dissertationen zur russischen Musik,[113] Dokumentationen und die Reihe „Schostakowitsch-Studien". Dass der WDR einen Schwerpunkt auf osteuropäische Musik, speziell aus der Sowjetunion, legte, verdankt sich vor alle Detlef Gojowy (1934–2008), der hier von 1978 bis 1997 die Musikredaktion leitete.

Ein direktes Ergebnis der Verlagsaktivitäten ist die Ausstattung von Opernhäusern mit Aufführungsmaterial. Der *Sikorski*-Verlag stellte alle Materialien (Partitur, Stimmen, Klavierauszug, Dokumentation) zu Alfred Schnittkes Oper *Leben mit einem Idioten* bereit. Zugrunde liegt Viktor Evrofeevs bizarr-surrealistische gleichnamige Erzählung (Žizn' s idiotom), in der ein Paar einen Idioten namens Vova (Kosename für Vladimir, gemeint sein kann Lenin) bei sich aufnehmen muss. Diese Oper wurde 1992 in Amsterdam unter Rostropovič uraufgeführt und 1993 in Wuppertal und Wien nachgespielt.

Das kleine Verlagshaus *Peermusic* betreut das Werk des aus einer jüdischen Familie stammenden Polen Mieczysław Weinberg (1919–1966), der aus Warschau vor der Wehrmacht in die UdSSR geflohen und dem Holocaust entkommen war und sowjetischer Staatsbürger wurde. Seine Oper *Die Passagierin* (Passažirka, 1968 nach einer Novelle von Zofia Posmysz), die von der zufälligen Wiederbegegnung einer KZ-Insassin mit ihrer Aufseherin handelt, erlebte 2010 bei den Bregenzer Festspielen ihre viel beachtete Uraufführung. Es ist ein Verdienst von OSTEUROPA, dass sie zu diesem Anlass ein Themenheft über Leben und Werk Mieczysław Weinbergs vorlegte und damit einen Beitrag dazu leistete, das Œuvre dieses Komponisten zu erschließen, der zu diesem Zeitpunkt in der deutschen Öffentlichkeit weitgehend unbekannt war.[114] Weinbergs Oper *Der Idiot* (1989, nach Dostoevskij) wurde 2013 am Nationaltheater Mannheim unter Thomas Sanderling[115] erstmals szenisch aufgeführt.

---

[111] Das Verlagslogo VEK (russisch vek = Jahrhundert), war Programm. 98 Bücher sind in dem Verlag erschienen. Ernst Kuhn war Dolmetscher und Übersetzer von Gebrauchsanweisungen ins Russische. Der Verlag war Hobby und Herzensangelegenheit (persönliche Auskunft). Seine Lebensdaten sind unbekannt. Sein Nachlass ist, soweit mir bekannt, verloren.

[112] Günter Wolter (Hg.): Iwan Sollertinski. Gustav Mahler – Der Schrei ins Leere. Mit einem Verzeichnis der wissenschaftlichen Arbeiten Sollertinksis, deutsch von Raimer Westendorf. Berlin 1996.

[113] Christoph Flamm: Der russische Komponist Nikolay Mednter. Materialien zur Biographie, Selbstzeugnisse, Erinnerungen, Werkbetrachtungen, Diskographie und ausführliches Werkverzeichnis. Berlin 1995 – Albrecht Gaub: Die kollektive Ballett-Oper „Mlada". Ein Werk von Kjui, Mussorgski, Rimskij-Korsakov, Borodin und Minkus. Berlin 1998 – Katharina Sponsel: Alter Erbe in neuen Formen. Das kirchenmusikalische Schaffen Aleksandr Kastal'skijs (1856–1926). Berlin 2002.

[114] Die Macht der Musik. Mieczysław Weinberg. Eine Chronik in Tönen. Berlin 2010 [= OSTEUROPA, 7/2010].

[115] Thomas Sanderling (*1942 in Novosibirsk), Sohn des Dirigenten Kurt Sanderling (1912–2011). Kurt Sanderling emigrierte 1936 nach Moskau, Dirigate beim Moskauer Rundfunk und bei der Leningrader Philharmonie, während der Leningrader Belagerung nach Novosibirsk evakuiert, 1960 Übersiedlung in die DDR, Chef des Berliner Sinfonie-Orchesters, später der Dresdener Staatskapelle. Thomas Sanderling nahm 2009 die russische Staatsbürgerschaft an. Nach Beginn des Ukraine-Kriegs legte er sein Amt als Chefdirigent des Philharmonischen Orchesters Novosibirsk nieder. FAZ, 7.3.2022.

Abbildung 6: Komponistinnen im Gespräch mit Dorothea Redepenning. Musikwissenschaftliches Seminar der Universität Heidelberg, 2.11.1991 (v.l.): Ekaterina Čemberdži, Svetlana Izakova, Anna Ikramova, Ol'ga Magidenko, Dorothea Redepenning, Tamara Ibragimova, Ol'ga Korovina

Im Zuge des explodierenden Interesses an der sowjetischen Musik während der Perestrojka etablierten sich spezielle Konzerte und Festivals. Ein Beispiel ist das Heidelberger Festival „Komponistinnen gestern – heute", das 1987 von der Sängerin Roswitha Sperber gegründet wurde und das zwei Trends der Zeit – das neue Interesse an Komponistinnen und an Osteuropa – zusammenbrachte. Zum Festival gehörten ein Komponistinnen-Preis, ein Symposion sowie Begleitveranstaltungen. 1991 ging der Preis an Sofija Gubajdulina, 1992 an Galina Ustvol'skaja. Bei der Veranstaltung 1991 waren auch sechs junge Komponistinnen aus Moskau eingeladen. An einem Roundtable kamen sie zu Wort. Werke von ihnen standen auf dem Programm, an dem einige sich selbst als Interpretinnen beteiligten. Die beiden Festivals sind in einem Sammelband dokumentiert[116] (Abb. 6). Für vier der sechs Komponistinnen[117] war der Auftritt in Heidelberg der Beginn einer Karriere im Westen.

Galina Ustvol'skaja war damals nur Kennern bekannt. Sofija Gubajdulina genoss zu dieser Zeit schon internationales Ansehen. Seit ihrer Niederlassung in Deutschland durchläuft sie eine glanzvolle Karriere mit zahlreichen nationalen und internationalen

---

[116] Roswitha Sperber, Detlef Gojowy (Hg.): Internationales Musik-Festival Komponistinnen. Russische Avantgarde. Musikavantgarde im Osten Europas. Dokumentation – Kongressbericht. Heidelberg 1992.

[117] Ekaterina Čemberdži bzw. Katia Tchemberdji (*1960) hat sich als Komponistin und Pianistin in Berlin etabliert. Anna Ikramova (*1966) <www.annaikramova.de>, Tamara Ibragimova (*1958), <https://komponistinnen.org/artists/ibragimova-tamara/> und Olga Magidenko (*1954) leben als freischaffende Komponistinnen in Deutschland.

Auftragswerken und wurde mit vielen renommierten Preisen ausgezeichnet, darunter Ehrbezeugungen aus ihrem Herkunftsland Tatarstan und, überreicht am 21.2.2022, den hohen russischen Orden „für Verdienste in Kultur und Kunst".[118]

Das Ende der Sowjetunion und die damit verbundenen Verwerfungen zog, ähnlich wie 1917, eine Emigrationswelle nach sich, auch wenn die Motive andere sind. Zu den Komponisten, die zeitweilig oder dauerhaft in den Westen übersiedelten, zählen u.a. Edison Denisov (1929–1996, seit 1990 in Frankreich) seine Schülerin Elena Firsova (*1950, seit 1991 in Großbritannien), Leonid Grabovskij (Leonid Grabovs'kij *1935 in Kiew, seit 1990 in den USA), Sofija Gubajdulina (*1931, seit 1992 in Deutschland), Gija Kančeli (*1935 in Tbilisi –2019, 1991 DAAD-Stipendium, ab 1995 in Belgien), Nikolaj Kornforf (*1947, seit 1991 in Kanada), Vasilij Lobanov (*1947, auch Pianist, seit 1991 in Deutschland), Arvo Pärt (*1935, seit 1980 im Westen, seit 1981 in Berlin, seit 2008 in Estland), Aleksandr Raskatov (*1953, seit 1993 in Paris und zeitweise in Deutschland), Alfred Schnittke (1934–1998, seit 1990 in Hamburg), Dmitri Smirnov (1948–2020, seit 1991 in Großbritannien), Rodion Ščedrin (*1932, seit Anfang der 1990er Jahre in München, stets enge Verbindung nach Russland), Vladislav Šut' (*1941, seit 1992 in Großbritannien).

Cancel Russian Music?

Am 24. Februar 2022 wurde die deutsche Begeisterung für russische Musik massiv auf die Probe gestellt. Putins Krieg gegen die Ukraine führte zu einer weitgehenden Einstellung auch der kulturellen Beziehungen. Westliche Künstler sagten Auftritte in Russland ab, Einladungen russischer Künstler wurden rückgängig gemacht, Verträge annulliert. Russland wurde vom *Eurovision Song Contest* ausgeschlossen; die Streaming Plattform *Spotify* schloss im März 2022 ihr Moskauer Büro.[119]

Der noch junge Begriff Cancel Culture etablierte sich im Deutschen. Das betraf vor allem die beiden international bekannten Künstler Anna Netrebko (*1971) und Valerij Gergiev (*1953), denen nun ihre Nähe zu Putin vorgeworfen wurde. Die Stadt München kündigte im März 2022 Gergievs Vertrag als Chefdirigent der Münchner Philharmoniker, nachdem dieser sich geweigert hatte, Russlands Überfall auf die Ukraine zu verurteilen. Diesem Schritt folgten zahlreiche europäische Konzerthäuser, die Gergiev als Gastdirigent verpflichtet hatten. In der gesamten westlichen Welt wurde Canceling praktiziert. Das betraf nicht nur prominente Künstler, sondern auch Klassiker. Das polnische Nationaltheater setzte Musorgskijs *Boris Godunov* vom Spielplan ab. Das *Royal Opera House* London lud das Ballett des Moskauer *Bol'šoj-Theaters* wieder aus. In Kanada annullierte man eine Tournee des damals 20-jährigen Pianisten Aleksandr Malofeev, obwohl er sich offen gegen die Invasion ausgesprochen hatte. Ein Beitrag des amerikanischen *National*

---

[118] Gestiftet vom Präsidenten der Russländischen Föderation am 9.8.2021.

[119] Auch 2025 ist Russland vom *Eurovision Song Contest* ausgeschlossen. 2024 trennte sich *Spotify* von Popkünstlern aus Russland mit Verweis darauf, dass sie den Regeln der Plattform nicht entsprechen. Man werde aktiv, wenn man „identify content which explicitly violates our content policies or local laws", wobei mit „Inhalten" Liedtexte gemeint sind <www.themoscowtimes.com/2024/06/28/spotify-removes-songs-of-pro-war-russian-artists-a85550>. Andererseits aber kann man bei *Spotify* Einspielungen etwa von Netrebko und Gergiev abrufen. Die von Spotify verbannten Künstler sind auf YouTube zu finden.

Public Radio vom 12.3.2022 lässt ahnen, wie heftig man reagiert hatte und wie sehr das den jungen Pianisten traf.[120]

Zwei amerikanische Geisteswissenschaftler, der Musikwissenschaftler und Prokof'ev-Forscher Simon Morrison und der Slawist und Spezialist für zeitgenössische russische Literatur Kevin M.F. Platt, äußerten sich differenzierend, indem sie die unheilvolle Dialektik des Canceling deutlich machten. Morrison betont, dass man nun „Anti-Putin Statements" von russischen Künstlern verlange und sie dennoch beargwöhne, weil sie aus Russland kommen.

> Diese Protestaktionen sind zwar symbolisch und emotional befriedigend für uns, entziehen schutzbedürftigen Künstlern jedoch die Lebensgrundlage, bringen sie in Gefahr und bewirken ansonsten nicht viel. Darüber hinaus spielen sie Putin in die Hände, indem sie die Künstler nicht als Individuen, sondern als Kulturbotschafter seiner grandiosen Vision von Russland betrachten.[121]

Platt argumentiert, dass solche spektakulären Vergeltungsmaßnahmen zwar nachvollziehbar, keinesfalls aber vernünftig seien.

> Russische Kunst, Musik, Malerei und Film gehören nicht dem Staat Russland. Tatsächlich gibt es nicht eine „russische Kultur", sondern viele.

Die Ironie liege, so Platt, darin, dass jene, die Künstler allein dafür, dass sie Russen sind, in aggressiver und diskriminierender Weise canceln, das gleiche nationale Denken zum Ausdruck bringen, das der russländischen Invasion an erster Stelle zugrunde liegt.[122]

Zu den gecancelten Künstlern gehört auch der griechisch-russische Dirigent Teodor Currentzis (*1972), der gleich nach Kriegsbeginn ein Benefizkonzert für ukrainische Flüchtlinge ankündigte.[123] Er und sein Ensemble *Musicaeterna* wurden mehrfach gecancelt, zuletzt 2024 bei den Wiener Festwochen. Begründet wurde dies mit seiner möglichen Nähe zur russländischen Staatsbank VTB und zu Putin.[124] Am 23.10.2024 gastierte er mit seinem *Ensemble Utopia* in der Berliner Philharmonie. Auf dem Programm stand Mahlers 5. Symphonie und die Uraufführung einer Passacaglia für Orchester des amerikanischen Komponisten Jay Schwartz. Die Anzeige des Konzertveranstalters auf Facebook löste eine Reihe giftiger Kommentare aus, die offenbar umgehend wieder gelöscht wurden.[125]

Googelt man „Canceling Russian Culture", so stößt man auf zahlreiche Internetseiten, auf denen ukrainische Influencer in diversen Sprachen zum Boykott russischer Kultur aufrufen. Dazu gehören u.a. eine international angelegte Seite, die „De-Russifizierung"

---

120 <www.npr.org/2022/03/12/1086282867/a-russian-pianists-shows-are-canceled-even-though-he-condemns-the-war-in-ukraine>.

121 Simon Morrison: Canceling Russian artists plays into Putin's hands. The Washington Post, 11.3.2022.

122 M.F. Platt: The Profound Irony of Canceling Everything Russian. The New York Times, 22.4.2022.

123 <https://de.wikipedia.org/wiki/Teodor_Currentzis>.

124 Music Festival Cancels Performance by Conductor with Russian Ties. ludwigvan.com, 19.2.2024.

125 <https://backstageclassical.com/bitte-keine-kritik-an-currentzis/> mit Screenshots aus Facebook. Das Konzert fand euphorischen Beifall: <https://klassik-begeistert.de/utopia-orchestra-teodor-currentzis-musikalische-leitung-philharmonie-berlin-23-oktober-2024/>.

verlangt,[126] eine deutschsprachige Seite, die Kontakte zu allem Russischen verdammt, zu Spenden auffordert und dazu, sich besser mit ukrainischer Kultur zu befassen.[127] Eine viersprachige Seite (englisch, französisch, deutsch, ukrainisch) will begründen, „warum russische Kultur tötet".[128]

Trotz allen Cancelns erklingt – auch im deutschsprachigen Raum – weiterhin russische Musik, zumal wenn sie sich auf die Gegenwart beziehen lässt: Die Münchner Staatsoper zeigte im Sommer 2023 Prokof'evs *Krieg und Frieden*, aufgeführt von einem weitgehend russischen Ensemble. Der Regisseur Dmitrij Černjakov, der Dirigent Vladimir Jurovskij und das Ensemble sorgten für eine hoch gelobte Darbietung, für die die Fachzeitschrift *Opernwelt* den Ehrentitel „Aufführung des Jahres" für 2023 vergab. Das jüngste Orchesterwerk der inzwischen 93-jährigen Sofija Gubajdulina trägt den Titel *Der Zorn Gottes*. Es wurde 2020 in Wien unter der ukrainischen Dirigentin Oksana Lyniv uraufgeführt. Seit 2022 wird es häufiger gespielt. Es ist zu einem klingenden Mahnmal geworden.

Schlagwörter:
Musik, Komponisten, Kultur, Klassik, Cancel Culture

---

126 <www.ukrainer.net/thread- en/war/derusyfikatsiia-en/>. Diese Seite existiert in 16 Sprachen, darunter arabisch und japanisch.

127 <https://cancelrussia.info/de.html>.

128 <https://lukraine.org/de/2024/03/20/why-russian-culture-kills/>.

Osteuropa, 8/2006

Osteuropa, 4/2009

Osteuropa, 7/2010

Osteuropa, 11–12/2012

Roland Götz

Reformen des Unreformierbaren

Die Sowjetwirtschaft und ihre Reformen in OSTEUROPA

In den von 1925 bis 1939 erschienenen Ausgaben von OSTEUROPA wird die Wirtschaftsentwicklung der Sowjetunion vom „Kriegskommunismus" über die „Neue Ökonomische Politik" bis zu Stalins Planwirtschaft referiert. Von Wirtschaftsreformen ist hier noch nicht die Rede, denn erst Jahre nach Stalins Tod versuchte die Sowjetführung die Leistungsfähigkeit des Wirtschaftssystems durch Reformen zu verbessern, die innerhalb der ideologischen Grenzen bleiben mussten. In OSTEUROPA wurden diese bis 1989 anhaltenden Versuche dargestellt und bewertet. Die meisten Autoren beschränkten sich darauf, die in der Sowjetpresse genannten Probleme der Planausführung zu erläutern. Die faktische Unmöglichkeit einer sachgemäßen zentralen Produktions- und Preisplanung wurde zwar erwähnt, in ihrer Bedeutung für die zunehmend schwache Wirtschaftsentwicklung der Sowjetunion aber kaum thematisiert.

Die Geschichte der Sowjetwirtschaft begann im Oktober 1917 mit dem Bemühen der Bolschewiki, den Kapitalismus im Zarenreich durch Enteignungen abzuschaffen und die Wirtschaft durch zentrale Anweisungen zu lenken. Ein wichtiges Ziel des später vom Parteivorsitzenden und Regierungschef Vladimir Lenin so genannten „Kriegskommunismus" war die Versorgung von Roter Armee und Industrie, vor allem aber die Schaffung eines Wirtschaftssystems, das nach Karl Marx ohne Konkurrenz und „Produktionsanarchie" funktionieren sollte.[1] Um angesichts der anhaltenden Versorgungskrise die Machtstellung der Bolschewiki zu bewahren, leitete Lenin im März 2021 mit der „Neuen Ökonomischen Politik" (Novaja Ėkonomičeskaja Politika, NĖP) eine Gegenbewegung ein. Die Bauern durften nun ihre Produktionsüberschüsse, die sie über die Naturalsteuer hinaus erzielten, auf dem freien Markt anbieten, der Handel sowie Teile der Industrie wurden reprivatisiert. Da die NĖP nie als Dauereinrichtung, sondern nur als Durchgangsstadium auf dem Weg zum Kommunismus gedacht war, konnte Stalin ab dem Jahr 1929 an die Praktiken des „Kriegskommunismus" anknüpfen und eine Plan-

---

Roland Götz (1943), Dipl.-Volkswirt, Dr. oec. publ., Berlin
Von Roland Götz erschien zuletzt in OSTEUROPA: Vorerst unverzichtbar. Fossile Energien in Zentralasien, in OE, 8–9/2024, S. 233–259. – Unter Durchschnitt. Die nationalen Territorien Russlands, in: OE, 1–2/2024, S. 135–154. – Energiepartnerschaft EU–Aserbaidschan. Die Erweiterung des südlichen Gaskorridors, in: OE, 10–11/2023, S. 51–62. – Asymmetrische Interdependenz. Chinas und Russlands Volkswirtschaften im Vergleich, in: OE, 7–9/2023, S. 91–118.

[1] Roland Götz: Fortschritt ohne Anarchie? Die theorielose Praxis der sowjetischen Wirtschaftsplanung, in: OE, 6–8/2017, S. 145–183. – Unter „Produktionsanarchie" versteht der Marxismus die nicht durch Planung geregelte Wirtschaftsweise im Kapitalismus.

OSTEUROPA, 75. Jg., 1–3/2025, S. 295–312 **doi: 10.35998/oe-2025-019**

wirtschaft errichten, die auf die Mobilisierung aller Kräfte zur Erfüllung von Schwerpunktzielen ausgerichtet war. Gleichzeitig wurden nicht prioritäre Wirtschaftszweige vernachlässigt. Das System war von Inkonsistenzen, informellen Netzwerken und Korruption geprägt und blieb trotz aller Reformversuche bis zum Ende der Sowjetunion bestehen.[2] Wie Günther Wagenlehner 1961 in OSTEUROPA darlegte, war dieser Ablauf der Geschichte seit 1917 vorgezeichnet:

> Wenn wir die bolschewistische Entwicklung von der Machteroberung im Oktober 1917 bis zur Etablierung des „Sozialismus in einem Lande“ durch Stalin überschauen, dann müssen wir sie als die praktische Bestätigung dessen auffassen, was wir über das entscheidende Problem der kommunistischen Gesellschaft bereits feststellten. Die Eroberung der politischen Herrschaft mit der Absicht, den Kommunismus „aufzubauen“, führte mit Notwendigkeit zum totalen Staat, der alles regelt einschließlich der nationalisierten Produktion. Stets das Ziel, die kommunistische Gesellschaft, vor Augen, bewegten sich die Bolschewiken immer weiter davon weg, mit jedem konkreten Schritt, den sie zu ihrer „Verwirklichung“ unternahmen.[3]

Von Lenin zu Stalin

In den zwischen 1925 und 1939 erschienenen Ausgaben von OSTEUROPA werden der „Kriegskommunismus“, die „Neue Ökonomische Politik“ sowie Stalins Planwirtschaft ausführlich dargestellt.[4] In 70 Aufsätzen, die Wirtschaftsthemen behandeln, geht es in der Mehrzahl um Energie- und Landwirtschaft.[5] Der Landwirtschaftsspezialist Otto Auhagen gehörte in der Zeitschrift zu den ersten Chronisten der Ereignisse nach der Oktoberrevolution. Er sprach sich für eine „realistische“ Betrachtung der Vorgänge in der Sowjetunion aus:

> Ich bin überzeugt, daß die alte Ordnung – wenn sie politisch möglich wäre – die Wirtschaft Rußlands viel schneller wieder herstellen würde. Das ist aber kein Grund, dem herrschenden System die Fortschrittsmöglichkeit schlechthin abzusprechen. Es ist denkbar, daß der Bolschewismus schließlich zu erträglichen, sogar gedeihlichen Wirtschaftsverhältnissen und zu einer ansehnlichen Volkskultur führt . . .[6]

---

[2] Stephan Merl: Sowjetisierung in Wirtschaft und Landwirtschaft. Europäische Geschichte online, 15.6.2011, <https://www.ieg-ego.eu/merls-2011-de>.

[3] Günther Wagenlehner: Karl Marx und der „Aufbau“ des Kommunismus, in: OE, 4–5/1961, S. 247–266, hier S. 264.

[4] Außer den gedruckten und ab 2003 digital verfügbaren Ausgaben von OSTEUROPA können von registrierten Nutzern die elektronische Bibliothek JSTOR, <https://www.jstor.org/journal/osteuropa>, und für die Hefte 1/1953 bis 4/1980 die Central and Eastern European Online Library, <https://www.ceeol.com/search/journal-detail?id=851>, herangezogen werden.

[5] Siehe die Zusammenstellung OSTEUROPA-Aufsätze, 1925–1939, in: OE, 8–9/1975, S. 463–475.

[6] Otto Auhagen: Russlands Wirtschaft, in: OE, 1/2025, S. 43–55, hier S. 44.

Der Begründer von OSTEUROPA, Otto Hoetzsch, schrieb zahlreiche Artikel, in denen er auch auf Wirtschaftsfragen eingeht.[7] Er dokumentierte in OSTEUROPA von 1925 bis 1934, nur unterbrochen durch seine Russlandreisen, in monatlichen Übersichten die wirtschaftlichen Pläne und Maßnahmen der Sowjetführung. Darüber hinaus warb er für gute und für beide Seiten vorteilhafte deutsch-russische Beziehungen. Er war der Ansicht, dass in Russland kein Kommunismus im Sinn von Karl Marx und Friedrich Engels entstanden war, sondern ein „Krypto-Kapitalismus", also ein verdeckter Kapitalismus. Schließlich sei weiter Geld benutzt worden, Arbeitsteilung habe bestanden und Klassen hätten sich bekämpft. Insbesondere befürchtete Hoetzsch eine Revision der Errungenschaften der Oktoberrevolution durch ein Erstarken der Bauernschaft. Stalins „Agrarsozialismus" – die Zwangskollektivierung der Bauern – hielt er daher prinzipiell für notwendig. Die dramatischen Folgen und Begleitumstände verschwieg er indes keineswegs. Ebenso machte er auf die organisatorischen Mängel der von ihm so genannten „Staatssozialistischen Planwirtschaft" und „Zwangsdienstgenossenschaft" aufmerksam.[8]
Eine sehr positiv getönte Darstellung von „Kriegskommunismus" und „Neuer Ökonomischer Politik" veröffentlichte der damals in der sowjetischen Botschaft in Berlin tätige Eugen Varga:

> Die wirtschaftlichen Ergebnisse des Sowjetsystems nach der Einführung der Neuen ökonomischen Politik sind – in Anbetracht der großen Schwierigkeiten – durchaus zufriedenstellend. Planmäßig entwickelt sich die Wirtschaft in die Höhe. Wenn kein neuer Krieg diese Entwicklung stört, so wird die Bevölkerung der Sowjetunion nach einigen Jahren einen Wohlstand erreicht haben, von dem in den schlimmen Jahren der Hungersnot niemand zu träumen wagte; einen Wohlstand, der sich ziemlich gleichmäßig auf alle Bürger erstreckt und die Basis des Überganges zu einem rein sozialistischen Staatssystem bildet.[9]

Der später mit seiner Input-Output-Analyse berühmt gewordene Vasilij Leont'ev schrieb für OSTEUROPA 1926 und 1930 während seines Aufenthalts in Deutschland je eine Arbeit zum Finanzsystem der UdSSR.[10]
Mehrere Autoren behandelten zwischen 1936 und 1938 die Kriegswirtschaft der Sowjetunion, wobei es um die Erdölwirtschaft, die Bahnbauten, die volkswirtschaftliche Planung, die Eisen- und Stahlindustrie, den Binnenhandel und um Manganerz ging. Die

---

[7] Fritz Epstein: Otto Hoetzsch und sein „Osteuropa" 1925–1930, in: OE, 8–9/1975, S. 541–554, hier S. 547. – Friedrich Kuebart: Otto Hoetzsch – Historiker, Publizist, Politiker. Eine kritische biographische Studie, in: OE, 8–9/1975, S. 603–621.

[8] Otto Hoetzsch: Zehn Jahre Sowjetstaat, in: OE, 2/1927, S. 109–119, hier S. 111 und S. 115. – Ders.: Gegenwartsprobleme der Sowjetunion, in: OE, 6/1930, S. 365–383, hier S. 378. – Ders.: Gegenwartsprobleme der Sowjetunion, in: OE, 11/1931, S. 631–647, hier S. 636 und S. 645.

[9] Eugen Varga: Zehn Jahre Sowjetwirtschaft, in: OE, 2/1927, S. 135–144, hier S. 144. Wiederabgedruckt in: OE, 8–9/1975, S. 688–695, hier S. 695. Dazu Karl Thalheim: Eugen Varga über ein Jahrzehnt Sowjetwirtschaft, in: OE, 8–9/1975, S. 695–703.

[10] Wassilij Leont'ev: Das Finanzwesen des Sowjetbundes und sein altes und neues Budget, in: OE, 4–5/1926, S. 232–245. – Ders.: Das Finanzproblem im sowjet-russischen „Fünfjahresplane", in: OE, 10/1930, S. 678–683. Im ersten Artikel schildert er den Übergang zur Ordnung der Staatsfinanzen nach den chaotischen Jahren des Kriegskommunismus, im zweiten, mit kritischen Anmerkungen, die Verbindung von Finanzplanung und Produktionsplanung in den Jahren 1928/29 und 1929/30.

aus dem Baltikum stammende Wirtschaftswissenschaftlerin Helga Boustedt schrieb in ihrem Text zur Planung, dass der Ausbau der Landesverteidigung seit jeher ein bestimmender Faktor der sowjetischen Wirtschaftspolitik gewesen sei. Entsprechend seien neue Betriebe der Schwerindustrie außerhalb der Reichweite der feindlichen Luftwaffe vorzugsweise im Osten geplant worden. Der Bau strategisch wichtiger Eisenbahnen und Wasserstraßen wurde beschleunigt.

Boustedt beschrieb den administrativen Weg, auf dem die Planungsziele der Parteiführung von der Staatlichen Plankommission (GOSPLAN) über Hauptverwaltungen und Betriebsvereinigungen bis zu den einzelnen Betrieben in immer größerer Detailliertheit nach Produktarten aufgeschlüsselt wurden. Nach vielfältigen Abstimmungen „entsprechend den realen Möglichkeiten konkretisiert“ nahmen sie in wiederum „aggregierter“ Form denselben Weg in umgekehrter Richtung, um schließlich „disaggregiert“ den Betrieben als verbindliche Plankennziffern auferlegt zu werden.[11] Boustedt ging nicht auf das hierbei auftretende und zumindest damals unlösbare „Kalkulationsproblem“ ein.[12]

In einem im Jahr 1927 in OSTEUROPA erschienenen Aufsatz bedauerte Otto Auhagen zwar, dass durch Krieg und Revolution ein vielversprechender Aufstieg der Wirtschaft des Zarenreichs verhindert wurde, er hielt das herrschende System jedoch für fortschrittsfähig.[13] Doch 1932 musste er feststellen, dass in der Landwirtschaft „die Schattenseiten der Sozialisierungspolitik“ zutage treten, womit er auf die Zwangskollektivierung anspielte.[14] Und im selben Jahr bekannte er:

> Das hervorstechendste Merkmal der jetzigen wirtschaftlichen Lage Rußlands, das kein Berichterstatter verschweigen darf, ist die Hungersnot, die in großen Teilen des Reiches herrscht. Sie ist die Folge der 1927 eingeschlagenen Politik und bildet die Kehrseite der erstaunlichen Leistungen auf industriellem Gebiet. Ungünstige Witterung hat zweifellos die vorjährige Ernte beeinträchtigt; die Hauptschuld aber fällt auf die überstürzte Sozialisierung der Landwirtschaft und auf das Bestreben, dem Dorf einen möglichst großen Teil seiner Erzeugnisse zu niedrigen Preisen abzupressen.[15]

---

[11] Helga Boustedt: Die Kriegswirtschaft der Sowjetunion. III. Die kriegswirtschaftliche Bedeutung der Sowjet-Planung, in: OE, 9/1937, S. 551–569. Zur „Technik der Planaufstellung“ siehe S. 559–562.

[12] Das „Kalkulationsproblem“ besteht nach Ludwig v. Mises und Friedrich v. Hayek darin, dass eine zentrale volkswirtschaftliche Planungsinstanz nicht über die Kenntnisse und die möglichen Dispositionen von Betriebsleitungen verfügen und diese Informationen auch nicht verarbeiten kann. Auch kann sie keine Knappheitspreise berechnen. Zum heutigen Stand der Diskussion: Max Engeler: Der Marktprozess und das Gleichgewicht. Wie die sozialistische Kalkulationsdebatte „Austrians“ und Neoklassik auseinandertrieb. Hamburg 2022. – Jan Phillip Dapprich, Dan Greenwood: Cybersocialism and the Future of the Socialist Calculation Debate, in: Erasmus Journal for Philosophy and Economics, 1/2024, S. 1–23.

[13] Otto Auhagen: Russlands Wirtschaft unter dem Bolschewismus, in: OE, 3/1927, S. 119–126.

[14] Ders.: Die russische Landwirtschaft im Jahre 1931, in: OE, 6/1932, S. 332–330.

[15] Ders.: Wirtschaftslage der Sowjetunion im Sommer 1932, in: OE, 11/1932, S. 644–655.

Stalins Kurswechsel 1952

Schon in den ersten Heften der 1951 neu aufgelegten OSTEUROPA werden Wirtschaftsreformen angesprochen. Der aus dem Baltikum stammende Nationalökonom Erik Boettcher beschrieb, wie zuvor Helga Boustedt, das unter Stalin für die Industrie geltende Planungssystem und die Abstimmung von Produktionsvolumen und Staatsfinanzen.[16] Das „Kalkulationsproblem" der Produktionsplanung nannte er ein „Problem von großer Kompliziertheit", dessen Unlösbarkeit Friedrich von Hayek 1935 gezeigt habe. Er erklärt dies mit der in der Sowjetunion nicht gelingenden Gleichsetzung der Konsumgüterproduktion mit dem Einkommen der Bevölkerung und dem daraus folgenden Inflationsdruck.[17]

1953 stellte Boettcher in OSTEUROPA einen „Kurswechsel der Sowjetplanung" in Aussicht. Stalin habe in einer im Oktober 1952 publizierten Schrift[18] eine ideologische Kehrtwende vollzogen, indem er die Geltung ökonomischer Gesetze, darunter vor allem des „Wertgesetzes", für die dem Kommunismus vorausgehende Phase des Sozialismus bejahte.[19] Boettcher vermutet, dass der Grund dafür war dass die Mängel der bisherigen Planungsmethoden immer offensichtlicher geworden waren. Zur Frage, ob die Behörden die Preise so setzen könnten, dass Produktion und Bedarf übereinstimmen, zitiert er die gegenteilige Meinung v. Hajeks zum „Kalkulationsproblem".

Boettcher zufolge ist mit Stalins Tod der Weg für die Einführung von Marktmechanismen freigeworden, beginnend mit der Kolchos-Landwirtschaft. Eine Gegenposition zu dieser Auslegung vertrat im selben Heft Johannes Lanz. Er verwies darauf, dass Stalin nur eine Pseudolösung anbot, weil er ökonomische Gesetze zwar einerseits als wirksam, andererseits aber auch als von der Partei manipulierbar definierte.[20]

In einem 1954 erschienenen Beitrag zur „neuen Wirtschaftspolitik Moskaus" verwies Boettcher auf die Mitte 1953 gehaltenen Reden des Vorsitzenden des Ministerrates, Georgij Malenkov, des neuen Ersten Sekretärs der Partei, Nikita Chruščevs, und des Handelsministers Anastas Mikojan.[21] Eine solche neue Politik hielt er wegen des Eintritts der Sowjetunion in eine zweite Industrialisierungsepoche für notwendig. Das Arbeitskräftepotential sei erschöpft und die Produktion zunehmend arbeitsteilig geworden, was eine stärkere Differenzierung von Einkommen und Konsummöglichkeiten erfordert habe. Doch obwohl Malenkov sich für eine bessere Versorgung mit industriellen Konsumgütern aussprach, habe er nicht an der geltenden grundsätzlichen Bevorzugung der Investitionen in die Schwerindustrie gerührt. Erst nachdem Malenkov und Mikojan sich wenige Jahre später gegen Chruščev gestellt hatten und der neue starke Mann sie

---

[16] Erik Boettcher: Wirtschaftsplanung in Ost und West, in: OE, 5/1952, S. 347–355.

[17] Ebd., S. 351–352. Boettcher verweist hier auf den Sammelband Friedrich v. Hayek (Hg.): Collectivistic Economic Planning. London 1935.

[18] Deutsche Übersetzung: Ökonomische Probleme des Sozialismus in der UdSSR, in: J.W. Stalin, Werke Bd. 15. Dortmund 1979, S. 195–242, <https://kommunistische-geschichte.de/Stalin-Werke/stalin-band15.pdf>.

[19] Erik Boettcher: Kurswechsel der Sowjetplanung, in: OE, 2/1953, S. 132–137. Zu Hintergründen, Begleitumständen und der nur begrenzten Bedeutung des Stalinschen „Kurswechsels" siehe Roland Götz: Planung ohne Plan. Das Versagen der Wirtschaftstheorie in der UdSSR, in: OE, 5–6/2013, S. 125–150, hier S. 133–138.

[20] Johannes Lanz: Stalins letzte Weisheit NEP, in: OE, 2/1953, S. 124–131, hier S. 126.

[21] Erik Boettcher: Hintergründe der neuen Wirtschaftspolitik Moskaus, in: OE, 1/1954, S. 18–24.

aus ihren Ämtern gedrängt hatte, konnte dieser als der eigentliche Reformer hervortreten. Auf diesen Umstand machte in OSTEUROPA der aus der Ukraine stammende Agrarstatistiker Naum Jasny aufmerksam.[22]

Chruščevs Wirtschaftsreformen

Auf die von Nikita Chruščev im Jahr 1957 angeordneten Wirtschaftsreformen ging Boettcher ein Jahr später in OSTEUROPA ein. Deren Kernbestandteil war, dass die Planungshoheit von den Wirtschaftszweigministerien auf 103 regionale Volkswirtschaftsräte überging. Damit sollte nach Boettcher der „unzweckmäßige Zentralismus" der Planung beseitigt werden, der nicht die örtlichen Bedingungen berücksichtigen konnte. Ebenso sollte damit verhindert werden, dass die Ministerien die Betriebe ihres Wirtschaftszweiges bei der Zuteilung von Ressourcen bevorzugten. Auch sollten Betriebe dadurch nicht mehr gezwungen werden, die Planungsmängel durch illegale direkte Beziehungen untereinander auszugleichen. Boettcher positionierte sich dagegen, die in wenigen Wochen durchgezogenen Reformen Chruščevs mit ihren unvermeidlichen Anlaufproblemen vorschnell als missglückt abzutun, wobei er einräumte, dass die Verlagerung der Planungshoheit auf territoriale Organe die Mängel der administrativen Planung nicht beseitigen konnte. Er hielt es für denkbar, dass im Zuge weiterer Reformen Wettbewerb und Gütermärkte „eigengesetzlich und unkontrolliert" in Erscheinung treten und das bürokratische Zuteilungssystem ablösen könnten. Die Frage, wie dies ohne eine Revolution des politischen Systems der UdSSR vorstellbar sei, klammerte er allerdings aus.[23]

In der „Tauwetter-Periode"[24] unter Chruščev konnte auch auf dem Gebiet der Wirtschaftswissenschaft freier als unter Stalin diskutiert und publiziert werden. Über dieses neue „Wirtschaftsdenken" berichtete Hans Böhme 1965 in OSTEUROPA.[25] Zwar wurden jetzt die Produktionseinsatz und -ausstoß untersuchende Input-Output-Analyse, die Optimierung mittels linearer Funktionen und die Steuerung dank Kybernetik nicht mehr als „bourgeoise Ökonomie" abgetan. Doch den Nutzen für die Wirtschaftsplanung der Sowjetunion konnte Böhme noch nicht absehen. Dagegen hätte die Nutzung „ökonomischer Hebel", wie sie von Evsej Liberman in seinem am 9. September 1962 in der Parteizeitung *Pravda* unter dem Titel „Plan, Gewinn, Prämie" vorgeschlagen worden waren, mehr Realisierungschancen.[26] Bei gleichzeitiger Verringerung der Planvorgaben sollten nach Liberman der Gewinn der Betriebe und die Prämien für die Belegschaften als „ökonomische Anreize" wirken. Indem der Gewinn als Differenz von Einnahmen und Kosten (und nicht wie bisher als Aufschlag auf die Kosten) ermittelt würde, sollte eine bessere Orientierung an den Bedürfnissen der Abnehmer der Erzeugnisse und ein rationellerer Umgang mit Betriebsmitteln erreicht werden. Voraussetzung für das Gelingen dieses Teils der Reform wären an Kosten und Nachfrage orientierte Preise gewesen, meinte Böhme. Diese

---

22 Naum Jasny: Chruschtschow und die Sowjetwirtschaft, in: OE, 10/1957, S. 709–718.

23 Erik Boettcher: Die Reform des sowjetischen Planungssystems, in: OE, 7–8/1958, S. 480–488.

24 Benannt nach Il'ja Erenburgs 1954 erschienenen Roman „Tauwetter" (ottepel').

25 Hans Böhme: Gegenwartsprobleme im sowjetischen Wirtschaftsdenken, in: OE, 11–12/1965, S. 772–781.

26 Deutsche Übersetzung: Vor Neuerungen im sowjetischen Planungssystem, in: Ostprobleme, 19.10.1962, S. 661–664, <https://www.jstor.org/stable/44927164>.

konnte die zentralisierte Preisplanung indes nicht bereitstellen. Von einer umfassenden Übernahme marktwirtschaftlicher Prinzipien war, wie Böhme betonte, bei Liberman keine Rede. Denn der Umfang der Produktion und ihr Sortiment, die Lohnsumme, die Gewinnsumme und die Investitionen sollten den Betrieben nach wie vor vorgeschrieben werden.

Da Böhme wirtschaftliche Notwendigkeiten als Grund für die Reformbereitschaft ansah, hielt er es für möglich, dass weitergehende Reformen in diese Richtung folgen würden. In seinem im Jahr 1968 in OSTEUROPA publizierten Rückblick auf 50 Jahre sowjetische Wirtschaftspolitik stellte er aber fest, dass eine Schaffung von ökonomischen Verhältnissen wie im Westen bedeutet hätte, die Idee des Kommunismus und des ganzen gesellschaftspolitischen Systems der UdSSR preiszugeben.[27]

Peter Knirsch verwies in einem 1962 in OSTEUROPA erschienenen Bericht über den 22. Parteitag der KPdSU vom Oktober 1961 darauf, dass westliche Beobachter die Schwächen der Sowjetwirtschaft auf das Gesamtsystem zurückführen. In der Sowjetunion sei der Glaube an die Effizienz des Systems hingegen ungebrochen gewesen, alle wirtschaftlichen Schwierigkeiten hätte man durch organisatorische Veränderungen oder durch personelle Umbesetzungen überwinden können.[28] Die Sowjetwirtschaft brauche für ihre angestrebte Weiterentwicklung Kontinuität und Ruhe. Dann hätte eine von ideologischen Vorgaben etwas freiere sowjetische Wirtschaftswissenschaft eine Theorie des Wirtschaftssystems des Sozialismus entwickeln können. In seinem ebenfalls 1962 in OSTEUROPA publizierten Beitrag zur sowjetischen Politischen Ökonomie versuchte Knirsch den Spielraum dafür auszuloten.[29] Seiner Meinung nach wollte die Führung nicht tolerieren, dass Änderungen der Preisbildung und die Anwendung mathematischer Methoden einen „gewissen Automatismus des Wirtschaftsablaufs mit der Möglichkeit weitergehender Dezentralisation" herbeiführen könnten. Da dies zu einer wesentlichen Änderung des gesamten sowjetischen Wirtschaftssystems führen müsste, schätzte er die künftige Entwicklung der sowjetischen Wirtschaftswissenschaft als nicht allzu günstig ein.

1964 beschäftigte sich Knirsch in OSTEUROPA erneut mit der Wirtschaftsplanung in der Sowjetunion.[30] Er schrieb, dass die Plandurchführung daran scheitern musste, dass sich der „Faktor Mensch" als Konsument und Produzent den Wünschen der Planer nicht vollständig unterordnen ließ und dass wegen der beschränkten rechentechnischen Möglichkeiten nur eine geringe Zahl wichtiger Güter direkt geplant werden konnte. Die Grenzen einer gesamtwirtschaftlichen Planung seien somit unüberwindbar gewesen:

> Noch gilt das Dogma, daß eine restlose, bewußte Planung des Wirtschaftslebens nicht nur grundsätzlich möglich sei, sondern auch die überlegene wirtschaftliche Ordnungsform darstelle. Die durchaus auch in der Sowjetunion erkannten Planungsschwierigkeiten werden mit dem noch unzureichenden Erkenntnisstand, mit den noch unzulänglichen Planungsmethoden oder „falschen" Verhaltensweisen der Wirtschaftssubjekte begründet, also mit partiellen, historisch bedingten Erscheinungen, die durch den Fortschritt von Wissenschaft und

---

[27] Hans Böhme: 50 Jahre sowjetische Wirtschaftspolitik: Aspekte ihrer künftigen Entwicklung, in: OE, 5–6/1968, S. 435–445.

[28] Peter Knirsch: Fragen der Sowjetwirtschaft, in: OE, 1–2/1962, S. 73–98, hier S. 82.

[29] Ders.: Wandlungen in der Politischen Ökonomie, in: OE, 11–12/1962, S. 781–790.

[30] Ders.: Grenzen der Wirtschaftsplanung, in: OE, 1/1964, S. 14–27.

> Technik sowie durch ein gewandeltes Bewußtsein der Menschen im Sinne einer vollständigen zentralen Planung verändert werden könnten. Wie wir [. . .] ausführten, halten wir gerade in diesen Punkten eine Verbesserung der Planbarkeit durchaus für möglich, die Grenzen der Wirtschaftsplanung können hinausgeschoben werden, aber grundsätzlich bleiben sie als Grenzen bestehen, die eine totale Planung utopisch erscheinen lassen.[31]

Wie Günther Wagenlehner in einem 1968 in OSTEUROPA noch vor dem Einmarsch der Sowjetarmee in die Tschechoslowakei veröffentlichten Text darlegte, hätte die Sowjetführung die von ihr angestrebten Erfolge bei der Rationalisierung und Intensivierung der Wirtschaft dann erzielen können, wenn sie sich am Beispiel Ungarns orientieren hätte.[32] Doch der Vordenker des ungarischen Modells des Marktsozialismus Ota Šik hatte in einem im Oktober 1967 geführten und im Frühjahr 1968 in OSTEUROPA publizierten Interview bereits eingestanden, dass auch in Ungarn für die angestrebte Verbindung von makroökonomischer Planung und betrieblicher Autonomie (dem „Dritten Weg“) noch keine funktionierende Lösung gefunden worden war.[33]

Kosygin-Reformen 1965, 1973, 1979

Ministerpräsident Aleksej Kosygin und Generalsekretär Leonid Brežnev kündigten auf den Plenartagungen des ZK der KPdSU im März und September 1965 neue Reformen an, über die Boris Meissner 1966 für OSTEUROPA feststellte:

> Das von Kossygin entwickelte Wirtschaftsprogramm soll die wirtschaftliche Leistungsfähigkeit des Systems erhöhen, ohne seine totalitäre Substanz wesentlich anzutasten, und damit einer weiteren Stärkung der Sowjetmacht und einer Festigung der Einparteiherrschaft dienen. [. . .] Grundgedanke der Wirtschaftsreform ist vor allem darin zu sehen, daß die weitgehend zentralisierte Planung und Leitung mit einer größeren Selbständigkeit der Betriebe als der Grundeinheiten der staatseigenen Wirtschaft verbunden werden soll. Die Planung soll künftig von dem Absatzvolumen und der Rentabilität und nicht von der Bruttoproduktion als der Hauptkennziffer und damit dem Maßstab der Produktionsleistung ausgehen. Die Zahl der den Betrieben vorgeschriebenen Kennziffern wird jedoch weit weniger verringert, als es von den Reformern um Liberman und Trapesnikow gefordert worden war. Vor allem sollen die „Hauptentwicklungsrichtungen der Produktion“ – die Investitionen, der Lohnfonds, die Preise und die Materialversorgung – weiter zentral festgesetzt werden.“[34]

---

[31] Ebd., S. 27.

[32] Günther Wagenlehner: Zur Frage der künftigen Entwicklung der sowjetkommunistischen Ideologie, in: OE, 8–9/1968, S. 581–588, hier S. 588.

[33] Harry Shaffer: Das Neue Ökonomische Modell – Probleme und Aussichten. Ein Interview mit Ota Šik, in: OE, 3/1968, S. 208–219.

[34] Boris Meissner: Sowjetrussland zwischen Restauration und Reform, in: OE, 2–3/1966, S. 81–112, hier S. 90.

Auch die mit dem Namen Kosygin verknüpften Wirtschaftsreformen der Jahre 1973 und 1979 änderten am bestehenden Wirtschaftssystem nichts Wesentliches.[35] So ist es erklärbar, warum etwa die Reform von 1973 in den Berichten von Gertraud Seidenstecher, Hans-Hermann Höhmann und Heinrich Vogel zur Wirtschaftslage in der Sowjetunion keine Erwähnung gefunden hat.[36] Peter Knirsch führte in seinem Bericht über den im Februar und März 1976 abgehaltenen 25. Parteitag der KPdSU aus:

> Insgesamt sind die Stellungnahmen auf dem XXV. Parteitag zu Planungs- und Leitungsfragen nur mäßig aufschlußreich. Am meisten beeindruckt den westlichen Beobachter, wie wenig verändert die Probleme in diesem Kernbereich der sowjetischen Wirtschaftspolitik behandelt werden. Nur in Nuancen lassen sich hier in den letzten 10–12 Jahren Änderungen erkennen. . . . Ungelöst bleibt, um nur die wichtigsten Fragen noch einmal zu nennen, nach wie vor die Entscheidung zwischen Zentralisierung und Dezentralisierung, zwischen Zweig- und Territorialprinzip. In diesen Fragen bot der Parteitag keine Lösungen an, sondern nur in sich widerspruchsvolle Kompromisse. Wiederholt wurde festgestellt, daß das Planungs- und Leitungssystem bald geändert, „vervollkommnet" werden muß, daß die bisherigen Änderungen zu langsam oder unzureichend realisiert wurden, und trotzdem wurde von Breshnew nur ein sehr vorsichtiges weiteres Vorgehen vorgeschlagen.[37]

Hans-Hermann Höhmann und Gertraud Seidenstecher bewerteten in einem 1979 in OSTEUROPA erschienenen Artikel die im selben Jahr angekündigten und teilweise vollzogenen Wirtschaftsreformen als „Reformmaßnahmen, aber keine Reformen".[38] Sie würden den seit Mitte der Sechzigerjahre zu beobachtenden Bemühungen der sowjetischen Regierung um Auflockerung und Rationalisierung des bestehenden Systems administrativer Planwirtschaft entsprechen. Denn wieder einmal wäre sowohl eine Festigung der zentralen Planung als auch eine Verstärkung der „Initiative von unten", eine bessere Verbindung von Zweig- und Regionalplanung und eine Anhebung des wissenschaftlichen Niveaus der Planung nötig gewesen. Die Zahl der Plankennziffern sei erhöht, das disziplinierende Element der Vertragskündigung den Betrieben aber verwehrt worden. Insgesamt zweifelten die Autoren daher an der Wirksamkeit der neuen Maßnahmen. Höhmann und Seidenstecher urteilten, dass eine nachhaltige Effizienzsteigerung erst dann zu erwarten gewesen wäre, wenn die sowjetische Führung in stärkerem Maße marktseitige Steuerung und vom Markt bestimmte Sanktionen zugelassen hätte, was aber nur im Rahmen eines weiterführenden, entschiedeneren Reformkonzeptes möglich gewesen wäre. Dies hätte allerdings das Herrschaftsinteresse der Partei infrage gestellt.

---

[35] Dazu Roland Götz: Stabile Stagnation. Breżnevperiode und Putinzeit im Vergleich, in: OE, 5/2016, S. 51–80, hier S. 57–59.

[36] Heinrich Vogel: 1973 – Das entscheidende dritte Jahr. Eine Zwischenbilanz des 9. Fünfjahrplans, in: OE, 8/1974, S. 551–559. – Hans-Hermann Höhmann, Gertraud Seidenstecher: Zum Start ins 10. Planjahrfünft. Die sowjetische Wirtschaft 1976/77, in: OE, 5/1977, S. 389–398.

[37] Peter Knirsch: Intensivierung bei langsamerem Wirtschaftswachstum, in: OE, 8–9/1976, S. 681–704, hier S. 695.

[38] Gertraud Seidenstecher, Hans-Hermann Höhmann: Sowjetische Wirtschaftspolitik: Reformmaßnahmen, aber keine Reform, in: OE, 11/1979, S. 936–942.

Aleksej Kosygin war von 1964 bis 1980 Ministerpräsident der Sowjetunion. Quelle: Wikimedia

Höhmann charakterisiert die Wirtschaftsweise der Sowjetführung zu Beginn des 11. Fünfjahrplans 1981–1985 als „Ökonomik des Durchwurstelns".[39] Eine solche vermied zwar nach seinen Worten die mit größeren Veränderungen verbundenen Risiken für das politische System, führte aber zu wirtschaftlicher Stagnation und bürokratischer Erstarrung. Eine tiefgreifende Wirtschaftsreform, die anders als die 1979 beschlossene an marktwirtschaftlichen Leitvorstellungen hätte orientiert sein müssen, sei nicht in Sicht gewesen. In einem 1983 in OSTEUROPA erschienenen Text ergänzte Höhmann seine Diagnose der Schwachstellen der Sowjetwirtschaft zum Zeitpunkt der Nachfolge Brežnevs durch Jurij Andropov. Er wies unter anderem auf den gestiegenen „Plandruck" hin, auf den die Betriebe mit gesteigerter Hortung von Vorprodukten, verminderter Qualität und geringerem Sortiment ihrer Erzeugnisse reagiert hätten.[40]

Einen Einblick in die in der Sowjetunion zwischen Ökonomen geführten Diskussionen über Reformen innerhalb des Systems vermittelt ein in der Zeitschrift *Unser Zeitgenosse* (Naš Sovremennik) veröffentlichtes fiktives Gespräch, das von Astrid von Borcke eingeleitet und in deutscher Übersetzung 1982 in OSTEUROPA publiziert wurde.[41] Darin geht es um die Möglichkeit einer sozialistischen Marktwirtschaft. Dabei wird deutlich, dass die damit verbundene Orientierung der Betriebe am Gewinn unter Bedingungen der Planwirtschaft zu Störungen führt.

Als Einziger hat in OSTEUROPA der US-amerikanische Historiker Richard Voyles Burks die Möglichkeit eines Umsturzversuchs in der Sowjetunion nach dem Vorbild der Ereignisse in der DDR 1953, in Ungarn 1956, in der ČSSR 1968, in Kroatien 1971 und in Polen 1980 erörtert. In drei Artikel schrieb er im Jahr 1983 über die nahende Krise in der Sowjetunion.[42] Er erinnerte daran, dass in den genannten Ländern dem jeweiligen „Erdrutsch" wirtschaftliche Krisen vorausgegangen waren und verwies im ersten Text auf die damaligen großen wirtschaftlichen Probleme der Sowjetunion im Bereich der

---

[39] Hans-Hermann Höhmann: Die Ökonomik des „Durchwurstelns". Probleme und Tendenzen der sowjetischen Wirtschaft am Beginn des 11. Planjahrfünfts, in: OE, 5/1981, S. 359–374.

[40] Ders.: „Weiterwursteln" oder konzeptionelle Neuorientierung? Probleme und Tendenzen der sowjetischen Wirtschaft nach dem Machtantritt Andropows, in: OE, 5/1983, S. 365–381.

[41] Astrid von Borcke: UdSSR: Wie soll die Wirtschaft funktionieren? Eine fiktive Debatte über die Rolle der Ökonomie im Sozialismus, in: OE, 10/1982, S. A538–A551. Quelle: Dmitrij Valovoj: Poisk, in: Naš Sovremennik, 7/1982, S. 132–166. Dabei handelt es sich um einen Auszug aus der 379 Seiten umfassenden Broschüre: D.V. Valovoj: Poisk. Moskva 1983.

[42] R.V. Burks: Die nahende Krise in der Sowjetunion (I), in: OE, 6/1983, S. 449–462. – Ders.: Die nahende Krise in der Sowjetunion (II), in: OE, 7/1983, S. 555–568. – Ders.: Die nahende Krise in der Sowjetunion (III), in: OE, 9/1983, S. 705–723.

Nahrungsmittelversorgung, des Arbeitskräftepotentials und des Investitionsvolumens. Der daraus resultierende Wachstumsrückgang erinnerte Burks zufolge an die Situationen, die im Jahr 1968 in der Tschechoslowakei, 1971 in Jugoslawien und 1980 in Polen dem Zusammenbruch des Systems vorausgingen.[43]

Agrarreformen seit 1953

Die nach dem Zweiten Weltkrieg in der Sowjetunion durchgeführten Agrarreformen wurden ausführlich von Otto Schiller behandelt, der schon zwischen 1933 und 1938 in OSTEUROPA publiziert hatte.[44] 1953 erläuterte er die von Chruščev bei seinem Amtsantritt als Generalsekretär der KPdSU im September 1953 angekündigte und im gleichen Monat in umfangreichen Verordnungen in Kraft gesetzte Reform der Agrarpolitik. Dieser „neue Kurs der Agrarpolitik“[45] sollte die Probleme mildern, die entstanden waren, weil die Staatswirtschaften (Sowchosen) mit ihren angestellten Lohnarbeitern, die aus dem Zusammenschluss von Bauernhöfen gebildeten Kollektivwirtschaften (Kolchosen) und die kleinen Nebenerwerbsbetriebe der Kolchosmitglieder sehr unterschiedlich behandelt wurden. Die Ankaufspreise für landwirtschaftliche Erzeugnisse der Kolchosen waren, verglichen mit den Preisen für frei verkaufte Erzeugnisse der privaten Hofwirtschaften, extrem niedrig, die geforderten Ablieferungsmengen dagegen sehr hoch. Die Einkommen der landwirtschaftlichen Arbeitskräfte in den Kolchosen waren nicht garantiert, sondern an die erzeugten Produktionsmengen gebunden, weil sie als Inhaber ihres Betriebs definiert wurden. Durch eine Reihe von Reformmaßnahmen sollte die Preisdisparität halbiert, das Ausmaß der staatlichen Regulierung der landwirtschaftlichen Produktion jedoch erhöht werden. Den Weg der Abschaffung der Zwangsbewirtschaftung der landwirtschaftlichen Betriebe, der nach Schillers Auffassung der einzig richtige gewesen wäre, wollte man nicht gehen. Die Aussichten der Reform schätzte er entsprechend als gering ein.

Zehn Jahre später fragte Schiller in OSTEUROPA, ob von einem Fehlschlag der landwirtschaftlichen Reformen die Rede sein könne. Sein Urteil war zwiespältig.[46] Die von ihm wiedergegebenen Zahlen der sowjetischen Statistik vermittelten kein eindeutiges Bild: Anbauflächen und Erträge waren zwischen 1953 und 1962 gestiegen, wobei bis 1958 eine deutliche Steigerung und danach im Durchschnitt eine Stagnation der Produktion der Landwirtschaft erkennbar ist (Diagramm 1).

Die von den Sowjetführern geäußerte negative Beurteilung dieser Daten ist nach Meinung Schillers allerdings zu verstehen, wenn man sie an der Fünfjahresplanung misst, deren Vorgaben nicht erreicht wurden, denn diese hätten die dringend erforderliche bessere Versorgung der Bevölkerung erlaubt. Hierfür hätte, so Schiller, eine Synthese der Interessen des Kolchos und der privaten Nebenerwerbslandwirtschaft gefunden werden müssen.

---

[43] Ebd., S. 457.

[44] Otto Schiller (1901–1970) kannte die sowjetische Landwirtschaft aus eigener praktischer Erfahrung, denn er arbeitete von 1924 bis 1928 als Agronom auf einem deutschen Mustergut in der Autonomen Sozialistischen Sowjetrepublik der Wolgadeutschen und von 1931 bis 1936 als Landwirtschaftsattaché an der Deutschen Botschaft in Moskau. Er war von Januar bis Mai 1931 Schriftleiter von OSTEUROPA und von 1951 bis 1965 Vizepräsident der Deutschen Gesellschaft für Osteuropakunde.

[45] Otto Schiller: Der neue Kurs der sowjetischen Agrarpolitik, in: OE, 6/1953, S. 403–412.

[46] Otto Schiller: Die Frage des Versagens der sowjetischen Landwirtschaft, in: OE, 6/1963, S. 369–377.

Diagramm 1: Veränderung der landwirtschaftlichen Bruttoproduktion 1951–1989 (in Prozent zum Vorjahr).

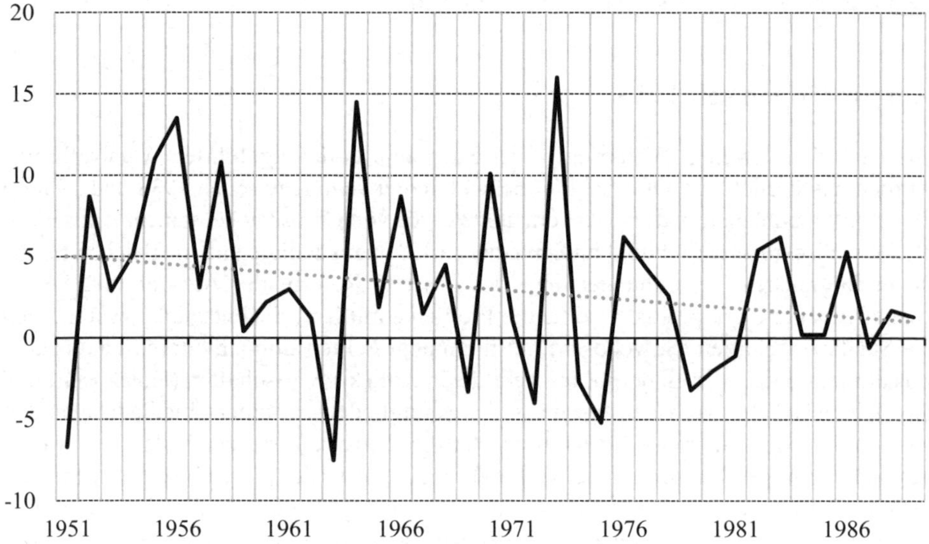

Anmerkung: Die Bruttoproduktion entspricht dem Umsatz, nicht der Wertschöpfung. Quelle: Soviet History Archive: Annual Growth Rates in the Soviet Union, <https://www.marxists.org/history/ussr/government/economics/statistics/growth-rates.htm>. Die lineare Trendlinie ist hinzugefügt.

Eberhard Schinke und der langjährige OSTEUROPA-Redakteur Karl-Eugen Wädekin schilderten 1971 die Probleme des ewigen „Sorgenkinds Landwirtschaft" wie folgt:

> Breshnew sieht noch viele ungenutzte Reserven in der besseren Nutzung der vorhandenen Düngemittel und Maschinen, in der „strengen Beachtung der agrotechnischen Regeln", im Kampf gegen Verluste und in der Verbesserung der Arbeitsorganisation – ohne Zweifel alles Fragen, in denen die sowjetische Landwirtschaft noch vieles tun kann, aber gleichzeitig Fragen, die sich kaum durch Anweisungen und auch schlecht durch Appelle regeln lassen, wenn das adäquate Planungs-, Führungs- und Lohnsystem fehlt.[47]

1976 berichtete Karl-Eugen Wädekin von den Eindrücken eines Besuchs in Moskau und dreier sibirischer Großstädte, wo er erhebliche regionale Unterschiede bei der Nahrungsmittelversorgung beobachtet hatte.[48] Dass die landwirtschaftliche Erzeugung in der Sowjetunion weder eine gleichmäßige Versorgung der Bevölkerung gewährleisten noch

---

[47] Eberhard Schinke, Karl-Eugen Wädekin: Sorgenkind Landwirtschaft, in: OE, 8–9/1971, S. 650–661, hier S. 651.

[48] Karl-Eugen Wädekin: Einige Grundprobleme sowjetischer Agrarwirtschaft. Gedanken nach einer Reise im Sommer 1976, in: OE, 10/1976, S. 924–935.

die Produktionspläne der Regierung erfüllen konnte, lag laut Wädekin nicht nur am sowjetischen Agrarsystem mit seiner Diskriminierung der landwirtschaftlichen Arbeitskräfte bei der Bezahlung, sondern ebenso an allgemeinen Mängeln der Planwirtschaft. Daran hätten auch die gestiegenen Investitionen in den Agrarsektor nichts geändert. Noch 1983 fragte Wädekin nach den Gründen für die Stagnation der sowjetischen Agrarerzeugung, die Importe von Getreide für die Viehfütterung, von Fleisch und Ölschroten notwendig gemacht hatte.[49] Auch unter Gorbačev sind die Bedingungen der Produktion, die Arbeits- und Lebensbedingungen in der Landwirtschaft nicht verbessert worden, wie Wädekin Mitte 1989 in OSTEUROPA feststellte.[50] Bis zum Ende der Sowjetunion seien, wie er in OSTEUROPA im Jahr 1990 darstellte, durchgreifende Reformen des Agrarsektors ausgeblieben:

> Das System der Landwirtschaft hat sich in der Sowjetunion noch mehr als das anderer Wirtschaftssektoren in seiner bisherigen Form diskreditiert durch seine Unfähigkeit, die Menschen zu ernähren, wie es eine großenteils urbanisierte Gesellschaft und industrialisierte Wirtschaft erfordern. [. . .] Es hat trotz Ausstattung mit 0,7 Hektar Ackerfläche plus 1,4 Hektar sonstiger Nutzfläche pro Kopf riesige Importe von Getreide, Futtermitteln, Fleisch und Zucker notwendig gemacht und die Außenhandelsbilanz aus dem Gleichgewicht geworfen. Diese bestürzende Bilanz und die Unzulänglichkeit aller systemkonformen Reorganisationen der letzten 35 Jahre haben grundlegende Veränderungen des Agrarsystems dringlich und Diskussionen über sie möglich gemacht. Dabei besteht weitgehend Einigkeit darüber, dass das faktisch immer noch bestehende „Administrativ- und Kommandosystem" der Wirtschaft in der Landwirtschaft besonders ausgeprägt und schädlich und durch eines der Lenkung mit ökonomischen Mitteln zu ersetzen ist.[51]

Das Wachstumsrätsel

Für alle Sowjetführer von Lenin bis Brežnev stand fest, dass die Sowjetunion wegen der prinzipiellen Überlegenheit des sozialistischen Systems höhere Wachstumsraten der gesamtwirtschaftlichen Produktion als die kapitalistischen Länder aufweisen würde. Deswegen musste der bereits in den 1950er und 1960er Jahren von der amtlichen Statistik vermeldete Rückgang der Zuwachsraten des Nationaleinkommens die jeweilige Führung des Landes stark beunruhigen (Diagramm 2). Dass dieser Effekt mit ihrem Planungssystem zusammenhing, das mit der Steuerung der zunehmend differenzierten Sowjetwirtschaft immer weniger zurechtkam, wurde in der offiziellen Reformdiskussion ausgeblendet.

---

[49] Ders.: Sowjetische Landwirtschaft in der Stagnation, in: OE, 2/1983, S. 89–100.
[50] Ders.: Sowjetische Agrarproduktion unter Gorbatschow, in: OE, 6/1989, S. 536–550.
[51] Ders.: Sowjetische Agrarpolitik heute: Die zentralen Probleme, Maßnahmen und Diskussionen, in: OE, 6/1990, S. 503–516, hier S. 503.

Diagramm 2: Veränderung des produzierten Nationaleinkommens zwischen 1951–1989 (in Prozent zum Vorjahr).

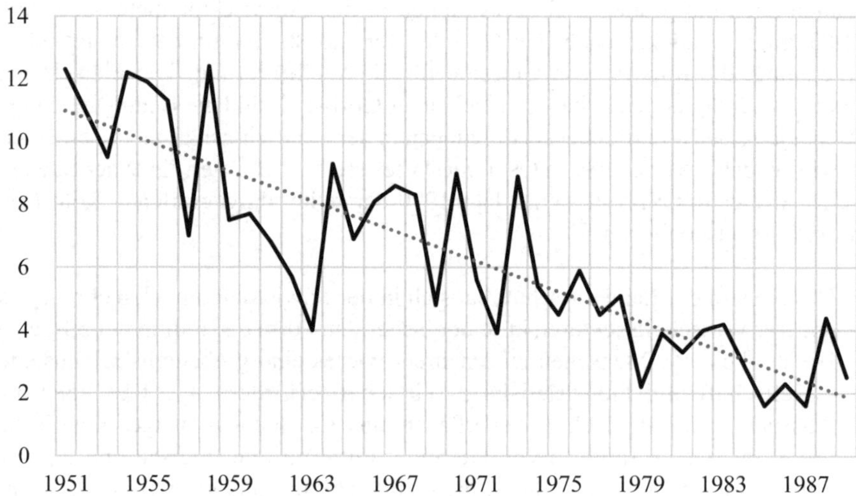

Anmerkung: Das „produzierte Nationaleinkommen" bezeichnet die Wertschöpfung in den Wirtschaftszweigen der „materiellen Produktion" (Industrie, Bauwirtschaft, Landwirtschaft, Verkehr, Kommunikation, Versorgung). Es schließt im Unterschied zum „verwendeten Nationaleinkommen" Verluste ein, jedoch nicht die Wertschöpfung im Außenhandel. Quelle: Soviet History Archive: Annual Growth Rates in the Soviet Union, <https://www.marxists.org/history/ussr/government/economics/statistics/growth-rates.htm>. Die lineare Trendlinie ist hinzugefügt.

Sowjetische und westliche Beobachter fragten in diesem Zusammenhang nach der Rolle des technischen Fortschritts in beiden Systemen. Dazu legte Arnold Buchholz 1972 in OSTEUROPA eine umfangreiche Untersuchung vor, in der er auf die vielfältigen Probleme der Begriffsbestimmung und Messung des technischen Fortschritts eingeht.[52] Jürgen Nötzold behandelt 1972 in OSTEUROPA die Möglichkeiten der Messung des technischen Fortschritts, indem er die in der westlichen Literatur dafür verwendeten Rechenmodelle referierte und erläuterte.[53] Schließlich konzentrierte sich Josef Brada in einer 1981 in OSTEUROPA erschienenen Untersuchung auf die Frage der Technologielücke zwischen der Sowjetunion und den entwickelten westlichen Ländern und stellte fest, dass dazu sehr unterschiedliche Ergebnisse publiziert worden seien. Alle drei Autoren machten auf die Abneigung der Betriebsleitungen gegenüber der Übernahme technologischer Neuerungen aufmerksam, die ihnen die Planerfüllung erschwerten.[54]

---

[52] Arnold Buchholz: Wissenschaftlich-technische Revolution (WTR) und Wettbewerb der Systeme, in: OE, 5/1972, S. 329–390.

[53] Jürgen Nötzold: Die „technische Lücke" in der Sowjetwirtschaft. Über einige Versuche zu ihrer quantitativen Bestimmung, in: OE, 11/1972, S. 825–838.

[54] Josef Brada: Technologietransfer zwischen West und Ost. II. Sowjetische und osteuropäische Technologie, in: OE, 5/1981, S. 408–425.

Gorbačevs „radikale Reform"

Vladimir Korovkin schilderte 1991 in OSTEUROPA, wie Michail Gorbačev ab 1986 zunächst auf eine „Beschleunigung" der Wirtschaftsentwicklung durch Investitionen in den Maschinenbau setzte, dann die zentrale Planung durch die Gewährung größerer Selbständigkeit der Staatsbetriebe und die Schaffung von neuartigen Genossenschaften ergänzen wollte und ab 1989 eine sozialistische Marktwirtschaft anstrebte.[55] Diese Phasen der Bemühungen Gorbačevs wurden in OSTEUROPA kontroverser diskutiert als vorangegangene Reformvorhaben.
Mit dem im Februar/März 1986 abgehaltenen 27. Parteitag der KPdSU, auf dem Gorbačev sein Programm der „Umgestaltung" (perestrojka) erläutert hatte, beschäftigten sich in OSTEUROPA 1986 mehrere Autoren. Hans-Hermann Höhmann knüpfte an die von Gorbačev ausgegebene Losung einer „Radikalen Reform" an.[56] Die von Gorbačev geforderten Maßnahmen – von der Aktivierung des „menschlichen Faktors" über die Vermeidung eines „zu hohen Anspruchsniveaus der Planung" bis zur „Schaffung eines leistungsfähigen Managements" durch Entlassung unfähiger Bürokraten – hätten nach Höhmann zu mehr Leistung führen können Seinem Urteil zufolge würden zwar prinzipielle Funktionsmängel des sowjetischen Wirtschaftssystems bestehen bleiben, aber Spielräume für Funktionsverbesserungen eröffnet werden, die in fernerer Zukunft Voraussetzungen für weitere Reformen schaffen könnten.
Hermann Clement stellte Gorbačevs Ansatz in den Rahmen der Reformbemühungen in den 1980er Jahren und konzentrierte seine Ausführungen darauf, dass es in der Sowjetunion nicht gelungen sei, das Wirtschaftswachstum statt über einen vermehrten Aufwand von Arbeit, Kapital und Rohstoffen durch eine Erhöhung der Produktivität zu bewirken.[57] Er versprach sich von der von Gorbačev angekündigten Erhöhung der Investitionen bei gleichzeitig weitgehender Aussonderung alter Anlagen eine Steigerung der Produktion im Verhältnis zum Kapitaleinsatz.
Gert Leptin und Itzehoe Adirim kritisierten 1986 die genannten Beiträge von Hans-Hermann Höhmann und Hermann Clement sowie Texte von Karl-Eugen Wädekin[58] und Maria Elisabeth Ruban.[59] Adirim und Leptin bemängelten, dass die genannten Autoren nicht erklärten, warum bestimmte von Gorbačev angekündigte Maßnahmen nicht wirken würden und forderten, dass weniger abstrakte und unklare Begriffe benutzt, die Widersprüche in Gorbačevs Programm verdeutlicht und die Mängel der sowjetischen Statistik herausgestellt werden sollten.[60]

---

55 Wladimir Korowkin: Marktwirtschaft in der Sowjetunion – Hoffnungen und Realität, in: OE, 7/1991, S. 635–645.

56 Hans-Hermann Höhmann: „Radikale Reform"? Zum Kurs sowjetischer Wirtschaftspolitik nach dem XXVII. Parteitag der KPdSU, in: OE, 8–9/1986, S. 620–630.

57 Hermann Clement: Entwicklung und Probleme der sowjetischen Wirtschaft Mitte der 1980er Jahre, in: OE, 8–9/1986, S. 631–647.

58 Karl-Eugen Wädekin: Landwirtschaft und Nahrungsgütersektor – Chancen für Gorbatschows Agrarpolitik? In: OE, 12/1986, S. 648–662.

59 Maria Elisabeth Ruban: Lebensstandard – Rückkehr zu Nüchternheit und Realismus? In: OE, 8–9/1986, S. 663–671.

60 G. Leptin, I. Adirim: Die sowjetische Wirtschaftspolitik und die Aussichten einer Beschleunigung der wirtschaftlichen Entwicklung. Kommentar und Ergänzung zum Bericht über den XXVII. Parteitag, in: OE, 12/1986, S. 975–992.

Der Osteuropa-Historiker Wolfgang Geierhos sah in OSTEUROPA dagegen große Möglichkeiten für Gorbačevs Reformen, weil die Staatsführung schon seit Breznevs Nachfolger Jurij Andropov nicht mehr an ideologische Postulate gebunden gewesen sei:

> Eines ist der Führung klar geworden: Die bürokratische Herrschaft im Sozialismus muß gebrochen werden, damit die gesellschaftlichen und individuellen Interessen in ihren Widersprüchen ein dynamisches Modell ökonomischen Wachstums, ein Klima der Innovation schaffen können. Als deren Ergebnis soll die sowjetische Gesellschaft insgesamt stabiler und die Ökonomie dem politischen Selbstverständnis einer Weltmacht adäquat entwickelt sein. Dem Abbau von Staats- und Parteiherrschaft steht die Selbständigkeit der ökonomischen Einheiten und ökonomisch handelnden Individuen gegenüber. Die Anzahl der Ministerien wird reduziert, ihre Funktion beschnitten und, wie bei der staatlichen Planbehörde, auf die Sicherstellung der Globalplanung und der Ressourcen, der Energie, der Infrastruktur beschränkt. Alle anderen ökonomischen Entscheidungen sollen von den Betrieben selbst getroffen werden . . .[61]

August Pradetto warnte 1989 jedoch vor einer Überbewertung von Gorbačevs ökonomischen Reformvorstellungen:

> Strukturell sind es, gemessen jedenfalls an vielen westlichen Erwartungen und Vorstellungen, in Wirklichkeit relativ bescheidene Vorhaben, die Gorbatschow in die sowjetische Wirklichkeit umzusetzen versucht [. . .] Soweit sich die Intentionen der die Reform bestimmenden Eliten beurteilen lassen, geht es weder darum, daß die Betriebe unabhängig von einem Plan und von den Ministerien funktionieren und sich auf dem Markt der Konkurrenz und den Prinzipien von Angebot und Nachfrage aussetzen. Noch geht es um die Einrichtung unabhängiger Interessenvertretungen, etwa von freien Gewerkschaften, die dann mit den Managern oder mit den Ministerien die Löhne und die Arbeitsbedingungen aushandeln.[62]

Die Juristen Klaus Westen und Georg Brunner kritisierten, dass die neuen Leitungsmethoden, wie sie im Betriebsgesetz (Gesetz über den Staatsbetrieb) vom 30. Juni 1987 bestimmt sind, wonach zentrale Anweisungen nun in der Form von Staatsaufträgen erteilt werden sollen, prinzipiell die alten geblieben sind.[63] Auch die im Genossenschaftsgesetz vom 26. Mai 1988 vorgesehenen gewerblichen Genossenschaften bedeuteten Westen zufolge wegen einengender Bestimmungen keine grundsätzliche Erlaubnis des Privateigentums an Produktionsmitteln.[64] Sie wurden häufig von Staatsbetrieben gegründet,

[61] Wolfgang Geierhos: Die Oktoberrevolution als zyklische Systemtransformation. Methodische Ansätze zur Deutung der Wandlungsprozesse in der Sowjetunion, in: OE, 2/1988, S. 87–108, hier S. 106.

[62] August Pradetto: Die Zukunft der Sowjetunion und der Ost-West-Beziehungen. Oder: Über die Beliebigkeit zeitgeschichtlichen Denkens, in: OE, 7/1989, S. 652–669, hier S. 654.

[63] Klaus Westen: Perestrojka und Rechtsordnung, in: OE, 5/1988, S. 329–348, hier S. 5–6. – Georg Brunner: Das Sowjetrecht – ein taugliches Instrument der Wirtschaftsreform? In: OE, 7–8/1988, S. 550–561, hier S. 552.

[64] Klaus Westen: Blüte im Verfall. Zur jüngsten sowjetischen Rechtsentwicklung, in: OE, 1/1992, S. 3–20, hier S. 14–15.

damit diese die Preisbindung für ihre Erzeugnisse unterlaufen konnten.[65] Das am 19. November 1986 beschlossene Gesetz über die individuelle Arbeitstätigkeit hatte, wie Ivar Raig 1990 darstellte, den Spielraum der Regelung dieses Tätigkeitsbereichs längst nicht ausgeschöpft und seine Anwendung dadurch behindert.[66]

Wie Dirk Holtbrügge 1991 in OSTEUROPA schilderte, versuchte die Regierung erst Mitte 1990, die von Gorbačev angekündigte „radikale Reform" einzuleiten.[67] Zunächst kündigte Ministerpräsident Nikolaj Ryžkov eine Preisreform an, die den Geldüberhang abbauen sollte. Da es daraufhin zu Hamsterkäufen kam, wurde sie wieder zurückgestellt. Eine von Stanislav Šatalin, dem wichtigsten Berater Gorbačevs, geleitete Expertengruppe arbeitete ein Programm aus, das wie das von Grigorij Javlinskij vorgelegte Programm den Übergang zur Marktwirtschaft in 500 Tagen vorsah. Schließlich ließ Gorbačev im Oktober 1990 ein am Šatalin-Programm orientiertes, aber weniger präzises Programm („Hauptrichtungen der Stabilisierung der Volkswirtschaft und des Übergangs zur Marktwirtschaft")[68] vom Obersten Sowjet der UdSSR verabschieden. Holtbrügge bezweifelte, dass dieser Übergang in der dort vorgesehenen Frist von eineinhalb Jahren würde erfolgen können und wies auf die weit besseren Voraussetzungen hin, die bei der Wiedererrichtung der Marktwirtschaft in Deutschland vorhanden waren. Zutreffend wurde in OSTEUROPA immer wieder darauf hingewiesen, dass die von der Ideologie und dem Machtanspruch der Partei gezogenen Reformgrenzen einen Übergang zu mehr marktwirtschaftlichen Verhältnissen nicht erlaubten. Als diese Grenzen durch Gorbačev – parallel zu einer sich anbahnenden Wirtschaftskrise und einem Zerfall der Union – erweitert wurden, war es für einen allmählichen Übergang zu der von ihm anvisierten sozialistischen Marktwirtschaft zu spät. Wie Hans Hirsch 1990 in OSTEUROPA darlegte, war die zentrale Planung nie in der Lage gewesen, ökonomische Entscheidungen effizient zu organisieren. Dadurch entstand eine Wirtschaftsstruktur, die sich keinesfalls so schnell und umfassend ändern ließ, dass sie marktwirtschaftlichen Bedingungen entsprochen hätte – der Anpassungsschock war damit programmiert.[69]

Die Sowjetwirtschaft endete, wie sie begonnen hatte, durch eine ökonomische Revolution, als Boris El'cin als Präsident Russlands im August 1991 die KPdSU auf dem Gebiet Russlands verbot, damit die oberste Lenkungsinstanz entmachtete und zum Jahresanfang 1992 mit der Freigabe fast aller Preise die Preisplanung beseitigte. Diese Grundsatzentscheidung ebnete Russland in den folgenden Jahren den Weg zur Marktwirtschaft. Die Maßnahmen, mit denen dies gelang, wurden in OSTEUROPA von Boris Meissner in einer Serie von Artikeln ausführlich dargestellt.[70]

---

[65] Georg Watzlawek: Die neuen Kooperativen als Element der Perestrojka, in: OE, 9/1992, S. 742–754, hier S. 748.

[66] Ivar Raig: Perspektiven individueller Erwerbstätigkeit des Sowjetbürgers, in: OE, 4/1990, S. 336–343.

[67] Dirk Holtbrügge: Die UdSSR auf dem Weg zur Marktwirtschaft. Programme, Maßnahmen, Widerstände, in: OE, 7/1991, S. 619–634.

[68] Osnovnye napravlenija stabilizacii narodnogo chozjajstva i perechoda k rynočnoj ėkonomike (odobreny Verchovnym Sovetom SSSR 19 oktjabrja 1990 g.), in: Vedomosti S"ezda narodnych deputatov SSSR i Verchovnogo Soveta SSSR. 1990. № 44. Art. 906.

[69] Hans Hirsch: Probleme der Perestrojka sowjetischer Planwirtschaft. Möglichkeiten und Schwierigkeiten der Umgestaltung, in: OE, 8/1990, S. 728–760, hier S. 754–758.

[70] Boris Meissner: Gorbatschow, Jelzin und der revolutionäre Umbruch in der Sowjetunion (I), in: OE, 12/1991, S. 1187–1205. – Ders.: Gorbatschow, Jelzin und der revolutionäre Umbruch

Schlussbemerkung

In den in OSTEUROPA erschienenen Artikeln zur sowjetischen Wirtschaft wurden die Reden der Generalsekretäre und Ministerpräsidenten, die amtlichen Volkswirtschaftspläne und deren Erfüllung sowie Reformschritte und Reformergebnisse ausführlich dargelegt. Diese Analysen verharrten überwiegend im engen Bereich der sowjetischen Reformdiskussion, die sich auf die Probleme der Planausführung beschränkte, die der Plan-erstellung aber ausklammerte. Mit den von Ludwig v. Mises und Friedrich v. Hayek vorgebrachten Einwänden gegen die Möglichkeit einer Detailplanung der Volkswirtschaft, die Reformen der Planausführung als aussichtslos erscheinen lassen, hat sich vor 1990 außer Erik Boettcher niemand beschäftigt. Dies lag womöglich daran, daß man davon ausging, dass die Leserschaft von OSTEUROPA nicht an Grundsatzproblemen von Wirtschaftssystemen, sondern an Informationen über aktuelle Vorgänge in der Sowjetunion interessiert war.

Schlagwörter:
Sowjetunion, Stalin, Wirtschaftsreformen, Planwirtschaft, Kollektivierung

in der Sowjetunion (II), in: OE, 1/1992, S. 21–40. – Ders.: Gorbatschow, Jelzin und der revolutionäre Umbruch in der Sowjetunion (III), in: OE, 3/1992, S. 205–226. – Ders.: Gorbatschow, Jelzin und der revolutionäre Umbruch in der Sowjetunion (IV), in: OE, 6/1992, S. 482–500. – Ders.: Rußland unter Jelzin und der Regierung Gajdar (I), in: OE, 7/1993, S. 657–677. Ders.: Rußland unter Jelzin und der Regierung Gajdar (II), in: OE, 8/1993, S. 726–747.

Astrid Sahm

Zivilgesellschaft von Lukašenkas Gnaden?

Gesellschaftlicher Strukturwandel in Belarus

In Belarus ließ sich über zwei Jahrzehnte ein Kräfteringen beobachten, ob die Gesellschaft sich als eigenständige oder staatliche Veranstaltung entwickelt. Die Massenproteste nach den Präsidentschaftswahlen 2020 demonstrierten eindrucksvoll den Anspruch der Gesellschaft auf Selbstorganisation, politische Mitbestimmung und die hierfür erforderlichen öffentlichen Räume. Seitdem setzt das Lukašenka-Regime brachial sein Konzept einer von oben gelenkten Zivilgesellschaft durch. Angesichts der weltweit zunehmenden Autokratisierung ist es wichtig zu verstehen, welche Funktionen diese Zivilgesellschaft im heutigen Belarus ausübt und welche Spielräume für eigenständiges zivilgesellschaftliches Handeln bleiben.

Belarus war viele Jahrzehnte ein weißer Fleck in den deutschen Geschichts- und Sozialwissenschaften. In der Zeitschrift OSTEUROPA findet sich erst nach der Auflösung der Sowjetunion ein eigenständiger Artikel zu Belarus. Dabei wurde in der deutschen Fassung des im April 1992 veröffentlichten Beitrags von Adam Maldis zur Wiedererstehung der „belorussischen Nation" noch das aus der russischen Sprache abgeleitete Adjektiv verwendet.[1] In den weiteren 20 Aufsätzen, die sich bis 2002 ausschließlich oder vergleichend mit dem Land beschäftigten, war je nach Vorliebe des Verfassers oder der Verfasserin von „Belarus" oder „Weißrussland" die Rede.[2] Mit dem Umzug der Redaktion der Zeitschrift nach Berlin setzte sich ab 2002 endgültig die Bezeichnung „Belarus" in der Zeitschrift durch. 2004 erschien schließlich ein ganzes Heft zu Belarus, das den Auftakt zu einer Reihe von Länderheften bildete, welche den Blick über Russland hinaus lenkten und zur Osterweiterung des europäischen Denkens beitragen sollten. Das Länderheft mit dem Untertitel „Belarus sucht sein Gesicht" bot den Leserinnen und Lesern erstmals eine Bestandsaufnahme der vielschichtigen gesellschaftlichen, politischen und wirtschaftlichen Entwicklungen in Belarus sowie unterschiedliche Perspektiven auf die komplizierte (Selbst-)Verortung von Belarus im Spannungsfeld zwischen der EU und

---

Astrid Sahm (1968), Dr. phil., Politikwissenschaftlerin, Gastwissenschaftlerin an der Stiftung Wissenschaft und Politik, Berlin

Von Astrid Sahm erschien zuletzt in OSTEUROPA: In der Sackgasse. Die Sanktionsspirale im Konflikt Belarus–EU, in: OE, 10–12/2021, S. 139–168. – Politisches Patt in Belarus. Etappen einer Systemkrise, in: OE, 10–11/2020, S. 17–33.

1 Adam Maldis: Die Wiedererstehung der belorussischen Nation aus ihrem historischen und kulturellen Erbe, in: OSTEUROPA, 4/1992, S. 310–318.

2 Die Autorin dankt der OSTEUROPA-Redaktion für die Übersicht der bis 2002 erschienenen Beiträge mit Belarus-Bezug. Ab 2003 sind alle entsprechenden Veröffentlichungen auf der Homepage der Zeitschrift angezeigt unter: <https://zeitschrift-osteuropa.de/laender/belarus/>.

OSTEUROPA, 75. Jg., 1–3/2025, S. 313–336 **doi: 10.35998/oe-2025-020**

Russland.[3] Es blieb – sieht man vom Themenheft anlässlich der Verleihung des Literaturnobelpreises an Svjatlana Aljaksievič ab – das einzige Schwerpunktheft der OSTEUROPA zu Belarus, das sich nicht aus Anlass einer Krise mit dem Land beschäftigte. Die Berichterstattung der Zeitschrift entsprach damit durchaus dem gängigen Umgang mit Belarus in der deutschen Öffentlichkeit und Politik.

Die beiden 2010 und 2020 erschienenen Länderhefte reagierten jeweils auf die Zuspitzung der politischen Situation nach Präsidentschaftswahlen. Das Cover der Ausgabe zu den Präsidentschaftswahlen 2010 war angesichts der raschen Niederschlagung der gesellschaftlichen Proteste und der Verhaftung fast aller oppositionellen Präsidentschaftskandidaten ganz in schwarz gehalten. Das 2020er-Heft wies hingegen erstmals in der Geschichte der OSTEUROPA zwei Cover und zwei Titel auf. Sie brachten einerseits die gesellschaftliche Aufbruchstimmung angesichts der wochenlangen Massenproteste und andererseits das brutale Vorgehen des Staats gegen friedlich Demonstrierende zum Ausdruck – und damit das in dieser Phase doppelgesichtige Belarus. Im Editorial wurde die belarussische Protestbewegung, die in erster Linie zentrale Bürgerrechte einforderte, als eine an das europäische Umbruchsjahr 1989 anknüpfende nachholende Revolution bezeichnet.[4] Denn ähnlich wie 1989 wurde im Belarus des Jahres 2020 die Zivilgesellschaft zur treibenden Kraft der Forderung nach Demokratisierung und Überwindung autoritärer Strukturen. Damit schien die belarussische Entwicklung noch einmal zentrale Annahmen des klassischen Transitions-Paradigmas der 1990er Jahre zu stärken, welche seit der Jahrtausendwende angesichts der deutlichen Zunahme autoritärer und hybrider Regime wesentlich an Erklärungskraft eingebüßt hatten.[5]

Zivilgesellschaft in autoritären Regimen

Die gängige Verknüpfung von Zivilgesellschaft und Demokratisierung verdankt sich insbesondere der Wiederbelebung des Begriffs „Zivilgesellschaft“ durch osteuropäische Dissidentenkreise und lateinamerikanische Intellektuelle seit den 1970er Jahren. Ihr Verständnis entspricht einem an Alexis Tocqueville anknüpfenden liberalen Konzept von Zivilgesellschaft, welche die Menschen vor einem übergriffigen Staat schützt. Hieraus ergibt sich die Vorstellung des Dualismus von Staat und Gesellschaft. Tocqueville selbst sah zivilgesellschaftliche Organisationen als „Schule der Demokratie“, da sie der politischen Apathie der Bürger entgegenwirken und damit demokratische Regime vor systemimmanenten Krisen bewahren können. Vereinfacht gesprochen, bedeutet dies, dass Zivilgesellschaft in demokratischen Verhältnissen eine stabilisierende Rolle spielt, während sie in autoritären Regimen systemsprengend wirkt. Für den Sozialhistoriker

---

[3] Konturen und Kontraste. Belarus sucht sein Gesicht. OSTEUROPA, 2/2004.

[4] Manfred Sapper, Volker Weichsel: Nachholende Revolution, in: OSTEUROPA, 10–11/2020, S. 5–6.

[5] Thomas Carothers: The End of the Transition Paradigma, in: Journal of Democracy, 1/2002, S. 5–21. Freedom House zufolge hat zwischen 2004 und 2021 in Mittel- und Osteuropa sowie Eurasien die Anzahl autoritärer und demokratischer Regime gleichermaßen abgenommen: von elf auf acht im ersten und von 14 auf 10 im zweiten Fall. Gleichzeitig ist die Anzahl hybrider Regime von vier auf elf gestiegen. Freedom House: Nations in Transit 2022. From Democratic Decline to Authoritarian Aggression. <https://freedomhouse.org/sites/default/files/2022-04/NIT_2022_final_digital.pdf>.

Jürgen Kocka ist daher das sich verändernde Verhältnis von Staat und Gesellschaft für den Begriff von Zivilgesellschaft konstitutiv.[6]

Insgesamt finden sich in den Sozialwissenschaften vielschichtige Erklärungsmodelle dafür, was Zivilgesellschaft ausmacht. Während die einen Zivilgesellschaft als eine in hohem Maße selbstorganisierte Kraft von unten sehen, betonen andere stärker die Interdependenz im Verhältnis von Zivilgesellschaft und Staat. Demnach ist Zivilgesellschaft auf einen Staat angewiesen, der ihre Rechte garantiert und die institutionellen Grundlagen für ihre Entfaltung sichert. Gleichzeitig vermag Zivilgesellschaft durch ihre Inputs die Leistungsfähigkeit des Staats und die Qualität staatlicher Entscheidungen zu verbessern. Zudem kann sie durch ihr Engagement für Gemeinschaftsbildung und gesellschaftliche Integration sorgen. Aufgrund dieser Wirkungen sind staatliche Akteure ihrerseits an der Stärkung von Zivilgesellschaft interessiert. Dies reicht bisweilen so weit, dass zivilgesellschaftliche Organisationen vom Staat quasi korporatistisch eingebunden werden.[7] Zivilgesellschaft kann dann zur staatlichen Veranstaltung werden, wie Dietrich Geyer dies für das zaristische Russland im Zeitalter der Aufklärung eindrücklich dargestellt hat. Hier schuf der absolutistische Staat im Zuge seiner Verwaltungsreformen von oben Mechanismen gesellschaftlicher Interessenvertretung, denen er zugleich enge Grenzen setzte, sodass Gesellschaft „nicht mehr vorstellte als ein von oben her regulierter Untertanenverband".[8]

In heutigen autoritären Regimen lassen sich in der Regel drei zivilgesellschaftliche Akteursgruppen identifizieren, gegenüber denen der Staat in unterschiedlichen Varianten und mit wechselndem Erfolg mehrgleisige Strategien verfolgt. So sind erstens kritische zivilgesellschaftliche Kräfte, die auf Einhaltung von Menschenrechten und demokratische Veränderung drängen, repressiver Unterdrückung und Ausgrenzung ausgesetzt; dementsprechend wird auch ihr Zugang zu in- und ausländischer Finanzierung sowie Öffentlichkeit beschränkt. Zweitens werden staatsnahe Organisationen als loyale intermediäre Strukturen zwischen Staat und Bevölkerung etabliert. Und drittens werden unabhängige, aber unpolitische Organisationen, die konkrete Probleme adressieren und insbesondere als soziale Dienstleister wichtige Funktionen übernehmen, kooptiert.[9] Für die beiden letztgenannten Gruppen können sich die Spielräume daher in autoritären Regimen sogar vergrößern, während der Raum für die erste Gruppe schrumpft. Forschende, die Zivilgesellschaft in erster Linie normativ verstehen, ordnen aus diesem Grunde lediglich die gegen den autoritären Staat aufbegehrenden gesellschaftlichen Akteure der Zivilgesellschaft zu. Allerdings trifft das Kriterium der freiwilligen Selbstorganisation, die für die Definition von Zivilgesellschaft zentral ist, partiell auch auf gesellschaftliche Kräfte zu, welche aus nationalistischen, rassistischen, religiösen oder anderen Gründen zentrale

---

6 Jürgen Kocka: Zivilgesellschaft als historisches Problem und Versprechen, in: Manfred Hildermeier, Jürgen Kocka, Christoph Conrad (Hg.): Europäische Zivilgesellschaft in Ost und West. Frankfurt/Main 2000, S. 13–39, hier S. 24.

7 Annette Zimmer: Zivilgesellschaft und Demokratie in Zeiten gesellschaftlichen Wandels, in: dms – der moderne staat – Zeitschrift für Public Policy, Recht und Management, 1/2010, S. 147–163, hier S. 158.

8 Dietrich Geyer: „Gesellschaft" als staatliche Veranstaltung: Bemerkungen zur Sozialgeschichte der russischen Staatsverwaltung, in: Jahrbücher der Geschichte Osteuropas, 1/1966, S. 21–50, hier S. 37.

9 Stefan Toepler, Annette Zimmer u.a.: The Changing Space for NGOs: Civil Society in Authoritarian and Hybrid Regimes, in: Voluntas, 31/2020, S. 649–662. Zur Kategorisierung der drei zivilgesellschaftlichen Akteursgruppen als claim-making, loyal und service-providing siehe insbesondere S. 651f.

demokratische Werte und Menschenrechte ablehnen – und daher demokratische Regime bekämpfen oder freiwillige Bündnisse mit autoritärer Herrschaft eingehen.[10] Etliche Forscher und Forscherinnen betrachten folglich das Demokratisierungspotenzial von Zivilgesellschaft skeptisch, da diese „nicht per se demokratisch, nicht an Demokratie gebunden und nicht per se zivilisiert“ ist.[11]

Um die Rolle von zivilgesellschaftlichen Organisationen (ZGOs) in autoritären Regimen und ihren Einfluss auf die Entwicklung von autoritären Regimen sowie bei der Regression demokratischer Regime besser zu verstehen, empfiehlt sich dementsprechend für die Forschung eine deskriptiv-analytische Herangehensweise an Zivilgesellschaft. Sie umfasst den gesamten gesellschaftlichen Raum jenseits von Staat, Markt und Privatsphäre, der durch Vereine, Netzwerke, informelle Zirkel, soziale Beziehungen und andere Organisationsformen geprägt wird. Ob diese Akteure Prozesse der gesellschaftlichen Integration oder Schließung beziehungsweise demokratische oder autoritäre Entwicklungen befördern, kann nur empirisch beantwortet werden.[12]

Friedliche Massenproteste im Oktober 2020 in der Hauptstadt Minsk. Quelle: Wikimedia

[10] Ebd., S. 649f.

[11] Heidrun Zinnecker: Zivilgesellschaft in Entwicklungsländern – konzeptionelle Überlegungen, in: Politische Vierteljahresschrift, 4/2005, S. 527–551, hier S. 527.

[12] Annette Zimmer: Zivilgesellschaft, <www.bpb.de/kurz-knapp/lexika/handwoerterbuch-politisches-system/511485/zivilgesellschaft/>.

In diesem Sinne soll im Folgenden untersucht werden, wie und zu welchem Zweck das Regime des belarussischen Machthabers Aljaksandr Lukašenka vor und nach 2020 Zivilgesellschaft definiert. Ein besonderes Augenmerk gilt den Funktionen, welche die vorhandenen Organisationen, die jeweils unter diesem Begriff gefasst werden, ausüben. Von Interesse ist außerdem, inwieweit spezifische Formate der Einbeziehung von Zivilgesellschaft sowie das von zivilgesellschaftlichen Akteuren und westlichen Gebern vor 2020 eingebrachte Know-how weiterhin genutzt und transformiert werden. Dies soll helfen zu verstehen, wie sich das Lukašenka-Regime verändert und ob Potenziale für eine erneute Erweiterung zivilgesellschaftlicher Spielräume erkennbar sind. Der Fokus der Analyse liegt dabei auf der Entwicklung in Belarus selbst. Auf die im Exil befindlichen zivilgesellschaftlichen Akteure wird in dem Umfang eingegangen, wie sie aus dieser Binnenperspektive relevant sind.[13] Ebenso kann das Verhältnis des Lukašenka-Regimes zu den unabhängigen Medien nicht systematisch behandelt werden. Die Entwicklung dieser zweiten den Strukturwandel der Öffentlichkeit betreffender Kraft verläuft jedoch weitgehend analog zu den Veränderungen innerhalb der Zivilgesellschaft. Oft trafen staatliche Repressionen unabhängige Medien sogar als erste, da ihre Berichterstattung eine öffentliche Arena für Kritik und Protest bot und damit die Selbstorganisation zivilgesellschaftlicher Akteure unterstützte.

Der adaptive Charakter des Lukašenka-Regimes

Während Belarus in der westlichen Öffentlichkeit überwiegend pauschal als letzte Diktatur Europas gesehen wird, lassen sich in der Transformationsforschung im Laufe der vergangenen drei Jahrzehnte zahlreiche andere Charakterisierungsversuche des Lukašenka-Regimes finden. Bezeichnungen wie etwa elektoraler oder präventiver Autoritarismus, autoritärer Korporatismus, (Neo-)Patrimonialismus, charismatische Herrschaft, Sultanismus heben jeweils spezifische Aspekte hervor, die für das Lukašenka-Regime in unterschiedlichen Zeiträumen prägend waren. Diese Ansätze sind jedoch nicht ausreichend, um die Langlebigkeit des Lukašenka-Regimes zu erklären, welche die durchschnittliche Lebensdauer der jeweiligen autoritären Regimetypen deutlich übersteigt.[14] Hinzu kommt, dass sich das Lukašenka-Regime durch keine lineare Entwicklung auszeichnet. Vielmehr gab es im Laufe von Lukašenkas Herrschaft mehrere Phasen, die sich durch größer werdende Freiräume für politische Opposition, unabhängige Medien und ZGOs sowie eine Annäherung an die EU auszeichneten. Diese wechselten sich ab mit Phasen der (Selbst-)Isolierung gegenüber den europäischen Organisationen, die von zunehmenden staatlichen Repressionen gegen alle für Lukašenkas Macht im Innern gefährlichen Akteure sowie einem engeren Schulterschluss mit Russland begleitet wurden.[15] Auch die Annahme, dass in langlebigen konsolidierten autoritären Regimen

[13] Zur Situation der belarussischen Zivilgesellschaft außerhalb von Belarus gibt es bereits mehrere Studien. Libereco e.V.: „I feel like a fish out of water“. Three Years of Belarusian Exodus and Exile. Berlin 2024, <www.libereco.org/en/report-belarusian-civil-society-in-exile/>.

[14] Fabian Burkhardt: Concepts of the Nation and Legitimation in Belarus, in: Martin Brusis, Joachim Ahrens, Martin Schulze Wessel (Hg.): Politics and Legitimacy in Post-Soviet Eurasia. London 2016, S. 148–171, hier S. 148.

[15] Für eine Kurzbeschreibung dieser Phasen Astrid Sahm: Die Ohnmacht der EU, in: Internationale Politik, 6/2021, S. 61–65.

Institutionalisierung, Regulierung und Steuerung von Diskursen allmählich an die Stelle repressiver Methoden treten, trifft im Falle des Lukašenka-Regimes nur bedingt zu.[16] Einen umfassenden Ansatz zur Erklärung der Besonderheiten des Lukašenka-Regimes bietet das Konzept des adaptiven Autoritarismus von Matthew Frear aus dem Jahr 2019.[17] Lukašenkas Machterhalt verdankt sich demnach der kontinuierlichen Anpassungs- und Wandelfähigkeit seines Regimes, das sich abhängig von den spezifischen Herausforderungen passender Herrschaftsinstrumente aus unterschiedlichen autoritären Regimetypen bedient. Den Kern dieses adaptiven Autoritarismus bildet die personalistische Herrschaft Lukašenkas. Neopatrimonialismus sichert dabei die persönliche Loyalität der Eliten. Output-Legitimität wird über Wirtschaftswachstum oder über Lukašenkas Rolle als Garant von Eigenstaatlichkeit und Frieden erzeugt. Ein gelenkter Pluralismus zielt auf die Kooptation oder Entpolitisierung von Opposition und Zivilgesellschaft. Gleichzeitig soll präventive Repression und Restriktion verhindern, dass einzelne Akteursgruppen zu einer Bedrohung für die personalistische Herrschaft werden. Wahlen haben in diesem Kontext den Zweck, die Funktionsfähigkeit des Regimes und seinen Rückhalt in der Bevölkerung zu demonstrieren, ohne tatsächlich Raum für politische Alternativen zu bieten. Vielmehr hat der elektorale Autoritarismus im Laufe der Jahre allmählich seinen kompetitiven Charakter verloren und verstärkt hegemoniale Züge angenommen.

Frears Ansatz vermag auch die nicht-lineare Entwicklung des Lukašenka-Regimes zu erklären. Denn das Wesen des adaptiven Autoritarismus liegt darin, „dass er ständig das Gleichgewicht zwischen verschiedenen Faktoren modifiziert und verschiebt, um Lukašenka und den herrschenden Eliten die Aufrechterhaltung ihrer privilegierten Machtpositionen zu ermöglichen“[18]. Dies schließt auch den Rückfall einer gemäßigten Machtausübung in offene Gewaltanwendung ein, wie ihn Belarus im Jahr 2020 erlebt hat, „wenn die Machthaber zu dem Schluss kommen, dass Repression unter dem Strich die zweckmäßigste Maßnahme ist, um ihren Machtanspruch in einem bestimmten Moment zu sichern“[19]. Ebenso schließt das Konzept des adaptiven Autoritarismus einen Regimekollaps nicht aus, wenn die neopatrimonialen Netzwerke ihre Funktionsfähigkeit einbüßen. Für einen erfolgreichen Regimewechsel müssten laut Frear jedoch zuerst Teile der herrschenden Elite den Weg für Veränderungen ebnen, ehe Zivilgesellschaft und Massenmobilisierung zum Zug kommen können.[20] Tatsächlich war die unzureichende aktive Unterstützung durch Angehörige des politischen Establishments in Kombination mit der hohen Gewaltbereitschaft der Sicherheitskräfte ein zentraler Grund für den ausbleibenden Erfolg der belarussischen Protestbewegung gegen die gefälschten Präsidentschaftswahlen im Sommer 2020.

Einigen Forschern zufolge markierte das Jahr 2020 das zumindest vorläufige Ende des „adaptiven Autoritarismus“ in Belarus.[21] Denn mit seiner die Ängste der Bevölkerung

---

[16] Veranika Shykhutsina: Unlocking the puzzle of authoritarian persistence in Belarus: The role of the EU and Russia, Working Paper 218/2023, Hochschule für Wirtschaft und Recht Berlin, Institute for International Political Economy (IPE) Berlin, S. 4f.

[17] Matthew Frear: Belarus under Lukashenka. Adaptive authoritarianism, London, New York 2019. Zur Erklärung des adaptiven Autoritarismusmodells siehe S. 12–30.

[18] Ebd., S. 151.

[19] Ebd.

[20] Ebd., S. 25.

[21] Siehe hierzu insbesondere Stephen Hall: The End of Adaptive Authoritarianism in Belarus? In: Europe-Asia Studies, 1/2023, S. 1–27.

missachtenden Verharmlosung der Covid-19-Pandemie wirkte Staatschef Lukašenka im Frühjahr 2020 als Trigger der gesellschaftlichen Mobilisierung.[22] Das Regime verlor damit seine Output-Legitimität und erwies sich als unfähig, die gesellschaftliche Unzufriedenheit aufzufangen und sie in ungefährliche Bahnen zu lenken. Zudem verfehlten die präventiven Repressionen, wie die frühzeitige Verhaftung aussichtsreicher Präsidentschaftsbewerber, die gewünschte einschüchternde und demobilisierende Wirkung. Vielmehr hatte der vom Regime über mehrere Jahre praktizierte „partizipative Autoritarismus" die kollektive Handlungsfähigkeit zivilgesellschaftlicher Akteure gestärkt. Im Umfeld der Präsidentschaftswahlen am 9. August 2020 zeigte sich, dass zahlreiche bis zur Covid-19-Pandemie im Rahmen erlaubter unpolitischer Handlungsfelder agierende zivilgesellschaftliche Akteure überraschend kurzfristig in einen politischen Handlungsmodus wechselten und gegen die offensichtliche Manipulation der Wahlen protestierten. Aus Sicht des Forschungsteams von Anastasiya Astapova u.a. folgt daraus, dass ein autoritärer Staat und eine unabhängige Zivilgesellschaft nur für einen kurzen Zeitraum koexistieren können, sodass die Kooptation unabhängiger zivilgesellschaftlicher Akteure für autoritäre Regime eine „politische Zeitbombe" darstelle und nicht langfristig ihr Überleben sichern könne.[23] Allerdings zeigt der belarussische Fall auch, dass eine starke Protestbewegung für den Übergang zu Demokratie nicht ausreicht, wenn sie nicht auf eigene politische Organisationen zurückgreifen kann.[24] Insofern erwiesen sich die präventiven Methoden des „adaptiven Autoritarismus" doch als wirksam, obgleich das Lukašenka-Regime sein politisches Überleben zu einem hohen Preis erkaufte.

Staat und Zivilgesellschaft vor 2020: Konfrontation und Partnerschaft

Die beschriebene Dreigliederung von Zivilgesellschaft in autoritären Regimen bildete sich in Belarus nach dem umstrittenen Verfassungsreferendum heraus, mit dem Lukašenka im November 1996 die Gewaltenteilung weitgehend aushebelte und die politischen Oppositionsparteien, wie die *Belarussische Volksfront* oder die *Vereinigte Bürgerpartei*, ebenso wie sich widersetzende parteilose Akteure aus den staatlichen Institutionen verdrängte.[25] Diese suchten sich daher alternative Aktionsmöglichkeiten in politischen Parallelstrukturen und ZGOs, um mit Unterstützung aus den europäischen Organisationen und von westlichen Gebern eine Revision der neuen Verfassungsordnung zu erreichen. Die Gruppe der kritischen ZGOs umfasste damit sowohl Oppositionskräfte, die um erneuten politischen Einfluss kämpften, als auch klassische *Watchdog*- und *Advocacy*-Organisationen, wie Menschenrechtsorganisationen, unabhängige Think Tanks oder westlich finanzierte Ressourcenzentren zur Unterstützung von ZGOs. Das Lukašenka-Regime setzte auf Kontrolle und Repressionen, um die Handlungsspielräume dieser

---

22 Astrid Sahm: Riskanter Sonderweg. Belarus und die Covid-19-Pandemie, in: OSTEUROPA, 3–4/2020, S. 99–110.

23 Anastasiya Astapova, Vasil Navumau, Ryhor Nizhnikau, Leonid Polishchuk: Authoritarian Cooptation of Civil Society: The Case of Belarus, in: Europe-Asia Studies, 1/2022, 1–30, hier S. 3.

24 Ebd. S. 27.

25 Soweit nicht anders angegeben, stützt sich dieser Abschnitt auf Astrid Sahm: Gesellschaft als eigenständige Veranstaltung, in: OSTEUROPA, 2/2004, S. 96–110, sowie Astrid Sahm: Civil Society and Mass Media in Belarus, in: Sabine Fischer (Hg.): Back from the Cold? The EU and Belarus in 2009, Chaillot Paper No. 119. November 2009, S. 49–64.

Gruppe einzuschränken und den eigenen Machtausbau zu sichern. Die Gegenmaßnahmen zielten insbesondere darauf, unliebsamen Organisationen den legalen Status zu nehmen, sie von Finanzierungsquellen abzuschneiden und sie wegen vermeintlicher Steuerhinterziehung oder anderer rechtswidriger Aktivitäten zu diskreditieren und zu kriminalisieren. So musste beispielsweise die *Soros-Stiftung* im Sommer 1997 ihr Minsker Büro schließen. Im gleichen Jahr entstand mit dem *Departement für humanitäre Hilfe* eine neue Behörde, ohne deren Genehmigung eine Verwendung ausländischer Hilfsmittel unmöglich wurde.[26] Zwei Jahre später mussten sich alle gesellschaftlichen Vereinigungen (obščestvennye ob"edinenija) einem Neuregistrierungsverfahren unterziehen. Die Zahl der offiziell registrierten Vereinigungen reduzierte sich dadurch von 2433 auf 1326 und erreichte aufgrund der restriktiven Registrierungspraxis erst 13 Jahre später wieder das vorherige Niveau.[27] Ebenfalls im Jahr 1999 wurde die Tätigkeit von nicht registrierten, informellen Vereinigungen als Ordnungsstraftatbestand verboten, ab 2006 galt dies gar als Straftatbestand, der mit bis zu zwei Jahren Gefängnis geahndet werden konnte. Parlaments- und Präsidentschaftswahlen sowie das Verfassungsreferendum zur Aufhebung der Amtszeitbegrenzung des Staatsoberhaupts führten in den Jahren 2001 bis 2006 vor dem Hintergrund der farbigen Revolutionen in Georgien und der Ukraine zu weiteren rechtlichen Verschärfungen und Verboten von kritischen ZGOs. Angesichts der bestehenden Risiken und Schwierigkeiten entschieden sich bereits in den Nullerjahren etliche regimekritische Akteure, Ableger im Ausland (vorzugsweise in einem EU-Land oder der Ukraine) zu gründen, die ihnen in dieser Phase zumindest eingeschränkte Handlungsspielräume innerhalb von Belarus eröffneten.[28]

Mit dem systematischen Aufbau regimenaher Organisationen begann das Lukašenka-Regime nach den Präsidentschaftswahlen 2001, bei denen der Vorsitzende der *Belarussischen Gewerkschaftsföderation,* Viktar Hančarik, als gemeinsamer Kandidat aller Oppositionskräfte gegen den amtierenden Präsidenten angetreten war. Im Jahr 2002 setzte Lukašenka den Wechsel an der Spitze und die faktische Gleichschaltung der Gewerkschaftsföderation durch. Im gleichen Jahr erfolgte die Gründung des *Belarussischen Republikanischen Jugendbundes* (BRSM), der aus der Zwangsvereinigung des *Belarussischen Jugendbundes*, der Nachfolgeorganisation des *Komsomol*, mit dem auf Lukašenkas Initiative bereits 1997 gegründeten *Belarussischen Patriotischen Jugendverband* hervorging.[29] Zusammen mit dem Frauenbund, dem Veteranenverband sowie der 2007 neu geschaffenen Bewegung *Belaja Rus'* sah Lukašenka in diesen Organisationen die tragenden Säulen „unserer Zivilgesellschaft“, die als Gegenleistung für ihre Loyalität

---

[26] Seit 2000 heißt die Behörde, die dem Präsidialamt untersteht, „Departement für humanitäre Angelegenheiten“. <https://dha.gov.by/o-departamente/svedeniya-o-sozdanii/>.

[27] Angaben zur Zahl der registrierten Vereinigungen in den Jahren 2003 bis 2017 finden sich bei; Veranika Laputska: The condition of NGOs and civil society in Belarus, Policy Brief 7/2017, Bertelsmann Stiftung, <www.bertelsmann-stiftung.de/en/publications/publication/ did/ngos-and-civil-society-in-belarus>.

[28] So war es z.B. möglich, einheimischen Medien Interviews im Namen einer im Ausland registrierten Organisation zu geben. Siehe Jurij Čausov: Nepravitel'stvennye organizacii v isgnanii: Belorusskij fenomen, Naše mnenie, 2012, <https://nmn.media/articles/4196>.

[29] Zur Entwicklung des BRSM: Anastasiya Matchanka: Substitution of Civil Society in Belarus: Government-Organised Non-Governmental Organisations, in: The Journal of Belarusian Studies, 2/2014, S. 67–94, hier S. 69f, 79f.

erhebliche finanzielle und organisatorische Unterstützung vom Staat erhielten.[30] *Belaja Rus'* repräsentierte dabei als einzige der fünf als systemrelevant eingestuften Organisationen keine spezifische Bevölkerungsgruppe, sondern verkörperte eine Art Pendant zur Präsidialpartei des Kreml *Edinaja Rossija*.[31] Lukašenkas Bild von Zivilgesellschaft entsprach damit einem korporatistischen Ordnungsmodell sowjetischer Tradition, demzufolge Zivilgesellschaft sich dem Staat nicht entgegenstellt, sondern im staatlichen Interesse für ein konfliktfreies Miteinander aller relevanten Gruppen sorgt.[32] Besonders deutlich zeigte sich die weitgehende gedankliche Ineinssetzung von Staat und Gesellschaft bei den „republikanischen staatlich-gesellschaftlichen Vereinigungen", die Lukašenka 2003 per Präsidialerlass einführte. Denn diese sind bereits vom Namen her als *government-organized non-governmental organizations* (GONGOs) erkennbar. Darüber hinaus erkämpfte sich das Regime in zum Teil öffentlich ausgetragenen heftigen Auseinandersetzungen die Kontrolle über Berufsverbände und Organisationen nationaler Minderheiten. So förderten die Machthaber, wie im Fall des belarussischen Schriftstellerverbandes, den Aufbau von Gegenorganisationen, oder verweigerten, wie im Fall des *Polen-Verbandes*, einem gewählten Leitungsgremium die Anerkennung. Dadurch verdrängten sie politische Gegner aus einflussreichen Positionen und übernahmen wertvolle Immobilien, die diesen Organisationen seit sowjetischen Zeiten gehörten.[33]

Die belarussische Zivilgesellschaft war somit in den Nullerjahren stark polarisiert und von politischen Konflikten geprägt, in denen sich regimekritische und -treue Akteursgruppen mit in der Regel diametral entgegengesetzten Positionen gegenüberstanden. Im Schatten dieser Polarisierung befand sich die Gruppe der problemorientierten zivilgesellschaftlichen Akteure, die sich für konkrete Anliegen wie etwa Umwelt- und Naturschutz oder vulnerable Zielgruppen engagierten. Da viele von ihnen über teils langjährige Partnerschaften mit zivilgesellschaftlichen Initiativen in EU-Ländern verfügten, die ihre Wurzeln in der Perestrojka-Zeit und der Tschernobyl-Hilfe hatten, stand das Lukašenka-Regime ihnen überwiegend skeptisch gegenüber. Finanziell waren sie ähnlich wie die regimekritische Akteursgruppe auf Unterstützung aus dem Westen angewiesen. Das Verhältnis beider unabhängiger Gruppen zueinander war aus unterschiedlichen Gründen spannungsreich. So erhoben regimekritische Akteure häufig den Anspruch, exklusiv die – demokratische und pro-europäische – Zivilgesellschaft in Belarus zu verkörpern. Oder sie vertraten die These, dass es in Belarus aufgrund

---

30 Die Fünferkonstellation kristallisierte sich erst im Laufe der Nullerjahre allmählich heraus. 2002 bezeichnete Lukašenka noch den BRSM, die Gewerkschaftsföderation sowie Abgeordnetenräte und perspektivisch Parteien als tragende Säulen. 2006 sprach er diese Rolle Gewerkschaften, Abgeordnetenräte, Jugend- und Veteranenorganisationen zu. Bei den Präsidentschaftswahlen 2010 stellte die Fünfergruppe bereits die Hälfte aller einheimischen Wahlbeobachter. Sahm, Gesellschaft als eigenständige Veranstaltung [Fn. 25], S. 103; Matchanka, Substitution of Civil Society [Fn. 29], S. 81; Poslanie belorusskomu narodu i Nacional'nomu sobraniju, <https://president.gov.by/ru/events/glava-gosudarstva-obratilsja-s-poslaniem-belorusskomu-narodu-i-natsionalnomu-sobraniju-2399>.

31 Plänen zur Umwandlung von Belaja Rus' in eine Partei erteilte Lukašenka mehrmals eine Absage, da sie seinem Verständnis als „Volkspräsident" zuwiderliefen und die präsidiale Vertikale als zentralistische Machthierarchie der Exekutive schwächen könnten. Siehe Frear, Belarus under Lukaschenka [Fn. 17], S. 39f.

32 Zum belarussischen Staatskorporatismus Matchanka: Substitution of Civil Society [Fn. 29], S. 72ff.

33 Frear, Belarus under Lukashenka [Fn. 17], S. 100f; Kak svjazany belorusskaja politika i literatura, Deutsche Welle, 11.09.2006, <https://p.dw.com/p/96b8>.

der staatlichen Restriktionen überhaupt keine Zivilgesellschaft gebe, da diese nur in deformierter Form die in einer Demokratie üblichen Funktionen ausüben könne.[34] Problemorientierte ZGOs waren zudem darüber verärgert, dass einige oppositionsnahe ZGOs ihre Arbeitsweise kopierten und ihre Handlungsfelder politisierten. Sie fürchteten, dass sie dadurch selbst zur Zielscheibe staatlicher Repressionen werden könnten und der Zugang zu ihren Zielgruppen zusätzlich erschwert werde. Studien aus dieser Zeit zeigen einen nur geringen Rückhalt beider Akteursgruppen in der Bevölkerung, die mehrheitlich kaum Vorstellungen über die Aufgaben unabhängiger ZGOs hatte und vor allem die regimenahen GONGOs positiv wahrnahm.[35] Vor diesem Hintergrund versuchten einige problemorientierte ZGOs, sich der politischen Konfrontationslogik zu entziehen, und formulierten, gestützt auf ihre über internationale Partner erworbene Expertise und erfolgreiche Pilotprojekte, punktuelle Kooperationsangebote an den Staat.[36] Zu den Erfolgen dieser mehrjährigen Bemühungen gehörte beispielsweise die Einrichtung von Beratungsgremien durch lokale Behörden zu konkreten Themenfeldern. Diese Gremien wurden jedoch zumeist mehrheitlich mit Angehörigen staatlicher Organisationen besetzt.[37] Ein weiterer Erfolg war die Einführung der Direktvergabe von sozialen Dienstleistungen durch staatliche Stellen an ZGOs, die unter dem Namen *Staatlicher Sozialauftrag* (gosudarstvennyj social'nyj zakas) 2012 erstmals gesetzlich geregelt wurde.[38] In den folgenden Jahren wurden allerdings nur wenige Sozialaufträge, die zudem finanziell unzureichend ausgestattet waren, an einen kleinen Kreis von ZGOs, insbesondere das *Belarussische Rote Kreuz*, vergeben. Insgesamt blieb das System der sozialen Fürsorge in staatlicher Hand-und verbesserte sogar seine Leistungsfähigkeit, indem es innovative Ansätze, etwa zur Betreuung von Demenzkranken, nutzte, welche soziale ZGOs in internationaler Kooperation entwickelten und dem Staat kostenfrei zur Verfügung stellten. Das Lukašenka-Regime entwickelte selbst nur zögerlich Kooptationsangebote an beide unabhängige zivilgesellschaftliche Akteursgruppen. Eine der wenigen Ausnahmen auf nationaler Ebene stellte die 2009 erfolgte Einberufung eines gesellschaftlichen Beratungsgremiums (obščestvenno-konsul'tativnyj sovet) durch den damaligen Leiter der Präsidialadministration Ŭladzimir Makej dar. Ein Auslöser hierfür war das Interesse der belarussischen Führung, sich an der von der EU ins Leben gerufenen Initiative *Östliche Partnerschaft* zu beteiligen, die unter anderem die Bildung eines zivilgesellschaftlichen Forums beinhaltete.[39] Dieser Dialoganlauf scheiterte jedoch an den unterschiedlichen

---

[34] Vgl. zu diesem Anspruch, der partiell auch in der Forschung vertreten wird, exemplarisch Mark Lenzi: Lost Civilization: The Thorough Repression of Civil Society in Belarus, in: Demokratizatsiya. The Journal of Post-Soviet Democratization, 3/2002, S. 401–424. Nicht in allen Fällen entsprach der Anspruch jedoch der Realität, da sich u.a. auch innerhalb von Opposition und unabhängiger Zivilgesellschaft äußerst hierarchische Strukturen fanden.

[35] Einen Überblick über Umfragen zur Wahrnehmung von Zivilgesellschaft zwischen 2005 und 2010 bietet Matchanka: Substitution of Civil Society [Fn. 29], S. 73f.

[36] Vgl. hierzu exemplarisch: Peter Junge-Wentrup, Bjorn Kunter: Kooperation statt Konfrontation. Deutsch-belarussische Partnerinitiativen, in: OSTEUROPA, 2/2004, S. 111–126.

[37] Zur Rolle der Räte siehe Jurij Čausov, Ol'ga Smoljanko: Obščestvennye sovety v Belarusi: pravovoe regulirovanie i praktika, Naše mnenie, 2011, <https://nmn.media/articles/3366>.

[38] Astrid Sahm: Entwicklung des sozialen Dienstleistungsmarkts in Belarus, in: Belarus-Analysen, 17/2014, S. 4–7. – V. Kovalkin u.a.: Analysis of the Social Sector in Belarus. Executive Summary, OEEC. Minsk 2014, <www.academia.edu/25301015/ Analysis_of_the_Social_Service_Sector_in_Belarus_Executive_summary>.

[39] Uladzimir Matskevich: Public Dialog in Belarus: from Grass-Roots Democracy to Civic Participation, Minsk 2012, S. 49ff. Zur ersten Sitzung des Rats siehe V Minske pristupil k rabote

Vorstellungen aller Beteiligten und wurde im September 2011 angesichts des von neuen Repressionen begleiteten politischen Kurswechsels des Lukašenka-Regimes nach den Präsidentschaftswahlen 2010 eingestellt. Zu dieser Entwicklung trug auch die EU bei, indem sie etwa mit dem – später nicht realisierten – Vorschlag, Angehörige der belarussischen Opposition und Zivilgesellschaft in die parlamentarische Versammlung der *Östlichen Partnerschaft* einzuladen, die Wahrnehmung unabhängiger ZGOs als politische Akteure beförderte.[40] Hinzu kamen anhaltende interne Differenzen innerhalb der Opposition sowie der kritischen und problemorientierten Zivilgesellschaft. Im Kern ging es um die Frage, ob und welche politische Rolle die belarussische nationale Plattform des zivilgesellschaftlichen Forums gegenüber der EU und innerhalb von Belarus spielen solle.[41] Neue Möglichkeiten für die Kooperation von Staat und unabhängiger Zivilgesellschaft ergaben sich erst, als sich die Beziehungen zwischen dem Lukašenka-Regime und der EU vor dem Hintergrund von Russlands Annexion der Krim und des Minsker Abkommens zur Beilegung des Kriegs in der Ostukraine ab 2014 wieder verbesserten. Die EU und andere westliche Geber erneuerten in dieser Phase ihre Förderregeln, um die Entwicklung konstruktiver Staat-Gesellschaft-Beziehungen direkt zu unterstützen.[42] So konnten erstmals lokale staatliche Akteure Fördermittel bei der EU beantragen, sofern sie ZGOs in die Projektumsetzung einbezogen.[43] Ebenso band die EU unabhängige ZGOs in die Umsetzung technischer Hilfsprojekte ein, beispielsweise zur Förderung der Beteiligung belarussischer Kommunen an der EU-Initiative *Konvent der Bürgermeister für Klima und Energie*. Gleichzeitig trafen sich politische Führung und unabhängige zivilgesellschaftliche Akteure in dem gemeinsamen Interesse, die nationale Unabhängigkeit von Belarus zu stärken. Daher konnten sich Initiativen zur Förderung der belarussischen Sprache und Kultur im Rahmen einer „sanften Belarusisierung" entfalten.[44] Zudem nutzte die politische Führung ihre Mitwirkung an der *Agenda 2030* für nachhaltige Entwicklung der *Vereinten Nationen* sowohl zur Verbesserung ihrer internationalen Reputation als auch ihrer politischen Steuerungskapazitäten im eigenen Land. Die ab 2017 neu geschaffene nationale Nachhaltigkeitsarchitektur bot unter anderem mit der Partnerschaftsgruppe des nationalen Nachhaltigkeitsrats allen ZGOs Beteiligungsmöglichkeiten an.[45]

Obščestvenno-konsul'tativnyj sovet pri Administracii presidenta. Deutsche Welle, 8.2.2009, <https://p.dw.com/p/GpWi>.

[40] Kak rešit' problemu s Evronestom? Delfi, 10.9.2010, <www.delfi.lt/ru/abroad/belorussia/kak-reshit-problemu-s-evronestom-36379841>.

[41] Zu den internen Konflikten vor 2010 siehe Astrid Sahm: Belarus am Wendepunkt? Perspektiven der Kooperation mit EU, Europarat und OSZE, in: Institut für Friedensforschung und Sicherheitspolitik an der Universität Hamburg (Hg.), OSZE-Jahrbuch 2009, Baden-Baden 2010, S. 137–150. Die Differenzen nach 2010 beschreibt Irina Dunaeva: Tret'ij sektor: solidarnost' i konkurencija, Belarusskij ežegodnik 2012, <https://nmn.media/yearbook/2012/page16.html>.

[42] Alexei Pikulik, Sofia Bedford: Aid Paradox: Strengthening Belarusian Non-democracy through Democracy Promotion, in: East European Politics and Societies and Cultures, 2/2019, S. 378–399.

[43] Zwischen 2016–2019 erhielten staatliche Akteure etwa 80 % der EU-Hilfen für Belarus, während ZGO 13,5 % sowie private Unternehmen und ihre Organisationen 6,5% erhielten. Siehe Shykhutsina [Fn. 16]: Unlocking the puzzle, S. 15.

[44] Siehe hierzu beispielsweise Piotr Rudkouski: Soft Belarusianisation. The ideology of Belarus in the era of the Russian-Ukrainian conflict, OSW Commentary, 3.11.2017.

[45] Astrid Sahm: Belarus and the 2030 Agenda: Foreign Policy Instrument and Failed Reform Driver, in: Marianne Beisheim (Hg.): Country-level Politics around the SDGs, SWP Research Paper 2023/RP 07, 10.7.2023, S. 19–23.

Vor diesem Hintergrund verzichteten in dieser Phase immer mehr unabhängige ZGOs darauf, die bestehenden politischen Verhältnisse grundsätzlich infrage zu stellen. Stattdessen suchten sie die Zusammenarbeit mit staatlichen Stellen und partiell mit GONGOs, um durch gezielte *Advocacy*-Arbeit konkrete Verbesserungen für ihre Zielgruppen zu erreichen und zivilgesellschaftliche Handlungsspielräume zu erweitern.[46] Allerdings erzielten die ZGOs mit ihren zahlreichen Gesetzesinitiativen und Verbesserungsvorschlägen nur begrenzte Erfolge. So bestand bei staatlichen Akteuren eine große Offenheit zur Aufnahme inhaltlicher Inputs in staatliche Programme und Strategien, beispielsweise zum Umgang mit der alternden Gesellschaft oder zur Entwicklung der „Grünen Wirtschaft" (Green Economy). Diese Offenheit endete dort, wo die politische Führung, wie im Falle von Genderfragen, traditionelle Werte gefährdet sah. Hingegen wurde der rechtliche Rahmen für zivilgesellschaftliche Akteure nur punktuell verbessert und blieb restriktiv. So wurde das Verbot der Tätigkeit von nicht-registrierten Organisationen nicht aufgehoben, diese wurde lediglich entkriminalisiert und wieder als Ordnungsstraftatbestand eingestuft. Dennoch ermöglichte die Öffnung des Lukašenka-Regimes in der zweiten Hälfte der Nullerjahre eine atmosphärische Liberalisierung sowie eine „mentale Demokratisierung" der belarussischen Gesellschaft.[47] Viele zivilgesellschaftliche Akteure nutzten in dieser Phase Organisationsformen, die einfacher als gesellschaftliche Vereinigungen zu registrieren waren, um einen legalen Status zu erlangen. Besonders populär war die Gründung von „Einrichtungen" (učreždenija), denen ebenso wie Stiftungen (fondy) trotz ihres Status als Non-Profit-Organisation eine gewisse wirtschaftliche Tätigkeit, etwa durch die Erbringung von Bildungsdienstleistungen, zur Finanzierung der Organisation erlaubt war. Crowdfunding und die Kooperation mit wirtschaftlichen Akteuren, insbesondere aus dem IT- und Bankensektor, trugen ebenfalls dazu bei, dass zivilgesellschaftliche Akteure sich neue Ressourcen unabhängig von internationalen Gebern erschlossen. Zudem boten Petitionsplattformen und soziale Medien auch informellen Initiativen neue öffentliche Artikulationsmöglichkeiten.[48] Gleichzeitig schien das Lukašenka-Regime, obwohl es seinen absoluten Kontrollanspruch aufrechterhielt, eher zu Kompromissen mit gesellschaftlichen Akteuren bereit. So dämmte das Regime die Proteste, die sich 2017 gegen die Einführung einer Sondersteuer für alle nicht-sozialversicherten Personen im erwerbsfähigen Alter entfachten, zwar mithilfe des Sicherheitsapparats ein. Es verzichtete jedoch auf eine brachiale Durchsetzung seiner Pläne und zog das entsprechende Präsidialdekret zur Überarbeitung zurück, um die Situation zu beruhigen.[49]

---

[46] Siehe hierzu Yuri Chausov: Civil Society: Away from politics towards cooperation with the authorities, in: Belarusian Yearbook 2014, Vilnius 2015, S. 107-116. Eine Bilanzierung der Erfolge und Misserfolge dieser Advocacy-Bemühungen findet sich bei Natallia Ryabova: Interaction of Belarusian civil society and the state: advocacy possibilities (2015–2020), in: Aksana Shelest, Paweł Kazanecki (Hg.): Civil Society in Belarus 2015–2021. From Stable Development to New Challenges, Bialystok-Warsaw 2022, S. 15–21.

[47] Shykhutsina [Fn. 16]: Unlocking the puzzle, S. 11.

[48] Für eine Analyse dieser Entwicklungen siehe die Beiträge in Shelest / Kazanecki, Civil Society in Belarus [Fn. 46].

[49] Frear, Belarus under Lukaschenka [Fn. 17], S. 141. – Mit aller Macht. Astrid Sahm über die Präsidentschaftswahlen in Belarus, Osteuropa-Blog, 11.8.2024: <https://zeitschrift-osteuropa.de/blog/belarus-mit-aller-gewalt/>.

Umbruchsjahr 2020: Gewaltsames Ende der friedlichen Koexistenz

Der bereits bei den Protesten 2017 erkennbare Generationenwechsel und Strukturwandel der belarussischen Zivilgesellschaft ließ sich bei der gesellschaftlichen Mobilisierung während der Covid-19-Pandemie im Frühjahr und der Präsidentschaftswahl im August 2020 nicht mehr übersehen. Dabei gehörten weder politische Opposition noch andere unabhängige ZGOs zu den Vorreitern der Bewegungen. Diese organisierten sich überwiegend spontan über unterschiedliche Initiativen oder informelle Netzwerke und bauten erst im Laufe des Wahlkampfs beziehungsweise der Solidaritätsaktionen und Proteste neue Strukturen auf.[50] Angehörige von kritischen und problemorientierten ZGOs, welche bereits die Repressionswellen nach den Präsidentschaftswahlen 2006 und 2010 erlebt hatten, beobachteten zunächst vielfach skeptisch bis staunend die Euphorie und Zuversicht der jüngeren, bisher „nicht geprügelten Generation" (nebitoe pokolenie), mithilfe moderner Kommunikationsmittel durch Protest und Solidarität grundlegende Veränderungen erreichen und Wahlfälschungen verhindern zu können.[51] Ein wesentlicher Grund hierfür war ihre Sorge, dass die zu erwartenden Gegenmaßnahmen des Lukašenka-Regimes sämtliche bisherigen zivilgesellschaftlichen Bemühungen um einen evolutionären Wandel zunichtemachen könnten. Die massive Gewaltanwendung, mit denen die belarussischen Sicherheitskräfte direkt nach der manipulierten Wahl gegen friedliche Demonstranten und Demonstrantinnen vorgingen, überstieg allerdings ihre Befürchtungen bei weitem. Erst angesichts dieses Schocks, der die gesamte Gesellschaft erfasste, schlossen sich viele unabhängige ZGOs den Protesten an. Dabei versuchten sie erfolglos, ihre in den Jahren zuvor aufgebauten Kommunikationskanäle mit staatlichen Akteuren zu nutzen, um eine offizielle Aufarbeitung der Gewalttaten zu erreichen und diese für einen kompromissorientierten Dialog zur Lösung der politischen Krise zu gewinnen.[52] Stattdessen setzte das Lukašenka-Regime – abgesehen von dem Angebot einer begrenzten Verfassungsreform – konsequent auf die gewaltsame Durchsetzung seines Machtanspruchs. Vorrangiges Ziel war zunächst die Niederschlagung der Protestbewegung und die Unterbindung jeglicher Art von öffentlichem Protest. In einem zweiten Schritt sollte die Infrastruktur und soziale Basis der Protestbewegung zerstört werden, um gegen das Regime gerichtete Proteste in Zukunft ausschließen zu können. Dabei wurden die staatlichen

---

[50] Zur Bedeutung von sozialen Bewegungen als Motor der Proteste und der eher passiven bzw. unterstützenden Rolle von ZGOs siehe Tatsiana Chulitskaya, Elena Bindman: Social movements and political change in Belarus in 2020 and after, in: Belarus in the Twenty-First Century: between dictatorship and democracy, London 2023, S. 133-145. Allerdings sehen sie auch Verbindungen und Überlappungen zwischen neuen und etablierten Akteuren. Ohne vorherige Organisationserfahrungen wäre die rasche gesellschaftliche Mobilisierung in der Tat kaum denkbar.

[51] Zum Phänomen der „*nebitoe pokolenie*": Artjom Šrajbman: Vyroslo „nebitoe" pokolenie, i vlast' prevyšaet cenu protesta, Euroradio, 17.7.2020, <https://euroradio.fm/ru/shraybman-vyroslo-nebitoe-pokolenie-i-vlasti-povyshayut-cenu-protesta>; „Naša povestka – žažda peremen": kak novoe pokolenie belarusov vtjagivaetsja v politiku pered prezidentskimi vyborami, BBC News Russkaja služba, 6.8.2020, <https://www.bbc.com/russian/features-53686901>.

[52] Hierzu gehörten u.a. Gespräche belarussischer Menschenrechtsaktivisten mit Parlamentsabgeordneten und der Koordinatoren der Partnerschaftsgruppe des Nachhaltigkeitsrats mit den nationalen Nachhaltigkeitskoordinator. Vgl. Sahm, Belarus and the 2030 Agenda [Fn. 45], S. 22. – Astrid Sahm: Politisches Patt in Belarus. Etappen einer Systemkrise, in: OSTEUROPA, 10–11/2020, S. 17–33, hier S. 22.

Repressionen kontinuierlich auf immer weitere Akteursgruppen und Handlungsformen ausgeweitet.[53]

Im Frühjahr 2021 drohte das Lukašenka-Regime erstmals damit, die unabhängige Zivilgesellschaft insgesamt zu vernichten, wenn der Westen neue Sanktionen gegen Belarus verhängen würde. Dies sollte angesichts der großen Bedeutung, die die EU zivilgesellschaftlichen Akteuren zumisst, die politischen Entscheidungsträger in Brüssel abschrecken. Gleichzeitig sollte diese Botschaft belarussische zivilgesellschaftliche Akteure davon abhalten, von der EU und den USA härtere Sanktionen gegen das Lukašenka-Regime zu verlangen.[54] Darüber hinaus verbarg sich hinter dieser Drohung aber auch eine Neubewertung der Aktivitäten unabhängiger zivilgesellschaftlicher Organisationen und ihrer Förderung durch die EU und andere westliche Geber seit 2014. Ihre zentrale Schlussfolgerung bestand darin, dass auch auf den ersten Blick unpolitische Projekte zur gesellschaftlichen Mobilisierung im Jahr 2020 beigetragen haben. Denn an der Protestbewegung beteiligten sich beispielsweise auch Tierschutzaktivisten oder Angehörige aus von sozialen ZGOs betreuten vulnerablen Gruppen. Gleichwohl gab es im ersten Halbjahr 2021 immer noch eine punktuelle Zusammenarbeit unabhängiger ZGOs mit staatlichen Stellen, etwa mit dem Umweltministerium, dem Sozialministerium oder lokalen Behörden. Sofern man diese Interaktionen nicht als durch die generelle Trägheit politischer Veränderungsprozesse bedingte Ungleichzeitigkeiten abtut, verweisen sie auf ein den übergeordneten politischen Vorgaben zum Trotz anhaltendes Interesse von Akteuren auf beiden Seiten, Kooperationen wenigstens auf Fachebene fortzuführen. In der Regel brachen diese Kooperationen jedoch mit dem Verbot der involvierten ZGOs ab. Denn die politische Führung und ihr Sicherheitsapparat machten den zivilen Staatsbediensteten nun unmissverständlich klar, dass die Gesellschaft von diesen „vom Westen engagierten destruktiven Kräften" und „Schurken" – so Lukašenkas Worte im Juni 2022 zu Vertretern der lokalen Exekutiven – „gesäubert" werden müsse.[55]

Mit der Realisierung seiner Drohung begann das Lukašenka-Regime im Juli 2021. Kurz zuvor hatte die EU ihr viertes Sanktionspaket gegen Belarus verhängt, um die erzwungene Landung eines Ryanair-Flugzeugs in Minsk zu ahnden. Auf die erste Repressionswelle, die sich gleichzeitig gegen mehrere Dutzend ZGOs und ihre Mitarbeiter richtete, aber auch ausländische Organisationen, wie das *Goethe-Institut* und den *Deutschen Akademischen Austauschdienst* einschloss, folgten Hunderte weitere Verbotsverfahren, die zum Teil bis heute nicht abgeschlossen sind. Etliche ZGOs entschieden sich zudem für die Selbstauflösung, um einer politischen Verfolgung zuvorzukommen. Hierzu trug auch der Wegfall von Finanzierungsmöglichkeiten bei, da Crowdfunding-Plattformen ebenfalls

---

[53] Für eine ausführliche Darstellung der massiven Repressionen gegen Angehörige der Protestbewegung, unabhängige Medien, Menschenrechtsorganisationen und andere zivilgesellschaftlichen Akteure siehe die Jahresberichte von CSO Meter zu Belarus unter <https://csometer.info/countries/belarus> sowie die Homepage der Menschenrechtsorganisation „Viasna" <spring96.org>.

[54] CSO Meter 2021: Belarus Country Report, <https://csometer.info/sites/default/files/2023-04/CSO%20Meter%20Belarus%20Country%20Report%20ENG%200-2_0.pdf >, S. 22f.

[55] Lukašenko – mestnoj vlasti: togda i ne budut pojavljatsja angažirovannye NKO, Nachrichtenagentur BELTA, 10.6.2022. Dass etliche staatliche Akteure die von oben vorgegebene Dämonisierung unabhängiger ZGO und Geberprogramme, an deren Maßnahmen sie selbst teilgenommen hatten, selbst 2022 noch nicht nachvollziehen konnten, lässt sich indirekt auch an den Propaganda-Artikeln von Andrej Mukovozčik in der Präsidialzeitung *Belarus' segodnja* ablesen, die genau diese zweifelnden Akteure adressierten. Siehe z.B. Otdavat' dolžnoe vragu – polezno. Ponimat' kak on rabotaet – važno. Belarus' Segodnja, 9.12.2022, <https://www.sb.by/articles/kak-rabotayut-vragi.html>.

verboten wurden, internationale Geber ihre Hilfe für ZGOs in Belarus einstellten oder das *Departement für humanitäre Angelegenheiten* keine Freigabe für erhaltene Mittel erteilte. Eine weitere Hürde stellten die 2023 erfolgten Änderungen am Gesetz über gesellschaftliche Vereinigungen dar, aufgrund derer viele noch bestehende ZGOs ihre Registrierungsunterlagen erneuern mussten. Insgesamt stellten dem Monitoring der zivilgesellschaftlichen Organisation *Lawtrend* zufolge innerhalb von drei Jahren mehr als 1880 ZGOs ihre Tätigkeit ein, davon etwa 1180 auf staatliche Anordnung und 700 auf eigene Initiative. Mitte November 2024 waren noch 1533 gesellschaftliche Vereinigungen in Belarus aktiv. Ihre Zahl hatte sich damit gegenüber Anfang 2021 faktisch halbiert. Hinzu kamen 119 Stiftungen (fondy) und 471 nicht-staatliche Einrichtungen (učreždenija).[56]
Viele der verbotenen ZGOs reorganisierten sich im Ausland neu, wobei sie sich partiell auf die in den Nullerjahren und nach 2010 bereits in anderen Ländern aufgebauten Organisationsstrukturen stützen konnten.[57] Im Unterschied zu diesen Phasen duldete das Lukašenka-Regime es nach 2020 jedoch nicht, dass zivilgesellschaftliche Akteure im Namen dieser Exilorganisationen innerhalb von Belarus Aktivitäten durchführten. Dementsprechend werden informelle Tätigkeiten im Namen einer verbotenen oder anderen nicht-registrierten Organisation seit Anfang 2022 wieder als Straftatbestand geahndet. Zudem schränkte das Lukašenka-Regime systematisch den Zugang seiner Bürgerinnen und Bürger zu Informationen aus dem Ausland ein und kriminalisierte die Nutzung von unabhängigen Medien sowie Kooperationen mit belarussischen ZGOs und politischen Oppositionsstrukturen im Exil. Ende 2024 waren 275 belarussische Organisationen sowie 4808 Belarussinnen und Belarussen als „extremistisch“ gelistet. 517 galten als „terroristisch“, darunter Svjatlana Cichanoŭskaja, die Herausforderin Lukašenkas bei den Präsidentschaftswahlen 2020. Zudem waren 6565 Social-Media-Kanäle, Symbole, Webseiten sowie andere Informationsprodukte im Register der „extremistischen Materialien“ gelistet und auf der Grundlage entsprechender Gerichtsurteile der Zugang gesperrt oder der Zugriff unter Strafe gestellt.[58] Darüber hinaus ahndete das Lukašenka-Regime nicht nur Verstöße gegen diese Kooperations- und Nutzungsverbote im Inland mit zum Teil mehrjährigen Haftstrafen, sondern führte auch Prozesse gegen Exilanten. Die Urteile trafen 2023 vor allem Führungspersonen der Exilopposition, ab 2024 fanden jedoch zunehmend auch Prozesse gegen im Exil befindliche zivilgesellschaftliche Akteure statt.[59] So wurden beispielsweise 20 Angehörige von unabhängigen Denkfabriken Ende Juni 2024 als „Analytiker von Cichanoŭskaja“ in Abwesenheit zu mindestens zehn

---

[56] Lawtrend: NKO v Belarusi: situacija s registraciej i likvidaciej. Rezul'taty količestvennogo issledovanija po sostojaniju na 15 nojabrja 2024 goda, <https://www.lawtrend.org/freedom-of-association/nko-v-belarusi-situatsiya-s-registratsiej-i-likvidatsiej>, S. 7-8.

[57] Bisher ist keine genaue Statistik der im Exil neu gegründeten belarussischen ZGOs verfügbar, in der Fachliteratur wird von mehreren hundert ZGOs gesprochen, die ihren Sitz insbesondere in Litauen und Polen, aber auch weiteren Ländern haben. Siehe das von ECNL, *Lawtrend* und der *Assembly of Pro-Democratic NGOs of Belarus* herausgegebene Handbook on Civil Society Organizations and Operation: comparative aspects, S. 1, <https://ecnl.org/sites/default/files/files/Handbook-on-Civil-Society-Organizations-Registration-and-Operation-Comparative-Aspects.pdf>.

[58] Pravaabarončy centr „Vjasna“; Situacyja z pravami čalaveka ŭ Belarusi ŭ 2024 gozde. Analityčny ahljad, <https://spring96.org/be/news/117166>, S. 15f, 22f, 30; In 2023, 62 „extremist groups“ were recognized, 11 of them are media outlets. 10.1.2024, <https://spring96.org/en/news/113898>.

[59] 2023 wurden insgesamt 18, 2024 bereits 110 Exilanten in Abwesenheit verurteilt. Siehe Artyom Shraibman u.a.: Belarus Change Tracker, Dezember 2024, S. 17.

Jahren Haft verurteilt. Im August 2024 wurde die Leiterin des Hrodnaer Hospiz unter dem Vorwurf der fortgesetzten Tätigkeit einer verbotenen Organisation ebenfalls in Abwesenheit zu neun Jahren Haft verurteilt.[60] Das Vorgehen des Lukašenka-Regimes dürfte in diesen Fällen zudem durch materielle Interessen geleitet sein, da die Urteile dem Staat die Möglichkeit gaben, das Vermögen der Exilierten zu konfiszieren und an Dritte zu verkaufen. Die Intensität der Verfolgung und die Härte der Bestrafung lässt jedoch auch den Wunsch nach Rache für die grundlegende Infragestellung seines Machtanspruchs als Motiv für das Vorgehen des Lukašenka-Regimes erkennen.[61]

Staatliche Modellierung von Zivilgesellschaft nach 2020

Das Lukašenka-Regime setzte sich nach 2020 nicht nur das Ziel, regimekritische Akteure auszuschalten, sondern stand auch vor der Herausforderung, wie es seine eigene gesellschaftliche Unterstützungsbasis stärken kann. Denn während des Protestsommers 2020 war es den GONGOs, die das Regime seit den Nullerjahren förderte, kaum gelungen, auf überzeugende Weise öffentliche Unterstützung für Lukašenka zu mobilisieren, welche die Protestbewegung ohne staatliche Gewaltanwendung zurückgedrängt hätte.[62] Aus diesem Grund legte das Lukašenka-Regime ab 2022 die rechtlichen Grundlagen, um Zivilgesellschaft in seinem Sinne zu gestalten. Dabei stützte sich die politische Führung im Wesentlichen auf die Ideen, welche von Lukašenka bereits in den Nullerjahren artikuliert, aber nur ansatzweise umgesetzt worden waren. Eine Schlüsselfunktion kommt dabei der *Allbelarussischen Volksversammlung* zu, die mit dem Referendum vom 27. Februar 2022 Verfassungsrang erhielt und den grundsätzlichen politischen Kurs bestimmt. Gemäß Artikel 89.2 der neuen Verfassung sollen der Versammlung Angehörige von nationaler Exekutive, Legislative, Judikative, lokale Abgeordnetenräte und Delegierte aus der Zivilgesellschaft angehören.[63] Artikel 11 des Gesetzes über die *Allbelarussische Volksversammlung* vom 7. Februar 2023 gibt an, dass von „Subjekten der Zivilgesellschaft" bis zu 400 Delegierte und damit bis zu einem Drittel aller Delegierten in die Volksversammlung entsandt werden können. Welche zivilgesellschaftlichen Akteure das Privileg der Delegiertenauswahl erhalten, wird schließlich in Artikel 7 des Gesetzes „Über die Grundlagen der Zivilgesellschaft" vom 14. Februar 2022 geregelt. Voraussetzungen sind demnach eine Mindestzahl von 100 000 Mitgliedern sowie funktionierende Organisationsstrukturen in allen Teilen des Landes.[64]

---

[60] CSO Meter: Belarus: First criminal sentence for continuing CSO activities after liquidation, 14.08.2204, <https://csometer.info/updates/belarus-first-criminal-sentence-continuing-cso-activities-after-liquidation>; zur Vorgeschichte des Hospizes und Protestbeteiligung der Leiterin siehe Detskij chospis v Grodno kak kvintessencija problem belorusskich činovnikov, Naše mnenie, 13.12.2020, <https://nmn.media/articles/7288>.

[61] Volker Weichsel: Rache als Politik. Radikalisierung des Lukašenka-Regimes, in: OE, 3/2021, S. 3–8.

[62] Sahm, Politisches Patt [Fn. 52], S. 23f.

[63] Fabian Burkhard, Jan Matti Dollbaum: Belarus stimmt (nicht) ab: Lukaschenkas Verfassungsreform aus Sicht der Bevölkerung, ZOiS Spotlight 6/2022, 16.2.2022, <https://www.zois-berlin.de/publikationen/zois-spotlight/belarus-stimmt-nicht-ab-lukaschenkas-verfassungsreform-aus-sicht-der-bevoelkerung>.

[64] Zakon Respubliki Belarus' 7 fevralja 2023 g. No. 248-3: O Vsebelorusskom narodnom sobranii, <https://pravo.by/document/?guid=12551&p0=H12300248&p1=1>; Zakon Respubliki Belarus' 14 fevralja 2023 g. No 250-3 „Ob osnovach graždanskogo obščestva", <https://pravo.by/document/?guid=12551&p0=H12300250>.

Kontrollierte Zivilgesellschaft: Der Allbelarussischen Volksversammlung sollen der neuen Verfassung zufolge Vertreter der Exekutive, Legislative, Judikative, der lokalen Abgeordnetenräte und der Zivilgesellschaft angehören. Screenshot YouTube/Tagesschau

Es ist offensichtlich, dass diese Kriterien auf die fünf GONGOs zugeschnitten sind, welche Lukašenka bereits früher als systemtragende Säulen „unserer Zivilgesellschaft" bezeichnet hatte. Derzeit sind in den fünf großen GONGOs mindestens zwei Drittel der in Belarus nach offiziellen Angaben lebenden 9,15 Millionen Menschen organisiert, darunter etwa vier Millionen in der Gewerkschaftsföderation, 1,23 Millionen im Veteranenbund, knapp eine Million im BRSM und bei den Pionieren. Demgegenüber sind die Bewegung *Belaja Rus'* mit 225 000 Mitgliedern und der Frauenbund mit etwa 180 000 Mitgliedern vergleichsweise klein.[65] Zu den Vorrechten der fünf GONGOs gehört

[65] Die fünf zentralen GONGOs werden auf der Homepage des Präsidenten als einzige ZGOs in der Unterrubrik „Gesellschaftliche Organisationen" der Rubrik „Zivilgesellschaft" ausführlich dargestellt. Siehe <https://president.gov.by/ru/belarus/society/obedinenija>.

laut Gesetz die Möglichkeit, öffentliche Veranstaltungen sowie Treffen mit Belegschaften durchzuführen sowie andere Kommunikationswege mit ihren Zielgruppen zu nutzen, um Informationen aus der Bevölkerung zu erhalten und Vorschläge für die *Allbelarussische Volksversammlung* formulieren zu können. Zu den zentralen Aufgaben, die laut Gesetz alle „Subjekte der Zivilgesellschaft", das heißt offiziell registrierte mitgliederbasierte Organisationen, in enger Zusammenarbeit mit staatlichen Stellen erfüllen müssen, gehört unter anderem, die „Einheit der Bürger" zu gewährleisten, das Vertrauen in die staatlichen Strukturen zu stärken sowie an der patriotischen Erziehung der Bürger zur Bewahrung der „historischen Wahrheit" mitzuwirken. Zwar nennt das Gesetz auch wichtige Funktionen, die zivilgesellschaftlichen Akteuren in demokratischen Gesellschaften zukommen, darunter die Übernahme einer allgemeinen gesellschaftlichen Kontrollfunktion sowie die Mitwirkung in politischen Beratungsgremien und an der Erarbeitung von Gesetzen. Gleichwohl ist aus den Formulierungen im Gesetz eindeutig zu erkennen, dass Gesellschaft in keiner Weise als eigenständige Veranstaltung gesehen wird und ihre anerkannten Organisationen vor allem zur Umsetzung der Staatspolitik beitragen sollen.[66]

Die Dreigliederung der zivilgesellschaftlichen Landschaft, die sich in Belarus vor 2020 herausgebildet hatte, hat sich somit in den vergangenen fünf Jahren deutlich verändert.[67] Während das Kräfteverhältnis der verschiedenen Akteursgruppen im Land zuvor in etwa gleichgewichtig war, wird der öffentliche Raum in Belarus nun eindeutig von staatsnahen Organisationen dominiert, unter denen die fünf großen regimeloyalen GONGOs über einen rechtlich verankerten privilegierten Status verfügen. Zudem haben einige Akteure aus der Gruppe der problembezogenen unabhängigen ZGOs weiterhin die Möglichkeit, ihre Arbeit in Belarus legal fortzusetzen. Diese überwiegend sozialen ZGOs werden vom Regime jedoch gezielt von Finanzierungsmöglichkeiten abgeschnitten und marginalisiert. Entsprechend fragil ist ihre Lage und gering ihr Einfluss. Dennoch gelingt es ihnen zum Teil noch relevante Unterstützung für ihre spezifischen Zielgruppen zu leisten sowie Kontakt zu internationalen Partnern und zivilgesellschaftlichen Akteuren im Exil zu halten oder in transnationalen Teams zu arbeiten. Hingegen wurde die Gruppe der kritischen ZGOs vom Lukašenka-Regime vollständig aus dem öffentlichen Raum verdrängt und praktisch sämtlicher legaler Handlungsspielräume beraubt. Dennoch gibt es auch in Belarus noch kleine, im Verborgenen agierende Gruppen, die eine politische Agenda im Blick haben, politische Gefangene unterstützen sowie Kontakt zu oppositionellen Kräften und regimekritischen ZGOs im Exil halten.[68] In offen organisierter Form kann diese

---

66 Belarus: Draft law „On Essentials of Civil Society" on Parliament's Agenda, CSO Meter, 16.12.2022. <https://csometer.info/updates/belarus-draft-law-essentials-civil-society-parliaments-agenda>.

67 CSO Meter teilt die in Belarus tätigen ZGO auf ähnliche Weise in drei Gruppen auf und begreift die systemloyalen ZGO damit in einem funktionalen Sinne als Teil der Zivilgesellschaft. Hingegen verwendet z.B. Tatyana Chulitskaya einen normativen Ansatz, der GONGOs ausschließt. Ihre Drei-Gliederung der gegenwärtigen belarussischen Zivilgesellschaft gruppiert die Akteure in erster Linie geographisch (in und außerhalb von Belarus sowie kombiniert). Belarus: Overall situation and state of civil society, <https://csometer.info/countries /belarus>; Tatsiana Chulitskaya: Belarusian Civil Society Inside and Outside the Country, SCEEUS Guest Commentary, 7/2024, 15.5.2024, <www.ui.se/globalassets/ui.se-eng/publications/sceeus/belarusian-civil-society-inside-and-outside-of-the-country.pdf>.

68 Die Gründe für den Verbleib von unabhängigen ZGA in Belarus sind sehr unterschiedlich. Motive sind insbesondere der Wunsch, den direkten Zugang zu ihren Zielgruppen zu erhalten, persönliche Gründe (u.a. Pflege von Angehörigen, fehlende Berufsperspektiven im Ausland) oder die

Gruppe, zu der inzwischen auch ein Teil der problemorientierten ZGOs mit einem hohen Anteil an *Advocacy*-Aktivitäten, beispielsweise zum Schutz von Frauenrechten, gehört, derzeit nur im Ausland tätig werden. Dabei sehen sich ihre Angehörigen selbst im Exil zunehmend durch transnationale Repression des Lukašenka-Regimes bedroht.[69] Gleichzeitig stellt sich diesen ZGOs die nicht immer einfach zu beantwortende Frage, ob und wie sie zivilgesellschaftliches Engagement mit politischen Aktivitäten verbinden wollen, beispielsweise durch Mitarbeit in Gremien des Übergangskabinetts von Svjatlana Cichanoŭskaja. Zudem sind sie mehr als früher auf die finanzielle Unterstützung internationaler Geber angewiesen.

Aktuelle Funktionen von Zivilgesellschaft in Belarus

Mit dem gewaltsamen Ausschluss kritischer zivilgesellschaftlicher Akteure aus dem öffentlichen Raum stand das Lukašenka-Regime außerdem vor der Frage, welche Lücken der Wegfall der bisher von diesen ZGOs erbrachten innovativen Inputs und Leistungen für die Bevölkerung reißen würde sowie ob und wie diese ausgeglichen werden sollten. Aus einigen öffentlichen Äußerungen lässt sich zudem schließen, dass die belarussische Führung nicht nur den Westen und die verbotenen ZGOs als westliche Agenten für die gesellschaftliche Mobilisierung des Jahres 2020 verantwortlich machte. Sie versuchte durchaus zu reflektieren, welche eigenen Versäumnisse zur Entstehung der politischen Krise beigetragen hatten. So stellte Lukašenka im Juni 2022 bei einem Seminar zur „Aktualisierung von Methoden und Formen der Arbeit mit der Bevölkerung auf lokaler Ebene“ fest, dass die politisch Verantwortlichen die Initiativbereitschaft der Bürger und ihren Wunsch nach Teilhabe nicht hinreichend unterstützt hätten: „Wenn die Abgeordneten aller Ebenen, einschließlich der Dorf- und Gemeinderäte, rechtzeitig die Aktivität der Menschen erkannt und es geschafft hätten, mit ihnen zusammenzuarbeiten, hätten wir bereits damals, in der aktiven Phase des Informationsangriffs auf Belarus, eine Stütze in Form einer sozial verantwortlichen Zivilgesellschaft gehabt.“[70] Vor diesem Hintergrund wird im Folgenden anhand der allgemein anerkannten Funktionen von Zivilgesellschaft skizziert, welche Aufgaben das Lukašenka-Regime den von ihm geförderten zivilgesellschaftlichen Akteuren zuweist und welche Angebote es der belarussischen Bevölkerung unterbreitet.[71]

Dass Gemeinschaftsbildungs- und Mittlerfunktionen zu den prioritären Aufgaben gehören, die das Lukašenka-Regime insbesondere von den fünf systemrelevanten GONGOs erwartet, ergibt sich aus den beschriebenen gesetzlichen Vorgaben für die Zivilgesellschaft.

Überzeugung, dass Veränderungen nur von innen erreicht werden können. Aufgrund des repressiven Umfelds sind keine belastbaren Aussagen über die Größe dieser Akteursgruppe in Belarus möglich. Siehe auch Chulitskaya, Belarusian Civil Society [Fn. 67].

[69] Natasza Krawczuk, Yuri Dzhibladze: Transnational repression in Belarus: A multifaceted instrument to silence the dissent, iSANS Working Paper, June 2024, <https://isans.org/wp-content/uploads/2024/06/transnational_repression_belarus_isans_10.06.2024.pdf>.

[70] Lukašenko: graždanskoe obščestvo dolžno byt’ partnerom gosudarstva, a ne oppoziciej, Nachrichtenagentur BELTA, 10.6.2022, <https://belta.by/special/president/view/lukashenko-grazhdanskoe-obschestvo-dolzhno-byt-partnerom-gosudarstvu-a-ne-oppozitsiej-507050-2022/>.

[71] Zu den Funktionen von Zivilgesellschaft Siri Hummel, Rupert Graf Strachwitz: Zivilgesellschaft und gesellschaftlicher Zusammenhalt, in: Aus Politik und Zeitgeschichte, 13–15/2021, S. 35–41, hier S. 36.

Im Zentrum steht die Vermittlung der vom Regime propagierten Weltanschauung durch patriotische Erziehung und aktive Öffentlichkeitsarbeit. In der Zusammenfassung des Vorsitzenden von *Belaja Rus'*, Aleh Ramanaŭ, geht es vor allem um „soziale Gerechtigkeit, Respekt gegenüber arbeitenden Menschen, das Gedenken an die Heldentaten des Volkes in Kriegs- und Friedenszeiten sowie traditionelle Familienwerte".[72] Im Vergleich zurzeit vor 2020 haben sich die Inhalte dieser Arbeit somit kaum verändert. Jedoch haben sich die Dichte der Aktivitäten und die öffentliche Präsenz der fünf faktisch konkurrenzlosen GONGOs in den staatlichen Medien sowie über eigene Social Media-Kanäle deutlich erhöht. Die Mitgliederrekrutierung für die GONGOs erfolgt oft unter Einsatz von staatlichem Druck. Dabei werden seit dem Jahr 2020 verstärkt auch private Unternehmen bei staatlichen Kontrollen zur Einhaltung von Brandschutz, Hygienevorschriften und ähnlichem gedrängt, entsprechende Ortsverbände zu gründen. Gleichzeitig gibt es durchaus Anreize für eine Mitgliedschaft, etwa durch attraktive und kostengünstige Erholungs- und Freizeitangebote oder Karrierechancen, die persönliche Erfüllung versprechen. Dies gilt trotz der Propagierung traditioneller Familienwerte auch für Frauen. Die Mitgliedschaft erfolgt somit in Ermangelung alternativer Angebote partiell auch freiwillig.

Im Rahmen ihrer Mitgestaltungsfunktion übernehmen die systemrelevanten GONGOs außen- und innenpolitische Aufgaben. So pflegt der BRSM beispielsweise Kontakte zu Jugendorganisationen in für das Lukašenka-Regime wichtigen Staaten, wie China, Russland oder Venezuela. Zu seinen besonders heiklen Missionen gehört die Kooperation mit Jugendorganisationen in der sogenannten Donec'ker Volksrepublik.[73] Unter den innenpolitischen Aufgaben ist vor allem die Mitwirkung an der Vorbereitung und Durchführung von Wahlen auf nationaler und lokaler Ebene bedeutsam. Zu den klassischen Aufgaben der fünf mit politischen Funktionen bedachten GONGOs gehören die Aufstellung eigener Kandidaten, die Mitarbeit in Wahlkommissionen und die Beteiligung an Wahlbeobachtung. De facto unterstützten sie auf diese Weise Wahlmanipulationen und halfen sogleich den Schein eines kompetitiven Charakters der Wahlen zu wahren. Letzteres änderte sich bei den Parlaments- und Präsidentschaftswahlen, die das Lukašenka-Regime im Februar 2024 und im Januar 2025 veranstaltete. Im August 2023 bildeten die fünf GONGOs zusammen mit den vier in Belarus noch zugelassenen Parteien einen gemeinsamen *Patriotischen Stab* – wobei *Belaja Rus'* seit diesem Jahr zusätzlich zur GONGO-Rolle als Partei auftritt.[74] Die am *Patriotischen Stab* beteiligten Organisationen bezeichneten sich als „konstruktive Kräfte", die durch gemeinsames Handeln den politischen Kurs Lukašenkas unterstützen. Damit trugen sie aktiv zur Transformation

---

[72] O tom, kakie idei i smysli splačivajut obščestvo, Belarus' Segodnja, 8.8.2024. <www.sb.by/articles/spravedlivost-i-patriotizm.html>.

[73] Delegacija Belarusi vo glave s Aleksandrom Luk'janovym prinjala učastie v meždunarodnom forume molodežnogo vzaimodejstvija „Belarus' – Donbass" v Rostove-na-Donu, 23.8.2024, <https://brsm.by/ru/cooperation-news-ru/view/delegatsija-belarusi-vo-glave-s-aleksandrom-lukjjanovym-prinjala-uchastie-mezhdunarodnom-forume-molodezhnogo-25880/>; BRSM podpisal dogovor o sotrudničestve s „Molodoj Respubliki" iz t.n. DNR, 1.9.2024, <https://motolko.help/ru-news/brsm-podpisal-dogovor-o-sotrudnichestve-s-molodoj-respublikoj-iz-t-n-dnr/>.

[74] Bis 2023 gab es in Belarus 15 Parteien, jedoch wurde zwölf Parteien, darunter allen Oppositionsparteien, im Rahmen eines Neuregistrierungsverfahrens die Zulassung entzogen. Gleichzeitig wurde die Vereinigung *Belaja Rus'* zusätzlich als Partei registriert. Bisher ist der Mehrwert dieser Neugründung – abgesehen davon, dass er zur Illusion eines Mehrparteiensystems beitragen soll – nicht ersichtlich, zumal beide Organisationen die gleiche Leitungsstruktur haben.

von Wahlen in einen rein bürokratischen Akt bei.[75] Die Themenanwalts- und Wächterfunktion, die regimetreue Organisationen beispielsweise durch die Wahlbeobachtung oder die Mitwirkung an Gesetzesentwürfen übernehmen, ist dementsprechend rein formal und unterliegt ebenso wie die Mittlerfunktion einem *top-down*-Ansatz. Ausnahmen von dieser Logik lassen sich am ehesten bei Verbraucherschutzorganisationen feststellen, die das Regime bisher nicht verboten hat.

Darüber hinaus hat das Lukašenka-Regime im Rahmen der Überarbeitung des Gesetzes über lokale Verwaltung und Selbstverwaltung 2024 die Finanzierung von Bürgerprojekten (graždanskie iniciativy) eingeführt.[76] Diese Neuerung greift die Idee der partizipativen Budgets beziehungsweise Bürgerhaushalte auf, für deren Einführung sich zahlreiche ZGOs vor 2020 eingesetzt hatten.[77] Einen Anstoß hierfür gaben mehrjährige EU-Projekte, die gemeinsam von lokalen Behörden und ZGOs oder durch UN-Organisationen implementiert wurden. Zu den zentralen Bestandteilen dieser EU-Projekte gehörte die Finanzierung von Mikroprojekten zur Förderung einer nachhaltigen regionalen Entwicklung, die sich bei lokalen Behörden und Bürgern vor Ort großer Popularität erfreuten.[78] Durch die Einführung der Bürgerprojekte können Bürger sich nun weiterhin um Fördermittel für eigene Initiativen, beispielsweise zur Gestaltung von Spielplätzen, bewerben. Für entsprechende Projektausschreibungen standen den lokalen Behörden 2024 landesweit etwa 600 000 Euro zur Verfügung. Allerdings haben die Bürger im Unterschied zu den partizipativen Budgets in anderen Ländern kein Mitspracherecht bei der Projektauswahl. Diese wird ausschließlich von den Behörden getroffen, damit sich alle geförderten Initiativen in den staatlich gewünschten Rahmen fügen.

Auch auf andere gesellschaftliche Trends reagierte das Lukašenka-Regime. Unter den zahlreichen Foren, die in den vergangenen Jahren in Belarus stattfanden, sticht das erste Bloggerforum „BlogBaj. Wir haben etwas zu sagen“ im September 2024 hervor. Unter der Ägide des Informationsministeriums tauschten sich hier Vertreter staatlicher Medien mit Bloggern aus. Erklärtes Ziel war es, das Potenzial der Blogger zu nutzen, um die Reichweite der staatlichen Medien zu erhöhen. Gleichzeitig sollten die Aktivitäten der Blogger in für das Regime ungefährliche Bahnen gelenkt werden und besser kontrollierbar sein.[79] Bei einigen Veranstaltungen traten sogar bisher unabhängige soziale

---

[75] Belarus Change Trecker [Fn. 59], S. 9; Lukašenko predložil poka ostavit’ otkrytym vopros o perečne graždanskogo obščestva. Nachrichtenagentur Belta, 15.3.2024.

[76] Belarus: New legislation increases financial support for civic initiatives, CSO Meter, 8.12.2024, <https://csometer.info/updates/belarus-new-legislation-increases-financial-support-civic-initiatives>.

[77] Für Informationen zu den partizipativen Budgets und Praxisbeispielen aus unterschiedlichen Ländern siehe <https://partizipatives-budget.at/erfolgreiche-und-inspirierende-erfahrungen/>.

[78] Über EU-Projekte erhielten lokale Behörden bisweilen finanzielle Möglichkeiten, die weit über den für sie frei verfügbaren Haushaltsmitteln lagen. Ein Paradebeispiel hierfür ist das EU-Projekt „Vernetzung zur Verbesserung der Beschäftigungsmöglichkeiten in ländlichen Regionen des Gebiets Mahilaŭ“, das 2018 bis 2020 vom Bezirksexekutivkomitee Slaŭharod und der Internationalen Stiftung „Entwicklung ländlicher Gebiete“ umgesetzt wurde. Die Stiftung wurde inzwischen verboten. Die ausführliche Projektbeschreibung ist jedoch immer noch auf der Homepage des Slaŭharoder Exekutivkomitees zu finden: <https://slavgorod.gov.by/ekonomika/set-zan/itemlist/category/431-novosti-proekta?start=10>.

[79] Ministerstvo informacii Respubliki Belarus’: Pervyj v Belarusi forum blogerov „BlogBaj. Nam est’ čto skazat’!“, 30.9.2024, <www.mininform.gov.by/news/all/pervyy-v-belarusi-forum-blogerov-blogbay-nam-est-chto-skazat-/>. I Forum blogerov Belarusi: „Nam est’ čto skazat’!“, Pinski Vesnik, 2.10.2024, <https://p-v.by/news/society/i-forum-blogerov-belarusi-nam-est-chto-skazat/>.

ZGOs als Co-Organisatoren auf. Hierzu zählt das Internationale Forum *Gesundheit und Aktives Altern*, das von der *Belarussischen Assoziation der Sozialarbeiter* mit Unterstützung des Bevölkerungsfonds der *Vereinten Nationen* in Zusammenarbeit mit mehreren staatlichen Stellen im Oktober 2024 durchgeführt wurde. Vergleichbare Foren gab es bereits vor 2020. Der internationale Erfahrungsaustausch schloss nun allerdings lediglich Experten aus postsowjetischen und asiatischen Staaten ein.[80]

In die Erbringung von Dienstleistungen werden ZGOs vom Staat weiterhin über den *Staatlichen Sozialauftrag* einbezogen. Per Gesetzesänderung vom Juni 2024 wurde die finanzielle Ausstattung des Sozialauftrags etwas verbessert. So übernimmt der Staat nun zusätzliche Sachkosten, die die ZGOs bis dahin häufig mit ausländischen Drittmitteln finanziert hatten. Zudem können Bedürftige gleichzeitig medizinische und soziale Leistungen von ZGOs erhalten – eine Forderung, die ZGOs seit Jahren stellten.[81] Obwohl die ZGOs inzwischen deutlich mehr Leistungen über Sozialaufträge erbringen, bleibt die Zahl der Empfänger mit etwa 6100 im ersten Halbjahr 2024 gegenüber den von staatlichen Einrichtungen erbrachten Leistungen äußerst gering.[82] Zudem haben das *Belarussische Rote Kreuz* und die seit sowjetischen Zeiten bestehenden Behindertenverbände immer noch eine Monopolstellung bei der Vergabe. Gleichwohl bietet der *Staatliche Sozialauftrag* zumindest einigen in Belarus verbliebenen unabhängigen sozialen ZGOs eine Nische für legale Aktivitäten. Den Wegfall internationaler Finanzierung und einheimischen Sponsorings kann die aktuelle Ausstattung des Sozialauftrags allerdings nicht ersetzen.[83] Insgesamt ist die professionelle Erbringung von sozialen Dienstleistungen weiterhin keine zentrale Funktion von Zivilgesellschaft in Belarus. Allerdings werden einfachere soziale Dienstleistungen partiell durch staatlich gefördertes ehrenamtliches Engagement erbracht. Zuständig für den Einsatz junger Freiwilliger ist in erster Linie der BRSM, in dessen Freiwilligenbewegung „Gutes Herz" mehr als 30 000 junge Menschen mitwirken. Ehrenämter für ältere Menschen bietet vor allem das *Belarussische Rote Kreuz* an, dessen Freiwilligen-Netzwerk 2024 eigenen Angaben zufolge etwa 13 330 Personen, darunter 2600 ältere Freiwillige, zählte.[84]

---

[80] Ausführliche Informationen über das Forum finden sich unter: <https://basw-ngo.by/if_docs/>.

[81] Eine Zusammenfassung der Änderungen am Gesetz über soziale Versorgung findet sich auf der Homepage des Homeler Gebietsexekutivkomitees unter <https://ktzsz-gomel.gov.by/pravitelstvo-vneslo-izmeneniya-v-14-postanovlenij-v-ramkah-zakona-po-voprosam-sotsialnogo-obsluzhivaniya-i-sotsialnyh-vyplat/>.

[82] Angaben für die den Zeitraum 2018 bis 1. Halbjahr 2023 einschließlich der Namen der wichtigsten beteiligten ZGO finden sich auf der Homepage des Ministeriums für Arbeit und Sozialschutz der Republik Belarus unter: <https://mintrud.gov.by/ru/gos-zakaz-ru/>. Dem Telegram-Kanal des Ministeriums zufolge sind die Zahlen im 1. Halbjahr 2024 gegenüber dem Vorjahreszeitraum um 40 Prozent gestiegen. Siehe: <https://t.me/MintrudSocBelarus/14801>.

[83] Als Beispiel siehe die Beschreibung der ZGO *Positivnoe dviženie* unter <https://pmplus.by/activities/youth-programs/gosudarstvennyy-sotsialnyy-zakaz/>.

[84] Siehe für den BRSM <https://brsm.by/ru/voluntee-document-ru/>; für das Belarussische Rote Kreuz (BKK): V Belorusskom Krasnom Kreste nasčityvaetsja 2600 volonterov serebrjannogo vozrasta, Belarus' segodnja, 25.9.2024, <https://news.sb.by/articles/v-belorusskom-krasnom-kreste-naschityvaetsya-2600-volonterov-serebryanogo-vozrasta-.html>. Die Zahl der Freiwilligen hat sich seit 2020 deutlich reduziert – 2022 zählte das BKK noch 16 000 Freiwillige. Hierzu könnte beigetragen haben, dass das BKK durch seine Aktivitäten im Donbass und den hierauf erfolgenden Ausschluss aus dem Internationalen Roten Kreuz de facto ebenfalls zur GONGO geworden ist. Siehe Bol'še vnosov, bol'še gosudarstva. Belorusskij Krasnyj Krest: god v izgojach. Pozirk, 2.12.2024, <https://pozirk.online/ru/longreads/116356/>.

Diese unvollständige Übersicht über die aktuellen Funktionen der staatlich modellierten Zivilgesellschaft zeigt, dass das Lukašenka-Regime nicht nur seine ideologische Arbeit zu intensivieren versucht. Es ist auch bereit, zusätzliche Gelder zur Verfügung zu stellen, um Lücken, die durch den Ausschluss unabhängiger ZGOs und den Wegfall von Förderprojekten westlicher Geber entstanden sind, zu kompensieren. Partiell ersetzen zudem russländische Drittmittel westliche Zuwendungen. Exemplarisch lässt sich dies am mit 3,5 Millionen US-Dollar ausgestatteten Projekt „Unterstützung der Anstrengungen der Republik Belarus zur Nationalisierung und Lokalisierung der Agenda 2030“ sehen, das seit Dezember 2022 vom Entwicklungsprogramm der *Vereinten Nationen* mit russländischer Finanzierung umgesetzt wird. Das Projekt stützt sich auf die zwischen 2017 und 2020 entstandene Nachhaltigkeitsarchitektur und setzt zum Teil nahtlos Aktivitäten fort, die in den Jahren zuvor über UN-Strukturen und westliche Geber gefördert worden waren. Hierzu gehört etwa die Erarbeitung subnationaler Nachhaltigkeitsstrategien, bei der auch partizipative Methoden zum Einsatz kommen. Gleichzeitig instrumentalisiert das Lukašenka-Regime die Umsetzung der Agenda 2030 für seine geopolitischen und ideologischen Zwecke. Dabei hilft ihm das hohe Rating von Belarus im Internationalen SDG-Index. So werden die Ziele für nachhaltige Entwicklung (SDGs) im belarussischen Bildungssystem propagiert und ihre Vereinbarkeit mit den vom Regime hochgehaltenen traditionellen Werten betont.[85]

Ambivalente Zwischenbilanz

In Belarus hat sich vorerst die Vorstellung des Lukašenka-Regimes von Gesellschaft als staatlicher Veranstaltung durchgesetzt. Die Proteste des Jahres 2020 haben das Regime so sehr erschüttert, dass es die in den Jahren zuvor erfolgte Erweiterung eigenständiger zivilgesellschaftlicher Handlungsräume revidiert und unabhängige Akteure systematisch aus dem gesellschaftlichen Leben verdrängt hat. Dadurch soll eine erneute gegen das Regime gerichtete gesellschaftliche Mobilisierung ausgeschlossen werden. Allerdings nutzt der Staat weiterhin etliche Formate, Konzepte und Strategien, die in Kooperation mit unabhängigen zivilgesellschaftlichen Akteuren und westlichen Gebern entwickelt wurden, sofern sie seinem *top-down*-Ansatz in der Gestaltung der Beziehungen von Staat und Gesellschaft nicht widersprechen. Die zivilgesellschaftlichen Kooperationsangebote an den Staat haben damit zwar zur Modernisierung des Lukašenka-Regimes beigetragen. Sie führten jedoch nicht zu einer dauerhaften demokratischen Partizipation. Das Lukašenka-Regime selbst hat Kooptationsstrategien auch in der Vergangenheit nur sehr zurückhaltend eingesetzt und kaum attraktive Angebote an unabhängige ZGOs gemacht.

Gleichzeitig ist der Staat auch im heutigen Belarus auf intermediäre Strukturen angewiesen. Diese sollen vor allem die Loyalität der Bevölkerung gegenüber dem Lukašenka-Regime gewährleisten und seinen politischen Kurs unterstützen. Die ideologische Arbeit der systemrelevanten GONGOs ersetzt dabei nicht die staatlichen Repressionen gegen tatsächliche oder potenzielle Regimegegner, sondern ergänzt diese. Beide haben unter anderem die Aufgabe, die Gesellschaft im Inneren maximal von vermeintlich regimefeindlichen Einflüssen aus dem Westen abzuschotten.

---

[85] Sahm, Belarus and the 2030 Agenda [Fn. 45], sowie die Homepage <sdgs.by>.

Im Ergebnis führt die staatliche Modellierung von Zivilgesellschaft, die durch den Ausschluss unabhängiger Medien aus dem öffentlichen Raum und die fortlaufend verstärkte Kontrolle aller Online-Aktivitäten ergänzt wird, zur Reduktion gesellschaftlicher Komplexität. Positionen, die vom staatlich erwünschten gesellschaftlichen Konsens abweichen, sind damit öffentlich nicht mehr artikulierbar. In Demokratien ist demgegenüber zu beobachten, dass die dank sozialer Medien entgrenzte Öffentlichkeit zur gesellschaftlichen Fragmentierung beiträgt und die Medien ihre Orientierungs- und Vermittlungsfunktion für die politische Meinungs- und Willensbildung verlieren. Die Unterdrückung von eigenständigen Organisationen und Foren könnte daher angesichts des neuen Strukturwandels der Öffentlichkeit einen komparativen Stabilitätsvorteil für autoritäre Regime bilden, während Demokratien ihre Konsensfähigkeit einbüßen und erodieren.[86]
Die Zukunft des Lukašenka-Regimes wird in hohem Maße durch externe Faktoren beeinflusst. Von zentraler Bedeutung ist die in den vergangenen Jahren enorm gestiegene wirtschaftliche, sicherheits- und informationspolitische Abhängigkeit des Regimes von Russland, die zunehmend die nationalstaatliche Souveränität von Belarus bedroht. Der Ausgang von Moskaus Angriffskriegs gegen die Ukraine wird dabei für die zukünftige Position des Kremls gegenüber dem Land eine entscheidende Rolle spielen.[87] Allerdings steht das Regime auch vor zahlreichen internen Herausforderungen. So zeichnet sich infolge der sinkenden Geburtenrate und der Emigration von mehreren Hunderttausend Menschen eine demographische Krise ab. Außerdem birgt die Frage der Nachfolge Lukašenkas, die in absehbarer Zeit zu regeln ist, angesichts des zunehmenden Personenkults um den langjährigen Machthaber beträchtliche Risiken für die Regimestabilität.[88]
In dieser Übergangsphase könnten die regimenahen GONGOs Kommunikationskanäle bieten, die potenziell auch für die Artikulation von gesellschaftlicher Unzufriedenheit genutzt werden können, und sich für im Land verbliebene unabhängige Akteure öffnen. Demgegenüber ist es unwahrscheinlich, dass belarussische Exilakteure auf diese Prozesse einen wesentlichen Einfluss nehmen können.[89] Das Lukašenka-Regime wird in jedem Fall noch weiteren Anlass für Studien über die Wandlungsfähigkeit autoritärer Regime geben.

Schlagwörter:
Belarus, Zivilgesellschaft, Lukašenka, Europäische Union, Russland, Massenproteste, Corona-Pandemie, Autokratisierung, Demokratie

---

[86] Vgl. Jürgen Habermas: Ein neuer Strukturwandel der Öffentlichkeit und die deliberative Politik, Frankfurt am Main 2022, S. 39, 47, 55.

[87] Manfred Huterer, Astrid Sahm: Belarus: Bedrohte Souveränität. Auswirkungen des russischen Kriegs gegen die Ukraine, SWP-Aktuell 66/2023.

[88] Belarus Change Tracker [Fn. 59], S. 9.

[89] Zur These, dass vor allem in Belarus verbliebene Akteure zu gesellschaftlichen Änderungen im Land beitragen können, siehe auch den Beitrag von Artjom Šrajbman: Žizn' budet prorastat' iznutri. Zerkalo, 29.11.2024, <https://news.zerkalo.io/economics/84717.html>. Damit ist nicht gesagt, dass die Kompetenzen und Kontakte der Exilakteure keine Rolle in einer späteren Transformationsphase spielen.

Diana Dutsyk, Andreas Umland

Zwischen Freiheit und Zensur

Ukrainische Medien in Zeiten des Krieges

Der Medienmarkt in der Ukraine hat sich seit Beginn der Vollinvasion Russlands in die Ukraine im Februar 2022 radikal gewandelt: Die Ära oligarchischer Mediendominanz ist beendet, während soziale Medien deutlich mehr Bedeutung erlangt haben. Trotz aller kriegsbedingten Herausforderungen und strukturellen Veränderungen hat der ukrainische öffentliche Diskurs sich einen relativen Pluralismus bewahrt. Die ukrainische Gesellschaft kann weiterhin aus einer großen Zahl unterschiedlicher Periodika, Kanäle, Plattformen und anderen weitgehend unabhängigen Massenkommunikationsmitteln wählen, um relevante gesellschaftliche und politische Nachrichten zu erhalten.

Die Medienlandschaft der unabhängigen Ukraine war bis zum Februar 2022 im Vergleich zu jenen der meisten anderen postsowjetischen Staaten pluralistisch. Das hat sich seit Beginn der Großinvasion Russlands durchaus geändert.[1] Das Jahr 2022 bedeutete auch für die ukrainischen Medien einen tiefen Bruch.[2] Die Struktur der Medienlandschaft der Ukraine, die sich in den Jahren der Unabhängigkeit ab 1991 entwickelt hatte, verwandelte sich durch den erfassenden Krieg fundamental.
Die drei wichtigsten Veränderungen im Bereich öffentlicher Kommunikation betrafen:

- den Medienkonsum: Die Ukrainer beziehen Informationen immer stärker über soziale statt über traditionelle Medien;
- die Informationskanäle und Eigentumsverhältnisse: Das ausgeprägt oligarchisch dominierte Mediensystem ist verschwunden und wird von den sozialen Medien verdrängt;

Diana Dutsyk (1975), cand. sc. phil., Dozentin für Journalismus an der Kiewer Mohyla-Akademie (NaUKMA), Mitglied der ukrainischen Kommission für journalistische Ethik (CJE) und des Rates für Redefreiheit und den Schutz von Journalisten beim Präsidenten der Ukraine
Andreas Umland (1967), Dr. phil., Ph.D., Dozent für Politologie an der Kiewer Mohyla-Akademie (NaUKMA), Analyst am Stockholmer Zentrum für Osteuropastudien (SCEEUS) des Schwedischen Instituts für Internationale Angelegenheiten (UI)
Von ihm erschien in OSTEUROPA zuletzt: Russlands Kinderraub. Ukrainische Opfer, internationale Reaktionen, in: OE, 6–7/2024, S. 35–49.

1 Diana Dutsyk: Eigentumsstrukturen der Massenmedien in der Ukraine. Arbeitspapiere des Instituts für Rundfunkökonomie an der Universität zu Köln, 274/2010. – Natalya Ryabinska: Ukraine's Post-Communist Mass Media. Between Capture and Commercialization. Stuttgart 2017.

2 Petro Burkovskiy, Andreas Umland: Auf dem Weg zur „Dritten Republik"? Die Ukraine zwischen Kriegswirtschaft und europäischer Integration, in: Blätter für deutsche und internationale Politik, 5/2023, S. 85–92.

OSTEUROPA, 75. Jg., 1–3/2025, S. 337–350 **doi: 10.35998/oe-2025-021**

- die Finanzierungsmodelle: Medien, die von ihren plutokratischen Besitzern früher relativ großzügig – wenn auch häufig zu politischen Zwecken – finanziert wurden, verfügen heute über deutlich weniger finanzielle Mittel.

Um die Auswirkungen dieser Veränderungen auf den heutigen politischen Pluralismus und die Meinungsfreiheit einzuschätzen, empfiehlt sich zunächst ein Blick auf das Mediensystem vor 2022.

Dominanz der „Oligarchen"

„Eines der gravierenden Probleme der Vorkriegszeit war, dass jeder große Medienkanal von einem Oligarchen kontrolliert und zum Schutz seiner Interessen eingesetzt wurde", bemerkte der amerikanische Sozialwissenschaftler Francis Fukuyama in einem Interview im September 2022 und lieferte damit eine treffende Beschreibung des ukrainischen Medienmarkts vor dem russländischen Großangriff.[3] Das oligarchische Mediensystem und sein kakophonischer Pluralismus hatten sich Mitte der 1990er Jahre zu entwickeln begonnen.[4] Der 1994 gewählte Präsident Leonid Kučma begann mit der Privatisierung der staatlichen Unternehmen, die die Ukraine aus der Sowjetära geerbt hatte. Daraus entstanden jene Finanz- und Industriekonglomerate, deren einflussreiche Besitzer später als „Oligarchen" bekannt wurden.

Die Herausbildung des ukrainischen Medienmarkts war eng mit der Formierung des „patronalen" politischen Systems der Ukraine beziehungsweise dessen Unterwanderung durch Unternehmens- und Privatinteressen der Großkonzerne und ihrer Besitzer verbunden.[5] Der Mediensektor wurde zu einem zentralen Feld des Machtkampfs konkurrierender Wirtschaftsclans, die ihre jeweiligen politischen Positionen und ökonomischen Präferenzen via Rundfunk und Presse zu verbreiten suchten.[6]

Darin unterschied sich die Ukraine grundlegend von den meisten anderen mittel- und osteuropäischen Ländern. So waren etwa in Polen, der Tschechischen Republik und Ungarn nach 1991 „westliche Eigentümer in erheblichem Maße in Medienunternehmen vertreten".[7] In der Ukraine hingegen schufen einheimische Finanz- und Industriekonglomerate eine Art nationales Kartell auf dem Medienmarkt und verhinderten den Eintritt von ausländischem (vor allem westlichem) Kapital. Im Ergebnis bestimmte eine Handvoll großer einheimischer Medienkonzerne, denen die populärsten Fernsehkanäle, Rundfunksender und Printmedien gehörten, die Nachrichtenagenda des Landes.

---

[3] Francis Fukuyama: Ukrajina je džerelom natchnennja dlja vs'oho svitu. Ukrajins'ka Pravda, 21.9.2022.

[4] Dmytro Horjunov, Bohdan Prochorov, Maksym Samojljuk, Vjačeslav Nozdrin: Jak sformuvavsja oliharchat v Ukrajini. Naši hroši, 30.11.2022.

[5] Henry Hale: Patronal Politics. Eurasian Regime Dynamics in Comparative Perspective. Cambridge 2014.

[6] Diana Dutsyk, Marta Dyczok: Ukraine's Media. A Field Where Power Is Contested, in: Matthew Rojansky, Georgiy Kasianov, Mykhail Minakov (Hg.): From „the Ukraine" to Ukraine. A Contemporary History, 1991–2021. Stuttgart 2021, S. 169–206.

[7] Anna Korbut: Strengthening Public interest in Ukraine's media sector. Chatham House, 17.5.2021.

Auf diese Weise beeinflussten sie auch die Politik:[8] die *Inter Media Group* u.a. mit den Fernsehkanälen *Inter* und NTN im Besitz von Dmytro Firtaš und Serhij L'ovočkin, *1+1 media* u.a. mit den Fernsehkanälen *1+1* und *Ukraine Today* im Besitz von Ihor Kolomojs'kyj, *StarLightMedia* (seit 2021 *Starlight Media*) u.a. mit den Fernsehkanälen ICTV, STB und *Novyj kanal* im Besitz von Viktor und Olena Pinčuk (der Schwiegersohn und die Tochter des ehemaligen Präsidenten Leonid Kučma), *Media Hrupa „Ukrajina“* u.a. mit den Fernsehkanälen *Ukrajina* und *Ukrajina 24* im Besitz von Rinat Achmetov, *Telekanal Prjamyj* sowie *5 kanal* im Besitz des früheren Präsidenten Petro Porošenko.

Einige Jahre vor Russlands Großinvasion begann der prorussische Politiker Viktor Medvedčuk, dessen Tochter ein Patenkind von Russlands Präsident Vladimir Putin ist, seine eigene Mediengruppe in der Ukraine aufzubauen, wobei die Anteile an dieser Gruppe formal einem Vertrauten Medvedčuks, dem ehemaligen Parlamentsabgeordneten Taras Kozak, gehörten. Zu Medvedčuks Medienholding zählten Fernsehsender wie *112 Ukrajina*, *NewsOne* und ZIK, die eine relativ russlandfreundliche Haltung vertraten. Im Zuge der politischen Eskalation zwischen Kiew und Moskau Ende 2021 wurde die ambivalente Berichterstattung dieser Sender vom *Nationalen Sicherheits- und Verteidigungsrat* als eine Bedrohung der nationalen Sicherheit der Ukraine identifiziert, und sie wurden geschlossen.[9]

Mit dem Sieg Volodymyr Zelens'kyjs und seiner Partei *Diener des Volkes* bei den Parlamentswahlen 2019 begann eine neue Ära ukrainischer Innenpolitik.[10] Zu den Vorhaben der neuen Führungsriege gehörte unter anderem eine „Deoligarchisierung“, auch der Medien. Die ukrainischen Plutokraten sollten von ihren „konzentrierten Medienressourcen, dem undurchsichtigen Zugang zu strategischen Vermögenswerten und ihrer ‚Kryša‘ (dt. Dach, d.h. Patronage) in der Regierung“ abgeschnitten werden.[11] In der Folge war unter anderem Zelens'kyjs Vorgänger und direkter politischer Hauptkonkurrent Petro Porošenko gezwungen, sich zumindest offiziell von seinem Medienbesitz zu trennen. Auch wenn vermutet werden darf, dass er informell weiter Einfluss auf die Redaktionen ausübt.

Russlands Großinvasion 2022 hat die „Deoligarchisierung“ von Staat und Wirtschaft in der Ukraine beschleunigt.[12] Russlands Angriffskrieg führte zu einem Niedergang der ukrainischen Wirtschaft und zur Restrukturierung bis dahin üblicher informeller politischer Aushandlungsprozesse zwischen Plutokraten, Parlament und Exekutive. So wurden etwa einige prorussische Wirtschaftsmagnaten sanktioniert und Macht im Präsidentenbüro und Regierungsapparat konzentriert. Damit verloren die großen Finanz-

---

[8] 75 % media Ukrajiny naležyt' politykam i oligarcham – monitoring. Ukrajinska Pravda, 11.10.2016.

[9] Ukaz Prezydenta Ukrajiny № 43/2021. Prezident Ukrajiny Volodymyr Zelens'kyj, 2.2.2021, <www.president.gov.ua/documents/432021-36441>.

[10] Andreas Umland: Die ukrainischen Präsidentschaftswahlen 2019 im historischen Kontext. Paradoxa und Ursachen der Niederlage des Amtsinhabers Petro Poroschenko, in: Zeitschrift für Politik, 4/2020, S. 418–436.

[11] Uperše za bahato rokiv v Ukrajiny zmenšylasja kil'kist' oliharkhiv, i deoliharchizaciji tryvatyme – Volodymyr Zelens'kyj. Prezident Ukrajiny Volodymyr Zelens'kyj, 14.5.2021, <www.president.gov.ua/news/upershe-za-bagato-rokiv-v-ukrayini-zmenshilasya-kilkist-olig-68445>.

[12] Oleksij Moldovan: Ukrajina bil'še ne bude klanovo-oliharkhičnoju. Jak zminyt'sja konfihuracija hrup vplyvu pislja vijny. Mind, 21.9.2022.

und Industriekonzerne ihren einst großen Einfluss auf die Gesetzgebung und Staatsverwaltung in Kiew. Das oligarchische Mediensystem verbrannte gewissermaßen im Feuer des Krieges.

Aus der Asche der Medienoligarchie

Fünf parallele Entwicklungen charakterisieren die Situation im Medienbetrieb der Ukraine seit der Eskalation von Russlands Krieg gegen die Ukraine:

- die Verschmelzung der wichtigsten Fernsehkanäle zu einem gemeinsamen Programm, dem „Telemarathon" *Jedyni novyny* (Vereinigte Nachrichten);
- die Stärkung des staatlichen Mediensektors;
- die Schließung vieler regionaler Medien;
- der Niedergang der Printmedien;
- der Übergang zu einer Art nicht-linearem, interaktivem Fernsehfunk.

Unter dem Druck des Krieges schlossen sich die größten Fernsehsender, die zuvor zu konkurrierenden Mediengruppen gehörten, zu einem Einheitskanal zusammen.[13] Nachdem sie am ersten Kriegstag, dem 24. Februar 2022, noch jeweils eigene Sondersendungen gebracht hatten, strahlten die Mediengruppen *Starlight Media*, *1+1 media* und *Inter Media* sowie der Fernsehsender des ukrainischen Parlaments *Rada* bereits ab dem 25. Februar den „Telemarathon" aus. Im Programm des gemeinsamen Fernsehkanals gibt es rund um die Uhr Zeitslots für die Redaktionen der Mitgliedssender, die diese mit ihren eigenen Moderatoren, Sendungen und Berichten füllen. Später schlossen sich diesem „Telemarathon" auch die *Media Hrupa Ukrajina* und der öffentlich-rechtliche Rundfunk *Nacional'na suspil'na teleradiokompanija Ukrajiny* (Nationale Öffentliche Teleradiogesellschaft der Ukraine) an. Diese Umstrukturierung wurde zunächst sowohl von der Öffentlichkeit als auch von der Journalistengemeinde begrüßt. In den ersten Kriegsmonaten spielte das gemeinsame Programm der bis dahin separaten Sender eine wichtige Rolle für den Zusammenhalt der ukrainischen Gesellschaft.
Allerdings blieben einige TV-Sender, die der Opposition beziehungsweise dem Umfeld von Porošenko zugerechnet wurden, von diesem gemeinsamen Programm ausgeschlossen – darunter etwa *5 kanal* und *Telekanal Prjamyj* sowie der Fernsehsender *Espreso TV*, der dem Sohn des Geschäftsmanns Kostjantyn Ževaho gehört. Zudem wurde die digitale Ausstrahlung der betroffenen Sender am 4. April 2022 ohne weitere Begründung eingestellt.[14] Sie sind seither nur noch über das Internet beziehungsweise über Satellit zugänglich. Gegner von Zelens'kyj sprachen in diesem Zusammenhang von Zensur und Druck auf regierungskritische Medien.

---

13 Otar Dovženko: Iz kožnoji prasky. Use, ščo varto znaty pro nacional'nyj telemarafon. Detektor media, 24.5.2022.

14 Monomarafon. Čomu vlada prypynyla movlennja 5 kanalu, Prjamoho ta „Espreso". Detektor media, 19.4.2022.

Ehemals „Medienoligarchen": Petro Porošenko, Viktor Pinčuk, Dmytro Firtaš und Rinat Achmetov (von links oben nach rechts unten). Quelle: Wikimedia

Mit der Zeit geriet auch der „Telemarathon“ in die Kritik.[15] Ein Jahr nach Kriegsbeginn hatte sich das Einheitsformat nach Einschätzung ukrainischer Medienexperten erschöpft.[16] Problematisch war aus Sicht der Kritiker nicht nur, dass der Staat jedes Jahr beträchtliche Summen für die Finanzierung des „Telemarathons“ ausgab – so wurden 2024 etwa 465 Millionen Hryvnja (10,5 Millionen Euro) aus dem Staatshaushalt bereitgestellt, sondern auch, dass die „Vereinigten Nachrichten“ von den Zuschauern nicht mehr als objektive Informationsquelle wahrgenommen wurden. Während 2022 laut einer ukraineweiten Umfrage des *Kiewer Internationalen Instituts für Soziologie* (KMIS) noch 69 Prozent der ukrainischen Bevölkerung den „Vereinigten Nachrichten“ vertrauten, hatte sich dieser Anteil 2024 auf 36 Prozent nahezu halbiert.[17]

Zudem trug die Einführung der „Vereinigten Nachrichten“ zwar mit zur Umsetzung der von Zelens’kyj ausgerufenen „Deoligarchisierung“ bei, da die ukrainischen Plutokraten ihre politischen und geschäftlichen Interessen nun nicht mehr über ihre eigenen Fernsehkanäle verfolgen konnten. Dies verschaffte aber gleichzeitig dem Präsidenten und seinem Umfeld unverhältnismäßige politische Vorteile.

In ihrem Bericht zur EU-Erweiterung für 2024 kritisierte die Europäische Kommission denn auch die Kiewer Führung für den „Telemarathon“ und wies darauf hin, dass die Ukraine eine pluralistische Medienlandschaft aufbauen müsse, wenn sie Mitglied der EU werden wolle.[18] Wegen der staatlichen Finanzierung bestünden Zweifel an der Objektivität der „Vereinigten Nachrichten“. Die ukrainische Regierung entschied dennoch, an der Finanzierung des Programms bis Kriegsende festzuhalten. Der 2024 ernannte Minister für Kultur und strategische Kommunikation, Mykola Točyc’kyj, erklärte, man werde die Empfehlungen der Europäischen Kommission bezüglich der „Vereinigten Nachrichten“ berücksichtigen und plane „die Unterstützung des ‚Telemarathons‘ nach Beendigung des Kriegsrechts einzustellen und sich auf eine nachhaltige Entwicklung der Medieninfrastruktur zu konzentrieren.“[19]

Ein weiteres wichtiges Ereignis im ersten Kriegsjahr veränderte die Medienlandschaft: Am 11. Juli 2022 kündigte einer der reichsten ukrainischen Oligarchen, Rinat Achmetov, den Rückzug seiner Investmentgesellschaft *System Capital Management* aus dem Mediengeschäft an. Alle Lizenzen für Achmetovs Fernsehkanäle und Printmedien wurden an die Regierung übertragen.[20] Im Gegenzug erklärte der Staat, vertreten durch die Regulierungsbehörde *Nationaler Rat für Fernsehen und Rundfunk* und das Justizministerium, dass andere Marktteilnehmer die Lizenzen kaufen könnten und die Regierung diese Medien nicht selbst unterhalten werde. Kurz darauf, am 21. Juli 2022,

---

15 Natalija Dan’kova: Do peremohy j dali? Ščo bude z jedynym telemarafonom. Detektor media, 9.8.2023.

16 Natalija Dan’kova: Bjudžet-2024: skil’ky hroshej zaplanovano na medijnu, kul’turnu sfery, kino, „Armija TB“, „Dim“, „FreeDom“ i marafon. Detektor media, 29.11.2023.

17 Anton Hrušec’kyj: Dovira do telemarafonu „Jedyni novyny“. Kyjivs’kyj mižnarodnyj institut sociolohiji, 19.2.2024.

18 Ukraine Report 2024. European Commission: European Neighbourhood Policy and Enlargement Negotiations (DG NEAR), 30.10.2024, <https://neighbourhood-enlargement.ec.europa.eu/ukraine-report-2024_en>.

19 Ministr Točyc’kyj vidpoviv na krytyku telemarafonu z boku JeS. Radio Svoboda, 31.10.2024.

20 Ira Kryc’ka: Mediakholdynh Akhmetova peredav deržavi licenziji na telekanaly ta drukovani ZMI. Forbes, 14.7.2022.

hob der *Nationale Rat der Ukraine für Fernsehen und Rundfunk* jedoch die Lizenzen für die 15 Medienunternehmen, die Achmetov gehört hatten, auf.[21]
Die Mediengruppe *1+1 media* war 2023 durch die Verhaftung ihres Hauptaktionärs Ihor Kolomojs'kyj gezwungen, nach Lösungen zu suchen, um ihre Vermögenswerte vor Verstaatlichung zu bewahren, wie es zuvor schon mit Kolomojs'kyjs Großbank *Privat 24* geschehen war.[22] Das Unternehmen begann mit einer Änderung seiner Eigentümerstruktur unter der Dachgesellschaft *Vision 1+1* und gab Anfang 2024 bekannt, dass nun weder Kolomojs'kyj noch andere „Oligarchen" im Besitz des populären Medienimperiums seien. Die größte Anteilseignerin sei nun die Leiterin von *Viasat*, der Satellitenplattform des Konzerns, Svitlana Miščenko.[23]
Im Weiteren folgte eine nochmalige Umstrukturierung der Eigentumsverhältnisse im Medienkonzern. Laut *NV.ua* gehörte Anfang Februar 2024 *Vision 1+1* zunächst zu 100 Prozent der *Solutions GmbH*, deren Eigentümer damals Jaroslav Pacholčuk, der CEO von *1+1 media*, mit 24 Prozent, Viktor Skyba, Miteigentümer der Vermögensverwaltungsgesellschaft *Clever Asset Management*, mit 19 Prozent und Miščenko mit 57 Prozent waren. Nach der Änderung dieser Struktur wurden 32 Prozent der *Solutions*-Anteile von der Firma *Media Management Plus* erworben, an der Miščenko und der Direktor für Vertrieb und Netzwerkentwicklung von *1+1 media*, Andrij Malčevs'kyj, jeweils 43,75 Prozent und Pacholčuk 12,5 Prozent halten. Die direkte Beteiligung der beiden Haupteigentümer an *Solutions* verringerte sich: Miščenko und Malčevs'kyj halten jeweils 24 Prozent und Pacholčuk 20 Prozent der Anteile.[24]
Die Eigentumsverhältnisse der beiden anderen Gruppen, deren Fernsehkanäle Teil des „Telemarathons" sind, blieben dagegen im Wesentlichen unverändert: *StarLight Media* befindet sich im Besitz von Viktor und Olena Pinčuk und *Inter Media* von Dmytro Firtaš. Letzterer ist in der Ukraine mit Sanktionen belegt und steht derzeit in Österreich unter Hausarrest, da in den Vereinigten Staaten ein Strafverfahren gegen ihn läuft.[25] Die Möglichkeiten dieser Eigentümer, über Nachrichten die politische Debatte zu beeinflussen, sind jedoch begrenzt, da der Staat die Nachrichtensendungen des „Telemarathons" kontrolliert.
In einem Interview charakterisierte Jaroslav Jurčyn, der Vorsitzende des parlamentarischen Ausschusses für Meinungsfreiheit, die Situation wie folgt:

> Der Staat hat sich de facto für eine weiche Form der Deoligarchisierung entschieden, indem wir moderate finanzielle Mittel zur Verfügung stellen und die Sender ihrerseits garantieren, bestimmte redaktionelle Standards

---

[21] Nacrada anuljuvala licenziji ta provajderiv Achmetova. Detektor media, 21.7.2022.

[22] Am 2. September 2023 wurde Kolomojs'kyj vom SBU, dem Büro für wirtschaftliche Sicherheit und der Generalstaatsanwaltschaft wegen Verletzung der Artikel 190 (Betrug) und 209 (Geldwäsche) des Strafgesetzbuchs angeklagt. Vgl.: Sud zaareštuvav Kolomojs'koho iz zastavoju v piv mil'jarda. U čomu joho zvynuvačujut'. BBC Ukrajina, 2.9.2023.

[23] Natalija Dan'kova: „1+1" opryljudnyv novu strukturu vlasnosti. Bez Kolomojs'koho. Detektor media, 20.2.2024.

[24] Bez Kolomojs'koho. U 1+1 z'javyvsja novyj spivvlasnyk. NV biznes, 4.12.2024.

[25] Natalija Dan'kova: Vlasnyky pid sankcijamy j areštom: khto kontroljuje ta na jaki košty isnujut' mediahrupy. Detektor media, 15.7.2024.

> einzuhalten, sodass wir keine Äquivalente zu (den russischen TV-Propagandamoderatoren) Solov'ev oder Simonjan auf Sendung haben.[26]

Prorussische Beiträge werden auf den Sendern, die am „Telemarathon" teilnehmen, nicht mehr gesendet. Auch zu einigen in der Gesellschaft kontrovers diskutierten Themen, wie De- und Rezentralisierung, militärische Mobilisierung oder Gebietsabtretungen an Russland, werden oft kaum Alternativen zu den Regierungsnarrativen angeboten. Andere Standpunkte bieten nur TV-Kanäle, die nicht Teil des „Telemarathons" sind und eine kritische Sicht auf die Regierungspolitik haben. Dazu zählen *Espreso TV* (auch im deutschen Kabelfernsehen verfügbar) und die Fernsehsender, die einst Porošenko gehörten und ihm heute noch nahestehen. Schon vor der Großinvasion 2022 hatte der Ex-Präsident die Kontrolle über sein Rundfunkimperium eingeschränkt: Im November 2021 verkaufte er seine Medien, darunter den *5 kanal* sowie *Prjamyj*, an die Holdinggesellschaft *Vil'ni media*, wobei er indirekt Einfluss auf sie behielt.[27] Zu den Miteigentümern dieser Holding gehören Abgeordnete von Porošenkos Partei *Europäische Solidarität*" (welche ein assoziiertes Mitglied der Europäischen Volkspartei ist) sowie Mitarbeiter beider Kanäle.

Heute ist noch nicht abzusehen, ob und inwieweit Wirtschaftsmagnaten versuchen werden, in der Nachkriegszeit wieder politischen Einfluss auf die Medien zu gewinnen. Ebenso wenig gibt es Garantien dafür, dass die Regierung es nach dem Krieg ohne weiteres aufgibt, den Informationsfluss zu steuern. Dies betrifft insbesondere solche Medien, die ohnehin Staatseigentum waren und sind, etwa der Parlamentsfernsehsender *Rada*, die Zeitung *Holos Ukrajiny* (Stimme der Ukraine), verschiedene Auslandskanäle und die staatliche Nachrichtenagentur *Ukrinform*.

Der Krieg hatte nicht nur gravierende Auswirkungen auf den TV-Markt. In anderen Medienbranchen gab es teils noch größere Veränderungen. Regionale und lokale Zeitungen, Kanäle und Webseiten, vor allem in Gebieten, die von Russland besetzt waren oder in unmittelbarer Nähe der Frontlinie liegen, sind vom Krieg stark betroffen. Nach den jüngsten verlässlichen Angaben des *Nationalen Rates für Fernsehen und Rundfunk* von 2022 stellten schon damals etwa 15 Prozent der Fernseh- und Rundfunkanstalten – vor allem in der Ost- und Südukraine – aufgrund der russländischen Aggression ihren Sendebetrieb ein. Auch viele Printmedien wurden geschlossen.[28]

Der Zeitungs- und Zeitschriftenmarkt in der Ukraine ist in weiten Teilen zum Erliegen gekommen. Heute gibt es kein einziges überregionales gedrucktes Massenperiodikum mit gesellschaftspolitischem Profil und kein einziges politisches Printmagazin mit regulären Ausgaben, wie früher etwa die Tageszeitung *Gazeta po-ukrajins'ky* oder das Wochenmagazin *Ukrajins'kyj tyžden*. Die meisten sind vollständig online gegangen. Einige andere haben sich in Multimedia-Plattformen verwandelt und produzieren Texte, Videos und Podcasts. Sie nutzen in der Regel verschiedene Kanäle zur Verbreitung von Inhalten, das heißt nicht nur ihre eigene Website, sondern etwa auch Telegram, Instagram, Facebook, YouTube, TikTok. Zu diesen Plattformen gehören zum Beispiel *Ukrajins'ka pravda* und *NV.ua*. Einige der einstigen Wochenmagazine erscheinen

---

26 Jakoslav Jurčyšyn: Nema harantiji, ščo informacija v Telegram ne vydajet'sja specslužbam RF. RBK-Ukrajina, 1.4.2024.

27 Ira Kryc'ka, Denys Krasnikov: Vplyv za $10 mln na rik. Forbes, 10.11.2021.

28 15 % teleradiokompanij prypynyly movlennja čerez nastup Rosiji. Detektor media, 17.6.2022.

sporadisch in einem „dicken" Format, so etwa NV oder *Ukrajins'kyj tyžden*, sind dann aber meist relativ teuer und nicht für ein Massenpublikum geeignet.
Auf regionaler Ebene gibt es nach wie vor einige Printmedien, aber die Auflage der Lokalzeitungen ist gering. Auf der anderen Seite entwickelt sich der Markt der Online-Medien schnell, und es gibt etliche hochwertige analytische Portale und Nachrichtenseiten, die nach professionellen Standards und ethischen Grundsätzen arbeiten. Zu diesen Medien gehören in erster Linie diejenigen, die auf der vom *Ukrainischen Institut für Masseninformation* erstellten „Weißen Liste" stehen. Diese Liste wird auf Grundlage einer Prüfung der Einhaltung professioneller Standards erstellt. In der zweiten Hälfte des Jahres 2024 umfasste die Liste folgende Medien: *Suspilne, Ukrajins'ka pravda, NV.ua, Radio Svoboda, Dzerkalo tyžnja, Babel', Hromads'ke, Teksty, Hromads'ke radio, Espreso TV, Slovo i dilo, Graty* und *Ukrajins'kyj tyžden*.[29]
Betrachtet man den Medienkonsum, so zeigt sich, dass die traditionellen Funk- und Presseorgane während des Krieges weiter an Popularität verloren haben. Die sozialen Medien haben hingegen einen Aufstieg erlebt. Laut der jährlichen Umfrage, die von *InMind* im Auftrag der ukrainischen Agentur *Internews* und der *United States Agency for International Development* (USAID) durchgeführt wurde, konsumierten im Jahr 2024 die allermeisten Ukrainer Nachrichten über soziale Medien (84 Prozent). Deutlich weniger nutzten Nachrichten-Websites und Fernsehen (30 Prozent), Radio (zwölf Prozent) und Printmedien (fünf Prozent). Zum ersten Mal seit Beginn der Großinvasion 2022 haben nur noch etwas weniger als die Hälfte der befragten Ukrainer Vertrauen in die Medien (47 Prozent).[30]

Telegram statt Fernsehen: Wie der Krieg den Medienkonsum verändert

Die größte Herausforderung für die traditionellen Medien ist heute die Konkurrenz mit den sozialen Netzen. Die erwähnte *Internews*/USAID-Umfrage zeigt, dass Telegram inzwischen der führende ukrainische Nachrichtenanbieter ist.[31] Im Jahr 2024 nutzten 73 Prozent der befragten Ukrainer diese Plattform, um von Neuigkeiten zu erfahren. YouTube liegt mit 19 Prozent auf dem zweiten Platz. Im vergangenen Jahr ist die Zahl der Nutzer des ukrainischen Segments der chinesischen Plattform TikTok gestiegen. Tiktok hat zuletzt auch immer stärker politische Interpretationen angeboten.[32] TikTok ermöglicht es, sich auf eine spielerischere Weise an politischen Diskussionen zu beteiligen und Desinformation in Unterhaltungsinhalte zu verpacken. Dies geschieht auch mittels Memes und Hashtags, welche Trends oder Inhalte signalisieren, die nicht direkt etwas mit dem geposteten Video zu tun haben müssen. Auf diese Weise wird Information und Desinformation leichter rezeptiert und können neue Narrative geformt werden.
Vor dem russländischen Überfall auf die Ukraine fungierte Telegram vor allem als Messenger. Die Kanäle im ukrainischen Segment des Netzwerks waren vor allem

[29] Bilyj spysok IMI za druhe pivriččja 2024 roku: uvijšly 13 media. Instytut masovoji informaciji. 1.11.2024.
[30] Ukrajinci častiše vyznačajut' informacijni manipuljaciji jak nahal'nu problem, ščo vplyvaje na jichne žyttja, choča vrazlyvist' ščodo rosijs'koji dezinformaciji zrostaje. Internews, 7.11.2024.
[31] Siehe dazu den Beitrag von Taras Nazaruk in diesem Band, S. 443–450.
[32] Jak transformujet'sja TikTok: analityčnyj zvit vid UIMK. Journalism Teacher's Academy, 30.12.204.

Verbraucher- und Hobbygruppen, etwa Gärtner, und dienten nur zweitrangig als gesellschaftspolitische Informationsquelle. Einige anonyme *Telegram*-Kanäle verbreiteten Politklatsch und wurden von einem engen Kreis von Abgeordneten, Journalisten und Experten gelesen, beispielsweise die Kanäle *Kartkovyj ofis* (Kartenbüro) oder *Džoker* (Joker). Nach Beginn der groß angelegten Invasion erreichten die politischen Kanäle von *Telegram* ein immer größeres Publikum. Laut einer Umfrage, die vom *Kiewer Internationalen Institut für Soziologie* im Dezember 2022 im Auftrag des *Ukrainischen Instituts für Medien und Kommunikation* (UMCI) durchgeführt wurde, haben 63 Prozent der Ukrainer nach dem 24. Februar 2022 begonnen, Telegram-Kanäle auch für den Erhalt politischer Nachrichten zu nutzen, während dies vor der Invasion nur 36 Prozent taten. Vor dem Hintergrund des 2022 eskalierenden Krieges hat sich ein großer Pool von teils anonym betriebenen Telegram-Kanälen gebildet, in manchen Fällen mit Millionen von Abonnenten.

Die Beliebtheit der Telegram-Kanäle ist leicht zu erklären. So gaben bei derselben Umfrage 41 Prozent der Befragten an, dass Telegram-Kanäle nützlich sind, weil sie bequem zu handhaben seien. 39 Prozent schätzten sie wegen ihrer Informationen über Raketen- oder Drohnenstarts sowie mögliche Einschlagszeiten und -gebiete, 38 Prozent wegen ihrer Schnelligkeit. Weitere 24 Prozent der Befragten informieren sich über Telegram-Kanäle, weil diese Nachrichten veröffentlichten, die in den traditionellen Medien nicht verfügbar seien.[33] Die gesteigerte Nutzung sozialer Medien als Nachrichtenquelle dürfte auch mit der Migration von Millionen Menschen in andere Regionen der Ukraine oder ins Ausland zusammenhängen. Die auf dem Smartphone installierten Apps waren für sie jederzeit nutzbar.

Andererseits erleichterte die neue Prominenz der teils anonymen Telegram-Kanäle die Verbreitung von Desinformationen und wurde zu einem Instrument der Beeinflussung der öffentlichen Meinung. Der Telegram-Gründer Pavel Durov ist Russe, was aus ukrainischer Sicht das Risiko einer Zusammenarbeit mit den russländischen Geheimdiensten sowie der Weitergabe von Daten ukrainischer Nutzer an Russland birgt. Die meisten in der UMCI-Studie untersuchten Telegram-Kanäle mit Millionenpublikum geben, wenn überhaupt, nur teilweise ihre Informationsquellen preis und missachten auch andere ethische und journalistische Standards. Der Stil der Nachrichtenpräsentation in anonymen Telegram-Kanälen variiert von informativ-sachlich bis hochemotional und enthält gelegentlich obszönes Vokabular oder gar Hassrede.

Trotz der Kritik von Medienexperten und aus der Zivilgesellschaft, dem Parlament und von Behörden tauchten nach dem 24. Februar 2022 auch staatliche Kanäle auf Telegram auf – etwa von Behörden, ihren Leitern oder lokalen Selbstverwaltungen. Dies zwang auch die traditionellen Medien, eigene Telegram-Kanäle einzurichten. Selbst das Militär wendet sich nun via Telegram an die Bevölkerung: Heute haben alle Strukturen der ukrainischen Streitkräfte sowie fast alle Einheiten der Armee eigene Kanäle. Auf diese Weise hat die Regierung eine unmittelbare Verbindung zur Gesellschaft aufgebaut, was den Einfluss der konventionellen Medien weiter schwächt.

Das Paradoxe am Erfolg der Telegram-Strategie ist, dass Regierungsstellen, die für Informationspolitik zuständig sind, und staatliche Sicherheitsagenturen wiederholt auf

---

[33] Diana Dutsyk, Yuliya Dukach, Olha Iurkova, Anastasiya Plys, Oksana Pochapska, Anastasiia Sychova: How Non-Institutionalized News Telegram-Channels Operate and Capture the Audience in Ukrainian Segment. UMCI. Kyiv 2023, <www.jta.com.ua/wp-content/uploads/2023/03/Telegram-Channels-2023_EN.pdf>.

das Risiko hingewiesen haben, das dieses Netzwerk für das Land darstellt. Der Leiter des *Militärischen Nachrichtendienstes der Ukraine*, Kyrylo Budanov, hält Telegram beispielsweise für eine Bedrohung der ukrainischen nationalen Sicherheit.[34] So nutzen etwa Russlands Geheimdienste bestimmte Telegram-Kanäle, um ukrainische Jugendliche dazu anzustiften, Dienstfahrzeugen der Streitkräfte der Ukraine in Brand zu stecken.[35]
Trotz vielfacher Kritik an Telegram können die Behörden den Zugang zu dieser Plattform für Ukrainer nicht sperren, da sie sich damit selbst schaden würden. Darüber hinaus wird Telegram von allen politischen Kräften genutzt, um ihre Positionen zu verbreiten. Die sogenannte *Jeansa*, das heißt bezahlte, nur scheinbar journalistische Berichterstattung, die nicht als Werbung gekennzeichnet ist, wird nun auch in den populären ukrainischen Telegram-Kanälen praktiziert.[36]

Wie der Krieg den medialen Geschäftsbetrieb wandelt

Der Aufstieg der sozialen Medien beschleunigt die Transformation traditioneller Nachrichtenkanäle in nichtlineare Medien, das heißt in Informationsmittel, mit denen die Verbraucher aktiv interagieren und bei denen sie selbst entscheiden, wie, wann und auf welchem Gerät sie diese nutzen. Fast alles läuft über das Smartphone.
Die weitgehende Deoligarchisierung des Medienmarkts hat darüber hinaus dazu beigetragen, die Berichterstattung zu kommerzialisieren. Große Medienkonzerne, die im Zuge der Schaffung des „Telemarathons“ die Möglichkeit verloren haben, eigene Nachrichtensender zu entwickeln, suchen nach Möglichkeiten, Geld zu verdienen. Die Lösung sind meist Unterhaltungsinhalte und alternative Märkte außerhalb des postsowjetischen Raums. Sie bewegen sich zudem immer weiter weg vom traditionellen Fernsehfunk zum Digitalen, also Programmsendungen nicht nur via Satellit sondern auch über Kabel oder Livestream im Internet.
Auf diese Weise erzielte *Starlight Media* im Jahr 2024 Einnahmen von 300 Millionen Hryvnja (sieben Millionen Euro) mit Unterhaltungsinhalten auf YouTube. Die Gesamteinnahmen der digitalen Abteilung des Unternehmens beliefen sich auf etwa eine halbe Milliarde Hryvnja, was in etwa einer Verdreifachung gegenüber 2023 entspricht.[37] Der Medienkonzern entwickelte mehr als 100 YouTube-Kanäle mit fast 50 Millionen Abonnenten und übersetzt seine Inhalte inzwischen in vier Sprachen: Englisch, Spanisch, Portugiesisch und Polnisch. Solch eine Entwicklung wäre vor 2022 kaum vorstellbar gewesen. Damals konzentrierten sich Unternehmen wie *Starlight Media* auf den postsowjetischen, einschließlich russländischen Markt. Sie erstellten einen Großteil ihrer Produkte aus kommerziellen Gründen auf Russisch, was wiederum politische Rückwirkungen auf die Ukraine hatte, in der die russische Sprache damit weiter präsent war und den falschen Eindruck einer russischen Ukraine erzeugte.

---

[34] Budanov: Telegram – ce zagroza nacbezpeci. UkrInform, 7.9.2024.

[35] Iryna Sysak, Valerija Jegošyna, Julija Chymeryk: Nebezbečnyj trend. FSB verbuje ukrajins’kych ditej dlja pidpaliv avto ZSU. Radio Svoboda, 8.10.2024.

[36] „Jeansa“ ist journalistischer Slang und bezieht sich auf die Jeanshosen eines korrupten Journalisten, in die das Honorar für die Erstellung eines Auftragstextes gesteckt wird. Vgl.: Mediahramotnist’ na zachysti informacijnoho suverenitetu deržavy. Kyjiv 2015, <https://runy.org.ua/upload/iblock/dde/dde1274f4b3c8ad1f62f4fd73475800e.pdf>.

[37] Vitalij Gusjev: Melodramy dlja Meksyky ta SŠA. Forbes, 26.11.2024.

Zu ihrer Finanzierung versuchen die Sender auch, ältere Produktionen zu monetarisieren. Zu diesem Zweck nutzen sie immer mehr das *Free ad-supported streaming television* (FAST). Diese kostenlosen Live-Kanäle werden mit Werbung finanziert und laufen über das Internet. Andere beliebte Formen der Mittelbeschaffung sind Zuschüsse von internationalen Organisationen oder auch *crowdfunding* – ein Ansatz, den insbesondere unabhängige und regionale Medien nutzen. So wurden in der ersten Jahreshälfte 2022 durch *crowdfunding*-Kampagnen und Spenden mehr als 2,2 Millionen Euro für einen sechsmonatigen Betrieb von 13 nationalen Medienunternehmen eingeworben, was etwa 60 Prozent ihres Bedarfs für diesen Zeitraum deckte. Profiteure waren die Organe *Ukrajins'ka pravda*, NV, *Liga*, *Ukrainer*, *Hromads'ke*, *Detektor media*, *Bihus.info*, *Slidstvo.Info*, *Zaborona*, *Dzerkalo tyžnja*, *The Village Ukraine*, *Forbes* und *Babel'*.[38] Durch solche Zuschüsse können die Medien ihre Unabhängigkeit von der Regierung und von Oligarchen wahren und ein pluralistisches Medienumfeld sichern. Auch wenn es sich um recht kleine Summen handelt, bilden diese Organe ein Gegengewicht zu den staatlichen Medien sowie dem „Telemarathon". Sie verschaffen der ukrainischen Gesellschaft Zugang zu verschiedenen Informationsquellen. Auch der kurz vor der Invasion reformierte öffentliche Rundfunk ist ein solches Gegengewicht. Seiner Unterfinanzierung zum Trotz wahrt dieser Objektivität und Unabhängigkeit in der Berichterstattung.

Zensur und Selbstzensur

Russlands Krieg seit 2014 schließt auch aggressive Desinformationskampagnen gegen die Ukraine ein. Russland nutzt systematisch alle möglichen Kanäle und Methoden, um Ukrainer und die Bevölkerung anderer Länder zu beeinflussen. In ihrem jährlichen Index der Meinungsfreiheit für 2022 stellt die internationale Organisation *Reporter ohne Grenzen* fest, dass der Krieg Russlands gegen die Ukraine verheerende Folgen für die Pressefreiheit der gesamten Region hat. Neben physischen Angriffen auf Journalisten weist die Organisation auf „ein seit der Sowjetära beispielloses Ausmaß an Zensur in Russland und massive Desinformation" hin. Der Index illustriert unter anderem, wie der Kreml den Nachrichtenfluss in den von Russlands Truppen okkupierten Gebieten manipuliert und versucht, lokale Medien zur Kollaboration mit den Besatzern zu zwingen.[39]

Trotz Verhängung des Kriegsrechts im Jahr 2022 hat Kiew keine direkte Regierungszensur, sondern nur bestimmte Einschränkungen für die ukrainischen Massenmedien eingeführt. Nach Beginn der russländischen Invasion erließ der damalige Oberbefehlshaber der ukrainischen Streitkräfte, Valerij Zalužnyj, eine Anordnung. Er spezifizierte darin die Akkreditierung von Medienvertretern während des Ausnahmezustandes, erstellte eine Liste von militärisch heiklen Informationen über die Truppen und ihre Operationen, die nicht weitergegeben werden dürfen, und regelte die Arbeit von Journalisten im Frontgebiet, etwa die Übermittlung von Bildmaterial.[40] Es scheint, als

---

[38] Ukrajins'ki ta mižnarodni media j orhanizaciji zibrali na kraudfandynhu ponad 4,8 mln jevro. Forbes, 30.6.2022.

[39] Vijna v Ukrajini maje rujnivnyj vplyv na žurnalistyku – „Reportery bez kordoniv". Radio Svoboda, 3.5.2022.

[40] Nakaz Holovnokomanduvača Zbrojnych Syl Ukrajiny № 73. Ministerstvo oborony Ukrajiny, 3.3.2022, <www.mil.gov.ua/content/mou_orders/nakaz_73_zi_zminamu.pdf>.

bestehe unter ukrainischen Journalisten Konsens darüber, dass diese Verordnungen angemessen und einzuhalten sind.
Vor Beginn des Angriffskrieges 2022 hatte die Ukraine eines der fortschrittlichsten Gesetze über den Zugang zu öffentlichen Informationen verabschiedet und die meisten staatlichen Register sowie Datenbanken von Ministerien und Regierungsagenturen unter anderem für investigative Journalisten geöffnet. Nach Ausrufung des Kriegsrechts wurde der Zugang zu Regierungsinformationen aber eingeschränkt. Die Behörden halten sich häufig nicht mehr an die vorgeschriebenen Fristen für die Bearbeitung von Anfragen von Journalisten und Bürgern sowie die Offenlegung öffentlicher Informationen auf offiziellen Websites.[41] So beklagten sich 51 Prozent der im Jahr 2023 befragten Journalisten über die Weigerung von Behörden, gesellschaftlich wichtige Informationen bereitzustellen, und 17 Prozent über nichterteilte Akkreditierungen.[42]
Vor allem in der ersten Phase der Invasion griffen ukrainische Journalisten häufig zu Selbstzensur. Ein ethisches Dilemma, mit dem sie konfrontiert sind, ist die Frage, wie sie die Wahrheit über den Krieg darstellen sollen, ohne die Gesellschaft zusätzlich zu traumatisieren und die Sicherheit des Landes zu gefährden. Unter anderem unterstützt sie dabei die ukrainische *Kommission für journalistische Ethik* (CJE) als Selbstregulierungsorgan ukrainischer Medien. Seit der umfassenden Invasion hat die CJE eine umfangreiche Datenbank mit Empfehlungen für die Berichterstattung über komplexe Themen in Kriegszeiten entwickelt.[43] Es gibt Ratschläge zur Veröffentlichung von Fotos von Opfern oder deren Beerdigung, zur Berichterstattung über militärische Aktionen der ukrainischen Streitkräfte auf dem Gebiet der Russländischen Föderation oder zur Darstellung der Mobilisierungsbemühungen.

Abschließende Einschätzung

Die Medienlandschaft in den nichtokkupierten Teilen der Ukraine bleibt trotz aller Herausforderungen und Einschränkungen durch Krieg und Ausnahmezustand pluralistisch. Meinungsvielfalt wird unter anderem sichergestellt durch:

- Existenz eines öffentlich-rechtlichen Rundfunks;
- eine Vielfalt von Online-Medien und deren unabhängige Finanzierung;
- viele unkontrollierte Telegram-Kanäle;
- Kanäle in anderen sozialen Medien;
- investigative Rechercheteams bei diversen Medien;
- Nichtregierungsorganisationen, die staatliche Behörden beobachten;
- öffentliche Debatten zu Streitthemen, wie Mobilisierung.

Somit sind die meisten ukrainischen Journalisten der Meinung, dass trotz des Krieges und seiner Rückwirkungen auf Staat und Gesellschaft die Meinungsfreiheit in der Ukraine erhalten geblieben ist. Nach einer soziologischen Umfrage unter Journalisten, die von der

---

[41] Darija Opryško: Monitorynh media pljuralizmu v cyfrovu eru. European University Institute, 2023, <https://cadmus.eui.eu/bitstream/handle/1814/76165/Ukraine_preliminary_study_ukrainian.pdf>.
[42] Pid čas viyny zberihajet'sja svoboda slova v Ukrajini, ale jedynyj marafon treba prypynjaty – opytuvannja žurnalistiv. Zmina, 3.5.2023.
[43] Komisija z žurnalists'koji etyky, <https://cje.org.ua/>.

Stiftung Demokratische Initiativen in Zusammenarbeit mit dem *Menschenrechtszentrum ZMINA* im Jahr 2023 durchgeführt wurde, bewerten die Journalisten den Zustand der Meinungsfreiheit mit 6,4 Punkten auf einer 10-Punkte-Skala (10 heißt sehr gut).[44]
Am 14. April 2022 nahm das ukrainische Parlament eine Erklärung zu Garantien für Journalisten sowie Medien unter Bedingungen des Kriegsrechts an, in der die Parlamentarier eine Gewährleistung von Meinungsfreiheit forderten. „Am Beispiel des Aggressorstaates haben wir gesehen, was aus der Gesellschaft eines Landes werden kann, wenn sie unter Bedingungen harter Propaganda und fehlender Redefreiheit lebt", heißt es in der Erklärung. Die Abgeordneten forderten

> alle staatlichen Behörden, einschließlich der Strafverfolgungsbehörden und die lokalen Selbstverwaltungsorgane, auf, den Schutz der Rechte von Journalisten und Medien während des Kriegsrechts zu gewährleisten, unverzüglich auf entsprechende Beschwerden über Verletzungen ihrer Rechte zu reagieren und die Meinungsfreiheit als eines der wichtigsten Merkmale einer demokratischen Gesellschaft zu garantieren.[45]

Trotz dieser Erklärung sind ukrainische Journalisten wiederholt unter Druck geraten. Ein aufsehenerregender Fall war die Überwachung von Journalisten des Investigativteams von *Bihus.Info* durch den ukrainischen Sicherheitsdienst SBU.[46] Wenn solche Fälle Bekanntheit erlangen, werden sie von der breiten Öffentlichkeit und journalistischen Gemeinschaft der Ukraine in der Regel heftig diskutiert und scharf verurteilt.
Ukrainische Journalisten arbeiten unter schwierigen Sicherheitsbedingungen. Sie sind Einschränkungen bei der Verbreitung sensibler Informationen, dem Einfluss von Behörden und dem Druck der öffentlichen Meinung unterworfen. Dennoch gelingt es ihnen, ihrer gesellschaftlichen Verantwortung gerecht zu werden und die Öffentlichkeit mit Informationen über Ereignisse in der Ukraine und der Welt zu versorgen. In der fast 35-jährigen Geschichte der Ukraine als moderner und unabhängiger Nationalstaat waren politischer Pluralismus und Meinungsfreiheit zwar stets unter Druck. Der ukrainische Medienbetrieb litt jedoch noch nie unter einem fundamentalen Defekt im Verhältnis zwischen Herrschern und Gesellschaft, wie in etlichen anderen postsowjetischen Staaten, ob nun in Russland, in Zentralasien oder im Südkaukasus. Die seit Russlands Großinvasion und der Verhängung des Kriegsrechts 2022 gewachsenen Probleme in der Medienlandschaft sind zwar nicht trivial, stellen aber eine untypische Situation für die Ukraine dar. Im Fall eines Waffenstillstandes und insbesondere einer dauerhaften Friedenslösung ist davon auszugehen, dass sich die Arbeit der Medien wieder normalisiert.

Schlagwörter:
Medien, Ukraine, Krieg, Russland, Öffentlichkeit, Oligarchen, Soziale Medien

---

[44] Pid čas viyny zberihajet'sja svoboda slova v Ukrajini [Fn. 41].

[45] Pro Zajavu Verchovnoji Rady Ukrajiny pro cinnist' svobody slova, harantiji dijal'nosti žurnalistiv i zasobiv masovoji informaciji pid čas diji vojennoho stanu. Verchovna Rada Ukrajiny, 14.2.2022, <https://zakon.rada.gov.ua/laws/show/2190-IX#Text>.

[46] Za Bihus.Info nezakonno stežyla SBU, operaciju zdijsnjuvav Departament zachystu nacderžavnosti. Bihus.Info, 5.2.2024.

Florian Töpfl

Brutalisierung und Repression

Russlands Krieg und der Wandel der Öffentlichkeit

In Russlands autoritär strukturierter Öffentlichkeit gab es lange noch Nischen, in denen Kritik an der politischen Führung geäußert werden konnte. Das hat sich seit dem Überfall auf die Ukraine geändert. Kritiker des Putin-Regimes wurden kriminalisiert und exiliert, Sanktionen gegen freie Rede verschärft, westliche digitale Plattformen verdrängt und der öffentliche Diskurs von jedem demokratischen normativen Ideal abgekoppelt. In den Medien ist eine Verrohung zu beobachten. Alle öffentlichen Räume sind dem Herrschaftsanspruch des Autokraten unterworfen, Kritik an Putin ist tabu. An nachgeordneten Funktionsträgern bleibt öffentliche Kritik jedoch möglich. Sie trägt dazu bei, die Autokratie mit Informationen zu versorgen und die Effizienz des Herrschafts- und Repressionsapparats zu steigern.

Am 24. Februar 2022 befahl Russlands Autokrat Vladimir Putin den Großangriff auf die Ukraine. Für die Bürger Europas markierte der Überfall, in den Worten des Historikers Timothy Garton Ash, das Ende der „Nach-Mauer-Zeit“, also jener drei Jahrzehnte der Demokratisierung und Globalisierung, die durch den Fall der Berliner Mauer 1989 eingeleitet worden waren. Im Februar 2022 brachte Russland den zwischenstaatlichen Krieg „von einem Ausmaß und Grauen, wie es ihn in Europa seit 1945 nicht mehr gegeben hatte“, zurück nach Europa.[1] Die vollständige Invasion stellt ein Schlüsselereignis dar, das Veränderungen im politischen System Russlands und in der Struktur der Öffentlichkeit massiv beschleunigte. Die Anfänge dieses Wandels lassen sich jedoch bis in die frühen 2010er Jahre zurückverfolgen.

Bereits damals herrschte in Russland ein autoritäres Regime. Auch in einer Autokratie wie der in Russland besteht die Öffentlichkeit aus vielen sich überlappenden Teilöffentlichkeiten. In der russländischen Medienlandschaft gab es Nischen, in denen Kritik an der Führung geäußert werden konnte.[2] In den 2010er Jahren bestand diese Öffentlichkeit aus drei Arten von Teilöffentlichkeiten:

Florian Töpfl (1977), Dr. phil. habil., Kommunikationswissenschaftler, Professor für Politische Kommunikation mit Schwerpunkt auf Osteuropa und die postsowjetische Region, Universität Passau

Der vorliegende Beitrag basiert unter anderem auf Forschungsarbeiten des Projektes RUSINFORM, welches vom Europäischen Forschungsrat (ERC) im Rahmen des Horizon 2020 Forschungs- und Innovationsprogramms der Europäischen Union (Zuschussvereinbarungsnummer 819025) gefördert wurde.

1 Timothy Garton Ash: Homelands. A personal history of Europe 2023, S. xv.

2 Florian Toepfl: Comparing Authoritarian Publics: The Benefits and Risks of Three Types of Publics for Autocrats, in: Communication Theory, 2/2020, S. 105–125, <https://doi.org/10.1093/ct/qtz015>.

OSTEUROPA, 75. Jg., 1–3/2025, S. 351–364 doi: 10.35998/oe-2025-022

- *unkritische*. In diesen Teilöffentlichkeiten zirkulierten keine kritischen Aussagen, es sei denn, die Kritik war zuvor von Präsident Putin persönlich formuliert worden. Unter unkritischen Teilöffentlichkeiten sind beispielsweise die drei führenden Fernsehsender *Pervyj Kanal*, NTV und *Rossija 1* sowie ihr jeweiliges Publikum zu verstehen. Unkritische Teilöffentlichkeiten sind das mit Abstand reichweitenstärkste und mächtigste Segment der Öffentlichkeit im autokratischen Russland.
- *umsetzungskritische*. In diesen Teilöffentlichkeiten war Kritik an Staatsdienern, Amtsträgern und Politikern auf den Ebenen unterhalb des Kreml und der Präsidialadministration möglich, ja sogar erwünscht. In der Öffentlichkeit wurden die Preise der lokalen Wasser- und Energieversorgung, das Versagen der Müllabfuhr, misslungene oder gescheiterte Infrastrukturprojekte oder die mangelhafte Bekämpfung von Bandenkriminalität und organisiertem Verbrechen angeprangert. Kritik am Kreml war jedoch tabu. So wurden für alle Missstände lokale Politiker und Verwaltungsmitarbeiter verantwortlich gemacht, während Kritik am Kreml konsequent unterblieb, obwohl viele der Missstände landesweit herrschten und auf strukturelle Versäumnisse des Machtzentrums in Moskau zurückzuführen waren. Zu diesen umsetzungskritischen Teilöffentlichkeiten gehörten Zeitungen wie *Kommersant", Moskovskij Komsomolec*, Webseiten wie *gazeta.ru* sowie der Facebook-Kommentarbereich der Nachrichtensendung *Vremja* des *Pervyj Kanal;*
- und schließlich *führungskritische*. Diese Teilöffentlichkeiten waren sehr klein, ihr Publikum schrumpfte stetig.[3] Zu diesen Teilöffentlichkeiten zählten die *Novaja Gazeta*, der Radiosender *Echo Moskvy* und die Nachrichtenwebseite *Meduza.io*. Hier war Kritik am Autokraten Putin möglich.

Dadurch, dass führungskritische Nischen existierten, unterschied sich die russländische Öffentlichkeit strukturell von der Öffentlichkeit in anderen autoritären Regimen wie China, die lediglich umsetzungskritische Teilöffentlichkeiten zuließen, und Nordkorea oder Turkmenistan, die jede Form von Kritik unterdrücken. Die Existenz dieser Nischen bedeutete allerdings nicht, dass damit eine „Demokratisierung" von Politik und Öffentlichkeit verbunden gewesen wäre. Politikwissenschaftler stuften Russland damals als ein „pseudodemokratisches" oder „semikompetitives autokratisches System" ein.[4]
Nach der Auflösung der Sowjetunion und Jugoslawiens sowie der Bildung unabhängiger Nationalstaaten setzten sich oft nicht demokratische Kräfte durch, die ein demokratisches politisches System hätten durchsetzen können, sondern es entstanden „hybride" autokratische Systeme, die sich auf pseudodemokratische Institutionen wie semikompetitive Wahlen, kooptierte Parlamente und eine pseudodemokratische Öffentlichkeit stützten, in der es Nischen für Kritik an der Führung gab. Für das Jahr 1995 zählten die Politikwissenschaftler Stephen Levitsky und Lucan Way 33 „kompetitiv autoritäre" Regime.

---

[3] Anna Litvinenko, Florian Toepfl: The „Gardening" of an Authoritarian Public at Large: How Russia's Ruling Elites Transformed the Country's Media Landscape after the 2011/12 Protests „For Fair Elections", in: Publizistik, 2/2019, S. 225–240.

[4] Steven Levitsky, Lucan A. Way: Competitive Authoritarianism: Hybrid Regimes After the Cold War. London 2010.

Damit gab es in der postkommunistischen Welt und in Entwicklungsländern mehr autoritäre Regime als „konsolidierte Demokratien".[5] Die kompetitiv autoritären Herrschaftsordnungen erwiesen sich als überraschend stabil. Im Jahr 2010 existierte mehr als ein Dutzend dieser Regime bereits 15 Jahre.[6]

Für semikompetitive Autokratien, welche die Legitimität ihrer Herrschaft zumindest teilweise von manipulierten Wahlen ableiten, sind führungs- und umsetzungskritische Teilöffentlichkeiten höchst funktional.[7] Denn sowohl kritische als auch unkritische Teilöffentlichkeiten bergen nicht nur Risiken für autokratische Herrscher, sondern nützen diesen auch. Reichweitenstarke unkritische Teilöffentlichkeiten wie die zentralen Fernsehsender erlauben es dem Regime, maßgeschneiderte Botschaften an ein breites Publikum zu übermitteln. Doch genießen diese Kanäle in der Bevölkerung nur bedingt Glaubwürdigkeit, da sie ausschließlich unkritische Botschaften vermitteln.[8] Sie sind autokratischen Herrschern insofern wenig nützlich, als ihre Berichterstattung kaum als Grundlage für notwendige politische Entscheidungen dienen kann. Denn das Bild, das sie zeigen, ist von der sozialen Wirklichkeit im Lande weitgehend losgelöst. Dagegen stoßen umsetzungskritische Teilöffentlichkeiten in diese Lücke, indem sie etwa auf soziale Probleme hinweisen und dem Herrschaftszentrum glaubwürdige Informationen über die Leistungsbilanz untergeordneter Ebenen des Herrschaftsapparates liefern. Weil der Autokrat dadurch die Tätigkeit von Amtsträgern beurteilen und sanktionieren kann, tragen diese Teilöffentlichkeiten dazu bei, der Bevölkerung das Bild einer politischen Führung zu vermitteln, die sich der Probleme annimmt.

Wie in anderen semikompetitiven Autokratien verfolgte die herrschende Elite auch in Russland vor 2022 nicht das Ziel, alle scheindemokratischen Institutionen abzuschaffen oder vollständig zu kontrollieren. Vielmehr strebte der Kreml danach, jenes Maß an Unabhängigkeit der Fassaden-Institutionen zuzulassen, das für das Ziel des eigenen Machterhalts nützlich war. So tarierte der Kreml auch die Reichweite der drei Segmente der Öffentlichkeit (unkritisch, umsetzungskritisch, führungskritisch) so aus, dass diese Teilöffentlichkeiten zur Stabilisierung des Regimes beitrugen.[9]

Um die Zahl führungskritischer Medien zu kontrollieren und ihre Reichweite zu begrenzen, nutzte der Kreml seinen Einfluss auf Staatsunternehmen und Wirtschaftseliten, welche die Eigentumsrechte an Medien erworben hatten. So wurden im März 2013 auf Druck der Besitzer die Redaktionen der Internetplattformen *lenta.ru* und *gazeta.ru*, die bis dahin

---

5 Levitsky, Way, Competitive Authoritarianism [Fn. 4], S. 3

6 Ebd., S. 4.

7 Toepfl, Comparing Authoritarian Publics [Fn. 2].

8 Anna Ryzhova, Florian Toepfl: The Consequences of Evidence Versus Non-Evidence-Based Understandings of the „Truth": How Russian Speakers in Germany Negotiate Trust in Their Transnational News Environments, in: The International Journal of Press/ Politics, 1/2025, S. 326–345. – E. Mickiewicz: Does „trust" mean attention, comprehension, and acceptance? Paradoxes of Russian Viewers News Perception, in: K. Voltmer (Ed.): Mass media and political communication in new democracies. London 2006, S. 189–209. – E.P. Mickiewicz: Television, Power, and the Public in Russia. Cambridge 2008. – Florian Toepfl: Making sense of the news in a hybrid regime: How young Russians decode state TV and an oppositional blog, in: Journal of Communication, 2/2013, S. 244–265. Viele Studenten waren Anfang der 2010er Jahre durchaus in der Lage, die Nachrichtensendungen auf den zentralen Fernsehkanälen kritisch zu deuten. Die meisten waren sich darüber bewusst, dass die Fernsehkanäle „Werkzeuge der Machthaber" waren und der Inhalt manipuliert sei.

9 Litvinenko, Toepfl: The „Gardening" [Fn. 3].

als führungskritisch gegolten hatten, neu besetzt.[10] Gleichzeitig durften andere Medien wie der reichweitenstärkste „oppositionelle“ Radiosender *Echo Moskvy* weiterhin die Führung kritisieren. *Echo Moskvy* befand sich seit Anfang der 2000er Jahre zu zwei Drittel im Besitz einer Tochterfirma des staatseigenen Gasmonopolisten *Gazprom*. Insofern wäre es dem Kreml jederzeit möglich gewesen, die Redaktion auszutauschen. Im Kreml entschied man sich offensichtlich dagegen.[11] Der Chefredakteur Aleksej Venediktov, der den Sender von 1998 bis zu seiner Schließung 2022 geleitet hatte, war über mehrere Verbindungen mit der Herrschaftselite vernetzt. Seit 2016 war Venediktov Mitglied der Gesellschaftskammer der Stadt Moskau und zumindest bis zum Februar 2022 Mitglied im Gesellschaftsrat des russländischen Verteidigungsministeriums.[12]

Im demokratischen Ausland wird die komplexe Funktionslogik von kooptierten Institutionen in Autokratien – wie etwa auch der kooptierten führungskritischen Öffentlichkeit Russlands – mitunter sogar von professionellen Beobachtern nicht in voller Tiefe verstanden. So berichtete *Radio Free Europe* im März 2022, nachdem *Echo Moskvy* auf Beschluss des eigenen Direktoriums seinen Sendebetrieb eingestellt hatte, von einem „Durchgreifen der Regierung“ gegen eine der „letzten unabhängigen Rundfunkanstalten Russlands“.[13] Weder gab es Anzeichen dafür, dass sich die hier als „unabhängig“ bezeichnete Redaktion gegen diesen Beschluss gewehrt hätte, noch dass das Regime die Schließung gewaltsam, etwa durch den Einsatz von Sicherheitskräften durchgesetzt hätte, wie dies zu Beginn der Putin-Ära mit der Unterwerfung des Fernsehsenders NTV geschehen war.[14]

Russlands autokratische Öffentlichkeit war ein höchst stabiles System. Ziel der Herrschaftselite war es, die Reichweiten der drei Arten von Öffentlichkeit so auszutarieren, dass der Nutzen der pseudo-pluralistischen, autokratischen Öffentlichkeit für die autokratische Führung maximiert und die Risiken minimiert werden konnten.

---

[10] Rolf Fredheim: The loyal editor effect: Russian online journalism after independence, in: Post-Soviet Affairs, 1/2017, S. 34–48.

[11] Benjamin Bidder: Controlling the Press: Echo of Moscow under Pressure in Russia. Der Spiegel, 17.2.2012.

[12] Ministerstvo Oborony Rossijskoj Federacii: Obščestvennyj Sovet, 19.1.2017, <https:// web.archive.org/web/20170119002754/http://function.mil.ru/function/public_board.htm>. Die Webseite des Gesellschaftsrats wurde im Februar 2022 deaktiviert. Long Standing Radio Editor Re-elected to Post at Echo Moskvy. The Moscow Times, 3.4.2014.

[13] Echo Moskvy: One Of Russia's Last Independent Broadcasters, Closes Amid Government Crackdown. Radio Free Europe/Radio Liberty, 2.3.2022.

[14] Welche Rolle der Ex-Chefredakteur Venediktov dabei spielte, ist ebenso unklar wie seine heutige. Er reist in den Westen, gibt Interviews, in denen er so erstaunliche Aussagen verbreitet wie die, dass sich für Journalisten die Arbeitsbedingungen durch den Krieg ebenso wenig verändert hätten wie für Chirurgen und Professoren, man könne alle Informationen über den Krieg erhalten, beklagt das Einfrieren russländischer Auslandsvermögen und setzt sich für die Aufhebung der Sanktionen ein. Alexei Wenediktow: „Die Schweiz kann im Ukraine-Krieg nicht mehr vermitteln.“ Swissinfo, 8.2.2023. Journalisten und Intellektuelle, die aus Russland ins Exil getrieben wurden, betrachten Venediktov mit Skepsis. Für sie agiert er als „Fake Defector“, als Person, die im Westen als „oppositionell“ gilt, de facto aber (Propaganda-)Interessen des Kreml im Ausland verbreitet und deshalb nach wie vor vom Kreml unterstützt werde.

Der Strukturwandel der Öffentlichkeit in Russland

Unmittelbar nach Beginn des Großangriffs auf die Ukraine beschleunigte sich der Strukturwandel der autoritären Öffentlichkeit in Russland. Es lassen sich sechs Entwicklungen unterscheiden:

Exilierung und Kriminalisierung führungskritischer Medien

In den ersten Tagen und Wochen nach der Invasion wurde das führungskritische Segment in Russlands Öffentlichkeit weitgehend ausgeschaltet. Im März 2022 stellten alle reichweitenstarken führungskritischen Medien auf Druck des Kreml ihre Arbeit in Russland ein. Spätestens ab dem Sommer 2022 gab es keine „unabhängigen" Medien mehr, die offiziell noch in Russland tätig waren.[15] Hunderte von Medienorganisationen lösten sich auf oder produzierten ihre Inhalte nun im Exil.[16] Webseiten und andere Verbreitungskanäle dieser Medien wurden in Russland blockiert. Auch ausländischen Medien mit einem russischsprachigen Dienst wie der *Deutschen Welle* wurde die Lizenz entzogen. Diese Verschärfung der Repressionen gegen Medien endete nicht im Sommer 2022, sondern ging kontinuierlich weiter.

Ab 2017 waren viele Medien zu „ausländischen Agenten" erklärt worden. 2022 und 2023 wurden immer mehr als „unerwünschte Organisationen" gebrandmarkt. Diese repressive Maßnahme geht weit über die bloße Zensur der Inhalte im Inland hinaus.[17] Jede Zusammenarbeit mit „unerwünschten" Medien – sei es bei einer Straßenumfrage, einem Interview oder durch die Übergabe von Informationen – kann strafrechtlich verfolgt werden. Bei wiederholten Verstößen sind bis zu sechs Jahre Haft möglich.[18] Im Herbst 2024 befanden sich auf der Liste der „unerwünschten Organisationen" u.a. *Projekt Media* (seit 15.7.2021), *Bellingcat* (13.7.2022), *The Insider* (13.7.2022), *Meduza* (25.1.2023), *TV Dožd'* (21.7.2023) und *Moscow Times* (3.7.2024).[19] Jeglicher Kontakt von Bürgerinnen und Bürgern mit diesen Medien wurde kriminalisiert. Die drohenden drakonischen Strafen schränken die Arbeitsbedingungen der Journalisten erheblich ein und erschweren es, glaubwürdige Informationen über den Alltag, die Gesellschaft und Politik zu recherchieren und zu veröffentlichen.

Gleichzeitig duldet das Regime Nischen, in denen regimeloyale Kriegsblogger,[20] Duma-Abgeordnete oder prominente Medienfiguren wie der Talkshow-Moderator Vladimir Solov'ev öffentlich beklagen dürfen, dass Russlands Truppen die Front nicht beherrschen,

---

[15] I. Yablokov: Russia's recently exiled media learn hard lessons abroad. Open Democracy. 22.12.2022.

[16] Siehe dazu den Beitrag von Ksenja Lučenko im vorliegenden Band, S. 365–384 sowie den zum Verlagswesen im Exil von Felix Sandalov, ebd., S. 397–410.

[17] Grigorij Ochotin: Agentenjagd. Die Kampagne gegen NGOs in Russland, in: OSTEUROPA, 1–2/2015, S. 83–94. – OVD-Info: Diskriminierung auf ganzer Linie. Russlands Gesetz über ausländische Agenten, in: OSTEUROPA, 8–9/2021, S. 241–248. Zur jüngsten Entwicklung <https://inoteka.io/ino/foreign-agents>. Siehe auch Tabelle 1 und die Graphik auf S. 399.

[18] Juri Rescheto: Russia tightens „undesirable organizations" law. Deutsche Welle.com, 27.7.2024.

[19] Ministerstvo Justicij Rossijskoj Federacii: Perečen' inostrannych i meždunarodnych nepravitel'stvennych organizacij, dejatel'nost' kotorych priznana neželatel'noj na territorii Rossijskoj Federacii, 4.10.2024, <https://archive.ph/zsplH>. – Rescheto, Russia tightens [Fn. 18].

[20] Donald N. Jensen, Angela Howard: How Russia's military bloggers shape the course of Putin's war. The Kyiv Independent, 8.8.2023.

die „militärische Spezialoperation“ am seidenen Faden hängt oder die Politik der Russländischen Zentralbank verfehlt ist. Jede dieser Einlassungen muss hinterfragt und eingeordnet werden: Wer spricht, welche Stoßrichtung hat die Kritik und über welche Verbindung zum Kreml verfügt der Sprecher? Der Molotov-Enkel Vjačeslav Nikonov etwa, einer der drei Moderatoren der mehrstündigen, täglichen Talkshow *Bol'šaja igra* (Großes Spiel), ist gleichzeitig Duma-Abgeordneter der Partei der Macht *Edinaja Rossija* und Vorsitzender der Stiftung *Russkij mir*, Dekan der Fakultät für Staatsverwaltung der Lomonosov-Universität und Herausgeber mehrerer wissenschaftlicher Zeitschriften.

Die meisten, mitunter wütenden Äußerungen der Kriegsblogger über das Versagen der russländischen Armee sind als umsetzungskritische Äußerungen für das Regime höchst funktional. Es ist falsch, diese Kritik als führungskritisch oder gar als ein Indiz für den bevorstehenden „Zusammenbruch der Heimatfront“ zu interpretieren, wie es der amerikanische Russlandexperte S. Frederick Starr macht.[21] Die Blogger liefern semiunabhängige Informationen über untere Ebenen der zivilen und militärischen Hierarchien und tragen dazu bei, die Verantwortung für militärische Misserfolge vom Autokraten Putin auf niedere Ränge zu lenken. Um Risiken zu minimieren, können dennoch gelegentlich einzelne Akteure in ihrer Reichweite beschränkt oder zum Schweigen gebracht werden, wenn sich deren Kritik explizit oder zu beleidigend gegen den Kreml richtet. So wurde im Sommer 2024 der Ex-Geheimdienstler und Militärblogger Igor' Girkin, der unter seinem *nom de guerre* Igor' Strelkov bekannt wurde und der im Frühjahr 2014 eine Schlüsselrolle bei der Entfachung des Krieges in der Ostukraine spielte, zu vier Jahren Haft wegen Extremismus verurteilt. Diese Verhaftung blieb die Ausnahme. Viele Kriegsblogger sind weiter „auf Sendung“.

Repression freier Rede: Gefängnisstrafen für Verbrechen des Wortes

Ein wichtiges repressives Signal an die eigenen Bürger setzte das Putin-Regime am 4. März 2022, unmittelbar nach Beginn der Invasion, mit der Verschärfung der Gesetzgebung zur Bekämpfung vermeintlicher „Fake News“.[22] Der entsprechende Artikel 207.3 des Strafgesetzbuches sieht nun bis zu 15-jährige Haftstrafen für die Verbreitung von „wissentlich falschen“ Äußerungen über die russländische Armee und Staatsorgane vor. Ebenso wichtig wie die Verschärfung der gesetzlichen Grundlagen ist die veränderte Rechtsprechung. Immer mehr Proteste, kritische Äußerungen und schlichte Tatsachenbehauptungen werden nun als Tatbestände mit besonders hohen Strafmaßen abgeurteilt wie „Rechtfertigung von Terrorismus“, „Hochverrat“ oder „Extremismus“.[23] Drakonische Urteile sollen eine Signalwirkung entfalten. So zählte die Menschenrechtsorganisation OVD-Info im Herbst 2024 in Russland (ohne die besetzten und annektierten Gebiete in der Ukraine) mehr als 1000 anhängige Strafverfahren wegen kritischer Äußerungen und

---

[21] S. Frederick Starr: Ukraine and Russia's Collapsing Home Front. The National Interest, 24.11.2024.

[22] Committee to Protect Journalists Understanding the laws relating to „fake news“ in Russia <https://cpj.org/wp-content/uploads/2022/07/Guide-to-Understanding-the-Laws-Relating-to-Fake-News-in-Russia.pdf>.

[23] Ėto poka ne Bol'šoj terror. No ėto stalinskaja logika. Meduza, 13.4.2023. – OVD-Info: Repressions Report. Summary of the First Seven Months of 2024. 8.8.2024, <https://en.ovdinfo.org/repressions-report-january-june-2024>.

Proteste gegen die „militärische Spezialoperation“. Über einige besonders schockierende Verurteilungen berichteten Exilmedien, russische Dienste von Auslandsmedien, die Nachrichtenagentur TASS sowie Staatsmedien. Diese Berichte sind ambivalent: Einerseits klären sie über den repressiven Charakter des Regimes auf, andererseits sind sie Voraussetzung für die abschreckende Wirkung der Repressalien, da sie zeigen, wie das Regime mit Andersdenkenden umgeht. Großes Aufsehen erregte der Fall eines Moskauers, der zu fünf Jahren Gefängnis verurteilt wurde, weil er in einer Straßenumfrage für *Radio Free Europe* im Juli 2022 über die Kriegsverbrechen der russländischen Armee in Buča gesprochen hatte.[24] Oder der Skandal um den alleinerziehenden Vater Aleksej Moskalev, der zu zwei Jahren Haft verurteilt wurde, nachdem seine 12-jährige Tochter in der Schule ein Bild gemalt hatte, auf dem „Nein zum Krieg“ zu lesen war.[25] Während der Untersuchungshaft wurde Moskalev zwei Monate in eine etwa zwei Quadratmeter große Zelle gesperrt und das Mädchen in ein Kinderheim gebracht. Da Russlands Regierung keine Vertreter der OSZE oder anderer internationaler Organisationen als unabhängige Prozessbeobachter mehr zulässt, ist es kaum möglich, die Verbreitung der Folter an politischen Gefangenen zu dokumentieren.[26] Die UN-Sonderberichterstatterin für die Menschenrechtslage in der Russländischen Föderation geht in ihrem Bericht vom Oktober 2024 davon aus, dass Folter nach Beginn der Invasion in der Ukraine „zu einem staatlich sanktionierten Instrument der systematischen Unterdrückung geworden“ sei, das von Strafverfolgungsbehörden, Geheimdiensten und Militär eingesetzt werde.[27] Gut dokumentiert sind Foltermethoden wie Scheinhinrichtung, Vergewaltigung, verlängerte Einzelhaft, Strafpsychiatrie und der Einsatz von Elektroschocks an Genitalien.[28] In den besetzten ukrainischen Gebieten haben Russlands Besatzungsbehörden nach Recherchen der *New York Times* vom Oktober 2024 ein System aufgebaut,

> das aus einem Gulag von über 100 Gefängnissen, Haftanstalten, informellen Lagern und Kellern besteht, das an die schlimmsten sowjetischen Exzesse erinnert.[29]

Während das Regime versucht, systematisch gesammelte Informationen über das Ausmaß und die Verbreitung von Folter im Land geheim zu halten, verbreiten die Behörden im Einzelfall gezielt grausame Folterpraktiken in der Öffentlichkeit. Ziel ist Abschreckung.

---

[24] Moskviču, učastvovavšemu v uličnom oprose o vojne, zamenili prinuditelnye raboty na real'nyi srok. BBC News Russkaja služba, 17.9.2024. – Žitelju Moskvy zamenili prinuditel'nye raboty na pjat' let real'nogo sroka za učastie v oprose „Radio Svoboda“ o vojne v Ukraine. Meduza.io, 17.9.2024. – Mosgorsud otpravil na pjat' let v koloniju moskviča za fejki o VSRF v interv'ju. Tass.ru, 17.9.2024.

[25] N. Williams: Alexei Moskalev: Father of girl who drew anti-war picture released from prison. BBC News, 16.10.2024.

[26] Mit dem Projekt „Gefangen in Russland“ dokumentieren die Evangelische Kirche in Deutschland (EKD) , die Deutsche Gesellschaft für Osteuropakunde (DGO) und das Menschenrechtszentrum Memorial das Schicksal politischer Gefangener in Russland: <https://gefangen-in-russland.de/>

[27] Special Rapporteur exposes torture in Russia as a tool for repression at home and aggression abroad. Ohchr.org, 29.10.2024.

[28] Ebd.

[29] Carlotta Gall, Oleksandr Chubko: Ukrainians Tell of Brutal Russian Repression in Occupied Territorie. The New York Times, 30.10.2024. – Dazu auch Stanislaw Assejew: Heller Weg, Donezk. Bericht aus einem Foltergefängnis. Berlin 2023.

So wurde nach dem Terroranschlag auf die *Crocus City Hall* im März 2024 in einem Vorort von Moskau ein Video veröffentlicht, in dem ein Verdächtiger in Haft von seinen Aufsehern gezwungen wurde, sein eigenes, kurz zuvor abgeschnittenes Ohr in den Mund zu nehmen und möglicherweise zu essen.[30] Diese Beispiele illustrieren, mit welcher Brutalität Russlands Führung unterdessen vorgeht und welche Bedeutung Öffentlichkeit hat, um die Reichweite und den Effekt von Repression zu steigern.

Verdrängung und Ausschaltung westlicher Plattformen

Ein drittes Merkmal des Strukturwandels der Öffentlichkeit in Russland ist die Verdrängung westlicher Plattformen. Vor dem 24. Februar 2022 konnten die Nutzer in der Regel zwischen zwei Plattformen vergleichbarer Funktionalität wählen: Eine Plattform stand mittelbar unter Kontrolle des Kreml, während die andere von Unternehmen aus den USA betrieben wurde. So stand der amerikanischen Suchmaschine Google die Suchmaschine Yandex gegenüber, an der die *Sberbank* die Mehrheitsanteile hielt.[31] Über die *Sberbank* hatte der Kreml indirekten Einfluss auf Yandex. Das Gegenstück zu *Google News* war *Yandex News*. Facebook stand Vkontakte gegenüber, das kremlnahe Eigentümer kontrollierten.[32] Bei Vkontakte war Vladimir Kirienko, der Sohn des Putin-Vertrauten und stv. Leiters der Präsidialverwaltung, Sergej Kirienko, Vorstandsvorsitzender.[33] Als Alternative zu YouTube warb RuTube um die Gunst der Nutzer, allerdings mit wenig Erfolg. Auch Alternativen zur Mikroblogging-Plattform Twitter und dem visuell ausgerichteten Netzwerk Instagram kämpften um Marktanteile, darunter die sozialen Netzwerke Odnoklassniki[34] (Klassenkameraden) und Moj Mir (Meine Welt) sowie der von Pavel Durov entwickelte Messenger-Dienst Telegram. Mit dem Kurzvideo-Dienst TikTok war ein soziales Netzwerk aus China sehr erfolgreich.

Mit Beginn des großflächigen Angriffskriegs verschärfte der Kreml seinen Kurs gegen die westlichen Plattformen. Im März 2022 erklärte ein Moskauer Gericht *Meta*, den Mutterkonzern von Facebook und Instagram, zur „extremistischen Organisation“ und verhängte ein Verbot. Twitter wurde zwar nicht als „extremistische Organisation“ eingestuft, aber wie Facebook und Instagram von der Aufsichtsbehörde Roskomnadzor gesperrt.[35] In den Monaten danach tolerierte der Kreml es zunächst, dass etliche Bürgerinnen und Bürger in Russland die westlichen Plattformen über VPN-Dienste weiter nutzten. Erst 2023 und 2024 schränkte man den Zugang zu VPN zunehmend ein, immer wieder gelangten Gerüchte an die Öffentlichkeit, dass ein vollständiges Verbot dieser

---

[30] Russian Officials Lauding Torture Was Unthinkable, Now it is Proud to do-so. The Guardian, 25.3.2024.

[31] Daria Kravets u.a.: The Kremlin-Controlled Search Engine Yandex as a Tool of Foreign Propaganda, in: Russian Analytical Digest, 313/2024, S. 11–15.

[32] J. Kling, F., Toepfl, P. Jürgens: Entertainment interspersed with propaganda: How non-legacy-news accounts deliver explicitly political content to mass audiences on Russia’s most popular social network VK, in: Information, Communication & Society, 2024, 1–18. <https://doi.org/10.1080/1369118X.2024.2420029>.

[33] Philipp Dietrich: The Key Player in Russia’s Cybersphere. What the West needs to know about VK Company DGAP Policy Brief 4/2023, 20.9.2023.

[34] Siehe dazu den Beitrag von Wanja Müller im vorliegenden Band, S. 433–442

[35] Auf dem Weg in die Abkapselung. Zeit-Online, 5.3.2022.

Dienste kurz bevorstehe.[36] Vorsichtiger ging der Kreml zunächst mit Google und dessen Service YouTube um. Experten vermuteten, dass dies damit zusammenhängt, dass es für viele Dienste von YouTube, etwa für das Betriebssystem Android, kein funktionierendes russisches Pendant gibt. Ein Verbot hätte gravierende Einschränkungen für die eigene Bevölkerung und ein potentielles Protestpotential bedeutet. Es scheint so, als hätten russländische Plattformen wegen der westlichen Sanktionen zunächst Schwierigkeiten gehabt, technische Kapazitäten für ein alternatives Video-Sharing Portal aufzubauen. VK erhielt erhebliche Mittel, um seinen Dienst VK Video auszubauen. Dennoch ist YouTube, wenn auch verlangsamt, im Februar 2025, während diese Zeilen entstehen, in Russland noch verfügbar. Und das, obwohl YouTube viele kremltreue Kanäle von seiner Plattform entfernt hatte. Auch Google bot viele seiner Dienste, unter anderem die Suchfunktion, weiterhin in Russland an. Allerdings hatte die russländische Tochtergesellschaft von Google am 12. September 2022 Insolvenz angemeldet, nachdem die Behörden die Bankkonten der Firma gesperrt hatten. Im Oktober 2024 wurde Google zu einer Geldstrafe von 19 Quintilliarden Euro verurteilt – eine bizarre Summe, die nach Berechnungen eines Fachmagazins dem Unternehmensgewinn von 260 Trilliarden Jahren entspricht.[37] Im Dezember 2024 wurde der Zugang zu YouTube offenbar so gedrosselt, dass der Datenabruf binnen weniger Tage um 80 Prozent schrumpfte.[38] Das Unternehmen Yandex, das unter anderem die Suchplattform Yandex betreibt, wurde nach der vollständigen Invasion in einen internationalen und einen nationalen Teil aufgespalten. Der nationale Unternehmensteil, der die Aktivitäten in Russland verantwortet, wurde im Februar 2024 an ein Konsortium aus kremlloyalen Investoren veräußert. Wie die ehemalige Unternehmensführung betonte, nahm man bei dieser – vom Kreml ausdrücklich begrüßten – Transaktion einen Abschlag von etwa 50 Prozent des Marktwerts in Kauf.[39]

Beobachter gehen davon aus, dass dieser Prozess der Verdrängung und Ausschaltung westlicher Plattformen anhält und es nur eine Frage der Zeit ist, bis die Nutzer nur noch aus Internet-Plattformen wählen können, deren Algorithmen und Inhalte unter direkter Kontrolle des Kreml stehen.[40] Die vom Kreml in dieser Hinsicht verfolgte Strategie ist offensichtlich: Die Bevölkerung soll in kleinen Schritten der Nutzung der westlichen Plattformen entwöhnt und auf Plattformen umgeleitet werden, die der Kreml kontrolliert, ohne dass es zu harschen Einschnitten kommt, an denen sich Unzufriedenheit entzünden könnte.

Lösung der Öffentlichkeit von demokratischen Idealen

Der nahezu vollständige Verlust zentraler, demokratischer Normen öffentlicher Kommunikation wie Aufrichtigkeit, Wahrhaftigkeit, Kohärenz, Reflexivität und Zwanglosigkeit ist die vierte wichtige Entwicklung.[41] Während die Herrschaftseliten diese Normen bereits in den 2010er Jahren regelmäßig verletzten, beschleunigte sich der

---

[36] Stanislav Shakirov: What Should Russians Do If VPNs Are Banned? The Moscow Times, 14.6.2024.

[37] Russland verlangt 19 Quintilliarden Euro von Google. Capital.de, 31.10.2024.

[38] YouTube Practically „Blocked“ in Russia, Expert Says, as Traffic Plummets. Rferl.org, 24.12.2024.

[39] Yandex verkauft sein Russlandgeschäft. N-tv.de, 5.2.2024.

[40] Wie Russland westliche Social-Media-Plattformen kontrolliert. Mdr.de, 5.12.2024.

[41] Jürgen Habermas:. Theorie des kommunikativen Handelns. Frankfurt/Main 1981.

Niedergang dieser Ideale demokratischer Öffentlichkeit mit dem Überfall auf die Ukraine rapide. Seitdem ist die öffentliche Kommunikation – vor allem jene der Herrschaftselite – in höchstem Maße auf das Ziel des Machterhalts ausgerichtet. Treffend unterscheidet Alexander Dukalskis sechs „Elemente [. . .] Legitimität stiftender Botschaften" in autoritären Öffentlichkeiten:

> Elemente der Verheimlichung verbannen unbequeme oder unangenehme Aspekte despotischer Herrschaft aus der öffentlichen Diskussion. Framing-Elemente verpacken bestimmte Ereignisse oder Themen so, dass sie mit der herrschenden Ideologie und Legitimität des Regimes übereinstimmen. Blaming-Elemente, also solche der Schuldzuweisung, schreiben die Verantwortung für unerwünschte Ergebnisse einer oder mehreren nichtstaatlichen Gruppen, Organisationen, Aktivitäten oder Einzelpersonen zu und lenken so von einer potentiellen Schuld des Staates ab. Elemente der Unvermeidlichkeit zeichnen die herrschende Macht so, dass sie geeint und fest verankert sei und auf Dauer herrschen werde. Elemente eines mythischen Ursprungs sind rückwärtsgewandt. Sie verbinden das herrschende Regime mit der Legitimität von Gründerfiguren, Kriegen oder Volksaufständen, die das Regime an die Macht gebracht haben oder auf die es seine Ursprünge zurückführt. Elemente, die auf das Land der Verheißung verweisen, sind zukunftsorientiert. Sie vertrösten die Bevölkerung auf eine bessere Zukunft und koppeln diese Aussicht an die Fortsetzung der Herrschaft der Regierenden.[42]

Während Politiker und Angehörige der Medien sich in den Dienst dieser Ziele stellten, verloren demokratische diskursive Ideale wie Kohärenz, Faktizität, Aufrichtigkeit und intersubjektive Nachvollziehbarkeit in Russlands Öffentlichkeit nahezu jede Bedeutung. Dies sei an einem Beispiel illustriert: der offiziellen Darstellung der Vorbereitung auf Russlands Angriffskrieg und dessen nachträgliche Rechtfertigung. Noch wenige Tage vor dem Überfall bezeichnete Außenminister Sergej Lavrov die Warnungen, dass ein Angriff bevorstünde, als „Gerüchte", als „Informationsterrorismus" und „Hysterie des Westens".[43] Er verbat sich jede Einmischung in Russlands innere Angelegenheiten und kündigte an, dass die russländischen Soldaten nach ihren „Übungen" in der Grenzregion planmäßig in ihre Kasernen zurückkehren würden. Diese gebetsmühlenartig wiederholte Stellungnahme des Außenministers erwies sich als Täuschungsmanöver, als Putin in den frühen Morgenstunden des 24. Februars den Angriffsbefehl erteilte. Vollständig von der intersubjektiv nachvollziehbaren Wirklichkeit losgelöst, behauptete Lavrov noch zwei Wochen nach der Invasion, Russland habe „die Ukraine nicht angegriffen".[44] Russlands Öffentlichkeit hat bis heute die Tatsache, dass Russland diesen Krieg mit einer großen Lüge begann, aufgrund der staatlichen Repressionen nicht einmal im Ansatz aufarbeiten können. Stattdessen verbreitet Russlands Propaganda-Apparat seit Beginn des Überfalls zahlreiche, sich teils widersprechende Narrative, wieso der – zuvor vehement geleugnete – Angriff erforderlich und gerechtfertigt sei.

---

[42] Alexander Dukalskis: The authoritarian public sphere: Legitimation and autocratic power in North Korea, Burma, and China. London 2017, S. 33.

[43] Lavrov blasts West's „Russian invasion of Ukraine" rumors as information terrorism. Tass, 15.2.2022.

[44] Russia „did not attack Ukraine" says Lavrov after meeting Kuleba. Euronews, 10.3.2022.

Köpfe der Propaganda: Večer s Vladimirom Solov'evom (oben) und Bol'šaja igra. Quelle: Wikimedia/Pervij kanal

Verrohung des Diskurses und Verherrlichung von Gewalt

Wie das Beispiel der demonstrativen Ausstrahlung einer Folterszene zeigt, ist seit Beginn des massiven Angriffskriegs eine Verrohung und Brutalisierung des öffentlichen Raums zu beobachten. Visualisierte Kommunikation findet nicht nur in sozialen Netzwerken, sondern insbesondere im reichweitenstarken Staatsfernsehen statt. Ein in seiner Wirkung auf das breite Publikum Russlands kaum zu überschätzendes Format ist die „politische Talkshow", die in den vergangenen beiden Jahrzehnten zu einem wichtigen

Fernsehformat geworden ist.[45] Bekannte Talkshows sind *Bol'šaja igra* (Großes Spiel) im *Ersten Kanal* oder *Večer s Vladimirom Solov'evom* (Der Abend mit Vladimir Solov'ev) auf *Rossija*. In den Rankings gehören politische Talkshows zu den meistgesehenen Sendungen des Tages. Sie haben einen Zuschaueranteil von bis zu 25 Prozent, mitunter sogar mehr.[46] Die Diskussionen werden von den Produzenten weitgehend inszeniert. Gelegentlich kommen angeheuerte russlandkritische oder prowestliche „Experten" zu Wort, die von den anderen Diskutanten auf das Übelste beschimpft werden. In Einzelfällen werden sie sogar gewaltsam aus dem Studio geworfen.[47] Während die Nachrichtensendungen der staatlichen Kanäle wie *Vremja* (Erster Kanal), *Vesti* (Rossija1) oder *Segodnja* (NTV) die Botschaften des Kreml in einem Format präsentieren, das professionellen Journalismus simuliert und sie sich eines eher sachlichen Sprachstils bedienen, zielen die Talkshows auf Emotionalisierung und die niederen Instinkte des Publikums.[48] Der Anspruch, dass die Aussagen der Gäste faktengestützt oder gar wahr sind, ist in diesen Talkshows geringer als in den Nachrichtensendungen. Dadurch ist es noch leichter, Falschinformationen und Verschwörungstheorien zu verbreiten.[49]
Unmittelbar nach dem Überfall auf die Ukraine stellten die beiden reichweitenstärksten Sender, der *Erste Kanal* und *Rossija 1*, ihr Programm so um, dass es vom späten Morgen bis Mitternacht ausschließlich aus Nachrichten und Propaganda-Talkshows im Wechsel bestand.[50] Anfang März 2022 liefen diese Formate auf dem *Ersten Kanal* über 15 Stunden.[51] Im Februar 2023 brachte der *Erste Kanal* an einem gewöhnlichen Wochentag noch immer zehn Stunden Propaganda-Talk.[52] Im Februar 2024 waren es noch rund neun Stunden.[53] Teilnehmer dieser Propaganda-Talkshows schüren Hass auf die Ukraine und westliche Staaten, entmenschlichen ukrainische Kriegsopfer, rufen zu Kriegsverbrechen auf und drohen den westlichen Staaten mit Raketenangriffen und Nuklearschlägen. Am 10. Oktober 2022 zeigte die Talkshow *Mesto Vstreči* des Fernsehsenders NTV in einem Einspieler, wie getötete ukrainische Zivilisten mit Füßen in Gräben getreten werden. Diese Bilder wurden als Rache für die Beschädigung der Kerč-Brücke durch die ukrainische Armee und den „gewöhnlichen ukrainischen Faschismus" kommentiert.[54] Sie wurden ohne Rücksicht auf Jugendschutz um 14.00 Uhr auf einem der meistgesehenen Fernsehsender gezeigt. In diesen Talk-Formaten kommt es nicht nur zu derartigen Entmenschlichungen, sondern „Experten" breiten regelmäßig ihre Gewaltphantasien aus. Während Bilder – von düsterer Musik unterlegt – von rauchenden Ruinen der ukrainische Staat Vovčans'k

---

[45] Magdalena Kaltseis: TV-Talkshows als Propagandainstrument Russlands im Ukrainekonflikt (2014). Berlin, Boston 2022. – Dies.: War Discourse on TV: A Glimpse into Russian Political Talk Shows (2014 and 2022) in: Zeitschrift für Slawistik, 3/2023, S. 375–397.
[46] <www.dekoder.org/de/gnose/politische-talkshows-posner-kisseljow#fuss3>.
[47] Kaltseis, War Discourse [Fn. 44].
[48] Kaltseis, TV-Takshows [Fn. 44]. – Kaltseis, War Discourse [Fn. 44].
[49] Eva Binder, Magdalena Kaltseis: Odessa 2014: Alternative news and atrocity narratives on Russian TV, in: Peter Deutschmann u.a. (Hg.): Truth and Fiction. Conspiracy Theories in East European Culture and Theory. Bielefeld 2020, S. 185–210.
[50] Kaltseis, War Discourse [Fn. 44].
[51] Exemplarisch das Fernsehprogramm <www.1tv.ru/schedule/2022-03-03>.
[52] Teleprogramma, 28.2.2023. 1tv.ru, <www.1tv.ru/schedule/2023-02-28>.
[53] Teleprogramma, 28.2.2024. 1tv.ru, <www.1tv.ru/schedule/2024-02-28>.
[54] Mesto Vstreči, 10.10.2022. Den' nastal?! <www.ntv.ru/peredacha/Mesto_vstrechi/m52562/o706540/>.

eingespielt werden, die Russlands Armee vollkommen zerstört hat, droht Talkmaster Vladimir Solov'ev:

> Versteht ihr, dass so auch die Städte Deutschlands aussehen werden? Aber mit ihnen werden wir noch viel grausamer umgehen. Wir werden einfach alles zerstören! Versteht ihr das? Oder habt ihr es nötig, dass russländische Soldaten noch einmal in Euer Land kommen? Aber dieses Mal werden wir nicht mehr abziehen![55]

Welche Funktion haben diese von Hass und Drohungen erfüllten Diskurse für Politik und Öffentlichkeit? Fest steht, dass Vladimir Putin jeden dieser Talkmaster mit seiner Show sofort von Bildschirm verbannen könnte. Ohne Zweifel goutiert die Herrschaftselite, dass die Talk-Propagandisten täglich das breite Publikum mit derartigen Inhalten bearbeiten. Russlands Autokrat würde viele der teils widersprüchlichen, hasserfüllten Aussagen nicht in derselben Klarheit, Emotionalität und Brutalität formulieren. Insofern ist davon auszugehen, dass diese Talk-Formate primär dazu dienen, Russlands Bevölkerung für den Krieg zu mobilisieren. Sie sollen Hass gegen äußere und innere Feinde schüren und im kollektiven Bewusstsein das neo-imperialistische Weltbild verankern und vermitteln, dass es sich bei der „militärischen Spezialoperation" in der Ukraine um einen legitimen und zwingend notwendigen Krieg handelt. Der Tod von Hunderttausenden Menschen muss gerechtfertigt werden. Zweitens dienen diese Talk-Formate, über die wiederum westliche Medien berichten und in Ausschnitten weiter verbreiten, auch dazu, im Ausland Angst zu erzeugen. Russlands Herrschaftseliten können in dieser Situation jede Verantwortung für Hassbotschaften und Drohungen von sich weisen. Und Putin kann sich in einer hasserfüllten Öffentlichkeit sogar als gemäßigter und vernünftiger Führer präsentieren. Und das Format der Talkshow bot zumindest bis zum Februar 2022 den Anschein von Meinungsvielfalt in der russländischen Öffentlichkeit.

Dass die Bevölkerung nun schon seit Jahren intensiv mit Hass, entmenschlichenden und gewaltverherrlichenden Botschaften beschallt wird, dürfte nicht ohne Wirkung auf die Werte und Vorstellungen der Menschen in Russland bleiben.

Unterordnung aller gesellschaftlichen Teilsysteme

Nicht nur im Bereich der Medien, sondern auch in allen anderen gesellschaftlichen Teilsystemen wie der Kunst, der Bildung und der Religion wurden Nischen, in denen in Russlands Autoritarismus lange Zeit noch Dissens und Kritik formuliert werden konnten, geschlossen und dem Herrschaftsanspruch des Putin-Regimes untergeordnet. So konnte die unabhängige Theaterszene, die schon in den 2010er Jahren immer wieder Repressalien ausgesetzt war, nach dem 24. Februar 2022 nicht mehr existieren. Die Leitung wichtiger unabhängiger Theater wurde ausgetauscht, in den Häusern werden nun patriotische Stücke aufgeführt. In den orthodoxen Kirchen müssen Geistliche seit September 2022 Sanktionen fürchten, wenn sie sich weigern, ein vorformuliertes „Gebet des Patriarchen über die

---

[55] D. Kazan'sky: Russian state TV shows the destroyed Ukrainian town of Vovchansk and threatens that German cities will look the same. Twitter, 7.6.2024, <https://x.com/den_kazansky/status/1799046473528819848>. Das Originalvideo ist abrufbar unter <www.ntv.ru/peredacha/Mesto_vstrechi/m52562/o706540/video/>.

Heilige Rus'" vorzutragen, das vom Sieg über die Ukraine handelt.[56] Mit Blick auf das Bildungssystem beobachtet der Bildungsforscher Igor Chirikov eine „weaponization of Russian universities".[57] Ähnliches ist in Kindergärten und Schulen zu beobachten.[58] Die Militarisierung der Hochschulen zeigt sich nach Chirikov auf drei Ebenen. Erstens müssen Universitäten die Kriegsanstrengungen unterstützen. So sammeln Studierende an vielen Universitäten Geld zur Anschaffung von Drohnen. Dozierende werden angehalten, Geld für das Militär zu spenden. Zudem ist eine Militarisierung der Curricula zu beobachten. So sollen alle Studierenden künftig an den Universitäten eine militärische Grundausbildung erhalten, in der sie lernen, wie sie automatische Waffen zerlegen und Handgranaten im Kampf einzusetzen. Zweitens haben die Universitäten die Aufgabe, die ideologischen Ziele des Regimes zu unterstützen und Kriegspropaganda zu verbreiten. So wurden etwa Zehntausende Studienanfänger zur Teilnahme an einem neu entwickelten Kurs „Grundlagen der russländischen Staatlichkeit" verpflichtet. Ein Auszug aus einem Lehrvideo dieses Kurses liest sich so:

> Die „russische Welt" erstreckt sich über die derzeitigen russischen Grenzen hinaus und überschreitet Ethnien, Territorien, Religionen, politische Systeme und ideologische Präferenzen.[59]

Drittens werden an Universitäten zunehmend nicht nur kritische Stimmen unterdrückt, sondern es wird auch Druck auf Studierende und Dozentinnen ausgeübt, ihre Loyalität gegenüber dem Regime offen zu zeigen. Als Folge dieser politischen und militärischen Instrumentalisierung ist eine wachsende internationale Isolation der russländischen Universitäten zu beobachten. Dieser Trend wird einerseits durch die infolge des Krieges verhängten westlichen Sanktionen gegen Russland verstärkt. Andererseits pflegen Hochschulen aus Russland weiterhin Kontakte und Austausch mit Universitäten und Forschungseinrichtungen in China und Iran. Zu beobachten ist also, dass die ideologische Kontrolle zunehmend die Öffentlichkeit aller gesellschaftlichen Teilsysteme durchdringt und das Regime nun anders als in den ersten beiden Jahrzehnten der Putinschen Herrschaft allen Bereichen nicht mehr Demobilisierung und Passivität der Bevölkerung fördert, sondern immer häufiger Mobilisierung, Partizipation und öffentliche Loyalitätsbekundung einfordert.

Schlagwörter:
Russland, Putin-Regime, Strukturwandel, Öffentlichkeit, Repression, Autokratie

---

[56] Alexander Soldatov: Der Patriarch und das kosmische Böse. Dekoder, 18.12.2024. – Joachim Willems: Ein Diener zweier Herren. Patriarch Kirill und seine Kriegspredigten, in: OSTEUROPA, 3–4/2023, S. 221–234 sowie die Dokumentation von sieben Predigten, ebd., S. 235–260.

[57] Igor Chirikov: The Weaponization of Russian Universities: A Neo-Nationalism and University Brief. Center for Studies in Higher Education, Research & Occasional Paper Series 13/2023, <https://eric.ed.gov/?id=ED639914>

[58] Dar'ja Talanova: „Blut tropft aus dem Ranzen. Patriotismuserziehung an Russlands Schulen, in: OSTEUROPA, 12/2022, S. 115–126.

[59] Chirikov, The Weaponization [Fn. 55], S. 1.

Ksenia Lučenko

Gegen Zensur und Krieg

Unabhängige Medien im Exil und in Russland

Seit Putins Amtsantritt als Präsident im Jahr 2000 stehen unabhängige Medien unter Druck. Den Anfang machte die Zerschlagung des Fernsehsenders NTV. Seitdem wurden immer mehr Medien kriminalisiert, als „ausländische Agenten“ stigmatisiert, geschlossen. Die Pressefreiheit ist abgeschafft. Seit dem Großangriff auf die Ukraine herrscht in Russland de facto Zensur. Etwa 1500 Journalisten haben das Land verlassen. Russischsprachige Medien setzen ihre Arbeit im Exil fort und finden auch in Russland ihr Publikum. Eine Sorge gilt der eigenen Finanzierung. Recherchen vor Ort mithilfe von Stringern und anonymen Informanten werden immer schwieriger. Russlands Behörden haben den chinesischen Weg eingeschlagen. Sie versuchen, das Internet unter vollständige Kontrolle zu bringen. Mit der Ausschaltung der Öffentlichkeit in Russland ist die politische und gesellschaftliche Bedeutung des Journalismus im Exil gewachsen: Er ist das Surrogat der öffentlichen Sphäre.

Die Medien in Russland haben während der gesamten, nun schon fast zweieinhalb Jahrzehnte währenden Herrschaft Putins immer wieder Zensur- und Repressionsmaßnahmen erfahren. Am Anfang stand die Zerschlagung des Fernsehsenders *NTV* im Jahr 2001. Von da an nahm der Druck auf die Medienlandschaft kontinuierlich zu. Als die Russländische Föderation am 24. Februar 2022 den Großangriff auf die Ukraine startete, hatte das Justizministerium bereits viele große unabhängige Medien – so die Onlinemagazine *Meduza* und *Mediazona* und den Fernsehsender *Dožd'* – in das Register „ausländischer Agenten“ aufgenommen und das Onlinemedium *Proekt* zur „unerwünschten Organisation“ erklärt.[1] Die meisten Redaktionen erhielten mehrfach Verwarnungen der föderalen Medien-Aufsichtsbehörde Roskomnadzor, sei es wegen Verbreitung von „unflätigen Ausdrücken und Informationen, die der Gesundheit und Entwicklung von Kindern schaden“, von Informationen „über Methoden zur Herstellung und zum Gebrauch von Rauschmitteln“, von Informationen, die „Merkmale von Extremismus“ aufweisen oder von „Propaganda für Selbstmord“. Nach russländischem Recht genügen zwei solcher Verwarnungen, um einer Publikation die Lizenz zu

---

Ksenia Lučenko (1979), Journalistin, Berlin

[1] Grigorij Ochotin: Agentenjagd. Die Kampagne gegen NGOs in Russland, in: OSTEUROPA, 1–2/2015, S. 83–94. OVD-Info: Diskriminierung auf ganzer Linie. Russlands Gesetz über ausländische Agenten, in: OSTEUROPA, 8–9/2021, S. 241–248. Zur jüngsten Entwicklung <https://inoteka.io/ino/foreign-agents>. Siehe dazu auch Tabelle 1 und die Graphik auf S. 399 sowie die Karten.

OSTEUROPA, 75. Jg., 1–3/2025, S. 365–384 **doi: 10.35998/oe-2025-023**

entziehen und sie zu sperren, und Berichte, in denen Todesfälle oder Drogenmissbrauch erwähnt werden, lassen sich in jedem Medium ohne weiteres finden.

In einigen Fällen wurden die betreffenden Medien nicht geschlossen oder gesperrt, sondern an neue, staatsnahe Eigentümer übertragen, die die Marke beibehielten, aber Management und Redaktion ganz oder teilweise austauschten und die Redaktionspolitik änderten. Prominente Beispiele sind etwa der Fernsehsender REN TV (2006), das Onlinemagazin *Lenta.ru* (2014), die Mediengruppe RBK (2016) und die Tageszeitung *Vedomosti* (2020).

Und doch endete die Epoche des unabhängigen russländischen Journalismus, die in den späten 1980er Jahren begann und im Mai 1990 mit der Abschaffung der Zensur durch das sowjetische Gesetz „Über Presse und Massenmedien" institutionalisiert wurde, erst mit dem Großangriff der russländischen Armee auf die Ukraine. Seit diesem Zeitpunkt ist die Zensur wieder eingeführt worden, auch wenn sie heute juristisch und praktisch andere Formen annimmt.

Noch am 24. Februar 2022, an dem die Militäraktionen begannen, forderte die Aufsichtsbehörde Roskomnadzor, russländische Medien sollten bei der Berichterstattung über das Kriegsgeschehen nur Informationen und Daten „aus offiziellen russländischen Quellen" verwenden. Am 4. März unterzeichnete Präsident Putin ein Gesetz, mit dem „Falschmeldungen über die Handlungen des Militärs bei Spezialoperationen und Aufrufe zu antirussischen Sanktionen" zum Straftatbestand erklärt wurden.[2] In den beiden ersten Kriegswochen blockierte Roskomnadzor die meisten unabhängigen Medien. Andere setzten die Berichterstattung über den Krieg vorübergehend aus, wie die Zeitung *Novaja Gazeta* und das Onlinemedium *The Bell*, oder stellten wie das Onlinemagazin *Colta.ru* ihre Websites ganz ein.

Die Redaktionen sehen sich vor die Wahl gestellt, entweder strafrechtliche Verfolgung zu riskieren oder sich an der staatlichen Propaganda zu beteiligen, indem sie offiziell genehmigte „Informationen" veröffentlichen. Russischen Franchiseausgaben westlicher Publikationen wie *Cosmopolitan*, *Vogue* und *Esquire* wurde von ihren Verlagspartnern im Westen sanktionsbedingt die Lizenz entzogen. Einige ließen sich neu registrieren und erschienen unter neuen Namen weiter wie die russische Ausgabe von *Esquire*, die zu *Pravila žizni* („Spielregeln des Lebens") wurde. Besonders symbolträchtig waren die Schließung des Radiosenders *Echo Moskvy*, dessen Name eng mit dem Sieg der Demokratie im August 1991 verbunden war, und der Lizenzentzug für die legendäre *Novaja Gazeta*, die 30 Jahre lang erschien und deren Chefredakteur Dmitrij Muratov 2021 den Friedensnobelpreis erhalten hatte.

Im Laufe des Jahres 2022 emigrierten über 1000 Journalisten und Medienschaffende aus Russland, nach anderen Schätzungen bis zu 1500 oder sogar 1800.[3] Die meisten verließen das Land bereits Ende Februar und Anfang März. Einige von ihnen waren offen bedroht oder aus dem Sicherheitsapparat vor einer möglichen Verhaftung

---

2 Federal'nyj zakon „O vnesenii izmenenij v Ugolovnyj kodeks Rossijskoj Federacii i stat'i 31 i 151 Ugolovo-processual'nogo kodeksa Rossijskoj Federacii, 4.3.2022, <http://kremlin.ru/acts/news/67908>.

3 Sustaining Independence: Current State of Russian Media in Exile. Berlin Nov. 2023, <https://jx-fund.org/wp-content/uploads/2023/12/Sustaining_Independence-Current_State_of_Russian_Media_in_Exile_2023.pdf?x76990>.

gewarnt worden[4], was Tichon Dzjadko, der Chefredakteur des unabhängigen Fernsehsenders *Dožd'* später als gezielte Aktion bezeichnete, mit der unabhängige Journalisten aus dem Land getrieben werden sollten – schließlich habe es damals keine Verhaftungen gegeben und ganze Redaktionen hätten in aller Ruhe ausreisen können. Große westliche Medien wie die BBC, *Bloomberg, Reuters* und die *New York Times* schlossen ihre Moskauer Büros und evakuierten ihre Mitarbeiter. Insgesamt wurde ein erheblicher Teil der russischen Medieninfrastruktur ins Ausland verlegt. Wichtige Zentren entstanden vor allem in Tbilisi, Riga, Prag, Vilnius, Berlin und auf dem Balkan.

Drei Jahre später zeigt sich, dass die russländische Medienszene in der Krise nicht nur fortbesteht, sondern auch weitgehend ihre Zusammengehörigkeit wahren konnte, obwohl einige Medien weiterhin in Russland tätig sind und andere ihren Sitz ins Ausland verlegt haben. Laut Maksim Trudoljubov, dem Chefredakteur des vom *Kennan Institute* herausgegebenen Blogs *The Russia File*, ist die politische und soziale Bedeutung des russischsprachigen Journalismus sogar noch gewachsen: Er sei

> jetzt praktisch identisch mit der öffentlichen Sphäre, da politischer Wettbewerb nicht stattfinden kann und auch soziales und zivilgesellschaftliches Engagement extrem erschwert worden ist.[5]

Die Medien erfüllen in der neuen Situation verschiedene Aufgaben: Sie dienen ihrem Publikum im In- und Ausland weiterhin als wichtige Quelle für Informationen über die Gesellschaft, Wirtschaft und Politik in Russland. Darüber hinaus formulieren sie ein Aktionsprogramm und eine Weltsicht, die ihre mittlerweile von Thailand bis New York verstreute Leser- und Zuschauerschaft verbindet, sie vertreten die Interessen ihres Publikums in Russland, das sich im eigenen Land nicht mehr öffentlich äußern kann, und sie liefern als Chronisten des Kriegsgeschehens und der damit verbundenen Ereignisse Material für die künftige Geschichtsschreibung („Die ganze journalistische Gemeinschaft hat nicht genug Kapazitäten, um das Ausmaß des Grauens zu bewältigen", wie der Chefredakteur eines führenden Mediums feststellte). Zugleich kann der russischsprachige Journalismus in dem jetzigen totalitären Staat eine seiner klassischen Aufgaben nicht mehr wahrnehmen: die des Vermittlers zwischen Staat und Gesellschaft.

Nach Erkenntnissen der Organisation „Reporter ohne Grenzen" saßen in Russland Ende des Jahres 2024 insgesamt 56 Journalisten in Untersuchungs- oder Gefängnishaft; im Jahr zuvor waren es 28 gewesen.[6] In der Rangliste der Pressefreiheit ist Russland auf Platz 162 zurückgefallen.[7] Die Onlinezeitung *Verstka* hat errechnet, dass 40 Prozent der zu „ausländischen Agenten" erklärten Personen Journalisten sind – doppelt so viele wie politische Aktivisten, die die nächstgrößere Gruppe bilden.[8]

Nach Angaben der Vorsitzenden des *Zentrums zur Verteidigung der Rechte der Massenmedien* (Centr zaščita prav SMI), Galina Arapova, waren am 31. Dezember 2024 688 Einzelpersonen, Organisationen und NGOs zu „ausländischen Agenten" erklärt worden, darunter 160 Journalisten, 63 Medien und 43 Blogger.

---

[4] Tichon Dzjadko: Gde by my ni nachodilis', my vosprinimaem „Dožd'" kak rossijskij telekanal. Colta.ru, 7.6.2023.

[5] Maksim Trudoljubov: Poljarizacija budet tol'ko uglubljat'sja. Colta.ru, 17.11.2023.

[6] <https://rsf.org/en/barometer>.

[7] <https://rsf.org/en/index>.

[8] <https://t.me/svobodnieslova/1964>. Siehe dazu auch die Graphiken im vorliegenden Heft im Einschub zwischen S. 400–401.

Die Lage in Russland

Im Klima der politischen Repression können große, klassische Publikationen, die als gesellschaftlich relevante Institutionen gelten, nicht mehr existieren. Internationale Qualitätsmedien mit globaler Reichweite wie die *Washington Post*, die *New York Times* oder der *Economist* werden von privatwirtschaftlichen Trägern unterhalten, die damit ihren Ruf pflegen und wichtige Werte fördern wollen. Vergleichbare Bedeutung in Russland hatten in den beiden vergangenen Jahrzehnten die Zeitungen *Novaja Gazeta*, *Vedomosti* und *Kommersant"* und der Radiosender *Echo Moskvy*. In der jetzigen politischen Situation lässt sich dieses Finanzierungsmodell nicht mehr weiterführen. Alle genannten Medien sind inzwischen entweder geschlossen oder von staatlich kontrollierten Eigentümern übernommen worden. Die *Novaja Gazeta* und *Echo Moskvy* führen eine Art Zwitterexistenz: Ein Teil der Redaktion ist ins Ausland gegangen und setzt die Arbeit von dort unter den geänderten Markennamen *Novaja Gazeta.Evropa* und *Echo.Online* fort, während der Rest in Russland geblieben ist und dort gleichfalls unter neuen Namen weiterarbeitet.

Die einstigen „großen Drei" der Qualitäts-Wirtschaftspresse in Russland – der *Kommersant"*, RBK und *Vedomosti* – erscheinen weiterhin im Land und unterwerfen sich der Zensur. Elizaveta Osetinskaja, die Herausgeberin der Onlinezeitung *The Bell* sieht das pragmatisch:

> Russland ist ein großes Land und ein bedeutsamer Wirtschaftsraum. Die Wirtschaftsmedien erfüllen hier eine wichtige Funktion. Die Transaktionen, Verhandlungen und Lobbyaktivitäten müssen irgendwo dokumentiert werden.[9]

Diese Aufgabe können nur die großen Redaktionen wahrnehmen, die noch in Russland tätig sind und denen gegenüber sich regierungsnahe Quellen noch äußern oder zumindest auf dem Weg über das Management und die Redaktionsleitung Signale übermitteln. Profis können diesen Medien viele Informationen über Russlands Wirtschaft entnehmen, die als Primärquelle für Analysen dienen, und erhalten aus dem, was zwischen den Zeilen steht oder gar nicht thematisiert wird, Aufschlüsse über wichtige Aspekte des gesellschaftlichen Lebens in Russland. Auch wenn die unabhängigen Medien diese Publikationen als „Propaganda-Sprachrohre" betrachten, nutzen sie deren Nachrichtenrubriken – zumindest in den Bereichen Wirtschaft und Technik – als Informationsquelle über die Ereignisse in Russland.

„Wir können die Funktion einer umfassenden Berichterstattung nicht vollwertig wahrnehmen, weil über das Thema Krieg nicht offen geschrieben werden kann", sagte der stellvertretende Chefredakteur des *Kommersant"*-Verlags, Dmitrij Butrin, im Jahr 2023.[10] Das wird hauptsächlich durch juristische Einschränkungen erreicht: Man kann entweder die offiziellen Verlautbarungen des Verteidigungsministeriums zitieren oder versuchen, sich eigene Rechercheergebnisse und selbst eingeholte Stellungnahmen von Amtsträgern, durch das Verteidigungsministerium und die ihm unterstellten

---

[9] Elizaveta Osetinskaja: My privykli platit' i sami polučat' malen'kie den'gi, i ničego chorošego v etom net. Colta.ru, 29.11.2023.

[10] Dmitrij Butrin: Čitatel' sejčas chočet nepravdu. Colta.ru, 4.9.2023.

Behörden offiziell bestätigen zu lassen, was praktisch nie Erfolg hat. „Mit dem Krieg ist es hundertmal schlimmer als mit Putins Töchtern. Wenn der Staat eine richtige Militärzensur einführen würde, wäre das für alle Beteiligten einfacher“, sagte ein in Russland tätiger Journalist auf die Frage, wo heute die rote Linie verlaufe. Und das soll etwas heißen: Denn Putins Familie gilt als das größte Tabu. Veröffentlichungen zu diesem Thema haben mehrfach zur Schließung von Publikationen, zur Entlassung von Mitarbeitern oder zu strafrechtlicher Verfolgung geführt.

Die Medien erhalten weder Themenlisten oder Handreichungen, es gibt keinerlei direkte Anweisungen von oben dazu, wie und worüber sie zu schreiben haben. Gelegentlich greifen die Chefredakteure in die Darstellung eines Themas ein oder warnen davor, dass darüber nicht geschrieben werden darf. Am ehesten wird in den Redaktionen eine Art einvernehmliche Selbstzensur praktiziert. Ab und an wird die Leitung ist in sehr allgemeiner Form über die Wünsche des Regimes informiert. Was diesseits gesetzlicher Verbote thematisiert werden kann und was nicht, ist nicht genau zu erfahren. Das erzeugt eine Atmosphäre permanenter Anspannung. Dmitrij Butrin, der einzige Repräsentant dieser Medien, der in den Jahren 2022/23 ein Interview gab, räumte offen ein, dass er sich „schlecht fühle“, weil er so viele Kompromisse eingehen müsse, um beim *Kommersant"* nicht entlassen zu werden.[11] Inzwischen hat aber auch er gekündigt und Russland verlassen.

Trotz solcher Beschränkungen verzeichnen die Websites dieser Publikationen nach den Daten von *Liveinternet*[12] monatlich zwischen 19 Millionen (Kommersant") und 51 (RBK) Millionen Aufrufe. Sie werden von jenen Menschen in Russland gelesen, die kein virtuelles privates Netzwerk (VPN) zur Umgehung blockierter Websites und Plattformen nutzen oder Angst haben, Medien zu rezipieren, die als „unerwünschte Organisationen“ oder ausländische Agenten eingestuft wurden. Zugleich sind zumindest einige ihrer Mitarbeiter gegen den Krieg, wie etwa die *Kommersant"*-Journalistin Elena Černenko, die gleich zu Beginn des Großangriffs auf die Ukraine einen offenen Protestbrief von Journalisten initiierte und daraufhin zwar nach elfjähriger Zugehörigkeit aus dem Pressepool des Außenministeriums ausgeschlossen wurde, aber ihre Stelle bei der Zeitung behielt. Diese Journalisten machen ihre Haltung auch gegenüber der Leserschaft deutlich, wobei sie sich manchmal subversiver Mittel bedienen.

Eine weitere Gruppe von Medien, die noch in Russland arbeiten und in den letzten Monaten viel Aufmerksamkeit erfahren haben, sind kleine unabhängige Regional- und Nischenpublikationen. Sie berichten über das Geschehen in Russlands Regionen – wie *Yuga.ru* über die Region Krasnodar oder *Karavan* über die Region Tver' – oder bestimmte Lebensbereiche – wie *Mel* über das Bildungswesen oder *Takie dela* über Wohltätigkeit.[13] Sie halten sich an die Gesetze, kennzeichnen „ausländische Agenten“ als solche und verwenden statt des Worts „Krieg“ den Begriff „militärische Spezialoperation“. Evgenija Volunkova, die Chefredakteurin von *Takie dela*, sagt:

---

[11] Dmitrij Butrin: U vsjakoj vlasti est' predel. Specprojekt „Skaži Gordeevoj“, 3.12.2023, <www.youtube.com/watch?v=wmRZROl1X-c>.

[12] *Liveinternet* ist eine der wichtigsten Website-Rankings des Domainbereichs .ru. Die Daten sind vom 27.11.2024 <www.liveinternet.ru/rating/ru/#period=month;geo=ru>;

[13] <https://karavantver.ru> , <https://mel.fm> sowie <https://takiedela.ru>.

> Ich rede mir selbst gut zu, dass unser Publikum ja wohl doch intelligent ist und alles begreift. Wenn wir das Wort „Spezialoperation“ in Anführungszeichen setzen und in einer Fußnote erklären, warum wir es verwenden, werden sie schon verstehen.[14]

Diese Medien arbeiten oft mit äsopischer Sprache, Andeutungen oder indirekten Aufhängern: Statt unmittelbar über den Prigožin-Aufstand zu berichten, bringt man etwa sofort eine Meldung und einen Hintergrundartikel über Schulabschlussfeiern, die deswegen abgesagt wurden. Und statt direkt über die Mobilisierung zu schreiben, bringt man Artikel über die Lehrstühle für Militärerziehung an den Universitäten und die Rückstellungen von Studenten oder Human-Interest-Stories. Solche Veröffentlichungen sind gleichsam ein Augenzwinkern der Redaktion an die Leserschaft: Beide Seiten kennen den Kontext und können sie einordnen. Derartige Beiträge können dabei helfen, die Ergebnisse von soziologischen Umfragen oder Erhebungen zur makroökonomischen Entwicklung zu veranschaulichen. Und sie vermitteln eine bessere Vorstellung vom Alltag der Menschen in Russlands Regionen, ihren Stimmungen und der Entwicklung ihrer Einstellung zur Realität. Die Journalisten, die dort arbeiten, kennen die Interessen ihrer Leser, denn sie sind ihresgleichen – Nachbarn, Klassenkameraden, Verwandte. Am wichtigsten ist jedoch, dass sie diese repräsentieren, sie hörbar und sichtbar machen. Damit geben sie ihnen in gewissem Maße ihren Status als – auch politisches – Subjekt zurück und führen ihnen den eigenen Alltag auf andere Weise vor Augen, als es die föderalen Fernsehkanäle tun. Dass sie damit rechnen müssen, früher oder später aus irgendeinem Grund verboten zu werden, ist ihnen bewusst, aber sie hoffen, noch möglichst lange in Russland arbeiten zu können, um das Schicksal derer zu teilen, über die und für die sie berichten.

Ein Sonderfall des Journalismus in Russland ist die Wochenzeitung *Sobesednik*. Sie erschien über vierzig Jahre lang im Druck und entwickelte sich in dieser Zeit zu einer der größten Boulevardzeitungen. Doch hinter den boulevardtypischen Schlagzeilen, dem Klatsch und Tratsch aus dem Leben von Popstars und den Kreuzworträtseln verbargen sich politische Inhalte und echte Recherchen. Als die journalistische Landschaft in Russland immer mehr ausdünnte, erwies sich der *Sobesednik* als einziges Medium, das regelmäßig Beiträge „ausländischer Agenten“ veröffentlichte und auf der ersten Seite etwa ein Bild der Politologin Ekaterina Šul’man oder des politischen Gefangenen Il’ja Jašin brachte. Die Zeitung war an jedem Kiosk zu haben, wurde jeden Morgen landesweit in die Briefkästen gesteckt und von Häftlingen in Gefängnissen und Straflagern abonniert.

[14] Evgenija Volunkova: Privilegii u tech, kto ostalsja v Rossii. Colta.ru, 12.7.2023.

СОБЕСЕДНИК

Общероссийская еженедельная газета

16+

№10 (1940)

15–21 марта 2023 г.

ПЕРСОНА

12

Большое интервью с Сергеем Фургалом: **Посмотрим, кто в итоге будет сидеть**

СПЕЦИАЛЬНЫЙ РЕПОРТАЖ

7

«Ара русул канонс!» Грузины не захотели быть иноагентами в своей стране

МУЗЫКА НАВЕЯЛА

17

Рок-музыкант Сергей Галанин: **Беда с нами со всеми**

НАВАЛЬНЫЙ ПОЛУЧИЛ СРОК, А «НАВАЛЬНЫЙ» – «ОСКАРА» 4

ISSN 1560-5663

Форменный ID-отизм. Карта болельщика ударила по футболу сильнее санкций

21

Когда другие молчат, мы говорим!

„Naval'nyj bekam eine Haftstrafe, aber [der Dokumentarfilm] ‚Naval'nyj' einen Oscar" – Titel des Sobesedniks aus dem März 2023

Wie der Chefredakteur Oleg Roldugin in einem Interview mit der *Novaja Gazeta*[15] und im Podcast *Davaj golosom*[16] sagte, verstand er selbst nicht, warum das Blatt noch erscheinen konnte. Das Verlagshaus *Sobesednik* macht seinen Umsatz vor allem mit Reiselektüre für Vorortzüge – Kreuzworträtsel, Rezeptbücher, Horoskope und Kinderzeitschriften. Mit den Einnahmen aus Anzeigen und Verkauf wurde die Zeitung finanziert. Zwar blockierte Roskomnadzor immer wieder die Website von *Sobesednik*, doch in ernste Schwierigkeiten geriet das Blatt erst, als es eine Gedenkausgabe für Aleksej Naval'nyj herausbrachte, die auf der ersten Seite ein großes Foto des ermordeten Politikers zeigte. Die Auflage wurde vollständig aus dem Vertrieb genommen, und vor der Redaktion, wo noch einige hundert Exemplare vorhanden waren, bildeten sich Schlangen. Im September 2024 erklärte das Justizministerium *Sobesednik* zum „ausländischen Agenten" und die Zeitung musste ihr Erscheinen einstellen.

Die wichtigsten Werbekunden mittlerer und kleiner Nischenmedien – zu denen auch die noch verbliebenen unabhängigen Medien zu rechnen sind – waren bis 2022 ausländische Unternehmen, die sich mittlerweile sanktionsbedingt zurückgezogen haben. Auch viele Zahlungsdienstleister, über die die Abonnements abgewickelt wurden, konnten mit Kreditkarten russländischer Banken nicht mehr genutzt werden. Nach der Umstellung der Zahlungssysteme brachen zahlreiche Abonnenten weg, wodurch die Medien weitere Einnahmen verloren. Und in Zeiten des Krieges sind auch Fundraising-Kampagnen kaum mehr möglich. Denn Fundraising benötigt Öffentlichkeit, zum Beispiel die von eigenen Veranstaltungen, Aktionen zu Feiertagen oder eine Marketingkampagne, die auf Zustimmung basiert. Medien, die den Krieg kritisieren, können derartige öffentliche Aktivitäten kaum mehr durchführen. Unabhängige Medien werden in der Regel von Personen und Unternehmen unterstützt, die ihre Werte teilen. Einige Spender betrachten es nun als ein zu großes Risiko für sich, unabhängigen Journalismus zu unterstützen, selbst wenn es um soziale oder kulturelle Themen geht. Es bleiben Kleinanzeigen und Crowdfunding. Paywall-Lösungen rentieren sich in der Regel nicht: Um halbwegs nachhaltige Einnahmen daraus zu erzielen, wären mindestens circa 20 000 Monatsabos erforderlich – eine fast unerreichbare Zahl. Russländische Leser sind es nicht gewohnt, für den Zugang zu Informationen zu bezahlen, und Abomodelle für Onlinemedien haben in Russland bisher nie funktioniert.

Medienmanager schätzen das Potenzial, die Zahl der Online-Besucher und die Werbeeinnahmen zu erhöhen oder die Existenz des Mediums durch Zusatzangebote wie kostenpflichtige Newsletter oder Veranstaltungen zu sichern, eher pessimistisch ein. Noch weiter erschwert wird die Lage durch das Risiko, als „ausländischer Agent" eingestuft zu werden. Für Medien, die in Russland erscheinen, bedeutet dies fast unweigerlich das Ende: Werbekunden und Abonnenten müssen mit Geldstrafen und anderen Nachteilen rechnen und die Anwaltskosten steigen. Aus diesen Gründen musste etwa die Onlineplattform *Advokatskaja Ulica* (https://advstreet.ru) im Jahr 2023 den Betrieb einstellen.

---

[15] Irina Kuprjachina: Na redkost' živučij „Sobesednik". Novaja gazeta.Evropa, 15.5.2023.

[16] Il'ja Azar, Anastasija Lotareva: Davaj golosom: Počemu pro Putina možno, a pro armiju nel'zja: bol'šoj razgovor s glavredom gazety Sobesednik. <https://echofm.online/programs/intervyu/davaj-golosom-pochemu-pro-putina-mozhno-a-pro-armiyu-nelzya-bolshoj-razgovor-s-glavredom-gazety-sobesednik>. *Davaj golosom* bedeutet etwa „Lass uns per Sprachnachricht kommunizieren", „nehmen wir die Stimme" (statt geschriebenen Texts).

Im Ausland

Mediennutzer in Russland können meist nur an verifizierte Informationen gelangen, wenn sie sich aktiv darum bemühen – etwa indem sie Telegram-Kanäle abonnieren oder Blockaden von Websites mit Hilfe von VPN oder Spiegelseiten (Mirror Sites) umgehen. Zu ihrem eigenen Schutz müssen sie dabei bestimmte Regeln beachten, beispielsweise keine Beiträge „ausländischer Agenten" oder gar „unerwünschter Organisationen" zu teilen und abonnierte Telegram-Kanäle vor Grenzkontrollen von ihren Smartphones zu löschen, auch bei Reisen nach Kasachstan oder in die Türkei. Das Publikum, das einem Medium trotz solcher Bedingungen die Treue hält, ist gar nicht hoch genug einzuschätzen. Es ist bereit, Risiken einzugehen, um Informationen zu erhalten, die eine Alternative zur Propaganda bieten.

Die vor dem Krieg üblichen Methoden zur Verbreitung von Inhalten funktionieren nicht mehr. So erhalten unabhängige Medien kaum noch Traffic über Nachrichten-aggregatoren. Die größte russländische Suchmaschine, Yandex, gehört inzwischen der *VK-Holding*, die von Vladimir Kirienko, dem Sohn des stellvertretenden Leiters der Präsidialverwaltung Sergej Kirienko, geleitet wird. Yandex leitet den Netztraffic bevorzugt an die staatsnahen Mediengesellschaften weiter. Die zum Meta-Konzern gehörenden sozialen Netzwerke Facebook und Instagram, die vor dem Krieg zu den wichtigsten Quellen des Besucherverkehrs zählten, sind in Russland zu „extremistischen Organisationen" erklärt worden und sind blockiert. Das Gleiche gilt auch für X, das laut Roskomnadzor „zu einer Plattform zur Verbreitung unzutreffender gesellschaftlich relevanter Informationen über die Militäroperation Russlands in der Ukraine geworden ist".[17] Der Besucherverkehr über VPN-Verbindungen lässt sich bisher nicht zuverlässig ermitteln und zählen. Auch der Dienst *Google News* wird von Roskomnadzor blockiert. Trotzdem erhalten die unabhängigen Medien den größten Teil des verbliebenen Traffics über Google, vor allem durch Suchanfragen. Allerdings ist dieser Traffic nicht stabil: Ob russischsprachige Ressourcen in der Google-Suche und im Empfehlungsdienst *Google Discover* oben angezeigt oder herabgestuft werden, hängt von Prinzipien und Kriterien ab, die den betroffenen Medien nicht bekannt sind.

Der wichtigste Kanal, über den unabhängige Medien ihre Inhalte noch verbreiten können, sind die sozialen Netzwerke, die in Russland bisher noch nicht blockiert wurden – hauptsächlich Telegram. Zudem versuchen die Redaktionen, die Blockaden auf verschiedenen Wegen zu umgehen: Sie erstellen eigene Smartphone-Apps, richten MirrorSites ein, arbeiten mit verschiedenen Content-Gamification-Diensten zusammen und nutzen sogar Plattformen wie Pinterest und TikTok. Die völlige Abhängigkeit von verschiedenen externen Plattformen erschwert es dem Management, das Hauptpublikum zu ermitteln und den Datenverkehr zu quantifizieren. Daher nutzen viele Medien mangels besserer Alternativen sogar den Livechat beim Streaming über YouTube, um Aufschlüsse über ihr Publikum, seine Interessen und Stimmungen und seine geographische Verteilung zu erhalten. Die ungefähre Größe des Publikums wird ermittelt, indem man die Besuche an allen Orten addiert: die Suchmaschinen-Weiterleitungen auf die Website und ihre Mirrors sowie die Aufrufe auf Plattformen wie YouTube,

---

[17] Roskomnadzor načal zamedljat' rabotu „Twittera" iz-za kontenta ob Ukraine. BBC News Russkaja služba, 1.3.2022.

Telegram und Instagram. Dabei wird eine geographische Messtoleranz für die VPN-Nutzung einkalkuliert.

Die Finanzierungsmodelle haben sich von Grund auf verändert. Die Finanzierung von Medien durch Werbung und Abonnements als alleinigen Einkommensquellen ist heute nirgendwo auf der Welt mehr ausreichend. Auf Russlands Medienmarkt hat sich dieses Geschäftsmodell nie durchgesetzt. Zudem können Projekte, die auf dem russländischen Markt aktiv sind, die Monetarisierungsplattformen der IT-Riesen (Big Tech) nicht nutzen. So hat etwa Google den Dienst *Google AdSense* für Russland abgeschaltet, wodurch Blogger und Medienprojekte, die sich durch kontextbezogene Werbung auf YouTube finanzierten, diese Einnahmequelle verloren haben.[18] Auch große Crowdfunding-Plattformen wie Patreon haben sich vom russländischen Markt zurückgezogen.

Das bedeutendste Segment des russländischen Journalismus sind die Exilmedien, die auch als „Relokanten"- oder „Offshore"-Journalismus bezeichnet werden. Allerdings sind nicht alle außerhalb Russlands angesiedelten Medienprojekte dem Journalismus im klassischen Sinn zuzurechnen. Einige nehmen auch andere Funktionen und Aufgaben wahr.

Hierzu gehört erstens die neue „Parteipresse" – Medien, die von politischen Organisationen und der Opposition finanziert werden und deren politischer Agenda verpflichtet sind. Dies sind vor allem die von der *Stiftung zur Bekämpfung der Korruption* (FBK) und von Michail Chodorkovskij betriebenen Medienprojekte auf YouTube wie *Navalny.live*, *Populjarnaja politika*, die Recherchen und Dokumentarfilme verbreiten, der Telegram-Kanal *Sirena, Chodorkovskij live* sowie Telegram-Kanäle ČTD, *Možem ob'jasnit'*, *Maljuta Skuratov* und *Dos'e*. Da Russlands politische Opposition im Exil keine Möglichkeit hat, sich als Vertreterin von Wählerinteressen legitimieren zu lassen, indem sie sich am regulären politischen Prozess oder gar an Wahlen beteiligt, bleibt ihr praktisch nur die Möglichkeit, ihre Botschaft medial zu verbreiten. Ihr politisches Kapital besteht in den Besucherzahlen ihrer YouTube-Kanäle, der Reichweite ihrer mehr oder weniger voreingenommenen Recherchen und der Retweets auf X. Die oppositionellen Gruppen können nur noch über die Medien mit ihren Zielgruppen in Russland – der eigenen Basis und potenziellen neuen Anhängern – kommunizieren. Deshalb finden in diesem Segment permanent große und kleine Konflikte statt, die darauf abzielen, den Ruf des jeweiligen Konkurrenten zu zerstören und die Zahl seiner Aufrufe und Likes zu verringern.

Die zweite Kategorie von Medien sind Nischenpublikationen im Umfeld von Aktivisten, Wohltätigkeits- oder Menschenrechtsorganisationen, die sich jenseits des klassischen Journalismus bewegen. Sie sind Bestandteil der Fundraising-Strategie und dienen dazu, das eigene Tätigkeitsgebiet ins öffentliche Bewusstsein zu heben. Zu dieser Kategorie zählen die Online-Plattform *Teplica social'nych technologij,* OVD-info oder Medien feministischer und umweltpolitischer Initiativen wie *Feministskoe antivoennoe soprotivlenie* oder *Kedr.*

Drittens sind Autorenprojekte im Grenzbereich von Bloggen und Journalismus zu nennen, die meist als Videokanäle auf *YouTube* betrieben werden. Wenn sie genügend Traffic und Reichweite erzielen, machen sie sich bezahlt und können mit zusätzlicher Unterstützung durch Spenden sogar profitabel sein. Beispiele sind etwa die Kanäle von Maksim Kac, Oleg Kašin, Irina Šichman, Jurij Dud', Dmitrij Kolezev, Il'ja

---

[18] <https://support.google.com/adsense/answer/13402307?hl=de>.

Varlamov oder Marija Borzunova. Sie veröffentlichen in der Regel entweder Videokolumnen oder Interviews. Im ersten Fall ist das Produkt, das sie anbieten, die Meinung, die Positionierung, mit der sich die Zuschauer solidarisieren; im zweiten Fall ist es der „interessante Gesprächspartner". Diese Publikationsform birgt Risiken: Damit ein Projekt langfristig bestehen oder auch nur überleben kann, muss jede Ausgabe den Beifall des Publikums finden; die emotionale Temperaturkurve muss immer weiter ansteigen. Diese unmittelbare Abhängigkeit von der aktuellen Stimmung der Zielgruppe führt oft zur inhaltlichen Radikalisierung und zum Niveauverlust.

Ende Februar 2024 verabschiedete die russländische Staatsduma ein gesetzliches Werbeverbot in Medien unabhängiger Journalisten, die zu „ausländischen Agenten" erklärt wurden.[19] Vor allem für die YouTube-Projekte war das ein harter Schlag. Nach den Daten von Rozkomnadzor erzielten die als „ausländische Agenten" eingestuften Blogger im Jahr 2023 einen Werbeumsatz von insgesamt 130 Millionen Rubel.[20] Für viele der Blogger war Werbung die Haupteinnahmequelle. Die Journalistin Katerina Gordeeva, die einen der beliebtesten russischsprachigen YouTube-Kanäle betreibt, kündigte unmittelbar nach dem Inkrafttreten des neuen Gesetzes zunächst an, ihren Kanal einzustellen, konnte ihn dann jedoch auf eine neue Basis stellen. Auch Irina Šichman, Dmitrij Kolezev und andere Blogger hatten nach eigenen Angaben mit Schwierigkeiten zu kämpfen.

Ein erfolgreiches YouTube-Format ist *The Breakfast Show*, die als persönlicher Kanal des beliebten *Echo Moskvy*-Moderators Aleksandr Pljuščev startete. Er war ebenso wie viele andere Journalisten direkt nach dem Großangriff auf die Ukraine in die Europäische Union emigriert. Als *Echo Moskvy* in Russland geschlossen wurde, richtete er sich einen YouTube-Kanal ein und ging von seinem Hotelzimmer aus auf Sendung, ohne ein klares Konzept für die weitere Entwicklung zu haben. Die Sendung – eine morgendliche Talkshow zu Nachrichten aus Politik und Gesellschaft – gewann nach und nach an Popularität. Sie finanzierte sich durch Spenden von Zuschauern, den Verkauf von Merchandise-Artikeln und Erlöse aus der Reichweite. Zwar schüttet *YouTube* keinen Anteil für Aufrufe aus Russland und für Medien aus, die in Russland registriert sind, aber wenn Medien wie etwa *The Breakfast Show* in Litauen registriert sind, wird jeder Aufruf aus anderen Ländern anteilig honoriert. Nachdem Russland die Ausstrahlung von YouTube verlangsamte und Zuschauer darauf mit der Nutzung von VPNs reagierten, um weiter YouTube sehen zu können, wurden diese Aufrufe als Aufrufe aus anderen Ländern gezählt (dies ist das Prinzip des VPN-Betriebs) und entsprechend honoriert. Inzwischen hat sich *The Breakfast Show* zu einer Art YouTube-Fernsehsender mit mehreren Moderatoren, verschiedenen Formaten und Sondersendungen entwickelt. Russlands Justizministerium hat Pljuščev wie die meisten populären Blogger zum „ausländischen Agenten" erklärt.

Die vierte Kategorie schließlich sind die unabhängigen Medien im Bereich des klassischen Journalismus – große wie *Meduza* oder der Fernsehsender *Dožd'*, mittelgroße

[19] Izmenenija v stat'ju 11 zakona ot 14.07.2022 № 255-ФЗ „O kontrole za dejatel'nost'ju lic, nachodjaščichsja pod inostrannym vlijaniem zakrepljaja v nej normy o sobljudenii inostrannym agentom ograničennij i zapretov, predusmotrennych zakonom м № 38-ФЗ „О рекламе" <www.interfax.ru/russia/948059>.

[20] *Rozkomnadzor* raskryl oborot reklamy u inoagentov. RBC, 9.2.2024, <www.rbc.ru/technology_and_media/09/02/2024/65c4ca389a79471596d16566 >.

wie *Mediazona*, *Važnye istorii*, *Proekt*, *Verstka* oder *Cholod* und zahlreiche kleinere wie *Čerta*, *Novaja vkladka* oder *Glasnaja*. Viele dieser Medien wurden noch in Russland gegründet, aber einige sind auch im Exil als Gemeinschaftsprojekte freier Journalisten entstanden.

Die Gründerin des Onlinemagazins *The Bell*, Elizaveta Osetinskaja, vermutet, dass keines dieser Medien profitabel arbeitet. Man müsse anerkennen, „dass man gesellschaftliche Arbeit im öffentlichen Interesse leistet, wenn man über gesellschaftspolitische Themen schreibt.“[21] Die Medien seien zu gemeinnützigen Organisationen geworden und sollten ihr Selbstverständnis und ihre Fundraising-Strategien entsprechend anpassen. Sie alle sind abhängig von Fördermitteln, die großen weitgehend, die kleineren vollständig. Geldgeber sind meist europäische oder amerikanische Stiftungen, die anhand ihrer Werte und politischen Ziele über die Mittelvergabe entscheiden. Im Idealfall findet ein Medium einen Förderer, der die gleichen Werte vertritt, etwa wenn eine ökologisch orientierte Stiftung eine Publikation mit der gleichen Ausrichtung unterstützt. Selbst wenn die Geldgeber sich nicht in die inhaltliche Arbeit und die Entscheidungen des Managements einmischen, hat die völlige materielle Abhängigkeit von ihnen eine Rückwirkung auf die Selbstwahrnehmung der Journalisten.

Organisationen in den einzelnen Nationalstaaten und auf europäischer Ebene wie das *European Endowment for Democracy* (EED), *Media in Cooperation and Transition* (MICT), *Reporter ohne Grenzen* oder der *Media Hub Riga*, unterstützen russischsprachige Exilmedien, weil sie Meinungsfreiheit verteidigen wollen und das Recht auf Information als Grundrecht und Grundfreiheit ansehen. Daher halten sie sich erklärtermaßen ganz aus der Redaktionspolitik heraus. US-amerikanische Geldgeber geben in der Regel Leistungskennzahlen vor. Dafür müssen die Medien die Ziele ihrer Arbeit – zu denen auch die Bekämpfung von Propaganda gehören kann – entsprechend konkret formulieren.

Eine weitere Möglichkeit, Einnahmen für die Produktion von Inhalten zu generieren, besteht darin, zusätzliche Dienstleistungen zu verkaufen. So bietet etwa die in Russland blockierte Publikation *Bumaga*, die ihren Sitz nach Tbilisi verlegt hat, ein eigenes VPN inklusive technischer Unterstützung an, führt soziologische Studien durch, bietet Zufluchtsorte und organisiert Schulungen in Georgien. *The Bell* bietet einen Teil seiner Newsletter und Expertenbeiträge kostenpflichtig an und hat eine Online-Business School gegründet, in der Dozenten aus dem Silicon Valley unterrichten. Das trägt dazu bei, die Publikationen langfristig abzusichern und ihnen neben den Fördermitteln eine weitere Basis zu verschaffen.

Unterstützung bei bürokratischen, rechtlichen und organisatorischen Angelegenheiten erhalten die russischen Exilmedien von Organisationen wie *Reporter ohne Grenzen*, *MiCT*, *Media Hub Riga* und *Free Russia*. Sie regeln Visaangelegenheiten, helfen beim Vorlegen und Beschaffen der nötigen Dokumente und stellen Coworking-Spaces, technisches Equipment und Studios zur Aufnahme von Videos und Podcasts zur Verfügung.

---

[21] Osetinskaja: „My privykli” [Fn. 9].

Journalismus im Exil: Probleme, Inhalte und Zielgruppen

Nach Recherchen des JX Fund umfasst das Publikum aller Exilmedien in Russland zwischen 5,8 und 7,8 Millionen Personen.[22] Damit erreichen sie regelmäßig sechs bis neun Prozent der erwachsenen Bevölkerung Russlands. Die Verantwortlichen der Exilmedien nennen vergleichbare Zahlen. Nach Angaben von Tichon Dzjadko, dem Chefredakteur des Fernsehsenders *Dožd'*, leben zwischen 65 und 75 Prozent der Zuschauer des Senders in Russland. Er erreicht monatlich bis zu zehn Millionen Menschen.[23] Angesichts der Zensurbeschränkungen und Blockaden, die es massiv erschweren, Inhalte zu verbreiten und Statistiken zu erfassen, ist das eine sehr hohe Zahl. Die Chefredakteurin von *The Bell*, Elizaveta Osetinskaja, schildert dagegen, dass die Leserschaft ihres Onlinemagazins in Russland erheblich zurückgegangen sei, nachdem die Website dort blockiert wurde.[24]

Für eine umfassende Berichterstattung rund um den Krieg fehlt es den unabhängigen Exil-Publikationen an Kapazitäten. Die Redakteure sagen offen, dass viel mehr professionelle Journalisten gebraucht würden, die Kriegsverbrechen recherchieren, Human-Interest-Storys schreiben, das Geschehen in Russlands Regionen und nationalen Republiken darstellen oder Statistiken auswerten. Zugleich heißt es übereinstimmend, das Publikum sei der „schlechten Nachrichten" überdrüssig, während die Journalisten es als unmoralisch betrachten würden, sich mit Unterhaltungsthemen zu beschäftigen. So ist es für Redaktionen ein ständiger Balanceakt, die gesellschaftlich relevanten Themen zu behandeln, ihrer Verantwortung gerecht zu werden und dabei für ihre Zielgruppe in Russland attraktiv zu bleiben.

Die Entfernung von Russland ist das größte Problem, mit dem die Exiljournalisten bei ihrer Arbeit konfrontiert sind. Da sie nicht vor Ort sein können, befürchten sie, die Verbindung zu ihrem Publikum zu verlieren und an Relevanz einzubüßen. Im Wesentlichen wenden sie zwei Methoden an: Zum einen kommunizieren sie über soziale Netzwerke und Messenger mit ihren Gesprächspartnern oder Quellen, zum anderen sammeln und analysieren sie Daten aus öffentlich zugänglichen Quellen (OSINT = Open-Source-Intelligenz). Freiberufliche Korrespondenten, sogenannte Stringer, die noch in Russland sind, recherchieren anonym Informationen für die ins Ausland umgesiedelten Medien. Journalisten, die für einen unabhängigen Fernsehsender ein Interview mit einem in Russland ansässigen Gesprächspartner arrangiert haben, schicken Kameraleute dorthin, und leiten sie per Video an. Das Gespräch wird etwa in Samara aufgenommen, während der Korrespondent von Prag oder Riga aus seine Fragen stellt und Hinweise für die Aufnahme gibt. Oft bleiben dabei nicht nur Kameraleute und Korrespondenten, sondern auch die Interviewpartner und Experten anonym. Ihre Gesichter werden verpixelt, die Stimmen verzerrt. Wer offen in Sendungen der Exilkanäle auftritt oder auf ihren Online-Plattformen kommentiert, wird wegen Verbindungen zu unerwünschten Organisationen und „ausländischen Agenten" denunziert und riskiert strafrechtliche Verfolgung. „Als wir eine Reportage aus der Region Belgorod

---

22 Sustaining Independence: Current State of Russian Media in Exile. JX Fund, 5.12.2023.

23 Tichon Dzjadko: „Gde by my ni nachodilis', my vosprinimaem ‚Dožd'" kak rossijskij telekanal. Colta.ru, 7.6.2023.

24 Osetinskaja: „My privykli" [Fn. 9].

drehten, saß unser Kameramann mit einem Volontär im Auto, der ihn am ersten Kontrollpunkt an die Polizei verriet“, erzählt Tichon Dzjadko.[25] Die Chefredakteurin des Onlinemagazins *Verstka*, Lola Tagaeva, hält es angesichts der technischen Möglichkeiten der modernen Kommunikationsmittel nicht mehr für nötig, Menschen einer solchen Gefahr auszusetzen: „Es ist sehr schwer, jeden Tag mit dem Gedanken zu Bett zu gehen: Wird meinem Korrespondenten etwas passieren?“[26] Wenn man nicht gerade als TV-Sender auf Videomaterial angewiesen sei, seien die Qualitätseinbußen durch Fernarbeit minimal und rechtfertigten die Risiken nicht. Andererseits gibt es in Russland immer noch Journalisten, die diese Risiken bewusst eingehen, um ihren Werten und Grundsätzen treu zu bleiben: Sie wollen nicht ausreisen und sie wollen in ihrem Beruf arbeiten, weil sie überzeugt sind, dass sie einen Beitrag zum Gemeinwohl leisten, indem sie unabhängige Medien unterstützen.

Korrespondenten von russischsprachigen Exilmedien, die russländische Staatsbürger sind, können weder die eine noch die andere Seite der Front besuchen. Zum Zeitpunkt des Kriegsbeginns befanden sich nur drei russische Journalistinnen auf ukrainischem Territorium: Elena Kostjučenko von der *Novaja Gazeta*, Lilija Japparova von *Meduza* und Oksana Baulina von *Insider*, die in Kiew durch einen russländischen Raketenangriff getötet wurde. Sie alle konnten nur aufgrund des Durcheinanders in den ersten Wochen nach der Invasion vor Ort sein. Heute ist es Journalisten mit russländischem Pass, selbst wenn sie für Exilmedien arbeiten, unmöglich, sich in der Konfliktzone aufzuhalten – nicht nur an der Front, sondern generell auf dem Gebiet beider Staaten.

Ein weiteres Problem besteht darin, dass Russland zunehmend zur „Black Box“ wird: Immer weniger Quellen sind bereit, sich gegenüber Journalisten zu äußern – auch weil Beamte, Angestellte staatlicher oder staatsnaher Organisationen, Politiker und andere Insider inzwischen Angst davor haben, mit Medien zu sprechen, vor allem mit solchen, die sich außerhalb Russlands befinden. Selbst wenn sie die betreffenden Journalisten seit langem kennen, hat ihr Vertrauen abgenommen und sie würden zu viel riskieren, wenn der Kontakt den Sicherheitsbehörden bekannt würde. Schon seit langem erhielten als „ausländische Agenten“ oder gar unerwünschte Organisationen eingestufte Medien nur noch inoffizielle oder anonyme Stellungnahmen, aber heute vermeiden es die meisten Quellen, überhaupt mit ihnen zu sprechen. Zudem hat sich der Kreis der informierten Personen erheblich verkleinert. In jedem Bereich gibt es nur noch wenige Leute, die über Entscheidungen auf dem Laufenden sind, und diese sind auf einer Ebene angesiedelt, auf der es keine undichten Stellen gibt. Ein Chefredakteur einer unabhängigen Publikation bringt die Veränderungen auf den Punkt.

> Die Quellen haben sozusagen eine neue Herangehensweise entwickelt. Sie erläutern nicht mehr Entscheidungen, mit denen sie selbst zu tun haben, sondern sie beschreiben den Ablauf. Daraus lassen sich zumindest Rückschlüsse auf die Machtverhältnisse ziehen, darauf, wer sich wofür engagiert, und das ist schon ziemlich wichtig.

Angesichts der weltweit zunehmenden Polarisierung und der spezifischen Arbeitsbedingungen der russischsprachigen Exilmedien – der Entfernung vom eigenen

[25] Dzjadko: Gde by my ni nachodilis’ [Fn. 4].
[26] Lola Tagaeva: Redakcija v kakoj-to stepeni stala zamenjat’ gosudarstvo. Colta.ru, 19.6.2023.

Publikum, der Unmöglichkeit, vor Ort zu recherchieren und des extremen Mangels an auskunftsbereiten Quellen stellt sich die Frage, wie es möglich ist, professionelle Unparteilichkeit zu wahren und journalistische Standards einzuhalten. Dieses Problem wird vor allem dadurch gelöst, dass strikte Kriterien für die Nachprüfbarkeit von Informationen gelten. Kein Thema ist tabu, aber manches ist grundsätzlich nicht überprüfbar. Dazu Lola Tagaeva:

> Unser Ansatz ist es, auf Themen zu verzichten, bei denen es viele fremde Manipulationen, Verwicklungen, Provokationen geben kann, bei denen wir nicht nachprüfen können, ob es sich um Täuschung oder Wahrheit handelt. Unsere „Zensur" besteht darin, dass wir nicht über Themen berichten, bei denen wir Gefahr laufen, von Dritten manipuliert zu werden. Wir schreiben über das, was wir unter den gegebenen Umständen beweisen können.[27]

Wo es ethisch unmöglich ist, persönlich „über den Dingen zu stehen", wie es üblicherweise von Journalisten erwartet wird, bleiben nur der akribische Faktencheck und die strikte Trennung von Tatsachen und Meinungen, um sich die professionelle Unabhängigkeit zu bewahren. Je stärker der Korrespondent emotional involviert ist, je sensibler das Thema für das Publikum ist, desto größer ist auch die Manipulationsgefahr und desto gründlicher müssen Informationen geprüft und Beweise gesucht werden. Wenn es um den Krieg und seine Folgen geht, tun sich immer öfter mehrere Medien zusammen, weil es den einzelnen Publikationen an Ressourcen fehlt, um jede Geschichte zu überprüfen. Am längsten besteht die Kooperation zwischen dem russischen Dienst der BBC und *Mediazona*, die bereits seit Kriegsbeginn gemeinsam die in der Ukraine getöteten russländischen Soldaten zählen.

Weil die Community des russischsprachigen Exiljournalismus über verschiedene Länder verteilt ist und viele ihrer Angehörigen unter schwierigen Bedingungen leben, wächst die Bedeutung der Foren, die es ermöglichen, sich über professionelle Standards auszutauschen und Werte vor dem Hintergrund neuer Erfahrungen und Bedürfnisse neu zu formulieren. Eine zentrale Rolle in dieser Hinsicht spielt heute der *Redkollegija*-Preis. Diese 2016 in Russland von Boris Simin und der Simin-Stiftung initiierte Auszeichnung wird jeden Monat an Autoren der russischsprachigen Qualitätspresse vergeben und hat sich innerhalb kurzer Zeit zum renommiertesten unabhängigen Journalistenpreis entwickelt. Die Entscheidungen der Jury gaben immer wieder Anlass zu Debatten über Qualitätsstandards und journalistische Ethik. Viele waren mit ihnen nicht einverstanden und nahmen Anstoß daran, aber dadurch wurde das Vergabeverfahren belebt.

Nach dem Beginn des Großangriffs auf die Ukraine und der anschließenden Emigrationswelle hat auch das Preiskomitee seinen Sitz ins Ausland verlegt. Der Preis wird weiterhin verliehen und hat sich inzwischen zu einer Institution entwickelt, um die herum sich die journalistische Gemeinschaft neu formiert. Dank seiner gefestigten Reputation und klaren Wertorientierung nehmen sowohl in Russland verbliebene als auch emigrierte Journalisten am Vergabeverfahren teil, politisch gebundene wie unabhängige Publikationen, kleine wie große Medienunternehmen. Das liegt nicht zuletzt daran, dass das Projekt *Redkollegija* aus den Anforderungen des professionellen Umfelds

---

[27] Tagaeva, Redakcija [Fn. 24].

heraus organisch gewachsen ist. Selbst wenn die Entscheidungen der Jury nicht immer auf Zustimmung stoßen, sehen die Journalisten diese Auszeichnung als ihre eigene an. Neben dem Preis selbst gibt es Begleitprojekte wie den Podcast *Davaj golosom*, in dem Kollegen die Arbeit der Nominierten sowohl unter professionellen Gesichtspunkten wie vom Standpunkt der Leser aus analysieren. Von Telegram-Chatrooms und Küchengesprächen in Riga, Berlin oder Tbilisi abgesehen ist *Redkollegija* bisher die einzige Plattform, die es Journalisten verschiedener Publikationen ermöglicht, sich darüber auszutauschen, wie sie mit den Herausforderungen des Krieges umgehen, gemeinsam Strategien zu entwickeln und Konflikte durchzustehen. Es bräuchte wohl weit mehr solcher Institutionen, um die Community zusammenzuführen.

Ende 2024 hat die *Foundation for Democracy and Liberal Values* (FDLV) das Förderprogramm *Media in a Changing World* ins Leben gerufen. Es soll die Erstellung russischsprachiger Inhalte und die Entwicklung von IT-Lösungen unterstützen, über die die Medien ihr Publikum in Ländern mit eingeschränkten Informationsmöglichkeiten erreichen können.[28] Initiatorin ist Žanna Nemcova, die Gründerin der *Boris Nemtsov Foundation for Freedom*[29] und Leiterin des Masterstudiengangs für Russlandstudien an der Karlsuniversität Prag. Dass ein solches Programm ins Leben gerufen wurde und amerikanische Unternehmer, die ursprünglich aus Russland kommen, es finanziell unterstützen, zeigt einmal mehr, dass die journalistische Gemeinschaft auf der Suche nach langfristiger Absicherung ist und Bedarf besteht, Meinungsfreiheit und unabhängige Medien als wichtige Güter zu unterstützen.

Neben dem Publikum in Russland ist der zweite große Adressatenkreis der Exilmedien die neue russischsprachige Emigration, also der Personenkreis, der Russland nach dem Beginn der umfassenden Invasion in der Ukraine und ein halbes Jahr später nach der Ankündigung der Teilmobilisierung verlassen hat. Diese Gruppe wird von mehreren Soziologenteams quantitativ und qualitativ analysiert. Die Soziologin Ljubov' Borusjak, die eine Reihe von Tiefeninterviews mit russländischen Bürgern geführt hat, die aufgrund des Krieges emigriert sind, konstatiert:

> Viele Emigranten waren entsetzt über das, was geschah und wollten so schnell wie möglich fliehen, auch wenn sie keine Vorstellung davon hatten, was sie weiter tun sollten.[30]

Diese Erfahrung der erzwungenen, überstürzten und unfreiwilligen Auswanderung verbindet mehrere hunderttausend Menschen, die nun über die ganze Welt verstreut sind. Nach Schätzungen haben bis zu einer Million Personen Russland in den Jahren 2022 und 2023 verlassen. Die Medien sind ihre gemeinsame Basis, sie sorgen für den Zusammenhalt und schaffen ein soziales Umfeld. Dieses Umfeld trägt, so Maksim Trudoljubov,

---

[28] <https://fdlvus.org/grant>.

[29] <https://nemtsovfund.org/de/>.

[30] Ljubov' Borusjak: God izchoda: uechavšie ostajuščiesja i trudnosti kommunikacii. Re:russia 31.3.2923, <https://re-russia.net/expertise/064/>.

> eine gewaltige Last. Es stellt die gemeinsame Identität bereit, erhält die Sprache und vermittelt russischsprachigen Menschen überall auf der Welt, von Thailand bis Argentinien, ein Bild des aktuellen Geschehens.[31]

Laut zwei Studien des unabhängigen Wissenschaftsprojekts *OutRush*[32] unterscheidet sich das Exilpublikum deutlich von den Durchschnittsbürgern in Russland. Es ist mit im Schnitt 34 Jahren jünger und zudem gebildeter: 77 Prozent der neuen Emigranten haben einen Hochschulabschluss, der Durchschnitt für Russland liegt bei 27 Prozent. Ihre Motive für die Emigration sind vor allem politischer Art: An erster Stelle stehen die „politische und moralische Ablehnung der Handlungen des russländischen Regimes" und das seit Kriegsbeginn um ein Vielfaches gestiegene Risiko, das mit dem Protest gegen diese Handlungen verbunden ist. Zugleich herrscht in dieser neuen Diaspora ein ungewöhnlich hohes Maß an sozialem Vertrauen: 59 Prozent der Emigranten geben an, dass sie den Menschen vertrauen; der Durchschnittswert in der russländischen Gesellschaft liegt bei 23 Prozent.

Laut den Soziologen von *OutRush* ist „dieses ausgeprägte Vertrauen Ausdruck eines starken Solidaritätsgefühls, das sich in verschiedenen Formen der gegenseitigen Unterstützung manifestiert".[33] Die Kombination von hohem Politisierungsgrad und Solidarität zeugt davon, dass die Diaspora potenziell großen Einfluss auf Veränderungen in Russland ausüben kann. Zum einen durch direkte Betätigung: Viele Russinnen und Russen in der Diaspora engagieren sich in verschiedenen Formen, von Aktivismus über ehrenamtliche Arbeit, Bildungsinitiativen oder den Aufbau von Antikriegsprojekten, sie beteiligen sich an politischen Prozessen und fühlen sich für die Ereignisse in Russland verantwortlich. Zum anderen können sie durch die Verbindung zu ihren Verwandten, Freunden und Kollegen vor Ort auch indirekt Einfluss nehmen. Auch hier sind die Medien gefordert, weil sie entscheidend dazu beitragen können, diese Solidarität zu stärken und eine neue Öffentlichkeit zu schaffen. Dies wird jedoch dadurch erschwert, dass die unabhängigen Journalisten selbst zur Diaspora gehören und es für sie zunehmend schwieriger wird, ihre Zielgruppe in Russland zu erreichen und Feedback von dort zu erhalten. Die Gefahr, dass die Exilpublikationen sich zu klassischen „Emigranten"-Medien entwickeln, deren Agenda, Sprecher und Interessen vom Herkunftsland abgeschnitten sind, ist sehr groß.

Die dritte Zielgruppe sind russischsprachige Europäer, die in EU-Ländern aufgewachsen sind oder seit langem dort leben, aber nicht vollständig integriert sind und die Wert darauf legen, die Beziehung zu ihrem Herkunftsland aufrechtzuerhalten. Die Rezeption der dortigen Medien war für sie eine wichtige Möglichkeit, ihre Identität zu wahren. In Deutschland gibt es mehr als zwei Millionen Menschen, deren Muttersprache Russisch

---

[31] Trudoljubov, Poljarizacija [Fn. 2].

[32] Emil Kamalov u.a.: Bol'šoj ischod: portret novych migrantov iz Rossii. Otčet po rezul'tatam oprosa v marte 2022 proekta OutRush Moskva 2022. <outrush.io/report_march_2022>, sowie Emil Kamalov u.a.: Poltora goda spustja: progress i bar'ery v integracii rossijskich emigrantov. Analitičeski otčet po tret'ej volne oprosa proekta OutRush Janvar' 2024, <outrush.io/report_january_2024>.

[33] Ivetta Sergeeva, Emil Kamalov: A Year and a Half in Exile: Progress and Obstacles in the Integration of Russian Migrants. European University Institute, 15.1.2024, <https://cadmus.eui.eu/handle/1814/76676>.

ist.[34] In Lettland leben 450 000 ethnische Russen und in Estland 315 000 – fast ein Viertel der Bevölkerung.[35] Viele von ihnen beherrschen die Sprache des Staates, in dem sie wohnen, gar nicht oder unzulänglich. Der Krieg hat sich auch auf ihren Alltag ausgewirkt: Die staatlichen und staatsnahen russländischen Fernsehsender, an die sie gewöhnt waren, wurden plötzlich gesperrt und auf die Sanktionslisten der Europäischen Union gesetzt, so die russisch-orthodoxen Sender *Spas* und *Cargrad.*
Die *Novaya Gazeta.Evropa* hat eine umfassende Studie zum Medienkonsum russischsprachiger EU-Bürgerinnen und Bürger durchgeführt. Dabei zeigte sich bei einem Teil der Befragten, dass

> der Grad ihrer Integration in die europäische Gemeinschaft, der bisher ausreichte, um im jeweiligen Land angenehm leben zu können, sich jetzt als zu gering erweist [. . .] Ihre weiter bestehende Verbindung zu Russland und dem russischsprachigen Raum, auch über die russländischen Staatsmedien, hat dazu geführt, dass ihre politischen Ansichten und bestimmte soziale Praktiken im Gastland als inakzeptabel gelten.[36]

Ein großer Teil der russischsprachigen Europäer tendiert dazu, rechtspopulistische Kräfte zu unterstützen. Das kritische Denken ist bei ihnen weniger stark ausgebildet, da sie jahrzehntelang russländischer Propaganda ausgesetzt waren und weiterhin anfällig dafür sind. Die unabhängigen russischsprachigen Exilpublikationen haben es bisher nicht vermocht, die Lücke zu füllen, die durch die Sperrung der russländischen Staatsmedien entstanden ist, zumal natürlich auch diese über VPN weiterhin erreichbar sind. Die Lage ist paradox: In Russland nutzen Kriegsgegner VPN-Dienste, um die Websites unabhängiger Medien zu lesen, die europäische Werte teilen, und in der EU verwenden russischsprachige Bürger dieselben Dienste, um auf russländische Propagandaseiten zuzugreifen.
In Deutschland bemüht sich die *Deutsche Welle* mit ihrem russischsprachigen Dienst, der russischsprachige YouTube-Kanal der *Bild*[37] und der Fernsehkanal *Ost-West*, dieses Publikum zu erreichen. Die Fernsehsender *Dožd'* und *Nastojaščee vremja* senden in verschiedene Länder, in der eine russischsprachige Diaspora lebt. Einstweilen bewegen sich die Exil-Medien aus Russland bei ihrem Versuch, nicht nur die Antikriegs-Emigration, sondern die gesamte, komplex zusammengesetzte russischsprachige Diaspora anzusprechen, die teilweise geistig im Russland von vor 20 oder 30 Jahren hängen geblieben ist, auf ungewohntem Terrain. Aus der *Novaja Gazeta*-Studie geht jedoch hervor, dass sie gleichwohl darauf hinarbeiten.
Die vierte und kleinste, gleichwohl wichtige Zielgruppe der Exilmedien schließlich sind jene, die sich über das Geschehen in Russland informieren müssen, aber nicht notwendigerweise Russisch lesen – Experten, Wissenschaftler und Entscheidungsträger

---

34 Jannis Pangiotidis: Russlanddeutsche Spätaussiedler. Charakteristika, Netzwerke, Selbstverständnis, in: OSTEUROPA, 9–11/2019, S. 43–62.

35 Zahlen der Volkszählung 2021 für Lettland und Estland <https://data.stat.gov.lv/pxweb/lv/OSP_PUB/START__POP__IR__IRE/IRE031/> <https://andmed.stat.ee/en/stat/rahvaloendus__rel2021__rahvastiku-demograafilised-ja-etno-kultuurilised-naitajad__rahvus-emakeel/RL21429>.

36 Vyvesti na častotu. Novaja gazeta.Evropa, <https://diaspora.novayagazeta.eu/>.

37 Bild na russkom. <www.youtube.com/channel/UCy1xqjMJExef6EtEXfAULcg>.

in den westlichen Ländern. Zum einen geht von Russland nach einhelliger Einschätzung von Politikern und Analytikern jetzt und in Zukunft eine Bedrohung für Europas Sicherheit aus.[38] Zum anderen bleibt Russland ein Land mit einem großen Markt, reichen Ressourcen und 140 Millionen Einwohnern. Und dieses Land wird – welchen Gang die Geschichte auch immer nehmen wird – einen grundlegenden gesellschaftlichen Wandel durchlaufen. Die schwerwiegendsten Veränderungen hat es noch vor sich. Entsprechend gibt es Bedarf an vielfältiger Russland-Expertise und auch an journalistischen Recherchen und Reportagen, die helfen zu verstehen, was in diesem Land tatsächlich vor sich geht. Und viele Journalisten können diese Expertise zur Wirtschaft, dem Militär, der Kirche und der Ideologie sowie zu den internationalen Beziehungen etwa beisteuern.

Ausblick

Die weitere Entwicklung des russischsprachigen Journalismus in der nächsten Zukunft hängt vor allem davon ab, ob sich Russland politisch und medial noch stärker abschotten wird.[39] Falls es zu einer vollständigen Kontrolle des Internets nach chinesischem Muster käme – mit Firewalls, der Sperrung von VPNs und YouTube, der vollständige Unterwerfung des inländischen Datenverkehrs und der Zusammenführung von Regierungsdienstleistungen und Kommunikation in einer Anwendung mit einem einzigen Konto –, könnte der Exiljournalismus seine Inhalte nur noch mit subversiven Methoden verbreiten. Recherchen in Russland wären dann praktisch nicht mehr möglich, auch nicht mithilfe anonymer Protagonisten und Experten. Zudem würden die Exilmedien kaum noch Informationen über ihr Publikum erhalten.

Sie wären faktisch ebenso abgeschnitten vom Land wie die Exil-Radiosender und Verlage während des Ost-West-Konflikts. Damit würden Meinungen, Interpretationen und Analysen unweigerlich die Oberhand über den auf Fakten basierenden Journalismus gewinnen. Verstärkt würde dies durch die allerorts zunehmende Polarisierung. Bei einer weiteren Verschärfung der gesetzlichen Repressionen und der Umsetzung der bestehenden Gesetze gegen die Verbreitung von „Fake News", die „Diskreditierung der Armee" oder „LGBT-Propaganda" sowie einer Ausweitung der Kampagne, immer mehr Privatpersonen und Organisationen zu „ausländischen Agenten" zu erklären, müssten auch die letzten noch in Russland tätigen unabhängigen Medien schließen und ihre Mitarbeiter höchstwahrscheinlich ins Ausland gehen. Wenn bei Medien wie *Kommersant"*, *Vedomosti* und RBK das Management ausgetauscht oder in anderer Form radikal in die Redaktionspolitik eingegriffen würde, wären relevante Informationen über Russlands Wirtschaft und ähnliche Themengebiete kaum noch zu bekommen.

---

[38] Kadri Liik: „The old is dying and the new cannot be born: A power audit of EU-Russia relations". ECFR, 14.12.2022, <https://ecfr.eu/publication/the-old-is-dying-and-the-new-cannot-be-born-a-power-audit-of-eu-russia-relations/>. – Keir Giles, Graeme P. Herd: Russia's End State: Who Will Defend Europe? Strategic Competition Seminar Series, FY25-04, <www.marshallcenter.org/sites/default/files/files/2024-12/1-fy25-scss-04-summary-final-pdf.pdf>.

[39] Das Putin-Regime bewegt sich in diese Richtung. Im April 2024 waren in Russland etwa 1,7 Millionen Websites blockiert. Alena Epifanova: Blockieren, Überwachen, Strafen. Internetkontrolle in Russland, in: OSTEUROPA, 4/2024, S. 69–78.

Wenn die Lage ungefähr so bleibt wie sie jetzt ist, wird die Hauptsorge der Exilmedien der eigenen Finanzierung und damit der nachhaltigen Sicherung ihrer Existenz gelten. Die Zukunft des einzigartigen Experiments, Medien ins Ausland zu verlagern, wird sich an einer Reihe von Prüfsteinen entscheiden: Können sich die kleinen Projekte halten, müssen sie Dachorganisationen bilden oder werden sie in bestehenden großen Redaktionen aufgehen? Decken die bestehenden Exilmedien den Bedarf oder sollten es mehr oder weniger sein? Müssen die Inhalte und Formate der Publikationen revidiert werden, um die Reichweite in Russland zu optimieren? Bleibt der Informationsraum im Großen und Ganzen einheitlich oder werden die Informationsbedürfnisse des Publikums in Russland und außerhalb des Landes weiter auseinandergehen? Wie wird sich das Selbstverständnis der russländischen Journalisten entwickeln – werden sie darauf setzen, nach Russland zurückzukehren, um dort eine neue Periode in der Geschichte der unabhängigen Medien einzuleiten, oder geht es vor allem darum, eine Existenzgrundlage für eine Journalistengeneration im Exil zu schaffen? Werden die Journalisten ihre Autonomie gegenüber der politischen Opposition wahren können, oder wird sich das erübrigen?

Vieles wird davon abhängen, wie sich die politische Lage gestaltet und welchen Verlauf der Krieg nimmt – welchen Platz Russland in den internationalen Beziehungen einnehmen wird, wie sich die Weltwirtschaft entwickelt und wie groß das Interesse von Publikum wie Geldgebern an der Unterstützung unabhängiger russischsprachiger Medien sein wird.

Aus dem Russischen von Anselm Bühling, Berlin

Schlagwörter:
Medien, Russland, Zeitungen, Fernsehen, Radio, Internet, Zensur, Exil-Medien, Ukraine-Krieg

Birger Schütz

Absturz eines Hoffnungsträgers

Pressefreiheit und Öffentlichkeit in Kirgistan

Bis 2020 war Kirgistan mit einer vielfältigen Medienlandschaft und guten Arbeitsbedingungen für Journalisten der Primus unter den zentralasiatischen Staaten. Doch Präsident Sadyr Dschaparow hat eine Kehrtwende eingeleitet. Sein autoritäres Regime schränkt Presse- und Meinungsfreiheit immer stärker ein. Journalisten werden im Internet bedroht, ins Gefängnis gesteckt oder ins Ausland getrieben. Geheimdienst und Justiz machen Jagd auf unabhängige Redaktionen und kritische Köpfe. Eine pressefeindliche Gesetzgebung verleiht dem einen legalen Anstrich, Restriktionen werden als Kampf gegen „Falschnachrichten" und gegen Feinde „traditioneller Werte" verbrämt.

Um 50 Plätze abgestürzt und erstmals seit zehn Jahren nicht mehr unter den Top 100: In der Geschichte des kirgisischen Journalismus markierte die Rangliste der Pressefreiheit 2023 von *Reporter ohne Grenzen* (RSF) eine Zäsur. Dem Ranking zufolge verschlechterte sich die Lage der Pressefreiheit in Kirgistan in allen gemessenen Kategorien; im Gesamt-Ranking fiel das zentralasiatische Land von Platz 72 auf Platz 122 zurück.[1] Die Lage der Medien wird seitdem als „schwierig" eingestuft – die zweitschlechteste von insgesamt fünf möglichen Wertungsklassen.[2] Der tiefe Fall ist bemerkenswert. Denn seit der Erlangung der Unabhängigkeit im Jahr 1991 galt Kirgistan als der Staat in Zentralasien mit der vielfältigsten Medienlandschaft und den besten Voraussetzungen für eine kritische Berichterstattung. Trotz andauernder politischer Krisen arbeiteten Journalisten dort so ungehindert wie in keinem der autoritären Nachbarstaaten. Das Regime von Sadyr Dschaparow, der Ende 2020 die Macht übernahm, hat mit dieser Tradition gebrochen. Unter der Regierung des autokratischen Präsidenten werden unbequeme Journalisten bedroht und inhaftiert, unabhängige Redaktionen geschlossen und kritische Berichte mithilfe repressiver Gesetze unterdrückt. Die Arbeitsbedingungen von Journalisten gleichen sich immer mehr denen in den Nachbarländern an.

Birger Schütz (1981), Osteuropa- und Zentralasien-Referent bei Reporter ohne Grenzen, Berlin

1 Reporter ohne Grenzen: Rangliste 2023 mit Details, <www.reporter-ohne-grenzen.de/rangliste/archiv>. 2024 stieg Kirgistan in der Rangliste zwar um zwei Plätze auf, in der Gesamtbewertung schnitt das Land jedoch sogar noch etwas schlechter ab als im Jahr zuvor. Rangliste mit Details 2024, <www.reporter-ohne-grenzen.de/rangliste/rangliste-2024>. Alle Ranglisten, auf die im Folgenden Bezug genommen wird, finden sich im Web-Archiv von Reporter ohne Grenzen.

2 Die Lage der Pressefreiheit wird von Reporter ohne Grenzen (Reporters sans frontières, RSF) anhand von fünf Kriterien untersucht: Sicherheit, Politik, juristischer Kontext, Wirtschaft und soziokulturelles Umfeld.

OSTEUROPA, 75. Jg., 1–3/2025, S. 385–395 **doi: 10.35998/oe-2025-024**

Anpassung an einen autoritären Trend

Die rapide Verschlechterung des Zustands der Pressefreiheit in Kirgistan ist kein isoliertes Phänomen. Seit Beginn der 2020er Jahre verringert sich in allen zentralasiatischen Ländern der schon zuvor geringe Spielraum für unabhängigen Journalismus. Zwar haben in Kirgistan, Kasachstan, Turkmenistan und Usbekistan neue Präsidenten ihre zum Teil jahrzehntelang regierenden Vorgänger abgelöst. Damit verbundene Hoffnungen auf eine Liberalisierung haben sich jedoch zerschlagen.

In Tadschikistan steht ein Machtwechsel noch aus, Präsident Emomali Rahmon regiert das Land seit 1994 mit harter Hand. Ab Oktober 2022 überzog er die überschaubare Medienszene des Landes mit der schwersten Verfolgungswelle seit dem Ende des tadschikischen Bürgerkriegs in den 1990er Jahren. Mindestens acht Journalisten wurden zu Haftstrafen zwischen sieben und 20 Jahren verurteilt. In keinem anderen zentralasiatischen Land sitzen derzeit mehr Journalisten hinter Gittern. Verurteilt wurden sie zumeist wegen einer angeblichen Beteiligung an Aktivitäten extremistischer Gruppen, welche dem Regime zufolge hinter den 2022 niedergeschlagenen Protesten im Autonomen Gebiet Berg-Badachschan stecken.[3] Die meisten Journalisten, die nicht Repressalien unterworfen wurden, flohen ins Exil. Beobachter sprechen von einem fast vollständigen Zusammenbruch des unabhängigen Journalismus in Tadschikistan.[4] Zwischen 2014 und 2024 rutschte das Land in der Rangliste der Pressefreiheit von Platz 115 auf Rang 155 ab.

In Usbekistan schränkt Präsident Shavkat Mirziyoyev seit seiner Wiederwahl im Oktober 2021 den Spielraum für unabhängige Berichterstattung wieder stärker ein. Ursprünglich hatte sich der Staatschef vom repressiven Kurs seines 2016 verstorbenen Vorgängers Islom Karimov abgegrenzt, sämtliche inhaftierten Journalisten aus dem Gefängnis entlassen und die Blockade eines Dutzends gesperrter Nachrichtenseiten aufgehoben. Öffentlich ermunterte er Journalisten, auch über kontroverse Themen zu berichten.[5] Bis 2022 stieg das Land im RSF-Ranking bis auf Platz 133 auf – eine Verbesserung um 33 Ränge seit Karimovs Tod. Doch mittlerweile berichten unabhängige Journalisten wieder von zunehmendem Druck, Todesdrohungen und Festnahmen. Verschärfte gesetzliche Bestimmungen, etwa die Ausweitung des Straftatbestands der „Beleidigung des Präsidenten“ auf Online-Inhalte oder Gesetze gegen die Verbreitung von „falschen“, „gegenüber dem Staat und der Gesellschaft respektlosen“ Informationen behindern die journalistische Arbeit.[6] 2022 wurde die unabhängige Berichterstattung über Unruhen in der autonomen

[3] In Tajikistan, independent media throttled by state repression. Committee to Protect Journalists (CPJ), 4.1.2024, <https://cpj.org/2024/01/in-tajikistan-independent-media-throttled-by-state-repression/>. Zur Lage in Berg-Badachschan: Otto Luchterhandt: Berg-Badachschan und Karakalpakstan. Nationale Autonomien in geographischen Problemzonen, und Bruce Pannier, in: OSTEUROPA, 8–10/2024, S. 181–208. – Repressionen gegen Pamiri. Tadschikistan und das Autonome Gebiet Berg-Badachschan, in: ebd., S. 209–222.

[4] Two Years After Protest Crackdown Tajikistan's Journalists Have Gone Into Exile. Here's What's Lost When Journalists Flee. Organized Crime and Corruption Reporting Project (OCCRP), 18.12.2024, <www.occrp.org/en/feature/two-years-after-protest-crackdown-tajikistans-journalists-have-gone-into-exile-heres-whats-lost-when-journalists-flee>.

[5] Šavkat Mirzieev – žurnalistam: „Ne bojtes', za vami stoit prezident“. Gazeta.uz, 4.2.2021.

[6] Uzbek Forum For Human Rights: Uzbekistan: President's Broken Promises Puts *[sic]* Journalists And Bloggers At Risk. Berlin 2023, <www.uzbekforum.org/wp-content/uploads/2023/07/UZBEK-FORUM_freedom_of_speech.pdf>.

Republik Karakalpakstan massiv eingeschränkt. Inzwischen ist Usbekistan in der Rangliste der Pressefreiheit auf Platz 148 zurückgefallen.

In Kasachstan bleibt die Lage der Medien nach dem überraschenden Rücktritt von Nūrsūltan Nazarbaev im März 2019 schwierig. Nazarbaevs Nachfolger Qasym-Jomart Toqaev ließ im Januar 2022 Proteste mit brutaler Gewalt niederschlagen; dabei wurden Medienvertreter bedroht, verhaftet und von staatlichen Sicherheitskräften teils mit Waffengewalt daran gehindert, die Unruhen und die Umsetzung des Schießbefehls auch gegen Zivilpersonen zu dokumentieren. Forderungen investigativer Journalisten nach einer unabhängigen Untersuchung der Ereignisse folgte eine massive Repressionswelle gegen kritische Medien. Dabei wurden zwischen Mitte 2022 und Anfang 2023 die Autos mehrerer Journalisten angezündet, etwa ein halbes Dutzend Nachrichtenseiten zum Ziel von Cyberangriffen und die Scheiben einer Redaktion wiederholt eingeschlagen. Als angeblicher Organisator der Attacken wurde im März 2023 der Neffe eines Oligarchen festgenommen, von einem Gericht für unzurechnungsfähig erklärt und in die Psychiatrie eingewiesen.[7] Fünf an den Übergriffen Beteiligte wurden im November 2023 zu Haftstrafen auf Bewährung verurteilt.[8] Toqaevs Regierung nutzt ein 2023 verabschiedetes Gesetz über die Verbreitung von Fakenews im Internet dazu, kritische Berichterstattung noch stärker als zuvor zu behindern, und gängelt Journalisten mit einem 2024 in Kraft getretenen Mediengesetz. Dieses weitet unter anderem den Begriff der Massenmedien auf Online-Medien aus und verpflichtet diese zu einer staatlichen Registrierung und einer physischen Präsenz im Land. Es räumt der Regierung auch weitreichende Befugnisse ein, die Arbeit ausländischer Journalisten zu behindern oder zu unterbinden, indem sie ausländischen Medien und Journalisten die Akkreditierung verweigert oder entzieht, wenn ihr Material – nach einer sehr dehnbaren Definition – „extremistische Propaganda" enthält.[9] Darüber hinaus ermächtigt das Gesetz die zuständige Behörde, alle Medien zu überwachen, um sicherzustellen, dass sie nicht gegen „nationale, kulturelle und familiäre Werte" verstoßen, wobei auch diese nicht definiert werden. Dies macht die Arbeit von Journalisten unsicherer und führt zu einer stärkeren Selbstzensur. Anfang 2024 verweigerten die Behörden 36 Journalisten des kasachischen Dienstes von Radio Liberty (RFE/RL) vorübergehend die Akkreditierung.[10] Im Juli 2024 starb der kasachische Exiljournalist Aidos Sadyqov in der Ukraine an den Folgen eines Attentats, das allem Anschein nach von höchster staatlicher Ebene beauftragt war.[11] Den geschilderten Entwicklungen entsprechend, stieg Kasachstan im RSF-Ranking zwischen 2022 und 2024 von Platz 122 auf Rang 142 ab.

In Turkmenistan haben sich zaghafte Hoffnungen auf eine Liberalisierung nach dem Amtsantritt von Serdar Berdimuhamedow als Präsident im März 2022 zerschlagen. Wie schon unter dessen Vater Gurbanguly Berdimuhamedow zählt das turkmenische Regime

---

[7] DDoS-ataki, podžogi mašin žurnalistov i poterja pozicij v rejtinge svobody slova. Kazachtanskie SMI v 2023-m. Radio Azattyk, 8.1.2024.

[8] Kazakh Court Issues Suspended Prison Terms In Attacks On Journalists. Radio Liberty (RFE/RL), Kazakh Service, 22.11.2023.

[9] New Mass Media Law Threatens Freedom of Speech, Information in Kazakhstan. Regulation Will Further Restrict Media Freedom. Human Rights Watch (HRW), 22.6.2024.

[10] Mažilismen nazval „sovpadeniem" pojavlenie popravki o zaprete raboty inoSMI posle otkaza v akkreditacii žurnalistam Azattyka. Radio Azattyk, 31.1.2024.

[11] Murder of a Kazakh opposition journalist in Kyiv strains relations between Ukraine and Kazakhstan. Le Monde, 16.7.2024.

zu den repressivsten der Welt. In der Rangliste der Pressefreiheit von 2024 rangiert Turkmenistan auf Platz 175 von insgesamt 180 Ländern. Die Zensur des schon zuvor strikt kontrollierten Internets wurde noch verschärft.[12] Etwa drei Viertel der weltweiten Internetadressen sind in Turkmenistan gesperrt.[13] Die Nutzung von VPN-Diensten ist mit Geldstrafen belegt, soziale Netzwerke und Messengerdienste sind blockiert. Wer heimlich für Medien im Ausland arbeitet, muss mit gnadenloser Verfolgung rechnen. So verstarb im August 2024 der Journalist Hudajberdi Allašow nach Angaben von Bekannten an den langfristigen Folgen von Haft und Folter durch die Behörden. Die unabhängige Journalistin Soltan Açylowa wurde im November 2024 mit Gewalt an einer Reise in die Schweiz gehindert.[14]

Dschaparows Kampf gegen Presse- und Meinungsfreiheit

Die Verschlechterung der Lage der Pressefreiheit in Kirgistan ist eng mit dem politischen Aufstieg von Sadyr Dschaparow verbunden. Der mehrfach vorbestrafte Politiker kam im Zuge der gewaltsamen Proteste nach den manipulierten Parlamentswahlen vom Oktober 2020 unter rechtlich umstrittenen Umständen an die Macht, nachdem ihn Anhänger aus einem Hochsicherheitsgefängnis befreit hatten. Im Januar 2021 gewann er als zwischenzeitlicher Premierminister und Übergangspräsident die Präsidentenwahl. In einem parallel durchgeführten Referendum stimmten die Kirgisen mit großer Mehrheit für eine Rückkehr zum Präsidialsystem. Die Ausweitung der Befugnisse des Präsidenten wurde in einem Verfassungsreferendum im April 2021 bestätigt. Damit war der Weg frei für einen Abbau demokratischer und rechtsstaatlicher Prinzipien.[15]

Der neue Präsident und seine Unterstützer setzten Journalisten, unabhängige Medien und Aktivisten von Beginn an vermehrt unter Druck. Die schon unter Dschaparows Vorgänger üblichen Diffamierungen unabhängiger Journalisten nahmen nach seiner Machtübernahme massiv zu. Politiker und regimetreue Medien überziehen kritische Stimmen mit Drohungen und Angriffen, in staatlichem Auftrag agierende Trollfabriken machen Stimmung gegen Journalisten und Aktivisten, die das Handeln der Regierung kritisieren oder Behördenversagen und Korruption anprangern, und diskreditieren sie mithilfe von Fake-Accounts. Staatliche Behörden schikanieren und behindern oder verbieten unabhängige Medien und setzen Journalisten mit verschiedenen Methoden unter Druck.[16] Außerdem übt die Regierung Druck auf Privatwirtschaft und Staatsunternehmen aus, keine Werbung in regierungskritischen Medien zu schalten.[17]

---

12 Internet In Turkmenistan, Already The World's Slowest, Faces Further Restrictions. RFE/RL, Turkmen Service, 13.1.2022.

13 Attacks On Media Workers In Turkmenistan in 2023. Justice for Journalists (JFJ), 26.3.2024, <https://jfj.fund/attacks-on-media-workers-in-turkmenistan-in-2023/>.

14 Turkmenistan Forcibly Hospitalizes Human Rights Defender. HRW, 20.11.2024.

15 Andrea Schmitz: Kirgistans dritte Revolution. SWP-Aktuell, 4/2021 <www.swp-berlin.org/publications/products/aktuell/2021A04_UmbruchKirgistan.pdf>. – Asel Doolotkeldieva: Das Volk und der starke Staat. Repolitisierung in Kirgistan, in: OSTEUROPA, 8–10/2024, S. 165–180, hier S. 165–166.

16 Aksana Ismailbekova, Zinaida Almazbekova: Unter dem Vorwand der Tradition. Die Unterdrückung der Medien in Kirgistan. ZOiS Spotlight, 9/2024.

17 Keeping Kyrgyz Journalism Afloat While the Island of Democracy Sinks. The Diplomat, 7.6.2024.

Stellvertretend für die zunehmenden Schikanen der kirgisischen Behörden gegen unabhängige Journalisten steht der Fall Bolot Temirow. Der einflussreiche Investigativjournalist hat sich vor allem der Aufdeckung von staatlicher Korruption und Vetternwirtschaft unter Kirgistans Regierungsbeamten verschrieben. Bei einer polizeilichen Durchsuchung der Büroräume des Teams von *Temirov Live*, Temirows YouTube-Kanal, im Januar 2022 wurde angeblich Marihuana gefunden. Temirow, dem die Drogen nach eigener Aussage untergeschoben worden waren, wurde vorübergehend festgenommen. Der Zeitpunkt der Razzia war wohl kaum Zufall: Zwei Tage vorher hatte Temirow einen Bericht über mutmaßlich illegale Geschäfte der Söhne von Geheimdienstchef Kamtschybek Taschijew – Dschaparows engstem politischen Vertrauten – mit staatlichen Erdölkonzernen veröffentlicht. Im April desselben Jahres brachte *Temirov Live* einen weiteren Bericht über fragwürdige Geschäfte des Taschijew-Clans. Daraufhin wurden neue Vorwürfe gegen Temirow erhoben, der neben der kirgisischen auch die russländische Staatsbürgerschaft besitzt. Ihm wurden nun illegaler Grenzübertritt, Urkundenfälschung und die Verwendung eines gefälschten kirgisischen Passes zur Last gelegt.[18] Im September 2022 sprach ein Gericht Temirow der Dokumentenfälschung zur Erschleichung eines kirgisischen Passes schuldig. De facto verlor er damit auch die kirgisische Staatsbürgerschaft. Nach dem verlorenen Berufungsverfahren im November 2022 wurde der Journalist nach Russland abgeschoben.[19] Menschenrechtsorganisationen protestierten gegen seine Abschiebung. Mittlerweile hat Temirow Russland verlassen und setzt seine Arbeit von einem Land in der Europäischen Union aus fort.

Weniger öffentliche Aufmerksamkeit erfuhren im westlichen Ausland die Ermittlungen gegen die Nachrichtenseite *Kaktus Media*. Dieser warfen die kirgisischen Behörden im Februar 2022 Kriegspropaganda vor. Das Medium hatte einen Artikel einer tadschikischen Nachrichtenagentur veröffentlicht, in dem Kirgistan für die Eskalation des Grenzkonflikts zwischen beiden Ländern im Vorjahr verantwortlich gemacht wurde. Die Redaktion entging nur durch das Löschen des Artikels einer Strafverfolgung. Auch von der Verurteilung des Journalisten Taalaibek Duischenbijew im September 2022 zu fünf Jahren Gefängnis wegen „Aufstachelung zu interethnischem Hass“ wurde in westlichen Medien kaum Notiz genommen (die Strafe wurde vom selben Gericht in eine dreijährige Bewährungsstrafe mit Ausreiseverbot umgewandelt). Der Geschäftsführer des privaten Radio- und Fernsehsenders *Next TV* hatte auf Telegram die Aussage eines früheren kirgisischen Geheimdienstchefs zitiert, Kirgistan leiste Russland geheime Militärhilfe im Krieg gegen die Ukraine.[20]

---

[18] Advokatam Bolota Temirova otkazano v oznakomlenii s „zasekrečennymi dannymi“ dela. K-News, 24.6.2022.

[19] Kirgistan schiebt Bolot Temirow ab. Reporter ohne Grenzen, 29.11.2022, <www.reporter-ohne-grenzen.de/kirgistan/alle-meldungen/meldung/kirgistan-schiebt-journalisten-ab>.

[20] Direktora Next TV priznali vinovnym v razžiganii mežnacional'noj rozni i otpustili pod podpisku o nevyezde. Kloop.kg, 21.9.2022.

Restriktive Mediengesetzgebung

Dem Kampf gegen unabhängigen Journalismus und eine kritische Öffentlichkeit verpasst die Dschaparow-Administration durch verschärfte oder neu erlassene Gesetze einen legalen Anstrich. Einen ersten Schritt in diese Richtung unternahm der kirgisische Präsident mit der Unterzeichnung des sogenannten „Gesetzes zum Schutz vor Falschnachrichten“ im August 2021.[21] Das Gesetz erlaubt die Sperrung von Webseiten ohne Gerichtsbeschluss. Behörden dürfen fordern, dass Informationen im Internet, die als falsch oder ungenau eingestuft werden, binnen 24 Stunden gelöscht werden müssen. Kommen Medien der Forderung nicht nach, droht die Sperrung ihres Internetauftritts. Berichte über Korruption oder Fehlverhalten von Mandatsträgern, Amtsinhabern und Beamten werden durch das Gesetz maßgeblich erschwert. Zudem sind die Betreiber von Webseiten und Manager von Social-Media-Konten verpflichtet, ihre Namen und E-Mail-Adressen öffentlich zu machen; Internet-Provider und Anbieter von Internetzugängen müssen die Identität ihrer Nutzer registrieren.[22]

Ab 2022 arbeitete die Präsidialadministration an einem neuen, strengeren Mediengesetz. Ein erster Entwurf lag im September 2022 vor. Experten warnten, ein solches Gesetz kopiere Russlands restriktive Mediengesetzgebung und gefährde unabhängige Medien und Journalisten. Es ziele darauf, durch staatliche Zensur die Verbreitung von „unerwünschten“ Informationen zu verhindern; die schwammige Formulierung zahlreicher neuer Vorschriften erleichtere das staatliche Durchgreifen gegen unbotmäßige Medien.[23] Der Gesetzentwurf sah in seiner ursprünglichen Fassung unter anderem eine obligatorische staatliche Neuregistrierung sämtlicher Medien vor. Dies wäre für diese mit einem erheblichen bürokratischen Aufwand und der Bereitstellung umfangreicher Informationen, unter anderem über die eigene Finanzierung, verbunden gewesen. Bei Verstößen gegen die Registrierungsvorschriften hätten Medien geschlossen werden können.[24] Die Gesetzesinitiative zielte zudem auf eine verstärkte Kontrolle von Bloggern, Nutzern sozialer Netzwerke und Online-Medien: Sämtliche Webseiten sollten als Medienunternehmen staatlich registriert werden, um sie denselben rigiden Vorschriften wie die traditionellen Medien zu unterwerfen. Der Vorstoß gegen die Medienfreiheit im Internet ist kein kirgisischer Alleingang: Im benachbarten Kasachstan unterschrieb der Präsident im Juni 2024 ein Mediengesetz, das eine ähnliche Stoßrichtung aufweist. Unter anderem werden darin sämtliche kasachischen Webseiten zu Medienunternehmen erklärt und – analog zu einem in Kirgistan im Oktober 2023 in Kraft getretenen Gesetz zum Schutz

---

[21] Zakon Kyrgyzskoj Respubliki ot 23 avgusta 2021 goda № 101 O Zaščite ot nedostovernoj (ložnoj) informacii, <https://online.zakon.kz/Document/?doc_id=34943115>.

[22] Kyrgyzstan parliament approves ‘false information’ bill. Committee to Protect Journalists (CPJ), 10.8.2021, <https://cpj.org/2021/08/kyrgyzstan-parliament-approves-false-information-bill/>.

[23] „Media Polisi“ prizyvaet administraciju prezidenta otozvat’ zakonoproekt „O SMI“. Radio Azattyk, 6.10.2022. – „Zakat demokratii v Kyrgyzstane“. Pravovaja klinika „Adilet“ ocenila proekt zakona o SMI. Kaktus.media, 16.10.2022. – Brief explanatory note to the Analysis of the draft law of the Kyrgyz Republic „On Mass Media“. Adilet.kg, 20.10.2022.

[24] Proekt novogo zakona o SMI privedet k censure. Kommentarij kliniki „Adilet“. 24.kg, 13.10.2022. <https://24.kg/obschestvo/247976_proekt_novogo_zakona_osmi_privedet_ktsenzure_kommentariy_kliniki_adilet/>.

„moralischer Werte und Sitten" – eine Kontrolle der Medien auf Verstöße gegen „nationale, kulturelle und familiäre Werte" eingeführt.[25]
Nach Protesten kirgisischer Journalisten und Menschenrechtsaktivisten setzte Dschaparow eine Arbeitsgruppe aus unabhängigen Medienvertretern, Experten und Juristen sowie Mitarbeitern der Präsidialadministration ein, die den Entwurf überarbeiten sollte. Dieses scheinbare Entgegenkommen erwies sich als taktisches Manöver: Die Vorschläge der Medienvertreter wurden nicht berücksichtigt.[26] Stattdessen legte die Regierungsseite immer neue Fassungen des Gesetzesvorhabens vor. Ohne Zustimmung der Journalisten wurde schließlich die fünfte Version im Dezember 2023 ins Parlament eingebracht. Nach einer weiteren Welle der Kritik zog der Präsident im März 2024 auch diesen Entwurf zurück und überwies ihn erneut an eine Arbeitsgruppe. Im Unterschied zur vorherigen Gruppe saßen darin nun zusätzlich zu den Vertretern unabhängiger Medien auch Journalisten von Staatsmedien sowie Parlamentsabgeordnete. Im Juni 2024 legte das Gremium den sechsten Entwurf des Mediengesetzes vor.
Dieser wird von kirgisischen Medienexperten als Kompromiss bezeichnet. Der Entwurf verzichtet einerseits auf ein paar weitreichende Forderungen wie die obligatorische Registrierung aller Internetseiten als Medienunternehmen sowie die ursprünglich angestrebte Neuregistrierung sämtlicher Medien. Auch das in vorangegangenen Fassungen geforderte Verbot der Verbreitung von vage als unmoralisch definierten Inhalten – etwa Berichten über Homosexualität oder Gewalt – ließ die Regierung fallen. Andererseits legt der Entwurf strenge Regeln zur Tätigkeit von Journalisten und Redaktionen fest. So sollen etwa Medien, die zweimal innerhalb eines Jahres gegen Gesetze verstoßen, geschlossen werden können. Jede Redaktion muss zudem ein Statut verabschieden, wogegen Medienvertreter zuvor immer wieder protestiert hatten.[27]
Im Schatten der Auseinandersetzung um das neue Mediengesetz schränkte Dschaparow zudem die Berichterstattung über LGBT-Themen ein: Im August 2023 unterzeichnete er ein Gesetz zum „Verbot der Propagierung nichttraditioneller sexueller Beziehungen unter Kindern". Dieses untersagt die Verbreitung von Informationen, welche aus Sicht des Regimes traditionelle Werte oder Familienwerte verletzen.[28] Ein weiterer Schlag gegen die unabhängige Medienlandschaft war das Gesetz über „ausländische Vertreter", das Präsident Dschaparow Anfang April 2024 unterzeichnete.[29] Es verpflichtet Organisationen, die Geld aus dem Ausland erhalten und einer vage als politisch definierten Aktivität nachgehen, zu einer staatlichen Registrierung als „ausländische Vertreter".[30]

---

25 Kazakh President Signs Into Law Controversial Bill on Media. RFE/RL, Kazakh Service, 20.6.2024, <www.rferl.org/a/toqaev-kazakhstan-law-media/33000764.html>. – „Ešče odin udar po verchovenstvu zakona". Žaparov polučil pravo vmešivat'sja v rešenija Konstitucionnogo suda. Radio Azattyk, 4.10.2023.

26 Zakon „o SMI". Rabočaja gruppa iz mediasoobščestva obratilas' k prezidentu s pros'boj otložit' rassmotrenie zakonoproekta do polučenija zaključenija Venecianskoj komisii. Vesti.kg, 19.5.2023.

27 Ne idealnyj, no kompromissnyj. Razbor zakonoproekta o SMI. Institut Media Polisi, 9.7.2024, <https://media.kg/news/neidealnyj-no-kompromissnyj-razbor-zakonoproekta-o-smi/>.

28 V Kyrgyzstane zapretili „propagandu netradicionnych seksual'nych otnošenij" sredi detej. The Insider, 14.8.2023.

29 Prinjaty popravki v Zakon KR o nekommerčeskich organizacijach (Kyrgyzskaja Respublika). Zakon Kyrgyzskoj Respubliki ot 2 aprelja 2024 № 72 [. . .], <https://online.zakon.kz/Document/?doc_id=38713246>.

30 Prezident Sadyr Žaparov podpisal zakon „ob inostrannych predstaviteljach". Radio Azattyk, 2.4.2024.

Damit einher gehen umfangreiche und kostspielige Berichts- und Prüfungspflichten. Auf diese Weise führt das Gesetz die ursprünglich vom Mediengesetz anvisierte Pflicht zur Offenlegung der Finanzen durch die Hintertür ein. Bei Verstößen droht im schlimmsten Falle die Auflösung der Organisation. Das Gesetz ist an das russländische Gesetz über ausländische Agenten von 2012 angelehnt. Mehr als 90 Prozent des Textes stammen aus der Moskauer Vorlage. Obwohl es vorrangig auf Nichtregierungsorganisationen zielt, gefährdet es auch die Arbeit unabhängiger Medien, denn diese sind angesichts von Finanzierungsproblemen und einem schwachen Werbemarkt seit langem auf ausländische Geldgeber angewiesen.

Hetzjagd auf unabhängige Medien und Journalisten

Im Herbst 2022 startete Dschaparows Regierung auf der juristischen Grundlage des oben erwähnten „Gesetzes zum Schutz vor Falschnachrichten" eine Kampagne gegen das größte unabhängige Medium in Kirgistan: *Radio Azattyk*, den kirgisischen Dienst des US-finanzierten Internetmediums *Radio Free Europe / Radio Liberty* (RFE/RL). Das seit den 1990er Jahren mit einer eigenen Redaktion im Land tätige Medium war aufgrund seiner Berichterstattung über Korruption und Amtsmissbrauch bereits in den Jahren vor Dschaparows Machtübernahme immer wieder Ziel staatlicher Angriffe gewesen. Im Oktober 2022 wurde der Internetauftritt von *Radio Azattyk* gesperrt, weil die Redaktion sich geweigert hatte, einen Videobeitrag über den im Sommer 2022 eskalierten Grenzkonflikt mit Tadschikistan zu löschen. Nach Darstellung des kirgisischen Kulturministeriums enthielt das Video Hassrede und Fakenews und beleuchtete die Kämpfe einseitig aus tadschikischer Perspektive. Im Oktober 2022 wurden die Konten von *Radio Azattyk* eingefroren, im Januar 2023 seine Schließung beantragt. Kirgisische Journalisten forderten daraufhin in einer gemeinsamen Erklärung ein Ende der Kampagne gegen das traditionsreiche Medium. Auch internationale Organisationen protestierten. Im Juli 2023 lenkte *Radio Azattyk* überraschend ein: Das beanstandete Video wurde gelöscht, die Behörden stoppten die Schließung des Senders. Ein Teil der kirgisischen Medienszene sieht diesen Kompromiss äußerst kritisch: Das größte und ressourcenreichste Medium der Region habe sich einen kompromittierenden Deal aufzwingen lassen, um im Land bleiben zu können; *Radio Azattyk* hätte mehr Widerstand leisten müssen.[31]

Hohe Wellen schlug auch das Vorgehen der staatlichen Behörden gegen das Investigativmedium *Kloop*, das für seine aufwändigen Recherchen zur grassierenden Korruption unter Regierungsbeamten bekannt ist. Im August 2023 beantragte die Staatsanwaltschaft der Hauptstadt Bischkek die Auflösung der Stiftung *Kloop Media*, die das Online-Medium betreibt. Anlass war offenbar ein am selben Tag erschienener Artikel über Günstlingswirtschaft beim Bau einer kirgisischen Fußballakademie des spanischen Fußballvereins FC Barcelona, von der Verwandte des Präsidenten und des Geheimdienstchefs profitierten. Offiziell begründet wurde der Schlag gegen die Stiftung aber mit einem angeblichen Verstoß gegen deren Satzung: Diese sehe keine journalistische Tätigkeit vor. Vor Gericht griff die Anklage zu juristisch fragwürdigen Mitteln. So sollte ein Gutachten des Geheimdiensts aus dem Jahr 2022 belegen, dass Publikationen von *Kloop* Vertreter staatlicher

[31] Bektur Iskender: „Asattyk" pošel na sdelku s vlastjami, i ėto poraženie dlja vsego medijnogo soobeščestva Kyrgyzstana. Kloop.kg, 12.7.2023.

und kommunaler Verwaltungsorgane diskreditierten und die staatliche Autorität untergrüben.[32] Dubiose Experten behaupteten, die „sozial unverantwortliche Berichterstattung“ von *Kloop* führe zu einer wachsenden Zahl von Menschen mit psychischen Problemen.[33] Im Herbst 2023 wurde der Internetauftritt von *Kloop* gesperrt, im Februar 2024 ordnete ein Gericht die Auflösung von *Kloop Media* an. Kirgistans Oberstes Gericht bestätigte das Urteil im Juli 2024. Das Medium arbeitet seither aus dem polnischen Exil weiter.[34]

Unter Präsident Dschaparow werden gegen Medien auch Methoden eingesetzt, die in der kirgisischen Mediengeschichte zuvor unbekannt waren. Seit er an der Macht ist, werden etwa Einschüchterungsklagen, sogenannte SLAPP-Klagen (Strategic Lawsuit Against Public Participation), angewandt. Diese zielen darauf ab, die finanziellen und zeitlichen Ressourcen unabhängiger Medien (oder auch regierungskritischer Organisationen und Aktivisten) zu erschöpfen und kritische Stimmen einzuschüchtern oder zum Schweigen zu bringen. Dafür überziehen staatlich kontrollierte Medien oder regierungsnahe Privatmedien missliebige Redaktionen mit millionenschweren Forderungen und verwickeln sie in teils langwierige Gerichtsverfahren.[35] Beispielhaft zeigt dies die Klage der staatsnahen Zeitung *Večernij Biškek* gegen das erwähnte Online-Medium *Kaktus Media* im Januar 2023. Das Nachrichtenportal hatte zuvor von der angeblich bevorstehenden Schließung von *Večernij Biškek* berichtet. Die Information stammte nach Aussage der *Kaktus-Media*-Geschäftsführerin – und ehemaligen Chefredakteurin von *Večernij Biškek* – von Mitarbeitern der Zeitung. Doch das Blatt widersprach der Darstellung, kündigte eine Fortsetzung seiner Tätigkeit an und verklagte *Kaktus Media* wegen Rufschädigung auf umgerechnet etwa 552 000 Euro.[36] Das Gericht gab der Zeitung recht. Nach zwei Berufungsprozessen wurden *Kaktus Media* und eine Redakteurin im November 2023 von Kirgistans Oberstem Gericht zur Zahlung von umgerechnet 6600 Euro verurteilt. Redaktion und Journalistin konnten die Summe aus den laufenden Einnahmen nicht aufbringen und starteten eine Crowdfunding-Kampagne, welche das Geld zusammenbrachte.[37] Ein ähnlicher Fall ging für das kirgisischsprachige Medium *PolitKlinika* im September 2023 glimpflich aus. Der Staatssender *ĖlTR* hatte die Redaktion wegen eines kritischen Posts über Dschaparows Investitionspolitik im Energiesektor auf etwa 110 000 Euro Entschädigung verklagt. Ein Gericht verpflichtete das Medium zu einer Gegendarstellung, gab der Geldforderung aber nicht statt.[38]

Flankiert wird das Vorgehen von Verwaltungen und Gerichten gegen unabhängige Medien durch – zweifellos von oben initiierte – öffentliche Aktionen wie Kundgebungen, auf denen loyale (oder „gekaufte“) Aktivisten und Propagandisten als Sprachrohr der

---

32 Kyrgyz Prosecutor Files Suit Against Kloop Media Over „Critical“ Coverage. RFE/RL, Kyrgyz Service, 28.8.2023.

33 „Gde ja fakty voz’mu?“ Kak goséksperty na sude zaščiščali svoi zaključenija v pol’zu likvidacii „Kloopa“. Kloop.kg, 7.2.2024.

34 In Kyrgyzstan, an „unprecented crackdown“ on free press raises alarm. Aljazeera.com, 18.7.2024.

35 Podkontrol’nye vs nezavisimye. Kak v Kyrgyzstane pressujut neugodnye SMI. 24.kg, 22.2.2023.

36 „Večernij Biškek“ podal v sud na izdanie Kaktus.media. Radio Azattyk, 13.1.2022.

37 Kraudfanding dlja Kaktus.media. Summa iska „Večernemu Biškeku“ vyplačena polnost’ju. Kaktus.media, 30.4.2024.

38 Sud častično udotvletvoril isk ĖlTR k „PolitKlinike“. Kaktus.Media, 26.9.2023.

Regierung auftreten. So forderten auf mehreren Kundgebungen zwischen Januar und Oktober 2022 jeweils ein paar Dutzend Teilnehmer vor dem Sitz von *Kaktus Media* beziehungsweise von *Radio Azattyk* die Schließung beider Medien und der investigativen Nachrichtenplattform *Kloop*. Außerdem verlangten sie, als Werkzeug zur Bekämpfung solcher Medien ein Gesetz gegen ausländische Agenten nach russländischem Vorbild einzuführen – wie es dann in Form des oben erwähnten Gesetzes über ausländische Vertreter im Jahr 2024 ja auch beschlossen wurde. Im kirgisischen Parlament wiederum sammelte eine regimetreue Abgeordnete im Oktober 2022 Unterschriften für einen Aufruf zur Schließung der genannten Medien.[39] Auch diese Arten von Druck auf Medien hatte es in Kirgistan so vorher noch nicht gegeben.

Neue Eskalationsstufe

Anfang 2024 erreichte das Vorgehen des Dschaparow-Regimes gegen kritische Journalisten seinen vorläufigen Höhepunkt. Mitte Januar 2024 wurden insgesamt elf aktuelle und frühere Mitarbeiter der YouTube-Kanäle *Temirov Live* und *Ait Ait Dese* des oben erwähnten Journalisten Bolot Temirow festgenommen. Nie zuvor in der Geschichte des unabhängigen Kirgistan waren mehr Journalisten auf einmal verhaftet worden.[40] Den Medienmitarbeitern wurde vorgeworfen, sie hätten in ihren Publikationen zu Massenunruhen aufgerufen. Unter den Festgenommenen war auch Machabat Tadschibek, die Geschäftsführerin der beiden Investigativprojekte und Ehefrau von Bolot Temirow. Dieser vermutete als Grund für die Verhaftungen zwei kurz zuvor erschienene Enthüllungsberichte seines Investigativteams, einen über eine private Flugreise von Präsident Dschaparow nach Mailand mit einer Regierungsmaschine an Silvester 2023 und einen weiteren über Fälle von Korruption unter hohen Beamten des Innenministeriums.[41] Im Oktober 2024 wurde Temirows Frau zu sechs Jahren Haft verurteilt. Ein weiterer Mitarbeiter erhielt eine Haftstrafe von fünf Jahren, zwei andere Journalisten dreijährige Bewährungsstrafen.[42] Ein Berufungsgericht bestätigte das Urteil im Dezember des Jahres.[43] Internationale Menschenrechtsgruppen bezeichneten den Prozess als „Wendepunkt" in der Medienpolitik des kirgisischen Regimes und das Urteil als „vernichtenden Schlag" gegen die Pressefreiheit, der ein weiteres Abdriften in den Autoritarismus markiere.[44]
Kurz vor den Verhaftungen der Temirow-Mitarbeiter hatte das Staatliche Komitee für Nationale Sicherheit (GKNB), der kirgisische Inlandsgeheimdienst, die Redaktion von

---

[39] 30 čelovek vyšli na miting s trebovaniem zakryt' Kloop, „Azattyk" i Kaktus.media (Video). Kaktus.media, 13.10.2022.

[40] „Piši tak, budto ėto zavtra ljažet na stol prokurory". V stranach Central'noj Azii usilivaetsja davlenie na media. Asia-Plus, 6.5.2024.

[41] Kyrgyzstan: Mass Raids, Interrogations and Detentions in Government Crackdown on Independent Media. Journalists Makhabat Tazhibek Kyzy and Aike Beyshekeeva remain in detention. Women Press Freedom, 15./16.1.2024.

[42] V Kyrgyzstane žurnalisty polučili tjuremnye sroki do šesti let. Oni rassledovali korrupciju i semejnyj biznes vlastej. BBC News. Russkaja služba, 10.10.2024.

[43] Biškekskij gorsud ostavil v sile obvinitel'nye prigovory v otnošenii četverych žurnalistov. Kloop.kg, 18.12.2024.

[44] Kyrgyzstan: Conviction of journalists at anti-corruption outlet is „turning point for press freedom". Eurasianet, 11.10.2024.

24.kg durchsucht. Die 2006 gegründete Nachrichtenagentur zählt zu den ältesten Internetmedien des Landes. Leitende Mitarbeiter wurden verhört, die Redaktionsräume für mehrere Wochen versiegelt. Die im März 2024 zurückgetretene Chefredakteurin Machinur Nijazowa vermutet, dass russlandkritische Kommentare auf *24.kg*, darunter solche zu Moskaus Invasion in der Ukraine und russländischen Propagandataktiken, der Grund dafür seien, dass die Behörden ihre Redaktion ins Visier genommen hätten. Dies wäre durchaus plausibel angesichts der russlandpolitischen Linie des Dschaparow-Regimes: Es unterstützt Russlands Krieg gegen die Ukraine zwar nicht explizit, verurteilt Moskaus Vorgehen aber auch nicht offen und sucht öffentliche Kritik daran im Lande so weit wie möglich zu unterbinden.
Im März 2024 gab das Innenministerium einen überraschenden Eigentümerwechsel bei *24.kg* bekannt: Die langjährige Geschäftsführerin Asel Otorbaewa übergab die Agentur an Almas Turdumamatow, den früheren Pressechef des 2010 gestürzten Staatspräsidenten Kurmanbek Bakijew. Seitdem wird über eine feindliche Übernahme von *24.kg* spekuliert. So deutet es auch die ehemalige Chefredakteurin Nijazowa.[45] Otorbaewa erklärt den Eigentümerwechsel dagegen offiziell mit gesundheitlichen und familiären Gründen.

Fazit und Ausblick

Fast 30 Jahre lang galt Kirgistan als das Land mit der vielfältigsten Medienlandschaft und den besten Arbeitsbedingungen für Journalisten in Zentralasien. So frei wie in keinem anderen Staat der Region konnten Berichterstatter recherchieren, die Regierung kritisieren und dem gerade amtierenden Präsidenten auf Pressekonferenzen unbequeme Fragen stellen. Unter der Regierung von Präsident Sadyr Dschaparow ist Kirgistan dabei, diese Sonderrolle zu verlieren: Seit Ende 2020 hat der autoritär regierende Staatschef die Pressefreiheit im Land Stück für Stück eingeschränkt. Journalisten werden im Internet bedroht, ins Gefängnis gesteckt oder ins Ausland abgeschoben. Justiz und Geheimdienst haben unabhängige Redaktionen und kritische Köpfe im Visier; eine pressefeindliche Gesetzgebung verleiht Verfahren und Urteilen gegen sie einen legalen Anstrich. Kritik an seinem Vorgehen ignoriert Dschaparow oder tut sie als ausländische Einmischung ab. Pressefreiheit dürfe nicht mit Desinformation und Diskreditierung verwechselt werden, so der Präsident auf einer Pressekonferenz Ende 2024.[46] Anzeichen für eine Abkehr von dieser Linie sind derzeit nicht zu erkennen. Im Gegenteil scheint mit Blick auf die bisherige Entwicklung eine weitere Verschärfung des eingeschlagenen restriktiven Kurses sehr wahrscheinlich.

Schlagwörter:
Kirgistan, Zentralasien, Pressefreiheit, Öffentlichkeit, Medien, Journalisten, Sadyr Dschaparow, Repression, Geheimdienste

---

45 Kyrgyzstan: Reshuffle at news outlet offers fresh hints of media scene decline. Eurasianet, 20.3.2024.

46 Žaparov vnov sajavil, čto v Kyrgyzstane est’ svoboda slova, glavnoe – „ne putat’ ego so sluchami“. Kloop.kg, 20.12.2024.

osteuropa
Druckpunkte
Georgien, Moldova, Ukraine

Felix Sandalov

Schwierige Gegenöffentlichkeit

Russische Verlage in der Emigration

Der Krieg gegen die Ukraine, zunehmende Repressionen und die wachsende Zensur haben Tausende Schriftsteller, Publizisten, Verleger und kreative Köpfe der Buchbranche aus Russland ins Exil getrieben. Sie haben zahlreiche Verlage gegründet und publizieren all das, wofür in Russland kein Raum mehr ist: Sachbücher über Tabu-Themen, Antikriegsliteratur, Belletristik von Prominenten wie Boris Akunin, Vladimir Sorokin oder Dmitrij Gluchovskij sowie unbekannten Autoren, die in ihrer Heimat nicht erscheinen können. Sie tragen zu einer Gegenöffentlichkeit bei, die auch nach Russland zurückstrahlt. Die Kreativität und Flexibilität dieser Verlagswelt im Exil ist groß, doch ihre Finanzierung bleibt so lange schwierig, bis ein funktionsfähiger Markt entstanden ist. Der Schriftsteller Michail Šiškin würdigt ihre Tätigkeit: „Sie retten die Würde unserer Kultur."

Auf einer Konferenz in Berlin Ende November 2024 trafen sich Vertreter der russischen Buchszene im Exil: Buchhändler, Verleger, Schriftsteller und Mitarbeiter von NGOs, die sich in der Bildungsarbeit engagieren. Sie erörterten die Frage „Wie erreichen wir die Menschen in Russland?" Menschen aus Russlands Kulturszene, die sich gezwungen sahen, das Land zu verlassen, verlieren den Zugang zu ihrem Stammpublikum, das um ein Vielfaches größer ist als die Emigrantenszene. Doch sie versuchen, sich im Exil neu zu erfinden und die Branche zu verändern.

Seit dem Jahr 2012 haben Russlands Behörden den Kampf gegen Andersdenkende erheblich verstärkt. Dazu gehört die diskriminierende Einstufung von NGOs und Einzelpersonen als „ausländischer Agent", „unerwünschte Organisation" oder gar „extremistische Organisation". Zunächst waren davon vor allem gemeinnützige Organisationen betroffen. Seit Kriegsbeginn ist die Zahl der Einzelpersonen, die zu „ausländischen Agenten" erklärt wurden, sprunghaft angestiegen.[1] Diese Politik zielt auf die völlige Isolierung der von den Behörden unerwünschten Personen und sogar auf deren sozialen Tod ab. Nach dem Beginn des Krieges gegen die Ukraine wurden die Rechtsvorschriften über „ausländische Agenten" noch repressiver: Jetzt ist keine ausländische Finanzierung mehr erforderlich, um zum „ausländische Agenten" erklärt zu werden. Es reicht aus, dass die Behörden

---

Felix Sandalov (1989), Direktor von *StraightForward*, der Stiftung zur Unterstützung unzensierter Literatur, ehemaliger Cheflektor des Moskauer Verlags Individuum, Berlin

[1] Grigorij Ochotin: Agentenjagd. Die Kampagne gegen NGOs in Russland, in: OSTEUROPA, 1–2/2015, S. 83–94. OVD-Info: Diskriminierung auf ganzer Linie. Russlands Gesetz über ausländische Agenten, in: OSTEUROPA, 8–9/2021, S. 241–248. Zur jüngsten Entwicklung <https://inoteka.io/ino/foreign-agents>. Siehe dazu auch Tabelle 1 und die Graphik auf S. 401.

 doi: 10.35998/oe-2025-025

eine Person als „unter dem Einfluss" ausländischer Organisationen stehend betrachten. Dies ermöglicht es, diesen diskriminierenden Status fast jedem zu verleihen.[2]
Infolgedessen sind viele Schriftsteller, unabhängige Experten und Leute, die im weitesten Sinne politische Bildung betreiben, auf dieser Liste zu finden. Das Gewissen der Nation zu sein, ist ehrenwert, aber kostspielig: Formal kann zwar jeder Veranstalter weiterhin mit einem „ausländischen Agenten" zusammenarbeiten, sofern er dessen Äußerungen in jedem einzelnen Fall mit umständlichen juristischen Warnungen versieht. Aber in der Praxis werden „ausländische Agenten" seltener zu öffentlichen Veranstaltungen eingeladen und erhalten weniger Aufträge. Darüber hinaus verbietet das Gesetz ihnen direkt, sich an Bildungs- und Öffentlichkeitsarbeit in Russland zu beteiligen. Inwiefern ist das von Bedeutung?
Viele „ausländische Agenten" sahen sich gezwungen, das Land zu verlassen. Sie legten ihre Hände aber nicht in den Schoß, sondern setzten ihre Aktivitäten in anderer Form fort. In den vergangenen Jahren wurden im Exil zwei Dutzend russischsprachige Buchhandlungen und ein Dutzend Verlage gegründet (Tabelle 1). Im Jahr 2025 werden in Prag und Berlin zwei Buchmessen stattfinden. Literaturpreise wurden ausgeschrieben. Diese Aktivitäten haben fünf Ursachen:

- die repressive Politik des Putin-Regimes;
- die schleichende (Selbst-)Zensur in Russland;
- das Bedürfnis nach Selbstverständigung über die Emigration;
- das Scheitern der Kooperation mit westlichen Verlagen wegen der Sanktionen;
- die Notwendigkeit, neue Finanzierungsmodelle zu finden.

Den meisten dieser Verlage ist gemeinsam, einen kulturellen Beitrag zum Widerstand gegen das Regime leisten zu wollen. Sie veröffentlichen Antikriegsbücher, queere Literatur und Werke von Schriftstellern, die in Russland nicht mehr erscheinen können. Von früheren Exil-Verlagen wie etwa *YMCA-Press* in Paris, *Posev* und *Novyj evropeec* in Frankfurt am Main oder *Chronika* in New York unterscheiden sie sich durch ihr geringeres Interesse an der Sowjetzeit und ihre stärkere kommerzielle Ausrichtung. Hinter diesen Verlagen stehen Leute, die an der Entstehung des neuen Buchmarkts in Russland beteiligt waren. Sie orientieren sich an westlichen Themen, visuellen Trends und Marketingstrategien. Unter den russischsprachigen Büchern, die außerhalb Russlands veröffentlicht werden, gibt es bereits einige Bestseller. So wurde das Buch *Moja ljubimaja strana* (Das Land, das ich liebe) der Journalistin Elena Kostjučenko nach Angaben des Verlags *Meduza* über 37 000 Mal verkauft.[3]

[2] Dar'ja Korolenko: Novyj zakon ob inoagentach vstupil v silu, 12.2022, <www.inoteka.io/ino/2022/12/01/novyy-zakon-ob-inoagentah-vstupil-v-silu>.
[3] Elena Kostjučenko: Moja ljubimaja strana. Riga 2023. Noch im selben Jahr erschien eine deutsche Ausgabe: Jelena Kostjutschenko: Das Land, das ich liebe: Wie es wirklich ist, in Russland zu leben. Aus dem Russischen von Maria Rajer. München 2023.

Tabelle 1: Verlage im Exil

Verlag	**Land**	**gegründet**	**Publikationsform**
Babel Books	Israel	2019	Bücher
ROAR	Israel	2022	E-Journals
Freedom Letters	Großbritannien	2023	E-Books & Bücher
Fresh Verlag	Deutschland	2023	Bücher
StraightForward	Deutschland	2023	Talentförderung und Manuskriptentwicklung
Pap'e-maše	Georgien	2023	E-Books
Babook	USA	2023	Bücher & E-Books
Meduza	Deutschland / Lettland	2023	Bücher & open access
Edition Tourgeneff	Frankreich	2023	Bücher
Boys and books	Kasachstan	2023	Bücher & Comics
Vidim Books	Slowakei	2024	Bücher & E-Books
Überbau	Lettland	2024	Bücher
Rewind	Litauen	2024	Bücher
Netzprojekt „24"	Russland, Israel, Georgien, Schweden, Deutschland, Armenien etc.	2024	Bücher & E-Books
Tamizdat Project	USA	2024	Bücher
Echo Knigi	verschiedene Standorte	2024	Bücher
Stein Verlag	Deutschland	2024	Bücher & E-Books
Hyperboreus	Schweden	2024	Bücher
Kust Press	Litauen	2024	Bücher & E-Books
Shell(f)	Serbien	2025	Bücher & E-Books
StekloPress/ Ricochet	Kasachstan	2024/2025	Bücher & E-Books

Die posthum veröffentlichte Autobiographie von Aleksej Naval'nyj dürfte noch erfolgreicher werden. Das Buch, das Ende Oktober 2024 in Litauen erschien, wurde von der *Stiftung gegen Korruption* herausgegeben, die Naval'nyj einst gegründet hatte und die für Publikation und Vertrieb dieses Buches eigens einen Verlag mit dem sprechenden Namen *One Book Publishing* gegründet hatte.[4]
Zu den großen Namen, die Russland verlassen haben, gehören der „ausländische Agent" Boris Akunin, der den „Freien Verlag" *Babook* gegründet hat, der Schriftsteller Vladimir Sorokin sowie der in Russland in Abwesenheit wegen „Falschaussagen über die Armee"

[4] Patriot. Aftobiografia Alekseja Naval'nogo. O.O. [Litauen] 2024.

verurteilte populäre Science-Fiction-Autor Dmitrij Gluchovskij, die ihre Bücher bei befreundeten unabhängigen Verlagen in Europa veröffentlichen.[5] Natürlich sichern ein paar Prominente und einige Bestseller nicht das Überleben auf dem Markt. Dazu braucht es eine gute Backlist mit Hunderten von Titeln, die regelmäßig verkauft werden und Buchhandlungen, Literaturagenten und Verlage am Leben erhalten. Diese Liste wächst vor unseren Augen: 2024 sind mindestens 150 Titel (im Print, E-Book oder in anderen digitalen Formaten) außerhalb Russlands publiziert worden, von denen sich die meisten mit dem Krieg und Menschenrechtsverletzungen befassen.

Dieses Phänomen wird gelegentlich als *neuer Tamizdat* bezeichnet, der Parallelen zu den Praktiken der Dissidenten aufweist. In der Sowjetunion gab es nur Staatsverlage, die strenger Zensur durch die *Hauptabteilung für Literatur und Verlage* (Glavlit) unterlagen.[6] Autoren, deren Werke nicht gedruckt werden durften, schickten ihre Manuskripte heimlich ins Ausland. Im *Tamizdat* (wörtlich: „Dortverlag“) erschienen so bahnbrechende Werke wie Boris Pasternaks *Doktor Živago* (Mailand 1957), Anna Achmatovas *Requiem* (München 1963), Evgenija Ginzburgs *Krutoj maršrut* (Marschroute eines Lebens; Frankfurt/Main, Mailand 1967) und natürlich Aleksandr Solženicyns *Archipel Gulag* (Paris 1973), das die größte öffentliche Resonanz weltweit fand.[7] Diese Bücher erschienen im Ausland auf Russisch und in Übersetzung und überwanden nicht nur die sowjetische Zensur, sondern wurden auch zu Symbolen des Widerstands gegen das sowjetische Regime.

Heutige Exilverlage wie *Babel*, *Freedom Letters*, *Meduza*, *Vidim Books, 24, Fresh Verlag* und etwa ein Dutzend anderer Projekte setzen teilweise die Tradition des *Tamizdat* fort. Sie lehnen demonstrativ jede Zensur ab, stehen in scharfer Opposition zum russländischen Staatsapparat und vertreten betont humanistische Positionen. Doch es gibt auch wichtige Unterschiede. So leben die meisten Autoren dieser Verlage nicht mehr in Russland. Die Texte überwinden nur selten die Staatsgrenze, wie es in der Sowjetära der Fall war. Das

---

[5] Boris Akunin (*1956, Pseudonym, bürgerlicher Name Grigorij Čchartišvili) ist ein russischer Autor, der durch seine historischen Kriminalromane bekannt wurde. Nach den gefälschten Dumawahlen 2011 war er einer der Wortführer der Bewegung für faire Wahlen. Dazu: Aleksej Naval'nyj, Boris Akunin: Das Jahr des Drachen. Heikle Fragen zur Zukunft Russlands, in: OSTEUROPA, 1/2012, S. 57–74. 2014 emigrierte Akunin nach London. 2023 wurden im Sacharov-Verlag, der Akunins Bücher veröffentlicht, Durchsuchungen durchgeführt, der Autor zur Fahndung ausgeschrieben und in die Liste der „Terroristen und Extremisten“ aufgenommen. Seit 2024 erscheinen alle neuen Bücher und Neuauflagen Akunins nur noch im Ausland.
Vladimir Sorokin (*1959) ist ein postmoderner Schriftsteller, der hohe und niedrige Stilmittel sowie schockierende Beschreibungen einsetzt. Anfang der 2000er Jahre erregten seine Bücher die Aufmerksamkeit der Behörden, die mit kremltreuen Jugendorganisationen eine Hetzkampagne gegen ihn organisierten. Sein letzter Roman *Das Erbe* wurde im April 2024 in Russland verboten und aus dem Verkauf genommen und vom Verlag Freedom Letters neu aufgelegt. Er lebt in Berlin. Zu Sorokin siehe den Beitrag von Katharina Raabe im vorliegenden Band, S. 229–262.
Dmitrij Gluchovskij (*1979) ist ein Schriftsteller, der für seine Science-Fiction-Werke, insbesondere die Reihe Metro 2033, bekannt ist, die als populäre Videospielreihe adaptiert wurde. Er unterstützte Aleksej Naval'nyj und sprach sich offen gegen Russlands Überfall auf die Ukraine aus. Im Sommer 2023 wurde er von einem Moskauer Gericht „wegen Falschmeldungen über die russländische Armee“ in Abwesenheit zu acht Jahren Haft verurteilt. Gluchovskij lebt in Spanien. Sein neues Buch wurde im Exilverlag *Vidim Books* veröffentlicht.

[6] Wolfgang Kasack: Die sowjetische literarische Zensur, in: OE, 2/1985, S. 71–86. – Grundlegend: T.M. Gorjaeva: Političeskaja cenzura v SSSR 1917–1991. Moskva 2002.

[7] Siehe dazu auch den Beitrag von Ulrich Schmid in diesem Band, S. 211–228.

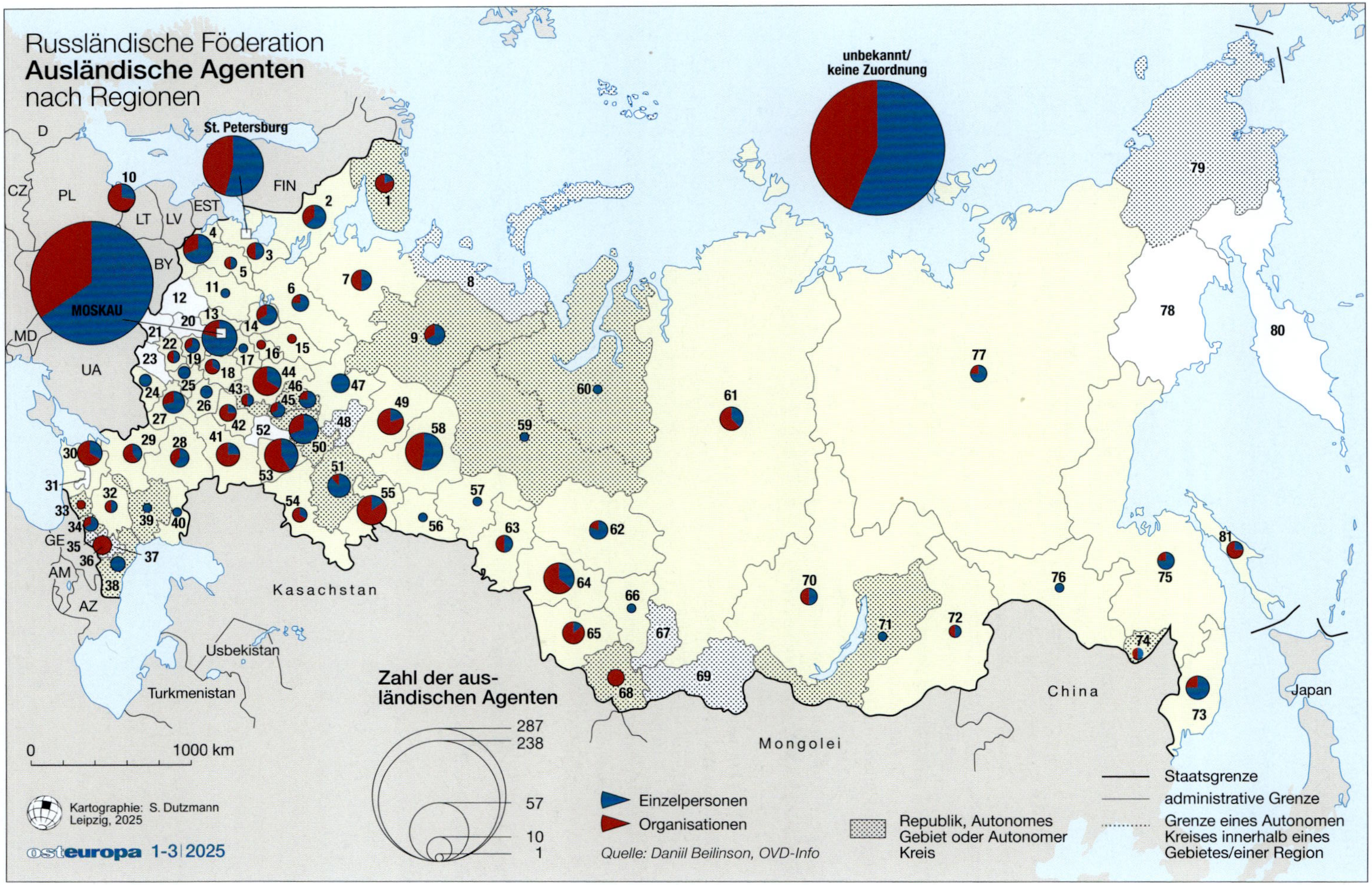
Russländische Föderation
Ausländische Agenten
nach Regionen
unbekannt/
keine Zuordnung
St. Petersburg
MOSKAU
D
CZ
PL
LT
LV
EST
FIN
BY
MD
UA
GE
AM
AZ
Kasachstan
Usbekistan
Turkmenistan
Mongolei
China
Japan
1
2
3
4
5
6
7
8
9
10
11
12
13
14
15
16
17
18
19
20
21
22
23
24
25
26
27
28
29
30
31
32
33
34
35
36
37
38
39
40
41
42
43
44
45
46
47
48
49
50
51
52
53
54
55
56
57
58
59
60
61
62
63
64
65
66
67
68
69
70
71
72
73
74
75
76
77
78
79
80
81
0
1000 km
Zahl der aus-
ländischen Agenten
287
238
57
10
1
Einzelpersonen
Organisationen
Quelle: Daniil Beilinson, OVD-Info
Republik, Autonomes
Gebiet oder Autonomer
Kreis
Staatsgrenze
administrative Grenze
Grenze eines Autonomen
Kreises innerhalb eines
Gebietes/einer Region
Kartographie: S. Dutzmann
Leipzig, 2025
osteuropa 1-3|2025

Kampagnen gegen „Ausländische Agenten"

nach Berufen und Betätigungsfeld

Anzahl der Registrierung im Zeitraum 2013–2025

Betätigungsfeld	2013	2014	2015	2016	2017	2018	2019	2020	2021	2022	2023	2024
Medien		1	1	3	9		1	5	59	93	87	59
Politische Organisationen		2	2		1				1	25	32	32
Menschenrechtsorganisationen	1	7	12	5	1	1	3	1	8	8	7	11
Forschungsinstitute		1	7	5	2	1				4	23	13
Bildungsinitiativen und -projekte	1	3	8	4		1	2	3	4	9	8	10
Unterstützung lokaler Gemeinschaften		1	5	7	2		1		3	10	7	3
Kunst									1	11	22	17
Umweltschutz	2	2	18	2	4		1		1	4	1	1
Schutz von Wahlrechten		2	3					1	23	1	1	1
LGBTQ-Unterstützer	2	1	1	1				1	5	11	9	2
Unterstützung von ethnischen Gruppen			4	1	2		1			2	11	2
Religiöse Unterstützung											3	3
HIV-Prävention und Drogenhilfe				7	2	2		4			1	
Anti-Kriegs-Initiativen										1	2	
Gewerkschaften und Berufsverbände			3	3	1	1			1	1		
Schutz von Frauenrechten		1	4	2				1	1	1	2	
Unterstützung von NKOs*		3	3									
Unterstützung unabhängiger Journalisten		3	5				1		2			
Öffentliche Tätigkeit										4	2	4
Korruptionsbekämpfung			1	1					3	2		1
Hilfe für Wehrpflichtige und Militärs		1		1					1		5	2
Hilfe für Häftlinge und Verurteilte			2	1	1					1		
Militärische Aktivitäten											1	1
Hilfe für Migranten und Flüchtlinge			2	1		1	1				1	
Medizinische Unterstützung			1			1	2					1
Anti-Monopol-Organisationen	2											
Internet Service											1	

Jahr

* Nichtkommerzielle Organisation

Quelle: Daniil Beilinson, OVD-Info

war das zentrale Charakteristikum des *Tamizdat*: Die Texte wurden im Ausland gedruckt und illegal in die Sowjetunion eingeführt.[8] Auch gibt es keinen Hinweis darauf, dass der Doublespeak aus der Sowjetära zurückkehren würde. Nicht emigrierte Autoren, deren Bücher im Ausland veröffentlicht wurden, mussten damals, um Repressionen zu entgehen, behaupten, dies sei ohne ihr Wissen geschehen. Insofern ist der Begriff *neuer Tamizdat* unpassend, um das aktuelle Phänomen zu beschreiben. Stattdessen sollten wir von „neuen Verlagen in der Emigration" sprechen.

Modelle der neuen Emigrantenverlage

Diese Verlage arbeiten höchst unterschiedlich. *Freedom Letters* produziert arbeitsteilig an verschiedenen Orten Europas kostengünstig Bücher nach dem Prinzip *digital first + print-on-demand*, mit KI generierten Titelbildern und einem schnell wachsenden Katalog. Allein 2024 hat *Freedom Letters* etwa 40 Bücher veröffentlicht. Während die ersten Verlagsprojekte der Internetzeitung *Meduza* (Riga), dem nach der Zahl der Zugriffe auf die Website größten unabhängigen Medium Russlands, zunächst darin bestanden, Inhalte der Website als Buch neu zusammenzustellen, hat sich daraus inzwischen ein Verlag im klassischen Sinne entwickelt: *Meduza* publiziert Titel in einer für Exilverlage relativ großen Erstauflage von 2000–3000 Exemplaren, erwirbt Lizenzen von Büchern zur Übersetzung ins Russische, veröffentlicht Belletristik und Kinderliteratur und arbeitet auch mit Autoren zusammen, die nicht für *Meduza* schreiben.

Das israelische Unternehmen *Babel Books* betreibt neben einer Buchhandlung mit Filialen an verschiedenen Standorten neuerdings auch einen Verlag. Dieses Modell ist seit etwa einem Jahrzehnt erfolgreich. In Russland hat es zuerst der Moskauer Verlag *Common Place* praktiziert, der mit der Buchhandlung *Falanster* zusammenarbeitete. Ausgangspunkt der verlegerischen Tätigkeit ist der Vertrieb. Wenn man die eigenen Bücher in Buchläden, die einen kontinuierlichen Kundenstrom garantieren, an prominenter Stelle präsentiert, kann man sich auch im Buchhandel mit seinen niedrigen Margen über Wasser halten. Mit der Publikation von Texten, die nicht mehr urheberrechtlich geschützt sind, senkt man weiter die Kosten.

Eine Weiterentwicklung dieser Idee ist das Projekt *24*, das vom Cheflektor des Moskauer *Novoe izdatel'stvo* initiiert wurde. Dabei handelt es sich um einen Zusammenschluss von Kleinverlagen, die die Bücher zeitgenössischer russländischer Autoren synchron an verschiedenen Orten publizieren: Sie erscheinen in kleinen Auflagen in Schweden, Deutschland, Armenien, Israel und anderen Ländern. Dadurch werden die Eintrittshürden für den Markt und die Risiken für die Partner gesenkt. Die Auflagen sind mit 200 bis 500 Exemplaren jeweils gering, aber wenn man sie mit der Anzahl der an *24* beteiligten Partner multipliziert, ergibt sich eine gute Startauflage, die an all den Orten zugänglich ist, wo die Nachfrage wahrscheinlich am größten ist.

Der von Sofia Hübner und Olaf Kühl gegründete Verlag *Stein Publishing* mit Sitz in Hamburg ist konzeptionell eines der ungewöhnlichsten Projekte: Die deutschen Gründer sehen ihre Aufgabe darin, jene Texte ins Russische zu übersetzen, die aufgrund ihres Antikriegsinhalts in Russland nicht veröffentlicht werden können.[9]

---

8 Yasha Klots: Tamizdat: Contraband Russian Literature in the Cold War Era. Ithaca 2023.

9 Die ersten Titel des Verlags sind Sebastian Haffners Klassiker „Der Teufelspakt. Die deutsch-russischen Beziehungen zwischen dem Ersten Weltkrieg und dem Zweiten Weltkrieg. Reinbek 1968 sowie Olaf Kühl: Z. Kurze Geschichte Russlands, von seinem Ende her gesehen. Berlin 2023.

Erwähnenswert ist auch *StraightForward*. Dieses Projekt unterstützt Autoren, deren Sachbücher in Russland keine Aussicht auf Veröffentlichung haben. Für *StraightForward* sind russischsprachige Veröffentlichungen im Exil nur ein Nebenprodukt seiner Aktivitäten. Das Hauptziel besteht darin, die Übersetzung der Bücher in verschiedene Sprachen zu fördern. Denn die stabile Unterstützung für die Ukraine und der erfolgreiche Widerstand gegen Putins Aggression hängen in erster Linie von der Haltung der Bevölkerung in Europa, den USA und dem globalen Süden ab. Doch deren Bewusstsein für das, was in Russland vor sich geht, lässt zu wünschen übrig. Als gemeinnützige Organisation unterstützt *StraightForward* Autoren pro bono: *StraightForward* entwickelt Themen, lektoriert und bereitet Manuskripte vor und hilft beim Verkauf der Rechte in andere Sprachen. Für die neuen Verlage in der Emigration fungiert *StraightForward* als Katalysator, der es denjenigen, die nicht über eigenes Know-how in der Produktion von Sachbüchern verfügen, ermöglicht, populäre Bücher zu aktuellen Themen auf den Markt zu bringen. Nach zwei Jahren lässt sich sagen, dass die neuen Exilverlage noch keine vollwertigen Marktteilnehmer sind. Viele Verlagsprojekte schwanken zwischen Aktivismus und Liebhaberei, aber das Potenzial für Wachstum ist vorhanden. Das ist wichtig, denn die Stärke des Widerstands aus dem Exil gegen das Regime und seinen Krieg hängt auch davon ab, ob sich die neuen Verlage in der Emigration finanzieren können.

Das Verlagswesen ist bekannt für seine langsame Entwicklung, die geringen Gewinnspannen und die erforderliche Quersubventionierung des eigenen Programms. Hier gilt eine ähnliche Formel wie in der Welt der Musiklabels: Mit 20 Prozent der Aufnahmen lässt sich Geld verdienen. Damit werden die restlichen 80 Prozent des Programms finanziert. Die Bestseller der Exilverlage stammen zum Beispiel aus dem Bereich der queeren Literatur. Allen „traditionellen Werten des russischen Volkes“ zum Trotz, zu deren Hüter das Putin-Regime sich aufschwingt, ist die Nachfrage nach diesen Themen groß. So hatte der Roman *Leto v pionerskom Galstuke* („Ein Sommer mit Pionierhalstuch“) über eine schwule Liebe in einem sowjetischen Sommerlager sich in Russland hunderttausend Mal verkauft, ehe er als LGBT-Propaganda verboten und aus dem Handel verbannt wurde.[10] Selbst literarisch weniger interessante Titel wie die Übersetzung des Romans von André Acimans *Nazovi menja svoim imenem* (Call me by your name; 2007) verkaufte sich zehntausend Mal, ehe auch dieses Buch verboten wurde. Derartige Bücher können nun nur noch in der Emigration erscheinen.

In einer Situation, in der die Opposition in Russland von jeder Existenzgrundlage abgeschnitten ist, kommt es auf den Exil-Buchmarkt und seinen Einfluss auf die Köpfe der Menschen umso mehr an. Je nachhaltiger er sich entwickelt, desto wahrscheinlicher ist das Überleben jener, die sich entschieden haben, dem Regime die Stirn zu bieten.

Tabuthemen

Der wichtigste Grund, weshalb im Ausland eine solche verlegerische Vielfalt entstanden ist, liegt auf der Hand. Es ist die Zensur, die in Russland in den letzten Jahren immer offener praktiziert wird. Bei einem Treffen mit Repräsentanten des Russländischen Buchverbands (Rossijskij knižnyj sojuz) im Dezember 2024 kritisierte die

---

[10] Elena Malisova, Katerina Sil’vanova. Leto v pionerskom galstuke. Moskva 2021. – Deutsch: „Du, ich und der Sommer“. München 2024. – V pervye polgoda 2022 goda rossijane čitali pro ljubov’ k sebe, netradicionnye otnošenija v pionerskom lagere i komiksy. fontanka.ru, 9.6.2022 <www.fontanka.ru/2022/06/09/71399720/>.

Präsidentenberaterin Elena Jampol'skaja, ihres Zeichens Duma-Abgeordnete und Ex-Chefredakteurin der Zeitschrift *Kul'tura*, die immer noch herrschende „Freiheit" auf dem Buchmarkt:

> Ich bin immer wieder erstaunt, dass ein Film in der Russländischen Föderation eine Freigabe für den Vertrieb erhalten muss, während ein Buch einfach so veröffentlicht wird und in den Läden landet.[11]

Diese Aussage klingt wie der Vorbote neuer Beschränkungen, um die Kontrolle über den Buchmarkt zu verstärken. Dabei hat der Staat in den letzten fünf Jahren bereits einiges in diese Richtung unternommen: Auf Betreiben der Behörden hat der Russländische Buchverband ein Kontrollorgan eingesetzt, das Bücher auf ihren Inhalt überprüfen soll.[12] Mitglieder dieses Gremiums kommen u.a. von der Aufsichtsbehörde Roskomnadzor, der *Russischen Orthodoxen Kirche* der *Russländischen Historischen Gesellschaft* und der *Russländischen Militärhistorischen Gesellschaft.*

Nicht nur gegen Vladimir Sorokin, sondern auch gegen andere, die den Krieg und das Regime kritisiert haben, wie etwa die Schriftstellerin Ljudmila Ulickaja oder den Publizisten und Autor Dmitrij Bykov wurden öffentliche Kampagnen durchgeführt, ihre Bücher aus dem Verkauf genommen und aus Bibliotheken entfernt.[13] Die Zahl der Tabu-Themen wächst. Allerdings gibt es einen wichtigen Unterschied zur sowjetischen Vergangenheit: Formal existiert in Russland nach wie vor keine Zensur. Für die Veröffentlichung eines Buches ist keine vorherige Genehmigung durch irgendeine offizielle Stelle erforderlich, wie dies im Russländischen Reich oder in der UdSSR der Fall war. Der Verlagskonzern AST/EKSMO, der den größten Teil des Buchmarkts kontrolliert, ist zwar ostentativ loyal gegenüber den Behörden, arbeitet aber inhaltlich immer noch nach der Logik des wilden Kapitalismus. Welche politische Meinung ein Autor vertritt, ist zweitrangig. Hauptsache, man kann mit dem Buch Geld verdienen.

In der Praxis gibt es ein intransparentes System von Tabus und „Überholverboten", die man nicht verletzen darf. Diese „durchgezogenen Linien" sind seit der im Mai 2016 vom Kreml erzwungenen Ablösung der Chefredaktion des Medienunternehmens RBK zu einem geflügelten Wort geworden. Die neue Führung von RBK bezeichnete damit unsichtbare Grenzen, die man nicht überschreiten dürfe, wenn man über den Kreml und staatliche Behörden schreibt.[14]

In den letzten Jahren hat sich herauskristallisiert, welche Themen und Sujets tabu sind.

- Kritik an Russlands Aggression gegen die Ukraine. Antikriegskritik von „links" geht nicht, Kritik von „rechts" ist in Grenzen erlaubt;[15]

---

11 Jampol'skaja predložila zakonodatel'no regulirovat' knigoizdatel'skuju dejatel'nost'. Tass, 4.12.2024.

12 V Rossii sozdan ėkspertnyj centr dlja proverki knig na sootvetsvie zakonam. Vedomosti, 23.4.2024. – Dazu auch die Selbstdarstellung des Russländischen Buchverbands <www.bookunion.ru/expert/>.

13 Moskovskie biblioteki perestali vydavat knigi Ljudmily Ulickoj vystupajuščej protiv voyny. Meduza, 1.2.2024.

14 Esli kto to sčitaet čto možno prjamo voobščem vse, ėto ne tak. Meduza 8.7.2016 <www.meduza.io/feature/2016/07/08/esli-kto-to-schitaet-chto-mozhno-pryamo-voobsche-vse-eto-ne-tak>.

15 Kritik von links hält die Aggression für kriminell und lehnt den Krieg ab. Kritik von rechts hält den Krieg für richtig, beklagt aber mangelnde Entschiedenheit in der Kriegsführung. Hierzu

- Leugnung der Zugehörigkeit der Krim zu Russland;
- Vergleich des Sowjetregimes mit dem NS-Regime;
- Postkoloniale Interpretation der Geschichte Russlands, die von der offiziellen Lesart der friedlichen Ausdehnung des Russländischen Reichs abweicht;
- Bücher über verbotene Organisationen wie *Memorial*;
- LGBT;
- Drogen: Bücher über Konsum, Wirkung und Schadensbegrenzung.

Als Cheflektor des Verlags *Individuum* von 2018 bis 2024 geriet ich mehr als einmal mit diesen informellen Regeln in Konflikt.[16] Das erforderte Einfallsreichtum: Sachbücher wurden als Belletristik getarnt, Rezensenten gebeten, bei einer Besprechung heikle Details wie etwa die sexuelle Orientierung eines Protagonisten nicht zu erwähnen. Solche Manöver halfen, Bücher zu verkaufen, ohne unnötige Aufmerksamkeit zu erregen. Aber angesichts der zunehmenden Zensur war das lediglich ein vorübergehender Erfolg.

Selbstzensur als subversive politische Geste

Das Beispiel der Buchbranche zeigt, wie Verbote in den Alltag eindringen. Heute werden die Rechte für einen vielversprechenden Titel, etwa die Biographie eines internationalen Stars oder eines prominenten Staatsoberhaupts, oft bereits in einem Stadium verkauft, in dem von dem Buch nicht mehr existiert als ein Exposé. Bis das Buch in Übersetzung erscheint, können drei bis vier Jahre vergehen, eine Zeitspanne, in der sich das gesellschaftliche Klima und die politische Lage erheblich verändern können. Verlage in Russland mit einem großen Portfolio können heute nicht mehr drucken, was sie noch vor kurzem gerne veröffentlicht hätten, oder nachdrucken, was sie verlegt haben. Angela Merkels Autobiographie *Freiheit*, die wenig schmeichelhafte Charakterisierungen von Vladimir Putin enthält, wird in Russland nicht erscheinen, obwohl der Verlag die Rechte für die Veröffentlichung bereits erworben hatte.

Die Anpassung ausländischer Literatur an die Realitäten in Russland war schon immer eine Herausforderung für jeden Verleger, der sich an die Gesetze halten will. In den vergangenen Jahren ist das zunehmend schwierig geworden. Ein neuer Trend ist die demonstrative Selbstzensur. Sie sendet ein starkes Signal, wie die Lage im Lande ist. So wurde im April 2024 Roberto Carneros Biographie über den italienischen Schriftsteller und Regisseur Pier Paolo Pasolini veröffentlicht, in der im Kapitel über sein Privatleben fast jede Zeile, die auch nur ansatzweise den russländischen Straftatbestand der „Propaganda für gleichgeschlechtliche Beziehungen" erfüllen könnte, geschwärzt und mit der Erklärung versehen, der Inhalt verstoße gegen geltendes Recht.[17] Für gewöhnlich findet Selbstzensur im Verborgenen statt. Indem der Verlag, in diesem Falle AST, sie nun öffentlich machte, signalisierte er den Lesern, die sichtbar zensierten Informationen in anderen Quellen zu suchen, die dem „Auge des Herrn" entzogen sind. Diese Aktion erregte so

exemplarisch <https://t.me/dva_majors>, <https://t.me/ordinaryczarizm>, <https://t.me/podled> und < https://t.me/ve4niyvoy>.

[16] Formal gibt es keine klaren Regeln. Allenfalls gibt es entsprechende Gesetzesartikel, auf die Denunzianten verweisen können, wenn sie ein Buch verbieten lassen wollen. Das kann der Vorwurf der „LGBT-Propaganda", die Verletzung des „Kinderschutzes" oder „traditioneller Werte" oder die „Diskreditierung der Streitkräfte" sein.

[17] Roberto Karnero. Pasolini. Umeret' za idei. Moskva 2024.

viel Aufmerksamkeit, dass die gesamte Auflage in Kürze verkauft war. Von diesem Erfolg inspiriert begannen andere Verlage, ähnliche Techniken anzuwenden.

Das Beispiel zeigt auch, dass ein rein schwarz-weißes Bild des russischsprachigen Verlagswesens der Realität nicht gerecht würde: Weder ist Russland ein Gebiet totaler Unfreiheit, noch sind die Verlage im Ausland von allen Zwängen frei. Nach wie vor werden auch in Russland Bücher zu relevanten Gegenwartsfragen publiziert, aber die Art, wie über sie geschrieben wird, hat sich geändert. Der Klappentext der russischen Ausgabe von Natal'ja Ključarevas *Tagebuch vom Ende der Welt*, das zuerst auf Deutsch bei *Suhrkamp* erschien und dann von *Limbach* in Russland verlegt wurde, liest sich so:

> Das „Tagebuch vom Ende der Welt" ist ein Augenzeugenbericht, ein Versuch, angesichts des Grauens, das in die Poren des Alltags eindringt, menschlich zu bleiben und die eigene Stimme zu bewahren.[18]

Wer zwischen den Zeilen lesen kann, versteht natürlich, worum es in dem Buch geht, aber dieses Talent ist unter Denunzianten und Z-Aktivisten nicht allzu verbreitet. Autoren und Verleger haben damit einen kleinen, aber wichtigen Spielraum, und sie haben Methoden, um ihre Botschaft zu vermitteln. Als wir die klassischen Antikriegsreportagen der US-amerikanischen Journalistin Martha Gellhorn (1908–1998) „Das Antlitz des Krieges" auf Russisch publizierten, gestalteten wir den Umschlag als Antikriegs-Graffiti, mit einem Ausschnitt im Papier, der den Buchstaben Z aus dem Namen und der Silhouette einer Fliegerbombe in der Mitte bildet.

Antikriegsreportagen und Antikriegsgraffiti: Cover der russischen Version von Martha Gellhorns „Das Antlitz des Krieges". Quelle: Feliks Sandalov

[18] Natal'ja Ključarova: Dnenvnik konca sveta. Sankt Peterburg 2024. – Natalja Kljutscharjowa: Tagebuch vom Ende der Welt. Berlin 2023.

Zwischen zwei Feuern

Ein weiterer Grund für die Zunahme russischsprachiger Buchpublikationen im Exil ist der zunehmend restriktive Verkauf von Rechten nach Russland. Zum Teil treffen die Autoren diese Entscheidung selbst. So haben Stephen King und der britische Science-Fiction und Fantasy-Autor Neil Gaiman entschieden, dass ihre Werke nicht mehr in Russland erscheinen dürfen. Zum Teil treffen Agenten und Verleger diese Entscheidung, weil sie Sanktionen befürchten, wenn sie weiter mit Unternehmen aus Russland und Belarus zusammenarbeiten. Besonders die fünf Großverlage *Hachette Book Group*, *HarperCollins Publishers, Macmillan*, *Penguin Random House* und *Simon & Schuster* sind streng beim Verkauf von Rechten nach Russland. Das geht so weit, dass aus Russland stammende Autoren dieser Häuser bei einem Vertragsabschluss ihre Rechte am Manuskript weder an einen Verlag in ihrer Heimat verkaufen dürfen, noch diese zurückerhalten und selbst darüber verfügen können.

Es gab einen eklatanten Fall, in dem die amerikanische Autorin eines Buches über die Osterweiterung der NATO, also ein höchst relevantes Thema in der aktuellen politischen Lage, über ihren Agenten die Beziehung zum Verlag in Russland abbrach. Dabei war der Vertrag über die Veröffentlichung des Titels bereits nach Kriegsbeginn 2022 unterzeichnet worden und das Buch war nahezu druckfertig. Für die meisten Verleger in Russland ist der Abbruch langjähriger Beziehungen ein schwerer Schlag, sie empfinden ihn als „Verrat an der gemeinsamen Arbeit" und suchen nach Möglichkeiten, die Beschränkungen zu umgehen. Viele Verleger reagieren auf diesen Zusammenbruch ihrer langjährigen Geschäftsbeziehungen mit dem Ausbau ihrer Kontakte nach Armenien, Lettland und Kasachstan. Dortigen Verlagen übertragen sie die Rechte an Büchern, die sie in Russland nicht mehr machen dürfen. Und sie erwerben in diesen Ländern sowie in der Türkei und Südkorea Lizenzen.[19] Viele hoffen, dass nach dem Prinzip der kommunizierenden Röhren einzelne Titel wieder auf den russländischen Markt zurückkehren und den Lesern etwa als E-Book zur Verfügung stehen.

Doch wie bei der Einfuhr von sanktionierten Dual-Use Gütern oder Luxuswaren sollte man die Findigkeit der Verkäufer auch auf dem Buchmarkt nicht unterschätzen.[20] Eine der Neuerungen des vergangenen Jahres ist eine Vertragsklausel, nach der die Rechte in russischer Sprache „in alle Gebiete außerhalb der Russländischen Föderation" nur im Paket mit den Rechten des Titels in der Sprache des jeweiligen Landes verkauft werden, aus dem die Anfrage eingegangen ist. Es sei erwähnt, dass diese Stellvertreter-Verlage keineswegs immer eine Antikriegsagenda verfolgen oder ein kritisches Selbstverständnis haben. Ein eindrucksvolles Beispiel ist der im Jahr 2023 in Armeniens Hauptstadt Erevan gegründete Verlag *Fortis Press*. Er publiziert Werke amerikanischer Konservativer in russischer Übersetzung, die von Literaturagenten nicht nach Russland verkauft werden, unabhängig davon, dass die Autoren mitunter prorussländische Positionen vertreten. Was Stephen King betrifft, so werden seine Bücher ohne Lizenz in der „Volksrepublik Doneck" publiziert und in ganz Russland verkauft. Der Name des Piratenverlags ist bezeichnend: *Trofejnaja kniga* – Beute-Buch.

[19] Felix Sandalov: Russian Literature, War and International Relations: The Case of Germany. Riddle, 3.2.2023.

[20] Wie die Sanktionen unterlaufen werden und welche Rolle dabei die zentralasiatischen Staaten spielen analysiert Felix Eick: Drehkreuz Zentralasien. Wo sich die Spur deutscher Exporte verliert, in: OSTEUROPA, 8–10/2024, S. 277–294.

Suche nach der Hintertür

Dass es in naher Zukunft eine wachsende Zahl verlegerischer Projekte im Exil geben dürfte, hat auch damit zu tun, dass erstens die Nachfrage nach russischsprachigen Büchern in der Emigration hoch bleibt und zweitens der Verkauf derartiger Bücher Buchhandlungen und oppositionellen Medien mit großer Reichweite, die ihre Erlöse aus den Rubel-Abonnements und der Werbung verloren haben, aus der sie früher den Großteil ihrer Einnahmen erzielten, nun die Möglichkeit bietet, ihr Geschäft zu diversifizieren.

Menschen, die aus Russland flüchteten, um der Mobilisierung zu entgehen oder weil sie um ihre Sicherheit fürchteten, standen oft unter großem Druck. Die dreißig Kilometer lange Schlange am Grenzübergang Verchnyj Lars zwischen Russland und Georgien im September 2022 wird noch lange in der kollektiven Erinnerung bleiben. In einer solchen Notsituation denkt man an alles, nur nicht an seine Bibliothek. Doch auch wenn die Russen schon seit langem nicht mehr die lesefreudigste Nation der Welt sind, waren unter den Geflohenen doch viele mit der Vorstellung aufgewachsen, dass ein kultivierter Mensch Bücher zu Hause haben sollte. Die Schätzungen differieren, wie viele Menschen Russland infolge des Krieges verlassen haben. Unabhängige Experten gehen von einer Million Menschen aus, von denen vielleicht ein Drittel zurückkehrte, als klar wurde, dass es keine allgemeine Mobilisierung geben würde. Das unabhängige Internetportal *The Bell* geht von etwa 700 000 Personen aus, die nach Kriegsausbruch ins Exil gegangen und dort geblieben sind.[21] Es handelt sich um Menschen im erwerbsfähigen Alter zwischen 20 und 45 Jahren, von denen viele über eine höhere Bildung verfügen und alle dem Regime zumindest misstrauisch gegenüberstehen. Diese Leute haben ihre Gewohnheiten und Hobbys mitgenommen: Selbst an einem abgelegenen Ort wie dem serbischen Novi Sad gibt es neben Getränkeläden und Nagelstudios für Russen auch einen Buchladen. Das Sortiment besteht aus in Russland gedruckten Büchern, aber es gibt es auch ein Regal mit Büchern von neuen Verlagen im Exil. Bücher sind zu einem Symbol geworden, zu Statusobjekten, die etwas über ihre Besitzer aussagen: Ein Buch von Aleksej Naval'nyj oder einen Dokumentarthriller über die Aktivitäten der „Wagner-Gruppe" zu Hause zu haben, kann aus anderen Gründen wichtig sein, als sie zu lesen. „Bildung" und „Geschenkbuch" sind Nischen, aber sie reichen vielleicht aus, damit sich ein paar Verlage entwickeln können, die den Geschmack der Leser treffen und gut laufen. Zum Publikum dieser Verlage können auch oppositionell gesinnte Angehörige früherer Emigrationswellen, russischsprachige Ukrainer, Belarussen und andere russischsprachige Menschen stoßen. In der russländischen Diaspora gibt es dagegen wenig Raum für Wachstum: Nach Angaben der Wahlkommission Russlands haben bei der letzten Präsidentschaftswahl im März 2024 72,1 Prozent der Wahlberechtigten, die im Ausland ihre Stimme abgegeben haben, für Vladimir Putin gestimmt.[22] Und für die Verlage ist es logistisch schwierig, die Diaspora in den verschiedenen Teilen der Welt zu erreichen: Ein in Tschechien gedrucktes Buch wird nur im Ausnahmefall nach Argentinien gelangen. Mit anderen Worten: Bislang wirkt das alles eher wie der Versuch, einen Ersatzbuchmarkt aufzubauen und irgendwie zu überleben, als wie ein echter, funktionsfähiger

[21] Denis Kasjančuk: Posle načala vojny iz Rossii uechali i ne vernulis okolo 650 tysjač čelovek. The Bell, 16.7.2024.

[22] Aleksandra Ivanova: CIK: Putin nabral 72,1 % na prezidentskich vyborach za rubežom. Deutsche Welle, 19.3.2024.

Markt. Andererseits erlebt so mancher, der in diesen Prozess involviert ist, nach dem Zerfall der Sowjetunion, als der Buchmarkt in Russland praktisch von Grund auf neu aufgebaut werden musste, und nach den 2000er Jahren, als der Kampf gegen die Buchpiraterie begann und die Branche stärker reguliert wurde, nun schon den dritten großen Umbruch.

Die neuen Verlage in der Emigration haben gegenüber den Verlagen in Russland keinen anderen Vorteil als ihre Freiheit. Diese gilt es zu wahren. Ansonsten sind ihre Bücher teurer, decken ein engeres thematisches Spektrum ab und genießen nicht die Unterstützung von Massenmedien. Doch der Buchverkauf bringt zwar nur geringe Einnahmen, bietet aber einen zusätzlichen Ansatzpunkt für Fundraising. Auch das unterscheidet die Lage grundlegend von der Art und Weise, wie diese Verlage vor ihrer Emigration in Russland agierten. Dort wurden allenfalls Projekte bezuschusst, die kommerziell aussichtslos waren, etwa die Übersetzung eines umfangreichen Buches mit einer kleinen Leserschaft, und diese Zuschüsse waren für keinen Verlag in Russland eine nennenswerte Finanzierungsquelle. Demgegenüber ist keiner der neuen Verlag in der Emigration mehr ohne institutionelle Unterstützung denkbar.

Eine der Schwierigkeiten dabei ist, dass internationale Förderer in erster Linie daran interessiert sind, die Zivilgesellschaft in Russland zu beeinflussen. Momentan droht diese sich in ein schwarzes Loch zu verwandeln, in dem keine Signale mehr ankommen. Bei der Unterstützung von Projekten, die sich an lokale Communities von Emigranten richten, zögern viele Förderer dagegen. Die Exilverlage ihrerseits würden zwar gern Bücher gegen den Krieg oder oppositionelle Literatur nach Russland verkaufen, aber das lässt sich aus der Europäischen Union oder vom Südkaukasus aus nicht bewerkstelligen, weder auf offiziellem Wege über den stationären Buchhandel noch über den Direktversand an den Käufer. Jeder geht mit diesem Problem auf seine Weise um: *StraightForward* oder *Meduza* stellen die Daten ihrer Bücher kostenlos im Open Access zur Verfügung. Andere verkaufen E-Books oder Pdf-Dateien. Einige veröffentlichen die Titel neu und zensieren sie, indem sie heikle Stellen schwärzen. Und die ganz Verwegenen packen Bücher in den Koffer, reisen nach Russland und verkaufen ihre Ware dort per Post und über digitale Marktplätze, wozu sie eine Firma registrieren, die nicht mehr als eine Eintagsfliege ist.

Dokumentarfilm versus Ironie

In der neuen Emigrantenliteratur haben sich einige Trends herauskristallisiert: Zum einen führt die Emigration als Reaktion auf den Krieg zur Suche nach einer neuen Sprache, mit der sich die gemeinsame Erfahrung – viele fühlen sich wie Astronauten im All, die den Kontakt zu ihrer Raumstation verloren habe – fassen lässt. Zu nennen wären hier Maria Stepanovas *Der Absprung* (russisch: *Fokus*), Nikolaj Kononovs *Noč', kogda my isčezli* (Die Nacht, in der wir verschwanden) sowie das im Verlag *Pap'e-maše* erschiene Buch von Griša Prorokov *Ničto krome serdca* (Nichts als das Herz).[23] Diese Titel fügen sich in den globalen Trend einer im weitesten Sinn autofiktionalen Literatur ein, die den Zusammenhang von Biographie und Trauma auszuleuchten sucht.

Ein weiterer Trend, der den literarischen Raum in Russland und im Ausland verbindet, sind Dystopien wie Ivan Filippovs *Myš'* (Die Maus), Konstantin Zarubins *Naše serdce*

---

[23] Marija Stepanovas Fokus ist gleichzeitig bei Hyperboreus in Stockholm und Babel Books in Berlin als Teil des „Projekts 24" erschienen. Die deutsche Version besorgte Suhrkamp: Der Absprung. Aus dem Russischen von Olga Radetzkaja. Berlin 2024. – Nikolaj Kononov: Noč', kogda my isčezli Moskva (Individuum) 2022. Griša Prorokov: Ničto krome serdca. Pap'e-maše 2024.

b'etsja za vsech (Unser Herz schlägt für alle), Aleksej Poljarinovs *Kadavry (*Kadaver) oder vermeintliche Dystopien wie Aleksej Konakovs *Tabija tridcat' dva.*[24]

Was es momentan nur außerhalb Russlands gibt, sind Sachbücher. Solche Publikationen lassen sich nur schwer hinter dem Label „alles Fiktion" verstecken, oder hinter der rettenden Ironie, die es Schriftstellern in Russland ermöglicht, sich durchzumogeln. Bücher, die die Ursachen des Krieges gegen die Ukraine beschreiben, Repressionen und Kriegsverbrechen dokumentieren und mögliche Szenarien für die Zukunft des Landes beschreiben, geraten als erste ins Visier der Zensoren von Roskomnadzor. Man denke nur an das sofortige gerichtliche Verbot des von Nikolaj Plotnikov (Bochum) herausgegebenen Sammelbands *Pered licom katastrofy,* in dem die Autoren in philosophischen Essays über die Ursachen und Hintergründe des Kriegs gegen die Ukraine nachdenken.[25]

Noch lassen manche Autoren von Romanen, die in Russland veröffentlicht werden, ihrer Phantasie freien Lauf. Ich werde ihre Namen nicht nennen, um ihnen nicht zu schaden. Aber neugierige Leser werden selbst unter den Büchern, die in den letzten beiden Jahren von der Kritik gelobt wurden, ein Buch finden, in dem im Kreml ein Kronleuchter auf einen Mann stürzt, der wie Vladimir Putin aussieht, oder das aufständische Volk die Nationalgardisten von der Kette lässt. Literarische Subversion dieser Art wird von Monat zu Monat schwieriger, aber noch gibt es sie.

Unter dem Druck des Kriegsrechts hat sich die literarische Sprache in zwei Richtungen entwickelt: Die eine zielt auf die Beschreibung der Realität, ist sachlich und realistisch bis ins Mark; die andere hingegen ist postmodern, voller Anspielungen und Metaphern und setzt auf Ironie, um eine inhaltlich ernste Botschaft zu vermitteln. Die Spaltung erinnert an die Sowjetunion: Damals war der sozialistische Realismus die verbindliche offizielle Darstellungsform. Werke, die im *Samizdat* oder im *Tamizdat* publiziert wurden, etwa Jurij Mamleevs *Šatuny* oder Dmitrij Prigovs Gedichte, entfernten sich bewusst von einer realistischen Darstellung der Wirklichkeit. Heute ist es umgekehrt: Im Exil ist gerade Realismus gefragt, Bücher, die die Dinge beim Namen nennen und Orientierung in einer verwirrenden Welt liefern; Autoren, die von ihrer Meinungsfreiheit Gebrauch machen.

Was kommt als Nächstes?

Auf der eingangs erwähnten Konferenz wurde auch darüber nachgedacht, wie die neuen Verlage in der Emigration überleben können, wenn die Nachfrage nach Literatur gegen den Krieg zurückgehen sollte und Emigranten nach Russland zurückkehren sollten. Zu den wichtigsten Schritten gehört der Eintritt in den amerikanischen Markt, die Entwicklung eines Kinderliteraturprogramms, der Aufbau eigener Medien sowie die engere Kooperation untereinander und mit internationalen Institutionen der Zivilgesellschaft.

Und natürlich müssen wir Wege finden, mit potentiellen Autoren in Russland zu kommunizieren, die in der Lage sind, über aktuelle Themen zu schreiben. Jede Länderexpertise hat ihre Halbwertszeit. Wenn man nicht in Russland lebt, werden viele

---

[24] Ivan Filippov: Myš'. Tbilisi: Freedom Letters 2023. – Von Konstantin Zarubin auch: Povesti l-skich pisatelej: roman. Versija dlja izdanija na territorii Moskovskoj imperii. Moskva: AST 2023. – Aleksej Poljarinov: Kadavry. Moskva: Inspiria 2024. – Aleksej Konakov: Tabija tridcat' dva. Moskva: Individuum 2024.

[25] Pered licom katastrophy. Sbornik statej pod redakciej i s predisloviem Nikolaja Plotnikova. Münster 2023. Das Urteil des Gerichts lautete, das Buch sei wegen der „Diskreditierung der Streitkräfte der Russländischen Föderation und ihrer friedlichen Mission in der Ukraine" zu verbieten.

Einschätzungen ungenau. Internationalen Experten fehlt es bereits heute an zuverlässigen Quellen, was in Russland genau vor sich geht. Kultur hat nur dann die Kraft, die Gesellschaft zu verändern, wenn sie mit wirklich populären und hochwertigen Werken die breite Bevölkerung erreicht. Aktivistische Gruppen, deren Enthusiasmus schnell einem Burnout weicht, schaffen das nur selten. In dieser Hinsicht könnte die Erfahrung der russischsprachigen Verlage im Berlin der 1920er Jahren eine Lehre sein. Damals gab es in der Stadt mehrere Dutzend Verlage, darunter *Grani*, *Helikon*, *Petropolis*, *Mysl'* und *Obelisk*, die jährlich Hunderte von Büchern produzierten.[26] Doch so hoch sich diese Publikationswelle auch auftürmte, um die Mitte des Jahrzehnts war sie verebbt. Einer der Gründe lag darin, dass die progressiven Verleger nicht in der Lage waren, eine gemeinsame Grundlage mit dem Teil des Publikums zu finden, das Bücher lieber in der alten Rechtschreibung lesen wollte als in der „bolschewistischen", die ihnen nun angeboten wurde. Ein zweiter Grund war die prekäre wirtschaftliche Lage der Exilverlage.[27]

Eine andere Quelle von unschätzbarem Wert ist die Geschichte deutscher antifaschistischer Verlage im Exil wie *Querido*, *Pantheon Books* oder *Edition Oprecht*. Von ihrer Unermüdlichkeit, ihrer kategorischen Distanzierung vom NS-Regime und ihrer beharrlichen Arbeit daran, ihre von den Nazis verfolgten Landsleute zu erreichen, können wir lernen. Der Schriftsteller Michail Šiškin, der seit langem in der Schweiz lebt und dort 2024 den *Dar*-Preis ins Leben gerufen hat, um die Idee der russischen Literatur neu zu formulieren und sie vom „Fluch des Territoriums" zu befreien, hat den tieferen Sinn dieser Tätigkeit gut zusammengefasst: *Freedom Letters*, *Vidim Books*, *Babel'*, *BAbuk* und andere leisten wichtige Arbeit. Sie retten die Würde unserer Kultur.[28] Kollegen in Russland berichten, dass bei den dortigen Verlagen derzeit so viele Manuskripte eingehen wie nie zuvor. Kurse für kreatives Schreiben sind voll, Literaturagenten – bis vor kurzem noch marginal auf dem russischen Markt – können sich vor Arbeit nicht retten. Offenbar haben die Schriftsteller die Signale des Regimes, welches das sowjetische Zensursystem wiederherstellen will, als letzte Warnung verstanden: „Veröffentliche jetzt, später kannst du es nicht mehr!" Sobald dieses „später" eintritt, werden die mutigsten dieser Schriftsteller das Land verlassen.

Das Verlagswesen in Russland und die neuen Verlage in der Emigration sollten wir als zwei miteinander verbundene Räume betrachten, die sich nicht unabhängig voneinander analysieren und verstehen lassen. Solange in Russland immer mehr Menschen und Texte als „unerwünscht" gelten, werden diese Texte andere Wege zu ihren Lesern finden. Und so sehr wir an eine glücklichere Zukunft glauben möchten, so sicher scheint es doch, dass wir ohne einen *neuen Tamizdat* nicht auskommen – weder heute noch morgen.

Aus dem Russischen von Manfred Sapper, Berlin

Schlagwörter:
Verlage, Bücher, Tamizdat, Emigration, Repressionen, Schriftsteller, Öffentlichkeit

---

26 Gottfried Kratz: Russische Verlage und Druckereien in Berlin, 1918–1941, in: Karl Schlögel u.a. (Hg.): Chronik russischen Lebens in Deutschland 1918–1941. Berlin 1999, hier S. 501–569. – Petr N. Bazanov, Inga Šomrakova: Russkie izdatel'stva v Berline, 1920–1924, in: Vestnik SPbGUKI, 4/2017, S. 6–11, <https://cyberleninka.ru/article/n/russkie-izdatelstva-v-berline-1920-1924-gody>. – Karl Schlögel: Das russische Berlin. Aktualisierte, erweiterte Neuausgabe. Berlin 2019 [zuerst u.d.T.: Berlin. Ostbahnhof Europas. Berlin 1998]. – Fritz Mierau: Russen in Berlin. Weinheim 1988. – Thomas Urban: Russische Schriftsteller in Berlin. Berlin 2003.

27 Claudia Scandura: Die Ursachen für die Blüte und den Niedergang des russischen Verlagswesens in Berlin in den 20er Jahren, in: Karl Schlögel (Hg.): Russische Emigration in Deutschland 1918–1941, S. 403–410.

28 „Nužno dat' literature na russkom jazyke novuju žizn'". Novaja gazeta Evropa, 27.9.2025.

Philipp Christoph Schmädeke

Wissenschaft im Exil

Strukturelle Probleme, Herausforderungen, Perspektiven

Die Regime in Russland und Belarus verfolgen Andersdenkende mit immer größerer Härte. Darunter haben auch Tausende Wissenschaftler und viele Studenten zu leiden. In beiden Ländern zeichnet sich immer deutlicher ein Ende jeden kritischen Denkens, jedweder Wissenschaftsfreiheit ab. Wissenschaftsqualität, -produktion und -vermittlung lassen nach. Auch in der Ukraine hat Russlands Angriffskrieg viele Zehntausend vor allem weibliche Akademiker und Studenten in die Emigration getrieben. Die Folgen für das ukrainische Bildungssystem und die Hochschullandschaft sind dramatisch. Die westlichen Förder- und Aufnahmeprogramme sind diesem Wissenschaftsexodus nicht gewachsen. Akademische Diskurse unter Wissenschaftlern im Exil oder gar intellektuelle Gegenöffentlichkeiten können sich unter diesen oft prekären Lebensumständen nicht bilden, ein Umdenken ist nötig. Die USA der 1930er und 1940er Jahre können ein Vorbild sein.

Seit dem Herbst 2020 in Belarus und dem Frühjahr 2022 in der Ukraine ist Europa mit zwei zutiefst beunruhigenden Entwicklungen konfrontiert, die mit dem Fall der Mauer 1989 und dem Zerfall der Sowjetunion 1991 als überwunden galten. Wir erleben die Rückkehr eines repressiven Totalitarismus stalinistischer Prägung. Und eine im Denken des 19. Jahrhunderts verhaftete Großmacht – noch dazu eine Atommacht – führt einen großen Landkrieg, der die physische und kulturelle Vernichtung eines der größten Länder des europäischen Kontinents zum Ziel hat.

Der russländische Angriffskrieg hat neben den wohl vielen Hunderttausend Toten und der beispiellosen Zerstörung der ukrainischen Infrastruktur zur größten Massenflucht seit dem Ende des Zweiten Weltkrieges geführt. Die *Vereinten Nationen*[1] zählen mehr als 6 168 000 ukrainische Flüchtlinge in Europa sowie 3 700 000 Binnenvertriebene – darunter sind viele Zehntausend vor allem weibliche ukrainische Wissenschaftler und Studenten. Es handelt sich um einen von außen erzwungenen gigantischen akademischen Exodus und *braindrain*. Die Folgen für das ukrainische Bildungssystem im Allgemeinen und die ukrainische Hochschullandschaft im Besonderen sind dramatisch: Von rund 6000 ukrainischen Wissenschaftlern, die das vom *Akademischen Netzwerk Osteuropa* (akno e.V.) getragene *Science at Risk Emergency Office* in den Jahren 2023 und 2024

Philipp Christoph Schmädeke (1976), Dr. rer. pol., Vorstandsvorsitzender des *Akademischen Netzwerks Osteuropa, akno e.V.* und Direktor des *Science at Risk Emergency Office by akno e.V.*, durch das in den Jahren 2020–2024 mehr als 1000 durch Krieg und Repression gefährdete Akademiker aus Belarus, der Ukraine und Russland finanziell unterstützt wurden.

[1] Ukraine: Over 6 Million Refugees Spread Across Europe. United Nations, 11.9.2024.

 doi: 10.35998/oe-2025-026

befragte, gaben 37,5 Prozent (2023) / 44 Prozent (2024) an, dass sie unter hohem Stress/Depressionen leiden; 34 Prozent (2023) / 38 Prozent (2024) sagten, dass ihr akademischer Arbeitsplatz teilweise oder vollständig zerstört wurde; und 20 Prozent (2023) / 26 Prozent (2024) berichteten vom Tod oder der schweren Verwundung naher Angehöriger. Das *Science at Risk Emergency Office* geht von etwa 2500 teilweise oder vollständig zerstörten Bildungseinrichtungen aus – darunter 140 Hochschulen.[2]

Russland bewegt sich wieder auf einen Totalitarismus stalinistischer Prägung zu. Diese Entwicklung hatte sich spätestens seit dem zweiten Tschetschenienkrieg (1999–2009) angedeutet. Mit Beginn des russländischen Einmarsches in die Ukraine im Februar 2022 erlebte sie eine fatale Beschleunigung. Zu beobachten ist eine Fortsetzung jener unheilvollen Korrelation zwischen äußerer (geheimdienstlich-militärischer) und innerer (geheimdienstlich-polizeilicher) Gewaltanwendung und Verfolgung, wie sie bereits zu Zarenzeiten und in der Sowjetunion nach 1945 gegeben war. So gehen Schätzungen von weit mehr als 10 000 ukrainischen Zivilisten aus, die auf russländischem Territorium und in den fünf von Russland in Teilen besetzten Regionen Zaporižžja, Cherson, Luhans'k, Donec'k sowie der Krim in sogenannten Filtrations- und Internierungslagern systematischer Folter und teils sexueller Gewalt ausgesetzt sind.[3] Hinzu kommen die systematische Misshandlung ukrainischer Kriegsgefangener und eine deutliche Verschärfung der Repression gegen Minderheiten und oppositionelle Teile der eigenen Bevölkerung. Diese Repression im Inland wird mit der gleichen Willkür und Brutalität und von denselben Sicherheitsorganen durchgeführt. Das Vorgehen Russlands gleicht sich immer weiter dem des Terrorregimes in Minsk an. So wurden in Belarus seit den friedlichen Massenprotesten gegen die gefälschten Präsidentschaftswahlen im Jahr 2020 mehr als 50 000 willkürliche Verhaftungen, über 5000 politisch motivierte Gerichtsverfahren[4], 1256 politische Gefangene[5] und gut 450 Fälle staatlicher Folter[6] verzeichnet. Bei einer Gesamtbevölkerung von zehn Millionen Einwohnern steht Belarus somit weltweit an der Spitze der politischen Repression. Die Nobelpreisträgerin Svjatlana Aljaksievič hat das Land folgerichtig als einen „offenen Gulag" bezeichnet.[7]

Für den Bildungs- und Wissenschaftssektor in Belarus und Russland bedeuten diese negativen Kontinuitätslinien zu den politischen Verfolgungswellen der Revolutions- und Bürgerkriegsjahre (1917–22) und der Sowjetunion (1922–1991) sowie die damit einhergehenden Einschränkungen (Zensur, Ideologisierung, Indoktrinierung, Militarisierung) nicht nur das Ende jeden kritischen Denkens und jedweder Wissenschaftsfreiheit. Sie führen auch zu einer unmittelbaren Niedergang der Wissenschaftsqualität, -produktion und -vermittlung – insbesondere in den Geistes- und Sozialwissenschaften. Der beidseitige

---

[2] Science at risk Monitoring Report: Ukraine 2022–2023: Threats to science and higher education after the full-scale Russian invasion, November 2023, <https://science-at-risk.org/wp-content/uploads/2024/01/SAR-Monitoring-Report_Ukraine-Dec-2023.pdf> – Science at risk Monitoring Report: Academia in Ukraine in Times of War: Understanding the Status-Quo, Challenges, and Support Needs, <https://science-at-risk.org/wp-content/uploads/2024/11/Report_Ukraine_2024.pdf>.

[3] Ukraine: Torture by Russian authorities amounts to crimes against humanity, says UN Commission of Inquiry, United Nations, 30.10.2024. – Siehe auch Anne Applebaum: „Der Gulag", S. III.

[4] Die Menschenrechtslage in Belarus. Razam.de. <https://razam.de/belarus/menschenrechtslage/>.

[5] Viasna: As of January 23 1256 persons in Belarus are considered as political prisoners.

[6] Die Menschenrechtslage in Belarus [Fn. 4].

[7] Bei der Verleihung des Werner-Schulz-Preises an die Menschenrechtlerin Ina Rumiantseva am 22. Januar 2025 im Französischen Dom in Berlin.

– und folgerichtige – Abbruch der Wissenschaftsbeziehungen mit den Staaten der Europäischen Union verschärft die Situation. Dies bedeutet einen weiteren akademischen Massenexodus, der sich parallel zu jenem der ukrainischen Wissenschaftler und Studenten vollzieht, und wohl weit mehr als 10 000 Akademiker umfasst.

Für Belarus gehen Schätzungen von mindestens 150 000 politischen Emigranten seit 2020 aus[8] – für Akademiker liegen keine konkreten Zahlen vor. Für Russland hat der russländische Politikwissenschaftler und OSTEUROPA-Autor Nikolaj Petrov errechnet, dass 18 Monate nach der russländischen Invasion vom 24. Februar 2022 rund 8600 Wissenschaftler nicht mehr zum Personal der zehn führenden Universitäten Russlands gehören[9] – für Studierende liegen keine konkreten Zahlen vor. Das *Science at Risk Emergency Office* hat diese Entwicklungen auf Grundlage von empirischen Daten[10] mit Fokus auf die Jahre 2022–2024 für Belarus, Russland und die Ukraine umfangreich dokumentiert und analysiert.[11]

Das Wissen um die beschriebenen dramatischen Entwicklungen, die einen globalen Trend zur (Re-)Autokratisierung widerspiegeln, steht in krassem Gegensatz zur unzureichenden bis nicht-existenten Unterstützung der Wissenschaftler und Studenten im europäischen Exil. Anders als andere gefährdete Gruppen wie Journalisten, Künstler oder Schriftsteller, die zwar ebenfalls bis zu einem gewissen Grad von Institutionen wie Verlagen, Medienunternehmen oder Galerien abhängen, sind Wissenschaftler und Studenten alternativlos auf Hochschulen und Forschungseinrichtungen angewiesen. Universitäre Lehre mit dauerhaft finanzierten Verwaltungsstrukturen, akademischen Lehrdeputaten sowie national akkreditierten und international anerkannten Abschlüssen ist ohne das institutionelle Dach einer Hochschule unmöglich. Und so kommt es zurzeit in Deutschland und Europa zu dem absurden Phänomen, dass sowohl durchschnittliche wie international etablierte Wissenschaftler, die als Mitglieder ihrer Nationalen Akademien an so wichtigen liberalen Häusern wie der Moskauer *Higher School of Economics*, der Petersburger *Europäischen Universität,* der *Shaninka* (Moscow School of Social and Economic Sciences) oder dem *Smolny-Institut* gelehrt und geforscht haben, als auch zivilgesellschaftlich hochengagierte Akademiker, die in Belarus einst das *European College of Liberal Arts* (ECLAB) und die *Čestnyj Universitet* gegründet haben, nun vor dem Nichts stehen. Dasselbe gilt für die vielen talentierten und engagierten Studenten aus den Metropolen und Regionen. Beide Gruppen können sich über private Solidaritätsnetzwerke, Kurzzeitstipendien und/oder (nicht-)akademische Nebentätigkeiten über Wasser halten oder sie fallen ganz aus der Wissenschaft heraus. Damit gehen nicht nur große Wissenskapazitäten und -potentiale verloren. Es wird auch die Chance vertan, eine Gegenöffentlichkeit gegen autoritär-totalitäre Herkunftsstaaten aufzubauen.

---

8 Tatsiana Kulakevich: „Die belarusische Diaspora: Erneuerte Solidarität“, Belarus-Analysen Nr. 61 vom 26.7.2022, S. 15–17.

9 Russia 2022/2023: Persecutions in the academic sphere and forced emigration, November 2023, S. 6.

10 U.a. auch auf Grundlage des Academic Freedom Index 2024. V-Dem Institute. <https://academic-freedom-index.net/research/Academic_Freedom_Index_Update_2024.pdf>.

11 Academic Freedom in Russia: State Repression and its Influence on Academic Practice. akno e.V.

Unzureichende Förderlandschaft in Deutschland und Europa

Die Bundesregierung hat zwar reagiert, indem sie seit 2015 (unter dem Eindruck der Migration von Syrern und Irakern) mit der *Alexander von Humboldt-Stiftung* getragenen *Philipp-Schwartz-Initiative* (PSI) Bundesmittel für politisch verfolgte Wissenschaftler zur Verfügung stellt. Im Jahr 2021 zog (unter dem Eindruck der Massenrepressionen in Belarus) das vom *Deutschen Akademischen Austauschdienst* (DAAD) getragene *Hilde-Domin-Programm* (HDP) mit einer Unterstützungsinitiative für politisch verfolgte Studenten nach. Aber beide Programme decken, trotz ihrer großzügigen Ausstattung, die Stipendiaten eine mehrjährige Unterstützung gewährleistet, nur einen verschwindend geringen Teil des Bedarfes ab. Auch sind sie weder Teil einer Gesamtstrategie, noch werden sie durch weitere, andere notwendige Bausteine ergänzt, die das Problem von akademischer Verfolgung, Flucht und Exil eben nicht nur als individuelle Ausnahme und unglückliches Einzelschicksal begreifen, sondern in ihrem geopolitischen, wissenschaftsstrategischen und humanitären Kontext erfassen: Die akademischen Oppositions- und Exilnetzwerke müssten einbezogen werden, nachhaltige und selbsttragende akademische (Exil-)Strukturen müssten unbedingt gefördert werden.

Was schiefläuft, zeigen die halbjährlichen Förderzahlen: So können über die PSI nur 25 gefährdete Wissenschaftler und über das HDP nur 50 gefährdete Studenten unterstützt werden – was bei einer Weltbevölkerung, die zu 71 Prozent in autoritären oder totalitären Regimen lebt, ausgesprochen wenig ist.[12] Entsprechend konnten allein für Belarus – Massenrepression und -flucht zum Trotz – seit 2020 nur eine Handvoll gefährdeter Wissenschaftler und ein gutes Dutzend Studenten in beide Initiativen aufgenommen werden. Während der tatsächliche Bedarf in die Tausende geht. *akno e.V*, die Nicht-Regierungsorganisation *Čestnyj Universitet* und das *Office Tichanowskaja* haben allein in den Protestjahren 2020 und 2021 mehr als 1400 durch die Lukašenka-Diktatur gefährdete Studenten und Wissenschaftler registriert.

Diese beiden einzigen zentralen staatlichen Förderinstrumente für die Wissenschaftsfreiheit werden zudem von Institutionen implementiert, die zwar über eine große Expertise in der Wissenschaftsdiplomatie und der internationalen Elitenförderung verfügen. Bei der Arbeit mit politischer Verfolgung, Krieg, Trauma und erzwungener Flucht hingegen fehlt ihnen diese Erfahrung. Die Folgen sind in mehrfacher Hinsicht dramatisch: So pflegt insbesondere der DAAD als staatlicher Kooperationspartner die deutschen akademischen Austauschbeziehungen auch mit dem Großteil der 88 weltweit vom *V-Dem Institute* eingestuften Diktaturen.[13] Dabei muss er eng mit Regimen kooperieren, die weder ein Interesse an akademischer Autonomie und Selbstverwaltung von Hochschulen haben noch an der Pflege und Aufrechterhaltung der Wissenschaftsfreiheit unter Lehrenden und Studenten interessiert sind. Es handelt sich um Regime, die ihre Bildungssysteme nicht nur zur staatsnahen Ideologisierung, Indoktrinierung, Zensur und Militarisierung missbrauchen, sondern in der Regel auch als Träger von Überwachung und Repression instrumentalisieren. So operieren beispielsweise an belarussischen Universitäten, an denen der DAAD bis 2021 noch ein Informationszentrum (Minsk), Lektorate und verschiedene

---

12 Democracy Report 2024: Democracy Winning and Losing at the Ballot. V-Dem Institute, März 2024, S. 6, <www.v-dem.net/documents/43/v-dem_dr2024_lowres.pdf>.

13 Ebd.

Stipendienprogramme unterhalten hat, schon seit Jahrzehnten eigens geschulte KGB-Mitarbeiter zur Überwachung der akademischen Mitarbeiter und der Studenten.
In demokratischen Regimen und Hochschulsystemen sind die strengen und komplexen Bewerbungs- und Auswahlverfahren durchaus sinnvoll. Im akademischen Austausch mit fragilen oder korrupten Regimen haben sie sich bereits als problematisch erwiesen. Im Kontext politischer Verfolgung und Repression sind sie sogar kontraproduktiv: Unabhängig von der nicht auflösbaren Frage, wie „akademische Leistungsfähigkeit" in autoritären Regimen und Hochschulsystemen objektiv ermittelt und dokumentiert werden kann, gilt etwa im HDP der Nicht-Aufenthalt in Deutschland oder der Europäischen Union als unabdingbar für eine erfolgreiche Antragstellung. Diese Anforderung führt oft zu einem verlängerten Aufenthalt im Ursprungsland der politischen Unterdrückung, was das Risiko für die Betroffenen erhöht. Auch die vier- bis sechsmonatigen (PSI) bzw. sechs- bis zwölfmonatigen (HDP) Antragsverfahren widersprechen der oft schnell benötigten Unterstützung. Dasselbe gilt für die im HDP und PSI geforderte Einreichung von Nachweisen zur Hochschulausbildung oder zur Gefährdungslage. Die Beschaffung dieser Dokumente in Kriegsländern oder hochrepressiven Diktaturen ist selbst mit großen Risiken verbunden oder schlicht unmöglich.[14]
Eines der Leitprinzipien beider Programme und Organisationen erscheint auf den ersten Blick sinnvoll: Die Bevorzugung von akademischer Exzellenz für die nur wenigen Stipendienplätze. Zumal der innerakademische Konkurrenzkampf hoch ist, die geförderten Wissenschaftler nachhaltig integriert werden sollen und die akademischen Qualifikationen vieler Bewerber unzureichend sind. Auf den zweiten Blick erweist sich das Exzellenz- und Leistungsprinzip von PSI und HDP beim Umgang mit politisch Verfolgten als problematisch. Denn diese staatlichen Programme ermöglichen wegen ihrer hohen Zugangsvorrausetzungen meist nur einem einstelligen Prozentanteil an Gefährdeten überhaupt die Antragstellung. Zudem stehen die Auswahlkommissionen vor einem unauflösbaren Widerspruch. Denn das Maß der politischen Gefährdung und das Level der „akademischen Leistungsfähigkeit" korrelieren nicht zwangsläufig. Eine Abwägung ist ebenfalls oft schwierig.
In den vergangenen zehn Jahren haben sich in Deutschland und Europa, auch auf Initiative der *Alexander von Humboldt-Stiftung* und des DAAD, eine Reihe von auf den ersten Blick vielversprechenden Netzwerken und Kooperationen gebildet. Hierzu gehören die deutsche Sektion des amerikanischen *Scholars at Risk Network,* dem Vertreter des DAAD, der *Alexander von Humboldt-Stiftung*, der *Deutschen Forschungsgemeinschaft*, der *Hochschulrektorenkonferenz* und sieben deutschen Universitäten angehören, sowie deren regionale Zusammenschlüsse. Auf europäischer Ebene haben sich mittlerweile zwölf solcher nationalen *Scholars at Risk Network*-Sektionen gegründet – einschließlich des seit 1933 bestehenden britischen *Council for At-Risk Academics*. Hinzu kommt das durch das *Marie Skłodowska-Curie Actions-Programm* der Europäischen Kommission finanzierte *Inspireeurope+*, dessen Koordination ebenfalls bei *Scholars at Risk Europe* liegt und dem weitere sechs Partnerorganisationen angehören. Zentrales Problem all

[14] Gerade Nicht-Regierungs-Organisationen wie *Amnesty International* und *Reporter ohne Grenzen* haben nachgewiesen, dass insbesondere über die länderspezifischen informellen Netzwerke schnelle, verlässliche und effektive Verifizierungen von gefährdeten Personen möglich sind. Ein weiteres Problem sind die von HDP und PSI eingeforderten Nachweise zur politischen Verfolgung, die von den oft damit überforderten und überlasteten internationalen Auslandsämtern der deutschen Hochschulen als nominierenden Institutionen sehr zeitaufwendig von dem ebenfalls in der Regel überlasteten *Scholars at Risk Network* in New York eingeholt werden müssen.

dieser auf dem Papier kraftvollen Zusammenschlüsse ist jedoch, dass sie für das Schicksal und die unmittelbare Unterstützung geflüchteter Studenten und Wissenschaftler de facto irrelevant und wirkungslos sind. Mit ihren zeitlichen, personellen und finanziell sehr begrenzten Ressourcen können sie weder das Problem der viel zu geringen Stipendienanzahl noch die grundsätzlichen Strukturprobleme im Umgang mit den vielfältigen Bedrohungen für die Wissenschaftsfreiheit lösen. Einen Lichtblick bildet das seit 2024 durch die EU finanzierte Pilotprojekt *Safe*, das 60 Stipendien für gefährdete Wissenschaftler vergibt. Zumindest auf Kommissionsebene scheint sich hier ein Wandel im Umgang mit autoritären Regimen anzudeuten.

Finanzielle, aufenthaltsrechtliche und persönliche Herausforderungen

Darüber hinaus bestehen eine Reihe weiterer Herausforderungen: die mangelnde finanzielle Ausstattung im gesamten akademischen Betrieb, praktische ausländer- und aufenthaltsrechtliche Hürden sowie persönliche Belastungen.

Finanziell werden Universitäten und ihre akademischen Auslandsämter von den Bundesländern im Umgang mit den Opfern politischer Verfolgung weitestgehend sich selbst überlassen – nicht selten mit dem Verweis auf die bestehenden Schutzprogramme von PSI und HDP. Die allermeiste erfolgreiche Unterstützung ist auf persönliche Netzwerke und das ehrenamtliche Engagement einzelner Fakultäten, Lehrkräfte, Verwaltungsmitarbeiter und Studenten zurückzuführen, oder auf nicht-staatliche Programme wie die Dortmunder *Academy in Exile*, die Berliner *Off-University*, die *Cologne/Bonn Academy in Exile* oder die internationale *University of New Europe*.

Selbst von Verhaftung oder physischer Bedrohung betroffene Wissenschaftler sind wie ihre aufnahmebereiten deutschen Partner in der Regel mit dem komplexen und teilweise restriktiven Aufenthalts- und Sanktionsrecht konfrontiert. Nicht selten scheitern bereits hier die Bemühungen, Personen rechtzeitig in sichere Drittländer oder die EU zu bringen. Im Fall Belarus wurde nach der gewaltsamen Niederschlagung der Massenproteste von 2020, von denen Zehntausende betroffen waren, eine Obergrenze von 50 humanitären Visa durch die Bundesrepublik festgelegt. Die meisten gefährdeten Personen haben schließlich eine sichere Aufnahme in Polen, Litauen, Georgien und (bis zum 24. Februar 2022) in der Ukraine gefunden. Erst in Folge des russländischen Angriffskrieges ist es hier zu einem Umdenken gekommen. Wobei die großzügigere Auslegung des Paragraphen 22 des Bundesgesetzes über den Aufenthalt, die Erwerbstätigkeit und die Integration von Ausländern im Bundesgebiet insbesondere für russländische Staatsbürger angewandt wird. Ungelöst bleibt hier jedoch die unterschiedliche Behandlung der politisch gefährdeten Personen durch die im visa- und aufenthaltsrechtlichen Prozess involvierten Behörden und Akteure. Botschaften, Auswärtiges Amt, Bundesinnenministerium und Landes-Ausländerämter treffen auf Grundlage unterschiedlicher Informationen und politischer Richtlinien ihre Entscheidung.

Der Verlust der Heimatuniversität, sei es durch Krieg oder Repression, und schließlich die Flucht bedeuten zudem eine hohe psychosoziale Belastung. Verschärft wird dies durch die Trennung von Familienmitgliedern, eine ungeklärte aufenthaltsrechtliche Situation oder unsichere Beschäftigungsaussichten im deutschen Hochschulsystem. Ein längerfristiges Engagement für belarussische oder russländische Wissenschaftler stellt den Ausnahmefall dar. Selbst kurzfristige Stipendien, Lehraufträge und Anstellungen, die sich im Idealfall zeitlich aneinanderreihen, sind nur für wenige Akademiker erreichbar. Akademische Diskurse unter Wissenschaftlern im Exil oder gar der Aufbau intellektueller Gegenöffentlichkeiten können sich unter diesen oftmals prekären Lebensumständen nicht bilden, wodurch die Stimme der bereits in ihren Heimatländern unterdrückten Personen gewissermaßen ein zweites Mal verstummt.

In diesem Zusammenhang kann die Unterstützung der ukrainischen Geflüchteten im akademischen Bereich gar nicht genug geschätzt werden. Hierzu gehören die großzügige Aufnahme von ukrainischen Studenten und Wissenschaftlern an deutschen Hochschulen und Forschungsinstituten, die Aufhebung fast aller aufenthaltsrechtlicher Beschränkungen, die finanzielle Existenzsicherung über die Integration in das Bürgergeldsystem und kostenlose Sprachkurse. Hinzu kommen die Gründung und die vierjährige Finanzierung des *Kompetenzverbund Interdisziplinäre Ukraine-Studien* an der *Europa-Universität Viadrina Frankfurt/Oder* (KIU) sowie des *Denkraums Ukraine* für Interdisziplinäre Ukrainestudien an der Universität Regensburg. In diesem Zusammenhang ist auch das durch die Europäische Union mit rund 25 Millionen Euro geförderte *MSCA4Ukraine-Programm* zu erwähnen.

Aussichten

Das *Science at Risk Emergency Office* hat 2024 festgestellt, dass sich im Falle Russlands[15] ein nicht unbedeutender Teil von Wissenschaftlern trotz Gegnerschaft zum russländischen Angriffskrieg gegen die Ukraine entschieden hat, entweder (sofern nicht entlassen, verhaftet oder anderweitig sanktioniert) an ihren Hochschulen in Russland zu verbleiben oder in die teilweise autoritär regierten ehemaligen Sowjetrepubliken in Zentralasien oder im Kaukasus zu emigrieren. Europa und Deutschland entgehen damit europäischen Werten gegenüber aufgeschlossene Wissenschaftseliten und -multiplikatoren. Sie verlieren mit den Wissenschaftlern gleichzeitig die zentralen Motoren möglicher innergesellschaftlicher Reflexions- und Veränderungsprozesse. Dies schließt ihre Expertise aus dem Inneren dieser Länder ein, die sich wie im Fall von Russland und Belarus zunehmend zu isolierten, militarisierten und ideologisierten Informationsräumen entwickeln. Verstärkt wird diese Entwicklung durch die insbesondere von russländischer und belarussischer Seite bewusst herbeigeführte Kriminalisierung deutscher und europäischer Wissenschaftsvermittler-Organisationen. So wurden beispielsweise 2023/2024 das *ZOiS*, *akno e.V.*, die *Deutsche Gesellschaft für Osteuropakunde* und andere als „unerwünschte ausländische Organisation" eingestuft. Russländischen Staatsbürgern drohen bei einer Zusammenarbeit mit diesen Organisationen bis zu vier Jahre Haft. Die Gründung oder Leitung einer solchen Organisation kann bis zu sechs Jahre Freiheitsentzug nach sich ziehen.[16] Die DGO wurde am 25. Juli 2024 gar als Teil einer „extremistischen Bewegung" eingestuft.[17] Eine Zusammenarbeit mit ihr kann zwölf Jahre Haft bedeuten.[18]

---

[15] Robert Kindler: Dokumentation: Russlands Wissenschaftler*innen protestieren – Offene Briefe gegen den Krieg. Russland-Analysen Nr. 422, 15.7.2022.

[16] Russland verschärft Gesetz zu „unerwünschten Organisationen". DW.com, 24.7.2024.

[17] Siehe Karten „Kampagnen gegen ‚Ausländische Agenten'" und „Ausländische Agenten nach Regionen", Einschub in diesem Band zwischen S. 400 und 401.

[18] DGO in Russland als „extremistische Organisation" gelistet, 30.7.2024, <https://dgo-online.org/informieren/aktuelles/dgo-russland-extremistische-organisation/>.

Die Schlüsselfrage ist, ob das bisherige individuelle Förderkonzept zur Integration einiger weniger Wissenschaftler in die europäische und nordamerikanische Hochschullandschaft nicht grundlegend überdacht und angepasst werden muss. Denn angesichts immer neuer Krisen, der Anzahl gefährdeter Wissenschaftler weltweit und gleichzeitiger Kürzungen im Bildungssektor ist eine Überlastung der Universitäten, akademischen Auslandsämter, Forschungseinrichtungen, Stiftungen und NGOs, die sich für ihre gefährdeten Kolleginnen und Kollegen einsetzen, programmiert.

Eine kohärente Strategie für gefährdete Akademiker im Konkreten und von globaler Wissenschaftsfreiheit im Allgemeinen muss kurz- wie langfristige Förderprogramme ebenso einschließen wie eine ausgewogene Eliten- und Breitenförderung. Zudem müssen deutlich mehr Finanzmittel zur Verfügung gestellt und effizienter eingesetzt werden. Ein Vorbild kann die Wissenschaftspolitik der Vereinigten Staaten der 1930er und 1940er Jahre sein. Damals integrierten die USA mitten in der größten Wirtschaftskrise ihrer Geschichte Tausende deutschsprachige jüdische und oppositionelle Akademiker in ihr Hochschulsystem. Unterstützung erfuhren sie durch die großen philanthropischen Stiftungen wie die *Rockefeller Foundation*, die *Ford Foundation* oder die *Carnegie Corporation*. Dies trug maßgeblich zur weltweit führenden akademischen Stellung der USA in der zweiten Hälfte des 20. Jahrhunderts bei. Des Weiteren müssen Rahmenbedingungen für den Aufbau von sich selbsttragenden und effektiven Exil- und Alternativstrukturen geschaffen werden. Auch hier gibt es eine Reihe erfolgreicher Beispiele, wie die 1919 in New York gegründete *The New School for Social Research* (NSSR, seit 1933 auch The University in Exile) oder die 1991 gegründete *Central European University* (CEU – Budapest, seit 2019 in Wien).

Vier nach 2020 gegründete akademische Exilprojekte von russländischen Wissenschaftlern zeigen, dass es selbst mit begrenzten Ressourcen möglich ist, Eigeninitiative zu ergreifen, nationale Wissenschaftsnetzwerke zu erhalten oder sogar auszubauen und Studenten in und aus der Russländischen Föderation nach höchsten Wissenschaftsstandards zu unterrichten: Hierzu gehören die von ehemaligen Fakultätsmitgliedern der *Moscow School of Social and Economic Sciences* im Jahr 2022 gegründete *Faculty of Liberal Arts and Sciences* (FLAS) im montenegrinischen Budva. Das Präsenz-Kollegium umfasst rund 50 ehemalige russländische Professoren und unterrichtet in bereits akkreditierten Studiengängen.

Neue Heimat für russländische Wissenschaftler: Budva in Montenegro. Quelle: Wikimedia

Die aus dem Petersburger *Smolny-College* entstandene und durch das *Bard College* mit einer amerikanischen Akkreditierung ausgestattete Initiative *Smolny beyond Borders* arbeitet seit 2022 vor allem online mit rund 30 Dozenten von Berlin aus. Die bereits 2020 im lettischen Riga gegründete *BRĪVĀ Universitāte/Free University Moscow* bietet mit bis zu 200 Dozenten Online-Kurse in der gesamten Bandbreite universitärer Lehre und Fachdisziplinen an. An der Prager Karls-Universität wird der 2023 von der *Boris Nemtsov Foundation for Freedom* gegründete Präsenz-Master-Studiengang *Russian Studies* angeboten.
Alle vier Initiativen, die durch die Repressions- und Exil-Situation ihrer ursprünglichen akademischen Basierung im russländischen Hochschulsystem beraubt sind, bedienen sich einer Reihe von „Überlebenstechniken“: Sie verlagern die akademische Tätigkeit in Länder mit Visumsfreiheit und niedrigen Lebenshaltungskosten (FLAS). Sie lagern ihre Lehre ins Internet aus (BRĪVĀ, Smolny beyond Borders). Sie binden sich eng an bestehende europäische Institutionen (Boris Nemtsov Foundation for Freedom). Alle vier Initiativen haben sich in unterschiedlicher Konsequenz und Intensität zudem für eine Eigenfinanzierung über Studiengebühren entschieden. Ihr langfristiges Überleben, ihre nachhaltige Entwicklung und ihr möglicher Modellcharakter hängen jedoch nicht nur von der wohlwollenden Unterstützung und Duldung der gastgebenden Länder und Institutionen ab. Entscheidend ist auch hier eine erweiterte und nachhaltige Förderstrategie: Dazu braucht es administrative Unterstützung beim Aufbau der akademischen Infrastruktur und bürokratische Erleichterung von Akkreditierungsprozessen sowie die adäquate Anwendung der Sanktionsregime. Auch Anschubfinanzierungen und Kurzzeit-Stipendien für Dozenten und Studenten, Methodenschulungen nach europäischen Wissenschaftsstandards, Publikationsstipendien und Unterstützung für die Entwicklung von neuen Lehrmethoden und -materialien insbesondere im Online-Bereich werden benötigt. Mit der durch die Europäische Kommission ab dem 1. Dezember 2024 geförderten *Eastern Academic Alliance* wird nun für Belarus, Russland und Teile der Ukraine diese neue Förderstrategie erstmals implementiert. Sie kann allerdings nur ein erster Schritt sein.

Schlagwörter:
Wissenschaft, Exil, Migration, Belarus, Russland, Ukraine, Studenten, EU, Universitäten, Förderprogramme, „unerwünschte Organisationen“, Stipendien

Felix Ackermann

Vom Telegraphen zu Telegram

Digitale Plattformen in Russland und der Ukraine

Im Zuge des russländischen Krieges gegen die Ukraine entstanden seit 2014 in beiden Ländern digitale Kriegsöffentlichkeiten, deren Schnittstellen die Mobiltelefone der Bürger sind. Mithilfe kommerziell betriebener digitaler Plattformen tauschen sie Informationen über den Kriegsverlauf sowie eigene Reaktionen und Deutungen aus. Damit tragen sie zum Entstehen digitaler Öffentlichkeit bei. Die sich daraus bildenden Archive sind eine potenzielle Zielscheibe staatlicher Verfolgungen. Zugleich stellen sie eine wichtige Quelle für zukünftige Forschung dar.

Eine aus Kiew geflüchtete Feministin, ein in Charkiv ausharrender Schriftsteller und ein in L'viv (poln. Lwów, dt. Lemberg) arbeitender Gefängnisaufseher senden mithilfe von Kommunikationsplattformen täglich digitale Lebenszeichen aus dem Krieg. Aus unzähligen solcher individuellen Nachrichten lässt sich in Echtzeit ein kleinteiliges Bild der ukrainischen Reaktionen auf den russischen Angriff zusammensetzen. Die Herausbildung digitaler Öffentlichkeiten hat die Wahrnehmung des Kriegs grundlegend verändert. Einzelne Bürger produzieren fortlaufend Texte, Bilder und Videos, die innerhalb weniger Sekunden an anderen Orten in und außerhalb der Ukraine lesbar sind. Oksana Potapova nutzt Facebook, um über die Zerstörungen in der ukrainischen Hauptstadt zu informieren. Sie erklärt ihren Followern auf Englisch, warum es wichtig ist, dass die Ukrainer selbst in der Berichterstattung über den russischen Großangriff seit Februar 2022 zu Wort kommen. Potapova nahm ihre über 25 000 Facebook-Leser Schritt für Schritt mit auf ihre Flucht, die über die Slowakei, Polen und Deutschland nach England führte.[1] Serhij Žadan, einer der wichtigsten ukrainischen Autoren der Gegenwart, entschied 2022, im umkämpften Charkiv auszuharren. Auf X erklärte er, dass in Zeiten des Kriegs die Literatur in den Hintergrund rücke. Über die Plattform *Patreon* sammelt Žadan Geld für die Verteidigung der Millionenstadt im Nordosten der Ukraine. Die Spenden gehen an ein Netzwerk von Privatpersonen, das gepanzerte Geländewagen kauft, um Menschen aus Ortschaften in der Nähe der Front evakuieren zu können. Auf Facebook und Instagram kommentierte Žadan ab Februar 2022 sein Tagwerk, während die Front nur wenige

---

Felix Ackermann (1978), Dr. phil., Kulturwissenschaftler, Professor für Public History an der FernUniversität in Hagen

Von Felix Ackermann erschien in OSTEUROPA: Standort Litauen. Kleine Landeskunde, nicht nur für die Bundeswehr, in OE 10–11/2023, S. 163–192. – Nach der Versöhnung. Deutsche und Polen. Eine Beziehungsanalyse, in: OE, 9–10/2022, S. 5–38. – Machtvertikale und Solidaritätshorizontale. Staat und Protest in Hrodna 2020, in: OE, 10–11/2020, S. 261–280. – Aktualisierte Gewalterfahrung. Litauens Geschichtspolitik und Russlands Ukrainekrieg, in: OE 3/2016, S. 111–128.

[1] Oksana Potapovas Facebookprofil: <www.facebook.com/oksana.potapova.902>.

OSTEUROPA, 75. Jg., 1–3/2025, S. 421–432 **doi: 10.35998/oe-2025-027**

Dutzend Kilometer entfernt lag.[2] Im April 2024 gab er bekannt, sich der Ukrainischen Nationalgarde als Freiwilliger des Bataillons Chartija anzuschließen.[3] Auch von seinem Einsatz als Soldat berichtet Žadan auf X, Facebook und Instagram, um Zeugnis über den Krieg abzulegen. Serhij Kuz'myč, der für Sozialarbeit und Seelsorge zuständige stellvertretende Direktor der Strafvollzugsanstalt No. 19 im Zentrum von L'viv im Westen der Ukraine, postete nach dem 24. Februar 2022 auf Facebook demonstrativ Fotos von der Hochzeit seines Sohnes, von der Einberufung der Tochter, dem Geburtstag seiner Frau und ihrem gemeinsamen Hochzeitstag, als Zeichen seines Lebenswillens.[4] Das Fotoalbum enthält neben den privaten Aufnahmen zahlreiche Bilder, die Kuz'myčs Arbeit mit den Strafgefangenen im Gefängnis dokumentieren. 2024 gründete Kuz'myč den Verein „Dobryj Znachar", der mit privaten Mitteln verwundete Soldaten aus den umkämpften Gebieten abtransportiert und in Krankenhäuser und Reha-Zentren in anderen Landesteilen überführt.[5] Dafür sammelt er mithilfe von Facebook und Telegram private Spenden.[6]

Krieg und digitale Öffentlichkeit

Die digitalen Profile der drei Ukrainer dokumentieren unterschiedliche Perspektiven auf den russischen Angriffskrieg. Sie zeigen, wie die in der Ukraine bereits in der ersten Phase des Krieges ab 2014 stark genutzten digitalen Plattformen zur Herstellung einer ukrainischen Kriegsöffentlichkeit beitragen. Deren bestimmendes Merkmal ist die Gleichzeitigkeit der Produktion: Ukrainische Bürger in allen Landesteilen senden fortlaufend digitale Bild- und Textnachrichten, die ihr gegenwärtiges Leben dokumentieren. Die Kommunikationsplattformen fungieren als Verstärker, da jede einzelne Nachricht geteilt, kommentiert und weitergeleitet werden kann: die Verbreitung der einzelnen Beiträge ist somit ein dynamischer Prozess gesellschaftlicher Teilhabe. Im Ergebnis entsteht in den Mobiltelefonen der Nutzer ein *war feed*, eine fortlaufende Chronik, die die Kriegswirklichkeit nicht nur abbildet, sondern ein wichtiger Teil von ihr ist.[7]

Öffentlichkeit ist in der heutigen Ukraine nicht mehr in erster Linie ein Produkt des Transfers und der Rezeption professionell aufbereiteter Informationen von klassischen Medien wie Zeitung, Fernsehen und Radio. Die kommerziell betriebenen digitalen Kommunikationsplattformen fördern jedoch nicht automatisch eine basisdemokratische Form der Teilhabe, in der jede Stimme das gleiche Gewicht im politischen Meinungsbildungsprozess hätte.[8] Die Verbreitung jeder Wortmeldung und jeder Videobotschaft folgt den digitalen Gesetzen der Aufmerksamkeitsökonomie. Diese werden auf Telegram vor

---

2 Serhij Žadans Profil auf Patreon: <www.patreon.com/serhiyzhadan>. Ausgewählte Einträge auf X und Facebook erschienen im Suhrkamp-Verlag in deutscher Übersetzung von Sabine Stöhr, Juri Durkot, Claudia Dathe: Himmel über Charkiw. Nachrichten vom Überleben im Krieg. Berlin 2022.

3 Ukrainischer Autor Zhadan tritt in Nationalgarde ein, Frankfurter Rundschau, 6.6.2024.

4 Serhij Kuz'myčs Facebook-Profil: <www.facebook.com/profile.php?id=100011902421046>.

5 Edinij deržavnyj reejestr deklaracji, Hromads'ka organizacija „Dobrij Znahar", <www.public.nazk.gov.ua/documents/9029d51c-6fbd-45f4-9fab-fb3ab40d8114>.

6 Hromads'ka organizacija „Dobrij Znahar", <www.facebook.com/groups/506297811448954/>.

7 William Merrin: Digital War. A critical Introduction. London 2018, S. 195–202.

8 Jan van Dijk, Kenneth L.Hacker (Hg.): Internet and Democracy in the Network Society. New York 2018.

allem durch die Frequenz von Beiträgen gesteuert. Andere große Plattformen beeinflussen die Reichweite mit Algorithmen, deren Kriterien von den kommerziellen Betreibern festgelegt werden und die bisher keiner öffentlichen Kontrolle unterliegen. Anbieter wie Facebook, Instagram, Telegram, TikTok und X ermöglichen mit ihren Infrastrukturen aber nicht nur die horizontale Verbreitung und Rezeption öffentlich geteilter Selbstzeugnisse, sie legen auch deren digitale Archive an.[9] Damit befinden sich zentrale Steuerungselemente zur Herstellung von Öffentlichkeit in den Händen internationaler Konzerne, die keiner staatlichen Institution Rechenschaft schuldig sind. Eine wichtige Besonderheit digitaler Kriegsöffentlichkeiten besteht außerdem darin, dass die Reichweite einzelner Äußerungen nicht durch staatliche Grenzen eingeschränkt ist.[10] Je nach verwendeter Sprache können die Feministin, der Schriftsteller und der Gefängnisaufseher Leser in der gesamten Ukraine und über ihre Grenzen hinaus erreichen. Damit nehmen sie auch Einfluss auf die Wahrnehmung des Kriegs in anderen Ländern. Die Herstellung von Öffentlichkeit ist grundlegend für die Konstituierung von Herrschaft. Sie ist der Raum, in dem die Mitglieder einer Gesellschaft um die Durchsetzung politischer Interessen ringen. Insofern ist es stets ein zentrales Interesse von Staaten, die öffentliche Kommunikation zu rahmen und zu regulieren. In diesem staatlich abgesteckten Kommunikationsraum formulieren Bürger ihre eigenen Deutungen von Ereignissen und gleichen diese mit der Sicht anderer Bürger ab. Digitale Medien entziehen sich in ganz neuem Maße staatlicher Kontrolle, weil die zentralen Infrastrukturen nunmehr in privater, kommerzieller Hand liegen. Ein Blick auf den historischen Wandel öffentlicher Kommunikation verdeutlicht die Neuartigkeit digitaler Kommunikationsinfrastruktur.

Beschleunigte Kommunikation im 19. Jahrhundert

Die Berliner Firma *Siemens & Halske* begann 1853, ein 9000 Kilometer langes Telegraphennetz quer durch das Russländische Reich zu verlegen. Im selben Jahr erklärte die Türkei, als Reaktion auf den Einmarsch russländischer Einheiten in die Fürstentümer Moldau und Walachei, Russland den Krieg. Der Krim-Krieg konnte den Ausbau des Telegraphennetzes allerdings nicht aufhalten; Carl von Siemens, zu diesem Zeitpunkt der einzige im Reich verbliebene Spezialist für die Verlegung von Telegraphenleitungen, setzte seine Tätigkeit für den Petersburger Zarenhof unverändert fort.[11] Die militärische Kommunikation erfolgte zu diesem Zeitpunkt noch immer vorwiegend in Papierform mithilfe von Kurieren. Die mediale Berichterstattung hingegen machte dank der Telegraphen den Krieg in kürzester Zeit zu einem transnationalen, europäischen und globalen Ereignis.[12] Entscheidend dafür war die radikale Verkürzung des zeitlichen Abstands zwischen dem Ereignis und seiner geographisch weit entfernten gesellschaftlichen Rezeption

---

9 Gregor Simons, Iulian Chifu: The Changing Face of Warfare in the 21st Century. London 2017.

10 Marcin Kosienkowski u.a. (Hg.): Digital Eastern Europe. Wrocław: Kolegium Europy Wschodniej 2015.

11 Martin Lutz: Carl von Siemens. München 2013, S. 85–87.

12 Tabe Bergman, Jesse Owen Hearns-Branaman (Hg.): Media, Dissidence and the War in Ukraine. London, New York 2024, S. 15–16.

im In- und Ausland. Diese technische Neuerung revolutionierte die Presseöffentlichkeit im 19. Jahrhundert.[13]

Bis zum Ersten Weltkrieg fungierte das Telegraphennetz als zentrale staatliche Infrastruktur für das zeitnahe Senden und Empfangen von Nachrichten.[14] Bereits in den Jahrzehnten nach dem Krim-Krieg hatte es sich zu einem unentbehrlichen Kanal der bilateralen Kommunikation staatlicher Stellen, Unternehmer und privater Nutzer entwickelt. Das bald schon standardisierte Telegramm ersetzte zwar weder den Brief noch Zeitungen als analoge Kommunikationswege. Es veränderte aber das Zusammenspiel unterschiedlicher Formen von Informationsaustausch nachhaltig. Das Netz aus Telegraphenmasten und den sie verbindenden Drähten war zugleich Materialisierung und Sinnbild einer neuen Verknüpfung imperialer Zentren.[15] Die Möglichkeit, damit Orte in der Peripherie der Imperien systematisch anzubinden, veränderte die Art und Geschwindigkeit, in der Staaten ihre territoriale Herrschaft organisieren konnten. Staatliche Vertreter unterschiedlicher Ebenen konnten in kritischen Situationen mithilfe von Telegrammen innerhalb kurzer Zeit Entscheidungen absprechen und koordinieren.

Ein Beispiel für die Funktionsweise dieser Art von analoger Öffentlichkeit am Beginn des 20. Jahrhunderts ist die Mikrogeschichte eines Gefängnisaufstands in Lemberg im Herbst 1902.[16] Die polnischen, jüdischen und ukrainischen Gefangenen des Lemberger Strafgefängnisses im ehemaligen Brigittenkloster protestierten damals gegen die Haftbedingungen und forderten eine Trennung polnischer und ukrainischer Häftlinge in unterschiedliche Anstalten. Um ihrer Forderung Nachdruck zu verleihen, produzierten sie mithilfe von zertrümmertem Mobiliar in den Korridoren und Zellen möglichst viel Lärm,[17] der auf den umliegenden Straßen zu hören war und von den Anwohnern, zumeist Arbeiterinnen und Arbeitern, ins Zentrum von Lemberg weitergetragen werden konnte.[18] Die Regierung befürchtete, die Nachricht von den Unruhen in Lemberg könnte sich mithilfe der telegraphischen Kommunikation und darauf basierender Zeitungsberichte innerhalb Galiziens ausbreiten, und das mediale Echo könnte auch in den Strafanstalten in Stanisławów (ukr. Ivano-Frankivs'k) im Süden und Nowy Wiśnicz im Westen zu weiteren Aufständen führen. Der Staatsanwalt der Habsburgischen Provinz ersuchte daher das Justizministerium in Wien im Eilverfahren – wiederum telegraphisch – um Erlaubnis, das Militär zur Niederschlagung des Aufstandes einsetzen zu dürfen.[19] Die im Warschauer Archiv für Alte Akten aufbewahrten Telegramme zwischen Wiener Ministerium

[13] Valeska Huber: Openness and Closure: Spheres and Other Metaphors of Boundedness in Global History, in: Stefanie Gänger, Jürgen Osterhammel (Hg.): Rethinking Global History, Cambridge 2024, S. 139–160.

[14] Roland Wenzlhuemer: Connecting the Nineteenth-Century World: The Telegraph and Globalization. Cambridge 2012, S. 30–58.

[15] Wolfgang Göderle: Imperialism, statehood, and public infrastructure in the Habsburg Anthropocene, in: Maximilian Hartmuth u.a. (Hg.): The Gouvernance of Style. Public Buildings in Central Europe 1780–1920. Wien 2023, S. 315–333.

[16] Archiwum Główne Akt Dawnych, Warszawa (AGAD) AGAD 207 K.u.k. Justizministerium, sig. 37, p. 331, K.u.k. Oberstaatsanwaltschaft, Bericht vom 14.10.1902.

[17] Bericht an das Hohe k.u.k. Justizministerium vom 22.9.1902, AGAD 207, K.u.k. Justizministerium, sig. 18, S. 520.

[18] Abschrift der Note der k.u.k. Strafanstaltsdirection im Lemberg vom 28. September 1902 an die Oberstaatsanwaltschaft in Lemberg, AGAD 207, K.u.k. Justizministerium, sig. 37, S. 348.

[19] Felix Ackermann: Carceral Statehood. Russian, Prussian and Habsburg Prisons in partitioned Poland and Lithuania, unveröffentlichte Habilitationsschrift, Universität Gießen 2021, S. 199–211.

und Lemberger Staatsanwalt zeigen, wie die Gefahr eines Übergreifens der Aufstände dank der modernen Kommunikationstechnik selbst im 700 Kilometer entfernten Wien wahrgenommen wurde. Die drei Merkmale analoger Öffentlichkeit – horizontale Kommunikation, Verknüpfung von Zentrum und Peripherie sowie Beschleunigung durch neue Technologien der Übermittlung – kennzeichneten zu der Zeit nicht nur die Kommunikation staatlicher Stellen und die mediale Berichterstattung über deren Handeln, sondern auch die politischen Diskussionen in der breiten Öffentlichkeit. Sie prägten auch den Austausch zwischen Schriftstellern, Politikern und Unternehmern in den habsburgischen Kaffeehäusern des frühen 20. Jahrhunderts.[20]

Beschleunigte Kommunikation im 21. Jahrhundert

Mehr als 170 Jahre nach dem Krim-Krieg und 120 Jahre nach den Lemberger Gefängnisunruhen spielen Telegramme keine Rolle mehr. Die heutige Russländische Post bietet die Dienstleistung zwar weiterhin an, nimmt aber seit 2017 Aufträge auch über ein Internet-Formular entgegen; die Ukrainische Post hat sie 2018 abgeschafft.[21]

Die heutige Herstellung digitaler Öffentlichkeit wird ebenso wie die ihrer analogen Vorläufer mithilfe physischer Infrastrukturen ermöglicht. Mit den Leitungen und Knotenpunkten des Internets ist in den zurückliegenden drei Jahrzehnten überall im östlichen Europa eine neue Infrastruktur zum Austausch digitaler Botschaften entstanden. Anders als die geläufigen Wolken-Metaphern für das Internet es nahelegen, erfolgt diese Übertragung auch im 21. Jahrhundert wie schon 1853 mithilfe von physischen Kabeln und Relaisstationen. Das so geschaffene Netz ermöglicht es privaten Anbietern, auf kommerziell betriebenen Servern digitale Plattformen zu betreiben, die den Abstand zwischen dem Absenden und Empfangen einer Nachricht auf Sekundenbruchteile verringern. Während das Internet die Infrastruktur ausmacht, umfasst das World Wide Web die mithilfe von Hyperlinks verbundene Gesamtheit der darauf zugänglichen Inhalte. Das Internet hat die Funktionsweise von Öffentlichkeit revolutioniert. Entscheidend ist dafür nicht nur die Geschwindigkeit, sondern auch der Umstand, dass jeder Nutzer und jede Nutzerin sowohl empfangen als auch öffentlich senden kann. Heute ist das Senden wie auch Empfangen von Botschaften vollständig vom Aufenthaltsort der Akteure entkoppelt. Denn während der Zugang der Bürger zur politischen Willensbildung im Zeitalter der analogen Öffentlichkeit aufgrund ihres sehr ungleich verteilten sozialen, kulturellen und ökonomischen Kapitals sehr verschieden ausfiel,[22] entstanden mit den digitalen Öffentlichkeiten des 21. Jahrhunderts ganz neue Partizipationsmöglichkeiten. Neben der zugrundeliegenden technischen Revolution liegt ein entscheidender Unterschied zum historischen

---

[20] Andreas R. Hoffmann, Anna Veronika Wendland (Hg.): Stadt und Öffentlichkeit in Ostmitteleuropa 1900–1939. Beiträge zur Entstehung moderner Urbanität zwischen Berlin, Charkiv, Tallinn und Triest. Stuttgart 2002.

[21] Počta Rossii zapustila onlajn-servis po otpravke telegramm. Infox.ru, 23.10.2017. – Oficijne povidomlennja PAT „Ukrtelekom“, 10.5.2018, <web.archive.org/web/20180510194935/http://www.ukrtelecom.ua/services/customers/telegraph_new>.

[22] Die von Jürgen Habermas vertretene normative Theorie der bürgerlichen Öffentlichkeit, die von einer weitgehenden Gleichverteilung der Möglichkeit zur Teilhabe an politischen Willensbildungsprozessen ausgeht, greift in diesem Punkt zu kurz. Siehe Jürgen Habermas: Strukturwandel der Öffentlichkeit. Frankfurt/Main 1972. – Nancy Fraser: Rethinking the public sphere: A contribution to the critique of actually existing democracy, in: Social Text, 25 (26) 1990, S. 56–80.

Telegramm in der Kostenstruktur: Für das Senden und Empfangen von Telegrammen entstand pro Zeichen Arbeit, die in Form von Gebühren pro Wort berechnet wurde. Auch das klassische Kommunikationsmedium Zeitung verursachte bei der Zustellung Kosten. Das änderte sich bereits bei Radio und Fernsehen – hier genügt die Unterhaltung einer staatlichen Infrastruktur zum Senden des Signals. Der Empfang ist für alle Besitzer eines Empfangsgeräts ohne zusätzliche Kosten möglich. Dieses Empfangsprinzip gilt auch für die Kanäle der digitalen Öffentlichkeit, aber anders als beim Rundfunk unabhängig vom räumlichen Verhältnis zwischen Sender und Empfänger. Das Senden von Botschaften über die digitalen Kommunikationsplattformen ist, wenn der Zugang zum Internet einmal hergestellt und bezahlt ist, ohne Zusatzkosten möglich. Die eigentliche Umwälzung der Gegenwart besteht darin, dass jeder Bürger und jede Bürgerin jederzeit zum Sender von Botschaften werden können. Die Infrastruktur dafür befindet sich vornehmlich in privatwirtschaftlicher Hand. Staatliche Stellen können den multidirektionalen Informationsfluss kaum kontrollieren. Die Server der Plattformbetreiber befinden sich meist außerhalb des Staatsterritoriums, dessen Öffentlichkeit sie grundlegend prägen. Das erschwert die Regulierung und Kontrolle der serverbasierten Kommunikation der eigenen Bürger.

Beispiel L'viv

Der einfache Zugang zu den digitalen Plattformen bringt es mit sich, dass die Grenze zwischen privater und öffentlicher Kommunikation flexibel und strukturell durchlässig geworden ist.[23] Dies zeigt exemplarisch etwa das Facebook-Profil des Strafvollzugsbeamten Serhij Kuz'myč, der im heutigen L'viv in eben jenem Gefängnis tätig ist, in dem 1902 die Unruhen stattfanden. Kuz'myč tritt auf Facebook in verschiedenen Rollen auf: als Privatperson, die ihr Familienleben für einen erweiterten Freundeskreis dokumentiert; als Beamter des Justizministeriums, der sich rastlos für Lebensmittelspenden, für eine neue Kapelle, für Weiterbildung und andere Belange der Strafgefangenen in der Oblast L'viv einsetzt, und schließlich als engagierter Staatsbürger, der Feiertage wie den Tag der Flagge, den Tag der Staatlichkeit und den Tag des Vyšyvanka-Hemds zelebriert.

Um diese Rollen zu unterscheiden, schränkte Serhij Kuz'myč die Sichtbarkeit seiner Einträge Anfang 2017 auf Facebook noch selektiv ein. Nicht alle privaten Bilder sind öffentlich einsehbar. Diese Funktion der Plattform ermöglicht es, mit einem einzelnen Account verschiedene Arten von Öffentlichkeit herzustellen. Später ging er nach und nach dazu über, auch private Mitteilungen zu posten, als wären sie an eine breite Öffentlichkeit gerichtet. Zeitgleich begann Serhij Kuz'myč auch seine Arbeit für das ukrainische Justizministerium zu dokumentieren. Wer ihm auf Facebook folgt, erfährt viel über die Arbeit des Strafvollzugs im Bezirk L'viv und seit 2019 speziell über die Strafvollzugsanstalt UVP-19 im einstigen Brigittenkloster.[24]

Anfangs nutzte Kuz'myč seinen privaten Account, um öffentlich von der Arbeit zu berichten. Seine Postings wirken eher informell – ein Bürger berichtet von seiner Arbeit

23 Das Profil von Serhij Kuz'mič ist zum Teil öffentlich zugänglich. Er hat der Nutzung zu Forschungszwecken zugestimmt. <https://www.facebook.com/profile.php?id=100011902421046>.

24 Er berichtet etwa über kirchliche Einrichtungen in den Strafanstalten und postet Fotos aus dem Gefängnis im ehemaligen Brigittenkloster, wo er ab 2019 stellvertretender Leiter wird: <www.facebook.com/photo/?fbid=303131133426965&set=t.100011902421046>; <www.facebook.com/permalink.php?story_fbid=pfbid0X7E8FAQop8P8xzQ5AWkv31 5Z1p8LToDmmwYzC5fqHq56oCgeqRNmYLTqsYDYxRV9l&id=100011902421046>.

in einer staatlichen Einrichtung. Er postet Bilder von der Innenausstattung und von Kollegen, dokumentiert die alltäglichen Abläufe und besondere Höhepunkte seiner Arbeit. Seit 2017 scheint die Strafanstalt ein eigenes, offizielles Facebookprofil zu pflegen. Das zeigt, dass die Plattform zu dem Zeitpunkt in der Ukraine so ein etabliertes Kommunikationsmedium ist, dass es auch offizielle, staatliche Akteure zur öffentlichen Kommunikation nutzen.[25] Dass der Anstaltsaccount in den folgenden Jahren besonders den Bereich des Gefängnisalltags, für dessen Organisation Serhij Kuz'myč zuständig ist – Sozialarbeit, psychologische Betreuung und Seelsorge – dokumentiert, ist ein Hinweis darauf, dass Kuz'myč hinter dem Account steckt.[26] Er scheint private und berufliche Kommunikation wieder stärker trennen zu wollen.

Die Covid-19-Pandemie wirkte noch einmal als Brandbeschleuniger für die digitale Kommunikation, weil viele direkte zwischenmenschliche Kontakte wegfielen. Zu der Zeit nutzte Kuz'myč vermehrt seinen reichweitenstärkeren privaten Account zur Verbreitung beruflicher Neuigkeiten.[27] Es kam zu Synergieeffekte zwischen privatem und dienstlichem Account, die der Sender zunehmend aktiv nutzt. Bei der Wahl des Kommunikationskanals, über den er von seiner Arbeit berichtet, geht er pragmatisch vor, seine privaten, bürgerschaftlichen und dienstlichen Rollen sind im digitalen Raum zunehmend verschränkt.

Im Januar 2021 wurde Facebook dann in L'viv zum Austragungsort einer politischen Auseinandersetzung, an der auch Kuz'myč beteiligt war. Seit über 150 Jahren gibt es lokale Initiativen, das Brigitten-Gefängnis aufgrund der ungeeigneten Räumlichkeiten eines Frauenklosters aus dem 17. Jahrhundert, des schlechten Zustands der Bausubstanz sowie der Lage im Zentrum von L'viv zu schließen.[28] Seit 2020 werden die Pläne für einen Gefängnisneubau konkreter. Damit wird auch die umstrittene Schließung des historischen Standorts konkreter.[29] Im Kontext der öffentlichen Debatte nahm Svjatoslav Juraš als Abgeordneter der Verchovna Rada im Januar 2021 im Brigitten-Gefängnis eine parlamentarische Begehung vor. Auf Facebook fasste er die Ergebnisse in Form eines zweisprachigen Protokolls auf Ukrainisch und Russisch zusammen. Dabei griff er einzelne Kritikpunkte zum Zustand der Zellen und anderen Aspekten des Strafvollzugs auf und entkräftete sie.[30] Das zeigt, dass Facebook bereits vor Februar 2022 eine etablierte Form der öffentlichen politischen Kommunikation in der Ukraine darstellte. Das Medium hat das Potenzial, politischen Debatten eine besondere Reichweite zu verschaffen: Einerseits ermöglicht es das Teilen und Kommentieren durch andere Nutzer. Andererseits kommen Diskussionen fast vollständig ohne Moderation oder redaktionelle Eingriffe aus. Ein Abgleich mit anderen Formen von Öffentlichkeit zeigt, dass es in traditionellen Medien

---

[25] <www.facebook.com/photo.php?fbid=155324611738805&set=pb.100017838014423.-2207520000&type=3>.

[26] Profil der Haftanstalt: Lvivska Ustanova pokaran, <www.facebook.com/profile.php?id=100017838014423&sk=photos>.

[27] Z.B. teilte er im Dezember 2020 eine offizielle Information über die Teilnahme „seiner Gefangenen" aus der Abteilung der Lebenslangen an einem Kunstprojekt: <www.facebook.com/permalink.php?story_fbid=pfbid0yXLT3dE9kWJANioGgwki29K4eS9WHtempCKwj2gTz2pn7eCCRrn6SwKRGUdQM9Cwl&id=100017838014423>.

[28] Felix Ackermann: The History of the future Closure of Brygidki: 150 years of discussion to move the penitentiary outside of Lviv, in: Visnyk Penitenciarnoji asociaciji Ukrajiny, 3/2019, S. 7–19.

[29] Budovati novij SIZO u L'vovi hočut' na početku lita. Tvoe misto 20.4.2020.

[30] Sviatoslav Jurash, 26.1.2021, <www.facebook.com/sviatoslav.yurash/posts/pfbid02aem2ebZbQmJbx35XEF7mq3sMPRim3DBSzHdGFsfj3Lhs3ReWeZARPKMfZu17V3QWl>.

ebenfalls Spuren der Diskussion über den Zustand des Gefängnisses gab.[31] Aber die Debatte über städtische Fragen wurde 2021 vor allem über digitale Kanäle wie Facebook, Instagram und Telegram geführt. Zudem zeigen die einsehbaren Freundeslisten, dass der Abgeordnete und Kuz'myč dank der Plattform eine direkte Kommunikationsebene hatten, die soziale Interaktion jenseits des Dienstweges ermöglichte.
Eine Verschränkung der unterschiedlichen Rollen von Privatperson, Bürger und Beamter ist in der digitalen Öffentlichkeit der Ukraine heute keine Ausnahme mehr. Bereits vor 2022 gab es vielfach Verschränkungen zwischen staatlichen Institutionen und den zivilgesellschaftlichen Aktivitäten engagierter ukrainischer Bürger, die z.B. in der breiten Unterstützung des Euromajdans im Winter 2013 und ab Frühjahr 2014 in Spendenaktionen für Freiwilligenverbände in den Oblasten Donec'k und Luhans'k zum Ausdruck kamen. Die digitale Öffentlichkeit, die Serhij Kuz'myč in seiner Doppelrolle als Bürger und Beamter über Facebook bespielt, nutzte er in der Vergangenheit unter anderem dazu, um bei ukrainischen NGOs, verschiedenen konfessionellen Trägern und ausländischen Akteuren Unterstützung für seine Arbeit einzuwerben. Auf diesem Weg gelang es ihm, die Missstände in „seiner" Haftanstalt zumindest zu lindern.

Das digitale Telegramm

Russlands Großangriff auf die Ukraine, der militärische Überfall eines europäischen Staats auf sein Nachbarland, wurde seit dem 24. Februar 2022 um 5 Uhr morgens im Sekundentakt mithilfe von Textnachrichten und Fotos aus allen Landesteilen der Ukraine auf Plattformen wie Instagram, Facebook und Telegram übertragen. Mit einer geringen zeitlichen Verzögerung griffen die Internetauftritte etablierter Medien wie *Korrespondent*[32], *Ukrainskaya Pravda*[33] und *Censor*[34] den so entstehenden *war feed* auf und trugen selbst zu ihm bei. Die Redaktionen von Fernsehen, Radio sowie gedruckten Zeitungen verarbeiteten die Nachrichten je nach Produktionsmodus mit einer Verzögerung von wenigen Minuten, Stunden oder Tagen. Gerade in den ersten Wochen nach dem 24. Februar 2022 spielte die Geschwindigkeit, in der die fortlaufende Kriegschronik aktualisiert werden konnte, eine zentrale Rolle für die Selbstorganisation von Familien, Initiativen und ganzen Gemeinden. Deshalb wurden die digitalen Plattformen, die eine unmittelbare horizontale Verbreitung von Informationen über Angriffe russischer Artillerie, das Vorrücken von Panzern und den Widerstand der ukrainischen Bevölkerung ermöglichten, zu Infrastrukturen digitaler Kriegsöffentlichkeit, während andere Medien wie der Rundfunk an Bedeutung verloren. Zu den Gewinnern gehörte 2022 neben Facebook und Instagram vor allem Telegram. Entscheidend für den Durchbruch der Plattform war neben der Sicherheit, die das „Telegramm des 21. Jahrhunderts" vermeintlich bietet, vor allem die

---

[31] Vizit Variantiv u l'vivs'ke SIZO na Gorodoc'kij, 27.9.2018, <www.varianty.lviv.ua/publikatsiyi/bryhidky-19>. – U jakich umovah trimajut' hvorih L'vivs'kogo SIZO. Tvoe misto 18.10.2018.

[32] Die gedruckte Wochenzeitung erscheint seit 2022 auf Russisch, der Online-Auftritt auf Ukrainisch und Russisch: <www.ua.korrespondent.net>.

[33] Ukrainskaya Pravda hieß in den 1990er Jahren eine gedruckte Wochenzeitung; seit 2000 veröffentlichte ein Teil der Redaktion im Netz unter <www.pravda.com.ua>. Die Beiträge werden in der Regel auf Ukrainisch produziert und ins Russische sowie teilweise ins Englische übersetzt.

[34] Das 2004 gegründete Internetportal bringt täglich über 250 Beiträge auf Ukrainisch und Russisch: <www.censor.net>.

systematische Zusammenführung öffentlicher und privater Kommunikationsströme auf einer Oberfläche.[35] Sie synchronisiert die Kommunikation auf drei sozialen Ebenen: private Unterhaltungen, öffentliche Gruppenchats sowie Informationskanäle von Institutionen wie Behörden, Firmen und Organisationen. Gerade diese Verschränkung der Kommunikationsebenen erklärt, warum sich nach Beginn des Angriffskriegs fast alle Mitglieder der ukrainischen Gesellschaft innerhalb weniger Tage auf einer Plattform versammelten. Auf Telegram können Nutzer jederzeit selbstständig und unkompliziert neue Kanäle erstellen und bespielen. Der Nachrichtenstrom ist auf Telegram nicht durch Algorithmen gesteuert, sondern chronologisch angeordnet, was den Nutzern ermöglicht und sie zugleich zwingt, sich selbst ein Bild von der Gegenwart zu machen. Bereits im März 2022 fungierte Telegram für die gesamte Ukraine als Infrastruktur, in der sich die oben am Beispiel eines individuellen Facebook-Nutzers beschriebene Verschränkung von privater, gesellschaftlicher und staatlicher Kommunikation im Großen wiederholte. Staat und Gesellschaft organisierten innerhalb weniger Stunden und Tage die Verteidigung, mithilfe zahlreicher Kanäle, in der die multiplen Rollen von Nutzern digitaler Öffentlichkeit voll zum Tragen kamen. Auf diesem Weg improvisierten ukrainische Bürger die Evakuierung von Menschen aus von den russischen Streitkräften angegriffenen Gebieten. Andere organisierten umgehend mithilfe von Telegram die Nothilfe für Millionen Binnenflüchtlinge, indem sie über lokale Kanäle temporäre Unterkünfte vermittelten. Zur Unterstützung einzelner Militäreinheiten nutzen Freiwillige die Plattform, um Geld für Nachtsichtgeräte, Drohnen und Geländefahrzeuge zu sammeln. Millionen von Bürgerinnen und Bürgern wurden in vielerlei Funktionen aktiv. Ihr gemeinsames Interesse war, ihr eigenes Leben und die Existenz der Ukraine als Staat und Gesellschaft zu schützen. Dafür stellt Telegram deutlich mehr Funktionen zur Verfügung als Facebook und andere Plattformen, zum Beispiel mit frei programmierbaren Bots. Diese erlauben es, einen Kanal als Schnittstelle mit komplexen Programmen z.B. zum Auffinden eines nahen Luftschutzkellers, oder der Berechnung der Flugbahn von Marschflugkörpern zu nutzen.

Digitale Kontrolle ist besser

In Russland spielt Telegram für das Zusammenspiel zwischen Gesellschaft und Staat heute eine ähnlich wichtige Rolle wie in der Ukraine, und auch hier war es der großangelegte Krieg seit 2022, der der Plattform den Durchbruch brachte. Russland hat sich im Zuge dieses Krieges von einem autoritär regierten Staat zu einer Diktatur entwickelt, deren gewaltsamer Kurs von einem großen Teil der Gesellschaft getragen wird. Die breite Unterstützung des Kriegs konstituiert sich nicht zuletzt auf digitalen Plattformen wie Telegram, Odnoklassniki und VKontakte.[36] Die Ukraine ist dagegen ein demokratischer Staat, der aufgrund des Krieges grundlegende Mechanismen einer Demokratie wie freie Wahlen temporär außer Kraft setzen musste, um den Überlebenskampf gegen die vorrückenden russischen Truppen aufrechtzuerhalten. Trotz der deutlichen Unterschiede in der politischen Verfasstheit beider Staaten haben sich zum Teil spiegelbildliche Formen digitaler Kriegsöffentlichkeit herausgebildet. So gibt es auch drei Jahre nach dem Überfall auf beiden Seiten vergleichbare zivilgesellschaftliche Aktionen, bei denen Freiwillige Geld für Einheiten an der Front sammeln. Auch der je nach Situation innerhalb von

---

[35] Siehe dazu den Beitrag von Taras Nazaruk, in diesem Band, S. 443–450.

[36] Siehe dazu die Beiträge von Wanja Müller und Taras Nazaruk in diesem Band, S. 433–442 und 443–450.

Minuten aktualisierte *war feed*, ist für Angreifer und Angegriffene charakteristisch. Ein spezifisch russländisches Phänomen machen dagegen die Kanäle der Militärblogger aus, die mit Unterstützung des Staats im Minutentakt neue Interpretationen des Kriegsverlaufs produzieren.[37] Die auf Russisch *vojenkor* genannten Produzenten digitaler Medieninhalte nutzen dabei Telegram, um ihre Beiträge möglichst breit zu streuen.

Eine weitere Gemeinsamkeit von Russland und der Ukraine in Zeiten des Kriegsrechts ist die zunehmende staatliche Kontrolle der Medien. Im Ausmaß unterscheiden sie sich hingegen gewaltig. In der Russländischen Föderation kann jede öffentliche Kritik an staatlicher Politik oder die symbolische Unterstützung für ihre Gegner mit mehrjährigen Strafen geahndet werden. In der Ukraine wurden noch im Februar 2022 alle privaten Fernsehsender gezwungen, ihr Programm in eine Art Heimatfernsehen einzuspeisen, sodass auf allen Kanälen dasselbe staatlich kontrollierte Programm lief.[38] Diese im Zuge des Kriegs intensivierten Kontrollversuche erklären, warum die Nutzerzahlen bei Telegram auf beiden Seiten der Front steigen. Die Plattform verspricht den Nutzern Anonymität und verschlüsselte Kommunikation und gilt in beiden Ländern als sicherer Hafen für soziale Kommunikation und politische Meinungsbildung. Zugleich gibt es in beiden Ländern Diskussionen über ein Verbot der Plattform, wenn auch aus unterschiedlichen Gründen: In Russland geht es um Kontrolle,[39] in der Ukraine eher um die Sicherheit der Kommunikation der eigenen Bürger.[40]

Der russländische Staat hatte bereits im Zuge der Proteste der Jahre 2011–2013 erkannt, dass digitale Plattformen auch die Art und Weise verändern, wie analoge politische Partizipation in Russland funktionieren kann. Deshalb begann er ab 2013, digitale Plattformen systematisch zu überwachen. An die Stelle der Utopie eines vermeintlich grenzenlosen World Wide Web trat im folgenden Jahrzehnt eine zunehmend autoritär überwachte digitale Öffentlichkeit, in der die Möglichkeit zur sozialen Kommunikation und politischen Partizipation unmittelbar mit der Möglichkeit zur Überwachung und Bestrafung durch staatliche Stellen verknüpft war. Im Zeitalter des Smartphones ist jedes einzelne Mobiltelefon nicht nur eine Schnittstelle für digitale Öffentlichkeit und Teilhabe, sondern auch ein Einfallstor für digitale staatliche Kontrolle und Zensur.[41]

Löschen und Vergessen

Ähnlich wie beim historischen Telegraphennetz versucht der russländische Staat, die Informationen an den Knotenpunkten der Kommunikation zu überwachen oder zu unterbinden. Denn auch wenn es derzeit nicht möglich scheint, gleichzeitig alle Kommunikationsströme zu überwachen und auszuwerten: auf den physischen Geräten der Nutzer ist stets eine umfassende Datenkopie gespeichert. Daher sind private Mobiltelefone in den Fokus bei

---

[37] Felix Ackermann: „Bald siegen wir!" – russische Soldaten berichten mit selbstgedrehten Videos von der Kriegsfront. Sie schaffen eine Scheinwirklichkeit, tote Russen zeigen sie nicht. Neue Zürcher Zeitung, 10.7.2023.

[38] Die großen Fernsehsender 1+1, 2+2, 24 Kanal und TRC Ukraina begannen ein gemeinsames Einheitsprogramm auszustrahlen, das unmittelbar vom Staat kontrolliert wird: Grupa 1+1 media dolučilasja do spil'nogo informacijnogo efiru krajini „Edini novini". 1plus1.ua, 26.2.2022.

[39] Die Propaganda-Seite Naš Krym berichtet über eine für September 2026 geplante „Abschaltung" von Telegram und anderen „ausländischen" digitalen Plattformen: Telegram okončatel'no pokinet Rossiju: messendžer budet nedostupen – nazvana krajnjaja data. Ncrim.ru, 31.1.2025.

[40] Siehe dazu den Beitrag von Taras Nazaruk in diesem Band, S. 443–450.

[41] Siehe dazu die Beiträge von Gundula Pohl, Hanna Horn in diesem Band, S. 451–460 und 461–464.

Kontrollen und Ermittlungen gerückt.[42] In Russland nutzt der Sicherheitsapparat dieses mobile Archiv sozialer Kommunikation, um Regimegegner noch Jahre nach öffentlichen Protesten zu verfolgen. Im besetzten Osten der Ukraine sind die Mobiltelefone ukrainischer Bürger eine entscheidende Informationsquelle für russische Geheimdienste sowie das Militär. Spuren der privaten Nutzung digitaler Plattformen können als Beleg einer proukrainischen Haltung oder der Unterstützung der ukrainischen Armee gegen die Besitzer verwendet werden.[43] Der Zugang zu den Geräten wird oft mit Gewalt erzwungen – das Erpressen der Passwörter durch „bewährte“ Tscheka-Methoden ist gewissermaßen das Scharnier, das analoge und digitale Gewalt verbindet. Einmal „geknackt“, haben die Mitarbeiter staatlicher Stellen viel Zeit, um die Daten der Verhafteten systematisch auszuwerten, da sie entweder das Mobiltelefon einbehalten oder eine forensische Kopie der Daten anfertigen. Dank automatisierter Gesichtserkennung lassen sich Fotos z.B. von Protestteilnehmern konkreten Profilen zuordnen. Das ermöglicht es, gegen diese Personen oft noch Jahre später strafrechtlich vorzugehen.

Im Zuge der physischen Verfolgung von Verdächtigen kehrt sich die Logik der digitalen Aufmerksamkeitsökonomie um: Ging es den Nutzern der sozialen Medien ursprünglich darum, das eigene Leben umfassend zu dokumentieren und es möglichst vielen anderen Nutzern zugänglich zu machen, gilt es nun, die Vernetzung der eigenen Geräte mit anderen Accounts, Kontakten und Kanälen durch das Löschen der eigenen Daten so zu verringern, dass die Gefahr für sie selbst sowie für andere Nutzer digitaler Plattformen minimiert wird. In einem autoritären Staat wie Russland, der die politischen Handlungsspielräume seiner Bürger systematisch einschränkt, erweist sich die Fähigkeit, die eigenen Daten nachhaltig zu löschen, als Kernkompetenz digitaler Plattformnutzung.

Archive der Zukunft

In Russland und in der Ukraine sinken, ähnlich wie in Deutschland, die Auflagen gedruckter Zeitungen. Im Zuge der Herausbildung digitaler Kriegsöffentlichkeiten spielen sie seit 2022 eine untergeordnete Rolle im politischen Diskurs. Der Raum der kommunikativen Auseinandersetzung mit der Gegenwart ist längst von digitalen Plattformen geprägt. Für das westliche Europa, wo die Digitalisierung der sozialen Kommunikation etwas langsamer zu verlaufen scheint, stellt die Analyse der Öffentlichkeiten dieser Länder daher einen Blick in eine mögliche Zukunft dar. Diese zeichnet sich durch ein kritisches Verhältnis zwischen kommerziell entwickelten und betriebenen Infrastrukturen digitaler Öffentlichkeit und den staatlichen Versuchen, diese zu kontrollieren, aus. Der seit 2014 in der Ukraine geführte Krieg gilt aufgrund der hohen Dichte digital produzierter Daten und der nur wenige Wochen nach der Eskalation der Gewalt am 24. Februar 2022 einsetzenden systematischen Dokumentation von Kriegsverlauf, -schäden und -verbrechen als das am besten dokumentierte historische Ereignis.[44] Die radikale Erhöhung der Frequenz digitaler

---

42 Felix Ackermann: Ausgelöschte Erinnerung. Chats sind Archive für Geheimdienstler und für Historiker: In Belarus und in den russisch besetzten Gebieten der Ukraine tilgen Netznutzer ihre digitalen Spuren. Frankfurter Allgemeine Zeitung, 23.11.2023, S. 9.

43 Roman Horbyk. „The war phone“: mobile communication on the frontline in Eastern Ukraine, in: Digi War, 3/2022, S. 9–24, <https://doi.org/10.1057/s42984-022-00049-2>.

44 Center for Urban History Lviv, Workshop: The Most Documented War. Symposium for Documentation and Archiving Initiatives, 1.–3.6.2023.

Nachrichten im Vergleich zu analogen Nachrichten wirft die Frage auf, wie die Masse digitaler Daten in Zukunft beforscht werden kann. Historiker, Kulturwissenschaftler und Archivare werden nicht umhin kommen, bereits heute die digitalen Kommunikationsplattformen als Archive der Zukunft in den Blick zu nehmen. Zugleich sorgen die Dynamik der technischen Entwicklung, die Fluktuation genutzter Geräte, die Eigeninteressen der Plattformbetreiber sowie die Versuche staatlicher Regulierung dafür, dass ein großer Teil der digitalen Daten flüchtig ist. Dem Recht des Individuums auf digitales Vergessen müsste insofern auch ein Recht von Gesellschaft und Forschung auf digitale Archivierung ausgewählter Inhalte an die Seite gestellt werden.
Welche Rolle z.B. Telegram derzeit für die interne militärische Kommunikation auf beiden Seiten der Front spielt, werden erst zukünftige Forschungen zeigen. Bereits jetzt ist aber absehbar, dass die Plattform zu den digitalen Räumen gehört, in denen öffentlich parallel zu den physischen Kämpfen um das Territorium der Ukraine auch um die Deutung der Kriegshandlungen gerungen wird. Das Aushandeln von Geschichtsbildern, von Perspektiven auf die Gegenwart und Entwürfen einer Zukunft nach dem Ende der Kampfhandlungen ist zugleich reguläres Feld der politischen Meinungsbildung und der hybriden Kriegsführung, in der auch staatliche Propaganda eine Rolle spielt. Die zeitgleich mit dem Krieg in der Ukraine stattfindende Zerstörung von Unterseekabeln im Ostseeraum und die Diskussionen um deren möglichen militärischen Schutz zeigt, dass der Infrastruktur des Internets inzwischen international eine größere strategische Bedeutung beigemessen wird.

Schluss

Der Vergleich des analogen Netzes von Telegraphenstationen mit der Funktionsweise digitaler Plattformen zeigt, dass es sich in beiden Fällen um duale Infrastrukturen handelt, die zugleich für die Konstituierung gesamtgesellschaftlicher Öffentlichkeit und für die Ausübung staatlicher Macht von zentraler Bedeutung sind. Das erklärt, warum staatliche Akteure zunehmend versuchen, die Kommunikation von Bürgern auf digitalen Plattformen zu überwachen. Dabei kommt es zu einem Wettstreit zwischen kommerziellen Plattformbetreibern und der Entwicklung staatlicher Überwachungs- und Kontrollwerkzeuge. Telegram und andere Plattformen fungieren in Russland und der Ukraine seit 2014 als Infrastrukturen digitaler Kriegsöffentlichkeit, mit deren Hilfe es zu einer zunehmenden Verschränkung und Beschleunigung gesellschaftlicher und staatlicher Herstellung von Öffentlichkeit kommt. Der Krieg in der Ukraine wird nicht nur mithilfe von Mobiltelefonen medial in Echtzeit übertragen. Er findet zugleich auch auf allen Endgeräten statt, da die Auswahl, Distribution und Kontextualisierung von Bildern, Informationen und Narrativen einen *war feed* produzieren, dessen Kuratoren die Plattformnutzer selbst sind. Dieser ist zentraler Austragungsort des digitalen Ringens um die Deutungshoheit über die analoge militärische Auseinandersetzung. Wer in Zukunft die Geschichte des russischen Kriegs in der Ukraine erforschen will, muss sich heute mit der Funktionsweise dieser Plattformen als Archive der Gegenwart auseinandersetzen.
Schlagwörter: Soziale Medien, Telegram, Ukraine-Krieg, digitale Plattformen

Wanja Müller

Verstaatlichung von Odnoklassniki

Klassenkameraden im digitalen Autoritarismus

Das russländische soziale Netzwerk Odnoklassniki zeigt, wie das Regime Putin auch die sozialen Medien immer stärker als Teil der autoritären Medienstrategie begriffen hat. Ursprünglich als unabhängiges und privates Unternehmen gestartet, befindet sich die Plattform heute in staatlicher Hand und wird instrumentalisiert – für Propaganda- und Kriegszwecke sowie für die Beeinflussung der Bundestagswahlen. Odnoklassniki ist ein Biotop eines „digitalen Autoritarismus".

Das russländische soziale Netzwerk Odnoklassniki zeigt, wie der Staat die Kontrolle digitaler Öffentlichkeit seit dem Jahr 2011 systematisch vorangetrieben hat. Zentrale Schritte dazu waren die ökonomische und personelle Übernahme der Betreiberholding, die Lokalisierung aller Datenströme auf Server und Datenzentren in Russland, die Verschärfung der Internetgesetze ab 2012 und die sukzessive Implementation umfassender Überwachungs-, Filtrations- und Zensurtechnologien in die digitale Infrastruktur des Landes.[1] Damit hat der russländische Staat im Fall von Odnoklassniki erreicht, was ihm bei internationalen Konzernen wie Meta und Google nicht gelungen ist: eine Verbindung der physischen Kontrolle, also der technische Infrastruktur und der dort fließenden Datenströme, mit der Möglichkeit von Intervention und Zensur ohne gerichtliche Hürden. Das ermöglicht die Beeinflussung von digitaler Öffentlichkeit direkt auf Plattformen wie Odnoklassniki. Mit der de-facto-Verstaatlichung der Plattform gelang es, die drei Ansätze autoritärer Kontrolle miteinander zu verbinden: die Kontrolle über die bereits gespeicherten Daten, die Beobachtung von Bürgern und ihrer politischen Aktivitäten und die Beeinflussung öffentlicher Meinung durch Mobilisierung realer Anhängerschaft, bezahlter Trolle und Bot-Accounts.[2] Odnoklassniki ist ein prägnantes Beispiel für einen öffentlichen Kommunikationsraum, in dem staatliche Narrative kaum ernsthaft durch Andersdenkende herausgefordert werden. Während der Kampf um die Kontrolle von Wahrheitsgehalt und Deutungshoheit zunächst auch auf digitalen russischsprachigen Plattformen offen war,[3] scheint er seit der staatlichen Übernahme auf Odnoklassniki entschieden. Damit lässt sich dieses soziale Netzwerk heute als Biotop

---

Wanja Müller (1976), Dipl. Sozialwissenschaftler, freier Autor und Übersetzer

1 Andrej Soldatov: Überwachen und Strafen, in: OE, 11–12/2016, S. 3–14.

2 Maxim Alyukov, Maria Kunilovskaya, Andrei Semenov: Getting Messages Across: War Propaganda in Russian Press and Social Media (July–September 2022). The Final Monitoring Report. Russian Election Monitor, 2023, S. 6.

3 Dan Ciuriak: The Role of Social Media in Russia's War on Ukraine. SSRN, 8.4.2022.

OSTEUROPA, 75. Jg., 1–3/2025, S. 433–442 **doi: 10.35998/oe-2025-028**

eines „digitalen Autoritarismus“[4] untersuchen, in dem „Technologien der Befreiung“[5] bis auf weiteres ohne Aussicht auf Erfolg bleiben.
Odnoklassniki ist die erste in Russland programmierte und betriebene digitale Plattform, der es gelang, ein Abbild der sowjetischen Schullandschaft zu schaffen. Bereits zwei Jahre nach ihrer Gründung ordneten sich dort mehr als 20 Millionen Menschen ihren ehemaligen Schulklassen zu.[6] Odnoklassniki, zu Deutsch Klassenkameraden, ermöglichte das digitale Wiederherstellen von Klassenverbänden aus den 1960er, 1970er oder 1980er Jahren. Damit wurde es zu einem wichtigen Instrument sowjetisch geprägter Generation zum virtuellen Überbrücken biographischer Umbrüche, neu gezogener Staatsgrenzen und geographischer Distanzen infolge von Migrationsbewegungen. Heute hat die Plattform in der Regel ältere, vor 1985 geborene Nutzer aus fast allen postsowjetischen Staaten. Eine wichtige Gruppe sind russischsprachige Migranten der 1980er und 1990er Jahre, von denen viele in Deutschland leben.[7] Anders als Facebook oder Telegram diente Odnoklassniki nie der Herstellung einer digitalen Öffentlichkeit, die zur Mobilisierung einer kritischen Gegenöffentlichkeit in autoritär regierten Staaten hätte genutzt werden können. Ursprünglich ein unabhängiges und privates Schulverzeichnis, das zur Suche nach ehemaligen Klassenkameraden, Freunden und Kollegen gedacht war, entwickelte sich Odnoklassniki zu einer multimedialen Service- und Kommunikationsplattform, die sich heute technologisch, ökonomisch, politisch und personell fest in der Hand des russländischen Staates befindet.

Eine kurze Geschichte von Odnoklassniki

Die Geschichte von Odnoklassniki beginnt mit einem Startvorteil. Das Netzwerk ging im März 2006 acht Monate vor der heimischen Facebook-Kopie VKontakte online. Entwickelt wurde Odnoklassniki von Albert Popkov[8], einem zu diesem Zeitpunkt 33-jährigen Programmierer aus Moskau, der zu diesem Zeitpunkt in London lebte, für internationale IT-Unternehmen tätig war und unter anderem das britische Personen- und Unternehmensverzeichnis *192.com* mitentwickelt hatte.[9] Für seine Neuentwicklung für den russländischen Markt übernahm Popkov Elemente der US-amerikanische Online-Community *classmates.com*, die bereits seit 1995 online war. Die Grundidee bestand darin, eine Schuldatenbank frei zugänglich zu machen und den Nutzern zu ermöglichen, ein kostenloses Profil mit der Zuordnung zu mehreren Klassen anzulegen. Dies ermöglichte es Nutzern, nach Profilen von Freunden und Bekannten aus der eigenen Vergangenheit zu suchen, zu denen bis dato allein Kontakt per Post oder Festnetztelefon bestanden hatte. Durch den Impuls der digitalen Suche, der 2006 nicht nur in Russland, sondern

---

[4] Rebecca MacKinnon: Liberation Technology: China's Networked Authoritarianism". Journal of Democracy Number, 2/2011, S. 32–46.
[5] Diamond, Larry: „Liberation Technology“, in: Journal of Democracy, 3/2010, S. 69–83.
[6] Anna Naumova: „Odnoklassniki – kak socset' menjalas' iznutri s momenta osnovanija“, 20.2.2018.
[7] Tatiana Golova: Postsowjetische Migranten in Sozialen Netzwerken, Bundeszentrale für politische Bildung, 26.9.2018.
[8] Odnoklassniki. Istorija proekta, <https://insideok.ru/wp-content/uploads/2021/03/ok_history_new.pdf>.
[9] „Odnoklassniki“ ne narušiteli. Gazeta.ru, 25.11.2009.

innerhalb weniger Monate durch ganze Gesellschaften ging, bildeten die Nutzer ihre sozialen Beziehungen aus unterschiedlichen analogen biographischen Stationen von Schule, Studium, Wehrdienst und Beruf auf der digitalen Plattform ab. Die Begeisterung über das neue, russischsprachige und länderspezifische Angebot ging weit über die Grenzen der Russländischen Föderation hinaus. Sie erstreckte sich über den postsowjetischen Raum und erfasste auch die weltweite russischsprachige Diaspora. Die Auflösung der Sowjetunion, die Gründung neuer souveräner Staaten sowie die ersten postsowjetischen Kriege, hatten zuvor nicht nur politische Strukturen verändert, sondern auch die Biographien ins Wanken gebracht. Odnoklassniki half dabei, die daraus resultierenden Brüche durch eine digitale Neuverknüpfung zu überwinden. Innerhalb kurzer Zeit stiegen die Nutzerzahlen: Im Sommer 2006 haben sich 300 000 Nutzer bei Odnoklassniki registriert, ein Jahr später im Sommer 2007 sind es vier Millionen, im August 2008 schon 20 Millionen.[10] Die erste veröffentlichte Statistik über monatliche Zugriffe nach Ländern von 2012 zeigte 20,6 Millionen monatlich aktive Nutzer in Russland, 3,5 Millionen in der Ukraine und 1,2 Millionen in Belarus. Weltweit verfügte Odnoklassnik zu diesem Zeitpunkt über 175,5 Millionen Besucher im Monat. Doch auch Deutschland stand infolge der Migration von Kontingentflüchtlingen und Spätaussiedlern weit oben in der Nutzerstatistik. Sechs Jahre nach Gründung der Plattform lag die Bundesrepublik mit knapp 750 000 Aufrufen pro Monat an fünfter Stelle.[11]

Die anfängliche Dynamik zur digitalen Wiederherstellung des biographischen Netzwerks erhielt im Jahr 2008 einen Dämpfer. Im Februar des Jahres zog der ehemalige britische Arbeitgeber i-CD Publishing gegen den Odnoklassniki-Gründer Popkov wegen Vertragsbruch und mit Copyright-Vorwürfen vor Gericht.[12] Im September trat Popkov als Unternehmenschef zurück. Die Investoren von Odnoklassniki versuchten das schnelle Wachstum des Netzwerks zu monetarisieren. Ein neuer CEO führte 2008 eine kostenpflichtige Neuregistrierung ein. Wegen des Aufstiegs von VKontakte hatte Odnoklassniki längst das Image einer Plattform „für die Elterngeneration" und verlor seine Führungsposition an die Facebook-Kopie. Die Abschaffung der Kosten für eine Neuregistrierung im Jahr 2010 kam zu spät, um den ersten Platz unter russischsprachigen Internetnutzern zurückzuerlangen. Doch die beiden einheimischen Anbieter VKontakte und Odnoklassniki teilten den größten Teil des russländischen Marktes zunächst unter sich auf. Facebook ist es nie gelungen, eine dominante Marktposition in Russland zu erreichen.[13] Es hatte erst 2008 ein russischsprachiges Interface angeboten. Zu diesem Zeitpunkt waren auf VKontakte und Odnoklassniki jeweils 20 Millionen Nutzer registriert. Facebook verzeichnete zwar ein Wachstum von 100 000 Nutzern 2007 auf fünf Millionen 2011.[14] Doch in

---

[10] Siehe Naumova, „Odnoklassniki" [Fn. 6].

[11] „Odnoklassniki" otkryli srez po stranam v statistike LiveInternet. Ruem.ru, 3.10.2012.

[12] Der Arbeitsvertrag untersagte Popkov die Entwicklung von Konkurrenzprodukten in einer bestimmten Frist nach Ausscheiden aus dem Unternehmen. Diese Frist habe er nicht eingehalten, so die britischen Kläger. Nach Presseberichten sollte Popkov den Markteintritt eines Netzwerks für ehemalige Klassenkameraden, „Passado", in Russland vorbereiten, startete aber ein eigenes Projekt basierend auf der gleichen Grundidee.

[13] Ruben Enikolopov, Alexey Makarin, Maria Petrova: Social Media and Protest Participation: Evidence From Russia. Econometrica, 4/2020, S. 1487.

[14] Ataka interneta. Kommersant, 19.12.2011.

diesem Jahr hatte das zweiterfolgreichste russländische Netzwerk Odnoklassniki bereits 100 Millionen registrierte Nutzer.[15]
Der VKontakte-Gründer, Pavel Durov, bezog auch politisch Position, indem er sich etwa während der größten Proteste in der neueren Geschichte Russlands im Dezember 2011 weigerte, oppositionelle Protestgruppen abzuschalten.[16] Albert Popkov hatte hingegen nach seinem Rückzug als CEO im Jahr 2008 bereits 2010 alle seine Unternehmensanteile verkauft.[17] Seither wurde Odnoklassniki mehrheitlich von der Mail.ru-Gruppe des kreml-nahen Oligarchen Ališer Usmanov kontrolliert.[18] Popkov gründete ein Vergleichsportal für Bank- und Versicherungsdienstleistungen[19] und mischte sich auch später nicht in netz-politische Auseinandersetzungen über die Zukunft der politischen Öffentlichkeit in Russland ein. Die 2011 beginnende „Schlacht um das Runet“[20] wurde ohne den Gründer von Odnoklassniki geschlagen.
Pavel Durov verkaufte die restlichen zwölf Prozent an VKontakte erst im Dezember 2013 und wurde im April 2014 von seinem Posten als CEO entlassen.[21] Fünf Monate später, im September 2014, erwarb ebenfalls die Mail.ru-Gruppe 48 Prozent der VKontakte-Aktien für 1,47 Milliarden Dollar vom russländischen Investmentfonds *United Capital* Partners und wurde zum Alleineigentümer. Ein Drittel der Kaufsumme finanzierte der Oligarch Usmanov aus einem Kredit der staatlich kontrollierten Gazprombank.[22]
Auch weil das Wachstum infolge wachsender Konkurrenz unter anderem von Durovs neuem Whatsapp-Konkurrenten Telegram stagnierte, trennte sich der Investor Usmanov 2021 von seinen Social-Media-Aktiva. Die Käufer dieser Aktien, die heute 57 Prozent aller Stimmrechte der *VK Holding* kontrollieren, stehen allesamt in Verbindung mit dem russländischen Staat: Sogaz, eine Versicherungsgesellschaft von Gazprom, die *Gazprom Media Holding* und das staatliche Tech-Konglomerat Rostech.[23] Auf diese Weise entstand die heute mehrheitlich staatlich kontrollierte VK-Holding, zu deren Kernbestand neben Odnoklassniki auch VKontakte gehört. Vladimir Kirienko, Sohn des Vizechefs der Präsidialadministration Sergej Kirienko, übernahm 2021 die Geschäftsführung der Holding.[24] Zwei Jahre später wurde Stepan Kovalčuk zum leitenden Vizepräsidenten und Chef aller sozialen Plattformen und Mediencontent-Angebote des Unternehmens ernannt. Der zu diesem Zeitpunkt 29-Jährige ist Enkel des Petersburger Putin-Freunds Michail Kovalčuk und Großneffe des Putin-Bankiers und ebenfalls VK-Anteilseigners Jurij Kovalčuk.[25] Spätestens mit diesem Schritt waren Odnoklassniki und VKontakte ökonomisch, personell und politisch fest in staatlicher Hand. Sie wurden nun von

---

15 „Odnoklassniki“ preodoleli otmetku v 100 millionov pol’zovatelej. RIA Novosti, 20.6.2011.
16 Once Celebrated in Russia, the Programmer Pavel Durov Chooses Exile. New York Times, 12.3.2014.
17 Istorija vzleta i padenija „Odnoklassnikov“ i „VKontakte“. Snob.ru, 8.4.2021.
18 Kak menjalis’ „Odnoklassniki“ – i počemu ich ne vosprinimali vser’ez. Secretmag.ru, 26.3.2023.
19 Zaputalsja v Seti, 10.11.2011.
20 Irina Borogan, Andrej Soldatov: Bitva za Runet: Kak vlast’ manipuliruet informaciej i sledit za každym iz nas. Moskva 2016
21 Pavla Durova uvolili s posta gendirektora „VKontakte“. Forbes, 21.4.2014.
22 Mail.ru Group vykupila 48 % akcij „VKontakte“ u UCP za $1,47 mlrd. RBC, 16.9.2014.
23 Philipp Dietrich: The Key Player in Russia’s Cybersphere. Deutsche Gesellschaft für Auswärtige Politik, DGAP Analysis 4, 2023, S. 7ff.
24 Vladimir Kirienko naznačen gendirektorom VK. Thebell.io, 13.12.2021.
25 Ubijca YouTube. Kto takoj Stepan Koval’čuk. Thebell.io, 10.10.2023.

Abkömmlingen jener Elite kontrolliert, die Putins Aufstieg begleitet hatte. Die Kontrolle umfasste alle sozialen Netzwerke der Plattformen, die Streaming-Plattformen, die Messenger, die Bezahlfunktionen, die Online-Shops, die Dating-Services. Seitdem ist Odnoklassniki Teil einer Unternehmensgruppe, die selbst angibt, 95 Prozent der Internetnutzer in Russland zu erreichen.[26] So ist ein staatlich kontrolliertes digitales Ökosystem entstanden, das zugleich ein universelles Instrument für Datensammlung, Kontrolle, Desinformations- und Propagandakampagnen ist.[27]

Odnoklassniki-Logo

Demographie, Sprache, Funktion

Die Idee, verlorene analoge Beziehungen digital zu reaktivieren, zog von Anfang an ein älteres Publikum an. Schon die ersten Werbekampagnen von Odnoklassniki im Jahr 2007 zeichneten sich durch einen sentimentalen und nostalgischen Ton aus. Ein Slogan war etwa: „Deine erste Liebe, wo ist sie heute?“[28] Stagnation bei Funktionalität und Design verliehen Odnoklassniki früh das Image eines „Netzwerks für die Elterngeneration“.[29] Bis heute sind die Nutzer älter, konservativer und stärker auf „Familienwerte orientiert“. Mehr als 40 Prozent leben in Städten mit weniger als 100 000 Anwohnern.[30]

Ein wichtiger Grund für den grenzüberschreitenden Erfolg von Odnoklassniki ist die russische Sprache. Russisch war die *lingua franca* der Sowjetunion und dominierte unter den vor 1991 geborenen Bürgern in postsowjetischen Staaten ebenso wie unter Migranten im Westen Europas oder in den USA. Die dominante Rolle der russischen Sprache garantierte aber keinen langfristigen Erfolg. Deshalb startete Odnoklassniki bereits im Jahr 2012 ein sogenanntes Lokalisierungsprojekt, um die Plattform in weitere Sprachen zu übersetzen.[31]

---

[26] Unternehmenseigene Zahlenübersicht der VK-Holding: What is VK. Numbers speak for themselves, <https://vk.company/en/company/about/>

[27] Siehe Mail.ru Fn. 22.

[28] Siehe Naumova, „Odnoklassniki“ [Fn. 6].

[29] Alexej Pivovarov: Istorija vzleta i padenija glavnych rossijskich socsetej, 2021. <https://www.youtube.com/watch?v=xnMxk8cncEY>

[30] Odnoklassniki: neočevidnaja social’naja set’, v kotoroj stoit prodvigat’sja. Seonews.ru, 27.5.2022.

[31] „Odnoklassniki“ pereveli na anglijskij jazyk. Ain.ru, 4.7.2013.

Seit Juli 2012 wird für den damals nach Russland zweitwichtigsten Markt Ukraine eine Version auf Ukrainisch angeboten.[32] Mit Armenisch, Georgisch, Moldauisch und Usbekisch folgten weitere Sprachen postsowjetischer Republiken. Nach der Einführung von Englisch kündigte das Unternehmen 2015 eine deutsche und türkische Version an, da die Server täglich 1,2 Millionen Nutzer aus Deutschland und 300 000 Nutzer aus der Türkei verzeichneten.[33] Die Presseerklärung des Unternehmens betonte, dass Odnoklassniki im selben Jahr bereits das wichtigste soziale Netzwerk in Usbekistan und Kasachstan gewesen sei. Das Unternehmen behauptete zudem, das Netzwerk mit den meisten russischsprachigen Nutzern in Deutschland, den USA, Israel und Australien zu sein. Auffällig ist, dass in der Liste Estnisch, Lettisch und Litauisch fehlen. Erst 2019 wurde eine belarussische Version auf den Markt gebracht. Seitdem sich Odnoklassniki politisch bedingt aus der Ukraine zurückzieht, ist Belarus das Land mit den zweithöchsten Nutzerzahlen.[34]

Odnoklassniki und die russischsprachigen Migranten in Deutschland

Für die postsowjetischen Migranten in Deutschland war Odnoklassniki zumindest noch im Jahr 2018 die wichtigste Plattform für transnationale Kommunikation. Zu dieser Einschätzung kam Tatiana Golova, die mit ihrer Studie von 2018 Pionierarbeit leistete, als sie die transnationale, russländisch-deutsche Öffentlichkeit auf Odnoklassniki und VKontakte untersuchte.[35] Nach ihrer Schätzung waren damals 40 Prozent der geschätzt 3,1 Millionen Menschen mit postsowjetischem Migrationshintergrund in Deutschland auf Odnoklassniki aktiv. Mit 1,3 Millionen monatlichen Nutzern belegte das Netzwerk 2018 den 12. Platz im Ranking aller in Deutschland aufgerufenen Webseiten und war interessanterweise anders als in den Herkunftsländern der Migranten in Deutschland populärer als VKontakte.

Mittlerweile hat sich die Lage verändert. Die Gesamtzahl der monatlichen Nutzer in Deutschland hat sich nach den jüngsten Angaben der Plattform bis zum Jahr 2024 auf eine Million reduziert.[36] Im Ranking der beliebtesten Webseiten steht Odnoklassniki 2024 auf Platz 177.[37] Und das obwohl die Gesamtzahl russischsprachiger Menschen in Deutschland dank neuer Migranten aus Russland, Belarus und vor allem aus der Ukraine gestiegen ist. Golova vermutete schon 2018, dass durch eine Diversifizierung migrantischer Communities hinsichtlich Bildungsstand, Sprachkompetenzen und -präferenzen, die Attraktivität der russischsprachigen Medienangebote nachlassen werde.[38] Dies könnte den Trend erklären. Wichtiger Faktor sind auf jeden Fall auch die anderen digitalen

---

32 „Odnoklassniki" zapustili ukrainskuju versiju sajta. Ain.ru, 4.7.2012.

33 Odnoklassniki perevedeny na nemeckij i tureckij. VK.company, 5.11.2015, <https://vk.company/ru/press/releases/9442/>.

34 „Odnoklassniki" zagovorili na belorusskom jazyke. Voran.by, 28.3.2019.

35 Tatiana Golova: Postsowjetische Migranten in Deutschland und transnationale Social-Media-Öffentlichkeiten. ZOiS Report 2/2018, <www.zois-berlin.de/fileadmin/media/Dateien/3-Publikationen/ZOiS_Reports/2018/ZOiS_Report_2_2018.pdf>.

36 Odnoklassniki Mediakit 2024, <https://cloud.mail.ru/public/4KgG/Haw6kCZiV>.

37 Odnoklassniki Nutzergeografie, Daten von Similarweb. <https://pro.similarweb.com/#/digitalsuite/websiteanalysis/audience-geography/*/999/1m?key=ok.ru&webSource=Desktop>

38 Tatiana Golova: Postsowjetische Migranten in Sozialen Netzwerken. Bpb, 26.9.2018.

Präferenzen der neuen russischsprachigen Migranten in Deutschland. So ist Facebook für ukrainische Kriegsflüchtlinge ein viel wichtigeres Netzwerk als VKontakte und Odnoklassniki, die in der Ukraine bereits 2017 offiziell verboten wurden und worauf weiter unten noch eingegangen wird. Dadurch wird Odnoklassniki noch stärker zu einem Phänomen der alten sowjetisch geprägten Generation.

Was war aber der Grund für die besondere Popularität von Odnoklassniki bei postsowjetischen Migranten, besonders unter der größten Gruppe der russlanddeutschen Spätaussiedler? Durch die Möglichkeit, auch sowjetische Ortsnamen im eigenen Profil angeben zu können, hat das Netzwerk gerade sowjetisch sozialisierten Menschen die Suche nach Kontakten erleichtert, stellte Tatiana Golova fest.[39] Wie sie weiter ausführte, ist Odnoklassniki im besonderen Maße geeignet, jene Nutzer anzusprechen, die sich ihrer Herkunftsregion im Ausland oder ihrer ethnischen Community in Deutschland verbunden fühlen. So finden sich auf Odnoklassniki – deutlich zahlreicher als bei VKontakte – diverse „Landsleute-Gruppen", die frühere und heutige Anwohner konkreter Orte in der Sowjetunion zusammenbringen oder diverse russischsprachige Vernetzungsangebote für einzelne deutsche Städte anbieten. Auf diese Weise bedient Odnoklassniki im besonderen Maße herkunfts- und ethno-orientierte Identitätsentwürfe bei postsowjetischen Migranten.

Ein weiteres Phänomen von Odnoklassniki sind politische Gruppen postsowjetischer Migranten, die sich im deutschen politischen System verorten. Während deutsche Rechtsradikale eher auf VKontakte vertreten sind, sind auf Odnoklassniki vor allem „russlanddeutsche" AfD-Gruppen präsent – zum Beispiel in Form von „Russlanddeutsche für die AfD" mit rund 38 000 Mitgliedern.[40] Mittlerweile gibt es auch kleinere lokale, russischsprachige Vernetzungsgruppen der CDU und eine marginale Präsenz der Partei *Die Linke*. Die AfD jedoch, die erste und einzige Partei, die über eine russischsprachige Wahlkampfstrategie bereits für den Bundestagswahlkampf 2017 verfügte,[41] dominiert auch heute auf Odnoklassniki.[42]

Ein CDU Abgeordneter wollte per kleiner Anfrage im Jahr 2023 von der Bundesregierung wissen, inwieweit Russland auf Odnoklassniki Kriegspropaganda verbreite und was die Bundesregierung dagegen unternehme.[43] Die Antwort fiel knapp aus: Konkrete Hinweise lägen nicht vor, fortwährender ressort- und behördenübergreifender Austausch finde statt.

Viel alarmierender als die Bundesregierung schätzt Rashid Gabdulhakov die Lage ein, der eine größere russlanddeutsche Gruppe mit mehr als 10 000 Mitgliedern auf Odnoklassniki im Rahmen einer explorativen Untersuchung beobachtete.[44] Er stellte fest, dass Odnoklassniki ein aktiver Kanal für Desinformation und Propaganda ist und

---

39 Siehe Fn. 41, S. 12f.

40 „Russlanddeutsche für die AfD" – <https://ok.ru/afdrus>.

41 Susanne Spahn: Russischsprachige im Fokus: Wie Russland und die AfD Einfluss nehmen. ISPSW Strategy Series: Focus on Defense and International Security, Issue No. 548/2018.

42 Siehe dazu auch: Andreas Heinemann-Grüder: Putins Mannen. Kremlaffine Milieus in Deutschland, in: OSTEUROPA, 6–7/2024, S. 111–134.

43 Drucksache 20/6142, 24.3.2023, <https://dserver.bundestag.de/btd/20/061/2006142.pdf>.

44 Rashid Gabdulhakov: Countering Russian Disinformation in Europe: The Case of Odnoklassniki, in: Anastassia Mahon, James C. Pearce, Andrei Korobkov, Rashid Gabdulhakov, Nino Gozalishvili, Revaz Topuria, Natalia Stercul, Marius Vacarelu: Forum: Russia's Invasion of Ukraine: What Did We Miss? International Studies Perspectives, 25/2024, S. 336–340.

russischsprachige Migranten in Deutschland ein explizites Ziel. In der von ihm beobachteten Gruppe geriet das Kriegsgeschehen in der Ukraine zur Nebensache. Zum Hauptproblem wurden in geteilten und weiterverbreiteten Nachrichten, Videos und Memes ukrainische Flüchtlinge, der ukrainische Präsident Volodymyr Zelens'kyj und die deutsche Bundesregierung. Ukrainische Flüchtlinge wurden als undankbar, gefährlich und russophob dämonisiert. Der ukrainische Präsident wurde als ein drogenabhängiger, homosexueller Nazi und willenlose Spielfigur des Westens diskreditiert. Und die Ampel-Regierung wurde, ganz auf Linie des russländischen Staates und der Politkampagnen der AfD, als inkompetent und gefährlich dargestellt, da sie etwa die Energiesicherheit Deutschlands aufs Spiel gesetzt habe und für die hohe Inflation verantwortlich sei. Gabdulhakov hält diese Vorgänge deshalb für so gefährlich, weil gezielt und dauerhaft jene beeinflusst würden, die als deutsche Staatsbürger mit ihrer Wahlentscheidung einen direkten Einfluss auf die deutsche und die EU-Politik ausüben können. Sich auf das Verbot von russländischer TV-Propaganda im EU-Raum zu verlassen, hält er für fahrlässig. Nötig seien vielmehr aktive, multilinguale Gegenkampagnen im digitalen Raum, die sich etwa gezielt an russlanddeutsche Spätaussiedler wenden.

Keine Kriegsöffentlichkeit?

Odnoklassniki veränderte sich mit dem Beginn des russländischen Krieges gegen die Ukraine im Jahr 2014. Seitdem haben ukrainische Nutzer die Plattform zunehmend verlassen.[45] Entscheidend war hier das zunächst auf drei Jahre angelegte Verbot von Odnoklassniki und VKontakte, das der ukrainische Präsident Petro Porošenko 2017 verhängte und das sein Nachfolger Zelens'kyj 2020 verlängerte. Damals, 2017, hatte Odnoklassniki noch neun Millionen ukrainische Nutzer pro Monat.[46] Nach dem Verbot stiegen Telegram, Facebook und Instagram zu dominierenden Plattformen in der Ukraine auf. Eine Trennung der digitalen Interaktionsräume ukrainischer und russländischer Nutzer war Anfang 2020 bereits weitgehend abgeschlossen. Nach dem offiziellen Verbot im Jahr 2017 war niemand in der Ukraine gezwungen, seinen Account zu löschen. Doch die Blockade trug zu einer umfassenden digitalen Migration bei und führte zu einer Auflösung digitaler Verbindungen mit heute in Russland lebenden Nutzern.

Als Russland die Ukraine im Februar 2022 überfiel, versuchten viele ukrainische Nutzer Freunde und Angehörige in Russland über die Kriegswirklichkeit zu informieren. Am 1. März 2022 verkündete Vadim Denisenko, ein Mitarbeiter des ukrainischen Innenministers, im ukrainischen Fernsehen sogar, man habe das Verbot von VKontakte und Odnoklassniki aufgehoben, damit Ukrainer möglichst massenhaft russländische Bürger direkt kontaktieren und Fotos und Videos realer Kriegshandlungen und ihrer Folgen in russischsprachigen Netzwerken veröffentlichen könnten.[47] Ob diese Blockade tatsächlich aufgehoben wurde beziehungsweise wie lange, ist nicht mehr nachzuvollziehen. Das

---

[45] Kseniya Kizilova, Pippa Norris: Was denken gewöhnliche Russen wirklich über den Krieg in der Ukraine? Russland-Analysen, Ausgabe 418, 11.4.2022.

[46] Zelenskij zablokiroval VKontakte i Odnoklassniki ešče na tri goda. Ėto pomožet? Tech.liga.net, 15.5.2020.

[47] V Ukrajini rozblokuvaly „VKontakte", ščob vesty informacijnu vijnu z RF. Unian, 1.3.2022.

Verbot von Odnoklassniki und VKontakte gilt in der Ukraine nach wie vor. Es gibt Berichte über organisierte, hocharbeitsteilige ukrainische Freiwilligengruppen, die aus Hunderten von Personen bestanden, die seit Februar 2022 gezielt russländische Bürgerinnen, Soldaten, ihre Angehörige und Verwandte auf Odnoklassniki und VKontakte anschrieben. Etwa die Gruppe „IT#StandForUkraine“ machte auf die Brutalität an der Front, persönliche Schicksale oder ökonomische Folgen des Krieges aufmerksam.[48] Über beide vom russländischen Staat kontrollierten Plattformen, wenn auch eingeschränkt, bleibt die Kommunikation in den digitalen Raum des Gegners weiterhin möglich.

In Russland ist Odnoklassniki eine Plattform, die unmittelbar an der Herausbildung digitaler Kriegsöffentlichkeiten beteiligt ist: Hier wird dazu aufgerufen, Lebensmittel, Medizinprodukte für Soldaten oder auch Geld für Drohnen zur Ausstattung von Kampfeinheiten zu sammeln; hier wird eine russischsprachige Öffentlichkeit auf die Notwendigkeit des Krieges eingestimmt und hier verläuft eine Art digitale Heimatfront, an der staatliche Akteure und Propagandisten um Nutzer kämpfen.

Für die Ausübung der ideologischen Diskurshoheit war es von zentraler Bedeutung, dass VKontakte und Odnoklassniki 2022 bereits als Kommunikationskanal für staatliche Propaganda funktionierten. Nach dem Verbot von Facebook und Instagram im März 2022 verzeichnete Odnoklassniki keine besonderen Zuwächse an Nutzern, bei VKontakte wurde zwischen 2022 und 2024 ein Zuwachs von bis zu zehn Millionen Nutzern vermerkt.[49] Eine Untersuchung von Aljukov et al. zeigt, dass Propaganda- und Desinformations-Kampagnen im Staatsfernsehen und auf staatlich kontrollierten Social-Media-Plattformen synchron verlaufen.[50] Kriegspropaganda sei auf Odnoklassniki im Vergleich zu VKontakte und Telegram überproportional präsent und erfahre am wenigsten Widerspruch. Sehr verbreitet sei eine abwertende Sprache gegenüber den Ukrainern. Die Zuschreibung „Nazis“ raube ihnen jede menschliche Eigenschaft und stelle jegliche Kriegshärte als gerechtfertigt dar. Die Untersuchung bestätigt die führende Hand des Staates, und legt nahe, dass Durchschnitts-Nutzer kaum eine Rolle spielen. Die zentralen Mechanismen seien gesteuerte Gruppen, bezahlte Einfluss-Akteure und Bots, deren Hauptfunktion darin bestehe, breite öffentliche Unterstützung des Krieges gegen die Ukraine zu simulieren. Zugleich zeigen Aljukov et al., dass russländische soziale Netzwerke ein wichtiger Bestandteil der autoritären Medienwelt Russlands sind.

Was den Einfluss dieser Kampagnen auf die Ukraine betrifft, hat sich die Stellung von Odnoklassniki im Vergleich zu 2014 stark verändert. Der Präsidentenerlass, VKontakte und Odnoklassniki zu blockieren,[51] wurde kritisiert und nicht konsequent durchgesetzt. Dennoch sanken die Nutzerzahlen mit Ausnahme der von Moskau besetzten Krim sowie den destabilisierten Teilen der Bezirke Luhans'k und Donec'k kontinuierlich.[52] Als Gründe für die Blockade nannten ukrainische Behörden bereits 2017 Datensicherheit und die Abwehr von Desinformation und Propaganda. Auf diese Weise wollten sie die Überlebenschancen ukrainischer Soldaten erhöhen. Mit Erfolg: Im Frühjahr 2022 nutzten

---

[48] How Ukrainians use Russian social platforms to break through Russia’s propaganda. The Fix, 18.3.2022.

[49] Za dva goda blokirovki auditorija inostrannych socsetej upala v razy. Vedomosti, 19.3.2024.

[50] Aljukov et al., Getting Messages [Fn. 2].

[51] Odnoklassniki Mediakit 2024 [Fn. 36].

[52] Ebd.

nur noch wenige russländische Plattformen, Messenger oder Suchmaschinen wie Yandex. Damit war es nicht mehr möglich, die Position ukrainischer Soldaten mithilfe der Plattformen zu lokalisieren, wie der ukrainische Medienexperte Vitaly Moroz feststellte.[53]

Odnoklassniki war im weiteren Verlauf des Kriegs kein einseitiges Propaganda-Instrument. Diverse Projekte nutzten die Plattform bereits früh als Instrument für die Durchführung von Open Source Intelligence (OSINT). So identifizierte das Projekt *Bellingcat* vor allem auch dank Recherchen bei VKontakte und Odnoklassniki die Soldaten und Offiziere der 53. Luftabwehrbrigade aus Kursk, die am Abschuss der Boeing MH-17 über der Ukraine beteiligt war beziehungsweise deren Mitglieder als Zeugen infrage kamen.[54] Auch das ukrainische Freiwilligenprojekt *InformNapalm*, gegründet nach der Krim-Annexion 2014, sammelt und analysiert Daten unter anderem in sozialen Netzwerken, um schon früh die Beteiligung russländischer Truppen an Kämpfen im Osten der Ukraine zu belegen, Kriegsverbrechen zu dokumentieren und eine Datenbank beteiligter Soldaten und Offiziere zu erstellen.[55]

Die Ukraine hat nach 2014 wichtige Lektionen gelernt und Konsequenzen gezogen. Die Blockade russländischer, staatlich kontrollierter sozialer Netzwerke senkte die Risiken für Datensicherheit und die Möglichkeit propagandistischer Einflussnahme auf Zivilisten und Militärangehörige erheblich. OSINT-Projekte zeigen, wie diese Infrastrukturen digitaler Kriegsöffentlichkeit auch dann von der Gegenseite genutzt werden können, wenn sie von Vertretern eines autoritären Staats kontrolliert werden. Auch kleine Rechercheteams sind in der Lage, mit einfachen Mitteln Daten zu erheben und systematisch auszuwerten. Hierbei kann auch Odnoklassniki in Zukunft eine wesentliche zeithistorische Quelle sein.

Schlagwörter:
Odnoklassniki, soziale Medien, Russland, Öffentlichkeit, Deutschland, Ukraine, Ukraine-Krieg, VKontakte

---

53 „VKontakte“ i „Odnoklassniki“ ostalis’ pod zapretom: kakoj rezul’tat dal trechletnij „ban“? Radio Svoboda, 14.5.2020.

54 Bellingcat, MH17 – Potential Suspects and Witnesses from the 53rd Anti-Aircraft Missile Brigade. Bellingcat, 2015/2016.

55 Dokazatel’stva rossijskoj agressii i voennych prestuplenij RF, <https://informnapalm.org/database/>.

Taras Nazaruk

Eine Dekade Telegram

Meinungsfreiheit und Sicherheit

Telegram pflegt das Image eines freien, unzensierten Mediums. Das macht die Plattform in autoritären Staaten für jene attraktiv, die staatliche Zensur oder Repressionen fürchten. Dabei weist just Telegram erhebliche Sicherheitslücken für individuelle Nutzer auf, die Behörden gezielt zur Verfolgung von Gegnern einsetzen können. Telegram hat sich zu einem hybriden Medium entwickelt, das private Kommunikation in verschlüsselten Chats ermöglicht und in öffentlichen Kanälen ein Millionenpublikum jenseits der etablierten Massenmedien erreicht. Der Grundsatz der Betreiber, nicht moderierend einzugreifen, macht Telegram janusköpfig. Einerseits dient es kritischen Gruppen als Organisationsplattform und Sprachrohr, andererseits zieht das Versprechen auf Anonymität zwielichtige Figuren an, die die Freiheit der Plattform missbrauchen. Nicht nur die ukrainischen Behörden sind alarmiert über den Einfluss der Plattform auf die nationale Sicherheit.

Im Jahr 2011 versuchte die Polizei in die Wohnung von Pavel Durov in Sankt Petersburg einzudringen. Dem Gründer und Geschäftsführer der Plattform VKontakte (VK) („In Kontakt"), Wettbewerber von Facebook, wurde vorgeworfen, die gerichtlich angeordnete Löschung der Konten von Oppositionellen in Russland vor den Parlamentswahlen verhindert zu haben.[1] Durov versuchte im Moment des Polizeizugriffs vergeblich, seinen Bruder Nikolaj auf sicherem Weg zu kontaktieren. Das, so Durov später, sei die Geburtsstunde von Telegram gewesen.[2] Die Idee für eine Plattform, die den Zugriff des Staats auf die Inhalte von Nutzern prinzipiell ausschließen würde, war geboren.

Pavel und Nikolaj brachten Telegram 2013 auf den Weg, als der Druck der Regierung, Kontrolle über die Server von VKontakte zu erlangen, wuchs. VK war zu diesem Zeitpunkt in Russland und in der Ukraine die beliebteste Social-Media-Plattform. Im Zusammenhang mit dem Euromajdan 2013/14, der Annexion der Krim durch Russland und dem Krieg im Donbass forderten Russlands Behörden von VKontakte personenbezogene Daten ukrainischer Demonstranten an, was Durov verweigerte. Dies führte schließlich dazu,

---

Taras Nazaruk (1990) Projektkoordinator des Telegram-Kriegsarchivs am Zentrum für Stadtgeschichte, L'viv, Doktorand der NFG026 Nachwuchsforschungsgruppe der Hans-Böckler-Stiftung, FernUniversität in Hagen

1 Kod Pavla Durova: Pjat' istorij iz žizni „VKontakte" i ego sozdatelja. Forbes.ru, 22.11.2012, <www.forbes.ru/sobytiya-opinion/lyudi/212150-kod-pavla-durova-pyat-istorii-iz-zhizni-VKontakte-i-ee-sozdatelya>.

2 Once Celebrated in Russia, the Programmer Pavel Durov Chooses Exile. The New York Times, 2.12.2014.

OSTEUROPA, 75. Jg., 1–3/2025, S. 443–450 doi: 10.35998/oe-2025-029

dass Durov seine Anteile an VKontakte verkaufte, Russland verließ und sich auf die Entwicklung von Telegram konzentrierte.[3]

Anfang 2025 hat die Plattform weltweit fast eine Milliarde Nutzer. Sie ist in Indien, Indonesien, den USA, Iran, Brasilien und Vietnam ist präsent. In Russland, Ukraine, Belarus und anderen Ländern Osteuropas ist sie die meistgenutzte Plattform.[4] Der Schlüssel zum Erfolg war die Selbstdarstellung von Telegram als Medium für Meinungsfreiheit, das die Privatsphäre der Nutzer vor staatlicher Zensur und Kontrolle schützt. Untersuchungen zeigen jedoch, dass dieses Bild von Telegram eher auf die öffentliche Rhetorik und das Marketing Durovs und seiner Mitstreiter zurückgeht als auf tatsächliche Anstrengungen zum Datenschutz.[5]

Doch der Telegram-Mythos zog schnell neue Nutzer an, die nach Alternativen zu den Mainstream-Plattformen suchten.[6] Die wachsende Popularität von Telegram ist ein Ergebnis des sogenannten „Deplatforming". So bezeichnet Richard Rogers die Abwanderung von Nutzern von etablierten Plattformen, wenn sie dort gegen die Regeln verstoßen. So ist Telegram speziell bei Nutzern beliebt, die anderswo wegen extremistischer Aktivitäten und Hassreden ausgeschlossen wurden. Insbesondere in den USA und Großbritannien ist der Messenger zu einem „sicheren Hafen" für Nutzer geworden, die von Facebook, X (Twitter) oder YouTube abgewandert sind.[7]

In Osteuropa sind die Gründe für Deplatforming und die Hinwendung zu Telegram auch in staatlicher Verfolgung und Repression durch autoritäre Regime und im Bedarf an einem Kommunikationsmittel im Kriegsgebiet zu suchen. In Russland, Belarus und der Ukraine betrachteten Nutzer, die Datenschutz und sichere Kommunikation im Netz suchten, *Telegram* als attraktive Alternative und effektives Kommunikationsmedium. In der Ukraine nahm die Popularität von Telegram ab 2017 stark zu, nachdem das vom Kreml kontrollierte VK von Kiew als Maßnahme der nationalen Sicherheit verboten worden war.[8] Belarussische Demonstranten wechselten während der Proteste im Sommer und Herbst 2020 gegen die gefälschten Präsidentschaftswahlen zu Telegram. Angesichts von Internetabschaltung und staatlicher Zensur wurde Telegram zur beliebtesten Anwendung für den Austausch privater Nachrichten.[9] Auch in Russland gewann sie unter Oppositionellen und kritischen Medien an Popularität, insbesondere nach der Verabschiedung des Gesetzes über ausländische Agenten.[10]

---

3 Telegram founder Pavel Durov gave a long interview to the odious host Tucker Carlson. The main points. Babel.ua, 17.4.2024.

4 Telegram Users Statistics (2025) – New Global Data, DemandSage (Blog), 1.1.2025, <www.demandsage.com/telegram-statistics/>.

5 Nathalie Marechal: From Russia With Crypto: A Political History of Telegram, 2018, <www.usenix.org/conference/foci18/presentation/marechal>.

6 Felix Ackermann, Taras Nazaruk: Mythos Telegram, in: Geschichte der Gegenwart, 15.12.2024, <https://geschichtedergegenwart.ch/mythos-telegram>.

7 Richard Rogers: Deplatforming: Following Extreme Internet Celebrities to Telegram and Alternative Social Media, in: European Journal of Communication, 3/2020, S. 213–229.

8 Ukraine Asks If Telegram, Its Favorite App, Is a Sleeper Agent. The New York Times, 9.12.2024, <www.nytimes.com/2024/12/09/technology/ukraine-russia-telegram-security.html>.

9 Daria Kuznetsova: Broadcasting Messages via Telegram: Pro-Government Social Media Control During the 2020 Protests in Belarus and 2022 Anti-War Protests in Russia, in: Political Communication, 4/2024, S. 509–530.

10 Tetyana Lokot: Telegram: What's in an App? Ponarseurasia.org, 26.11.2018. – Russia Labels Telegram News Channel Astra Foreign Agent. The Moscow Times, 25.10.2024.

Telegram versprach seinen Nutzern Anonymität, die Verschlüsselung ihrer Daten und minimale Moderation der Inhalte. Damit war Telegram von Anfang an ein geschützter und zugleich öffentlicher Raum.[11] Dieses Image wurde dadurch verstärkt, dass es von Anfang an geheime Chats gab, die Ende-zu-Ende-verschlüsselt sind und keine Kommunikationsdaten auf den Servern der Plattform speichern. Dadurch wird sichergestellt, dass jeweils nur der Absender und Empfänger die Nachrichten lesen kann, während Übertragungs- und Abhörinstanzen lediglich eine verschlüsselte Zeichenfolge einsehen können. Diese Funktion machte Telegram in den Augen der Nutzer zu einem heiligen Ort der Sicherheit und Privatsphäre, obwohl die Verschlüsselung gar nicht standardmäßig aktiviert ist und grundsätzlich nur für den Datenaustausch zwischen zwei Nutzern verfügbar ist. Die Kommunikation in größeren Gruppen und Kanälen ist nicht standardmäßig verschlüsselt und private Chats werden – im Widerspruch zum Telegram-Mythos – nach wie vor auf den Servern der Telegram-Cloud gespeichert.[12] Experten und Aktivisten kritisieren deshalb, dass Telegram, anders als die Messenger WhatsApp oder Signal, keine umfassende Verschlüsselung anbietet.[13]

Den Wandel vom klassischen Messenger zum Medium für öffentliches Broadcasting vollzog Telegram 2015, als die Möglichkeit eingeführt wurde, mithilfe von Kanälen mit größeren Öffentlichkeiten zu kommunizieren. Von nun an konnte jeder Nutzer mit geringem Aufwand einen Kanal erstellen und darin Nachrichten an eine unbegrenzte Anzahl von Abonnenten versenden. Jeder Nutzer kann sich abonnierte öffentliche Kanäle und private Chats eigenhändig zu einem Feed zusammenstellen. Das unterscheidet Telegram von anderen sozialen Medien, da bei der Zusammenstellung der Nachrichten keine Algorithmen zum Einsatz kommen, die Relevanz und Aktualität einer bestimmten Information bewerten. Die Zusammensetzung des Newsfeeds hängt allein von den Präferenzen der Nutzer ab. Der Posteingang ist chronologisch nach Nachrichteneingang sortiert.[14] Deswegen versuchen Kanäle mit einer großen Leserschaft, ihre Reichweite durch eine hohe Frequenz an Posts aufrechtzuerhalten. Die Kommunikation auf Telegram zeichnet sich durch eine Beschleunigung der Gegenwart aus.

Dieses Prinzip der eigenhändigen Auswahl, deren Anordnung allein durch die Frequenz von Nachrichten beeinflusst wird, geht Hand in Hand mit einem geringen Moderationsgrad der einzelnen Kanäle. Die Plattformbetreiber lehnen oft eine Moderation der Inhalte ab. Und erklären sich solidarisch mit Dissidenten und der politischen Opposition in autokratischen Gesellschaften. Das bewusst kreierte Image Telegrams als Verfechter der digitalen Freiheit förderte die Entstehung oppositioneller digitaler Milieus und zugleich neue Grauzonen. Hier richteten sich im vergangenen Jahrzehnt auch radikale politische Kräfte und Kriminelle aller Couleur ein, die andere Plattformen mieden. Beide Dimensionen der Nutzung von Telegram als Darkroom der digitalen Öffentlichkeit haben weltweit die Aufmerksamkeit von Regierungen auf sich gezogen.[15]

---

[11] Rogers, Deplatforming [Fn. 7].

[12] Mariëlle Wijermars, Tetyana Lokot: Is Telegram a „Harbinger of Freedom"? The Performance, Practices, and Perception of Platforms as Political Actors in Authoritarian States, in: Post-Soviet Affairs, 1–2/2022, S. 125–145.

[13] Andy Greenberg: Fleeing WhatsApp for Better Privacy? Don't Turn to Telegram, WIRED 2021, <www.wired.com/story/telegram-encryption-whatsapp-settings/>.

[14] Channels: Broadcasting Done Right, Telegram, <https://telegram.org/blog/channels>. 14.1.2025.

[15] Wijermars, Is Telegram [Fn. 12].

Russland

Telegram wurde in Russland 2018 von der Aufsichtsbehörde Roskomnadzor für zwei Jahre verboten. Als Grund nannten Regierungsvertreter eine terroristische Bedrohung. Roskomnadzor forderte Entschlüsselungsschlüssel, die es den Strafverfolgungsbehörden ermöglichen sollten, die Kommunikation über die Plattform zu überwachen. Die Sperrung führte zu Unterbrechungen im Betrieb vieler Drittanbieterdienste wie Amazon oder Google in Russland, hatte aber kaum Auswirkungen auf die Verfügbarkeit von Telegram. Die Plattform umging die Sperrung, indem sie virtuelle IP-Adressen und VPN-Dienste einsetzte. Die Behörden konnten trotz ihrer Bemühungen, Millionen von IP-Adressen zu sperren, das Verbot praktisch nicht durchsetzen. Im Gegenteil führte der Erfolg von Telegram bei der Umgehung der Sperre zum deutlichen Anstieg von Popularität und Nutzerzahlen.[16] Im Sommer 2020 hob Roskomnadzor die Sperrung auf. Die offizielle Begründung lautete, dass sich die Plattform bereit erklärt habe, bei der Bekämpfung von Extremismus und Terrorismus zu kooperieren. Die tatsächlichen Umstände bleiben aber im Dunkeln. Ebenso die Frage, ob die Plattform im Zusammenhang mit dieser Entscheidung irgendwelche Zugeständnisse gemacht hat.[17] Durov stilisierte die erfolgreiche Umgehung der Sperre zum Akt des digitalen Widerstands.[18]

Belarus

Dieser Rolle wurde die Plattform im Herbst 2020 in Belarus gerecht. Die Proteste gegen die gefälschten Präsidentschaftswahlen wurden primär in Telegram-Kanälen organisiert und koordiniert.[19] Noch ein Jahr zuvor hatte Telegram dort keine große Rolle gespielt. In der Alltagskommunikation dominerte die in Belarus entwickelte Messenger-App Viber. Erst die massive Internetzensur während der Proteste und der Nimbus einer Anti-Zensur-App ließen die Attraktivität von Telegram in Belarus explodieren. Die Betreiber der Plattform erklärten sich mit der Protestbewegung solidarisch. Durov führte eigens Digital Resistance-Tools zur Umgehung von staatlichen Blockierungsversuchen wieder ein und entwickelte sie im Laufe der kommenden Monate weiter. Dabei griff er auf Erfahrungen zurück, die Telegram zwei Jahre zuvor während der Blockade in Russland gemacht hatte. Die Plattformbetreiber weigerten sich weiterhin, Inhalte von Kanälen der Protestierenden zu moderieren, die nach belarussischem Recht als „extremistische Inhalte“ hätten entfernt werden müssen. Darüber hinaus veröffentlichte die Plattform während der Proteste eine neue Benutzeroberfläche in belarussischer Sprache, richtete einen eigenen Kanal ein, der über die fortlaufenden Ereignisse informierte, und entwarf eine Reihe von digitalen Stickern mit der weiß-rot-weißen Flagge der Protestbewegung. Das lasen die Nutzer als Zeichen der politischen Unterstützung der Demonstranten. Außerdem sorgte die Plattform für eine verstärkte Anonymität der Kanaladministratoren und versteckte zuvor sichtbare Telefonnummern aus den Nutzerprofilen von Abonnenten einzelner Kanäle.[20]

---

16 Ksenia Ermoshina, Francesca Musiani: The Telegram Ban: How Censorship „Made in Russia“ Faces a Global Internet. First Monday, 5–3/2021, <https://doi.org/10.5210/fm.v26i5.11704>.

17 Darren Loucaides: The Kremlin Has Entered Your Telegram Chat. Wired.com, 3.9.2024.

18 Pavel Durov: Telegramm: Kontakt @durov, 2020, <https://t.me/durov/117>.

19 Wijermars, Is Telegram [Fn. 12].

20 Ebd.

Ukraine

Auch in der Ukraine war Telegram vor der russländischen Invasion im Februar 2022 eine von vielen Plattformen gewesen. Obwohl ein frühes Verbot der Plattform VKontakte die Nutzerzahlen nach oben getrieben hatte und die Plattform bereits 2019 im Präsidentschaftswahlkampf aktiv genutzt worden war, veränderte erst die Vollinvasion das Nutzungsverhalten radikal. Telegram wurde zur zentralen Infrastruktur der digitalen Kriegsöffentlichkeit.[21] Die für Telegram spezifische Kombination aus privater Sofortnachricht und leicht zugänglichen öffentlichen Informationen entfaltete angesichts russländischer Artillerie-, Panzer- und Luftangriffe ein neues Potenzial. Telegram wurde zur bevorzugten Plattform zur Koordination von Nachbarschaftshilfe, Crowdfunding, Updates über Luftangriffe und die Kriegslage.[22]
Dieser Umstand führte in der ukrainischen Regierung zu wachsender Sorge. Denn die anonyme digitale Öffentlichkeit kann in Kriegszeiten auch zur Verbreitung von Desinformation und der Destabilisierung der Gesellschaft genutzt werden. Mithilfe der geheimen Chatfunktion können auch von außerhalb der Ukraine Menschen z.B. für Sabotageakte rekrutiert werden. Das war bereits mehrfach der Fall. Militärfahrzeuge wurden angezündet, Informationen über ukrainische Militäreinheiten sowie kritische Infrastruktur gesammelt und weitergegeben.[23] Dass die Plattformbetreiber ursprünglich aus Russland stammen, die Eigentumsverhältnisse und das Geschäftsmodell intransparent sind, verstärkt die Bedenken über die Datensicherheit. Trotz gegenteiliger Beteuerungen Durovs, besteht die Befürchtung, dass Russlands Geheimdienste auf Inhalte zugreifen können.[24] Seit 2023 mehren sich in der Ukraine Klagen darüber, dass über die Plattform russländische Desinformation verbreitet werde. Dies führte dazu, dass ukrainischen Beamten die Nutzung von Telegram schrittweise verboten wurde. Eine vollständige Sperrung in der Ukraine scheint aussichtslos, dennoch arbeitet das Parlament an einer Gesetzesinitiative, um die Plattform zumindest zu regulieren.[25] So bleibt Telegram die beliebteste Kommunikationsplattform der ukrainischen Gesellschaft und das digitale Sorgenkind des ukrainischen Staats, der Telegram wegen seiner Gründungsgeschichte in Russland, dem Aggressor im gegenwärtigen Krieg, mit wachsender Sorge beobachtet.

Raum für Widerspruch und Verfolgung

Ähnliche Bedenken äußern auch kritische Kreise in Russland, die seit Beginn der russländischen Invasion in der Ukraine sogar in den verborgenen Chats mit Ende-zu-Ende-Verschlüsselung verdächtige überwachungsähnliche Aktivitäten festgestellt haben.[26] Diese Bedenken und die undurchsichtige Entscheidung von Roskomnadzor, Telegram

---

21 Ukraine Asks [Fn. 8].

22 Taras Nazaruk: Abonnieren und Folgen. Telegram and Responsive Archiving the War in Ukraine, in: Sociologica, 2/2022, S. 217–226.

23 Russia uses messaging apps to recruit terrorists, Ukraine's police says. The Record, 6.2.2025.

24 Ukraine Asks [Fn. 8].

25 Ukraine Bans Telegram Use on State-Issued Devices, BBC News, 21.9.2024. – Ukraine Asks [Fn. 8].

26 Loucaides, The Kremlin has entered [Fn. 17].

in Russland zu entsperren, veranlasste etliche Nutzer dazu, Telegram den Rücken zu kehren. Allerdings sind wegen der verschärften Zensur in Russland andere beliebte Plattformen nicht mehr oder nur noch eingeschränkt verfügbar. Das trieb die Nutzerzahlen unabhängig von den Bedenken der Opposition in die Höhe.[27]

Die Behörden in Russland und Belarus haben in den vergangenen Jahren im Umgang mit Telegram dazugelernt. Der direkte Zugang zur Datenbank der Plattform ist für jedermann über eine API (Application Programming Interface) möglich. Im Prinzip ermöglicht sie es, große Datensätze aller Nutzeraktivitäten aus offenen Chats und Kanälen auf Maschinenebene zu exportieren. Das erleichtert es potentiell jedem Geheimdienst, die Kommunikation der Nutzer ohne den Einsatz spezieller Spionagesoftware, die in die privaten Nutzerkonten eindringen könnte, zu überwachen und abzuschöpfen.[28]

Die belarussische Regierung und die Geheimdienste haben aus den Erfahrungen mit der Unterdrückung der Proteste im Jahr 2020 gelernt, wie die Popularität von Telegram unter den Protest- und Oppositionsgemeinschaften effektiv genutzt werden kann. Lukašenkas Behörden haben eigene Telegram-Kanäle zur Verbreitung ihrer Geschichten gestartet.[29]

Die Geheimdienste infiltrierten oppositionelle Chats und konnten so Nutzer identifizieren – eine Praxis, die das Regime als „De-Anonymisierung" bezeichnet.[30] In Reaktion darauf versuchten belarussische „Cyber-Partisanen", eine eigene, sicherere Version des Telegram-App-Clients zu erstellen, die noch weniger Spuren hinterlässt und eine höhere Sicherheit bietet. Die App ist jedoch noch nicht voll funktionsfähig.[31]

Die Möglichkeit, über API-Schnittstellen große Mengen an Nutzerdaten zu exportieren, wurde für die Demonstranten von 2020 zunehmend zu einer existentiellen Gefahr. Wird einer von ihnen verhaftet, werden die beschlagnahmten Telefone mit Techniken der digitalen Forensik ausgelesen. Das Regime verschafften sich so Zugriff auf Telegram-Kontaktlisten, zahlreiche Administratoren anonymer Telegram-Kanäle wurden verhaftet und zu Haft verurteilt.[32]

Die zwei Seiten einer Medaille

Telegram wurde zu einem Zufluchtsort für all jene, die sich staatlicher Kontrolle und Zensur entziehen wollten. Die Faktoren, die die Plattform für viele so attraktiv machen – wenig Moderation, kaum Transparenz und fehlende Rechenschaftspflicht bedeuten aber auch, dass die Nutzer Pavel Durov blind vertrauen müssen, dass ihre Daten tatsächlich sicher sind. Eine datenschutzrechtliche Garantie dafür gibt es nicht. Dies hat auch liberalen Rechtsstaaten vor Augen geführt, wie gering ihre Kontrolle über die wichtigsten digitalen Infrastrukturen der öffentliche Kommunikation, in diesem Fall Telegram.

---

27 Olga Logunova: Telegram: Why the App Is Allowed When Other Social Media Is Censored in Russia. The Conversation, 9.10.2024.

28 The Kremlin [Fn. 17].

29 Wijermars, Is Telegram [Fn. 14].

30 Ksenija Pol'skaja: Minsk ob"javil o deanonimizacii „ėkstremistskich" kanalov. dw.com, 15.10.2021.

31 „Kiberpartizany" sozdali klient Telegram dlja iOS. Čto on umeet i počemu on poka detostupen belorusam vnutri strany. Naša Niva, 12.12.2023.

32 Michael Scollon: The Telegram App Gives Voice To The Oppressed In Belarus And Russia. But Hate Groups Are Using It Too. RFE/RL, 1.1.2021.

Die Gründung von Telegram fiel in eine Zeit der digitalen Euphorie, das Internet schien Freiheit und Demokratie auch im autokratischen Umfeld zu versprechen. Diese Euphorie wurde während des Arabischen Frühlings 2010–2012 sichtbar, als soziale Medien das wichtigste Instrument der Mobilisierung und demokratischer Praktiken waren.[33] Heute hat sich dieses Versprechen von Freiheit und Demokratisierung abgenutzt. Mehr als ein Jahrzehnt nach jenem Tag, als die Polizei versuchte, in Pavel Durovs St. Petersburger Wohnung einzudringen, wurde er im August 2024 auf Betreiben der französischen Staatsanwaltschaft am Pariser Flughafen verhaftet. Ihm wurde vorgeworfen, dass seine Plattform Drogenhandel, sexuelle Ausbeutung von Kindern, Geldwäsche, Betrug und Verschleierung ermögliche.[34] Durov zahlte eine Kaution, um die Haft verlassen zu können. Während er darauf wartet, dass der Fall dem Gericht vorgelegt wird, darf er Frankreich nicht verlassen und muss sich regelmäßig bei der Polizei melden.[35] Durovs Verhaftung in Paris war auch deshalb bedeutsam, weil nie zuvor der CEO einer global agierenden Plattform wegen mangelhafter Moderationstätigkeit in Untersuchungshaft saß.[36] Es ist davon auszugehen, dass die französische Justiz diesen Schritt ging, weil jede andere Form der staatlichen Regulierung fehlgeschlagen war.

Die Geschichte von Telegram hat die Fallstricke einer plattformbasierten digitalen Medien-Ökologie sichtbar gemacht. Sie sensibilisiert dafür, dass digitale Freiheit nicht nur Teil eines Geschäftsmodells sein kann, sondern auch von Autokratien als Waffe eingesetzt oder von Extremisten und illegalen Gruppen für ihre Zwecke genutzt werden können. Dies gilt nicht ausschließlich für Telegram oder die Nutzung in Osteuropa. Dort aber tritt das Dilemma in Zeiten staatlicher Repression klar hervor. Persönliche Freiheitsrechte und der Schutz der Privatsphäre kollidieren hier mit staatlicher Kontrolle und Regulierungsversuchen. Die Plattform, die wie keine andere für freien Zugang zu digitaler Infrastruktur steht, ist von zwielichtigen Gestalten korrumpiert worden, die sie für Missbrauch, Sabotage und kriminelle Machenschaften nutzen. Freiheit darf nicht mit Regellosigkeit verwechselt werden. Indem sich die Telegram-Macher jeglicher Regulierung verweigern, haben sie einen rechtsfreien Raum geschaffen. Damit ist Telegram heute beides: Eine Plattform für die digitale Selbstverständigung ganzer Gesellschaften und dunkles Hinterzimmer krimineller Vereinigungen.

Telegram als Archiv

Telegram gehört zu den dynamischsten und einflussreichsten Infrastrukturen der öffentlichen Kommunikation in Osteuropa – insbesondere in Russland, Belarus und der Ukraine. Insofern wird die Plattform auch die kollektive Erinnerung an den Krieg in der

---

[33] Philip N. Howard u. a.: Opening Closed Regimes: What Was the Role of Social Media During the Arab Spring? Social Science Research Network, Working Paper 2015, <https://doi.org/10.2139/ssrn.2595096 >. – Evgeny Morozov: The Net Delusion: The Dark Side of Internet Freedom. New York 2011. – Haythem Guesmi: The Social Media Myth about the Arab Spring. Al Jazeera, 27.1.2021.

[34] France Uses Arcane Cyber Law to Charge Telegram CEO. Politico, 5.9.2024.

[35] Darren Loucaides: Inside the Bust That Took Down Pavel Durov and Upended Telegram. Wired.com, 4.2.2025.

[36] Can Tech Executives Be Held Responsible for What Happens on Their Platforms? The New York Times, 28.8.2024.

Ukraine oder an die Proteste in Belarus maßgeblich beeinflussen. Wenn sich einmal Historiker mit der Geschichte dieser Zeit befassen, werden die sozialen Medien eine wertvolle Quelle sein. Deswegen stellt sich zunehmend die Frage, in welcher Form und von wem diese Daten aufbewahrt werden können. In den vergangenen zehn Jahren haben sich Historiker und Praktiker der Erinnerungspflege dafür ausgesprochen, die sozialen Medien als „ersten Entwurf der Geschichte" zu begreifen, da sie

> einen reichhaltigen, vielfältigen, kollektiv verfassten und umfassenden Strom von Echtzeit-Updates über das bieten, was in diesem Moment in der Welt geschieht, und darüber, wie die Menschen, denen es widerfährt, darüber denken und fühlen.[37]

Inhalte in sozialen Medien sind flüchtig. So schnell wie sie erstellt werden, können sie verändert und gelöscht werden. Es mangelt an einer einheitlichen Methodik in traditionellen Archiven zur Aufbewahrung dieser Daten in möglichst unverfälschter Form. Die bei der Webarchivierung traditionell verwendete Crawling-Methode ist für die Erfassung sich dynamisch verändernder Social-Media-Inhalte nur bedingt geeignet. Solche Archive sind unvollständig und fragmentiert. Der Export von Rohdaten über APIs bietet eine bessere Datenintegrität, dieser Ansatz ist aber selten verfügbar und hinterlässt das Erscheinungsbild von Social-Media-Schnittstellen. Beide Strategien bieten keine ausreichenden Möglichkeiten, um die Benutzer darauf aufmerksam zu machen, dass ihre Inhalte archiviert werden. Ethische Erwägungen in Bezug auf den Datenschutz und die Sicherheit der Nutzer stellen nach wie vor eine Herausforderung dar. Alle Bemühungen zur Archivierung hängen am Willen der Plattformen, die entscheiden, was bewahrt werden kann oder nicht.[38] Der bisher freie Zugang zur Datenbank und der Datenexport über eine API-Schnittstelle, zusammen mit anderen Datenexportfunktionen und der teilweisen Verfügbarkeit des Quellcodes seiner Anwendungsarchitektur, machen Telegram zu einer der wenigen Plattformen, die eine dezentrale Archivierung, Speicherung und Recherche von Daten ermöglichen.

Digitale Plattformen enthalten die wichtigsten Daten zu den sozialen Interaktionen, die wir heute haben. Die Herausforderung bei der zentralen Archivierung von Social-Media-Inhalten rückt die Idee einer informellen Archivierung durch die Nutzer in den Mittelpunkt. Sie ermutigt dazu, Akteure in den sozialen Medien aktiv an der Bewahrung zu beteiligen. Sie sollen darüber mitentscheiden können, wie ihre Daten in Zukunft als Primärquelle für die Erforschung der Geschichte des 21. Jahrhunderts genutzt werden. So kann Geschichte *mit* und *für* Gemeinschaften geschrieben werden, anstatt *über* sie.

Schlagwörter:
Telegram, Russland, Ukraine, Belarus, VKontakte, soziale Medien, Meinungsfreiheit

---

[37] Axel Bruns, Katrin Weller: Twitter as a First Draft of the Present: And the Challenges of Preserving It for the Future, in: S. Staab, P. Parigi (Hg.): Proceedings of the 8th ACM Conference on Web Science, 2016, S. 183–189, <https://doi.org/10.1145/2908131.2908174>.

[38] Eveline Vlassenroot et al.: Web-Archiving and Social Media: An Exploratory Analysis, in: International Journal of Digital Humanities, 1/2021, S. 107–128.

Gundula Pohl

Content Creator in Uniform

Belarus' „Genozid"-Kampagne auf YouTube

Social Media sind potenziell ein mächtiges Propaganda-Instrument für Autokraten. In Belarus lässt Lukašenkas Generalstaatsanwaltschaft das geschichtspolitische Narrativ vom „Genozid am belarussischen Volk" auf YouTube verbreiten. Video-Serien über die Verbrechen der NS-deutschen Besatzer schlagen einen Bogen zur Gegenwart. Ziel ist es zu beweisen, dass die Feinde des belarussischen Volkes von gestern heute in Gestalt von „NATO-Aggressoren", „ukrainischen Faschisten" und „Verrätern" wiederkehren. Doch die Aktivierung der Öffentlichkeit ist gescheitert.

Die Macht westlicher Social-Media-Plattformen ist enorm. Selbst autoritäre Regime verschließen sich dieser Erkenntnis nicht. In Russland versucht das Putin-Regime, diese Macht einzudämmen, indem es Instagram und Facebook unter dem Vorwand des „Extremismus" blockiert. Auch die Videoplattform YouTube wird im medialen Kampf gegen den „kollektiven Westen" ins Visier genommen. Doch trotz einer temporären Sperrung der Plattform oder einer Drosselung der Geschwindigkeit bei gleichzeitiger massiver Förderung der Alternative RuTube ist YouTube weiterhin zugänglich. In Belarus setzt das Regime von Aljaksandr Lukašenka in Zeiten der Konfrontation mit dem „kollektiven Westen" auf die Reichweite von YouTube als globaler Plattform. Anders als Russland verfügt Belarus über keine eigene, national betriebene Videostreaming-Infrastruktur. Wenn die Staatsmacht ihre Propaganda nicht nur über klassische Medien wie das Fernsehen verbreiten möchte, muss sie auf YouTube zurückgreifen. Das Lukašenka-Regime versucht, das dezentral und partizipativ angelegte Medium dafür zu nutzen, seine Kontrolle auf den digitalen Raum auszuweiten und die Verbreitung von Inhalten zu steuern.

Mitte der 2020er Jahre ist YouTube, Teil des Suchmaschinen-Riesen Google, die größte Videoplattform der Welt. Ihr Erfolg beruht auf der einfachen Möglichkeit, Inhalte ohne großen technischen oder finanziellen Aufwand mit einer unbegrenzten Zahl von Nutzern zu teilen. Ergänzt wird dies durch Funktionen wie Empfehlungen, Kommentare und die Einbettung in andere Websites.[1] Wegen dieser Vorteile machen sich längst auch Staaten und Behörden YouTube als Instrument zur Verbreitung politischer Inhalte zunutze.

Das Lukašenka-Regime nutzt die Plattform beispielsweise. um seine geschichtspolitischen Narrative zu verbreiten. Es setzt dafür auf eine Institution, von der man ein solches Engagement nicht erwarten würde: die Generalstaatsanwaltschaft.

Gundula Pohl (1992), M.A., Historikerin und Kulturwissenschaftlerin, wissenschaftliche Mitarbeiterin für Public History am Historischen Institut der FernUniversität in Hagen

[1] Roman Marek: YouTube verstehen. Über die Faszination eines Mediums. Bielefeld 2013, S. 16. – Jean Burgess, Joshua Green: YouTube. Online Video and Participatory Culture. Cambridge 2009, S. 1–14.

OSTEUROPA, 75. Jg., 1–3/2025, S. 451–458 doi: 10.35998/oe-2025-030

Die Staatsanwaltschaft geht online

Die belarussische Generalstaatsanwaltschaft unterhält eine umfassende Online-Präsenz, darunter eine Website, die von deutschen IP-Adressen nur über VPN erreichbar ist. Darüber hinaus betreibt sie eigene Informationskanäle auf Telegram,[2] Instagram[3] und YouTube.[4] Der 2017 eingerichtete YouTube-Kanal umfasst über 350 Videos, darunter Auftritte von Vertretern der Staatsanwaltschaft (115 Videos), aktuelle Berichte über den Einsatz für die Belange und Rechte der Bürger (Pod zaščitoj prokurora [Unter dem Schutz des Staatsanwalts], 43 Videos) und Beiträge zu einem 2022 veranstalteten Wettbewerb für Schüler und Studenten, der die Anwerbung neuer Mitarbeiter zum Ziel hatte (100 šagov k professii prokurora [100 Schritte zum Beruf des Staatsanwalts], sieben Videos).[5]
Der Kanal dient nicht nur der institutionellen Kommunikation. Er spielt auch eine Rolle bei der Verbreitung von geschichtspolitischen Narrativen und Propaganda. Das Lukašenka-Regime betrachtet Geschichtspolitik als wichtiges Instrument, um seine Herrschaft zu legitimieren und eine kohärente nationale Identität zu konstruieren und zu festigen. Diese Strategie ist für das Regime noch wichtiger geworden, seit die Bevölkerung nach den gefälschten Präsidentschaftswahlen vom August 2020 in Massen auf die Straßen ging, um gegen Wahlfälschung und staatliche Gewalt zu protestieren. Damals unterwarf das Regime die Protestbewegung mit massiven Repressionen.[6] Anfang 2025 befinden sich in Belarus fast 1000 politische Gefangene in Haft.[7] Um seine Macht zu sichern, setzt die Lukašenka-Administration auf Repression und ideologische Indoktrination der Bevölkerung. Ein Schwerpunkt liegt auf der offiziellen Deutung und politischen Instrumentalisierung der Vergangenheit, vor allem der Zeit des Zweiten Weltkriegs und der deutschen Besatzung.

„Genozid am belarussischen Volk“

Als eine zentrale Erzählfigur der staatlichen Geschichtspolitik hat das Regime den „Genozid am belarussischen Volk“ entwickelt,[8] um seine Herrschaft zu legitimieren und seine Identitätspolitik zu untermauern. Bereits vor 2020 hatten Lukašenkas Propagandisten die Abkehr vom sowjetischen Modell eingeschlagen. An die Stelle des „sowjetischen“ Volkes ist das „belarussische Volk“ gerückt. In der offiziellen Erzählung ist dies nun Hauptopfer des „Großen Vaterländischen Krieges“ von 1941–1945 sowie Quelle eines breiten Heldentums.[9] Während der Protestwelle von 2020–2021 führte die Staatsmacht den Begriff „Genozid am belarussischen Volk“ offiziell ein. Im April 2021 eröffnete die

[2] <web.telegram.org/k/#@prokuraturabelarus>.
[3] <www.instagram.com/prokuraturaby/>.
[4] <www.youtube.com/@prokuraturabelarus>.
[5] Alle Angaben zur Anzahl von Aufrufen, Likes, Kommentaren u.Ä. auf dem *YouTube*-Kanal geben den Stand von Ende Januar 2025 wieder.
[6] Macht statt Gewalt. Belarus: Schritte zur Freiheit, oder: Belarus: Repression, Schikane, Terror. Berlin 2020 [= OSTEUROPA 10–11/2020].
[7] <https://100xsolidaritaet.de/> sowie die Angaben des Menschenrechtszentrums *Viasna,* <www.prisoners.spring96.org/en>.
[8] Homepage der Generalstaatsanwaltschaft: <www.prokuratura.gov.by/ru/activity/rassledovanie-ugolovnogo-dela-o-genotside/>.
[9] Andrej Kotljarchuk: The Tradition of Belarusian Statehood. Conflicts About the Past in Belarus, in: Egle Rindzeviciute (Hg.): Contemporary Change in Belarus. Huddinge 2004, S. 41–72.

Generalstaatsanwaltschaft ein erstes Ermittlungsverfahren.[10] Ein Gesetz von 2022 stellt die Leugnung des „Genozids am belarussischen Volk“ unter Strafe; bei Zuwiderhandlung drohen bis zu fünf Jahre Haft, bei Wiederholung bis zu zehn. Das „belarussische Volk“ in dieser Lesart ist die Gesamtheit aller sowjetischen Bürger, die während der deutschen Besatzung und danach auf dem Gebiet der BSSR lebten. Dies schließt – in sowjetischer Tradition – unterschiedslos alle dort „ermordeten Zivilisten“ mit ein, ohne dass spezifische Opfergruppen benannt würden, etwa Juden oder Roma.[11] Zeitlich umfasst der „Genozid am belarussischen Volk“ den Zeitraum 1941–1951 und damit auch Verbrechen, die antisowjetische polnische und litauische Partisanen nach Kriegsende in den Wäldern der Region an sowjetischen Funktionsträgern und Zivilisten verübten. Bei der offiziellen Aufarbeitung des „Genozids“ stehen neben den deutschen Nationalsozialisten ukrainische, baltische und belarussische Angehörige von Hilfspolizei-Einheiten im Fokus.

Dieses Narrativ dient einem doppelten Zweck: Zum einen soll es eine gemeinsame nationale Identität befördern, deren Basis ein kollektiv erlittenes vergangenes Leid bildet. Zum zweiten soll es das Verschwörungsbild vom „feindlichen kollektiven Westen“ untermauern. Dazu konstruiert das Lukašenka-Regime eine historische Verbindungslinie zwischen den deutschen „faschistischen Invasoren“ von damals und dem „verbrecherischen Westen“ von heute, der im Bunde mit den Protestierenden im eigenen Land stehe. Nach dieser Lesart ist der „kollektive Westen“ eine ständige existenzielle Bedrohung für Belarus und Drahtzieher der Protestbewegung von 2020–2021. Auch der aktuelle Krieg in der Ukraine wird in diesem Licht interpretiert: In Lukašenkas Darstellung säen die USA und die EU als Wiedergänger der „Nazi-Invasoren“ „erneut Feindschaft“ und treiben auf der Jagd nach „Profiten aus Waffenlieferungen“ das ukrainische Volk „in die Armut“. Sie stünden „hinter jeder Provokation an der belarussischen Staatsgrenze, hinter jeder terroristischen Bedrohung der Zivilbevölkerung“. Gleichzeitig versichert der Autokrat, Belarus und seine Verbündeten hätten aus der Geschichte des Großen Vaterländischen Krieges „Lehren“ gezogen und seien „wachsam“, um solchen „Provokationen“ standzuhalten.[12] In der Konfrontation mit „dem Westen“, die Lukašėnka wie Putin als ideologischen Konflikt deutet, geriert sich das Regime als Friedenswahrer und Beschützer der historischen Wahrheit.

Genozid auf dem Monitor: Historische Narrative als digitale Inhalte

Seit das Regime im März 2021 den Startschuss für die geschichtspolitische „Genozid-Kampagne“ gegeben hat, durchdringt diese Erzählung immer weitere Bereiche des öffentlichen Lebens und des Bildungssystems. Der „Genozid am belarussischen Volk“ ist ein ideologisches Kernelement von Schullehrplänen und Lehrbüchern, wird literarisch und filmisch umgesetzt und in Museen und Ausstellungen verbreitet. Die Umsetzung wird von der Generalstaatsanwaltschaft unter deren Chef Andrėj Šved beaufsichtigt. Dieser hat in enger Abstimmung mit Staatschef Lukašėnka seine Strafverfolgungsbehörde zu einer

---

[10] Felix Ackermann: „Der Genozid am Belarusischen Volk“ als politischer Diskurs und Strafverfolgungspraxis, in: Belarus-Analysen, 56/2021, S. 2–5. – Gundula Pohl: Beyond Death. The „Genocide of the Belarusian People“ and its Application in Court, in: Journal of Genocide Research, 5.1.2025.

[11] Gesetz der Republik Belarus Nr. 146-Z, 5.1.2022. – Alexander Friedman: Ist das „Genozid-Gesetz“ in Belarus Geschichtsklitterung? Dekoder, Bystro #37. – Die von der Generalstaatsanwaltschaft veröffentlichte Opferzahl von mehr als drei Millionen Menschen umfasst auch nichtsowjetische Opfer (deportierte Jüdinnen und Juden) sowie gefallene Soldaten aus anderen Unionsrepubliken.

[12] Rede des belarussischen Präsidenten Alexander Lukaschenko bei der Militärparade zum 80. Jahrestag der Befreiung von Belarus von den Nazi-Invasoren. BelTA, 3.7.2024.

führenden geschichtspolitischen Stelle entwickelt, die fortlaufend Publikationen über den „Genozid" herausgibt.[13] Auch auf dem Youtube-Kanal der Behörde finden sich zahlreiche Beiträge zur Genozid-Thematik. Sie reichen von TV-Berichten und Presseerklärungen zum Stand des Ermittlungsverfahrens[14] über staatsanwaltliche Befragungen von Zeitzeugen und ihren Angehörigen[15] bis hin zu Lehrfilmen wie *Genozid. Fall Nr.* (Genocid. Delo №, acht Folgen) oder *Genozid. Kein Recht auf Leben* (Genocid. Bez prava na žizn', 17 Videos), die mit der staatlichen Rundfunkanstalt *Belteleradiokompanija* produziert wurden.
Während die Geschichtsdoku-Serie *Genozid. Fall Nr.* auf der Basis von Zeitzeugenaussagen nationalsozialistische Gräueltaten an der belarussischen Zivilbevölkerung in gespielten Filmszenen nachstellt und mit Kommentaren versieht, kombiniert der „dokumentarisch-publizistische Zyklus" *Genozid. Kein Recht auf Leben* Originalaufnahmen aus der Zeit der deutschen Besatzung mit nachgestellten Szenen sowie Videoaufzeichnungen von staatsanwaltlichen Befragungen von Zeitzeugen und deren Nachfahren. Auch hier liefert ein Sprecher die Fakten dazu, nicht ohne den „passenden" Kommentar „im Sinne der Anklage". Diese Produktion greift auf größtenteils existierendes Bildmaterial mit Aufnahmen von Zeitzeugen-Interviews zurück.
Einen etwas anderen Charakter hat eine weitere Filmreihe der Staatsanwaltschaft mit dem Titel *Genozid. Dialog mit dem Staatsanwalt* (Genocid. Dialog s prokurorom). Sie wurde im Unterschied zu den genannten Projekten speziell für YouTube konzipiert. Man spürt bei dieser Serie deutlich das Bemühen der Verantwortlichen, ein eher konventionelles Format so zu „modernisieren", dass es die Mitglieder der „digitalen Community" anspricht, ohne dass darunter die Vermittlung der komplexen historisch-politischen Agenda des Regimes leidet. Die belarussische Generalstaatsanwaltschaft hat seit April 2022 acht Folgen der Reihe auf ihrem YouTube-Kanal veröffentlicht, die jüngste im Dezember 2024. Die Reihe basiert auf Interviews, die Ihar Maroz – Jurist, ehemaliger stellvertretender Generalstaatsanwalt und derzeitiger Direktor des sogenannten „Wissenschaftlich-praktischen Zentrums für die Stärkung von Rechtsstaatlichkeit und Rechtsordnung" – mit „führenden Historikern, Juristen und anderen Experten" zum Thema „Genozid am belarussischen Volk" führt.[16] Die Gesprächspartner sind alle Figuren aus der regimenahen geschichtspolitischen Szene in Belarus und Russland. Dass Maroz als erstem Aleksandr Djukov, dem Direktor der russländischen Stiftung *Istoričeskaja Pamjat'* (Historisches Gedächtnis) die Bühne bot, unterstreicht die enge geschichtspolitische Abstimmung von Belarus und Russland.[17] Ausdruck dieser Zusammenarbeit ist das gemeinsame Editionsprojekt *Bez sroka davnosti* (Ohne Verjährungsfrist. Belarus'). Es umfasst sechs Sammelbände mit Dokumenten zu NS-Verbrechen an der Zivilbevölkerung auf dem besetzten

[13] Andrej I. Šved (Hg.): Genocid belorusskogo naroda. Informacionno-analitičeskie materialy i dokumenty. Minsk 2022. – Ders. (Hg.): Genocid belorusskogo naroda. Lagerja smerti. Informacionno-analitičeskie materialy i dokumenty. Minsk 2022. – Ders. (Hg.): Genocid belorusskogo naroda. Karatel'nye operacii. V dvuch častjach. Minsk 2023–2024.

[14] Rassledovanie ugolovnogo dela o genocide naselenija Belarusi v gody VOv, (66 Videos).

[15] <www.youtube.com/watch?v=K8h38_zEbG0&list=PLYKC9JUzv4CLbhCUP5nxNE-NUQDXBGjjn>.

[16] Alle Folgen sind auf dem YouTube-Kanal der Generalstaatsanwaltschaft abrufbar: <www.youtube.com/playlist?list=PLYKC9JUzv4CLmBXHGCc_gKq8V8Lhodga9>.

[17] Im September 2024 schloss das belarussische Wissenschaftlich-praktische Zentrum für die Stärkung von Rechtsstaatlichkeit und Rechtsordnung ein Kooperationsabkommen mit dem Nationalen Zentrum für Historisches Gedächtnis bei Russlands Präsidenten zur „Wahrung der historischen Erinnerung an den Genozid am sowjetischen Volk in den Jahren des Großen Vaterländischen Krieges".

Territorium der BSSR während des Zweiten Weltkriegs. Den Band zum Gebiet Brest hat Djukov mit Vjačaslaŭ Seljameneŭ vom belarussischen Nationalarchiv herausgegeben.[18]
In den ersten vier Episoden der YouTube-Serie *Genozid. Dialog mit dem Staatsanwalt* behandelt Maroz mit seinen Gästen verschiedene Aspekte des Themenkomplexes Nationalsozialismus / deutscher Vernichtungskrieg gegen die Sowjetunion / NS-Besatzung / Fortsetzung „faschistischer“ Verbrechen in der Nachkriegszeit. Mit Djukov spricht er über die nationalsozialistische Ideologie und Propaganda und den Genozid als Ausdruck dessen sowie über Nazi-Kollaboration und ihre Instrumentalisierung durch westliche Regierungen und Geheimdienste. Folge 2 beleuchtet verschiedene Facetten des Themas Kollaboration. Folge 3 konzentriert sich auf Probleme der wissenschaftlichen Erforschung des „Genozids am belarussischen Volk“; Gesprächspartner ist hier der erwähnte Mitarbeiter des Nationalarchivs Seljameneŭ. Das zentrale Thema von Folge 4 sind die „Verbrechen polnischer Nationalisten während des Zweiten Weltkriegs und in der Nachkriegszeit“. Maroz spricht darüber mit einem führenden Propagandisten des Lukašėnka-Regimes, dem Vorsitzenden des Ausschusses für Bildung, Kultur und Wissenschaft des belarussischen Parlaments, Ihar Marzaljuk. Episode 5 konzentriert sich auf die Motive der Täter, während in der sechsten Episode ein Ortsbesuch mit dem Leiter der Ermittlungsgruppe der Generalstaatsanwaltschaft zum Genozid, Valeryj Talkačoŭ, auf dem Programm steht: Das Gespräch findet an einer Ausgrabungsstätte am Stadtrand von Minsk statt, einem Ort, wo die nationalsozialistischen Besatzer Massenerschießungen durchführten. In Folge 7 berichtet ein Vertreter der Generalstaatsanwaltschaft von den Ermittlungen gegen den 2015 verstorbenen kanadisch-ukrainischen Nazi-Kollaborateur Volodymyr Katrjuk, der unter anderem am Massaker von Chatyn’ beteiligt war.[19] In der achten Folge spricht Natalija Seljukina, Geschäftsführerin der *Stiftung Historisches Gedächtnis,* über die Verbrechen eines litauischen Hilfsbataillons auf belarussischem Territorium.
Alle Folgen vermitteln die vom Regime gewünschte Interpretation der Geschichte. Die historischen Informationen über den Vernichtungskrieg und die Besatzungspolitik der „deutschen Faschisten und ihrer Komplizen“ dienen dazu, das Hauptziel des Projekts zu untermauern: Verbindungslinien zu aktuellen innen- und außenpolitischen Konstellationen zu ziehen. Die Beiträge insinuieren, es handle sich heute um eine ähnliche Bedrohungslage wie 1941. Sehr deutlich wird das im ersten Video, dessen Teaser in der provokanten Frage gipfelt: „Und was hat das alles mit dem Umsturzversuch zerstörerischer Kräfte im August 2020 zu tun?“ Dieser Aspekt kommt im Interview zur Sprache. Den Bogen zum „Weiterleben“ des Kollaborantentums – zu den Verrätern aus den eigenen Reihen, die Beihilfe zum „Genozid am belarussischen Volk“ geleistet haben – schlägt Djukov, indem er auf NS-Kollaborateure verweist, die nach Kriegsende ins westliche Ausland flohen und sich der sowjetischen Strafverfolgung entzogen:

---

[18] <www.archives.gov.by/home/bez-sroka-davnosti>. Die belarussische Publikationsreihe Bez sroka davnosti entstand in Anlehnung an ein gleichnamiges Projekt in Russland, in dessen Rahmen sich eine staatlich geförderte NGO namens Poiskovoe dviženie Rossii (Suchbewegung Russlands) ebenfalls zum Ziel gesetzt hat, die historische Erinnerung an den „Genozid am sowjetischen Volk“ zu bewahren und zu dokumentieren. Anton Weiss-Wendt: „Genocide of the Soviet People“. Putin’s Russia Waging Lawfare by Means of History, 2018–2023, in: Genocide Studies and Prevention, 2/2024, S. 1–29, hier S. 19. – Irina Rebrova: Gekapert und ideologisiert. Eine Ausstellung über NS-Opfer in Russland, in: OSTEUROPA, 5/2024, S. 185–196, hier S. 186.

[19] Das Oberste Gericht der Republik Belarus sprach Volodymyr Katrjuk am 18. März 2024 postum des „Genozids am belarussischen Volk“ schuldig. Pohl, Beyond Death [Fn. 9].

> Selbst in Fällen, in denen gegen solche [in den Westen] geflüchtete Personen Beweise für die Beteiligung an Nazi-Verbrechen vorlagen, wurden diese Personen in der Regel nicht vor Gericht gestellt. Warum? [. . .] Nun, weil viele von ihnen nach dem Krieg mit [. . .] westlichen Geheimdiensten zusammenarbeiteten und für antisowjetische Zwecke eingesetzt wurden [. . .] oder für eine propagandistische Tätigkeit.[20]

Ausgehend von dieser – nicht von der Hand zu weisenden – historischen Tatsache, dass nach 1945 viele Kriegsverbrecher und Nazi-Kollaborateure im Westen unbehelligt weiterlebten,[21] behauptet Maroz – der immer wieder aus seiner Rolle als Interviewer heraustritt, um von sich aus Interpretationsvorschläge zu unterbreiten –, dass der Nationalsozialismus „in den Nachbarländern" „rehabilitiert" sei, und konstatiert: „[W]ir sehen, dass [dort] dieselben ehemaligen Komplizen aktiv sind."[22] Und weiter:

> Wir sehen, dass ein Mensch, der keine Bestrafung für ein während des Zweiten Weltkriegs begangenes Verbrechen – für den Genozid – erhalten hat, seine verbrecherische Tätigkeit fortsetzt, mancher vielleicht in anderer Form, aber es ist dieselbe Propaganda, dieselben Aufrufe zu Gewalt.[23]

Dieses wiederkehrende Motiv der Kontinuität zwischen NS-Zeit und heute ist propagandistisch von zentraler Bedeutung. Das Ziel wird im Video überdeutlich: Die politische Opposition und die Zivilgesellschaft in Belarus sollen als Personen erscheinen, die in die Fußstapfen der kriminellen Handlanger der NS-Besatzer getreten sind. Gleichzeitig suggerieren diese Videos, dass „Spione" aus den Nachbarstaaten – ebenfalls Nachkommen der „alten" Nazis – „Umsturzversuche" der belarussischen Opposition schüren und steuern. Die erste Folge der Serie zeigt Video-Ausschnitte, in denen die Protestbewegung in Minsk im August 2020 als gewaltbereite Masse erscheint. Und die als „extremistisches Symbol" eingestufte und verbotene Flagge der Opposition wird ins Bild gerückt. Die Tatsache, dass die Flagge des unabhängigen Belarus während des Zweiten Weltkrieges von einem Teil der belarussischen Nationalbewegung benutzt wurde, der mit den NS-Besatzern kollaborierte, macht sich das Regime zunutze, um die Demonstranten von 2020 als „Faschisten" zu diskreditieren.[24] An dieses Thema knüpft Folge 2 an. Wiederum schlägt Maroz einen Bogen zur Gegenwart. Der Teaser zum Video lockt mit der „Beteiligung von Verrätern am Genozid an der Bevölkerung der BSSR" und der „Verwendung der Weiß-Rot-Weiß-Symbolik", ebenso mit dem Hinweis auf die Rolle des „sogenannten Kalinoŭski-Bataillons, dessen Teilnehmer in Diensten der ukrainischen Nazis" stünden.[25] Maroz' Interviewpartner, der Historiker Svjataslaŭ Kulinok aus dem Nationalarchiv,

---

[20] Genocid. Dialog s prokurorom, vyp. 1, 46:34–47:05.

[21] Nach dem Zweiten Weltkrieg fanden in der Tat viele ehemalige Nazis und Kollaborateure Zuflucht im Westen, indem sie sich als Antikommunisten verkauften und die geopolitischen Spannungen während des Kalten Krieges ausnutzten. Viele blieben bis zu ihrem Tod unbehelligt. Claire E. Aubin: From Treblinka to Trenton. Holocaust Perpetrators as Immigrants to the Post-War United States. Dissertation, University of Edinburgh 2023. – Nicholas P. Weiss: Somebody Else's Problem. How the United States and Canada Violate International Law and Fail to Ensure the Prosecution of War Criminals, in: Case Western Reserve Journal of International Law 45, 1/2012, S. 579–609.

[22] Genocid. Dialog s prokurorom, vyp. 1, 44:50 –45:00.

[23] Ebd., 54:01–54:17.

[24] Zur Geschichte der weiß-rot-weißen Flagge Uladzimir Ljachoŭski: Die weiß-rot-weiße Nation. Eine kurze Geschichte der belarussischen Staatssymbole, in: OSTEUROPA, 10–11/2020, S. 83 –106.

[25] Das Kastus'-Kalinoŭski-Regiment ist ein Freiwilligenverband von Belarussen, die nach dem Überfall Russlands auf die Ukraine n der Seite der Ukraine gegen Russland kämpfen.

spricht primär über belarussische Kollaborateure und betont ihre ideologische Schulung. Maroz nutzt diesen Rahmen, um wieder die Brücke zwischen den historischen Kollaborateuren und der belarussischen Opposition von heute zu schlagen sowie Parallelen zwischen einem SD-Freiwilligenbataillon und dem in der Ukraine gegen Russland kämpfenden Kalinoŭski-Regiment zu ziehen. So beginnt er das Gespräch mit den direkt an die Zuschauer gerichteten Worten:

> Im März dieses Jahres [2022] wurde in der Ukraine eine illegale bewaffnete Formation namens „Kalinoŭski-Bataillon" vereidigt. Mehrere Dutzend bewaffnete Männer in Militäruniform unter weiß-rot-weißem Banner schworen – während sie sich in der Ukraine befanden – feierlich, Belarus zu verteidigen. Wir sehen hier klar und deutlich eine Analogie zu Ereignissen in der Vergangenheit: zum 13. Belarussischen Bataillon beim SD während des Großen Vaterländischen Krieges. Belarussische Nationalisten stehen also wieder in Diensten von Nazis, diesmal von ukrainischen.[26]

Auch diese Episode liefert den Zuschauern am Ende durch einen gezielten Videoschnitt die vom Staat beabsichtigte Aussage: Auf historische Schwarz-Weiß-Aufnahmen einer Marschkolonne uniformierter Männer mit einem weiß-rot-weißen Emblem am Ärmel – augenscheinlich des genannten 13. Bataillons beim SD – folgt ein Videosegment, das offensichtlich die Vereidigung des Kalinoŭski-Bataillons im März 2022 zeigt – unter der weiß-rot-weißen Flagge. Dazu spricht Maroz mit staatstragender, demonstrativ sorgenvoller Stimme, diese Flagge sei ein „Symbol des Genozids am belarussischen Volk".
Ebenso wie in der ersten werden auch in dieser Folge der Reihe *Dialog mit dem Staatsanwalt* in einer geschickten Montagetechnik historische Dokumente, Audio-Aufnahmen aus Nachkriegsprozessen und Videos von Zeugenbefragungen eingeblendet, die das gewünschte Narrativ beglaubigen und der drohenden Präsenz von nationalsozialistischen Tätern und ihren Gehilfen in Belarus Gewicht verleihen sollen.
Die emotionale Wirkung dieser Videos wird durch dramatische Musik und explizite Gewaltdarstellungen verstärkt. Das fünfte und das sechste Video sind wegen möglicherweise verstörender Bilder (historische Aufnahmen, die Verbrechen der Nazis dokumentieren und aktuellen Aufnahmen von menschlichen Überresten in einem Massengrab) mit einer Altersbeschränkung ab 18 Jahren und einem Warnhinweis versehen.

Das Scheitern eines autoritären Regimes an einem modernen Medium

Es fällt auf, dass sich die visuelle Gestaltung von Folge zu Folge ändert. Die ersten drei Episoden aus dem Jahr 2022 haben eine einheitliche Ästhetik: Moderator Maroz unterhält sich mit seinem Gast in einem kahl und abweisend wirkenden Hörsaal; die Anordnung ist statisch. Maroz trägt in Folge 1 Uniform, ab der zweiten Folge einen Anzug. Nach einer halbjährigen Pause erschien das Format im Juni 2023 in einer neuen Aufmachung. In der Zwischenzeit haben sich die Produzenten offensichtlich darauf besonnen, die Gesprächsteilnehmer in einem „behaglicheren" Ambiente zu zeigen. Nun sitzen Maroz und sein Gegenüber in Sesseln vor einem dunklen Hintergrund (einem Vorhang oder einer Art Leinwand), vor dem sich ihre Konturen gut abheben, zwischen sich ein kleines Tischchen mit Büchern. Die Kamera wechselt von der Großaufnahme des einen oder des anderen Gesprächspartners in die Totale, was die Szenerie auflockert. Die Aufnahme ist

---

[26] Genocid. Dialog s prokurorom, vyp. 2, 00:28–01:13.

professioneller. In Folge 5 wird das „gemütliche“ Element stärker betont. Die Gesprächspartner sitzen nun in einem möblierten Raum; im Hintergrund steht ein Regal mit Büchern zum Thema Genozid. An der statischen Anordnung ändert sich nichts. Das Potenzial digitaler Medien in Bereichen wie Storytelling, visuelle Gestaltung oder technologische Innovation, etwa zur Präsentation mehrsprachiger Inhalte, bleibt unausgeschöpft.

Im Laufe der Reihe verabschieden sich die Produzenten nach und nach von ihrem anfänglichen „interaktiven“ Ansatz. In den ersten drei Folgen ist ein solcher noch erkennbar: Unter dem jeweiligen Video werden die Zuschauer zur Mitwirkung aufgefordert und gebeten, Vorschläge für Themen und Gäste an *genocide@prokuratura.gov.by* zu richten. Maroz wiederholt diesen Aufruf auch im Video. Das ist ein Versuch, die partizipativen Möglichkeiten der *YouTube*-Plattform zu nutzen. Die öffentlich nachprüfbaren niedrigen Zuschauerzahlen zeigen jedoch, dass die Generalstaatsanwaltschaft ihr Ziel, ein breites Publikum anzusprechen und einzubeziehen, verfehlt:

Das erste, meistgesehene Video hatte Januar 2025 nur 2665 Aufrufe; Folge 2 1004 Aufrufe, und die nachfolgenden Episoden verzeichneten mit einer Ausnahme weniger als 500. Einige kamen nur noch 200 Aufrufe. Die Kommentare zu den Videos sind spärlich und gehen von 16 auf einen zurück. Obwohl die Staatsanwaltschaft zunächst demonstrativ mit diesen Nutzern interagiert, indem sie deren Kommentare mit „likes“ versieht, verpufft die Wirkung. Ab Episode 4 wird die Interaktion eingestellt: Maroz wendet sich nun auch nicht mehr direkt mit Bitten und Anregungen an das Publikum. In Folge 8 taucht die Kommentarfunktion wieder auf – ohne Resonanz.

Diese Entwicklung illustriert, dass die Einbindung und Aktivierung einer interessierten Öffentlichkeit gescheitert ist, und auch, dass das Regime nur ein begrenztes Verständnis für die Dynamik digitaler Plattformen hat. Die geringe Zahl von 915 Abonnenten des YouTube-Kanals und die wenigen Aufrufe der eingestellten Videos zeigen, dass es der Generalstaatsanwaltschaft nicht gelungen ist, durch andere Aktivitäten ein breiteres Publikum anzusprechen.[27] Auf dem Instagram-Kanal der Staatsanwaltschaft, der 4250 Follower hat, gibt es nur eine Ankündigung und wenige Clips aus dem ersten Interview mit Djukov.[28]

Fazit

Die Generalstaatsanwaltschaft hat ihre YouTube-Serie darauf ausgerichtet, Zuschauer zur Interaktion zu bewegen. Das ist gescheitert: Die niedrigen Aufrufzahlen zeugen davon, dass es dem Regime nicht gelungen ist, seine Geschichtspolitik über diese digitale Plattform zu verbreiten. Zwar bleibt YouTube ein wichtiges Werkzeug des Regimes zur Verbreitung seiner Propaganda. Doch die Videos *Dialog mit dem Staatsanwalt* zeigt, dass es dem Lukašėnka-Regime nicht gelingt, über dieses Medium eine Interaktion mit den Bürgern herzustellen. Für Historiker, die Belarus im Jahr 2025 aus dem Ausland erforschen, ist die Online-Präsenz der Generalstaatsanwaltschaft eine wertvolle Quelle. Die Videos gewähren einen Einblick in die propagandistischen Methoden des Staates und bieten zumindest einen kleinen Ersatz für Recherchen vor Ort, die auf absehbare Zeit nicht mehr möglich sein werden.

Schlagwörter:
Belarus, Lukašenka, soziale Medien, Propaganda, Ukraine, Öffentlichkeit, Geschichte

[27] In der Kategorie „Beliebte Videos“ kommen nur vier Videos auf mehr als 5000 Aufrufe.
[28] Siehe die Beiträge vom 19. und 21. April 2022 auf <www.instagram.com/prokuraturaby/>.

Hanna Horn

Mediale Zwischenwelt

LiveJournal als Refugium für belarussische Stimmen

Auf der Plattform *LiveJournal* nahm die Geschichte digital produzierter Literatur im russisch- und belarussischsprachigen Internet ihren Anfang. Sie bot Autorinnen und Autoren eine Oberfläche, auf der sie unmittelbar mit ihrer Leserschaft in Interaktion treten konnten. Die hier etablierten spezifischen Textarten des Blogeintrags, des Kommentars und des Memes sind ein eigenständiger Beitrag zur Geschichte der slawischen Literatur. Ab 2010 verlagerten sich diese literarischen Praktiken zunehmend auf andere digitale Plattformen, allen voran Facebook. Dennoch entschieden Autoren wie die in New York lebende belarussische Schriftstellerin Tatsiana Zamirovskaya, weiterhin auf *LiveJournal* zu veröffentlichen, um mit den Lesern der ersten Stunde digitalen Schreibens im Austausch zu bleiben und um die Chronologie ihres Lebens fortzuschreiben. Die Abschaltung der Plattform im Oktober 2024 belegt die These der kurzen Halbwertszeit sozialer Netzwerke und zeigt auf radikale Weise, wie schnell eine digitale Plattform zu einem historischen Archiv werden kann.

Die Blogging-Plattform *LiveJournal* entstand 1999 in den USA und wurde im ersten Jahrzehnt des 21. Jahrhunderts unter dem Namen *Živoj Žurnal* (ŽŽ) vor allem unter russischsprachigen Internetnutzern populär. Sie nutzten die Blogfunktion, um über ihr eigenes Leben zu berichten, mit Freunden in Kontakt zu bleiben und je nach Interessen gesonderte Communities aufzubauen. Darüber hinaus diente die Plattform auch als digitaler Ort für öffentliche Diskussionen und den Austausch politischer Meinungen.
Die Zusammenarbeit von *LiveJournal* mit Russland begann 2006, als das in Moskau beheimatete Unternehmen *SUP Media* mit den Eigentümern der Plattform eine Vereinbarung zur Unterstützung des kyrillischen Segments von *LiveJournal* schloss. 2007 verkaufte der amerikanische Betreiber *Six Apart* die Plattform an *SUP Media*, das sich 2013 mit *Afiša-Rambler* zur späteren Holding *Rambler&Co* zusammenschloss.[1] Im Dezember 2016 wurden die Server des Unternehmens nach Russland verlegt. Im Zuge dessen wurden die Nutzungsbedingungen erheblich der russländischen Gesetzgebung angepasst. Wie Anton Nosik, der Gründer des Nachrichtenportals *Lenta.ru*, im Dezember auf seinem Blog schrieb, war damit potenziell ein ungehinderter Zugriff der russländischen Strafverfolgungsbehörden auf die zuvor geschützten Nutzerdaten von

---

Hanna Horn (2000), Literaturwissenschaftlerin und Autorin, Doktorandin an der Universität Greifswald, IRTG „Baltic Peripeties. Narratives of Reformations, Revolutions and Catastrophes“

1 Rambler&Co ist heute einer der größten und mächtigsten Medienkonzerne Russlands, zu dem neben der Suchmaschine Rambler und einer Werbesparte auch die Nachrichtenplattform Lenta.ru und die Zeitung Gazeta.ru gehören. Seit 2020 hält die großteils staatseigene Sberbank 100 Prozent der Anteile an der Holding, siehe <www.statemediamonitor.com/2024/09/rambler-media-group>.

OSTEUROPA, 75. Jg., 1–3/2025, S. 459–462 **doi: 10.35998/oe-2025-031**

LiveJournal und die Möglichkeit einer unbefristeten und unbegründeten Sperrung einzelner Blogs „aufgrund eines bloßen Anrufs der Generalstaatsanwaltschaft“ verbunden.[2] Die Folge war, dass ein beträchtlicher Teil der russischsprachigen Nutzer von *LiveJournal* – unabhängig von ihrem physischen Aufenthaltsort – zu anderen Plattformen abwanderte.

Von der populären Plattform zur digitalen Nische

Die Entwicklung des belarussischen bzw. belarussischsprachigen Teils von *LiveJournal* lief zunächst annähernd parallel zur Verbreitung in russländischen/russischsprachigen Kreisen. Im Zuge der zunehmenden Verbreitung von Facebook waren allerdings bereits in den Jahren 2013/14 mehrere bekannte Schriftsteller aus Belarus auf die Plattform des *Meta*-Konzerns „umgezogen“. Andere, wie die Autorin Maryja Martysevič, ließen digitale Spuren ihres Schaffens (Texte, Links zu eigenen Veröffentlichungen und Übersetzungen etc.) bewusst auf den Servern von *Živoj Žurnal*, um dieses Archiv zumindest bis zur Abschaltung des Servers zugänglich zu halten. Ein Grund dafür mag sein, dass die Plattform im Vergleich zu Facebook deutlich textaffiner ist und eine bequemere Navigation nach Datum, Kategorien und Tags erlaubt. Zudem gewährten die Nicknames, unter denen Nutzer auf ŽŽ schrieben, mehr Anonymität, als sie zumindest auf den ersten Blick auf Facebook gegeben schien.

Zugleich gab es in Belarus schon seit Anfang der 2000er Jahre Versuche einer administrativen Sperrung des Internets zur Unterdrückung öffentlicher Unzufriedenheit. Die Staatsführung hoffte, damit die Ausbreitung von Protestkommunikation zu verhindern.[3] Seit 2020 sind diese Bestrebungen, das Machtmonopol auf den digitalen Raum auszuweiten, Teil der Staatsdoktrin: Aleksandr Lukašenka und seine Regierung versuchen auf diesem Weg, ihre Herrschaft über die Republik Belarus zu sichern. Dazu gehört, dass das Internet bzw. einzelne Internetressourcen sowohl „präventiv“, z.B. am Vorabend von Wahlen, als auch während laufender Proteste blockiert wird. Die Sperrung von *LiveJournal* in Belarus im Oktober 2024[4] – rund drei Monate vor den im Januar 2025 abgehaltenen Scheinwahlen – zeigt, dass der Staat es auch dort, wo auf einer Plattform keine aktuellen Protestaktivitäten sichtbar sind, für nötig hält, die Erinnerung an den populären Protest und die Solidarität der Jahre 2020 und 2021 auszulöschen.[5]

Wer selbst kein Nutzer von *LiveJournal* war, konnte von der erwähnten Sperrung unter anderem durch einen Facebook-Post der belarussischen Schriftstellerin und Journalistin Tatsiana Zamirovskaya erfahren, die seit 2015 in New York lebt. In ihrem Beitrag vom

---

[2] Anton Nosik: Servery Živogo žurnala pereechali na Lubjanku. 23.12.2016, <www.dolboeb.livejournal.com/3078638.html>.

[3] Istorija blokirovok Interneta v Belarusi, ili šejping ne vsegda polezen, 21.03.2017, <www.reform.news/spravy/istoriya-blokirovok-interneta-v-belarusi-ili-sheyping-ne-vsegda-polezen>.

[4] V Belarusi ograničili dostup k Livejournal, Onliner.by, 13.11.24 <https://tech.onliner.by/2024/11/13/v-belarusi-ogranichili-dostup-k-livejournal>. – Ėpocha ušla ili poka net? V Belarusi blokirujut „Živoj žurnal“, no zajti na sajt ešče možno. CityDog.io, 17.10.2024.

[5] Auf ŽŽ finden sich nicht nur Spuren der Bürgerproteste der Jahre 2006, 2010, 2017, sondern auch aus dem Jahr 2020. Welche Breschen die Repression gegen die Zivilgesellschaft in Belarus geschlagen hat, lässt sich etwa an der Lücke in den Einträgen auf dem Account der Stadt Minsk (www.minsk-by.livejournal.com) des Jahres 2020 ermessen: Die beiden nächstgelegenen Einträge sind der 9.9.2020 und der 22.3.2022. In anderen persönlichen Blogs auf der Plattform finden sich beispielsweise Tipps, wie man Verhafteten im Untersuchungsgefängnis persönliche Dinge und Lebensmittel zukommen lassen kann.

14. Oktober 2024, der auf die Blockierung aufmerksam macht, verwendet sie die Metapher des (Eisernen) Vorhangs, die in jüngster Zeit immer häufiger in den Medien und in den Reden politischer Akteure in Europa auftaucht.[6] Der auf Russisch verfasste Post[7] beginnt mit den Worten: „Freunde von hinter dem Vorhang (. . .) melden: In Belarus wurde endlich auch ŽŽ verboten!"[8] Weiter beschreibt Zamirovskaya eine ihrer Zielgruppen auf ŽŽ und erklärt, warum die Sperrung der Plattform, deren beste Zeiten zwanzig Jahre zurückliegen, dennoch einen wesentlichen Verlust für sie bedeutet:

> Das Traurige ist nur, dass ich dort bis heute ab und zu kleine Notizen „unter Verschluss"[9] geschrieben habe – damit die wenigen Freunde, die noch hinter dem Vorhang sind, wenigstens wissen, wie es mir geht und was ich wirklich fühle. Denn was ich wirklich fühle, kann ich nicht auf Facebook schreiben, diese Art von Sprache gab es für mich nur dort, im textlastigsten aller sozialen Netzwerke der vergangenen Welt.

Vor und hinter dem neuen Eisernen Vorhang

Auch im Jahr 2024 ist *LiveJournal* für die Autorin noch ein Ort, an dem sie aufrichtige Notizen schreiben kann, nicht zuletzt für ihr nahestehende Menschen in Belarus. Zugleich rechnet sie allem Anschein nach nicht mit einer öffentlichen Diskussion in Form von Kommentaren – schon gar nicht in Bezug auf ihr Heimatland, über das sie generell wesentlich zurückhaltender schreibt als über ihr Leben in den USA. Wo ein offenes Telefongespräch oder eine Online-Korrespondenz aufgrund der drohenden Repressionen für mindestens eine Partei unsicher ist, wird die Online-Kommunikation selbst rigiden, „autoritären" Regeln in Form einer bewussten Selbstzensur unterworfen. Implizit stellt Zamirovskaya in dem zitierten Post einen Zusammenhang zu den Überwachungspraktiken des Kalten Krieges her. Sie sieht *LiveJournal* als ein „soziales Netzwerk einer vergangenen Welt", als ein Portal, das prä- und postdigitale russischsprachige Räume verbindet, wobei das Bindeglied just die Metapher des Kalten Krieges ist. [10]
Heute kehrt Zamirovskaya die Produktionsrichtung um, indem sie digitale *LiveJournal*-Einträge auswählt und in analoger Form als Buch veröffentlicht. 2024 erschien in einem Warschauer Verlag der Band *Eurydike, sieh nach, ob du das Gas abgedreht hast* (Ėvridika, prover', vyključila li ty gaz).[11] Darin reflektiert die Autorin sowohl ihren Medienwechsel als auch den Prozess von Erinnerung und Migration, den sich wandelnden Begriff der Heimat, die (Un-)Möglichkeit, gleichzeitig „hier und dort" präsent zu sein. Am 4.11.2024 hinterlässt sie in ihrem *LiveJournal* folgende Notiz über die Publikation:

---

[6] Andrei Vazyanau: Belarusians are the early witnesses of the re-emerging Iron Curtain. New Eastern Europe, 26.9.2024. – Alexander Friedman: „Der „eiserne Vorhang" fällt an den Grenzen zwischen Belarus und der EU". DW.com, 4.8.2023. – Polish PM Says Fortifications On Russian, Belarusian Borders Are „Investment In Peace". RFE/RL, 30.11.2024.

[7] Zamirovskaya schreibt im Netz überwiegend auf Russisch, teils auch auf Belarussisch und Englisch.

[8] <www.facebook.com/share/p/14t121WDQW/?mibextid=wwXIfr>. Übersetzung aus dem russischsprachigen Original hier und im Folgenden von Hanna Horn.

[9] „Unter Verschluss" sind die Einträge, die nur für Freunde des Nutzers zugänglich sind.

[10] Siehe z.B. Zamirovskayas Facebook-Eintrag vom 1.6.2015, in dem sie Auswanderung und Tod vergleicht (<www.facebook.com/share/1Kxc76AEfq>). Svetlana Boym zufolge ist dieser Vergleich charakteristisch für die „dritte Welle der Emigration aus der UdSSR": Svetlana Boym: The Future of Nostalgia. New York 2001, S. 327–336.

[11] Tat'jana Zamirovskaja: Ėvridika, prover', vyključila li ty gaz. Warzawa 2024.

> Irgendwie ist es komplett unfair, dass ein Buch, das nur deshalb entstanden ist, weil ich diesen Raum und die Stimme, mit der ich darin spreche, nicht vergessen habe, hier noch gar nicht aufgetaucht ist. Das muss anders werden!

Es folgen eine kurze Vorstellung des Bands und einige Sätze dazu, wo und wie man ihn kaufen oder bestellen kann. Über die Schwierigkeiten einer Lieferung nach Belarus oder Russland schreibt sie:

> . . . nichts ist unmöglich, jeder hat überall Freunde, irgendwer ist immer irgendwo unterwegs, ich habe so viel Vertrauen, dass trotz der mehr oder weniger Eisernen Vorhänge das Buch jeden erreichen wird, an den es ein Brief ist, denn genau das ist es: *ein Brief an alle, die mir Freunde sind*, auch wenn wir uns nicht kennen – wann wäre das je ein Hindernis gewesen für ewige Freundschaft![12]

Das Bild des Briefs an die noch nicht bekannten Adressaten steht für die Suche nach einer Sprache, die zwischen (Im)Materialität digitalen lebensgeschichtlichen Erzählens und analogen Notwendigkeiten zu vermitteln vermag. Zamirovskayas Reaktualisierung der Vorhangmetapher verweist auf die wechselseitige Beeinflussung und Durchdringung analoger und digitaler Sphären. Aber wie „materialisiert" sich dieser „Vorhang" in der Sprache der Autorin, und was bedeutet das für das digitale Lifewriting alias „Lebenweben"?[13] Angesichts der Situation vieler belarussischer Autoren, die wie Zamirovskaya im Ausland leben, liegt die Assoziation des „Vorhangs" mit den belarussisch-polnischen und belarussisch-litauischen Staatsgrenzen nahe. Wie die Berliner Mauer zur Zeit des Kalten Krieges stellen diese Grenzen in der Gegenwart nicht allein physische Mauern dar.[14] Das Bild des „Vorhangs" verweist in diesem Sinn genau auf jene immaterielle Kontaktlinie, an der die Konsolidierung des autoritären Regimes in Belarus und die wachsenden nationalen Abschottungstendenzen in westeuropäischen Ländern aufeinandertreffen. Es steht sinnbildlich auch für die zahlreichen Schwierigkeiten, die belarussische Staatsbürger überwinden müssen, um ein Visum für einen Staat innerhalb der Europäischen Union zu erhalten. Diese räumlich nicht fassbaren, an die Staatsbürgerschaft gebundenen Einschränkungen haben gleichwohl physisch spürbare Konsequenzen für die Handlungsspielräume der Betroffenen. Zamirovskaya zeichnet Lebenswege und -entscheidungen von Menschen auf beiden Seiten von Grenzen nach. Diese Grenzen wirken nicht nur auf diejenigen, die sich noch im Raum der postsozialistischen Welt aufhalten. Dementsprechend werden Objekte in Zamirovskayas Werk weder strikt „hinter dem Vorhang" noch „vor dem Vorhang" verortet. An Gegenständen, die im Zuge der Migration für jeweils eine Seite (un)zugänglich werden, zeigt sie das Gefühl des Getrenntseins und bringt so die zentrale Erfahrung einer ganzen Generation von Regimekritikern zum Ausdruck: die Unmöglichkeit der Rückkehr. Zugleich sucht sie in ihrer Poesie nach „Brücken", um dieser Falle zu entkommen. Als eine Art mediale Zwischenwelt schien *LiveJournal* über lange Zeit die beste Entsprechung zum „Limbus der Emigration" zu sein.[15]

Schlagwörter:
Soziale Medien, LiveJournal, Belarus, Blogs, Memes, Literatur, digitales Archiv

---

[12] <https://vinah.livejournal.com/532384.html>

[13] Gernot Howanitz: Leben weben. (Auto-)Biographische Praktiken russischer Autorinnen und Autoren im Internet. Bielefeld 2020.

[14] So tritt etwa zu der Sicherheitsmauer, die auf belarussischer Seite 2022 an der Grenze zu Polen und Litauen errichtet wurde, die 2024 beschlossene polnische Verteidigungsinitiative „East Shield".

[15] „cortison flammenwerfer und bushwick quantum glasfenster", in: Zamirovskaja, Ė. [Fn. 11], S. 259f.

Abstracts

Mirrored Reality

East Europe and the Public Sphere in Transition

Gerd Koenen
The Fatal Nexus
Germany and Russia 1925-2025

Upon its founding in 1925, the journal OSTEUROPA operated within a broad force field of an eastward orientation that centred on Russia. This corresponded to the Bolsheviks' expectations that they would be able to establish state socialism in Russia with the help of Germany's technical and industrial potential and, in combination with German revisionist efforts, would undermine the "Versailles world system". For the Russians' world view and mentality, the catastrophic confrontation of the Second World War remains of decisive importance. This confrontation recoded memories of the Great Terror's victims and the period of co-operation with Germany after the Hitler-Stalin Pact of 1939. There would hardly have been a Great Patriotic War without Hitler's war of annihilation, and the Red Army would hardly have been able to advance as far as the Elbe. Only then was Stalin able to rise to the heights of world history on which he stood after 1945 and to establish the new, outsized Soviet empire. Putin's revisionist policy is fuelled by the mental reflexes of this victory. With the war against Ukraine, which is aimed at a united Europe, he is tearing Russia from its cultural-historical moorings and deliberately destroying the measure of normality that has existed since 1989.

Christian Neef
The Balancing Act of Reporting
Paul Scheffer, Hermann Pörzgen, Gerd Ruge in Moscow

The leadership of the Soviet Union saw controlling the reporting of foreign correspondents as a matter of policy. Whoever came to Moscow as a correspondent quickly found themselves caught between political considerations and an objective view of reality. Paul Scheffer, Hermann Pörzgen, and Gerd Ruge, who all helped shape the German image of Russia and German public opinion vis-à-vis the Soviet Union for decades, had to struggle with restrictions and blind spots despite all their knowledge and access on the ground. Each later admitted to errors and a certain helplessness in assessing Russia. The task of the correspondents was and is: informing people about what is happening. Self-censorship and partisan journalism do harm to the work of informing others.

Markus Ackeret
„I No Longer Write about Some Topics“
Correspondent Markus Ackeret on working in Moscow

Markus Ackeret, correspondent for the Neue Zürcher Zeitung, compares working conditions in Beijing and Moscow, speaks of the tension between his own standards and reality, which in Russia in times of war is characterised by growing restrictions, intimidation efforts, and the fear this causes among potential interlocutors. He points out ways of avoiding the danger of self-censorship and asserts that domestic politics de facto no longer exist in Russia. The war has narrowed the field of vision; the complexity and heterogeneity of Russian society, which ticks differently than is expected in Switzerland and Germany, are no longer seen.

100 Years of OSTEUROPA

Cord Aschenbrenner
A Reading Journalist's Thoughts
Eastern Europe – "More Substance than Appearance"

What is this? A magazine that is published on letterpress paper. To call its issues "booklets" is a sheer understatement. Cover art that mysteriously shows Saturn's moon Minas and alludes to Russia's orbit, topics that can rob even the most relaxed reader of his relaxed mood, a strict, Protestant, layout, no edutainment, no zeitgeist, just lucid articles, empirical facts, intelligibility. The makers of this journal are concerned with the essentials: they want to enlighten and provide orientation for the vast expanse of Eastern Europe. That's why it has to be: OSTEUROPA.

Manfred Sapper
In the Spirit of the Times and against the Grain
OSTEUROPA, 1925-2025: A History

Magazines are snapshots of the times. The magazine OSTEUROPA was founded in the Weimar Republic, continued to publish during the Nazi dictatorship, represented a typical medium of the Federal Republic during the Germany's division, and is now produced in Berlin. Its history reflects two historical processes. One concerns German attitudes towards Eastern Europe. These move between curiosity and alienation, friendship and enmity, co-operation and confrontation. The other is the development of societies and states in Europe's east. OSTEUROPA accompanies and analyses these societies from different perspectives. The journal understands politics and culture not in opposition to one another, but in relation to one another. As a matter of publishing policy, OSTEUROPA goes against the prevailing trend of specialisation and fragmentation of the public sphere.

Documentation

Paul Ingendaay
Pact of the Free
A Magazine Opposed to the Destruction of Thinking

OSTEUROPA is a journal that goes against the spirit of the times. It remains a regionally focused, interdisciplinary academic journal, at a time when, for example, an ever greater narrowing of disciplines is taking place at universities. The balancing act that the journal performs in order to bridge the gap between academia and the general public is also becoming more difficult for other reasons, as editors Manfred Sapper and Volker Weichsel explain. In general, a destruction of thinking can be observed.

Jens Bisky
Counsel for the Wirtten Word
The Anachronistic Nature of Editorial Work

In debates over the digital revolution or the "new structural change of the public sphere", concrete editorial work hardly plays any role, although it essentially decides the quality of newspapers and magazines and thus shapes the general public. The reason for this omission may be that the core of the editorial business – the work editors perform on texts – has changed less dramatically over the decades than distribution channels or reader behaviour. This deliberately subjective review is meant to illustrate the profession's most important features and why it makes sense to cultivate anachronistic-seeming editorial virtues such as presence of mind and diligence.

Felix Eick
A Painful Realisation
How Osteuropa Texts "Function" in the Online Era

OSTEUROPA has always had to fight for reach – in an era of increasing dissemination of content on the internet, probably more than ever. The magazine is a scientific-journalistic hybrid, which means that the goals of both directions have to be weighed against each other. Sometimes, they contradict each other, precisely when it comes to - in journalistic jargon – the "functioning" of texts. So, what in future will an article in OSTEUROPA need to bring to the table in order to appeal to and reach more people?

Aurelia Ohlendorf
Thinking Aids
Maps in Eastern Europe

The magazine OSTEUROPA uses texts and maps to convey knowledge. The texts tell a story in succession, the maps visualise the juxtaposition of the information. Maps show geographical, socio-economic, and political content and enable the visualization of complexity and simultaneity in space. The OSTEUROPA archive consists of 550 maps, which are available in digital and printed formats. They cover expanses of territory, countries and regions, functional dimensions of Europe, natural resources and the energy industry, historical topics, and matters of comparative politics such as elections. But how does a map find its form? A look at the map workshop provides some answers.

Gwendolyn Sasse
At the Interface
Academia and the Public. Reflections

Russia's war against Ukraine has catapulted Eastern European research into the public eye. Society and politics demand background information, categorisation, explanation. In itself, it is the hour of the experts. But the logic of the media and the laws of the attention economy produce irritating results: Ukraine surprisingly seldom and rarely comes up in public discourse. The media offer a stage for "experts" without expertise. TV talk shows stage debates at the end of which it is concluded: the situation is difficult. War or peace degenerates into a matter of opinion. Enlightenment through knowledge does not come this way. But for academics, intervening in public debates remains a civic duty. However, it is important to make oneself and the public aware of the possibilities and limits of one's own expertise.

Eastern Europe in Focus
Dimensions of Perception

Dietrich Beyrau
Change of Perspective
Historical Research on Eastern Europe

Historical research on Eastern Europe looks back on a history of over a hundred years: the catastrophes of the 20th century were reflected in historiography. While "the East" and the Slavs had been the exotic, the alienating "other" since the 19th century, they became the object of German hegemonic endeavours from the end of the 1920s onwards and the victims of genocidal warfare during the Second World War. Historians of Eastern Europe provided the legitimisation for this as "fighting science". After the war, silence, amnesia, and self-amnesty prevailed. From the late 1960s onwards, the generation that grew up during the war switched to a historiography oriented to social history. For quite a few members of the German student movement of the late 1960s, Marxism, the Russian Revolution, and its consequences were not just a historical subject, but a stimulus for interpreting the present. Today, classical intellectual, economic, and political history have been marginalised. The turn to a new cultural history has opened new perspectives, but it is also accompanied by de-politicisation.

Karl Schlögel
My Eastern Europe
An Attempt to Summarise

The historian Karl Schlögel looks back on a lifelong preoccupation with Eastern Europe. His interest in what lay outside of West German reality, which was awakened in his early childhood, continued during his student years in the discovery of Russian literature, the Soviet avant-garde, heretical communism, and the Polish labour movement. Travelling was a decisive means of gaining knowledge - the first trips took place as early as the mid-1960s, and countless more followed after communism's fall. Encounters with the real expanse of the "third Europe" – which had largely disappeared from Western consciousness but had been merely concealed by the continent's division – opened up new historical perspectives. However, the work on an undivided history that began back then now seems to have reached a new epochal threshold.

Kristiane Janeke
Repressed, Forgotten, Neglected
The War against Poland and the Soviet Union

The memory of the war against Poland and the Soviet Union, the occupation, and the crimes associated with them went through several phases in Germany. Initially, silence about the war in Eastern Europe prevailed in the postwar period. It was not until the 1960s and 1970s that a gradual reappraisal began, which received a decisive boost by the Wehrmacht exhibition in the 1990s. Today, the violence in the Eastern European theatres of war, the crimes committed against the civilian population and prisoners of war are an integral part of research. Nonetheless, in German remembrance cultural, the "historical space of East-Central and Eastern Europe" is still peripheral and perceived as foreign, unlike that of the West.

Anke Hilbrenner
"World Champions in Remembrance" with Blinders
The Late Look at the Holocaust in Eastern Europe

For a long time after the Second World War, German war crimes - in particular, the attempt to exterminate the Jews of Eastern Europe - were not a topic of discussion in the German public, although there would have been plenty of opportunities to take note of them. In the post-war period, there were several occasions to draw attention to the Holocaust in Eastern Europe. Remembrance of the war crimes in Eastern Europe and of the Shoah has changed. To this day, however, Eastern Europe is perceived rather as a mere theatre of war. The German public has yet to adopt an Eastern European perspective on these crimes of the century.

Ulrich Schmid
"Distant Countries about Which We Know Little"
The Politicized Reception of East European Literature, 1946–1989

For large parts of the Western European reading public, Eastern Europe remained terra incognita after the Second World War. The countries behind the "Iron Curtain" were perceived as the "Eastern Bloc". Specific cultural and historical traditions that were formative for authors of individual national literatures were often of little interest to Western readers. Nonetheless, literature from Eastern Europe was translated, published, and read in the German-speaking world during this period. Decisive for this were, on the one hand, the discussion of the Soviet camps and criticism of the system among disappointed Marxists and, on the other hand, an "existentialist" tone that Western readers believed they found in Eastern European texts. In every instance, the author's biography and personal point of view played a decisive role in how a book was received.

Katharina Raabe
A World in the Shadows
Eastern European Readings, 1989–2025

Since 1989, the countries of the former Eastern Bloc have experienced an unprecedented literary awakening. The West discovered a multi-voiced literary continent that had previously lain in the dark corners of public attention. The perception of important, present-day literary voices was accompanied by the belated reception of a number of European writers who are now part of world literature: the radical nature of the artistic means employed by authors such as Imre Kertész and Varlam Shalamov created a new idea of literary testimony. Belatedly, the literature of Ukraine also came into focus, and with it, a giant unknown country between Europe, which had expanded to the east, and Russia. Marked by the region's history of violence, on the one hand, and full of enthusiasm for experimentation, on the other, literature from Eastern Europe gave expression to stories undescribed and untold: the geo-poetic landscape prose and the family novel resonated strongly with German-speaking audiences. Today, some 30 years after the opening, the pendulum is swinging back. Belarus and Ukraine are in danger of sinking back into the grey zone from which they emerged – a "final frontier" excluded from the European peace project. In times of exile and virtual spaces, literature is detaching itself from its geographic location. Eastern European literature is no longer necessarily written in Eastern Europe or in one of its languages. What remains, however, is the pattern of crisis as a condition for visibility - and the role of writers as victims and witnesses of war and dictatorship.

Dorothea Redepenning
The Sound of the Century
Music from the Soviet Union in the German States

Music is a universal of human culture, but its perception is always influenced by social and political conditions. This is especially true for the German reception of classical music from the Soviet Union and Russia. In the Weimar Republic, interest in music from the newly founded USSR ran very high. During National Socialism, no music was to be heard that could be described with the catchphrase "Jewish Bolshevism", but after the Hitler-Stalin pact, there was a bizarre, brief flowering of musical exchange. During the Cold War, the reception of Soviet music, especially contemporary operas, in East and West Germany took place according to ideological principles. During Perestroika, interest exploded, special concerts and festivals were held, and a close network of musical contacts was established. Since 24 Februar 2022, this network has been at risk of being torn apart. The war triggered demands to "Cancel Russian Culture". But Russian music continues to resound: Sofia Gubaidulina's "Wrath of God" has become a memorial of sonorous contemplation.

Roland Götz
Reforming What Couldn't Be Reformed
The Soviet Economy and Its Reforms in OSTEUROPA

In the issues of OSTEUROPA published between 1925 and 1939, various authors described the economic development of the Soviet Union from "War Communism" through the "New Economic Policy" to Stalin's planned economy. They made no mention of economic reforms, as it was only years after Stalin's death that the Soviet leadership attempted to improve the efficiency of the economic system through reforms, which had to remain within existing ideological constraints. These attempts, which continued until 1989, were presented and evaluated in

OSTEUROPA. Most authors confined themselves to explaining the problems of implementation, which were denounced in the Soviet press. The de facto impossibility of proper centralised production and price planning was occasionally mentioned, but its significance for the Soviet Union's increasingly weak economic development was hardly discussed.

General Public and Society in Transition

Astrid Sahm
Civil Society by the Grace of Lukashenka?
Social Structural Change in Belarus

Over two decades, it has been possible to observe a struggle between two tendencies in Belarus: was society going to develop as an autonomous or state-run activity? The mass protests after the 2020 presidential elections impressively demonstrated society's demand for self-organisation, political participation, and the public spaces required for this. Since then, the Lukashenka regime has been brutally enforcing its concept of civil society controlled from on high. In light of the growing global trend towards autocratization, it is important to understand which functions civil society performs in today's Belarus and how much scope remains for independent action within it.

Diana Dutsyk, Andreas Umland
Between Freedom and Censorship
Ukrainian Media in Times of War

The media market in Ukraine has changed radically since the start of Russia's full-scale invasion of Ukraine in February 2022: the era of oligarchic media dominance is over, while social media has gained significantly more importance. Despite all the war-related challenges and structural changes, Ukrainian public discourse has preserved a relative degree of pluralism. Ukrainian society can still choose from a large number of different periodicals, channels, platforms, and other largely independent means of mass communication to receive relevant social and political news.

Florian Töpfl
Repression and Brutalisation
Russia's War and the Transformation of Public Life

For a long time, there were still niches of public life within authoritarian Russia where criticism of the political leadership could be expressed. This has changed since Russia's full-scale invasion of Ukraine. Critics of the Putin regime have been criminalised and exiled, sanctions against free speech have been tightened, Western digital platforms have been suppressed, and public discourse has been decoupled from any democratic normative ideal. A coarsening can be observed in the media. All public spaces are subject to the autocrat's claim to power. Criticism of Putin is taboo. However, public criticism of subordinate officials remains possible. It contributes to supplying the autocracy with information and increasing the efficiency of the domineering, repressive apparatus.

Ksenia Luchenko
Against Censorship and War
Independent Media in Exile and in Russia

Ever since Putin took office as president in 2000, independent media outlets have been under pressure. The dismantling of the television station NTV marked the starting point. Since then, more and more media have been criminalized, stigmatized as "foreign agents", and closed down. Freedom of the press has been abolished. Since the full-scale attack on Ukraine, de facto censorship has prevailed in Russia. Around 1,500 journalists have left the country. Russian-language media continue their work in exile and also find an audience in Russia. One concern is their funding. It is becoming increasingly difficult to conduct research on the ground with the help of stringers and anonymous informants. Russia's authorities have taken the Chinese path. They are trying to bring the Internet under their complete control. With the elimination of the Russian public sphere, the political and social importance of journalism in exile has grown: it has become a surrogate for the public sphere.

Birger Schütz
The Downfall of a Beacon of Hope
Freedom of the Press and Public Life in Kyrgyzstan

Until 2020, Kyrgyzstan was the leader among the Central Asian states with a diverse media landscape and good working conditions for journalists. But President Sadyr Japarov has initiated an about-face. His authoritarian regime is increasingly restricting freedom of the press and freedom of expression. Journalists are threatened on the Internet, thrown into prison or driven abroad. The secret service and the judiciary are hunting down independent editorial offices and critical minds. Anti-press legislation gives all of this a legal veneer, while restrictions are disguised as a fight against "fake news" and enemies of "traditional values".

Felix Sandalov
Difficult Counter-Public
Russian Publishers in Emigration

The war against Ukraine, increasing repression, and growing censorship have driven thousands of writers, journalists, publishers, and creative minds in the publishing industry from Russia into exile. They have founded numerous publishing houses and produce everything for which there is no longer room in Russia: non-fiction books on taboo subjects, anti-war literature, fiction by celebrities such as Boris Akunin, Vladimir Sorokin, or Dmitrii Gluchovskii, as well as unknown authors who are banned in their homeland. They contribute to a counter-public that also shines back on Russia. The creativity and flexibility of this publishing world in exile is high, but their financial situation will remain difficult until a functioning market emerges. The writer Mikhail Shishkin praises its work: "They are saving the dignity of our culture."

Philipp Christoph Schmädeke
Academia in Exile
Structural Problems, Challenges, Perspectives

The regimes in Russia and Belarus are persecuting dissidents with increasing severity. Thousands of academics and many students are also suffering as a result. In both countries, it is becoming increasingly clear that critical thinking and academic freedom are coming to an end. The quality, production, and communication of academic work are in decline. In Ukraine, too, Russia's war of aggression has driven tens of thousands of mainly female academics and students into emigration. The consequences for the country's education system and institutions of higher learning are dramatic. Western funding and admission programmes are unable to cope with this exodus of academics. Academic discourse among scientists in exile or let alone intellectual counter-publics cannot develop under these oft precarious living conditions. A rethink is needed. The United States of the 1930s and 1940s can serve as a model.

Elements of a Digital Public Space

Felix Ackermann
From Telegraph to Telegram
Digital Platforms in Russia and Ukraine

Since 2014, over the course of Russia's war against Ukraine, wartime digital public spheres have emerged in both countries, with citizens' mobile phones as the interface. With the help of commercially operated digital platforms, they exchange information about the course of the war, as well as their own reactions and interpretations. In this way, they contribute to the emergence of a digital public sphere. The resulting archives are a potential target for state persecution. At the same time, they represent an important source for future research.

Wanja Müller
Nationalization of Odnoklassniki
Classmates in Digital Authoritarianism

The Russian social network Odnoklassniki shows how the Putin regime has increasingly come to see social media as part of its authoritarian media strategy. Originally launched as an independent and private company, the platform is now in state hands and is being instrumentalised - for propaganda and war purposes, as well as for influencing the federal elections in Germany. Odnoklassniki is a biotope of "digital authoritarianism".

Taras Nazaruk
A Decade of Telegram
Freedom of Expression and Security Concerns

Telegram cultivates the image of a free, uncensored medium. In authoritarian states, this makes the platform attractive for those who fear state censorship or repression. Yet, for individual users, Telegram itself has significant security gaps that authorities can use to persecute opponents. Telegram has developed into a hybrid medium that enables private communication in encrypted chats and reaches an audience of millions beyond the established mass media in public channels. The operators' principle of not intervening in a moderating manner creates a Janus-faced Telegram. On the one hand, it serves critical groups as an organisational platform and mouthpiece, and, on the other, the promise of anonymity attracts shady characters who abuse the platform's freedom. The Ukrainian authorities are not the only ones alarmed by the platform's influence on national security.

Gundula Pohl
Content Creator in Uniform
Belarus's "Genocide" Campaign on YouTube

Social media platforms are potentially a powerful propaganda tool for autocrats. In Lukashenka's Belarus, the General Prosecutor's Office is spreading a historical-political narrative of the "genocide of the Belarusian people" on YouTube. Video series about the war crimes committed by the German occupiers build a bridge to the present. The aim is to prove that the enemies of the Belarusian people of yesterday are returning today in the form of "NATO aggressors", "Ukrainian fascists", and "traitors". But these series have failed to mobilise the public.

Hanna Horn
Intermediate Media World
LiveJournal as a Refuge for Belarusian Voices

The history of digitally produced literature on the Russian and Belarusian-speaking Internet began on LiveJournal. The platform offered authors a format where they could interact with their readership. The unique types of texts reflected in the blog entries, comments, and memes represent their own kind of contribution to the history of Slavic literature. From 2010 on, these literary practices shifted to other digital platforms, most notably Facebook. Nonetheless, the New York-based Belarusian writer Tatsiana Zamirovskaya decided to keep publishing on LiveJournal in order to stay in touch with readers of the first hour of digital writing and to continue the chronology of her life. The shutting down of the platform in October 2024 proves the thesis that social networks have a short half-life and shows how quickly a digital platform can become a historical archive.